ŒUVRES COMPLÈTES

DE VOLTAIRE

TOME TRENTE-DEUXIÈME

PARIS
LIBRAIRIE DE L. HACHETTE ET Cⁱᵉ
BOULEVARD SAINT-GERMAIN, N° 77

A LA MÊME LIBRAIRIE

ŒUVRES
DES PRINCIPAUX ÉCRIVAINS FRANÇAIS

On peut se procurer chaque volume de cette série relié en percaline gaufrée, sans être rogné, et renfermant 30 cent. par demi-reliure, dos en chagrin, tranches jaspées, moyennant 1 fr. 50 cent.; et avec tranches dorées, moyennant 2 fr. en sus du prix marqué.

1re Série à 4 francs le volume.

Barthélemy: *Voyage du jeune Anacharsis en Grèce dans le milieu du IVe siècle avant l'ère chrétienne*. 3 volumes.
Atlas pour le Voyage du jeune Anacharsis, dressé par J. D. Barbié du Bocage, revu par A. D. Barbié du Bocage. In-8, 3 fr.
Boileau: *Œuvres complètes*. 2 vol.
Bossuet: *Œuvres choisies*. 5 vol.
Corneille: *Œuvres complètes*. 7 vol.
Fénelon: *Œuvres choisies*. 4 vol.
La Fontaine: *Œuvres complètes*. 3 volumes.
Marivaux: *Œuvres choisies*. 2 vol.
Molière: *Œuvres complètes*. 3 vol.
Montaigne: *Essais*, précédés d'une lettre à M. Villemain sur l'éloge de Montaigne, par P. Christian. 2 vol.
Montesquieu: *Œuvres complètes*. 3 volumes.
Pascal: *Œuvres complètes*. 3 vol.
Racine: *Œuvres complètes*. 3 vol.
Rousseau (J. J.): *Œuvres complètes*. 13 volumes.
Saint-Simon (le duc de): *Mémoires complets et authentiques sur le siècle de Louis XIV et la Régence*, collationnés sur le manuscrit original par M. Chéruel, et précédés d'une notice de M. Sainte-Beuve, de l'Académie française. 5 vol.
Sedaine: *Œuvres choisies*. 1 vol.
Voltaire: *Œuvres complètes*. 35 vol.

2e Série à 3 francs 50 cent. le volume.

Chateaubriand: *Le génie du Christianisme*. 1 vol.
— *Les martyrs*; — *le dernier des Abencerages*. 1 vol.
— *Atala*; — *René*; — *les Natchez*. 1 v.
Fléchier: *Mémoires sur les Grands-Jours d'Auvergne en 1665*, annotés par M. Chéruel et précédés d'une notice par M. Sainte-Beuve. 1 vol.
Malherbe: *Œuvres poétiques*, réimprimées pour le texte sur la nouvelle édition des *Œuvres complètes de Malherbe*, publiées par M. Lud. Lalanne dans la Collection des grands écrivains de la France. 1 vol.
Sévigné (Mme de): *Lettres de Mme de Sévigné, de sa famille et de ses amis*, réimprimées pour le texte sur la nouvelle édition publiée par M. Monmerqué dans la Collection des grands écrivains de la France. Tomes I, II et III.

Paris. — Imprimerie de Ch. Lahure, rue de Fleurus, 9.

ŒUVRES COMPLÈTES

DE VOLTAIRE

COULOMMIERS. — IMP. P. BRODARD ET GALLOIS.

ŒUVRES COMPLÈTES

DE VOLTAIRE

TOME TRENTE-DEUXIÈME

PARIS
LIBRAIRIE HACHETTE ET Cie
79, BOULEVARD SAINT-GERMAIN, 79

1889

CORRESPONDANCE.

I. — A MADEMOISELLE DUNOYER.
1713.
Lisez cette lettre en bas, et fiez-vous au porteur.

Je crois, ma chère demoiselle, que vous m'aimez; ainsi préparez-vous à vous servir de toute la force de votre esprit dans cette occasion. Dès que je rentrai hier au soir à l'hôtel, M. L. me dit qu'il fallait partir aujourd'hui, et tout ce que j'ai pu faire a été d'obtenir qu'il différât jusqu'à demain; mais il m'a défendu de sortir de chez lui jusqu'à mon départ; sa raison est qu'il craint que madame votre mère ne me fasse un affront qui rejaillirait sur lui et sur le roi. Il ne m'a pas seulement permis de répliquer; il faut absolument que je parte, et que je parte sans vous voir. Vous pouvez juger de ma douleur; elle me coûterait la vie, si je n'espérais de pouvoir vous servir en perdant votre chère présence. Le désir de vous voir à Paris me consolera dans mon voyage. Je ne vous dis plus rien pour vous engager à quitter votre mère, et à revoir votre père, des bras duquel vous avez été arrachée pour venir ici être malheureuse.... Si vous balanciez un moment, vous mériteriez presque tous vos malheurs. Que votre vertu se montre ici tout entière; voyez-moi partir avec la même résolution que vous devez partir vous-même. Je serai à l'hôtel toute la journée. Envoyez-moi trois lettres, pour monsieur votre père, pour monsieur votre oncle, et pour madame votre sœur; cela est absolument nécessaire, et je ne les rendrai qu'en temps et lieu, surtout celle de votre sœur : que le porteur de ces lettres soit le cordonnier, promettez-lui une récompense; qu'il vienne ici une forme à la main, comme pour venir accommoder mes souliers; joignez à ces lettres un billet pour moi ; que j'aie en partant cette consolation; surtout, au nom de l'amour que j'ai pour vous, ma chère, envoyez-moi votre portrait, faites tous vos efforts pour l'obtenir de madame votre mère; il sera bien mieux entre mes mains que dans les siennes, puisqu'il est déjà dans mon cœur. Le valet que je vous envoie est entièrement à moi; si vous voulez le faire passer, auprès de votre mère, pour un faiseur de tabatières, il est Normand, et jouera fort bien son rôle : il vous rendra toutes mes lettres, que je mettrai à son adresse, et vous me ferez tenir les vôtres par lui; vous pouvez lui confier votre portrait. Je vous écris cette lettre pendant la nuit, et je ne sais pas encore comment je partirai; je sais seulement que je partirai : je ferai tout mon possible pour vous voir demain avant de quitter la Hollande. Cependant, comme je ne puis vous en assurer, je vous dis adieu, mon cher cœur, pour la dernière fois; je vous le dis en vous jurant toute la tendresse que vous méritez. Oui, ma chère Pimpette, je vous aimerai toujours : les amants les moins fidèles parlent de même; mais leur amour n'est pas fondé, comme le mien, sur une estime parfaite : j'aime votre vertu autant que votre personne, et je ne demande au ciel que de puiser auprès de vous les nobles sentiments que vous avez. Ma tendresse me fait compter sur la vôtre; je me flatte que je vous ferai souhaiter de voir Paris; je vais dans cette belle ville solliciter votre retour : je vous écrirai tous les ordinaires par le canal de Lefèvre, à qui je vous prie de donner quelque chose pour chaque lettre, afin de l'encourager à bien faire. Adieu encore une fois, ma chère maîtresse; songez un peu à votre malheureux amant, mais n'y songez point pour vous attrister; conservez votre santé, si vous voulez conserver la mienne : ayez surtout beaucoup de discrétion; brûlez ma lettre, et toutes celles que vous recevrez de moi : il vaut mieux avoir moins de bonté pour moi, et avoir plus de soin de vous : consolons-nous par l'espérance de nous revoir bientôt, et aimons-nous toute notre vie. Peut-être viendrai-je moi-même vous chercher: je me croirais alors le plus heureux des hommes; mais enfin, pourvu que vous veniez, je suis trop content; je ne veux que votre bonheur; je voudrais le faire aux dépens du mien, et je serai trop récompensé quand je me rendrai le doux témoignage que j'ai contribué à vous remettre dans votre bien-être. Adieu, mon cher cœur; je vous embrasse mille fois. AROUET.

Lefèvre vient de m'avertir ce matin qu'on lui a ordonné de rendre à Son Excellence les lettres que je lui donnerais à porter; ainsi, sans doute, on interceptera les lettres qui viendront par son canal : choisissez donc quelqu'un à qui l'on puisse se fier, s'il en est dans le monde; vous me manderez son adresse : surtout envoyez-moi ce soir vos lettres, et instruisez bien votre commissionnaire; ne chargez point Lisbette de ce message; tenez-vous prête demain de bonne heure; je tâcherai de vous voir avant de partir, et nous prendrons nos dernières mesures.

AROUET.

II. — A LA MÊME.

Je suis ici prisonnier au nom du roi; mais on est maître de m'ôter la vie, et non l'amour que j'ai pour vous. Oui, mon adorable maîtresse, je vous verrai ce soir, dussé-je porter ma tête sur un échafaud. Ne me parlez point, au nom de Dieu, dans des termes aussi funestes que vous m'écrivez; vivez, et soyez discrète : gardez-vous de madame votre mère, comme de l'ennemi le plus cruel que vous ayez; que dis-je? gardez-vous de tout le monde, ne vous fiez à personne; tenez-vous prête dès que la lune paraîtra; je sortirai de l'hôtel incognito, je prendrai un carrosse, ou une chaise, nous irons comme le vent à Scheveling; j'apporterai de l'encre et du papier, nous ferons nos lettres. Mais si vous m'aimez, consolez-vous, rappelez toute votre vertu et toute votre présence d'esprit; contraignez-vous devant madame votre mère, tâchez d'avoir votre portrait, et comptez que l'apprêt des plus grands supplices ne m'empêchera pas de vous servir. Non, rien n'est capable de me détacher de vous : notre amour est fondé sur la vertu, il durera autant que notre vie; donnez ordre au cordonnier d'aller chercher une chaise : mais non, je ne veux point que vous vous en fiez à lui ; tenez-vous prête dès quatre heures, je vous attendrai proche votre rue. Adieu ; il n'est rien à quoi je ne m'expose pour vous : vous en méritez bien davantage. Adieu, mon cher cœur. AROUET.

III. — A LA MÊME.

Je ne partirai, je crois, que lundi ou mardi ; il semble, ma chère, qu'on ne recule mon départ que pour me faire mieux sentir le cruel chagrin d'être dans la même ville que vous et de ne pouvoir vous y voir. On observe ici tous mes pas : je ne sais même si Lefèvre pourra te rendre cette lettre. Je te conjure, au nom de Dieu, sur toutes choses, de n'envoyer ici personne de ta part sans en avoir concerté avec moi ; j'ai des choses d'une conséquence extrême à vous dire : vous ne pouvez pas venir ici ; il m'est impossible d'aller de jour chez vous : je sortirai par une fenêtre à minuit ; si tu as quelque endroit où je puisse te voir ; si tu peux à cette heure quitter le lit de ta mère, en prétextant quelque besoin, au cas qu'elle s'en aperçoive ; enfin, si tu peux consentir à cette démarche sans courir de risque, je n'en courrai aucun ; mande-moi si je peux venir à ta porte cette nuit, tu n'as qu'à le dire à Lefèvre de bouche. Informe-moi surtout de ta santé. Adieu, mon aimable maîtresse ; je t'adore, et je me réserve à t'exprimer toute ma tendresse en te voyant. AROUET.

IV. — A LA MÊME.

Je viens d'apprendre, mon cher cœur, que je pourrai partir avec M. de M*** en poste, dans sept ou huit jours ; mais que le plaisir de rester dans la ville où vous êtes me coûtera de larmes! On m'a imposé la nécessité d'être prisonnier jusqu'à mon départ, ou de partir sur-le-champ. Ce serait vous trahir que de venir vous voir ce soir : il faut absolument que je me prive du bonheur d'être auprès de vous, afin de vous mieux servir. Si vous voulez pourtant changer nos malheurs en plaisirs, il ne tiendra qu'à vous ; envoyez Lisbette sur les trois heures, je la chargerai pour vous d'un paquet qui contiendra des habillements d'homme ; vous vous accommoderez chez elle ; et si vous avez assez de bonté pour vouloir bien voir un pauvre prisonnier qui vous adore, vous vous donnerez la peine de venir sur la brune à l'hôtel. A quelle cruelle extrémité sommes-nous réduits, ma chère ? Est-ce à vous à me venir trouver ? Voilà cependant l'unique moyen de nous voir : vous m'aimez ; ainsi j'espère vous voir aujourd'hui dans mon petit appartement. Le bonheur d'être votre esclave me fera oublier que je suis le prisonnier de ***. Mais comme on connaît mes habits, et que, par conséquent, on pourrait vous reconnaître, je vous enverrai un manteau qui cachera votre justaucorps et votre visage ; je louerai même un justaucorps pour plus de sûreté, mon cher cœur, songez que ces circonstances sont bien critiques ; défiez-vous, encore un coup, de madame votre mère, défiez-vous de vous-même ; mais comptez sur moi comme sur vous, et at-

tendez tout de moi, sans exception, pour vous tirer de l'abîme où vous êtes; nous n'avons plus besoin de serments pour nous faire croire.
Adieu, mon cher cœur; je vous aime, je vous adore. AROUET.
C'est le valet de pied en question qui vous porte cette lettre.

V. — A LA MÊME.

Je ne sais si je dois vous appeler monsieur ou mademoiselle; si vous êtes adorable en cornettes, ma foi! vous êtes un aimable cavalier, et notre portier, qui n'est point amoureux de vous, vous a trouvé un très-joli garçon. La première fois que vous viendrez, il vous recevra à merveille. Vous aviez pourtant la mine aussi terrible qu'aimable, et je crains que vous n'ayez tiré l'épée dans la rue, afin qu'il ne vous manquât plus rien d'un jeune homme : après tout, tout jeune homme que vous êtes, vous êtes sage comme une fille.

Enfin je vous ai vu, charmant objet que j'aime,
    En cavalier déguisé dans ce jour;
      J'ai cru voir Vénus elle-même
      Sous la figure de l'Amour.
    L'amour et vous, vous êtes du même âge,
      Et sa mère a moins de beauté;
      Mais, malgré ce double avantage,
J'ai reconnu bientôt la vérité.
      Olympe, vous êtes trop sage
      Pour être une divinité.

Il est certain qu'il n'est point de dieu qui ne dût vous prendre pour modèle, et il n'en est point qu'on doive imiter : ce sont des ivrognes, des jaloux et des débauchés. On me dira peut-être :

      Avec quelle irrévérence
      Parle des dieux ce maraud!
          Amphitryon, I, II.

Mais c'est assez parler des dieux, venons aux hommes. Lorsque je suis en train de badiner, j'apprends par Lefèvre qu'on vous a soupçonnée hier : c'est à coup sûr la fille qui vous annonça qui est la cause de ce soupçon qu'on a ici; ledit Lefèvre vous instruira de tout, c'est un garçon d'esprit, et qui m'est fort affectionné; il s'est tiré très-bien de l'interrogatoire de Son Excellence. On compte de nous surprendre ce soir; mais ce que l'amour garde est bien gardé : je sauterai par les fenêtres, et je viendrai sur la brune chez ***, si je le puis. Lefèvre viendra chercher mes habits sur les quatre heures; attendez-moi sur les cinq en bas, et si je ne viens pas, c'est que je ne le pourrai absolument point. Ne nous attendrissons pas en vain; ce n'est plus par des lettres que nous devons témoigner notre amour, c'est en vous rendant service. Je pars vendredi avec M. de M***; que je vienne vous voir, ou que je n'y vienne point, envoyez-moi toujours ce soir vos lettres par Lefèvre, qui viendra les querir; gardez-vous de madame votre mère, gardez un secret inviolable; attendez patiemment les réponses de Paris; soyez toujours prête pour partir; quelque chose qui arrive, je vous verrai avant mon départ : tout ira bien, pourvu que vous vouliez venir en France et quitter une mère barbare pour retourner dans les bras d'un père. Comme on avait ordonné à Lefèvre de rendre toutes mes lettres à Son Excellence, j'en ai écrit une fausse que j'ai fait remettre entre ses mains; elle ne contient que des louanges pour vous et pour lui, qui ne sont point affectées. Lefèvre vous rendra compte de tout. Adieu, mon cher cœur; aimez-moi toujours, et ne croyez pas que je ne hasarderai pas ma vie pour vous.   AROUET.

VI. — A LA MÊME.

A la Haye, le 6 décembre 1713.

On a découvert notre entrevue d'hier, ma charmante demoiselle : l'amour nous excuse l'un et l'autre envers nous-mêmes, mais non pas envers ceux qui sont intéressés à me tenir ici prisonnier. Le plus grand malheur qui pouvait m'arriver était de hasarder ainsi votre réputation. Dieu veuille encore que notre monstre aux cent yeux ne soit pas instruit de votre déguisement! Mandez-moi exactement tout ce que cette barbare mère dit hier à M. de La B*** et à vous, et ne comptez pas que nous puissions nous voir avant mon départ, à moins que nous ne voulions achever de tout gâter : faisons, mon cher cœur, ce dernier effort sur nous-mêmes. Pour moi, qui donnerais ma vie pour vous voir, je regarderai votre absence comme un bien, puisqu'elle doit me procurer le bonheur d'être longtemps auprès de vous à l'abri des faiseurs de prisonniers et des faiseuses de libelles [1]. Je ne puis vous dire dans cette lettre que ce que je vous ai dit dans toutes les autres : je ne vous recommande pas de m'aimer; je ne vous parle pas de mon amour, nous sommes assez instruits de nos sentiments; il ne s'agit ici que de vous rendre heureuse; il faut pour cela une discrétion entière. Il faut dissimuler avec madame votre mère; ne me dites point que vous êtes trop sincère pour trahir vos sentiments. Oui, mon cher cœur, soyez sincère avec moi, qui vous adore, et non pas avec une .... ; ce serait un crime que de lui laisser découvrir tout ce que vous pensez : vous conserverez sans doute votre santé, puisque vous m'aimez; et l'espérance de nous revoir bientôt nous tiendra lieu du plaisir d'être ensemble. Je vous écrirai tous les ordinaires à l'adresse de Mme Santoc de Maisan; vous mettrez la mienne : A M. Arouet, le cadet, chez M. Arouet, trésorier de la chambre des comptes, cour du Palais, à Paris. Je mettrai vendredi une lettre pour vous à la poste de Rotterdam; j'attendrai une lettre de vous à Bruxelles, que le maître de la poste me fera tenir. Envoyez-moi vos lettres pour monsieur votre père et monsieur votre oncle, par le présent porteur. Si Lefèvre ne peut pas te porter cette lettre, confie-toi à celui que j'enverrai; remets-lui le paquet

1. Mme Dunoyer s'était mise aux gages des libraires de Hollande, et coopérait au *Lardon* et à la *Quintessence*, titres d'un journal. (*Note de M. Beuchot.*)

et les lettres. Adieu, ma chère Olympe; si tu m'aimes, console-toi; songe que nous réparerons bien les maux de l'absence; cédons à la nécessité : on peut nous empêcher de nous voir, mais jamais de nous aimer. Je ne trouve point de termes assez forts pour t'exprimer mon amour; je ne sais même si je devrais t'en parler, puisqu'en t'en parlant je ne fais sans doute que t'attrister, au lieu de te consoler. Juge du désordre où est mon cœur par le désordre de ma lettre; mais, malgré ce triste état, je fais un effort sur moi; imite-moi si tu m'aimes. Adieu encore une fois, ma chère maîtresse; adieu, ma belle Olympe; je ne pourrai point vivre à Paris si je ne t'y vois bientôt. Songe à dater toutes tes lettres.   AROUET.

VII. — A LA MÊME.
Ce dimanche au soir, 10 décembre.

Je vous écris une seconde fois, ma pauvre Olympe, pour vous demander pardon de vous avoir grondée ce matin, et pour vous gronder encore mieux ce soir, au hasard de vous demander pardon demain. Quoi! vous voulez parler à M. L***? Eh! ne savez-vous pas que ce qu'il craint le plus c'est de paraître favoriser votre retraite? Il craint votre mère, il veut ménager les excellences : vous devez vous-même craindre les uns et les autres, et ne point vous exposer d'un côté à être enfermée, et de l'autre à recevoir un affront. Lefèvre m'a rapporté que votre mère..., et que vous êtes malade. Le cœur m'a saigné à ce récit; je suis coupable de tous vos malheurs, et, quoique je les partage avec vous, vous n'en souffrez pas moins. C'est une chose bien triste pour moi que mon amour ne vous ait encore produit qu'une source de chagrins; le triste état où je suis réduit moi-même ne me permet pas de vous donner aucune consolation, vous devez la trouver dans vous-même. Songez que vos peines finiront bientôt, et tâchez du moins d'adoucir un peu la maligne férocité de votre mère; représentez-lui doucement qu'elle vous fera mourir. Ce discours ne la touchera pas, mais il faudra qu'elle paraisse en être touchée : ne lui parlez jamais ni de moi, ni de la France, ni de M. L***; surtout gardez-vous de venir à l'hôtel. Ma chère Pimpette, suivez mes conseils une fois, vous prendrez votre revanche le reste de ma vie, et je ferai toujours vœu de vous obéir. Adieu, mon cher cœur; nous sommes tous deux dans des circonstances fort tristes; mais nous nous aimons, voilà la plus douce consolation que nous puissions avoir. Je ne vous demande pas votre portrait, je serais trop heureux, et je me dois pas l'être, tandis que vous êtes malheureuse. Adieu, mon cher cœur; aimez-moi toujours informez-moi de votre santé.   AROUET.

VIII. — A LA MÊME.
Ce mercredi soir, 13 décembre.

Je ne sais que d'hier, ma chère, que vous êtes malade; ce sont là les suites des chagrins que je vous ai causés : quoi! je suis cause de vos malheurs, et je ne puis les adoucir! Non, je n'ai jamais ressenti de douleur plus vive et plus juste; je ne sais pas quelle est votre maladie : tout augmente ma crainte; vous m'aimez, et vous ne m'écrivez point; je juge de là que vous êtes malade véritablement. Quelle triste situation pour deux amants! l'un au lit, et l'autre prisonnier. Je ne puis faire autre chose pour vous que des souhaits, en attendant votre guérison et ma liberté. Je vous prierais de vous bien porter, s'il dépendait de vous de m'accorder cette grâce; mais du moins il dépend de vous de songer à votre santé, et c'est le plus grand plaisir que vous me puissiez faire. Je ne vous ai point écrit de lettre où je ne vous aie recommandé cette santé qui m'est si chère; je supporterai toutes mes peines avec joie, si vous pouvez prendre un peu le dessus sur toutes les vôtres. Mon départ est reculé encore. M. de M***, qui vient actuellement dans ma chambre, m'empêche de continuer ma lettre : adieu, ma belle maîtresse; adieu, mon cher cœur; puissiez-vous être aussi heureuse toute votre vie, que je suis malheureux actuellement! Adieu, ma chère; tâchez de m'écrire.   AROUET.

IX. — A LA MÊME.

La Haye, ce samedi soir, 13 décembre.

Est-il possible, ma chère maîtresse, que je ne puisse du moins jouir de la satisfaction de pleurer au pied de votre lit, et de baiser mille fois vos belles mains, que j'arroserais de mes larmes! Je saurais du moins à quoi m'en tenir sur votre maladie, car vous me laissez là-dessus dans une triste incertitude; j'aurais la consolation de vous embrasser en partant, et de vous dire adieu, jusqu'au temps où je pourrais vous voir à Paris. On vient de me dire qu'enfin c'est pour demain; je m'attends pourtant encore à quelque délai; mais, en quelque temps que je parte, vous recevrez toujours de moi une lettre, datée de Rotterdam, dans laquelle je vous manderai bien des choses de conséquence, mais dans laquelle je ne pourrai pourtant vous exprimer mon amour comme je le sens. Je partirai dans de cruelles inquiétudes, que vos lettres adouciront à leur ordinaire. Je vous ai mandé, dans ma dernière lettre, que je m'occupais que du plaisir de penser à vous; cependant j'ai lu, hier et aujourd'hui, les *Lettres galantes* de Mme D...; son style m'a quelquefois fait oublier............................
..............................Je suis à présent bien convaincu qu'avec beaucoup d'esprit on peut être bien.... J'ai été très-content du premier tome, qui ôte bien du prix à ses cadets. On remarque surtout, dans les quatre derniers, un auteur qui est lassé d'avoir la plume à la main, et qui court au grand galop à la fin de l'ouvrage. J'ai imité l'auteur en cela, et je me suis dépêché d'achever. J'ai reconnu le portrait de B... : c'est un des plus mauvais endroits de tout l'ouvrage; mais en vérité il me semble que je parle un peu trop des personnes que je hais, lorsque je ne devrais parler que de celle que j'adore. Que je vous sais bon gré, mon cher cœur, d'avoir pris le bon de votre mère, et d'en avoir laissé le mauvais! Mais que je vous saurai bien meilleur gré lorsque vous la quitterez entièrement, et que vous abandonnerez un pays que vous ne devez plus regarder qu'avec horreur! Peut-être, dans

le temps que je vous parle de voyage, n'êtes-vous guère en état d'en faire; peut-être êtes-vous actuellement souffrante dans votre lit.... Qu'il vaudrait bien mieux que je fusse dans votre chambre au lieu d'elle ! mes tendres baisers vous en convaincraient, ma bouche serait collée sur la vôtre. Je vous demande pardon, ma belle Pimpette, de vous parler avec cette liberté; ne prenez mes expressions que comme un excès d'amour, et non comme un manque de respect. Ah ! je n'ai plus qu'une grâce à vous demander; c'est que vous ayez soin de votre santé, et que vous m'en disiez des nouvelles. Adieu, mon cher cœur; voilà peut-être la dernière lettre que je daterai de la Haye. Je vous jure une constance éternelle; vous seule pouvez me rendre heureux, et je suis trop heureux déjà quand je me remets dans l'esprit les tendres sentiments que vous avez pour moi; mon amour les mérite. Je me rends avec plaisir ce témoignage; je connais trop bien le prix de votre cœur pour ne vouloir pas m'en rendre digne : adieu, mon adorable Olympe; adieu, ma chère; si on pouvait écrire en des baisers, je vous en enverrais une infinité par le courrier. Je baise, au lieu de vous, vos précieuses lettres, où je lis ma félicité. Adieu, mon cher cœur.

AROUET.

X. — A LA MÊME.

Du fond d'un yacht, ce 19 décembre.

Je suis parti hier lundi, à huit heures du matin, avec M. de M***. Lefèvre nous accompagna jusqu'à Rotterdam, où nous prîmes un yacht qui doit nous conduire à Anvers ou à Gand. Je n'ai pu vous écrire de Rotterdam, et Lefèvre s'est chargé de vous donner de mes nouvelles; je pars sans vous voir, ma chère Pimpette, et le chagrin dont je suis rongé actuellement est aussi grand que mon amour. Je vous laisse dans la situation du monde la plus cruelle; je connais tous vos malheurs mieux que vous, et je les regarde comme les miens, d'autant plus que vous les méritez moins. Si la certitude d'être aimé peut servir de quelque consolation, nous devons un peu nous consoler tous deux; mais que nous servira le bonheur de nous aimer, sans celui de nous voir? c'est alors que je pourrais avec raison me regarder comme le plus heureux de tous les hommes. Comme j'aime votre vertu autant que vous, n'ayez aucun scrupule sur le retour que vous devez à ma tendresse. Je fais humainement tout ce que je puis pour vous tirer du comble des malheurs où vous êtes. N'allez pas changer de résolution, vous en seriez cruellement punie, en restant dans le pays où vous êtes. Le désir que j'ai de vous procurer le sort que vous méritez me force à vous parler ainsi; quelque part que je sois, je passerai des jours bien tristes si je les passe sans vous; mais je mènerai une vie bien misérable, si la seule personne que j'aime reste dans le malheur; je crois que vous avez pris une ferme résolution que rien ne peut changer; l'honneur vous engage à quitter la Hollande : que je suis heureux que l'honneur se trouve d'accord avec l'amour! Écrivez-moi à Paris, à mon adresse, tous les ordinaires; mandez-moi les moindres particularités qui vous regarderont : ne manquez pas à m'envoyer, dans la première lettre que vous m'écrirez, une autre lettre s'adressant à moi, dans laquelle vous me parlerez comme à un ami et non comme à un amant; vous y ferez succinctement la peinture de tous vos malheurs : que votre vertu y paraisse dans tout son jour sans affectation. Enfin servez-vous de tout votre esprit pour m'écrire une lettre que je puisse montrer à ceux à qui je serai obligé de parler de vous : que notre tendresse cependant ne perde rien à tout cela; et si, dans cette lettre, dont je vous parle, vous ne me parlez que d'estime, marquez-moi, dans l'autre, tout l'amour que le mien mérite; surtout informez-moi de votre chère santé, pour laquelle je tremble; vous aurez besoin de toute votre force pour soutenir les fatigues du voyage sur lequel je compte; et il faudra, ou que monsieur votre père soit aussi fou que M. B..., ou que vous reveniez en France jouir du bien-être que vous méritez; mais je me fais déjà les idées les plus agréables du monde de votre séjour à Paris. Vous seriez bien cruelle envers vous et envers moi si vous trompiez mes espérances; mais non, vous n'avez pas besoin d'être fortifiée dans vos bons sentiments; et, au regret près d'être séparé de vous pour quelque temps, je n'ai point à me plaindre. La première chose que je ferai en arrivant à Paris, ce sera de mettre le P. Tournemine dans vos intérêts, ensuite je rendrai vos lettres; je serai obligé d'expliquer à mon père le sujet de mon retour, et je me flatte qu'il ne sera pas tout à fait fâché contre moi, pourvu qu'on ne l'ait point prévenu; mais, quand je devrais encourir toute sa colère, je me croirai toujours trop heureux, lorsque je penserai que vous êtes la personne du monde la plus aimable et que vous m'aimez. Je n'ai point passé dans ma petite vie de plus doux moments que ceux où m'avez juré que vous répondiez à ma tendresse; continuez-moi ces sentiments, autant que je les mériterai, et vous m'aimerez toute vie. Cette lettre-ci vous viendra, je crois, par Gand, où nous devons aborder : nous avons un beau temps et un bon vent, et par-dessus cela de bon vin et de bons pâtés, de bons jambons et de bons lits. Nous ne sommes que nous deux, M. de M*** et moi, dans un grand yacht : il s'occupe à écrire, à manger, à boire et à dormir, et moi à penser à vous : je ne vous vois point, et je vous jure que je ne m'aperçois point que je suis dans la compagnie d'un bon pâté et d'un homme d'esprit. Ma chère Olympe me manque, mais je me flatte qu'elle ne me manquera pas toujours, puisque je ne voyage que pour vous faire voyager vous-même. N'allez pas prendre pourtant exemple sur moi; ne vous affligez point et joignez à la faveur que vous me faites de m'aimer celle de me faire espérer que je vous verrai bientôt; encore un coup écrivez-moi tous les ordinaires; et, si vous êtes sage, brûlez mes lettres et ne m'exposez point une seconde fois au chagrin de vous voir maltraitée pour moi; ne vous exposez point aux fureurs de votre mère; vous savez de quoi elle est capable. Hélas! vous ne l'avez que trop expérimenté; dissimulez avec elle, c'est le seul parti qu'il y a à prendre : dites, ce que j'espère que vous ne ferez jamais, dites que vous m'avez oublié; dites que vous me haïssez et aimez-m'en davantage; conservez votre santé et vos bonnes intentions. Plût au ciel que vous fussiez déjà à Paris : ah! que je me récompenserais bien alors de notre cruelle séparation ! Ma chère Pimpette, vous aurez toujours en moi un véritable amant et un véritable ami ; qu'on est heureux quand on peut unir ces deux titres qui sont garants l'un de l'autre ! Adieu, mon adorable maîtresse ; écrivez-moi dès que vous aurez reçu ma lettre et adressez la vôtre à Paris ; surtout ne manquez pas à m'envoyer celle que je vous demande, au commencement de celle-ci : rien n'est plus essentiel. Je crois que vous êtes à présent en état d'écrire ; et, comme on se persuade ce qu'on souhaite, je me flatte que votre santé est rétablie. Hélas ! votre maladie m'a privé du plaisir de recevoir de vos nouvelles ; réparons vite le temps perdu. Adieu, mon cher cœur ; aimez-moi autant que je vous aime ; si vous m'aimez, ma lettre est bien courte. Adieu, ma chère maîtresse ; je vous estime trop pour ne vous pas aimer toujours.

XI. — A LA MÊME.

Paris, ce jeudi matin, 28 décembre.

Je suis parti de la Haye, avec M. de M***, le lundi dernier, à huit heures du matin ; nous nous embarquâmes à Rotterdam, où il me fut absolument impossible de vous écrire. Je chargeai Lefèvre de vous instruire de mon départ. Au lieu de prendre la route d'Anvers, où j'attendais une de vos lettres, nous prîmes celle de Gand. Je mis donc à Gand une lettre pour vous à la poste, à l'adresse de Mme Santoc de Maisan. J'arrivai à Paris, la veille de Noël. La première chose que j'ai faite, a été de voir le P. Tournemine. Ce jésuite m'avait écrit à la Haye, le jour que j'en partis : il fait agir pour vous M. l'évêque d'Évreux, votre parent ; je lui ai remis entre les mains vos trois lettres, et on dispose actuellement monsieur votre père à vous revoir bientôt ; voilà ce que j'ai fait pour vous : voici mon sort actuellement. A peine suis-je arrivé à Paris, que j'ai appris que M. L*** avait écrit à mon père, contre moi, une lettre sanglante ; qu'il lui avait envoyé les lettres que madame votre mère lui avait écrites, et qu'enfin mon père a une lettre de cachet, pour me faire enfermer ; je n'ose me montrer : j'ai fait parler à mon père. Tout ce qu'on a pu obtenir de lui a été de me faire embarquer pour les îles ; mais on n'a pu le faire changer de résolution sur son testament qu'il a fait, dans lequel il me déshérite. Ce n'est pas tout, depuis plus de trois semaines je n'ai point reçu de vos nouvelles ; je ne sais si vous vivez et si vous ne vivez point bien malheureusement ; je crains que vous ne m'ayez écrit à l'adresse de mon père et que votre lettre n'ait été ouverte par lui. Dans de si cruelles circonstances je ne dois point me présenter à messieurs vos parents ; ils ignoreront tous que c'est par moi que vous revenez en France, et c'est actuellement le P. Tournemine qui est entièrement chargé de votre affaire. Vous voyez à présent que je suis dans le comble du malheur, et qu'il est absolument impossible d'être plus malheureux, à moins que d'être abandonné de vous. Vous voyez, d'un autre côté, qu'il ne tient plus qu'à vous d'être heureuse ; vous n'avez plus qu'un pas à faire : partez dès que vous aurez reçu les ordres de monsieur votre père ; vous serez aux Nouvelles-Catholiques avec Mme Constantin[1]; il vous sera aisé de vous faire chérir de toute votre famille et de gagner entièrement l'amitié de monsieur votre père, et de vous faire à Paris un sort heureux. Vous m'aimez, ma chère Olympe, vous savez combien je vous aime; certainement ma tendresse mérite du retour. J'ai fait tout ce que j'ai pu pour vous remettre dans votre bien-être; je me suis plongé, pour vous rendre heureuse, dans le plus grand des malheurs : vous pouvez me rendre le plus heureux de tous les hommes; pour cela revenez en France, rendez-vous heureuse vous-même, alors je me croirai bien récompensé. Je pourrai, en un jour, me raccommoder entièrement avec mon père; alors nous jouirons en liberté du plaisir de nous voir. Je me représente ces moments heureux comme la fin de tous nos chagrins, et comme le commencement d'une vie douce et aimable, telle que vous devez la mener à Paris. Si vous avez assez d'inhumanité pour me faire perdre le fruit de tous mes malheurs et pour vous obstiner à rester en Hollande, je vous promets bien sûrement que je me tuerai à la première nouvelle que j'en aurai. Dans le triste état où je suis, vous seule pouvez me faire aimer la vie : mais, hélas! je parle ici de mes maux, tandis que peut-être vous êtes plus malheureuse que moi; je crains tout pour votre santé, je crains tout de votre mère : je me forme là-dessus des idées affreuses. Au nom de Dieu, éclaircissez-moi : mais, hélas! je crains même que vous ne receviez point ma lettre. Ah! que suis malheureux, mon cher cœur, et que mon cœur est livré à une profonde et juste tristesse! Peut-être m'avez-vous écrit à Anvers ou à Bruxelles; peut-être m'avez-vous écrit à Paris; mais enfin depuis trois semaines je n'ai point reçu de vos nouvelles. Écrivez-moi tout, le plus tôt que vous pourrez, à M. Dutilli, rue Maubuée, à la Rose rouge. Écrivez-moi une lettre bien longue, qui m'instruise sûrement de votre situation. Nous sommes tous deux bien malheureux, mais nous nous aimons; une tendresse mutuelle est une consolation bien douce; jamais amour ne fut égal au mien, parce que personne ne mérita jamais mieux que vous d'être aimée. Si mon sincère attachement peut vous consoler, je suis consolé moi-même. Une foule de réflexions se présente à mon esprit; je ne puis les mettre sur le papier : la tristesse, la crainte et l'amour, m'agitent violemment; mais j'en reviens toujours à me rendre le secret témoignage que je n'ai rien fait contre l'honnête homme, et cela me sert beaucoup à me faire supporter mes chagrins. Je me suis fait un vrai devoir de vous aimer; je remplirai ce devoir toute ma vie : vous n'aurez jamais assez de cruauté pour m'abandonner. Ma chère Pimpette, ma belle maîtresse, mon cher cœur, écrivez-moi bientôt, ou plutôt sur-le-champ : dès que j'aurai vu votre lettre, je vous manderai mon sort. Je ne sais pas encore ce que je deviendrai; je suis dans une incertitude affreuse sur tout; je sais seulement que je vous aime. Ah! quand pourrai-je vous embrasser, mon cher cœur ! AROUET.

1. Sœur de Mlle Dunoyer, qui s'était mariée en 1709, et était revenue à Paris. (ÉD.)

XII. — A LA MÊME.

Paris, 2 janvier 1714.

Depuis que je suis à Paris, j'ai été moi-même à la grande poste tous les jours, afin de retirer vos lettres, que je craignais qui ne tombassent entre les mains de mon père. Enfin je viens d'en recevoir une, ce mardi au soir, 2 janvier : elle est datée de la Haye, du 28 décembre, et j'y fais réponse sur-le-champ. J'ai baisé mille fois cette lettre, quoique vous ne m'y parliez pas de votre amour; il suffit qu'elle vienne de vous pour qu'elle me soit infiniment chère : je vous prouverai pourtant, par ma réponse, que je ne suis pas si poli que vous le dites; je ne vous appellerai point madame, comme vous m'appelez monsieur; je ne puis que vous nommer ma chère : et si vous vous plaignez de mon peu de politesse, vous ne vous plaindrez pas de mon peu d'amour. Comment pouvez-vous soupçonner cet amour qui ne finira qu'avec moi? et comment pouvez-vous me reprocher ma négligence? Ce serait bien à moi à vous gronder, puisque aussi bien je renonce à la politesse, ou plutôt je suis bien malheureux que vous n'ayez pas reçu deux lettres que je vous écrivis, l'une de Gand et l'autre de Paris. Ne seriez-vous point vous-même assez négligente pour n'avoir point retiré ces lettres? Si vous les avez vues, vous condamnerez bien vos reproches et vos soupçons; vous y aurez lu que je suis plus malheureux que vous, et que je vous aime plus que vous ne m'aimez. Vous aurez appris que M. Ch¹.... écrivit à mon père, déjà irrité contre moi, une lettre telle qu'il n'en écrirait point contre un scélérat. J'arrivai à Paris dans le temps que, sur la foi de cette lettre, mon père avait obtenu une lettre de cachet pour me faire enfermer, après m'avoir déshérité. Je me suis caché pendant quelques jours, jusqu'à ce que mes amis l'aient un peu apaisé, c'est-à-dire l'aient engagé à avoir du moins la bonté de m'envoyer aux îles, avec du pain et de l'eau : voilà tout ce que j'ai pu obtenir de lui, sans avoir pu même le voir. J'ai employé les moments où j'ai pu me montrer en ville à voir le P. Tournemine, et je lui ai remis les lettres dont vous m'avez chargé. Il engage l'évêque d'Évreux dans vos intérêts. Pour moi, je me donnerai bien de garde que votre famille puisse seulement soupçonner que je vous connais; cela gâterait tout, et vous savez que votre intérêt seul me fait agir. Je ne m'arrête point à me plaindre inutilement de l'imprudence avec laquelle nous avons tous deux agi à la Haye; c'est cette imprudence qui sera cause de bien des maux : mais enfin cette faute est faite, et l'excuse peut seule la réparer. Je vous ai déjà dit, dans mes lettres, que la consolation d'être aimé fait oublier tous les chagrins; nous avons l'un et l'autre trop besoin de consolation, pour ne nous pas aimer toujours : il viendra peut-être un temps où nous serons plus heureux, c'est-à-dire où nous pourrons nous voir; cédons à la nécessité, et écrivons-nous bien régulièrement, vous à M. Dutilli, rue Maubuée, à la Rose rouge, et moi à Mme Bonnet. Je vous donnerai peut-être bientôt une autre

---

1. C'est sans doute Castagnier ou Castagnère, marquis de Châteauneuf, frère de François de Castagnier, abbé de Châteauneuf et parrain de Voltaire. (ÉD.)

adresse pour moi, car je crois que je partirai incessamment pour Brest; ne laissez pas pourtant de m'écrire à Paris; mandez-moi les moindres particularités qui vous regardent; mandez-moi vos sentiments surtout, et soyez persuadée que je vous aimerai toujours, ou je serai le plus malheureux de tous les hommes. Vous savez bien, ma chère Olympe, que mon amour n'est point du genre de celui de la plupart des jeunes gens, qui ne cherchent en aimant qu'à contenter la débauche et leur vanité : regardez-moi comme un amant, mais regardez-moi comme un ami véritable; ce mot renferme tout. L'éloignement des lieux ne changera rien à mon cœur : si vous me croyez, je vous demande, pour prix de ma tendresse, une lettre de huit pages écrites menu; j'oubliais à vous dire que les deux que vous n'avez point reçues sont à l'adresse de Mme Santoc de Maisan, à la Haye. Récrivez-moi sur-le-champ, afin que si vous avez quelques ordres à me donner, votre lettre me trouve encore à Paris prêt à les exécuter : je me réserve, comme vous, à vous mander certaines choses lorsque j'aurai reçu votre réponse. Adieu, ma belle maîtresse; aimez un peu un malheureux amant, qui voudrait donner sa vie pour vous rendre heureuse; adieu, mon cœur. AROUET.

XIII. — A LA MÊME.

A Paris, ce 20 janvier.

J'ai reçu, ma chère Olympe, votre lettre du 1er de ce mois, par laquelle j'ai appris votre maladie. Il ne me manquait plus qu'une telle nouvelle pour achever mon malheur; et comme un mal ne vient jamais seul, les embarras où je me suis trouvé m'ont privé du plaisir de vous écrire, la semaine passée. Vous me demanderez quel est cet embarras; c'était de faire ce que vous m'avez conseillé. Je me suis mis en pension chez un procureur, afin d'apprendre le métier de robin auquel mon père me destine, et je crois par là regagner son amitié. Si vous m'aimiez autant que je vous aime, vous vous rendriez un peu à mes prières, puisque j'obéis si bien à vos ordres. Me voilà fixé à Paris pour longtemps : est-il possible que j'y serai sans vous? Ne croyez pas que l'envie de vous voir ici n'ait pour but que mon plaisir; je regarde votre intérêt plus que ma satisfaction, et je crois que vous en êtes bien persuadée; songez par combien de raisons la Hollande doit vous être odieuse. Une vie douce et tranquille à Paris n'est-elle pas préférable à la compagnie de madame votre mère? et des biens considérables dans une belle ville ne valent-ils pas mieux que la pauvreté à la Haye? Ne vous piquez pas-là dessus de sentiments que vous nommez héroïques; l'intérêt ne doit jamais, je l'avoue, être assez fort pour faire commettre une mauvaise action; mais aussi le désintéressement ne doit pas empêcher d'en faire une bonne, lorsqu'on y trouve son compte. Croyez-moi, vous méritez d'être heureuse, vous êtes faite pour briller partout; on ne brille point sans biens, et on ne vous blâmera jamais lorsque vous jouirez d'une bonne fortune, et vos calomniateurs vous respecteront alors; enfin vous m'aimez, et je ne serais pas retourné en France, si je n'avais cru que vous me suivriez bientôt; vous me l'avez promis, et vous, qui avez de si beaux sentiments, vous ne trahirez pas vos promesses. Vous n'avez qu'un moyen pour revenir : M. Le Normant, évêque d'Évreux, est, je crois, votre cousin; écrivez-lui, et que la religion et l'amitié pour votre famille soient vos deux motifs auprès de lui; insistez surtout sur l'article de la religion; dites-lui que le roi souhaite la conversion des huguenots, et que, étant ministre du Seigneur et votre parent, il doit, par toutes sortes de raisons, favoriser votre retour; conjurez-le d'engager monsieur votre père dans un dessein si juste; marquez-lui que vous voulez vous retirer dans une communauté, non comme religieuse pourtant, je n'ai garde de vous le conseiller : ne manquez pas à le nommer *monseigneur*. Vous pouvez adresser votre lettre *à monseigneur l'évêque d'Évreux, à Évreux, en Normandie*; je vous manderai le succès de la lettre, que je saurai par le P. Tournemine. Que je serais heureux, si, après tant de traverses, nous pouvions nous revoir à Paris ! le plaisir de vous voir réparerait mes malheurs; et si ma fidélité peut réparer les vôtres, vous êtes sûre d'être consolée. En vérité ce n'est qu'en tremblant que je songe à tout ce que vous avez souffert; et j'avoue que vous avez besoin de consolation : que ne puis-je vous en donner, en vous disant que je vous aimerai toute ma vie! Ne manquez pas, je vous en conjure, d'écrire à l'évêque d'Évreux, et cela le plus tôt que vous pourrez : mandez-moi comment vous vous portez depuis votre maladie, et écrivez-moi, à M. de Saint-Fort, chez M. Alain, procureur au Châtelet, rue Pavée-Saint-Bernard. Adieu, ma chère Pimpette; vous savez que je vous aimerai toujours. AROUET.

XIV. — A LA MÊME.
Paris, le 10 février.

Ma chère Pimpette, toutes les fois que vous ne m'écrivez point, je m'imagine que vous n'avez point reçu mes lettres; car je ne peux croire que l'éloignement des lieux ait fait sur vous ce qu'il ne peut faire sur moi; et, comme je vous aime toujours, je me persuade que vous m'aimez encore. Éclaircissez-moi donc de deux choses : l'une si vous avez reçu mes deux dernières lettres, et si je suis encore dans votre cœur : mandez-moi surtout si vous avez reçu ma dernière, que je vous écrivis le 20 janvier, dans laquelle il était parlé de l'évêque d'Évreux, et d'autres personnes dont j'ai hasardé les noms; mandez-moi quelque chose de certain par votre réponse à cette lettre; surtout instruisez-moi, je vous conjure, de l'état de votre santé et de vos affaires; adressez votre lettre à M. le chevalier de Saint-Fort, chez M. Alain, près les degrés de la place Maubert. Que votre lettre soit plus longue que la mienne, je trouverai toujours plus de plaisir à lire une de vos lettres de quatre pages, que vous n'en aurez à en lire de moi une de deux lignes. AROUET.

XV. — A MADAME LA MARQUISE DE MIMEURE.
(Juillet) 1715.

J'ai vu, madame, votre petite chienne, votre petit chat, et Mlle Aubert. Tout cela se porte bien, à la réserve de Mlle Aubert, qui a été malade, et qui, si elle n'y prend garde, n'aura point de gorge pour

Fontainebleau. A mon gré c'est la seule chose qui lui manquera, et je voudrais de tout mon cœur que sa gorge fût aussi belle et aussi pleine que sa voix.

Puisque j'ai commencé par vous parler de comédiennes, je vous dirai que la Duclos ne joue presque point, et qu'elle prend tous les matins quelques prises de séné et de casse, et le soir plusieurs prises du comte d'Uzès N*** adore toujours la dégoûtante Lavoie, et le maigre N*** a besoin de recourir aux femmes, car les hommes l'ont abandonné. Au reste, on ne nous donne plus que de très-mauvaises pièces jouées par de très-mauvais acteurs. En récompense Mlle de Montbrun récite très-joliment des pièces comiques. Je l'ai entendue déclamer des rôles du *Misanthrope* avec beaucoup d'art et beaucoup de naturel. Je ne vous dis rien de l'*Important*[1], car je vous écris avant la représentation, et je veux me réserver une occasion de vous écrire une seconde fois.

On joue à l'Opéra *Zéphyre et Flore*[2]. On imprime l'*Anti-Homère* de Terrasson, et les vers héroïques, moraux, chrétiens, et galants de l'abbé du Jarri. Jugez, madame, si on peut en conscience m'interdire la satire; permettez-moi donc d'être un peu malin.

J'ai pourtant une plus grande grâce à vous demander : c'est la permission d'aller rendre mes devoirs à M. de Mimeure et à vous, dans l'un de vos châteaux où peut-être vous vous ennuyez quelquefois. Je sais bien que je perdrais auprès de vous tout le fiel dont je me nourris à Paris; mais afin de ne me pas gâter tout à fait, je ne resterais que huit ou dix jours avec vous. Je vous apporterais ce que j'ai fait d'*OEdipe*. Je vous demanderais vos conseils sur ce qui est déjà fait, et sur ce qui n'est pas travaillé; et j'aurais à M. de Mimeure et à vous une obligation de faire une bonne pièce.

Je n'ose pas vous parler des occupations auxquelles vous avez dit que vous vous destiniez pendant votre solitude. Je me flatte pourtant que vous voudrez bien m'en faire la confidence tout entière;

Car nous savons que Vénus et Minerve
De leurs trésors vous comblent sans réserve.
Les Grâces même et la troupe des Ris,
Quoiqu'ils soient tous citoyens de Paris,
Et qu'en ces lieux ils se plaisent à vivre,
Jusqu'en province ont bien voulu vous suivre.

Ayez donc la bonté de m'envoyer, madame, signée de votre main, la permission de venir vous voir. Je n'écris point à M. de Mimeure, parce que je compte que c'est lui écrire en vous écrivant. Permettez-moi seulement, madame, de l'assurer de mon respect et de l'envie extrême que j'ai de le voir.

1. Comédie de Brueys. (ÉD.)
2. Opéra de Duboulai, mis en musique par les fils de Lulli. (ÉD.)

XVI. — A M. L'ABBÉ DE CHAULIEU.

De Sulli, 20 juin 1716.

Monsieur, vous avez beau vous défendre d'être mon maître, vous le serez, quoi que vous en disiez. Je sens trop le besoin que j'ai de vos conseils; d'ailleurs les maîtres ont toujours aimé leurs disciples, et ce n'est pas là une des moindres raisons qui m'engagent à être le vôtre. Je sens qu'on ne peut guère réussir dans les grands ouvrages sans un peu de conseils et beaucoup de docilité. Je me souviens bien des critiques que M. le grand prieur [1] et vous me fîtes dans un certain souper, chez M. l'abbé de Bussi. Ce souper-là fit beaucoup de bien à ma tragédie; et je crois qu'il me suffirait pour faire un bon ouvrage de boire quatre ou cinq fois avec vous. Socrate donnait ses leçons au lit, et vous les donnez à table; cela fait que vos leçons sont sans doute plus gaies que les siennes.

Je vous remercie infiniment de celles que vous m'avez données sur mon épître à *M. le Régent*; et quoique vous me conseilliez de louer, je ne laisserai pas de vous obéir.

Malgré le penchant de mon cœur,
A vos conseils je m'abandonne.
Quoi ! je vais devenir flatteur !
Et c'est Chaulieu qui me l'ordonne !

Je ne puis vous en dire davantage, car cela me saisit. Je suis, avec une reconnaissance infinie, etc.

XVII. — AU MÊME.

De Sulli, 15 juillet 1716.

A vous, l'Anacréon du Temple
A vous, le sage si vanté,
Qui nous prêchez la volupté
Par vos vers et par votre exemple,
Vous dont le luth délicieux,
Quand la goutte au lit vous condamne,
Rend des sons aussi gracieux
Que quand vous chantez la tocane,
Assis à la table des dieux.

Je vous écris, monsieur, du séjour du monde le plus aimable, si je n'y étais point exilé, et dans lequel il ne me manque, pour être parfaitement heureux, que la liberté d'en pouvoir sortir. C'est ici que Chapelle a demeuré, c'est-à-dire s'est enivré deux ans de suite. Je voudrais bien qu'il eût laissé dans ce château un peu de son talent poétique; cela accommoderait fort ceux qui veulent vous écrire. Mais, comme on

1. Philippe de Vendôme. (ÉD.)

prétend qu'il vous l a laissé tout entier, j'ai été obligé d'avoir recours
à la magie, dont vous m'avez tant parlé;

> Et dans une tour assez sombre
> Du château qu'habita jadis
> Le plus léger des beaux esprits,
> Un beau soir j'évoquai son ombre.
> Aux déités des sombres lieux
> Je ne fis point de sacrifice,
> Comme ces fripons qui des dieux
> Chantaient autrefois le service;
> Ou la sorcière Pythonisse,
> Dont la grimace et l'artifice
> Avaient fait dresser les cheveux
> A ce sot prince des Hébreux,
> Qui crut bonnement que le diable
> D'un prédicateur ennuyeux
> Lui montrait le spectre effroyable.
> Il n'y faut point tant de façon
> Pour une ombre aimable et légère :
> C'est bien assez d'une chanson,
> Et c'est tout ce que je puis faire.
> Je lui dis sur mon violon :
> « Eh! de grâce, monsieur Chapelle,
> Quittez le manoir de Pluton,
> Pour cet enfant qui vous appelle.
> Mais non, sur la voûte éternelle
> Les dieux vous ont reçu, dit-on,
> Et vous ont mis entre Apollon
> Et le fils joufflu de Sémele.
> Du haut de ce divin canton,
> Descendez, aimable Chapelle. »
> Cette familière oraison
> Dans la demeure fortunée
> Reçut quelque approbation ;
> Car enfin, quoique mal tournée,
> Elle était faite en votre nom.
> Chapelle vint. A son approche
> Je sentis un transport soudain ;
> Car il avait sa lyre en main,
> Et son Gassendi[1] dans sa poche;
> Il s'appuyait sur Bachaumont,
> Qui lui servit de compagnon
> Dans le récit de ce *Voyage*,

---

1. Gassendi avait élevé la jeunesse de Chapelle, qui devint grand partisan du système de philosophie de son précepteur. Toutes les fois qu'il s'enivrait, il expliquait le système aux convives; et lorsqu'ils étaient sortis de table, il continuait la leçon au maître d'hôtel.

> Qui du plus charmant badinage
> Fut la plus charmante leçon.

Je vous dirai pourtant en confidence, et, si la poste ne me pressait, je vous le rimerais : ce Bachaumont n'est pas trop content de Chapelle. Il se plaint qu'après avoir tous deux travaillé aux mêmes ouvrages, Chapelle lui a volé la moitié de la réputation qui lui appartenait. Il prétend que c'est à tort que le nom de son compagnon a étouffé le sien : « Car c'est moi, me dit-il tout bas à l'oreille, qui ai fait les plus jolies choses du *Voyage*, et, entre autres,

> Sous ce berceau qu'Amour exprès.... »

Mais il ne s'agit pas ici de rendre justice à ces deux messieurs ; il suffit de vous dire que je m'adressai à Chapelle pour lui demander comment il s'y prenait autrefois dans le monde

> Pour chanter toujours sur sa lyre
> Ces vers aisés, ces vers coulants,
> De la nature heureux enfants,
> Où l'art ne trouve rien à dire.
> « L'amour, me dit-il, et le vin
> Autrefois me firent connaître
> Les grâces de cet art divin ;
> Puis à Chaulieu l'épicurien
> Je servis quelque temps de maître
> Il faut que Chaulieu soit le tien. »

XVIII. — A M. LE DUC DE BRANCAS.
Sully, 1716.

Monsieur le duc, je crois qu'il suffit d'être malheureux et innocent pour compter sur votre protection, et je vous puis assurer que je la mérite. Je ne me plains point d'être exilé, mais d'être soupçonné de vers infâmes, également indignes, j'ose le dire, de la façon dont je pense et de celle dont j'écris. Je m'attendais bien à être calomnié par les mauvais poëtes, mais pas à être puni par un prince qui aime la justice. Souffrez que je vous présente une *Épître* en vers que j'ai composée pour monseigneur le Régent. Si vous la trouvez digne de vous, elle le sera de lui, et je vous supplie de la lui faire lire dans un de ces moments qui sont toujours favorables aux malheureux, quand ce prince les passe avec vous. J'ai tâché d'éviter dans cet ouvrage les flatteries trop outrées et les plaintes trop fortes, et d'y être libre sans hardiesse. Si j'avais l'honneur d'être plus connu de vous que je ne le suis, vous verriez que je parle dans cet écrit comme je pense ; et si la poésie ne vous en plaît pas, vous en aimeriez du moins la vérité.

Permettez-moi de vous dire que, dans un temps comme celui-ci, où l'ignorance et le mauvais goût commencent à régner, vous êtes d'autant plus obligé de soutenir les beaux-arts, que vous êtes presque le seul qui puisse le faire ; et qu'en protégeant ceux qui les cultivent avec quelque succès, vous ne protégez que vos admirateurs; je ne me servirai point ici du droit qu'ont tous les poëtes de comparer leur patron à Mécène.

> Ainsi que toi régissant des provinces,
> Comblé d'honneurs, et des peuples chéri,
> L'heureux Mécène était le favori
> Du dieu des vers et du plus grand des princes;
> Mais à longs traits goûtant la volupté,
> Son premier dieu ce fut l'oisiveté.
> Si quelquefois réveillant sa mollesse,
> Sa main légère, entre Horace et Maron,
> Daignait toucher la lyre d'Apollon,
> Comme La Fare il chantait la paresse.
> Pour toi, mêlant le devoir au plaisir,
> Dans les travaux tu te fais un loisir;
> Tu sais charmer au conseil comme à table.
> Mécène à toi n'est pas à comparer,
> Et je te crois, j'ose ici l'assurer,
> Moins paresseux, et non pas moins aimable.

Heureux, monsieur le Duc, ceux qui peuvent jouir de votre protection et de votre entretien! Pour moi, la seule grâce que je vous demande est celle de vous voir.

XIX. — A M. LE MARQUIS D'USSÉ.

A Sulli, 20 juillet.

Monsieur, je ne sais si vous vous souviendrez de moi, après l'honneur qu'on m'a fait de m'exiler. Souffrez que je vous demande une grâce : ce n'est point d'employer votre crédit pour moi, car je ne veux point vous proposer de vous donner du mouvement; ce n'est point non plus d'aider à rétablir ma réputation, cela est trop difficile : mais de me dire votre sentiment sur l'*Épître* que je vous envoie. Elle ne verra le jour qu'autant que vous l'en jugerez digne; et, si vous voulez bien avoir la bonté de me faire voir toutes les fautes que vous y trouverez, je vous aurai plus d'obligation que si vous me faisiez rappeler. Peut-être êtes-vous occupé à présent autour d'un alambic, et serez-vous tenté d'allumer vos fourneaux avec mes vers; mais, je vous supplie, que la chimie ne vous brouille point avec la poésie.

> Souvenez-vous des airs charmants
> Que vous chantiez sur le Parnasse,
> Et cultivez en même temps
> L'art de Paracelse et d'Horace.
> Jusques au fond de vos fourneaux
> Faites couler l'eau d'Hippocrène,
> Et je vous placerai sans peine
> Entre Homberg et Despréaux.

Jetez donc, monsieur, un œil critique sur mon ouvrage; et, si vous avez quelque bonté pour moi, renvoyez-le-moi avec les notes dont vous voudrez bien l'accompagner. Vous voyez bien de quelle conséquence il est pour moi que cet ouvrage soit ignoré dans le public avant d'être présenté au Régent; et j'attends que vous me garderez le secret. Surtout ne dites point à M. le duc de Sulli que je vous aie écrit; enfin, que tout ceci soit, je vous supplie, entre vous et moi.

Je suis, etc.

XX. — A MADAME LA MARQUISE DE MIMEURE.

A Sulli, 1716.

Je vous écris de ces rivages
Qu'habitèrent plus de deux ans
Les plus aimables personnages
Que la France ait vus de longtemps,
Les Chapelles, les Manicamps,
Ces voluptueux et ces sages
Qui, rimants, chassants, disputants
Sur les bords heureux de la Loire,
Passaient l'automne et le printemps
Moins à philosopher qu'à boire.

Il serait délicieux pour moi de rester à Sulli, s'il m'était permis d'en sortir. M. le duc de Sulli est le plus aimable des hommes, et celui à qui j'ai le plus d'obligation. Son château est dans la plus belle situation du monde; il y a un bois magnifique dont tous les arbres sont découpés par des polissons ou des amants qui se sont amusés à écrire leurs noms sur l'écorce.

A voir tant de chiffres tracés,
Et tant de noms entrelacés,
Il n'est pas malaisé de croire
Qu'autrefois le beau Céladon
A quitté les bords du Lignon
Pour aller à Sulli-sur-Loire.

Il est bien juste qu'on m'ait donné un exil agréable, puisque j'étais absolument innocent des indignes chansons qu'on m'imputait. Vous seriez peut-être bien étonnée si je vous disais que dans ce beau bois, dont je viens de vous parler, nous avons des nuits blanches comme à Sceaux. Mme de La Vrillière, qui vient ici pendant la nuit faire tapage avec Mme de Listenai, fut bien surprise d'être dans une grande salle d'ormes, éclairée d'une infinité de lampions, et d'y voir une magnifique collation servie au son des instruments, et suivie d'un bal où parurent plus de cent masques habillés de guenillons superbes. Les deux sœurs trouvèrent des vers sur leur assiette; on assure qu'ils sont de l'abbé Courtin. Je vous les envoie; vous verrez de qui ils sont.

Après tous les plaisirs que j'ai à Sulli, je n'ai plus à souhaiter que d'avoir l'honneur de vous voir à Ussé, et de vous donner des nuits blanches comme à Mme de La Vrillière.

Je vous demande en grâce, madame, de me mander si vous n'irez point en Touraine. J'irais vous saluer dans le château de M. d'Ussé, après avoir passé quelque temps à Preuilli, chez M. le baron de Breteuil[1]; c'est la moitié du chemin.

Ne me dédaignez pas, madame, comme l'an passé. Songez que vous écrivîtes à Roi, et que vous ne m'écrivîtes point. Vous devriez bien réparer vos mépris par une lettre bien longue, où vous me manderiez votre départ pour Ussé; sinon je crois que, malgré les ordres du Régent, j'irai vous trouver à Paris, tant je suis avec un véritable dévouement, etc.

XXI. — A M. L'ABBÉ DE BUSSI[2].

De Sulli, 1716.

Non, nous ne sommes point tous deux
Aussi méchants qu'on le publie ;
Et nous ne sommes, *quoi qu'on die*,
Que de simples voluptueux,
Contents de couler notre vie
Au sein des Grâces et des Jeux.
Et si dans quelque douce orgie
Votre prose et ma poésie
Contre les discours ennuyeux
Ont fait quelque plaisanterie,
Cette innocente raillerie
Dans ces repas dignes des dieux
Jette une pointe d'ambroisie.

Il me semble que je suis bien hardi de me mettre ainsi de niveau avec vous, et de faire marcher d'un pas égal les tracasseries des femmes et celles des poëtes. Ces deux espèces sont assez dangereuses. Je pourrai bien, comme vous, passer loin d'elles mon hiver ; du moins je resterai à Sulli après le départ du maître de ce beau séjour. Je suis sensiblement touché des marques que vous me donnez de votre souvenir; je le serai beaucoup plus de vous retrouver.

Ornement de la bergerie,
Et de l'Église et de l'Amour,
Aussitôt que Flore à son tour
Peindra la campagne fleurie,
Revoyez la ville chérie
Où Vénus a fixé sa cour.
Est-il pour vous d'autre patrie?
Et serait-il dans l'autre vie
Un plus beau ciel, un plus beau jour,
Si l'on pouvait de ce séjour
Exiler la *Tracasserie?*
Évitons ce monstre odieux,
Monstre femelle dont les yeux

1. Père de Mme du Châtelet. (ÉD.)
2. Depuis évêque de Luçon ; second fils de Bussi-Rabutin, le cousin de Mme de Sévigné. (ÉD.)

Portent un poison gracieux,
Et que le ciel en sa furie,
De notre bonheur envieux,
A fait naître dans ces beaux lieux
Au sein de la galanterie.
Voyez-vous comme un miel flatteur
Distille de sa bouche impure?
Voyez-vous comme l'Imposture
Lui prête un secours séducteur?
Le Courroux étourdi la guide;
L'Embarras, le Soupçon timide,
En chancelant suivent ses pas.
De faux rapports l'Erreur avide
Court au-devant de la perfide,
Et la caresse dans ses bras.
Que l'Amour, secouant ses ailes,
De ces commerces infidèles
Puisse s'envoler à jamais!
Qu'il cesse de forger des traits
Pour tant de beautés criminelles!
Et qu'il vienne au fond du Marais,
De l'innocence et de la paix
Goûter les douceurs éternelles!

Je hais bien tout mauvais rimeur
De qui le bel esprit baptise
Du nom d'ennui la paix du cœur,
Et la constance de sottise.
Heureux qui voit couler ses jours
Dans la mollesse et l'incurie,
Sans intrigues, sans faux détours,
Près de l'objet de ses amours,
Et loin de la coquetterie!
Que chaque jour rapidement
Pour de pareils amants s'écoule!
Ils ont tous les plaisirs en foule,
Hors ceux du raccommodement.
Quelques amis dans ce commerce
De leur cœur, que rien ne traverse
Partagent la chère moitié;
Et dans une paisible ivresse
Ce couple avec délicatesse
Aux charmes purs de l'amitié
Joint les transports de la tendresse.

Voilà, monsieur, des médiocrités nouvelles pour l'antique gentillesse dont vous m'avez fait part. Savez-vous bien où est ce réduit dont je vous parle? M. l'abbé Courtin dit que c'est chez Mme de Charost.

En quelque endroit que ce soit, n'importe, pourvu que j'aie l'honneur de vous y voir.

> Rendez-nous donc votre présence,
> Galant prieur de Trigolet,
> Très-aimable et très-frivolet :
> Venez voir votre humble valet
> Dans le palais de la Constance.
> Les Grâces, avec complaisance,
> Vous suivront en petit collet ;
> Et moi, leur serviteur follet,
> J'ébaudirai Votre Excellence
> Par des airs de mon flageolet,
> Dont l'Amour marque la cadence
> En faisant des pas de ballet.

En attendant, je travaille ici quelquefois au nom de M. l'abbé Courtin, qui me laisse le soin de faire en vers les honneurs de son teint fleuri et de sa croupe rebondie. Nous vous envoyons, pour vous délasser dans votre royaume, une lettre à M. le grand prieur, et la réponse de l'Anacréon[1] du Temple. Je ne vous demande pour tant de vers qu'un peu de prose de votre main. Puisque vous m'exhortez à vivre en bonne compagnie, que je commence à goûter bien fort, il faudra, s'il vous plaît, que vous me souffriez quelquefois près de vous à Paris.

XXII. — A M. LE PRINCE DE VENDÔME[2].

1716.

> De Sulli, salut et bon vin
> Au plus aimable de nos princes,
> De la part de l'abbé Courtin,
> Et d'u. ailleur des plus minces
> Que son bon ange et son lutin
> Ont envoyé dans ces provinces.

Vous voyez, monseigneur, que l'envie de faire quelque chose pour vous a réuni deux hommes bien différents.

> L'un, gras, rond, gros, court, séjourné,
> Citadin de Papimanie,
> Porte un teint de prédestiné,
> Avec la croupe rebondie.
> ur son front respecté du temps,
> Une fraîcheur toujours nouvelle
> Au bon doyen de nos galants
> Donne une jeunesse éternelle.
> L'autre dans Papefigue est né,

---

1. L'abbé de Chaulieu. (ÉD.)
2. C'est le frère du duc de Vendôme. Il était grand prieur de France. L'abbé Courtin était un de ses amis, fils d'un conseiller d'État, et homme de lettres. Il était tel qu'on le dépeint ici.

Maigre, long, sec et décharné,
N'ayant eu croupe de sa vie,
Moins malin qu'on ne vous le dit,
Mais peut-être de Dieu maudit,
Puisqu'il aime et qu'il versifie.

Notre premier dessein était d'envoyer à Votre Altesse un ouvrage dans les formes, moitié vers, moitié prose, comme en usaient les Chapelle, les Desbarreaux, les Hamilton, contemporains de l'abbé, et nos maîtres. J'aurais presque ajouté Voiture, si je ne craignais de fâcher mon confrère, qui prétend, je ne sais pourquoi, n'être pas assez vieux pour l'avoir vu.

L'abbé, comme il est paresseux,
Se réservait la prose à faire,
Abandonnant à son confrère
L'emploi flatteur et dangereux
De rimer quelques vers heureux,
Qui peut-être auraient pu déplaire
A certain censeur rigoureux
Dont le nom doit ici se taire.

Comme il y a des choses assez hardies à dire par le temps qui court, le plus sage de nous deux, qui n'est pas moi, ne voulait en parler qu'à condition qu'on n'en saurait rien.

Il alla donc vers le dieu du mystère,
Dieu des Normands, par moi très-peu fêté,
Qui parle bas quand il ne peut se taire,
Baisse les yeux et marche de côté.
Il favorise, et certes c'est dommage,
Force fripons; mais il conduit le sage.
Il est au bal, à l'église, à la cour;
Au temps jadis il a guidé l'Amour.

Malheureusement ce dieu n'était pas à Sulli; il était en tiers, dit-on, entre M. l'archevêque de.... et Mme de..., sans cela nous eussions achevé notre ouvrage sous ses yeux.

Nous eussions peint les Jeux voltigeant sur vos traces;
Et cet esprit charmant, au sein d'un doux loisir,
Agréable dans le plaisir,
Héroïque dans les disgrâces.
Nous vous eussions parlé de ces bienheureux jours,
Jours consacrés à la tendresse.
Nous vous eussions, avec adresse,
Fait la peinture des amours,
Et des amours de toute espèce.
Vous en eussiez vu de Paphos,
Vous en eussiez vu de Florence;
Mais avec tant de bienséance

ANNÉE 1716.

   Que le plus âpre des dévots
    N'en eût pas fait la différence.
  Bacchus y paraîtrait de tocane échauffé,
    D'un bonnet de pampre coiffé,
  Célébrant avec vous sa plus joyeuse orgie
  L'Imagination serait à son côté,
De ses brillantes fleurs ornant la Volupté
    Entre les bras de la Folie.
    Petits soupers, jolis festins,
    Ce fut parmi vous que naquirent
    Mille vaudevilles malins
    Que les Amours à rire enclins
    Dans leurs sottisiers recueillirent,
    Et que j'ai vus entre leurs mains.
    Ah! que j'aime ces vers badins,
    Ces riens naïfs et pleins de grâce,
    Tels que l'ingénieux Horace
    En eût fait l'âme d'un repas,
    Lorsqu'à table il tenait sa place
    Avec Auguste et Mécénas!

Voilà un faible crayon du portrait que nous voulions faire ; mais

  Il faut être inspiré pour de pareils écrits :
    Nous ne sommes point beaux esprits :
    Et notre flageolet timide
    Doit céder cet honneur charmant
    Au luth aimable, au luth galant
    De ce successeur de Clément,
    Qui dans votre temple réside.
    Sachez donc que l'oisiveté
    Fait ici notre grande affaire.
    Jadis de la Divinité
    C'était le partage ordinaire ;
    C'est le vôtre, et vous m'avouerez
    Qu'après tant de jours consacrés
    A Mars, à la cour, à Cythère,
    Lorsque de tout on a tâté,
    Tout fait, ou du moins tout tenté,
    Il est bien doux de ne rien faire.

    XXIII. — A M.***
            1716.

  Jouissez, monsieur, des plaisirs de Paris, tandis que je suis, par ordre du roi, dans le plus aimable château et dans la meilleure compagnie du monde. Il y a peut-être quelques gens qui s'imaginent que je suis exilé ; mais la vérité est que M. le Régent m'a donné ordre d'aller passer quelques mois dans une campagne délicieuse, où l'automne amène beaucoup de personnes d'esprit ; et, ce qui vaut bien mieux, des gens d'un commerce aimable, grands chasseurs pour la plupart, et qui passent ici les beaux jours à assassiner des perdrix.

> Pour moi chétif, on me condamne
> A rester au sacré vallon;
> Je suis fort bien près d'Apollon,
> Mais assez mal avec Diane.

Je chasse peu, je versifie beaucoup; je rime tout ce que le hasard offre à mon imagination;

> Et, par mon démon lutiné,
> On me voit souvent d'un coup d'aile
> Passer des fureurs de Lainé
> A la douceur de Fontenelle.
> Sous les ombrages toujours cois
> De Sulli, ce séjour tranquille,
> Je suis plus heureux mille fois
> Que le grand prince qui m'exile
> Ne l'est près du trône des rois.

N'allez pas, s'il vous plaît, publier ce bonheur dont je vous fais confidence, car on pourrait bien me laisser ici assez de temps pour y pouvoir devenir malheureux; je connais ma portée, je ne suis pas fait pour habiter longtemps le même lieu.

> L'exil assez souvent nous donne
> Le repos, le loisir, ce bonheur précieux
> Qu'à bien peu de mortels ont accordé les dieux,
> Et qui n'est connu de personne
> Dans le séjour tumultueux
> De la ville que j'abandonne.
> Mais la tranquillité que j'éprouve aujourd'hui,
> Ce bien pur et parfait où je n'osais prétendre,
> Est parfois, entre nous, si semblable à l'ennui,
> Que l'on pourrait bien s'y méprendre.

Il n'a point encore approché de Sulli;

> Mais maintenant dans le parterre
> Vous le verrez, comme je croi,
> Aux pièces du poëte Roi;
> C'est là sa demeure ordinaire.

Cependant on me dit que vous ne fréquentez plus que la comédie italienne. Ce n'est pas là où se trouve ce gros dieu dont je vous parle. J'entends dire

> Que tout Paris est enchanté
> Des attraits de la nouveauté;
> Que son goût délicat préfère
> L'enjouement agréable et fin
> De Scaramouche et d'Arlequin,
> Au pesant et fade Molière.

XXIV. — A M. DE LA FAIE.

La Faie, ami de tout le monde,
Qui savez le secret charmant
De réjouir également
Le philosophe, l'ignorant,
Le galant à perruque blonde ;
Vous qui rimez, comme Ferrand,
Des madrigaux, des épigrammes,
Qui chantez d'amoureuses flammes
Sur votre luth tendre et galant ;
Et qui même assez hardiment
Osâtes prendre votre place
Auprès de Malherbe et d'Horace,
Quand vous alliez sur le Parnasse
Par le café de la Laurent.

Je voudrais bien aller aussi au Parnasse, moi qui vous parle ; j'aime les vers à la fureur ; mais j'ai un petit malheur, c'est que j'en fais de détestables ; et j'ai le plaisir de jeter tous les soirs au feu tout ce que j'ai barbouillé dans la journée.

Parfois je lis une belle strophe de votre ami M. de La Motte, et puis je me dis tout bas : « Petit misérable, quand feras-tu quelque chose d'aussi bien ? » Le moment d'après, c'est une strophe peu harmonieuse et un peu obscure, et je me dis : « Garde-toi d'en faire autant. » Je tombe sur un psaume ou sur une épigramme ordurière de Rousseau ; cela éveille mon odorat : je veux lire ses autres ouvrages, mais le livre me tombe des mains. Je vois des comédies à la glace, des opéras fort au-dessous de ceux de l'abbé Pic, une épître au comte d'Ayen qui est à faire vomir, un petit voyage de Rouen fort insipide, une ode à M. Duché fort au-dessous de tout cela ; mais, ce qui me révolte et ce qui m'indigne, c'est le mauvais cœur qui perce à chaque ligne. J'ai lu son épître à Marot, où il y a de très-beaux morceaux ; mais je crois y voir plutôt un enragé qu'un poëte. Il n'est pas inspiré, il est possédé : il reproche à l'un sa prison ; à l'autre, sa vieillesse ; il appelle celui-ci athée ; celui-là, maroufle. Où donc est le mérite de dire en vers de cinq pieds des injures si grossières ? Ce n'était pas ainsi qu'en usait M. Despréaux, quand il se jouait aux dépens des mauvais auteurs : aussi son style était doux et coulant ; mais celui de Rousseau me paraît inégal, recherché, plus violent que vif, et teint, si j'ose m'exprimer ainsi, de la bile qui le dévore. Peut-on souffrir qu'en parlant de M. de Crébillon, il dise qu'il *vient de sa griffe Apollon molester ?*

Quels vers que ceux-ci :

Ce rimeur si sucré
Devient amer, quand le cerveau lui tinte,
Plus qu'aloès ni jus de coloquinte !
Épître à Cl. Marot,

De plus, toute cette épître roule sur un raisonnement faux; il veut prouver que tout homme d'esprit est honnête homme, et que tout sot est fripon : mais ne serait-il pas la preuve trop évidente du contraire, si pourtant c'est véritablement de l'esprit que le seul talent de la versification? Je m'en rapporte à vous et à tout Paris. Rousseau ne passe point pour avoir d'autre mérite ; il écrit si mal en prose que son *factum* est une des pièces qui ont servi à le faire condamner. Au contraire celui de M. Saurin est un chef-d'œuvre :

> ....*Et quid facundia posset*
> *Tum patuit*............
> Ovid., *Métam.*, XIII, v. 382.

Enfin voulez-vous que je vous dise franchement mon petit sentiment sur MM. de La Motte et Rousseau? M. de La Motte pense beaucoup, et ne travaille pas assez ses vers ; Rousseau ne pense guère, mais il travaille ses vers beaucoup mieux. Le point serait de trouver un poëte qui pensât comme La Motte, et qui écrivît comme Rousseau (quand Rousseau écrit bien, s'entend); mais

> *Pauci, quos æquus amavit*
> *Jupiter, aut ardens evexit ad æthera virtus,*
> *Dis geniti, potuere....*
> Æn., VI, 129

J'ai bien envie de revenir bientôt souper avec vous et raisonner de belles-lettres : je commence à m'ennuyer beaucoup ici [1]. Or il faut que je vous dise ce que c'est que l'ennui :

> Car vous qui toujours le chassez,
> Vous pourriez l'ignorer peut-être :
> Trop heureux si cas vers, à la hâte tracés,
> Ne l'ont pas déjà fait connaître !
> C'est un gros dieu lourd et pesant
> D'un entretien froid et glaçant,
> Qui ne rit jamais, toujours bâille,
> Et qui, depuis cinq ou six ans
> Dans la foule des courtisans
> Se trouvait toujours à Versaille.
> Mais on dit que, tout de nouveau,
> Vous l'allez revoir au parterre,
> Au *Capricieux* [2] de Rousseau :
> C'est là sa demeure ordinaire.

Au reste je suis charmé que vous ne partiez pas sitôt pour Gênes; votre ambassade m'a la mine d'être pour vous un bénéfice simple. Faites-vous payer de votre voyage, et ne le faites point : ne ressemblez pas à ces politiques errants qu'on envoie de Parme à Florence, et

1. A Sulli-sur-Loire, lieu de son exil. (ÉD.)
2. Mauvaise pièce de Rousseau qu'on voulait mettre au théâtre, mais qu'on fut obligé d'abandonner aux répétitions.

de Florence à Holstein, et qui reviennent enfin ruinés dans leur pays, pour avoir eu le plaisir de dire : *Le roi mon maître.* Il me semble que je vois des comédiens de campagne qui meurent de faim après avoir joué le rôle de César et de Pompée.

> Non, cette brillante folie
> N'a point enchaîné vos esprits :
> Vous connaissez trop bien le prix
> Des douceurs de l'aimable vie
> Qu'on vous voit mener à Paris
> En assez bonne compagnie;
> Et vous pouvez bien vous passer
> D'aller loin de nous professer
> La politique en Italie.

XXV. — A Mgr le duc de Sulli.

Monseigneur, M. de Bazin, lieutenant de robe courte, m'est venu arrêter ce matin. Je ne puis vous en dire davantage. Je ne sais de quoi il est question. Mon innocence m'assure de votre protection. Je serai trop heureux si vous me faites l'honneur de me l'accorder.

XXVI. — A Mr le lieutenant de police[1].

A Châtenay, vendredi saint 1718.

Monsieur, souffrez que le premier usage que je fasse de ma liberté soit de vous remercier de me l'avoir procurée. Je ne pourrai vous marquer ma reconnaissance qu'en me rendant digne, par ma conduite, de cette grâce et de votre protection. Je crois avoir profité de mes malheurs; et j'ose vous assurer que je n'ai pas moins d'obligation à M. le Régent de ma prison que de ma liberté. J'ai fait beaucoup de fautes; mais je vous conjure, monsieur, d'assurer S. A. R. que je ne suis ni assez méchant, ni assez imbécile pour avoir écrit contre elle. Je n'ai jamais parlé de ce prince que pour admirer son génie, et j'en aurais dit tout autant quand même il eût été un homme privé. J'ai toujours eu pour lui une vénération d'autant plus profonde que je sais qu'il hait la louange autant qu'il la mérite. Quoique vous lui ressembliez en cela, je ne puis m'empêcher de me féliciter d'être entre vos mains, et vou dire que votre intégrité m'assure du bonheur de ma vie.

Je suis avec beaucoup de respect et de reconnaissance, monsieur, votre très-humble et très-obéissant serviteur, AROUET.

XXVII. — A Mgr le duc d'Orléans, régent.

1718.

Monseigneur, faudra-t-il que le pauvre Voltaire ne vous ait d'autres obligations que de l'avoir corrigé par une année de Bastille[2]? Il se

---

1. Marc-René d'Argenson. (ÉD.)
2. M. Ancelot, dans son voyage intitulé *Six mois en Russie,* dit avoir vu, en 1826, à la Bibliothèque impériale de Saint-Pétersbourg, *le portefeuille enlevé*

flattait que, après l'avoir mis en purgatoire, vous vous souviendriez de lui dans le temps que vous ouvrez le paradis à tout le monde.

Il prend la liberté de vous demander trois grâces : la première, de souffrir qu'il ait l'honneur de vous dédier la tragédie[1] qu'il vient de composer; la seconde, de vouloir bien entendre quelque jour des morceaux d'un poëme épique sur celui de vos aïeux auquel vous ressemblez le plus; et la troisième, de considérer que j'ai l'honneur de vous écrire une lettre où le mot de souscription ne se trouve point.

Je suis avec un profond respect, monseigneur, de Votre Altesse Royale, le très-humble et très-pauvre secrétaire des niaiseries,

VOLTAIRE.

XVIII. — A MADAME LA MARQUISE DE MIMEURE.

1719.

On ne peut vaincre sa destinée : je comptais, madame, ne quitter la solitude délicieuse où je suis, que pour aller à Sulli; mais M. le duc et Mme la duchesse de Sulli vont à Villars, et me voilà, malgré moi, dans la nécessité de les y aller trouver. On a su me déterrer dans mon ermitage pour me prier d'aller à Villars; mais on ne m'y fera point perdre mon repos. Je porte à présent un manteau de philosophe dont je ne me déferai pour rien au monde.

Vous ne me reverrez de longtemps, madame la marquise; mais je me flatte que vous vous souviendrez un peu de moi, et que vous serez toujours sensible à la tendre et véritable amitié que vous savez que j'ai pour vous. Faites-moi l'honneur de m'écrire quelquefois des nouvelles de votre santé et de vos affaires; vous ne trouverez jamais personne qui s'y intéresse autant que moi.

Je vous prie de m'envoyer le petit emplâtre que vous m'avez promis pour le bouton qui m'est venu sur l'œil. Surtout ne croyez point que ce soit coquetterie, et que je veuille paraître à Villars avec un désagrément de moins. Mes yeux commencent à ne me plus intéresser qu'autant que je m'en sers pour lire ou pour vous écrire. Je ne crains plus même les yeux de personne; et le poëme de Henri IV et mon amitié pour vous sont les deux seuls sentiments vifs que je me connaisse.

XXIX. — A LA MÊME.

1719.

Je vais demain à Villars : je regrette infiniment la campagne que je quitte, et ne crains guère celle où je vais.

Vous vous moquez de ma présomption, madame, et vous me croyez d'autant plus faible que je me crois raisonnable. Nous verrons qui aura raison de nous deux. Je vous réponds par avance que, si je remporte la victoire, je n'en serai pas fort enorgueilli.

à Voltaire, lors de sa détention à la Bastille. Ce portefeuille, d'où proviennent les lettres XXV et XXVI, est à la Bibliothèque impériale de Saint-Pétersbourg, sous le n° 725; il contient quatre-vingt-cinq pièces de Voltaire ou relatives à Voltaire; mais, parmi ces pièces, il en est qui sont de 1755. Ce portefeuille est donc un dossier concernant Voltaire. (*Note de M. Bouchot.*)

1. Œdipe. (ÉD.)

Je vous remercie beaucoup de ce que vous m'avez envoyé pour mon œil; c'est actuellement le seul remède dont j'aie besoin; car soyez bien sûre que je suis guéri pour jamais du mal que vous craignez pour moi : vous me faites sentir que l'amitié est d'un prix plus estimable mille fois que l'amour. Il me semble même que je ne suis point du tout fait pour les passions. Je trouve qu'il y a en moi du ridicule à aimer, et j'en trouverais encore davantage dans celles qui m'aimeraient. Voilà qui est fait; j'y renonce pour la vie.

Je suis sensiblement affligé de voir que votre colique ne vous quitte point; j'aurais dû commencer ma lettre par là. Mais ma guérison, dont e me flatte, m'avait fait oublier vos maux pour un petit moment.

S'il y a quelques nouvelles, mandez-les-moi à Villars, je vous en prie. Conservez, si vous pouvez, votre santé et votre fortune. Je n'ai rien de si à cœur que de trouver l'une et l'autre rétablies à mon retour. Écrivez-moi, au plus tôt, comment vous vous portez.

XXX. — A M. DE GÉNONVILLE.

1719.

Ami, que je chéris de cette amitié rare
Dont Pylade a donné l'exemple à l'univers,
    Et dont Chaulieu chérit La Fare;
Vous pour qui d'Apollon les trésors sont ouverts,
    Vous dont les agréments divers,
        L'imagination féconde,
L'esprit et l'enjouement, sans vice et sans travers,
Seraient chez nos neveux célébrés dans mes vers,
Si mes vers, comme vous, plaisaient à tout le monde
    Votre épître a charmé le pasteur de Sulli;
    Il se connaît au bon, et partant il vous aime;
    Votre écrit est par nous dignement accueilli,
        Et vous serez reçu de même.

Il est beau, mon cher ami, de venir à la campagne, tandis que Plutus tourne toutes les têtes à la ville. Êtes-vous réellement devenus tous fous à Paris? Je n'entends parler que de millions; on dit que tout ce qui était à son aise est dans la misère, et que tout ce qui était dans la mendicité nage dans l'opulence. Est-ce une réalité? est-ce une chimère? La moitié de la nation a-t-elle trouvé la pierre philosophale dans les moulins à papier? Law est-il un dieu, un fripon, ou un charlatan qui s'empoisonne de la drogue qu'il distribue à tout le monde? Se contente-t-on de richesses imaginaires? C'est un chaos que je ne puis débrouiller, et auquel je m'imagine que vous n'entendez rien. Pour moi je ne me livre à d'autres chimères qu'à celle de la poésie.

    Avec l'abbé Courtin je vis ici tranquille,
        Sans aucun regret pour la ville
        Où certain Écossais malin,
        Comme la vieille sibylle
        Dont parle le bon Virgile,

> Sur des feuillets volants écrit notre destin.
> Venez nous voir un beau matin,
> Venez, aimable Génonville;
> Apollon dans ces climats
> Vous prépare un riant asile :
> Voyez comme il vous tend les bras,
> Et vous rit d'un air facile.
>
> Deux jésuites en ce lieu,
> Ouvriers de l'Évangile,
> Viennent, de la part de Dieu,
> Faire un voyage inutile.
> Ils veulent nous prêcher demain;
> Mais pour nous défaire soudain
> De ce couple de chattemites,
> Il ne faudra sur leur chemin
> Que mettre un gros saint Augustin :
> C'est du poison pour les jésuites.

XXXI. — A MADAME LA MARQUISE DE MIMEURE.

A Villars, 1719.

Auriez-vous, madame, assez de bonté pour moi, pour être un peu fâchée de ce que je suis si longtemps sans vous écrire? Je suis éloigné depuis six semaines de la désolée ville de Paris : je viens de quitter le Bruel, où j'ai passé quinze jours avec M. le duc de La Feuillade. N'est-il pas vrai que c'est bien là un homme? Et, si quelqu'un approche de la perfection, il faut absolument que ce soit lui. Je suis si enchanté de son commerce, que je ne peux m'en taire, surtout avec vous, pour qui vous savez que je pense comme pour M. le duc de La Feuillade, et qui devez sûrement l'estimer, par la raison qu'on a toujours du goût pour ses semblables.

Je suis actuellement à Villars : je passe ma vie de château en château; et, si vous aviez pris une maison à Passy, je lui donnerais la préférence sur tous les châteaux du monde.

Je crains bien que toutes les petites tracasseries que M. Law a eues avec le peuple de Paris ne rendent les acquisitions un peu difficiles. Je songe toujours à vous, lorsqu'on me parle des affaires présentes; et, dans la ruine totale que quelques gens craignent, comptez que c'est votre intérêt qui m'alarme le plus.

Vous méritiez assurément une autre fortune que celle que vous avez; mais encore faut-il que vous en jouissiez tranquillement, et qu'on ne vous l'écorne pas. Quelque chose qui arrive, on ne vous ôtera point les agréments de l'esprit. Mais, si on y va toujours du même train, on pourra bien ne vous laisser que cela ; et franchement ce n'est pas assez pour vivre commodément, et pour avoir une maison de campagne où je puisse avoir l'honneur de passer quelque temps avec vous.

Notre poëme[1] n'avance guère. Il faut s'en prendre un peu au biribi,

1. *La Henriade.* (ÉD.)

où je perds mon bonnet. Le petit Génonville m'a écrit une lettre en vers qui est très-jolie : je lui ai fait réponse, mais non pas si bien. Je souhaite quelquefois que vous ne le connaissiez point, car vous ne pourriez plus me souffrir.

Si vous m'écrivez, ayez la bonté de vous y prendre incessamment : je ne resterai pas si longtemps à Villars, et je pourrai bien venir vous faire ma cour à Paris dans quelques jours.

Adieu, madame la marquise: écrivez-moi un petit mot, et comptez que je suis toujours pénétré de respect et d'amitié pour vous.

XXXII. — A M. DE FONTENELLE.

De Villars, juin 1721.

Les dames qui sont à Villars, monsieur, se sont gâtées par la lecture de vos *Mondes*. Il vaudrait mieux que ce fût par vos églogues; et nous les verrions plus volontiers ici bergères que philosophes. Elles mettent à observer les astres un temps qu'elles pourraient beaucoup mieux employer; et, comme leur goût décide des nôtres, nous nous sommes tous faits physiciens pour l'amour d'elles.

> Le soir sur des lits de verdure,
> Lits que de ses mains la nature,
> Dans ces jardins délicieux,
> Forma pour une autre aventure,
> Nous brouillons tout l'ordre des cieux :
> Nous prenons Vénus pour Mercure;
> Car vous saurez qu'ici l'on n'a
> Pour examiner les planètes,
> Au lieu de vos longues lunettes,
> Que des lorgnettes d'opéra.

Comme nous passons la nuit à observer les étoiles, nous négligeons fort le soleil, à qui nous ne rendons visite que lorsqu'il a fait près des deux tiers de son tour. Nous venons d'apprendre tout à l'heure qu'il a paru de couleur de sang tout le matin; qu'ensuite, sans que l'air fût obscurci d'aucun nuage, il a perdu sensiblement de sa lumière et de sa grandeur : nous n'avons su cette nouvelle que sur les cinq heures du soir. Nous avons mis la tête à la fenêtre, et nous avons pris le soleil pour la lune, tant il était pâle. Nous ne doutons point que vous n'ayez vu la même chose à Paris.

C'est à vous que nous nous adressons, monsieur, comme à notre maître. Vous savez rendre aimables les choses que beaucoup d'autres philosophes rendent à peine intelligibles; et la nature devait à la France et à l'Europe un homme comme vous pour corriger les savants, et pour donner aux ignorants le goût des sciences.

> Or dites-nous donc, Fontenelles,
> Vous qui, par un vol imprévu,
> De Dédale prenant les ailes,
> Dans les cieux avez parcouru

Tant de carrières immortelles,
Où saint Paul avant vous a vu
Force beautés surnaturelles,
Dont très-prudemment il s'est tu :
Du soleil, par vous si connu,
Ne savez-vous point de nouvelles?
Pourquoi sur un char tout sanglant
A-t-il commencé sa carrière?
Pourquoi perd-il, pâle et tremblant,
Et sa grandeur et sa lumière?
Que dira le Boulainvilliers [1]
Sur ce terrible phénomène?
Va-t-il à des peuples entiers
Annoncer leur perte prochaine?
Verrons-nous des incursions,
Des édits, des guerres sanglantes
Quelques nouvelles actions,
Ou le retranchement des rentes?
Jadis, quand vous étiez pasteur,
On vous eût vu sur la fougère,
A ce changement de couleur
Du dieu brillant qui nous éclaire,
Annoncer à votre bergère
Quelque changement dans son cœur.

Mais à présent, monsieur, que vous êtes devenu philosophe, nous nous flattons que vous voudrez bien nous parler physiquement de tout cela. Vous nous direz si vous croyez que l'astre soit encroûté, comme le prétend Descartes; et nous vous croirons aveuglément, quoique nous ne soyons pas trop crédules.

XXXIII. — A M. THIERIOT.

1721.

Je suis encore incertain de ma destinée. J'attends M. le duc de Sulli pour régler ma marche. Comptez que je n'ai d'autre envie que de passer avec vous beaucoup de ces jours tranquilles dont nous nous trouvions si bien dans notre solitude.

Je viens d'écrire une lettre à M. de Fontenelle, à l'occasion d'un phénomène qui a paru dans le soleil, hier jour de la Pentecôte. Vous voyez que je suis poëte et physicien. J'ai une grande impatience de vous voir, pour vous montrer ce petit ouvrage dont vous grossirez votre recueil.

Avez-vous toujours, mon cher ami, la bonté de faire en ma faveur ce qu'Esdras fit pour l'Écriture sainte, c'est-à-dire d'écrire de mémoire

---

1. Le comte de Boulainvilliers, homme d'une grande érudition, mais qui avait la faiblesse de croire à l'astrologie. Le cardinal de Fleury disait de lui qu'il ne connaissait ni l'avenir, ni le passé, ni le présent. Cependant il a fait de très-belles recherches sur l'histoire de France.

mes pauvres ouvrages? S'il y a quelque nouvelle à Paris, faites-m'en part. J'espère de vous y revoir bientôt dans cette bonne santé dont vous me parlez. Comme la ressemblance de nos tempéraments est parfaite, je me porte aussi bien que vous; je crois cependant que vous avez eu hier mal à l'estomac, car j'ai eu une indigestion.

Adieu; je vous embrasse de tout mon cœur.

XXXIV. — AU MÊME.
1721.

J'irai à Châtenai, mon cher Thieriot, de dimanche en huit. Si vous êtes de ces héros qui préfèrent les devoirs de l'amitié aux caprices de l'amour, vous viendrez m'y voir. J'ai retrouvé votre livre vert; Génonville vous l'avait escamoté. Renvoyez-moi ma lettre à M. de Fontenelle, et ses réponses. Tout cela ne vaut pas grand'chose; mais il y a dans le monde des sots qui les trouveront bonnes : ce n'est ni vous ni moi. Adieu. J'ai été saigné de mon ordonnance : je m'en suis assez mal trouvé. Un médecin n'aurait pas fait pis. Renvoyez-moi vite les papiers que je vous demande. Adieu, mon cher ami.

XXXV. — AU MÊME.
A Blois, 2 janvier 1722.

Il faut que je vous fasse part de l'enchantement où je suis du voyage que j'ai fait à la Source, chez milord Bolingbroke et chez Mme de Villette. J'ai trouvé dans cet illustre Anglais toute l'érudition de son pays, et toute la politesse du nôtre. Je n'ai jamais entendu parler notre langue avec plus d'énergie et de justesse. Cet homme, qui a été toute sa vie plongé dans les plaisirs et dans les affaires, a trouvé pourtant le moyen de tout apprendre et de tout retenir. Il sait l'histoire des anciens Égyptiens comme celle d'Angleterre. Il possède Virgile comme Milton; il aime la poésie anglaise, la française et l'italienne; mais il les aime différemment, parce qu'il discerne parfaitement leurs différents génies.

Après le portrait que je vous fais de milord Bolingbroke, il me siéra peut-être mal de vous dire que Mme de Villette et lui ont été infiniment satisfaits de mon poëme. Dans l'enthousiasme de l'approbation, ils le mettaient au-dessus de tous les ouvrages de poésie qui ont paru en France; mais je sais ce que je dois rabattre de ces louanges outrées. Je vais passer trois mois à en mériter une partie. Il me paraît qu'à force de corriger, l'ouvrage prend enfin une forme raisonnable. Je vous le montrerai à mon retour, et nous l'examinerons à loisir. A l'heure qu'il est M. de Canillac le lit et me juge. Je vous écris en attendant le jugement. Je serai demain à Ussé, où je compte trouver une épître de vous. Je suis très-malade, mais je me suis accoutumé aux maux du corps et à ceux de l'âme : je commence à les souffrir avec patience, et je trouve dans votre amitié et dans ma philosophie des ressources contre bien des choses. Adieu.

XXXVI. — A M. J.-B. ROUSSEAU.

23 janvier.

M. le baron de Breteuil m'a appris, monsieur, que vous vous intéressez encore un peu à moi, et que le poëme de Henri IV ne vous est pas indifférent; j'ai reçu ces marques de votre souvenir avec la joie d'un disciple tendrement attaché à son maître. Mon estime pour vous, et le besoin que j'ai des conseils d'un homme seul capable d'en donner de bons en poésie, m'ont déterminé à vous envoyer un plan que je viens de faire à la hâte de mon ouvrage : vous y trouverez, je crois, les règles du poëme épique observées.

Le poëme commence au siége de Paris, et finit à sa prise; les prédictions faites à Henri IV, dans le premier chant, s'accomplissent dans tous les autres; l'histoire n'est point altérée dans les principaux faits, les fictions y sont toutes allégoriques; nos passions, nos vertus et nos vices y sont personnifiés; le héros n'a de faiblesses que pour faire valoir davantage ses vertus. Si tout cela est soutenu de cette force et de cette beauté continue de la diction, dont l'usage était perdu en France sans vous, je me flatte que vous ne me désavouerez point pour votre disciple. Je ne vous ai fait qu'un plan fort abrégé de mon poëme, mais vous devez m'entendre à demi-mot; votre imagination suppléera aux choses que j'ai omises. Les lettres que vous écrivez à M. le baron de Breteuil me font espérer que vous ne me refuserez pas les conseils que j'ose dire que vous me devez. Je ne me suis point caché de l'envie que j'ai d'aller moi-même consulter mon oracle. On allait autrefois de plus loin au temple d'Apollon, et sûrement on n'en revenait point si content que je le serai de votre commerce. Je vous donne ma parole que, si vous allez jamais aux Pays-Bas, j'y viendrai passer quelque temps avec vous. Si même l'état de ma fortune présente me permettait de faire un aussi long voyage que celui de Vienne, je vous assure que je partirais de bon cœur, pour voir deux hommes aussi extraordinaires dans leurs genres que M. le prince Eugène et vous. Je me ferais un véritable plaisir de quitter Paris, pour vous réciter mon poëme devant lui à ses heures de loisir. Tout ce que j'entends dire ici de ce prince à tous ceux qui ont l'honneur de le voir me le fait comparer aux grands hommes de l'antiquité. Je lui ai rendu, dans mon sixième chant[1], un hommage qui, je crois, doit d'autant moins lui déplaire, qu'il est moins suspect de flatterie, et que c'est à la seule vertu que je le rends. Vous verrez par l'argument de chaque livre de mon ouvrage, que le sixième est une imitation du sixième de Virgile. Saint Louis y fait voir à Henri IV les héros français qui doivent naître après lui; je n'ai point oublié parmi eux M. le maréchal de Villars; voici ce qu'en dit saint Louis :

> Regardez dans Denain l'audacieux Villars
> Disputant le tonnerre à l'aigle des Césars,
> Arbitre de la paix que la victoire amène,
> Digne appui de son roi, digne rival d'Eugène.

1. Devenu le septième depuis 1728. (ÉD.)

C'était là effectivement la louange la plus grande qu'on pouvait donner à M. le maréchal de Villars, et il a été lui-même flatté de la comparaison. Vous voyez que je n'ai point suivi les leçons de La Motte, qui, dans une assez mauvaise ode à M. le duc de Vendôme, crut ne pouvoir le louer qu'aux dépens de M. le prince Eugène et de la vérité.

Comme je vous écris tout ceci, Mme la duchesse de Sulli m'apprend que vous avez mandé à M. le commandeur de Comminges que vous irez cet été aux Pays-Bas. Si le voisinage de la France pouvait vous rendre un peu de goût pour elle, et que vous pussiez ne vous souvenir que de l'estime qu'on y a pour vous, vous guéririez nos Français de la contagion du faux bel esprit qui fait plus de progrès que jamais. Du moins si on ne peut espérer de vous revoir à Paris, vous êtes bien sûr que j'irai chercher à Bruxelles le véritable antidote contre le poison des La Motte. Je vous supplie, monsieur, de compter toute votre vie sur moi, comme sur le plus zélé de vos admirateurs.

Je suis, etc.

XXXVII. — AU CARDINAL DUBOIS.

28 mai 1722.

Monseigneur, j'envoie à Votre Éminence un petit mémoire de ce que j'ai pu déterrer touchant le *Juif* dont j'ai eu l'honneur de vous parler.

Si Votre Éminence juge la chose importante, oserai-je vous représenter qu'un Juif, n'étant d'aucun pays que de celui où il gagne de l'argent, peut aussi bien trahir le roi pour l'empereur que l'empereur pour le roi?

Je suis fort trompé, ou ce Juif pourra aisément me donner son chiffre avec Willar, et me donner des lettres pour lui.

Je peux, plus aisément que personne au monde, passer en Allemagne sous le prétexte d'y voir Rousseau, à qui j'ai écrit il y a deux mois que j'avais envie d'aller montrer mon poëme au prince Eugène et à lui. J'ai même des lettres du prince Eugène, dans l'une desquelles il me fait l'honneur de me dire qu'il serait bien aise de me voir. Si ces considérations pouvaient engager Votre Éminence à m'employer à quelque chose, je la supplie de croire qu'elle ne serait pas mécontente de moi, et que j'aurais une reconnaissance éternelle de m'avoir permis de la servir.

Je suis, avec un profond respect, de Votre Éminence le très-humble, etc. VOLTAIRE.

Mémoire touchant Salomon Lévi. — Salomon Lévi, Juif, natif de Metz, fut d'abord employé par M. de Chamillart; il passa chez les ennemis avec la facilité qu'ont les Juifs d'être admis et d'être chassés partout. Il eut l'adresse de se faire munitionnaire de l'armée impériale en Italie; il donnait de là tous les avis nécessaires à M. le maréchal de Villeroi; ce qui ne l'empêcha pas d'être pris dans Crémone.

Depuis, étant dans Vienne, il eut des correspondances avec le maréchal de Villars.

Il eut ordre de M. de Torci, en 1713, de suivre milord Marlborough, qui était passé en Allemagne pour empêcher la paix, et il rendit un compte exact de ses démarches.

Il fut envoyé secrètement par M. Le Blanc à Siertz, il y a dix-huit mois, pour une affaire prétendue d'État, qui se trouva être une billevesée.

A l'égard de ses liaisons avec Willar, secrétaire du cabinet de l'empereur, Salomon Lévi prétend que Willar ne lui a jamais rien découvert que comme à un homme attaché aux intérêts de l'empire, comme étant frère d'un autre Lévi employé en Lorraine et très-connu.

Cependant il n'est pas vraisemblable que Willar, qui recevait de l'argent de Salomon Lévi pour apprendre le secret de son maître aux Lorrains, n'en eût pas reçu très-volontiers pour en apprendre autant aux Français.

Salomon Lévi, dit-on, a pensé être pendu plusieurs fois, ce qui est bien plus vraisemblable.

Il a correspondance avec la compagnie comme sous-secrétaire de Willar.

Il compte faire des liaisons avec Oppenhemer et Vertembourg, munitionnaires de l'empereur, parce qu'ils sont tous deux Juifs comme lui.

Willar vient d'écrire une lettre à Salomon, qui exige une réponse prompte, attendu ces paroles de la lettre : « Donnez-moi un rendez-vous, tandis que nous sommes encore libres. »

Salomon Lévi est actuellement caché dans Paris pour une affaire particulière avec un autre fripon nommé Rambau de Saint-Maur. Cette affaire est au Châtelet, et n'intéresse en rien la cour.

XXXVIII. — AU MÊME.

De Cambrai, juillet.

Une beauté qu'on nomme Rupelmonde,
Avec qui les amours et moi
Nous courons depuis peu le monde,
Et qui nous donne à tous la loi,
Veut qu'à l'instant je vous écrive.
Ma muse, comme à vous, à lui plaire attentive,
Accepte avec transport un si charmant emploi.

Nous arrivons, monseigneur, dans votre métropole, où je crois que tous les ambassadeurs et tous les cuisiniers de l'Europe se sont donné rendez-vous. Il semble que tous les ministres d'Allemagne ne soient à Cambrai que pour faire boire la santé de l'empereur. Pour messieurs les ambassadeurs d'Espagne, l'un entend deux messes par jour, l'autre dirige la troupe des comédiens. Les ministres anglais envoient beaucoup de courriers en Champagne et peu à Londres. Au reste personne n'attend ici Votre Éminence : on ne pense pas que vous quittiez le Palais-Royal pour venir visiter vos ouailles. Vous seriez trop fâché, et nous aussi, s'il vous fallait quitter le ministère pour l'apostolat.

Puissent messieurs du congrès,
En buvant dans cet asile,

De l'Europe assurer la paix !
Puissiez-vous aimer votre ville,
Seigneur, et n'y venir jamais !
Je sais que vous pouvez faire des homélies,
Marcher avec un porte-croix,
Entonner la messe parfois,
Et marmotter des litanies.
Donnez, donnez plutôt des exemples aux rois ;
Unissez à jamais l'esprit à la prudence ;
Qu'on publie en tous lieux vos grandes actions
Faites-vous bénir de la France,
Sans donner à Cambrai des bénédictions.

Souvenez-vous quelquefois, monseigneur, d'un homme qui n'a, en vérité, d'autre regret que de ne pouvoir pas entretenir Votre Éminence aussi souvent qu'il le voudrait, et qui, de toutes les grâces que vous pouvez lui faire, regarde l'honneur de votre conversation comme la plus flatteuse.

XXXIX. — A M. THIERIOT.

A Bruxelles, 11 septembre.

Je suis fort étonné de la colère de M. de Richelieu. Je l'estime trop pour croire qu'il puisse vous avoir parlé avec un air de mécontentement, comme si j'avais manqué à ce que je lui dois. Je ne lui dois que de l'amitié et non pas de l'asservissement, et, s'il en exigeait, je ne lui devrais plus rien. Je viens de lui écrire ; je ne vous conseille pas de le revoir, si vous vous attendez à recevoir de lui, en mon nom, des reproches qui auraient l'air d'une réprimande qu'il lui siérait très-mal de faire et à moi de souffrir, d'autant plus que la veille de mon départ je lui écrivais à Versailles, où il était. En voilà assez sur cet article. Je vous prie toujours très-instamment de m'envoyer le poëme de *la Grâce*[1], et de n'en rien dire à personne. Vous n'avez qu'à adresser le paquet à la Haye, chez Mme Rupelmonde ; j'y serai dans trois ou quatre jours.

A l'égard de l'homme aux menottes[2], je compte revenir à Paris dans quinze jours et aller ensuite à Sulli. Comme Sulli est à cinq lieues de Gien, je serai là très à portée de faire happer le coquin et d'en poursuivre la punition moi-même, aidé du secours de mes amis. Je vous avais d'abord prié d'agir pour moi dans cette affaire, parce que je n'espérais pas pouvoir revenir à Paris de quatre mois ; mais mon voyage étant abrégé, il est juste de vous épargner la peine que vous vouliez bien prendre. Vous ne serez pourtant pas quitte de toutes les négociations dont vous étiez chargé pour moi.

Je vous envoie les idées des dessins d'estampes, que j'ai rédigées.

COIPEL[3]. — A la tête du poëme, Henri IV, au naturel, sur un trône

1. Par Louis Racine. (ÉD.)
2. Beauregard, officier français, ayant, dit-on, frappé Voltaire de coups de bâton, sur le pont de Sèvres, était l'objet de poursuites criminelles de la part du poète. (ÉD.)
3. Charles-Antoine Coipel, premier peintre du roi, par faveur, poëte tragique

de nuages, tenant Louis XV entre ses bras, et lui montrant une Renommée qui tient une trompette où sont attachées les armes de France :

Disce, puer, virtutem ex me verumque laborem.
Æn., XII, v. 435.

GALLOCHE[1]. — *Iᵉʳ chant.* Une armée en bataille ; Henri III et Henri IV s'entretenant à cheval à la tête des troupes ; Paris dans l'éloignement ; des soldats sur les remparts ; un moine sur une tour, avec une trompette dans une main et un poignard dans l'autre.

GALLOCHE. — *IIᵉ chant.* Une foule d'assassins et de mourants ; un moine en capuchon, un prêtre en surplis, portant des croix et des épées ; l'amiral de Coligni qu'on jette par la fenêtre ; le Louvre, le roi, la reine mère et toute la famille royale, sur un balcon, une foule de morts à leurs pieds.

DETROI[2]. — *IIIᵉ chant.* Le duc de Guise au milieu de plusieurs assassins qui le poignardent.

GALLOCHE. — *IVᵉ chant.* Le château de la Bastille, dont la porte est ouverte ; on y fait entrer les membres du parlement deux à deux. Trois furies, avec des habits semés de croix de Lorraine, sont portées dans les airs sur un char traîné par des dragons.

DETROI. — *Vᵉ chant.* Jacques Clément, à genoux devant Henri III, lui perce le ventre d'un poignard ; dans le lointain, Henri IV, sur un trône, reçoit le serment de l'armée.

COIPEL. — *VIᵉ chant*[3]. Henri IV armé, endormi au milieu du camp ; saint Louis, sur un nuage, mettant la couronne sur la tête de Henri IV et lui montrant un palais ouvert ; le Temps, la faux à la main, est à la porte du palais, et une foule de héros dans le vestibule ouvert.

DETROI. — *VIIᵉ chant.* Une mêlée, au milieu de laquelle un guerrier embrasse en pleurant le corps d'un ennemi qu'il vient de tuer ; plus loin, Henri IV entouré de guerriers désarmés, qui lui demandent grâce à genoux.

COIPEL. — *VIIIᵉ chant.* L'Amour sur un trône, couché entre des fleurs ; des nymphes et des furies autour de lui ; la Discorde tenant deux flambeaux, la tête couverte de serpents, parlant à l'Amour qui l'écoute en souriant ; plus loin, un jardin où l'on voit deux amants couchés sous un berceau ; derrière eux, un guerrier qui paraît plein d'indignation.

GALLOCHE. — *IXᵉ chant.* Les remparts de Paris couverts d'une multitude de malheureux que la faim a desséchés et qui ressemblent à des ombres ; une divinité brillante qui conduit Henri IV par la main ; les portes de Paris par terre ; le peuple à genoux dans les rues.

Ayez la charité de charger Coipel de trois dessins, et Detroi, de

---

et comique oublié. Mort le 14 juin 1752. C'est lui que Voltaire appelle *notre ami Coipel*, dans une de ses épigrammes. (ÉD.)
1. Peintre mort en 1761. (ÉD.)
2. Peintre mort en 1752. (ÉD.)
3. Voltaire ayant, dans l'édition de 1728, ajouté un sixième chant, le sixième est devenu le septième, et ainsi jusqu'au neuvième devenu le dixième. (ÉD.)

quatre. Je chargerai du reste Picard [1], que je crois à la Haye. Ayez la bonté de me mander les estampes que Detroi et Coipel auront choisies. Dites-leur à tous deux que j'aurai incessamment l'honneur de leur écrire.

On m'a fait les honneurs de Bruxelles à merveille; on vient de me mener dans le plus beau b..... de la ville, et voici les vers que j'y ai faits :

L'Amour, au détour d'une rue,
M'abordant d'un air effronté,
M'a conduit en secret dans ce bouge écarté.
J'ai d'abord sur un lit trouvé la Volupté
Sans jupe; elle était belle, et fraîche, et fort dodue.
La nymphe avec lubricité
M'a dit : « Je t'offre ici ma beauté simple et pure,
Des plaisirs sans chagrin, des agréments sans fard.
L'Amour est en ces lieux enfant de la nature,
Partout ailleurs il est enfant de l'art. »

XL. — A MADAME LA PRÉSIDENTE DE BERNIÈRES.

Paris, septembre.

J'arrivai hier à Paris, et logeai chez le baigneur, où je suis encore; mais je compte profiter demain de la bonté que vous avez de me prêter votre appartement; le mien ne sera prêt que dans huit à dix jours au plus tôt. Je suis obligé de passer ma journée avec des ouvriers qui sont aussi trompeurs que des courtisans; c'est ce qui fait que j'irai très-volontiers à Fontainebleau, et que j'aimerai tout autant être trompé par des ministres et par des femmes que par mon doreur et par mon ébéniste. Puisque vous savez mes fredaines de Forges, il faut bien vous avouer que j'ai perdu près de cent louis au pharaon, selon ma louable coutume de faire tous les ans quelque lessive au jeu.

XLI. — A LA MÊME.

A la Haye, 7 octobre.

Votre lettre a mis un nouvel agrément dans la vie que je mène à la Haye. De tous les plaisirs du monde je n'en connais point de plus flatteur que de pouvoir compter sur votre amitié. Je resterai encore quelques jours à la Haye pour y prendre toutes les mesures nécessaires sur l'impression de mon poème, et je partirai lorsque les beaux jours finiront. Il n'y a rien de plus agréable que la Haye, quand le soleil daigne s'y montrer. On ne voit ici que des prairies, des canaux et des arbres verts; c'est un paradis terrestre depuis la Haye jusqu'à Amsterdam. J'ai vu avec respect cette ville, qui est le magasin de l'univers. Il y avait plus de mille vaisseaux dans le port. De cinq cent mille hommes qui habitent Amsterdam il n'y en a pas un d'oisif, pas un pauvre, pas un petit-maître, pas un insolent. Nous rencontrâmes le

---

[1]. Bernard Picard, dessinateur et graveur. (ÉD→

Pensionnaire à pied, sans laquais, au milieu de la populace. On ne voit là personne qui ait de cour à faire. On ne se met point en haie pour voir passer un prince. On ne connaît que le travail et la modestie. Il y a à la Haye plus de magnificence et plus de société par le concours des ambassadeurs. J'y passe ma vie entre le travail et le plaisir, et je vis ainsi à la hollandaise et à la française. Nous avons ici un Opéra détestable; mais, en revanche, je vois des ministres calvinistes, des arméniens, des sociniens, des rabbins, des anabaptistes, qui parlent tous à merveille, et qui, en vérité, ont tous raison. Je m'accoutume tout à fait à me passer de Paris, mais non pas à me passer de vous. Je vous réitère mon engagement de venir vous trouver à la Rivière, si vous y êtes encore au mois de novembre. N'y restez pas pour moi, mais souffrez seulement que je vous y tienne compagnie, si votre goût vous fixe à la campagne pour quelque temps. Permettez-moi de présenter mes respects à M. de Bernières et à tout ce qui est chez vous.

Je suis toujours avec un dévouement très-respectueux, etc.

XLII. — A. M. THIERIOT.

Au Bruel.

J'arrive au Bruel, et j'en pars. Tandis qu'on me botte, je vous écris. J'ai lu, à Orléans, la réponse[1] à l'abbé Houteville, qui me paraît bien plus écrite contre la religion que contre cet abbé. Je ne sais pas pourquoi vous méprisez ce livre. Je vous en parlerai plus en détail dans ma première épître.

Je vous prie de faire imprimer et distribuer le projet en question, et de délivrer des souscriptions aux libraires. Je n'en donnerai à mes amis qu'à mon retour. Ayez la bonté de conserver votre goût pour la peinture et pour la gravure, et de hâter le pinceau de Coipel, par les éloges peu mérités que vous lui donnez quand vous le voyez.

Je rôde, dans la Sologne, à la piste de l'homme en question[2]. Cependant j'ai chargé Demoulin[3] de poursuivre criminellement l'affaire, afin que, si je ne puis avoir raison par moi-même, la justice me la fasse. On me mande que M. le garde des sceaux[4] est fort malade. Il me rend service dans mon affaire; vous verrez que je serai assez malheureux pour qu'il meure. Je suis persuadé que mon étoile lui portera malheur.

Souvenez-vous que je vous ai prié de vous informer si on était à Saint-Firmin. Si Gaudin m'achète un cheval, j'ai une selle; j'ai peur d'arriver avec ma selle, sans trouver de cheval. Je ferai comme Chapelle, qui prenait des bottes pour aller par le coche. Adieu, mon cher ami.

1. Par Desfontaines. (ÉD.)
2. Beauregard, cité dans les lettres XXXIX, XLVI et XLVII. (ÉD.)
3. Demoulin, homme d'affaires de Voltaire. (ÉD.)
4. Fleurian d'Armenonville. (ÉD.)

XLIII. — AU MÊME.

1722.

Vous m'inquiétez beaucoup, mon cher ami, de ne me point donner de vos nouvelles; mon amitié en est alarmée. Je crains que vous ne soyez malade; éclaircissez-m'en au plus vite. Je ne serai pas longtemps au Bruel. Je voudrais bien que quelque bon emploi vous eût nouvellement occupé et empêché de penser à moi; je vous pardonnerais votre négligence par le plaisir que j'aurais d'apprendre que MM. Pâris auraient enfin fait quelque chose pour vous. Écrivez-moi donc un peu touchant vos affaires et les miennes; vous savez qu'elles nous sont communes. Vous devez vous porter à merveille, car je jouis d'une santé parfaite.

Au Bruel, par Orléans, ce mercredi.

XLIV. — AU MÊME.

Je pars du Bruel; je vais passer un jour à la Source, chez milord Bolingbrocke, et de là à Ussé, en poste. Faites en sorte, mon cher ami, que j'y trouve une lettre de vous, qui m'apprenne que les Pâris vous ont donné quelque bon emploi. Je suis très-surpris qu'on vous ait préféré, comme vous me le dites, un fils de un.... Il me semble qu'on devrait avoir plus d'égard aux gens qui exercent qu'aux enfants de ceux qui ont eu cette dignité. Raillerie à part, j'écrirai une épître chagrine aux Pâris, s'ils ne vous donnent rien. Ce que vous me mandez touchant M. le cardinal Dubois est fort raisonnable. Je m'occupe à présent à adoucir dans mon poëme les endroits dont les vérités trop dures révolteraient les examinateurs. Je ferai ce que je pourrai pour avoir le privilége en France; ainsi vous pouvez répandre qu'il sera imprimé en ce pays-ci, et que les souscripteurs n'ont rien à craindre.

Je vous ai mille obligations des soins que vous prenez pour mes dessins. Si Coipel tarde trop, je crois qu'il serait bon de l'engager à n'entreprendre que deux dessins. Tout est absolument à votre disposition. Je viens de corriger, dans le premier chant, un endroit qui me paraît essentiel. Vous savez que, lorsque Henri IV avait déclaré à Henri III qu'il ne voulait pas aller en Angleterre, Henri III lui répliquait, pour l'y engager. Tout ce dialogue faisait languir la narration. J'ai substitué une image à cette fin de dialogue. J'ai fait apparaître à mon héros son démon tutélaire, que les chrétiens appellent ange gardien. J'en ai fait le portrait le plus brillant et le plus majestueux que j'ai pu; j'ai expliqué en peu de vers serrés et concis la doctrine des anges que Dieu nous donne pour veiller sur nous; cela est, à mon gré, bien plus épique. Voilà un beau sujet pour la première vignette; mais je crains bien que ces vignettes ne nous emportent bien du temps. J'ai corrigé encore beaucoup de morceaux dans les autres chants, surtout dans le quatrième. Je m'occupe un peu, dans la solitude, à régler l'auteur et l'ouvrage; mais je vous assure qu'il n'y aura jamais rien à corriger aux sentiments que j'ai pour vous.

XLV. — AU MÊME.

A Ussé, ce 5 décembre.

En arrivant à Ussé, j'avais la plume à la main pour vous écrire, lorsque dans le moment j'ai reçu votre lettre datée du 3. La conversation de G.... vous a inspiré un esprit de critique que je m'en vais adoucir. Vous saurez que, dans le marché que j'ai fait avec Levier, à la Haye, j'ai stipulé expressément que je me réservais le droit de faire imprimer mon poëme partout où je voudrais. Je suis convenu avec lui que, supposé que l'ouvrage pût se débiter en France, je ferais mettre à la tête le nom du libraire de Paris qui le vendrait, avec le nom du libraire de la Haye. Mon dessein donc est que le public soit informé que ce livre se débitera à Paris comme en Hollande, afin de ne point effaroucher les souscripteurs, selon les idées que j'ai toujours eues sur cela, et qui ont été invariables.

Quel démenti aurais-je donc? et que pourra me reprocher la canaille d'auteurs, quand mon ouvrage paraîtra imprimé en Hollande, et sera débité en France? Quel ridicule sera-ce à moi de voir mon poëme être reçu dans ma patrie avec l'approbation des supérieurs? Je n'ai que faire d'écrire au cardinal. Je viens de recevoir un billet du garde des sceaux, qui me croyait à Paris, et qui m'ordonnait de venir lui parler, apparemment au sujet de mon livre. C'est à lui que je vais écrire pour lui expliquer mes intentions.

A l'égard de M. Detroi, c'est de tout mon cœur et avec autant de plaisir que de reconnaissance que je verrai le dessin du frontispice exécuté de sa main. Je vous prie de l'en remercier de ma part, et de lui dire que je ne lui écris point parce que je suis malade. Vous pouvez fort bien dire à M. Coipel que les retardements qu'il apporte seront préjudiciables à l'édition de l'ouvrage; qu'ainsi vous croyez que je serai assez honoré et assez content quand je ne n'aurai que deux dessins de sa façon. S'il persiste à vouloir pour lui le dessin qui doit être à la tête, vous pourrez lui dire tout simplement qu'il est juste que ce soit un morceau pour le professeur, qui, sans cette préférence, ne voudra pas livrer ses dessins.

Si cette déclaration le fâche, et si, par là, vous le mettez au point de refuser le tout, alors ce sera moi qui aurai à me plaindre de lui, et non lui de moi; en ce cas, vous exagérerez auprès de lui l'estime que je fais de ses talents, et la douleur où je serai de n'être point embelli par lui. Remerciez bien Detroi et Galloche; dites-leur que je leur écrirai incessamment; tâchez de consommer au plus vite cette négociation. J'ai trouvé à Ussé un peintre qui me fera fort bien mes vignettes. Écrivez-moi un peu des nouvelles des actions. G.... ne peut rien auprès des Pâris que par M. de Maisons, qui a déjà été refusé, comme vous savez. J'écrirai une lettre très-forte à Mme la maréchale, et je profiterai de mon loisir pour en faire une en vers aux Pâris, où je serai inspiré par mon amitié, qui est assurément un Apollon assez vif.

ANNÉE 1722.

XLVI. — AU MÊME.
Fin de décembre.

Qu'ai-je donc fait pour vous, mon cher ami, qui doive m'attirer vos remerciments? Je vous ai sacrifié un quart d'heure de temps, et j'ai fait de méchants vers. C'est à moi de vous remercier de tout ce que vous faites. J'en suis pénétré au dernier point, et je vous jure que je ne l'oublierai jamais. Je vous suis surtout très-obligé d'aller souvent chez ma sœur [1]. Mon cœur a toujours été tourné vers elle; je suis sûr que vous lui donnerez un peu d'amitié pour moi.

Demoulin poursuit en mon nom la condamnation de Beauregard. Je suis ruiné en frais. Pour comble il me mande que le lieutenant criminel a envoyé chercher toutes les pièces chez mon procureur; je ne sais si c'est pour rendre ou pour me dénier sa justice; j'attends en paix l'événement.

Vous ne me mandez point comment vous vous êtes retiré d'avec Coipel. Vous ferez ce qu'il vous plaira des culs-de-lampe. J'ai donné au même homme les idées de plusieurs vignettes; je vous en enverrai incessamment les dessins, qu'il a promis de bien travailler. Nous avons carte blanche sur tout. Mandez-moi, mon cher ami, comment nos peintres ont traité les sujets des estampes, afin que je voie les idées qui nous resteront pour les vignettes. Je vous remercie du discours du cardinal [2]; il est plein d'esprit et très-convenable. Si le style en était plus lumineux et plus coulant, cela serait parfait. Je vous quitte de celui de Fontenelle, où il y aurait sans doute beaucoup d'antithèses et plus de points que de virgules. J'aime mieux vos lettres, mon cher ami, que toutes les harangues de l'Académie. La mienne est bien courte; mais j'en ai quinze à écrire. Adieu.

XLVII. — AU MÊME.
Ce 3 janvier 1723.

J'écris par extraordinaire une lettre très-pressante et très-pathétique à Mme la maréchale, à qui je recommande vos intérêts, dont j'ose me flatter qu'elle aura soin; je vous remercie infiniment, mon cher ami, de vos visites chez ma sœur; voyez-la souvent, je vous en conjure, et mettez-moi un peu bien avec elle. La nouvelle de Rousseau, séminariste, ressemble à celle de la Filion, qui se retira, il y a quelques années, dans un couvent. Il me paraît que le diable n'est pas encore assez vieux pour se faire ermite.

On m'a envoyé un éloge de feu Marc-René [3], par M. de Fontenelle, qui me paraît tout à fait sage et plein d'esprit. Je ne sais pas comment on en juge à Paris.

---

1. Marie Arouet, mariée à Pierre-François Mignot, correcteur de la chambre des comptes; mère de l'abbé Mignot, de Mme Denis, de Mme de Fontaine, et bisaïeule, par conséquent, de M. d'Hornoi nommé député en novembre 1827. Morte vers le commencement de septembre 1726. (*Note de M. Clogenson.*)

2. Dubois avait été reçu à l'Académie française le 3 décembre 1722. C'est La Motte Houdar qui avait composé son discours de réception. (ÉD.)

3. D'Argenson. (ÉD.)

J'ai, je crois, achevé et poëme et remarques. J'ai composé une petite histoire abrégée[1] de ce temps-là, pour mettre à la tête de l'ouvrage. J'ai fait aussi un *Discours* au roi; voilà à quoi je me suis occupé. La parodie de *Persée* n'a point aigri l'amertume que j'ai dans ma vie depuis longtemps. Je pardonne volontiers aux gredins d'auteurs ces trivelinades, c'est leur métier; il faut que chacun fasse le sien : le mien est de les mépriser. Vous ne me mandez point ce qu'ont fait les peintres; écrivez-moi un peu quelques détails sur cela. Je vous enverrai incessamment un mémoire que je ferai distribuer aux juges de Beauregard. Je ne sais si je me flatte, mais je crois que vous en serez content; faites ma cour à Mme de Bernières; je suis infiniment sensible à son amitié.

XLVIII. — AU MÊME.
Rouen.

Venez, mon cher ami, et ne nous donnez point de fausses espérances de vous voir. Vous serez à Rouen en deux jours. M. votre père n'est point si mal que vous pensez. Je vous assure qu'il se portera fort bien ce printemps. N'allez pas vous imaginer que vous deviez renoncer à vos amis, parce que votre père a un boyau de moins. Venez voir les nouveaux vers que j'ai faits à Henri IV. On commencera, lundi prochain, ce que vous savez. Je suis actuellement à Rouen, où je ménage sourdement cette petite intrigue, et où d'ailleurs je passe fort bien mon temps. Il y a ici nombre de gens d'esprit et de mérite, avec qui j'ai vécu dès les premiers jours, comme si je les avais vus toute ma vie. On me fait une chère excellente, il y a de plus un Opéra dont vous serez très-content; en un mot, je ne me plains à Rouen que d'y avoir trop de plaisir; cela dérange trop mes études, et je m'en retourne ce soir à la Rivière, pour partager mes soins entre une ânesse et *Mariamne*. Voyez, je vous en prie, Mlle Le Couvreur et M. l'abbé d'Amfreville. Dites à Mlle Le Couvreur qu'il faut qu'elle hâte son voyage, si elle veut prendre du lait dans la saison, et n'oubliez pas de lui dire combien je suis charmé d'espérer que je pourrai passer quelque temps avec elle. Faites les mêmes agaceries pour moi à M. l'abbé d'Amfreville. Dites-lui que j'ai trouvé à Rouen un sien neveu qui me paraît aussi aimable que lui, et que c'est le plus grand éloge que je puisse lui donner. Vous allez être bien étonné de me trouver tant de coquetterie dans l'esprit; mais vous jugez bien qu'un homme qui va donner un poëme épique, a besoin de se faire des amis.

XLIX. — A MADAME LA PRÉSIDENTE DE BERNIÈRES.
Paris, avril.

Pour première nouvelle, je vous dirai que j'ai été malade, et que j'en suis d'autant plus fâché que cela retarde mes affaires, et, par conséquent, mon retour à la Rivière. M. de Richelieu part après-demain pour Forges; je ne crois pas que je puisse être de ce voyage.

---

1. *L'Essai sur les Guerres civiles de France.* (ÉD.)

J'ai été à *Inès de Castro*[1], que tout le monde trouve mauvaise et très-touchante. On la condamne, et on y pleure. Paris est inondé de chansons encore plus mauvaises contre toutes les femmes de la cour, et, à la honte du siècle, on parle de ces sottises. Une chose qui m'intéresse davantage, c'est le rappel de milord Bolingbrocke en Angleterre. Il sera aujourd'hui à Paris, et j'aurai la douleur de lui dire adieu, peut-être pour toujours.

M. le cardinal Dubois a une très-mauvaise santé, et on n'espère pas qu'il vive encore longtemps. Il veut, avant sa mort, faire pendre Talhouet[2] et Lajonchère[2], afin de réparer par un acte de justice les fredaines de sa vie passée. M. le duc d'Orléans ne travaille presque plus, et, quoiqu'il soit encore moins fait pour les femmes que pour les affaires, il a pris une nouvelle maîtresse qui se nomme Mlle Ouel.

L. — A M. DE CIDEVILLE[4].

Paris, juin.

Quelque bonne que pût être la traduction anglaise, elle m'aurait assurément fait moins de plaisir que votre lettre. J'ai presque achevé la première ébauche de ma *Mariamne*, et peux fort bien me passer de celle de M. Fenton; mais je ne me passerai jamais de votre amitié, dont je reçois les marques avec la plus tendre reconnaissance. Vous devriez bien quelque jour venir à la Rivière-Bourdet, apporter la *Mariamne* anglaise, et voir la française, dont l'auteur est assurément pour toute sa vie votre, etc.

Nous disputons tous ici à qui a le plus d'envie de vous voir et de vous embrasser.

LI. — A M. THIERIOT, A LA RIVIÈRE-BOURDET.

Paris, juin.

Si vous avez soin de mes affaires à la campagne, je ne néglige point les vôtres à Paris. J'ai eu avec M. Pâris l'aîné une longue conversation à votre sujet. Je l'ai extrêmement pressé de faire quelque chose pour vous. J'ai tiré de lui des paroles positives, et je dois retourner incessamment chez lui, pour avoir une dernière réponse.

Je viens de lire les nouveaux ouvrages de Rousseau. Cela est au-

---

1. Tragédie de La Motte Houdar. (ÉD.)
2. De La Pierre de Talhouet, condamné à mort, en 1723, comme ayant prévariqué dans l'administration de la banque et de la compagnie des Indes. Sa peine fut commuée en une prison perpétuelle. (ÉD.)
3. Trésorier de l'extraordinaire des guerres, enveloppé dans la disgrâce de Claude Le Blanc, secrétaire d'État de la guerre, mis à la Bastille et à Vincennes, en 1723 et 1724. (ÉD.)
4. Pierre-Robert Le Cornier de Cideville, né à Rouen, le 2 septembre 1693, fut un des camarades de Voltaire au collège Louis-le-Grand. Il est auteur de quelques pièces de théâtre (voy. les lettres CXXVIII et CXXXVI) et de poésies. Voltaire lui adressa un grand nombre de lettres. La dernière qui ait été publiée est du 30 auguste 1765. Cideville, conseiller au parlement de Rouen, et membre de l'académie de cette ville, n'est mort que le 5 mars 1776. Il était devenu dévot. *(Note de M. Beuchot.)*

dessous de Gacon. Vous seriez stupéfait si vous les lisiez. Je n'irai point voyager en Allemagne; on y devient trop mauvais poëte.

Ma santé et mes affaires sont délabrées à un point qui n'est pas croyable; mais j'oublierai tout cela à la Rivière-Bourdet; j'étais né pour être faune ou sylvain. Je ne suis point fait pour habiter une ville.

Les nouvelles sont dans la lettre que j'écris à Mme de Bernières; ainsi je n'ai rien d'autre à vous mander, sinon que je vous aime de tout mon cœur. Quand je vous écrirais quatre pages, toute ma lettre ne voudrait dire autre chose. Adieu, monsieur l'éditeur; ayez bien soin de mon enfant[1] que je vous ai remis entre les mains, et prenez garde qu'il soit proprement habillé. Je n'aspire qu'à venir vous retrouver; ce sera bientôt assurément.

LII. — A MADAME LA PRÉSIDENTE DE BERNIÈRES.
Juillet.

Votre gazette ne sera pas longue cette fois-ci, car le gazetier est très-malade et a la fièvre actuellement. Il n'y a de santé pour moi que dans la solitude de la Rivière. Je crois être en enfer, lorsque je suis dans la maudite ville de Paris. Mes affaires, dont vous avez la bonté de me parler, vont toujours de mal en pis, et le chagrin pourrait bien m'avoir rendu malade. Vous devez savoir que M. le duc de Richelieu est actuellement à Forges; mais je ne crois pas qu'il vienne faire beaucoup d'agaceries aux dames de Rouen. Je lui ai conseillé d'aller vous demander à coucher, en allant chez M. le duc de Brancas. La chose sera assez difficile, parce qu'il a fait le voyage en berline, avec le comte de Heim, qu'il se charge de ramener à Paris.

Je vous dirai, pour toutes nouvelles, que le poëte Roi, s'étant vanté mal à propos d'avoir obtenu une charge de gentilhomme extraordinaire, MM. les ordinaires ont été en corps supplier M. le duc d'Orléans et M. le cardinal Dubois de ne point leur donner pour confrère un homme dont il faut brûler les ouvrages et pendre la personne. M. de Morville fut reçu mardi dernier à l'Académie, où il fit un discours très-court. La harangue de Malet, qui le reçut, parut très-longue; et de peur que vous n'en disiez autant de ma lettre, je finis, en vous assurant que je suis malade comme un chien, et d'ailleurs la plus malheureuse créature du monde, vous aimant de tout mon cœur.

LIII. — A LA MÊME.
Juillet.

Je pars dans l'instant pour Villars, où je vais me reposer quelques jours de toutes les fatigues inutiles que je me suis données dans ce pays-ci.

Heureusement la seule négociation où j'aie réussi est une affaire dont vous m'aviez chargé. Vous pourrez avoir, pour 400 francs, tout au plus, et probablement pour cent écus, la petite loge que vous demandez pendant l'hiver. J'ai promis de faire un opéra pour le pot-de-

1. La Ligue (la Henriade). (Éd.)

vin. Si je suis sifflé, il ne faudra s'en prendre qu'à vous. Je crois que M. de Bernières viendra mardi coucher avec vous; je voudrais fort être à sa place; mais je n'aurai la satisfaction de vous faire ma cour la Rivière que dans quinze jours.

Je ne sais autre nouvelle, sinon qu'on a décerné un ajournement personnel contre les frères Belle-Ile[1]. On en voulait faire autant au sieur Le Blanc[2]; mais les voix ont été partagées.

Les *Fêtes grecques et romaines* de Fuzelier et de Colin Tampon[3] sont jouées à l'Opéra, et sifflées par les honnêtes gens. M. le duc d'Orléans a chanté :

> J'en connais bien d'autres.
> Ah! Colin, tais-toi.

Colin aurait dû répondre :

> Qui sont comme moi.

Adieu, je vous assure que Villars ne m'empêchera pas de regretter la Rivière.

LIV. — A LA MÊME.

Ce samedi.

Vous croyez bien que ce n'est pas mon plaisir qui me retient à Paris; mes malheureuses affaires sont cause que je ne pourrai retourner chez vous de plus de quinze jours. Je vous assure que ce retardement est le plus grand de mes chagrins. Je n'irai point à Forges, et probablement M. de Richelieu ne pourra pas passer chez vous. Pour moi, dès que je serai une fois à la Rivière, je réponds que je n'en sortirai plus. Vous devez savoir les nouvelles. Je ne crois pas que vous vous attendissiez à voir M. Le Blanc remplacé par M. de Breteuil[4]. Tout Paris trouve ce choix assez ridicule, et on nomme déjà milord Colifichet[5] pour premier ministre. Cependant les gens qui connaissent M. de Breteuil disent qu'il est très-capable d'affaires, et qu'il a beaucoup d'esprit. Il est vrai qu'il a plus la figure d'un petit-maître que d'un secrétaire d'État. Vous devez savoir que jeudi dernier M. de La Vrillière vint demander M. Le Blanc chez M. l'archevêque de Vienne, où il dînait; M. Le Blanc quitta le dîner, et dit à M. de La Vrillière : « Monsieur, venez-vous m'arrêter? » M. de La Vrillière lui dit que non, mais qu'il venait lui signifier un ordre de lui remettre tous les papiers qui concernent la guerre, et d'aller se retirer à Doux, terre de M. de Trenel, à quatorze lieues de Paris. M. Le Blanc ne partit pour son

---

1. Le comte de Belle-Ile, depuis maréchal et ministre de la guerre, et le chevalier de Belle-Ile son frère. (ÉD.)
2. Le secrétaire d'État de la guerre, mort le 10 mai 1728. (ÉD.)
3. François-Colin de Blamont, musicien, né en 1690, mort en 1760. (ÉD.)
4. François-Victor Le Tonnelier de Breteuil, nommé secrétaire d'État au département de la guerre, le 4 juillet 1723, à la place de Claude Le Blanc, renvoyé par les intrigues de la marquise de Prie; mort ministre de la guerre, le 7 mars 1743; neveu du baron de Breteuil-Preuilli, père de Mme du Châtelet. (Note de M. Clogenson.)
5. Probablement Maurepas, né en 1701, nommé secrétaire d'État dès l'âge de quatorze ans; gendre du marquis de La Vrillière, mort en septembre 1725. (Id.)

exil qu'à deux heures après minuit. Paris est toujours inondé des chansons dont je vous ai parlé, et que je n'ai pu vous envoyer; je vous les apporterai à mon retour. Présentez mes respects, je vous prie, à Mme de Lézeau[1]; je me flatte de la retrouver à votre campagne, quand je serai assez heureux pour y venir chercher la tranquillité, qu'assurément je n'ai pas dans ce pays-ci. La plume me tombe de mains; je suis si malade que je ne peux pas écrire davantage.

LV. — A LA MÊME.

26 novembre.

Je vous écris d'une main lépreuse[2] aussi hardiment que si j'avais votre peau douce et unie; votre lettre et celle de notre ami m'ont donné du courage; puisque vous voulez bien supporter ma gale, je la supporterai bien aussi. Je voudrais bien n'avoir à exercer ma constance que contre cette maladie; mais je suis, au fumier près, dans l'état où était le bonhomme Job, faisant tout ce que je peux pour être aussi patient que lui, et n'en pouvant venir à bout. Je crois que le pauvre diable aurait perdu patience comme moi, si la présidente de Bernières de ce temps-là avait été jusqu'au 28 novembre sans le venir voir.

On a préparé aujourd'hui votre appartement; venez donc l'occuper au plus tôt; mais, si vos arrêts sont irrévocables, et qu'on ne puisse pas vous faire revenir un jour plus tôt que vous ne l'avez décidé, du moins accordez-moi une autre grâce, que je vous demande avec la dernière instance. Je me trouve, je ne sais comment, chargé de trois domestiques que je n'ai pas le pouvoir de garder, et que je n'ai pas la force de renvoyer. L'un de ces trois messieurs est le pauvre La Brie, que vous avez vu anciennement à moi. Il est trop vieux pour être laquais, incapable d'être valet de chambre, et fort propre à être portier.

Vous avez un suisse qui ne s'est pas attaché à votre service pour vous plaire, mais pour vendre, à votre porte, de mauvais vins à tous les porteurs d'eau qui viennent ici tous les jours faire de votre maison un méchant cabaret; si l'envie d'avoir à votre porte un animal avec un baudrier, que vous payez chèrement toute l'année, pour vous mal servir pendant trois mois, et pour vendre de mauvais vins pendant douze; si, dis-je, l'envie d'avoir votre porte décorée de cet ornement ne vous tient pas fort au cœur, je vous demande en grâce de donner la charge de portier à mon pauvre La Brie. Vous m'obligerez sensiblement; j'ai presque autant d'envie de le voir à votre porte que de vous voir arriver dans votre maison; cela fera son petit établissement; il vous coûtera bien moins qu'un suisse, et vous servira beaucoup mieux. Si, avec cela, le plaisir de m'obliger peut entrer pour quelque chose dans les arrangements de votre maison, je me flatte que vous ne me refuserez pas cette grâce, que je vous demande avec instance. J'attends votre réponse pour réformer mon petit domestique. La poste va partir; je

---

1. Mère du marquis de Lézeau, cité souvent dans la *Correspondance.* (Éd.)
2. Voltaire avait été pris de la petite vérole, le 4 novembre 1723. (Éd.)

n'ai ni le temps ni la force d'écrire davantage. Thieriot n'aura pas de lettre de moi cette fois-ci ; mais il sait bien que mon cœur n'en est pas moins à lui.

LVI. — A M. LE BARON DE BRETEUIL.
Décembre 1723.

Je vais vous obéir, monsieur, en vous rendant un compte fidèle de la petite vérole dont je sors, de la manière étonnante dont j'ai été traité, et enfin de l'accident de Maisons, qui m'empêchera longtemps de regarder mon retour à la vie comme un bonheur.

M. le président de Maisons[1] et moi, nous fûmes indisposés le 4 novembre dernier : mais heureusement tout le danger tomba sur moi. Nous nous fîmes saigner le même jour ; il s'en porta bien, et j'eus la petite vérole. Cette maladie parut après deux jours de fièvre, et s'annonça par une légère éruption. Je me fis saigner une seconde fois de mon autorité, malgré le préjugé vulgaire. M. de Maisons eut la bonté de m'envoyer le lendemain M. de Gervasi, médecin de M. le cardinal de Rohan, qui ne vint qu'avec répugnance. Il craignait de s'engager inutilement à traiter, dans un corps délicat et faible, une petite vérole déjà parvenue au second jour de l'éruption, et dont les suites n'avaient été prévenues que par deux saignées trop légères, sans aucun purgatif.

Il vint cependant, et me trouva avec une fièvre maligne. Il eut d'abord une fort mauvaise opinion de ma maladie : les domestiques qui étaient auprès de moi s'en aperçurent, et ne me la laissèrent pas ignorer. On m'annonça, dans le même temps, que le curé de Maisons, qui s'intéressait à ma santé, et qui ne craignait point la petite vérole, demandait s'il pouvait me voir sans m'incommoder : je le fis entrer aussitôt, je me confessai, et je fis mon testament, qui, comme vous croyez bien, ne fut pas long. Après cela j'attendis la mort avec assez de tranquillité, non toutefois sans regretter de n'avoir pas mis la dernière main à mon poëme et à *Mariamne*, ni sans être un peu fâché de quitter mes amis de si bonne heure. Cependant M. de Gervasi ne m'abandonnait pas d'un moment ; il étudiait en moi, avec attention, tous les mouvements de la nature ; il ne me donnait rien à prendre sans m'en dire la raison ; il me laissait entrevoir le danger, et il me montrait clairement le remède ; ses raisonnements portaient la conviction et la confiance dans mon esprit : méthode bien nécessaire à un médecin auprès de son malade, puisque l'espérance de guérir est déjà la moitié de la guérison. Il fut obligé de me faire prendre huit fois l'émétique, et, au lieu des cordiaux qu'on donne ordinairement dans cette maladie, il me fit boire deux cents pintes de limonade. Cette conduite, qui vous semblera extraordinaire, était la seule qui pouvait me sauver la vie ; toute autre route me conduisait à une mort infaillible, et je suis persuadé que la plupart de ceux qui sont morts de

1. Jean-René de Longueil, marquis de Maisons, président à mortier, et membre honoraire de l'Académie des sciences, échappa cette fois à la petite vérole ; mais il mourut de cette maladie, le 13 septembre 1731, âgé de trente-deux ans. (ÉD.)

cette redoutable maladie vivraient encore s'ils avaient été traités comme moi.

Le préjugé populaire abhorre dans la petite vérole la saignée et les médecines; on ne veut que des cordiaux, on donne du vin au malade; on lui fait même manger de petites soupes; et l'erreur triomphe de ce que plusieurs personnes guérissent avec ce régime. On ne songe pas que les seules petites véroles que l'on traite ainsi avec succès sont celles qu'aucun accident funeste n'accompagne, et qui ne sont nullement dangereuses.

La petite vérole, par elle-même, dépouillée de toute circonstance étrangère, n'est qu'une dépuration du sang favorable à la nature, et qui, en nettoyant le corps de ce qu'il a d'impur, lui prépare une santé vigoureuse. Qu'une telle petite vérole soit traitée ou non avec des cordiaux, qu'on purge ou qu'on ne purge point, on en guérit sûrement.

Les plus grandes plaies, quand aucune partie essentielle n'est offensée, se referment aisément, soit qu'on les suce, soit qu'on les fomente avec du vin et de l'huile, soit qu'on se serve de l'eau de Rabel[1], soit qu'on y applique des emplâtres ordinaires, soit enfin qu'on n'y mette rien du tout : mais lorsque les ressorts de la vie sont attaqués, alors le secours de toutes ces petites recettes devient inutile, et tout l'art des plus habiles chirurgiens suffit à peine : il en est de même de la petite vérole.

Lorsqu'elle est accompagnée d'une fièvre maligne, lorsque le volume du sang augmenté dans les vaisseaux est sur le point de les rompre, que le dépôt est prêt à se former dans le cerveau, et que le corps est rempli de bile et de matières étrangères, dont la fermentation excite dans la machine des ravages mortels, alors la seule raison doit apprendre que la saignée est indispensable; elle épurera le sang, elle détendra les vaisseaux, rendra le jeu des ressorts plus souple et plus facile, débarrassera les glandes de la peau, et favorisera l'éruption; ensuite les médecines, par de grandes évacuations, emporteront la source du mal, et, entraînant avec elles une partie du levain de la petite vérole, laisseront au reste la liberté d'un développement plus complet, et empêcheront la petite vérole d'être confluente; enfin on voit que le sirop de limon, dans une tisane rafraîchissante, adoucit l'acrimonie du sang, en apaise l'ardeur, coule avec lui par les glandes miliaires jusque dans les boutons, s'oppose à la corrosion du levain, et prévient même l'impression que d'ordinaire les pustules font sur le visage.

Il y a un seul cas où les cordiaux, même les plus puissants, sont indispensablement nécessaires; c'est lorsqu'un sang paresseux, ralenti encore par le levain qui embarrasse toutes les fibres, n'a pas la force de pousser au dehors le poison dont il est chargé. Alors la poudre de la comtesse de Kent, le baume de Vanseger, le remède de M. Ai-

---

[1]. *Aqua rabeliana*, ainsi appelée du nom d'un empirique nommé Rabel, qui mit ce médicament en vogue. (Éd.)

gnan¹, etc., brisant les parties de ce sang presque figé, le font couler plus rapidement, en séparant la matière étrangère, et ouvrant les passages de la transpiration au venin qui cherche à s'échapper.

Mais, dans l'état où je suis, ces cordiaux m'eussent été mortels; cela fait voir démonstrativement que tous ces charlatans, dont Paris abonde, et qui donnent le même remède (je ne dis pas pour toutes les maladies, mais toujours pour la même), sont des empoisonneurs qu'il faudrait punir.

J'entends faire toujours un raisonnement bien faux et bien funeste. « Cet homme, dit-on, a guéri par une telle voie, j'ai la même maladie que lui, donc il faut que je prenne le même remède. » Combien de gens sont morts pour avoir raisonné ainsi ! On ne veut pas voir que les maux qui nous affligent sont aussi différents que les traits de nos visages, et, comme dit le grand Corneille, car vous me permettrez de citer les poëtes :

Quelquefois l'un se brise où l'autre s'est sauvé,
Et par où l'un périt un autre est conservé.
Cinna, II, 1.

Mais c'est trop faire le médecin : je ressemble aux gens qui, ayant gagné un procès considérable par le secours d'un habile avocat, conservent encore pour quelque temps le langage du barreau.

Cependant, monsieur, ce qui me consolait le plus dans ma maladie, c'était l'intérêt que vous y preniez, c'était l'attention de mes amis, et les bontés inexprimables dont Mme² et M. de Maisons m'honoraient. Je jouissais d'ailleurs de la douceur d'avoir auprès de moi un ami, je veux dire un homme qu'il faut compter parmi le très-petit nombre d'hommes vertueux qui seuls connaissent l'amitié, dont le reste du monde ne connaît que le nom; c'est M. Thieriot, qui, sur le bruit de ma maladie, était venu en poste de quarante lieues pour me garder, et qui, depuis, ne m'a pas quitté un moment. J'étais le 15 absolument hors de danger, et je faisais des vers le 16, malgré la faiblesse extrême qui me dure encore, causée par le mal et par les remèdes.

J'attendais avec impatience le moment où je pourrais me dérober aux soins qu'on avait de moi à Maisons, et finir l'embarras que j'y causais. Plus on avait pour moi de bontés, plus je me hâtais de n'en pas abuser plus longtemps. Enfin je fus en état d'être transporté à Paris, le 1er décembre. Voici, monsieur, un moment bien funeste. A peine suis-je à deux cents pas du château, qu'une partie du plancher de la chambre où j'avais été, tombe tout enflammé. Les chambres voisines, les appartements qui étaient au-dessous, les meubles précieux dont ils étaient ornés, tout fut consumé par le feu. La perte monte à

1. François Aignan, né à Orléans, mort au commencement de 1709; capucin connu dans son ordre sous le nom de P. Tranquille, et médecin inventeur d'un remède contre la petite vérole, ainsi que d'une préparation huileuse encore nommée en pharmacie *baume tranquille*. (ÉD.)
2. Marie-Charlotte Roque de Varangeville, sœur aînée de la maréchale de Villars, et mère de M. de Maisons. (ÉD.)

près de cent mille livres; et, sans le secours des pompes qu'on envoya chercher à Paris, un des plus beaux édifices du royaume allait être entièrement détruit. On me cacha cette étrange nouvelle à mon arrivée : je la sus à mon réveil; vous n'imaginerez point quel fut mon désespoir; vous savez les soins généreux que M. de Maisons avait pris de moi; j'avais été traité chez lui comme son frère, et le prix de tant de bontés était l'incendie de son château. Je ne pouvais concevoir comment le feu avait pu prendre si brusquement dans ma chambre, où je n'avais laissé qu'un tison presque éteint. J'appris que la cause de cet embrasement était une poutre qui passait précisément sous la cheminée. C'est un défaut dont on s'est corrigé dans la structure des bâtiments d'aujourd'hui; et même les fréquents embrasements qui en arrivaient ont obligé d'avoir recours aux lois pour défendre cette façon dangereuse de bâtir. La poutre dont je parle s'était embrasée peu à peu par la chaleur de l'âtre, qui portait immédiatement sur elle; et, par une destinée singulière, dont assurément je n'ai pas goûté le bonheur, le feu, qui couvait depuis deux jours, n'éclata qu'un moment après mon départ.

Je n'étais point la cause de cet accident, mais j'en étais l'occasion malheureuse; j'en eus la même douleur que si j'en avais été coupable : la fièvre me reprit aussitôt, et je vous assure que, dans ce moment, je sus mauvais gré à M. de Gervasi de m'avoir conservé la vie.

Mme et M. de Maisons reçurent la nouvelle plus tranquillement que moi; leur générosité fut aussi grande que leur perte et que ma douleur. M. de Maisons mit le comble à ses bontés, en me prévenant lui-même par des lettres qui font bien voir qu'il excelle par le cœur comme par l'esprit; il s'occupait du soin de me consoler, et il semblait que ce fût moi dont il eût brûlé le château; mais sa générosité ne sert qu'à me faire sentir encore plus vivement la perte que je lui ai causée, et je conserverai toute ma vie ma douleur aussi bien que mon admiration pour lui.

Je suis, etc.

LVII. — A MADAME LA PRÉSIDENTE DE BERNIÈRES.

20 décembre.

Je reçus votre dernière lettre hier 19, et je me hâte de vous répondre, ne trouvant point de plus grand plaisir que de vous parler des obligations que je vous ai. Vous, qui n'avez point d'enfants, vous ne savez pas ce que c'est que la tendresse paternelle, et vous n'imaginez point quel effet font sur moi les bontés que vous avez pour mon petit Henri. Cependant l'amour que j'ai pour lui ne m'aveugle pas au point de prétendre qu'il vienne à Paris dans un char traîné par six chevaux; un ou deux bidets, avec des bâts et des paniers, suffisent pour mon fils; mais apparemment que votre fourgon vous apporte des meubles, et que Henri sera confondu dans votre équipage. En ce cas, je consens qu'il profite de cette voiture; mais je ne veux point du tout qu'on fasse ces frais uniquement pour ce marmouset. Je vous recommande instamment de le faire partir avec plus de modestie et moins de déponse; Martel est surtout inutile pour conduire ce petit garçon. Je vous ai déjà mandé que vous eussiez la bonté d'empêcher qu'on ne lui fît ses deux mille[1] habits; ainsi il sera prêt à partir avec vous, et il pourra vous suivre dans votre marche avec deux chevaux de bât, qui marcheront derrière votre carrosse, et qui vous quitteront à Boulogne, où il faudra que mon bâtard s'arrête.

Le jour de votre départ s'avance, et je crois que vous ne le reculerez pas. Je n'aurai jamais en ma vie de si bonnes étrennes que celles que me prépare votre arrivée pour le jour de l'an.

LVIII. — A M. DE CIDEVILLE

28 décembre.

Déjà de la Parque ennemie
J'avais bravé les rudes coups;
Mais je sens aujourd'hui tout le prix de la vie,
Par l'espoir de vivre avec vous.
Les vers que vous dicta l'amitié tendre et pure,
Embellis par l'esprit, ornés par la nature,
Ont rallumé dans moi des feux déjà glacés.

Mon génie excité m'invite à vous répondre :
Mais dans un tel combat que je me sens confondre!
En louant mes talents, que vous les surpassez!
Je ressens du dépit les atteintes secrètes.
Vos éloges touchants, vos vers coulants et doux,
S'ils ne me rendaient pas le plus vain des poëtes,
M'auraient rendu le plus jaloux.

Voilà tout ce que la fièvre et les suites misérables de la petite vérole peuvent me permettre. Le triste état où je suis encore m'empêche de vous écrire plus au long ; mais comptez, mon cher monsieur, que rien ne peut m'empêcher d'être sensible, toute ma vie, à votre amitié, et que je la mérite par ma tendresse et mon estime respectueuse pour vous.

LIX. — A MADAME LA PRÉSIDENTE DE BERNIÈRES.

Forges, juillet.

Je reçois dans ce moment votre lettre avec celle de M. le duc de Richelieu. J'ai écrit sur-le-champ à M. de Maisons et à M. Berthier, quoique je ne pense pas que quand M. de Lézeau a un procès il puisse avoir besoin de recommandation. Je crois que les eaux me feront grand bien, puisqu'elles ne me font pas de mal. Mme de Béthune arriva hier à Forges. On attend Mme de Guise et Mme de Prie, qui peut-être ne viendront point. Si vous me promettez de m'envoyer bien exactement les *Nouvelles à la main* que vous recevez toutes les semaines, je vous dirai pourquoi M. de la Trimouille est exilé de la cour. C'est pour avoir mis très-souvent la main dans la brayette de Sa Majesté Très-

---

1. C'est-à-dire qu'on ne fît pas brocher ou relier les deux mille exemplaires de la *Ligue* (*Henriade*) imprimés par Viret. (ÉD.)

Chrétienne. Il avait fait un petit complot avec M. le comte de Clermon de se rendre tous deux les maîtres des chausses de Louis XV, et de ne pas souffrir qu'un autre courtisan partageât la bonne fortune. M. de la Trimouille, outre cela, rendait au roi des lettres de Mlle de Charolais, dans lesquelles elle se plaignait continuellement de Monsieur le Duc. Tout cela me fait très-bien augurer de M. de la Trimouille, et je ne saurais m'empêcher d'estimer quelqu'un qui, à seize ans, veut besogner son roi et le gouverner. Je suis presque sûr que cela fera un très-bon sujet. Le roi ira sûrement à Fontainebleau, les premiers jours de septembre, et il y aura comédie. M. de Richelieu ira à Vienne, au mois de novembre. Pour moi, j'ai grande envie de passer avec vous tout le mois d'août, et de ne point aller à Vienne.

LX. — A M. Thieriot.

A Forges, 20 juillet.

Plus de *Nouvelles à la main*, mon cher ami, ni de gazettes; on est à Forges à la source des nouvelles. Je ne vous conseille point de commencer votre édition[1] au prix que l'on vous propose; je crois qu'il vaudrait mieux vous accommoder avec un libraire qui se chargerait des frais et des risques, et qui, en vous donnant cinquante ou soixante pistoles, vous conserverait votre tranquillité. Songez, je vous prie, à tous les périls qu'a courus Henri IV. Il n'est entré dans la capitale que par un miracle. On a beaucoup crié contre lui; et, comme la sévérité devient plus grande de jour en jour dans l'inquisition de la librairie, il se pourra fort bien faire qu'on saisisse les exemplaires de l'abbé de Chaulieu, à cause des prétendues impiétés qu'on y trouvera. D'ailleurs soyez sûr que cela vous coûtera plus de cent pistoles, avant de l'avoir fait sortir de Rouen; joignez à cela les frais du voyage, de l'entrepôt, et du débit, vous verrez que le gain sera très-médiocre, et que de plus il sera mal assuré; ajoutez à cela que l'édition ne sera point achevée probablement quand il vous faudra partir de la Rivière, puisque Viret a été cinq mois à imprimer mon poëme. Encore une fois, je crois qu'il vaudrait mieux, pour vous, conclure votre marché à quelque cinquantaine de pistoles, pour vous épargner les embarras et les craintes inséparables de pareilles entreprises. Voilà quelles sont les représentations de votre conseil; après cela vous en ferez à votre guise. J'ai fait des vers pour la duchesse de Béthune; mais, comme ils sont faits à Forges, où l'on n'en a jamais fait de bons, je n'ose vous les envoyer.

LXI. — A Madame la Présidente de Bernières.

Forges, 20 juillet.

Je voudrais bien que vous ne sussiez rien de la nouvelle d'Espagne; j'aurais le plaisir de vous apprendre que le roi d'Espagne vient de faire enfermer madame son épouse, fille de feu M. le duc d'Orléans, laquelle, malgré son nez pointu et son visage long, ne laissait pas de suivre les grands exemples de mesdames ses sœurs. On m'a assuré

1. Il s'agit d'une édition des Œuvres de Chaulieu. (Éd.)

qu'elle prenait quelquefois le divertissement de se mettre toute nue avec ses filles d'honneur les plus jolies, et, en ce. équipage, de faire entrer chez elles les gentilshommes les mieux faits du royaume. On a cassé toute sa maison, et on n'a laissé auprès d'elle, dans le château où elle est enfermée, qu'une vieille bégueule d'honneur. On assure que quand la pauvre reine s'est trouvée renfermée avec cette duègne, elle a pris la résolution courageuse de la jeter par la fenêtre, et qu'elle en serait venue à bout, si on n'était pas venu au secours. Je crois que cette aventure pourra bien servir à faire renvoyer plus tôt notre petite infante. Vous voyez que je deviens politique avec les ambassadeurs[1]. Jusqu'à présent j'ai borné toute ma politique à ne point aller à Vienne, et à m'arranger pour vous revoir à la Rivière. Les eaux me font un bien auquel je ne m'attendais pas. Je commence à respirer et à connaître la santé; je n'avais jusqu'à présent vécu qu'à demi. Dieu veuille que ce petit rayon d'espérance ne s'éteigne pas bientôt! Il me semble que j'en aimerai bien mieux mes amis, quand je ne souffrirai plus. Je ne serai plus occupé que de leur plaire, au lieu qu'auparavant je ne songeais qu'à mes maux.

Mandez-moi si on a commencé à planter votre bois, et creuser vos canaux. Je m'intéresse à la Rivière comme à ma patrie.

LXII. — A LA MÊME.

A Forges, août.

La mort malheureuse de M. le duc de Melun vient de changer toutes nos résolutions. M. le duc de Richelieu, qui l'aimait tendrement, en a été dans une douleur qui a fait connaître la bonté de son cœur, mais qui a dérangé sa santé. Il a été obligé de discontinuer ses eaux, et il va recommencer, dans quelques jours, sur nouveaux frais. Je resterai avec lui encore une quinzaine; ainsi ne comptez plus sur nous pour vendredi prochain; pour moi, je commence à craindre que les eaux ne me fassent du mal, après m'avoir fait assez de bien. Si j'ai de la santé, je reviendrai à la Rivière gaiement; si je n'en ai point, j'irai tristement à Paris : car, en vérité, je suis honteux de ne me présenter devant mes amis qu'avec un estomac faible et un esprit chagrin. Je ne veux vous donner que mes beaux jours, et ne souffrir qu'incognito.

Si vous ne savez rien du détail de la mort de M. de Melun, en voici quelques particularités :

Samedi dernier il courait le cerf avec Monsieur le Duc; ils en avaient déjà pris un, et en couraient un second. Monsieur le Duc et M. de Melun trouvèrent dans une voie étroite le cerf qui venait droit à eux; Monsieur le Duc eut le temps de se ranger. M. de Melun crut qu'il aurait le temps de croiser le cerf, et poussa son cheval. Dans le moment le cerf l'atteignit d'un coup d'andouiller si furieux, que le cheval, l'homme, et le cerf, en tombèrent tous trois. M. de Melun avait la rate coupée, le diaphragme percé, et la poitrine refoulée; Monsieur le Duc, qui était

---

1. Allusion à son intimité avec Richelieu, qui avait été nommé ambassadeur extraordinaire à Vienne, en mai 1724. (ÉD.)

seul auprès de lui, banda sa plaie avec son mouchoir, et y tint la main pendant trois quarts d'heure; le blessé vécut jusqu'au lundi suivant, qu'il expira, à six heures et demie du matin, entre les bras de Monsieur le Duc, et à la vue de toute la cour, qui était consternée et attendrie d'un spectacle si tragique, mais qui l'oubliera bientôt. Dès qu'il fut mort, le roi partit pour Versailles, et donna au comte de Melun le régiment du défunt. Il est plus regretté qu'il n'était aimé ; c'était un homme qui avait peu d'agréments, mais beaucoup de vertu, et qu'on était forcé d'estimer.

On nous mande de Paris que Mme de Villette a gagné son procès en Angleterre, et a déclaré son mariage[1]. Voilà toutes les nouvelles que je sais. La plume me tombe des mains. Je vous prie de dire à Thieriot que, dès que j'aurai la tête nette, je lui écrirai des volumes.

LXIII. — A M. THIERIOT.

A Forges, 5 août.

Il faut encore, mon cher Thieriot, que je passe ici douze jours. M. de Richelieu compte prendre des eaux ce temps-là, et je ne peux pas l'abandonner dans la douleur où il est; pour moi, je ne prendrai plus d'eaux : elles me font beaucoup plus de mal qu'elles ne m'avaient fait de bien. Il y a plus de vitriol dans une bouteille d'eau de Forges que dans une bouteille d'encre; et, franchement, je ne crois pas l'encre trop bonne pour la santé. Je retournerai sûrement à la Rivière, quand M. de Richelieu partira de Forges. J'y retrouverai probablement quelques exemplaires de l'abbé de Chaulieu. Je vous donnerai les vers pour Mme la duchesse de Béthune, et vous montrerai un petit ouvrage[2] que j'ai déjà beaucoup avancé, et dont j'ose avoir bonne opinion, puisque l'impitoyable M. de Richelieu en est content. Vous ne me reverrez pas probablement avec une meilleure santé, mais sûrement avec la même amitié. Faites bien la cour à M. et à Mme de Bernières, et à tous ceux qui sont de la Rivière.

LXIV. — AU MÊME.

Paris, 24 août.

Mandez-moi, mon cher ami, si vous avez reçu la lettre que je vous écrivis, il y a huit jours, et si Mme de Bernières a reçu celle où je lui rendais compte de mon entrevue avec M. d'Argenson. Je viens de vous faire une antichambre à votre appartement; mais j'ai bien peur de ne pouvoir occuper le mien. J'ai resté huit jours dans la maison, pour voir si je pourrais y travailler le jour et y dormir la nuit, qui sont deux choses sans lesquelles je ne puis vivre; mais il n'y a pas moyen de dormir ni de penser avec le bruit infernal qu'on y entend ; je me suis obstiné à y rester la huitaine pour m'accoutumer. Cela m'a donné une fièvre double tierce, et j'ai été enfin contraint de déguerpir. Je me suis logé dans un hôtel garni, où j'enrage et où je souffre beaucoup. Voilà une situation bien cruelle pour moi; car assurément je ne veux

1. Avec Bolingbroke. (ÉD.) — 2. L'*Indiscret*, comédie. (ÉD.)

pas quitter Mme de Bernières, et il m'est impossible d'habiter dans sa maudite maison, qui est froide comme le pôle pendant l'hiver, où on sent le fumier comme dans une crèche, et où il y a plus de bruit qu'en enfer. Il est vrai que, pour le seul temps qu'on ne l'habite point, on y a une assez belle vue. Je suis bien fâché d'avoir conseillé à M. et à Mme de Bernières de faire ce marché-là; mais ce n'est pas la seule sottise que j'aie faite en ma vie. Je ne sais pas comment tout ceci tournera; tout ce que je sais, c'est qu'il faut absolument que j'achève mon poëme; pour cela il faut un endroit tranquille, et, dans la maison de la rue de Beaune [1], je ne pourrais faire que la description des charrettes et des carrosses. J'ai d'ailleurs une santé plus faible que jamais. Je crains Fontainebleau, Villars et Sulli, pour ma santé et pour Henri IV; je ne travaillerais point, je mangerais trop, et je perdrais en plaisirs et en complaisances un temps précieux, qu'il faut employer à un travail nécessaire et honorable. Après avoir donc bien balancé les circonstances de la situation où je suis, je crois que le meilleur parti serait de revenir à la Rivière, où l'on me permet une grande liberté, et où je serai mille fois plus à mon aise qu'ailleurs. Vous savez combien je suis attaché à la maîtresse de la maison, et combien j'aime à vivre avec vous ; mais je crains que vous n'ayez de la cohue. Mandez-moi donc franchement ce qui en est. Adieu, mon cher ami.

LXV. — AU MÊME.
10 septembre.

Me voilà quitte entièrement de ma fièvre et de mon hôtel garni. Je suis revenu dans l'hôtel Bernières, où le plaisir d'être votre voisin me soulage un peu du bruit effroyable qu'on y entend. Je partirais bien vite pour la Rivière, si ma santé était bien raffermie; mais je ne suis pas encore dans un état à entreprendre des voyages par le coche. Peut-être, malgré mon goût pour la Rivière, faudra-t-il que je reste à Paris; j'y mène une vie plus solitaire qu'à la campagne, et je vous assure que je n'y perds pas mon temps, si pourtant ce n'est pas perdre que de l'employer sérieusement à faire des vers et d'autres ouvrages aussi frivoles. Je pourrais bien vous trouver quelques pièces de M. de La Fare, qui sont entre les mains de Mme sa fille; mais je ne sais pas comment le bruit court que ses ouvrages et ceux de M. l'abbé de Chaulieu sont sous la presse; Mme de La Fare l'a entendu dire, et en est très-fâchée. Vous jugez bien que, si après cela elle allait voir dans le recueil quelques pièces qu'elle m'aurait confiées, je me brouillerais avec elle, et me donnerais un peu trop la réputation de libraire-imprimeur. Je suis ruiné par les dépenses de mon appartement, et, pour surcroît, on m'a volé une bonne partie de mes meubles ; j'ai trouvé la moitié de nos livres égarés. On m'a pris du linge, des habits, des porcelaines, et on pourrait bien avoir aussi un peu volé Mme de Bernières. Voilà ce que

---

1. Cette maison, à l'un des coins de la rue de Beaune et du quai des Théatins, aujourd'hui quai Voltaire, occupait probablement l'emplacement de l'hôtel où le philosophe est mort plus de cinquante ans après. (ÉD.)

c'est que d'avoir un suisse imbécile et intéressé qui tient un cabaret, au lieu d'avoir un portier affectionné. Mandez-moi, je vous en prie, si vous n'avez prêté à personne un tome de la réponse de Jurieu à Maimbourg sur le calvinisme. C'est un de nos livres perdus que je regrette le plus, attendu le bien qu'on y dit de la cour de Rome. La solitude où je vis fait que je ne vous manderai pas de grandes nouvelles. J'entends dire seulement par ma fenêtre que le roi d'Espagne est mort, de la petite vérole. Cela ne changera rien aux affaires de l'Europe, mais beaucoup aux siennes. Devenez bien savant dans l'histoire, vous me donnerez de l'émulation, et je vous suivrai dans cette carrière. Il me semble que nous en serons tous deux plus heureux quand nous cultiverons les mêmes goûts. J'ai reçu hier une lettre de Mme de Bernières; dites-lui que je lui suis plus attaché que jamais, et que je donnerai toujours la préférence à son amitié sur toutes les choses dont elle me croit séduit.

LXVI. — A M. DE CIDEVILLE.

1724.

Enfin, je ne suis plus tout à fait si mourant que je l'étais. A mesure que je renais, je sens revivre aussi ma tendre amitié pour vous, et augmenter les remords secrets de ne vous écrire qu'en prose. Je vous verrai bientôt, mon cher Cideville; j'attends avec impatience le moment où je pourrai partir pour la Normandie, dont je fais ma patrie, puisqu'elle est la vôtre. Je vous écris d'un pays bien étranger pour moi; c'est Versailles, dont les habitants ne connaissent ni la prose ni les vers. Je me console ici de l'ennui qu'ils me donnent par le plaisir de vous écrire, et par l'espérance de vous voir. Si vos amis se souviennent encore d'un pauvre moribond, je vous prierais de leur faire mille compliments de ma part. Adieu; soyez un peu sensible à la tendre amitié que Voltaire aura pour vous toute sa vie.

LXVII. — A MADAME LA PRÉSIDENTE DE BERNIÈRES.

Septembre.

Je loge enfin chez vous, dans mon petit appartement, et je voudrais bien le quitter au plus vite pour en aller occuper un à votre campagne; mais je ne suis point encore en état de me transporter. Les eaux de Forges m'ont tué. Je passe chez vous une vie solitaire; j'ai renoncé à toute la nature; je regarde les maladies un peu longues comme une espèce de mort qui nous sépare et qui nous fait oublier de tout le monde; et je tâche de m'accoutumer à ce premier genre de mort, afin d'être un jour moins effrayé de l'autre.

Cependant, par saint Jean, je ne veux pas mourir.

J. B. ROUSSEAU, liv. I, épig. x.

Je me suis imposé un régime si exact, qu'il faudra bien que j'aie de la santé pour cet hiver. Si je peux vous aller trouver à la Rivière, je vous avoue que je serai charmé que vous y restiez longtemps; mais, si je suis obligé de demeurer à Paris, je voudrais de tout mon cœur vous faire haïr la Rivière et vos beaux jardins. Les nouvelles ne sont pas grandes dans ce pays-ci. La mort du roi d'Espagne ne changera rien que dans nos habillements. On dit que le deuil sera de trois mois. M. d'Autrei se meurt; Mme de Maillebois aussi; je suis sûr que vous ne vous en souciez guère.

LXVIII. — A MADAME LA PRÉSIDENTE DE BERNIÈRES, A LA RIVIÈRE-BOURDET, PRÈS DE ROUEN.

Depuis que je ne vous ai écrit, j'ai gardé le lit presque toujours. Je suis dans un état mille fois pire qu'après ma petite vérole. J'avais besoin assurément d'être consolé par les assurances touchantes que vous me donnez de votre amitié dans vos deux dernières lettres. Puisque vous avez le courage de m'aimer dans l'état où je suis, je vous jure de ne passer qu'avec vous le reste de ma vie. Si j'ai de la santé, ne craignez point que j'en use comme les gens qui, ayant fait fortune, oublient ceux qui les ont assistés dans la pauvreté. Mes amis ne m'ont point abandonné; j'ai eu toujours un peu de compagnie; mais quelle différence de voir des gens qui, quoique amis, ne sont pourtant que des étrangers, ou d'être auprès de vous et de Thieriot, que je regarde comme ma famille ! Il n'y a que vous pour qui j'aie de la confiance, et dont je sois sûr d'être véritablement aimé. Mes souffrances ont augmenté par la douleur que j'ai eue d'apprendre la maladie de M. Thieriot. A présent qu'il est rétabli, revenez avec lui au plus vite, je vous en conjure; vous me trouverez avec une gale horrible qui me couvre tout le corps. Jugez de l'envie que j'ai de vous voir, puisque j'ose vous en prier dans le bel état où me voilà. Où en serais-je, si je n'avais voulu avoir auprès de vous que le mérite d'une peau douce? Je suis bien réduit à ne faire plus de cas que des belles qualités de l'âme. Heureusement je vous connais assez de vertu et d'amitié pour souffrir encore un pauvre lépreux comme moi. Nous ne nous embrasserons point à votre retour; mais nos cœurs se parleront. Il me semble que j'ai de quoi vous parler pendant tout l'hiver. Si vous aimez les vers, je vous montrerai cet essai d'un nouveau chant dont M. d'Argenson vous a parlé. Vous verrez encore une nouvelle *Marianne*. Je crois que c'est cette misérable qui m'a tué, et que je suis frappé de la lèpre pour avoir trop maltraité les Juifs. Adieu, ma chère et généreuse amie; c'est trop badiner pour un moribond; mais le plaisir de m'entretenir avec vous suspend pour un moment tous mes maux. Revenez, je vous en conjure; ce sera une belle action.

LXIX. — A M. THIERIOT.

26 septembre.

Ma santé ne me permet pas encore de vous aller trouver; je suis toujours à l'hôtel Bernières, et j'y vis dans la solitude et dans la souffrance; mais l'une et l'autre est adoucie par un travail modéré qui m'amuse et qui me console. La maladie ne m'a pas rendu moins sensible à l'égard de mes amis ni moins attentif à leurs intérêts. J'ai engagé M. le duc de Richelieu à vous prendre pour son secrétaire dans son ambassade. Il avait envie d'avoir M. Champeaux, frère de M. de

Pouilli; Destouches¹ même voulait faire avec lui le voyage; mais j'ai enfin déterminé son choix pour vous. Je lui ai dit que, ne pouvant le suivre sitôt à Vienne, je lui donnais la moitié de moi-même, et que l'autre suivrait bientôt. Si vous êtes sage, mon cher Thieriot, vous accepterez cette place qui, dans l'état où nous sommes, vous devient aussi nécessaire qu'elle est honorable. Vous n'êtes pas riche, et c'est bien peu de chose qu'une fortune fondée sur trois ou quatre actions de la compagnie des Indes. Je sais bien que ma fortune sera toujours la vôtre; mais je vous avertis que nos affaires de la chambre des comptes vont très-mal, et que je cours risque de n'avoir rien du tout de la succession de mon père. Dans ces circonstances il ne faut pas que vous négligiez la place que mon amitié vous a ménagée. Quand elle ne vous servirait qu'à faire sans frais et avec des appointements le voyage du monde le plus agréable, et à vous faire connaître, à vous rendre capable d'affaires, et à développer vos talents, ne seriez-vous pas trop heureux? Ce poste peut conduire très-aisément un homme d'esprit qui est sage à des emplois et à des places assez avantageuses. M. de Morville, qui a de l'amitié pour moi, peut faire quelque chose de vous. Le pis aller de tout cela serait de rester, après l'ambassade, avec M. de Richelieu, ou de revenir dans votre taudis, auprès du mien. D'ailleurs je compte vous aller trouver à Vienne l'automne prochaine; ainsi, au lieu de vous perdre, je ne fais, en vous mettant dans cette place, que m'approcher davantage de vous. Faites vos réflexions sur ce que je vous écris, et soyez prêt à venir vous présenter à M. de Richelieu et à M. de Morville, quand je vous le manderai. Si votre édition est commencée, achevez-la au plus vite; si elle ne l'est pas, ne la commencez point. Il vaut mieux songer à votre fortune qu'à tout le reste. Adieu; je vous recommande vos intérêts; ayez-les à cœur autant que moi, et joignez l'étude de l'histoire d'Allemagne à celle de l'histoire universelle. Dites à Mme de Bernières les choses les plus tendres de ma part. Dès que j'aurai fini le petit-lait, où je me suis mis, j'irai chez elle. Je fais plus de cas de son amitié que de celle de nos bégueules titrées de la cour, auxquelles je renonce de bon cœur pour jamais, par la faiblesse de mon estomac et par la force de ma raison.

LXX. — A MADAME LA PRÉSIDENTE DE BERNIÈRES.

Octobre.

Vous allez probablement achever votre automne sans Thieriot et sans moi. Voilà comme une maudite destinée dérange les sociétés les plus heureuses. Ce n'est pas assez que je sois éloigné de vous, il faut encore que je vous enlève mon substitut. Il ne tiendrait qu'à vous de revenir à la Saint-Martin, mais vos vergers vous font aisément oublier une créature aussi chétive que moi; et quand on a des arbres à planter, on ne se soucie guère d'un ami languissant.

Je suis très-fâché que vous vous accoutumiez à vous passer de moi; je voudrais du moins être votre gazetier dans ce pays-ci, afin de me

1. Néricault Destouches. (Éd.)

vous être pas tout à fait inutile ; mais malheureusement j'ai renoncé au monde, comme vous avez renoncé à moi. Tout ce que je sais, c'est que Dufresni est mort, et que Mme de Mimeure s'est fait couper le sein. Dufresni est mort comme un poltron, et a sacrifié à Dieu cinq ou six comédies nouvelles, toutes propres à faire bâiller les saints du paradis. Mme de Mimeure a soutenu l'opération avec un courage d'amazone ; je n'ai pu m'empêcher de l'aller voir dans cette cruelle occasion. Je crois qu'elle en reviendra, car elle n'est en rien changée : son humeur est toute la même. Je pourrai pour la même raison revenir aussi de ma maladie, car je vous jure que je ne suis point changé pour vous, et que vous êtes la seule personne pour qui je veuille vivre.

LXXI. — A LA MÊME.

A Paris, octobre.

Est-il possible que vous n'ayez pas reçu la lettre que je vous écrivis deux jours après le départ de Pignon ? Elle ne contenait rien autre chose que ce vous connaissez de moi, mes souffrances et mon amitié. Je fais l'anniversaire de ma petite vérole ; je n'ai point encore été si mal, mais je suis tranquille, parce que j'ai pris mon parti, et peut-être ma tranquillité pourra me rendre la santé, que les agitations et les bouleversements de mon âme pourraient bien m'avoir ôtée. Il m'est arrivé des malheurs de toute espèce. La fortune ne me traite pas mieux que la nature ; je souffre beaucoup de toutes façons ; mais j'ai rassemblé toutes mes petites forces pour résister à mes maux. Ce n'est point dans le commerce du monde que j'ai cherché des consolations : ce n'est pas là qu'on les trouve ; je ne les ai cherchées que chez moi ; je supporte, dans votre maison, la solitude et la maladie, dans l'espérance de passer avec vous des jours tranquilles. Votre amitié me tiendra toujours lieu de tout le reste. Si mon goût décidait de ma conduite, je serais à la Rivière avec vous ; mais je suis arrêté à Paris par Bosleduc, qui me médicamente ; par Capron, qui me fait souffrir comme un damné tous les jours avec de l'essence de cannelle, et enfin par les intérêts de notre cher Thieriot, que j'ai plus à cœur que les miens. Il faut qu'il vous dise, et qu'il ne dise qu'à vous seule, qu'il ne tient qu'à lui d'être un des secrétaires de l'ambassade de M. de Richelieu. J'ai oublié même de lui dire dans ma lettre qu'il n'aurait personne dans ce poste au-dessus de lui, et que par là sa place en sera infiniment plus agréable. Vous savez sa fortune, elle ne peut pas lui donner de quoi exercer heureusement le talent de l'oisiveté. La mienne prend un tour si diabolique à la chambre des comptes, que je serai peut-être obligé de travailler pour vivre, après avoir vécu pour travailler. Il faut que Thieriot me donne cet exemple. Il ne peut rien faire de plus avantageux ni de plus honorable dans la situation où il se trouve, et il faut assurément que je regarde la chose comme un coup de partie, puisque je peux me résoudre à me priver de lui pour quelque temps. Cependant s'il peut s'en passer, s'il aime mieux vivre avec nous, je serai trop heureux, pourvu qu'il le soit : je ne cherche que son bonheur ; c'est à lui de choisir. J'ai fait en cela ce que mon amitié m'a conseillé.

Voilà comment j'en userai toute ma vie avec les personnes que j'aime, et, par conséquent, avec vous, pour qui j'aurai toujours l'attachement le plus sincère et le plus tendre.

LXXII. — A M. THIERIOT.

Octobre.

Quand je vous ai proposé la place de secrétaire dans l'ambassade de M. le duc de Richelieu, je vous ai proposé un emploi que je donnerais à mon fils, si j'en avais un, et que je prendrais pour moi, si mes occupations et ma santé ne m'en empêchaient pas. J'aurais assurément regardé comme un grand avantage de pouvoir m'instruire des affaires sur le plus beau théâtre et dans la première cour de l'Europe. Cette place même est d'autant plus agréable qu'il n'y a point de secrétaire d'ambassade en chef; que vous auriez eu une relation nécessaire et suivie avec le ministre; et que, pour peu que vous eussiez été touché de l'ambition de vous instruire et de vous élever par votre mérite et par votre assiduité au travail le plus honorable et le plus digne d'un homme d'esprit, vous auriez été plus à portée qu'un autre de prétendre aux postes qui sont d'ordinaire la récompense de ces emplois. M. Dubourg, ci-devant secrétaire du comte de Luc (et à ses gages), est maintenant chargé, à Vienne, des affaires de la cour de France, avec huit mille livres d'appointements. Si vous aviez voulu, j'ose vous répondre qu'une pareille fortune vous était assurée. Quant aux gages, qui vous révoltent si fort, et pourtant si mal à propos, vous auriez pu n'en point prendre; et, puisque vous pouvez vous passer de secours dans la maison de M. de Bernières, vous l'auriez pu encore plus aisément dans la maison de l'ambassadeur de France, et peut-être n'auriez-vous point rougi de recevoir de la main de celui qui représente le roi des présents qui eussent mieux valu que des appointements.

Vous avez refusé l'emploi le plus honnête et le plus utile qui se présentera jamais pour vous. Je suppose que vous n'avez fait ce refus qu'après y avoir mûrement réfléchi, et que vous êtes sûr de ne vous en point repentir le reste de votre vie. Si c'est Mme de Bernières qui vous y a porté, elle vous a donné un très-méchant conseil; si vous avez craint effectivement, comme vous le dites, de vous constituer domestique de grand seigneur, cela n'est pas tolérable. Quelle fortune avez-vous donc faite depuis le temps où le comble de vos désirs était d'être ou secrétaire du duc de Richelieu, qui n'était point ambassadeur, ou commis des Pâris? En bonne foi, y a-t-il aucun de vos frères qui ne regardât comme une très-grande fortune le poste que vous dédaignez?

Ce que je vous écris ici est pour vous faire voir l'énormité de votre tort, et non pour vous faire changer de sentiments. Il fallait sentir l'avantage qu'on vous offrait; il fallait l'accepter avidement, et vous y consacrer tout entier, ou ne le point accepter du tout. Si vous le faisiez avec regret, vous le feriez mal; et, au lieu des agréments infinis que vous y pourriez espérer, vous n'y trouveriez que des dégoûts et point de fortune. N'y pensons donc plus; et préférez la pauvreté et l'oisiveté à une fortune très-honnête et à un poste envié de tant de gens de lettres, et que je ne céderais à personne qu'à vous, si je pouvais l'occuper. Un jour viendra bien sûrement que vous en aurez des regrets, car vos idées se rectifieront, et vous penserez plus solidement que vous ne faites. Toutes les raisons que vous m'avez apportées vous paraîtront un jour bien frivoles, et, entre autres, ce que vous me dites qu'il faudrait dépenser en habits et en parures vos appointements. Vous ignorez que, dans toutes les cours, un secrétaire est toujours modestement vêtu, s'il est sage, et qu'à la cour de l'empereur il ne faut qu'un gros drap rouge, avec des boutonnières noires; que c'est ainsi que l'empereur est habillé, et que d'ailleurs on fait plus avec cent pistoles à Vienne qu'avec quatre cents à Paris. En un mot, je ne vous en parlerai plus; j'ai fait mon devoir comme je le ferai toute ma vie avec mes amis. Ne songeons plus, mon pauvre Thieriot, qu'à fournir ensemble tranquillement notre carrière philosophique.

Mandez-moi comment va l'édition de l'abbé de Chaulieu, que vous préférez au secrétariat de l'ambassade de Vienne, et n'éloignez pas pourtant de votre esprit toutes les idées d'affaire étrangère au point de ne me pas faire de réponse sur le nom et la demeure du copiste qui a transcrit *Mariamne*, et qui ne refusera peut-être pas d'écrire pour M. le duc de Richelieu. Enfin, si l'amitié que vous avez pour moi, et que je mérite, est une des raisons qui vous font préférer Paris à Vienne, revenez donc au plus tôt retrouver votre ami. Engagez Mme de Bernières à revenir à la Saint-Martin; vous retrouverez un nouveau chant¹ de *Henri IV*, que M. de Maisons trouve le plus beau de tous; une *Mariamne* toute changée, et quelques autres ouvrages qui vous attendent. Ma santé ne me permet pas d'aller à la Rivière; sans cela, je serais assurément avec vous. Je vous gronderais bien sur l'ambassade de Vienne; mais plus je vous verrais, plus je serais charmé dans le fond de mon cœur de n'être point éloigné d'un ami comme vous.

LXXIII. — A MADAME LA PRÉSIDENTE DE BERNIÈRES.
Octobre.

Je suis bien charmé de toutes les marques d'amitié que vous me donnez dans vos lettres, mais nullement des raisons que vous avez apportées pour empêcher notre ami de faire la fortune la plus honnête où puisse prétendre un homme de lettres et un homme d'esprit. Je consentais à le perdre quelque temps pour lui assurer une fortune le reste de sa vie. Si je n'avais écouté que mon plaisir, je n'aurais songé qu'à retenir Thieriot avec nous; mais l'amitié doit avoir des vues plus étendues, et je tiens que non-seulement il faut vivre avec nos amis, mais qu'il faut, autant qu'on le peut, les mettre en état de vivre heureux, même sans nous; mais surtout il ne faut point les faire tomber dans des ridicules. C'est rendre un bien mauvais service à Thieriot que de le laisser imaginer un moment qu'il y ait du déshonneur à lui à être secrétaire de M. le duc de Richelieu dans son ambassade. Je serai longtemps fâché qu'il ait refusé la plus belle occasion de faire fortune qui

1. Formant aujourd'hui le sixième chant. (Éd.)

se présentera jamais pour lui ; mais je ne le serais pas moins, si c'était par une vanité mal entendue, et hors de toute bienséance, qu'il perdît des choses solides. Je me flatte que vos bontés pour lui le dédommageront de ce qu'il veut perdre ; mais qu'il songe bien sérieusement qu'il doit mener la véritable vie d'un homme de lettres ; qu'il n'y a pour lui que ce parti, et qu'il serait bien peu digne de l'estime et de l'amitié des honnêtes gens, s'il manquait sa fortune pour être un homme inutile. Je lui écris sur cela une longue lettre que je mets dans votre paquet : du moins il n'aura pas à me reprocher de ne lui avoir pas dit la vérité.

Je voudrais, de tout mon cœur, être avec vous ; vous n'en doutez pas ; il faut même que je sois dans un bien misérable état pour ne vous pas aller trouver. Je me suis mis entre les mains de Bosleduc, qui, à ce que j'espère, me guérira du mal que les eaux de Forges m'ont fait. J'en ai encore pour une quinzaine de jours. Si ma santé est bien rétablie dans ce temps-là, j'irai vous trouver ; mais si je suis condamné à rester à Paris, aurez-vous bien la cruauté de rester chez vous le mois de décembre, et de donner la préférence aux neiges de Normandie sur votre ami Voltaire ?

LXXIV. — A M. THIERIOT.

Octobre.

Mon amitié, moins prudente peut-être que vous ne dites, mais plus tendre que vous ne pensez, m'engagea, il y a plus de quinze jours, à vous proposer à M. de Richelieu pour secrétaire dans son ambassade. Je vous en écrivis sur-le-champ et vous me répondîtes, avec assez de sécheresse, que vous n'étiez pas fait pour être domestique de grand seigneur. Sur cette réponse je ne songeai plus à vous faire une fortune si honteuse, et je ne m'occupai plus que du plaisir de vous voir à Paris, le peu de temps que j'y serai cette année. Je jetai en même temps les yeux d'un autre côté pour le choix d'un secrétaire dans l'ambassade de M. le duc de Richelieu. Plusieurs personnes se sont présentées ; l'abbé Desfontaines, l'abbé Mac-Carthy, enviaient ce poste, mais ni l'un ni l'autre ne conviennent, pour des raisons qu'ils ont senties eux-mêmes. L'abbé Desfontaines me présenta M. Davou, son ami, pour cette place : il me répondit de sa probité. Davou me parut avoir de l'esprit. Je lui promis la place de la part de M. de Richelieu, qui m'avait laissé la carte blanche, et je dis à M. de Richelieu que vous aviez trop de défiance de vous-même et trop peu de connaissance des affaires pour oser vous charger de cet emploi. Alors je vous écrivis une assez longue lettre dans laquelle je voulais me justifier auprès de vous de la proposition que vous aviez trouvée si ridicule, et dans laquelle je vous faisais sentir les avantages que vous méprisiez. Aujourd'hui je suis bien étonné de recevoir de vous une lettre par laquelle vous acceptez ce que vous aviez refusé et me reprochez de m'être mal expliqué. Je vais donc tâcher de m'expliquer mieux et vous rendre un compte exact des fonctions de l'emploi que je voulais sottement vous donner, des espérances que vous y pouviez avoir, et de mes démarches depuis votre dernière lettre. Il n'y a point de secrétaire d'ambassade en chef. Monsieur l'ambassadeur n'a, pour l'aider dans son ministère, que l'abbé de Saint-Remi, qui est un bœuf et sur lequel il ne compte nullement; un nommé Guiri, qui n'est qu'un valet, et un nommé Busal, qui n'est qu'un petit garçon. Un homme d'esprit, qui serait le quatrième secrétaire, aurait sans doute toute la confiance, et tout le secret de l'ambassadeur.

Si l'homme qu'on demande veut des appointements, il en aura; s'il n'en veut point, il aura mieux et il en sera plus considéré; s'il est habile et sage, il se rendra aisément le maître des affaires sous un ambassadeur jeune, amoureux de son plaisir, inappliqué et qui se dégoûtera aisément d'un travail journalier. Pour peu que l'ambassadeur fasse un voyage à la cour de France, ce secrétaire restera sûrement chargé des affaires; en un mot, s'il plaît à l'ambassadeur, et s'il a du mérite, sa fortune est assurée.

Son pis aller sera d'avoir fait un voyage dans lequel il se sera instruit, et dont il reviendra avec de l'argent et de la considération. Voilà quel est le poste que je vous destinais, ne pouvant pas vous croire assez insensé pour refuser ce qui fait l'objet de l'ambition de tant de personnes, et ce que je prendrais pour moi, de tout mon cœur.

La première de vos lettres, qui m'apprit cet étrange refus me donna une vraie douleur; la seconde, dans laquelle vous me dites que vous êtes prêt d'accepter, m'a mis dans un embarras très-grand; car j'avais déjà proposé M. Davou. Voici de quelle manière je me suis conduit. J'ai détaché de votre lettre deux pages, qui sont écrites avec beaucoup d'esprit; j'ai pris la liberté d'y rayer quelques lignes et je les ai lues ce matin à M. le duc de Richelieu, qui est venu chez moi; il a été charmé de votre style, qui est net et simple, et encore plus de la défiance où vous êtes de vous-même, d'autant plus estimable qu'elle est moins fondée. J'ai saisi ce moment pour lui faire sentir de quelle ressource et de quel agrément vous seriez pour lui à Vienne. Je lui ai inspiré un désir très-vif de vous avoir auprès de lui. Il m'a promis de vous considérer comme vous le méritez et de faire votre fortune, bien sûr qu'il fera pour moi tout ce qu'il fera pour vous. Il est aussi dans la résolution de prendre M. Davou. Je ne sais si ce sera un rival ou un ami que vous aurez. Mandez-moi si vous le connaissez. Je voudrais bien que vous ne partageassiez avec personne la confiance que M. de Richelieu vous destine, mais je voudrais bien aussi ne point manquer à ma parole.

Voilà l'état où sont les choses. Si vous pensez à vos intérêts autant que moi, si vous êtes sage, si vous sentez la conséquence de la situation où vous êtes, en un mot, si vous allez à Vienne, il faut revenir au plus tôt à Paris et vous mettre au fait des traités de paix. M. le duc de Richelieu m'a chargé de vous dire qu'il n'était pas plus instruit des affaires que vous, quand il fut nommé ambassadeur, et je vous réponds qu'en un mois de temps vous en saurez plus que lui. Il est d'ailleurs très-important que vous soyez ici quand M. l'ambassadeur aura ses instructions, de peur que les communiquant à un autre, il ne s'accoutume à porter ailleurs la confiance que je veux qu'il vous donne tout entière. Tout dépend des commencements. Il faut, outre cela, que vous mettiez ordre à vos affaires; et, si vos intérêts ne passaient pas toujours devant les miens, j'ajouterais que je veux passer quelque temps avec vous, puisque je serai huit mois entiers sans vous voir. Je vous conseille ou de vendre le manuscrit de l'abbé de Chaulieu, ou d'abandonner ce projet. Vous savez que les petites affaires sont des victimes qu'il faut toujours sacrifier aux grandes vues.

Enfin c'est à vous à vous décider. J'ai fait pour vous ce que je ferais pour mon frère, pour mon fils, pour moi-même. Vous m'êtes aussi cher que tout cela. Le chemin de la fortune vous est ouvert; votre pis aller sera de revenir partager mon appartement, ma fortune et mon cœur.

Tout vous est bien clairement expliqué; c'est à vous à prendre votre parti. Voilà le dernier mot que je vous en dirai.

LXXV. — A. M. THIERIOT, A LA RIVIÈRE-BOURDET.

Octobre.

Vous m'avez causé un peu d'embarras par vos irrésolutions. Vous m'avez fait donner deux ou trois paroles différentes à M. de Richelieu, qui a cru que je l'ai voulu jouer. Je vous pardonne tout cela de bon cœur, puisque vous demeurez avec nous. Je faisais trop de violence à mes sentiments, lorsque je voulais m'arracher de vous pour faire votre fortune. Votre bonheur m'aurait coûté le mien; mais je m'y étais résolu malgré moi, parce que je penserai toute ma vie qu'il faut s'oublier soi-même pour songer aux intérêts de ses amis. Si le même principe d'amitié, qui me forçait à vous faire aller à Vienne, vous empêche d'y aller, et si, avec cela, vous êtes content de votre destinée, je suis assez heureux et je n'ai plus rien à désirer que de la santé. On me fait espérer qu'après l'anniversaire de ma petite vérole, je me porterai bien; mais, en attendant, je suis plus mal que je n'ai jamais été. Il m'est impossible de sortir de Paris dans l'état où je suis. Je passe ma vie dans mon petit appartement; j'y suis presque toujours seul, j'y adoucis mes maux par un travail qui m'amuse sans me fatiguer et par la patience avec laquelle je souffre. Je fis l'effort, ces jours passés, d'aller à la comédie du *Passé*, du *Présent* et de l'*Avenir*; c'est Legrand qui en est l'auteur. Cela ne vaut pas le diable; mais cela réussira, parce qu'il y a des danses et de petits enfants. Jamais la comédie n'a été si à la mode. Le public se divertit autant de la petite troupe qui est restée à Paris, que le roi s'ennuie de la grande qui est à Fontainebleau.

Dites un peu à Mme de Bernières qu'elle devrait bien m'écrire. Je sais qu'on peut se lasser à la fin d'avoir un ami comme moi, qu'il faut toujours consoler. On se dégoûte insensiblement des malheureux. Je ne serai donc point surpris quand, à la longue, l'amitié de Mme de Bernières s'affaiblira pour moi; mais dites-lui que je lui suis plus attaché qu'un homme plus sain que moi ne le peut être, et que je lui promets pour cet hiver de la santé et de la gaieté.

Il n'y a nulles nouvelles ici; mais à la Saint-Martin je crois qu'on saura de mes nouvelles dans Paris.

LXXVI. — A Mme DE BERNIÈRES, A LA RIVIÈRE, PRÈS DE ROUEN.
De Paris, novembre.

Je viens de recevoir votre lettre dans le temps que je me plaignais à Thieriot de votre silence. Il faut que vous aimiez bien à faire des reproches, pour me gronder d'avoir été rendre une visite à une pauvre mourante qui m'en avait fait prier par ses parents. Vous êtes une mauvaise chrétienne de ne pas vouloir que les gens se raccommodent à l'agonie. Je vous assure qu'Étéocle aurait été voir Polynice, si on lui avait fait l'opération du cancer. Cette démarche très-chrétienne ne m'engagera point à revivre avec Mme de Mimeure; ce n'est qu'un petit devoir dont je **me** suis acquitté en passant. Vous prenez encore bien mal votre temps pour vous plaindre de mes longues absences. Si vous saviez l'état où je suis, assurément ce serait moi que vous plaindriez. Je ne suis à Paris que parce que je ne suis pas en état de me faire transporter chez vous à votre campagne. Je passe ma vie dans des souffrances continuelles, et je n'ai ici aucune commodité. Je n'espère pas même la fin de mes maux, et je n'envisage pour le reste de ma vie qu'un tissu de douleurs qui ne sera adouci que par ma patience à les supporter, et par votre amitié, qui en diminuera toujours l'amertume. Sans cette amitié, que vous m'avez toujours témoignée, je ne serais pas à présent dans votre maison; j'aurais renoncé à vous comme à tout le monde, et j'aurais été enfermer les chagrins dont je suis accablé dans une retraite, qui est la seule chose qui convienne aux malheureux; mais j'ai été retenu par mon tendre attachement pour vous. J'ai toujours éprouvé que c'est dans les temps où j'ai souffert le plus que vous m'avez marqué plus de bonté, et j'ai osé croire que vous ne vous lasseriez pas de mes malheurs. Il n'y a personne qui ne soit fatigué, à la longue, du commerce d'un malade. Je suis bien honteux de n'avoir à vous offrir que des jours si tristes, et de n'apporter dans votre société que de la douleur et de l'abattement; mais je vous estime assez pour ne vous point fuir dans un pareil état, et je compte passer avec vous le reste de ma vie, parce que je m'imagine que vous aurez la générosité de m'aimer avec un mauvais estomac et un esprit abattu par la maladie, comme si j'avais encore le don de digérer et de penser. Je suis charmé que Thieriot nous donne la préférence sur l'ambassade; je sens que son amitié et son commerce me sont nécessaires: c'était avec bien de la douleur que je me séparais de lui; cependant je serais très-affligé s'il avait manqué sa fortune. Tout le monde le blâme ici de son refus; pour moi, je l'en aime davantage; mais j'ai toujours quelques remords de ce qu'il a négligé à ce point ses intérêts.

Vous savez que M. de Morville est chevalier de la Toison. Il y avait longtemps que le roi d'Espagne lui avait pr̄ cette faveur. Je viens d'être témoin d'une fortune plus singulière, quoique dans un genre fort différent. La petite Livri, qui avait cinq billets à la loterie des

Indes, vient de gagner trois lots, qui valent dix mille livres de rente, ce qui la rend plus heureuse que tous les chevaliers de la Toison.

La petite Le Couvreur réussit à Fontainebleau comme à Paris. Elle se souvient de vous dans sa gloire, et me prie de vous assurer de ses respects. Adieu; je n'ai plus la force d'écrire.

LXXVII. — A M. DE CIDEVILLE, CONSEILLER AU PARLEMENT DE ROUEN.

A quel misérable état faut-il que je sois réduit de ne pouvoir répondre que de méchante prose aux vers charmants que vous m'avez envoyés! Les souffrances dont je suis accablé ne me donnent pas un moment de relâche, et à peine ai-je la force de vous écrire. *Laudantur ubi non sunt, cruciantur ubi sunt*. Vous me prenez à votre avantage, mon cher Cideville; mais si jamais j'ai de la santé, je vous réponds que vous aurez des épîtres en vers à votre tour. L'amitié et l'estime me les dicteront, et me tiendront lieu du peu de génie poétique que j'avais autrefois, qui m'a quitté pour aller vous trouver. Adieu, mon cher ami; feu ma muse salue très-humblement la vôtre, qui se porte à merveille. Pardonnez à la maladie si je vous écris si peu de chose, et si je vous exprime si mal la tendre amitié que j'ai pour vous. Je salue les bonnes gens qui voudront se souvenir de moi. VOLTAIRE.

LXXVIII. — A MADAME LA PRÉSIDENTE DE BERNIÈRES.

Ce lundi au soir, juin.

Je vins hier à Paris, madame, et je vis le ballet des *Éléments*, qui me parut bien joli. L'auteur est indigne d'avoir fait un ouvrage si aimable. Je compte apporter une nouvelle lettre de cachet qui rendra la liberté à notre pauvre abbé Desfontaines. Je verrai samedi *Mariamne* avec vous, et je vous suivrai à la Rivière. Tous ces projets-là sont bien agréables pour moi, s'ils vous font quelque plaisir.

Je suis d'ailleurs assez content de mon voyage de Versailles; et, sans votre absence, et quelques indigestions, je serais plus heureux qu'à moi n'appartient. J'apprends que vous n'avez jamais eu tant de santé. Vous auriez bien dû me faire le plaisir de me l'apprendre. Mes respects à M. de Bernières. Ayez la bonté de faire tenir à l'abbé Desfontaines la lettre que je lui écris.

J'embrasse notre ami Thieriot.

LXXIX. — A M. THIERIOT, CHEZ MADAME DE BERNIÈRES, A LA RIVIÈRE-BOURDET.

Paris, 28 juin.

J'ai toujours bien de l'amitié pour vous, grande aversion pour les tracasseries, et beaucoup d'envie d'aller jouir de la tranquillité chez Mme de Bernières; mais je n'y veux aller qu'en cas que je sois sûr d'être un peu désiré. Je ferais mille lieues pour aller la voir, si elle a toujours la même amitié pour moi; mais je ne ferais pas un stade, si son amitié est diminuée d'un grain, je devine que le chevalier des

Alleurs est à la Rivière, et que vous y passez une vie bien douce. Je ne sais si M. de Bernières se dispose à partir; il n'entend pas parler de moi, ni moi de lui. Nous ne nous rencontrons pas plus que s'il demeurait au Marais, et moi aux Incurables. Je saurai probablement de ses nouvelles par Mme de Bernières. Mandez-moi comment elle se porte, si elle est bien gourmande, si Silva lui a envoyé son ordonnance, si elle est bien enchantée du chevalier des Alleurs, si ledit chevalier, toujours bien sain, bien dormant, et bien..., se d⁁ toujours malade; enfin si on veut me souffrir dans l'ermitage. Je ne sais aucune nouvelle, ni ne m'en soucie; j'attends des vôtres, et vous embrasse de tout mon cœur.

LXXX. — A MADAME LA PRÉSIDENTE DE BERNIÈRES.

Ce mercredi 27 juin.

Je sors de chez Silva, à qui j'ai envoyé quatre fois inutilement demander votre ordonnance; il m'a paru aussi difficile d'en avoir une de médecin que du roi. Enfin Silva vient de me dire que les morceaux d'une boule de fer étaient aussi bons que la boule en entier. Mais, pour moi, je puis vous assurer que le régime vaut mieux que toutes les boules de fer du monde. Je ne me sers plus que de ce remède, et je m'en trouve si bien, que je serais déjà chez vous par le coche, ou par les batelets, sans la lettre que M. Thieriot m'a écrite. Il m'a mandé que vous et lui seriez fort aises de me recevoir, mais qu'il ne me conseillait pas de venir sans avoir auparavant donné de l'argent à M. de Bernières. Je n'ai jamais plus vivement senti ma pauvreté qu'en lisant cette lettre. Je voudrais avoir beaucoup d'argent à lui donner, car on ne peut payer trop cher le plaisir et la douceur de vivre avec vous. J'envie bien la destinée de M. des Alleurs, qui a porté à la Rivière-Bourdet son indifférence et ses agréments. Je m'imagine que vous avez volontiers oublié tout le monde dans votre charmante solitude, et que qui vous demanderait des nouvelles de ce pays-ci, fût-ce des nouvelles de votre mari, vous importunerait beaucoup.

Je ne sais autre chose que le risque où le roi Stanislas a été d'être empoisonné. On a arrêté l'empoisonneur, et on attend de jour en jour des éclaircissements sur cette aventure. Les dames du palais partiront, je crois, le 10 pour aller chercher leur reine¹. Je crois M. de Luxembourg parti pour Rouen. Voilà tout ce que je sais. Tout le monde dit dans Paris que je suis dévot et brouillé avec vous, et cela parce que je ne suis point à la Rivière, et que je suis souvent chez la femme au miracle du faubourg Saint-Antoine. Le vrai pourtant est que je vous aime de tout mon cœur, comme vous m'aimiez autrefois, et que je n'aime Dieu que très-médiocrement, dont je suis très-honteux.

Je ne sais point du tout si M. de Bernières ira vous voir, et vous savez si j'y dois aller. Mandez-moi ce que vous souhaitez; ce sont

1. Marie Leczinska, fille du roi de Pologne Stanislas, mariée à Louis XV, le 5 septembre 1725. On avait voulu faire périr son père avec du tabac empoisonné. (Éd.)

vos intentions qui règlent mes désirs. Adieu ; soit à la Rivière, soit à Paris, je vous suis attaché pour toujours, avec la tendresse la plus vive.

LXXXI. — A LA MÊME.

2 juillet.

Me voici donc prisonnier dans le camp ennemi, faute d'avoir de quoi payer ma rançon pour aller à la Rivière, que j'avais appelée ma patrie. En vérité je ne m'attendais pas que jamais votre amitié pût souffrir que l'on mît de pareilles conditions dans le commerce. J'arrive de Maisons, où j'ai enfin la hardiesse de retourner. Je comptais de là aller à la Rivière, et passer le mois de juillet avec vous. Je me faisais un plaisir d'aller jouir auprès de vous de la santé qui m'est enfin rendue. Vous ne m'avez vu que malade et languissant. J'étais honteux de ne vous avoir donné jusqu'à présent que des jours si tristes, et je me hâtais de vous aller offrir les prémices de ma santé. J'ai retrouvé ma gaieté, et je vous l'apportais; vous l'auriez augmentée encore. Je me figurais que j'allais passer des journées délicieuses. M. de Bernières même pourrait bien ne pas venir à la Rivière sitôt. En vérité, je suis plus fait pour vivre avec vous que lui, et surtout à la campagne; mais la fortune arrange les choses tout de travers. Je ne veux pourtant pas que notre amitié dépende d'elle : pour moi, il me semble que je vous aimerai de tout mon cœur, malgré toutes les guenilles qui nous séparent, et malgré vous-même. J'apprends, en arrivant à Paris, que d'Entragues[1] vient de s'enfuir en Hollande; c'est une affaire bien singulière, et qui fait bien du bruit. On parle de Mme de Prie, de traitants, de quatorze cent mille francs, de signatures; mais on prétend qu'on va le faire revenir pour tenir le biribi. La reine d'Espagne et Mme de Beaujolais arrivèrent avant-hier. La reine d'Espagne vit à Vincennes à l'espagnole, et Mme de Beaujolais vivra au Palais-Royal à la française, et peut-être à la d'Orléans. Les dames du palais partent le 18. Voilà les nouvelles publiques. Les particulières sont que Mme d'Egmont partage avec Mme de Prie les faveurs du premier ministre, sans partager le ministère. On dit aussi que vous n'avez plus d'amitié pour moi, mais je n'en crois rien. Je me soucie très-peu du reste. Je vous aime de tout mon cœur, et vous prie instamment de m'écrire souvent. Mandez-moi si vous vous portez bien, si la boule de fer vous fait digérer, si vous devenez bien savante; pour moi, j'ai presque fini mon poëme[2]; j'ai achevé la comédie de l'*Indiscret*; je n'ai plus d'autre affaire que celle de mon plaisir; et, par conséquent, je serais à la Rivière, si vous étiez encore pour moi ce que vous avez été.

LXXXII. — A LA MÊME.

Paris, ce 23 juillet.

Depuis que je ne vous ai écrit, une foule d'affaires m'est survenue. La moindre est le procès que je renouvelle contre le testament de mon

---

1. Probablement George d'Entragues ou d'Entraigues, duc de Phalaris. (Ed.)
2. *La Henriade.*

père. Les peines que je me donne tous les jours m'ont bientôt ôté le peu de santé que l'espérance de vous voir m'avait rendu. Je mène ici une vie de damné, tandis que Thieriot et vous vous avez l'air d'être dans les limbes, à votre campagne. Il n'y a plus d'apparence que je revoie la Rivière-Bourdet. Voilà qui est fait; il n'y a point de repos pour moi jusqu'à l'impression de *Henri IV*. Je ne vous dirai point combien la situation où je me trouve est douloureuse. Vous n'êtes pas assez fâchée de vivre sans moi, pour que je vous montre toute mon affliction. Je vous prie seulement de me rendre un petit service dans votre ville de Rouen. Un de vos coquins d'imprimeurs a imprimé, depuis peu, *Mariamne*; j'en ai un exemplaire entre les mains. Si, par le moyen de M. Thieriot, je pouvais savoir quel est l'imprimeur qui m'a joué ce tour, j'en ferais incessamment saisir les exemplaires. Il peut mieux que personne être informé de cela. Je ne lui écris point pour l'en prier; car je compte que c'est tout un d'écrire à vous ou à lui; et d'ailleurs, en vérité, je n'ai pas un moment de temps. Qu'il me pardonne donc ma négligence, et qu'il ait la bonté, quand il ira à Rouen, de dénicher un peu le faquin qui a donné ma *Mariamne*. Elle est pleine de fautes grossières et de vers qui ne sont point de moi; j'en suis dans une colère de père qui voit ses enfants maltraités, et cela m'oblige de faire imprimer ma *Mariamne* plus tôt que je ne l'avais résolu, et dans un temps très-peu favorable. Il pleut des vers à Paris. M. de La Motte veut absolument faire jouer son *OEdipe*; M. de Fontenelle fait des comédies tous les jours. Tout le monde fait des poëmes épiques; j'ai mis les poëmes à la mode, comme Langlée y avait mis les falbalas. Si vous voulez des nouvelles, messieurs du clergé refusent de payer le cinquantième, et je m'imagine que, sur cela, la noblesse et le tiers-état pourront bien penser de même. Les dames du palais demain, à l'exception de Mme la maréchale de Villars, qui est retenue par une perte de sang. Mme de Prie a pris les devants avec Mme de Tallard, et, avant de partir, m'a donné un ordre pour le concierge de sa maison de Fontainebleau, où j'ai un appartement cet automne. Je verrai le mariage de la reine; je ferai des vers pour elle, si elle en vaut la peine. J'en ferais plus volontiers pour vous, si vous m'aimiez. Voilà le papier qui me manque. Adieu; je vous aime de tout mon cœur.

LXXXIII. — A LA MÊME.

A Paris, à la Comédie, ce 20 août.

Depuis un mois entier, je suis entouré de procureurs, de charlatans, d'imprimeurs et de comédiens. J'ai voulu tous les jours vous écrire, et n'en ai pas encore trouvé le moment. Je me réfugie actuellement dans une loge de comédienne pour me livrer au plaisir de m'entretenir avec vous, pendant qu'on joue *Mariamne* et l'*Indiscret*, pour la seconde fois. Cette petite pièce fut représentée avant-hier samedi avec assez de succès; mais il me parut que les loges étaient encore plus contentes que le parterre. Dancourt et Legrand ont accoutumé le parterre au bas comique et aux grossièretés, et insensiblement le public s'est formé le préjugé que de petites pièces en un acte doivent être des farces pleines d'ordures, et non pas des comédies nobles, où les mœurs soient respectées. Le peuple n'est pas content quand on ne fait rire que l'esprit; il faut le faire rire tout haut, et il est difficile de le réduire à aimer mieux des plaisanteries fines que des équivoques fades, et à préférer Versailles à la rue Saint-Denis. *Mariamne* est enfin imprimée de ma façon, après trois éditions subreptices qui en ont paru coup sur coup.

Au reste, ne croyez pas que je me borne dans Paris à faire jouer des tragédies et des comédies. Je sers Dieu et le diable tout à la fois assez passablement. J'ai dans le monde un petit vernis de dévotion que le miracle du faubourg Saint-Antoine m'a donné. La femme au miracle est venue ce matin dans ma chambre. Voyez-vous quel honneur je fais à votre maison, et en quelle odeur de sainteté nous allons être? M. le cardinal de Noailles a fait un beau mandement à l'occasion du miracle; et, pour comble ou d'honneur ou de ridicule, je suis cité dans ce mandement. On m'a invité, en cérémonie, à assister au *Te Deum* qui sera chanté à Notre-Dame, en action de grâces de la guérison de Mme Lafosse. M. l'abbé Couet, grand vicaire de Son Éminence, m'a envoyé aujourd'hui le mandement. Je lui ai envoyé une *Mariamne*, avec ces petits vers-ci :

Vous m'envoyez un mandement,
Recevez une tragédie,
Afin que mutuellement
Nous nous donnions la comédie.

Ah! ma chère présidente, qu'avec tout cela je suis quelquefois de mauvaise humeur de me trouver seul dans ma chambre, et de sentir que vous êtes à trente lieues de moi! Vous devez être dans le pays de Cocagne. M. l'abbé d'Amfreville, avec son ventre de prélat et son visage de chérubin, ne ressemble pas mal au *Roi de Cocagne*[1]. Je m'imagine que vous faites des soupers charmants; que l'imagination vive et féconde de Mme du Deffand[2], et celle de M. l'abbé d'Amfreville, en donnent à notre ami Thieriot, et qu'enfin tous vos moments sont délicieux. M. le chevalier des Alleurs est-il encore avec vous? Il m'avait dit qu'il y resterait tant qu'il y trouverait du plaisir : je juge qu'il y demeurera longtemps.

Adieu; je pars incessamment pour Fontainebleau; conservez-moi toujours bien de l'amitié. Adieu, adieu.

LXXXIV. — A LA MÊME.

A Versailles, septembre.

Hier, à dix heures et demie, le roi déclara qu'il épousait la princesse de Pologne, et en parut très-content. Il donna son pied à baiser à M. d'Épernon[3] et son cul à M. de Maurepas, et reçut les compliments de toute sa cour, qu'il mouille tous les jours à la chasse, par la pluie

1. Comédie de Legrand, jouée en 1718. (ÉD.)
2. Marie de Vichi Champ-Rond, ou Chamrond, marquise du Deffand. (ÉD.)
3. Louis de Pardaillan de Gondrin, d'abord duc d'Épernon, et ensuite duc d'Antin. (ÉD.)

la plus horrible. Il va partir, dans le moment, pour Rambouillet, et épousera Mlle Leczinska à Chantilli. Tout le monde fait, ici sa cour à Mme de Besenval¹, qui est un peu parente de la reine. Cette dame, qui a de l'esprit, reçoit avec beaucoup de modestie les marques de bassesse qu'on lui donne. Je la vis hier chez M. le maréchal de Villars. On lui demanda à quel degré elle était parente de la reine; elle répondit que les reines n'avaient point de parents. Les noces de Louis XV font tort au pauvre Voltaire. On ne parle de payer aucune pension, ni même de les conserver; mais, en récompense, on va créer un nouvel impôt pour avoir de quoi acheter des dentelles et des étoffes pour la demoiselle Leczinska. Ceci ressemble au mariage du soleil, qui faisait murmurer les grenouilles. Il n'y a que trois jours que je suis à Versailles, et je voudrais déjà en être dehors. La Rivière-Bourdet me plaira plus que Trianon et Marli; et je ne veux dorénavant d'autre cour que la vôtre. Mandez-moi des nouvelles de votre santé. Digérez-vous bien? allez-vous souvent aux spectacles? avez-vous fait dire à Dufresne et à la Le Couvreur de jouer *Marianne*? L'abbé Desfontaines est-il en liberté? Thieriot est-il toujours bien sémillant? Conservez-moi votre amitié, dont je fais plus de cas que d'une pension et de ceux qui la donnent.

LXXXV. — À LA MÊME.

À Fontainebleau, ce vendredi 17 septembre.

Pendant que Louis XV et Marie-Sophie-Félicité de Pologne sont, avec toute la cour, à la comédie italienne, moi, qui n'aime point du tout ces pantalons étrangers, et qui vous aime de tout mon cœur, je me renferme dans ma chambre, pour vous mander les balivernes de ce pays-ci, que vous avez peut-être quelque curiosité d'apprendre. 1° M. de La Vrillière vient de mourir cette nuit à Fontainebleau; et M. le maréchal de Gramont est mort à Paris, à la même heure. Ils ont assurément pris bien mal leur temps tous deux; car, au milieu de tout le tintamarre du mariage du roi, leurs morts ne feront pas le moindre petit bruit.

Ces jours passés, le carrosse de M. le prince de Conti renversa, en passant, le pauvre Martinot, horloger du roi, qui fut écrasé sous les roues, et mourut sur-le-champ. On ne prendra pas plus garde à la mort de MM. de La Vrillière et de Gramont qu'à celle de Martinot, à moins que quelqu'un n'ose demander, malgré les survivances, la place de secrétaire d'État et celle de colonel des gardes. Cependant on fait tout ce qu'on peut ici pour réjouir la reine.

Le roi s'y prend très-bien pour cela. Il s'est vanté de lui avoir donné sept sacrements pour la première nuit; mais je n'en crois rien du tout. Les rois trompent toujours leurs peuples. La reine fait très-bonne mine, quoique sa mine ne soit point du tout jolie. Tout le monde est enchanté ici de sa vertu et de sa politesse. La première chose qu'elle a

1. C'est la mère du baron de Besenval, lieutenant-colonel des Suisses, qui eut un procès célèbre au commencement de la Révolution. (B.)

faite a été de distribuer aux princesses et aux dames du palais toutes les bagatelles magnifiques qu'on appelle sa corbeille : cela consistait en bijoux de toute espèce, hors des diamants. Quand elle vit la cassette où tout cela était arrangé : « Voilà, dit-elle, la première fois de ma vie que j'ai pu faire des présents. » Elle avait un peu de rouge le jour du mariage, autant qu'il en faut pour ne pas paraître pâle. Elle s'évanouit un petit instant dans la chapelle, mais seulement pour la forme. Il y eut le même jour comédie. J'avais préparé un petit *Divertissement* que M. de Mortemart ne voulut point faire exécuter. On donna à la place *Amphitryon* et le *Médecin malgré lui*; ce qui ne parut pas trop convenable. Après le souper il y eut un feu d'artifice avec beaucoup de fusées, et très-peu d'invention et de variété ; après quoi le roi alla se préparer à faire un dauphin. Au reste, c'est ici un bruit, un fracas, une presse, un tumulte épouvantable. Je me garderai bien, dans ces premiers jours de confusion, de me faire présenter à la reine; j'attendrai que la foule soit écoulée, et que Sa Majesté soit un peu revenue de l'étourdissement que tout ce sabbat doit lui causer. Alors je tâcherai de faire jouer *Œdipe* et *Marianne* devant elle; je lui dédierai l'un et l'autre : elle m'a déjà fait dire qu'elle serait bien aise que je prisse cette liberté. Le roi et la reine de Pologne, car nous ne connaissons plus ici le roi Auguste, m'ont fait demander le poëme de *Henri IV*, dont la reine a déjà entendu parler avec éloge; mais il ne faut ici se presser sur rien. La reine va être fatiguée incessamment des harangues des compagnies souveraines; ce serait trop que de la prose et des vers en même temps. J'aime mieux que Sa Majesté soit ennuyée par le parlement et par la chambre des comptes que par moi.

Vous, qui êtes reine à la Rivière, mandez-moi, je vous en prie, si vous êtes toujours bien contente dans votre royaume. Je vous assure que je préfère bien dans mon cœur votre cour à celle-ci, surtout depuis qu'elle est ornée de Mme du Deffand et de M. l'abbé d'Amfreville. Je vous aime tendrement, et vous embrasse mille fois. Adieu.

LXXXVI. — A LA MÊME.

A Fontainebleau, le 8 octobre.

Je viens de recevoir une lettre sans date de notre ami Thieriot, par laquelle il me mande que vous avez été malade, sans m'en spécifier le temps. Je vous assure que je me trouve bien malheureux de n'avoir pu être auprès de vous. Ce qu'on appelle si faussement les plaisirs de la cour ne vaut pas la satisfaction de consoler ses amis. Soyez sûre qu'il m'est plus doux de partager vos souffrances que de faire ici ma cour à notre nouvelle reine. J'ai été quelque temps sans vous écrire, parce que je n'ai pas ici un moment à moi. Il a fallu faire jouer *Œdipe*, *Marianne*, et *l'Indiscret*. J'ai été quelque temps à Bélébat avec Mme de Prie. D'ailleurs je me suis trouvé presque toujours en l'air, maudissant la vie de courtisan, courant inutilement après une petite fortune qui semblait se présenter à moi, et qui s'est enfuie bien vite, dès que j'ai cru la tenir, regrettant à mon ordinaire vous, vos amis et votre campagne, ayant bien de l'humeur et n'osant en montrer, voyant bien des ridicules et n'osant les dire, n'étant pas mal auprès de la reine, très-bien avec Mme de Prie, et tout cela ne servant à rien qu'à me faire perdre mon temps et à m'éloigner de vous. Je vais dans ce moment chercher M. de Gervasi; et, s'il va à la Rivière-Bourdet, je vais bien envier sa destinée. Je vous avertis d'avance, ma chère reine, que M. de Gervasi et tous les médecins de la faculté vous seront inutiles, si vous n'avez pas un régime exact; et qu'avec ce régime, vous pourrez vous passer d'eux à merveille. Mettez la main sur la conscience, et avouez que vous avez été quelquefois un peu gourmande. C'est un vilain vice auquel je vous ai vue très-adonnée, et je vous dirai, comme Voiture,

> Que vous étiez bien plus heureuse,
> Lorsque vous étiez autrefois
> Je ne veux pas dire amoureuse,
> La rime le dit toutefois!

Aimez et mangez un peu moins : l'école de Salerne ne peut vous donner de meilleurs conseils. Mandez-moi donc, je vous en conjure, comment vous vous portez. Thieriot m'a écrit que votre maudit rhumatisme vous a quittée; mais n'a-t-il laissé nulle impression? Vos yeux ont-ils beaucoup souffert? êtes-vous parfaitement guérie? Pourquoi faut-il que vous me négligiez assez pour me laisser ignorer l'état où vous avez été, et celui où vous êtes? Je passai hier tout le soir avec Mme de Lutzelbourg à parler de vous. Elle vous aime de tout son cœur; elle pense comme moi; elle aimerait bien mieux être à la Rivière qu'à Fontainebleau. La pauvre femme sèche ici sur pied. On a brûlé sa maison, et on ne parle pas encore de la dédommager. Cela doit apprendre aux particulières à se piquer un peu moins de loger chez elles des reines. Mme de Lutzelbourg demande justice, et ne l'obtient point. Jugez ce qu'il arrivera de moi, chétif, qui ne suis ici que pour demander des grâces. Ah! madame! je ne suis pas ici dans mon élément; ayez pitié d'un pauvre homme qui a abandonné la Rivière-Bourdet, sa patrie, pour un pays étranger. Insensé que je suis! Je pars dans deux jours, avec M. le duc d'Antin, pour aller à Bellegarde voir le roi Stanislas; car il n'y a sottise dont je ne m'avise. De là je retourne à Bélébat, une seconde fois, avec Mme de Prié. Ce sera dans ce temps-là, à peu près, que mes affaires seront finies ou manquées. Je ne vous promets plus de venir à la Rivière; mais seriez-vous bien étonnée si vous m'y voyiez arriver les premiers jours de novembre? Je vous jure que je n'ai jamais eu plus d'envie de vous voir. Je songe à vous au milieu des occupations, des inquiétudes, des craintes, des espérances qui agitent tout le monde en ce pays-ci; mais vous m'oubliez dans votre oisiveté; vous avez raison : quand on est avec Mme du Deffand et M. l'abbé d'Amfraville, il n'y a personne qu'on ne puisse oublier. Je les assure de mes très-humbles respects, aussi bien que le maître de la maison. Adieu, ma chère reine; comptez sur ma respectueuse et tendre amitié pour toute ma vie.

LXXXVII. — A M. THIERIOT.

À Fontainebleau, ce 17 octobre.

Je mérite encore mieux vos critiques que *Mariamne*, mon cher Thieriot. Un homme qui reste à la cour, au lieu de vivre avec vous, est le plus condamnable des humains, ou plutôt le plus à plaindre. J'ai eu la sottise d'abandonner mes talents et mes amis pour des fumées de cour, pour des espérances imaginaires. Je viens d'écrire sur cela une longue jérémiade à Mme de Bernières. Vous auriez bien dû ne pas attendre si tard à m'informer des nouvelles de sa santé. Réparez cela en m'écrivant souvent, et, surtout, en l'empêchant de manger trop.

En vérité, mon cher Thieriot, si Mme de Bernières veut garder un régime exact, je suis sûr qu'elle se portera à merveille. Mettez-lui bien cela dans la tête, et qu'elle renonce à la gourmandise et à la médecine. J'ai déjà abandonné tout à fait la dernière, et m'en trouve bien. Si je puis prendre sur moi de me passer de tourtes et de sucreries, comme je me passe de Gervasi, d'Helvétius, et de Silva, je serai aussi gras et aussi cochon que vous incessamment.

J'ai vu ici un moment le chevalier des Alleurs, qui vint monter sa garde, et qui s'enfuit bien vite après. Je ne me portais pas trop bien dans ce temps : à peine eus-je le temps de lui demander des nouvelles de la Rivière; il m'échappa comme un éclair. Mandez-moi s'il est encore avec vous autres, et s'il jouit de la béatitude tranquille où vous êtes depuis trois mois.

J'ai été ici très-bien reçu de la reine. Elle a pleuré à *Mariamne*, elle a ri à *l'Indiscret*; elle me parle souvent ; elle m'appelle *mon pauvre Voltaire*. Un sot se contenterait de tout cela ; mais malheureusement j'ai pensé assez solidement pour sentir que les louanges sont peu de chose, et que le rôle d'un poète à la cour traîne toujours avec lui un peu de ridicule, et qu'il n'est pas permis d'être, en ce pays-ci, sans aucun établissement. On me donne tous les jours des espérances dont je ne me repais guère. Vous ne sauriez croire, mon cher Thieriot, combien je suis las de ma vie de courtisan. *Henri IV* est bien sottement sacrifié à la cour de Louis XV. Je pleure les moments que je lui dérobe. Le pauvre enfant devrait déjà paraître in-4, beau papier, belle marge, beau caractère. Ce sera sûrement pour cet hiver, quelque chose qui arrive. Vous trouverez, je crois, cet ouvrage un peu autrement travaillé que *Mariamne*. L'épique est mon fait, ou je suis bien trompé ; et il me semble qu'on marche bien plus à son aise dans une carrière où on a pour rival un Chapelain, La Motte, et Saint-Didier, que dans celle où il faut tâcher d'égaler Racine et Corneille. Je crois que tous les poètes du monde se sont donné rendez-vous à Fontainebleau. Saint-Didier a apporté son *Clovis* à la reine, avec une épître en vers du même style. Roi vient se proposer pour des ballets. La reine est tous les jours assassinée d'odes pindariques, de sonnets, d'épîtres, et d'épithalames. Je m'imagine qu'elle a pris les poètes pour les fous de la cour ; et, en ce cas, elle a grande raison, car c'est une grande folie à un homme de lettres d'être ici. Ils ne donnent du plaisir ni n'en reçoivent. Adieu. Savez-vous que M. le duc de Nevers s'est battu avec M. le comte de Brancas, dans la salle des gardes de la reine d'Espagne? Voilà les seules nouvelles que je sache. Tout ce qui se passe ici est si simple, si uni, si ennuyeux, qu'il n'y a pas moyen d'en parler. Adieu; je vous embrasse et vous aime.

LXXXVIII. — A MADAME LA PRÉSIDENTE DE BERNIÈRES.

A Fontainebleau, ce 18 octobre.

Gervasi va partir pour vous aller voir; j'en voudrais bien faire autant; mais jamais mon goût n'a décidé de ma conduite. Je me flatte qu'il vous trouvera en bonne santé, et que ce sera un voyage d'ami plutôt que de médecin. Il vous dira toutes les petites nouvelles de la cour, dont je ne vous parle point. Ne m'en sachez pas mauvais gré. J'aime bien mieux, quand je vous écris, vous parler de vous que de ce qui se passe ici. Je suis bien plus inquiet de votre santé, et plus occupé de ce qui vous regarde, que de toutes les tracasseries de Fontainebleau. Je vais demain à Bellegarde; je vous en prie, que je trouve une lettre de vous à mon retour. Mlle Le Couvreur, qui, je crois, vous écrit souvent, me charge de vous assurer de ses respects. Elle réussit ici à merveille. Elle a enterré la Duclos. La reine lui a donné hautement la préférence. Elle oublie, au milieu de ses triomphes, qu'elle me hait. N'allez pas oublier, au milieu de vos rhumatismes, que vous m'avez aimé, et rompez un peu le silence que vous gardez avec moi, ou du moins faites-moi écrire par votre chancelier; surtout faites-moi savoir combien de temps vous resterez encore à la Rivière. Permettez-moi de saluer tous ceux qui y sont, et d'envier leur destinée; je n'ose dire de venir la partager, car vous ne m'en croiriez pas; mais si vous restez encore un mois ou six semaines, je viendrai assurément; mais, au nom de Dieu, conservez votre santé; elle dépend de vous, je vous le répète encore, beaucoup plus que de tous les médecins du monde. Soyez sobre, et votre santé sera aussi bonne qu'elle m'est chère.

LXXXIX. — A LA MÊME.

A Fontainebleau, 13 novembre.

La reine vient de me donner, sur sa cassette, une pension de quinze cents livres, que je ne demandais pas : c'est un acheminement pour obtenir les choses que je demande. Je suis très-bien avec le second premier ministre, M. Duvernet. Je compte sur l'amitié de Mme de Prie. Je ne me plains plus de la vie de la cour; je commence à avoir des espérances raisonnables d'y pouvoir être quelquefois utile à mes amis; mais si vous êtes encore gourmande, et si vous avez encore vos maux d'estomac et vos maux d'yeux, je suis bien loin de me trouver un homme heureux. S'il est vrai que vous restiez à votre campagne jusqu'à la fin de décembre, ayez la bonté de m'en assurer, et de ne pas donner toutes les chambres de la Rivière. Les agréments que l'on peut avoir dans le pays de la cour ne valent pas les plaisirs de l'amitié; et la Rivière, à tous égards, me sera toujours plus chère que Fontainebleau. Permettez-moi d'adresser ici un petit mot à mon ami Thiriot.

A M. THIERIOT.

Ne croyez pas, mon cher Thieriot, que je sois aussi dégoûté de *Henri IV* que vous le paraissez de *Mariamne*. Je viens de mettre en vers, dans le moment, feu M. le duc d'Orléans et son système avec Law. Voyez si tout cela vous paraît bien dans son cadre, et si notre sixième chant[1] n'en sera point déparé. Songez qu'il m'a fallu parler noblement de cet excès d'extravagance, et blâmer M. le duc d'Orléans, sans que mes vers eussent l'air d'une satire.

Je dis, en parlant de ce prince :

> D'un sujet et d'un maître il a tous les talents
> Malheureux toutefois dans le cours de sa vie,
> D'avoir reçu du ciel un si vaste génie.
> Philippe, garde-toi des prodiges pompeux
> Qu'on offre à ton esprit trop plein du merveilleux.
> Un Écossais arrive et promet l'abondance ;
> Il parle, il fait changer la face de la France.
> Des trésors inconnus se forment sous ses mains :
> L'or devient méprisable aux avides humains.
> Le pauvre, qui s'endort au sein de l'indigence,
> Des rois, à son réveil, égale l'opulence.
> Le riche en un moment voit fuir devant ses yeux
> Tous les biens qu'en naissant il eut de ses aïeux.
> Qui pourra dissiper ces funestes prestiges ?

Je crois que l'on ne pouvait pas parler plus modérément du système ; mais je ne sais si j'en ai parlé assez poétiquement ; nous en raisonnerons, à ce que j'espère, à la Rivière. La cour m'a peut-être ôté un peu de feu poétique. Je viendrai le reprendre avec vous. Soyez toujours moins en peine de mon cœur que de mon esprit. Je cesserai plutôt d'être poète que d'être l'ami de Thieriot.

A L'ABBÉ DESFONTAINES.

Et vous, mon cher abbé Desfontaines, j'ai bien parlé de vous à M. de Fréjus[2] ; mais je sais, par mon expérience, que les premières impressions sont difficiles à effacer. Je n'ai point encore vu votre dernier journal. Je vous suis presque également obligé pour *Mariamne* et pour *le Héros* de Gratien[3]. Je suis fâché que vous soyez brouillé avec les révérends pères ; mais puisque vous l'êtes, il n'est pas mal de s'en faire craindre. Peut-être voudront-ils vous apaiser, et vous feront-ils avoir un bénéfice par le premier traité de paix qu'ils feront avec vous. Je ne

---

1. Ces vers n'ont jamais été imprimés dans le texte du poème. (Éd.)
2. Depuis, le cardinal Fleury. (Éd.)
3. Balthasar Gracian, jésuite espagnol, désigné aussi sous le nom de Gratian, Gratien ou Gracien, publia à Huesca, en 1637, sous le nom de son frère Laurent, l'ouvrage intitulé : *el Heroe, de Lorenzo Gracian infanzon*. *Le Héros* a été traduit en français par le P. Courbeville ; et cette traduction ayant paru en 1725, c'est à elle que Voltaire dut faire allusion. (*Note de M. Clogenson.*)

sais aucune nouvelle de M. l'abbé Bignon. Je serais bien fâché de sa maladie, s'il vous avait fait du bien.

Le pauvre Saint-Didier est venu à Fontainebleau avec *Clovis*, et tous deux ont été bien bafoués. Il sollicita M. de Mortemart et l'importuna pour avoir une pension. M. de Mortemart lui répondit que quand on faisait des vers, il fallait les faire comme moi. Je suis fâché de la réponse. Saint-Didier ne me pardonnera point cette injustice de M. de Mortemart. Il y a ici des injustices plus véritables qui me font saigner le cœur. Je ne peux pas m'accoutumer à voir l'abbé Raguet dans l'opulence et dans la faveur, tandis que vous êtes négligé. Cependant n'aimez-vous pas encore mieux être l'abbé Desfontaines que l'abbé Raguet?

Je présente mes respects au maître de la maison, à M. l'abbé d'Amfreville, à *tutti quanti* qui ont le bonheur d'être à la Rivière.

Buvez tous à ma santé : et vous, madame la présidente, soyez bien sobre, je vous en prie.

XC. — A M***, MINISTRE DU DÉPARTEMENT DE PARIS.

1726.

Je remontre très-humblement que j'ai été assassiné par le brave chevalier de Rohan, assisté de six coupe-jarrets, derrière lesquels il était hardiment posté.

J'ai toujours cherché depuis ce temps à réparer, non mon honneur, mais le sien, ce qui était trop difficile.

Si je suis venu dans Versailles, il est très-faux que j'aie fait demander le chevalier de Rohan-Chabot chez M. le cardinal de Rohan.

XCI. — A M. THIERIOT.

Ce mardi, 1726.

On doit me conduire demain, ou après-demain, de la Bastille à Calais. Je vous attends, mon cher Thieriot, avec impatience. Venez au plus tôt. C'est peut-être la dernière fois de ma vie que nous nous verrons.

XCII. — AU MÊME.

Le 12 août 1726.

J'ai reçu bien tard, mon cher Thieriot, une lettre de vous, du 11 du mois de mai dernier. Vous m'avez vu bien malheureux à Paris. La même destinée m'a poursuivi partout. Si le caractère des héros de mes poëmes est aussi bien soutenu que celui de ma mauvaise fortune, mon poëme assurément réussira mieux que moi. Vous me donnez par votre lettre des assurances si touchantes de votre amitié, qu'il est juste que j'y réponde par de la confiance. Je vous avouerai donc, mon cher Thieriot, que j'ai fait un petit voyage à Paris, depuis peu. Puisque je ne vous y ai point vu, vous jugerez aisément que je n'ai vu personne. Je ne cherchais qu'un seul homme¹ que l'instinct de sa poltronnerie a caché de moi, comme s'il avait deviné que je fusse à sa piste

1. Le chevalier de Rohan. (Éd.)

Enfin la crainte d'être découvert m'a fait partir plus précipitamment que je n'étais venu. Voilà qui est fait, mon cher Thieriot; il y a grande apparence que je ne vous reverrai plus de ma vie. Je suis encore très-incertain si je me retirerai à Londres. Je sais que c'est un pays où les arts sont tous honorés et récompensés, où il y a de la différence entre les conditions, mais point d'autre entre les hommes que celle du mérite. C'est un pays où on pense librement et noblement, sans être retenu par aucune crainte servile. Si je suivais mon inclination, ce serait là que je me fixerais, dans l'idée seulement d'apprendre à penser. Mais je ne sais si ma petite fortune, très-dérangée par tant de voyages, ma mauvaise santé, plus altérée que jamais, et mon goût pour la plus profonde retraite, me permettront d'aller me jeter au travers du tintamarre de Whitehall et de Londres. Je suis très-bien recommandé en ce pays-là et on m'y attend avec assez de bonté; mais je ne puis pas vous répondre que je fasse le voyage. Je n'ai plus que deux choses à faire dans ma vie : l'une de la hasarder avec honneur dès que je le pourrai; et l'autre de la finir dans l'obscurité d'une retraite qui convient à ma façon de penser, à mes malheurs et à la connaissance que j'ai des hommes.

J'abandonne de bon cœur mes pensions du roi et de la reine; le seul regret que j'aie est de n'avoir pu réussir à vous les faire partager. Ce serait une consolation pour moi dans ma solitude de penser que j'aurais pu, une fois en ma vie, vous être de quelque utilité; mais je suis destiné à être malheureux de toutes façons. Le plus grand plaisir qu'un honnête homme puisse ressentir, celui de faire plaisir à ses amis, m'est refusé.

Je ne sais comment Mme de Bernières pense à mon égard.

Prendrait-elle le soin de rassurer mon cœur
Contre la défiance attachée au malheur ?[1]

Je respecterai toute ma vie l'amitié qu'elle a eue pour moi et je conserverai celle que j'ai pour elle. Je lui souhaite une meilleure santé, une fortune rangée, bien du plaisir et des amis comme vous. Parlez-lui quelquefois de moi. Si j'ai encore quelques amis qui prononcent mon nom devant vous, parlez de moi sobrement avec eux et entretenez le souvenir qu'ils veulent bien me conserver.

Pour vous, écrivez-moi quelquefois, sans examiner si je fais exactement réponse. Comptez sur mon cœur plus que sur mes lettres.

Adieu, mon cher Thieriot; aimez-moi malgré l'absence et la mauvaise fortune.

XCIII. — A MADEMOISELLE BESSIÈRES.

A Wandsworth, le 15 octobre.

Je reçois, mademoiselle, en même temps une lettre de vous, du 10 septembre, et une de mon frère, du 12 août. La retraite ignorée où j'ai vécu depuis deux mois, et mes maladies continuelles, qui m'ont empêché d'écrire à mon correspondant de Calais, sont cause que ces

---

1. Le second de ces vers est de Racine, *Mithridate*, acte II, scène IV. (ÉD.)

lettres ont tardé si longtemps à venir jusqu'à moi. Tout ce que vous m'écrivez m'a percé le cœur. Que puis-je vous dire, mademoiselle, sur la mort de ma sœur, sinon qu'il eût mieux valu pour ma famille et pour moi que j'eusse été enlevé à sa place? Ce n'est point à moi à vous parler du peu de cas que l'on doit faire de ce passage si court et si difficile qu'on appelle la vie : vous avez sur cela des notions plus lumineuses que moi et puisées dans des sources plus pures. Je ne connais que les malheurs de la vie; mais vous en connaissez les remèdes, et la différence de vous à moi est du malade au médecin.

Je vous supplie, mademoiselle, d'avoir la bonté de remplir jusqu'au bout le zèle charitable que vous daignez avoir pour moi en cette occasion douloureuse : ou engagez mon frère à me donner, sans différer un seul moment, des nouvelles de sa santé, ou donnez-m'en vous-même. Il ne vous reste que lui de toute la famille de mon père, que vous avez regardée comme la vôtre. Pour moi, il ne faut plus me compter. Ce n'est pas que je ne vive encore pour le respect et l'amitié que je vous dois; mais je suis mort pour tout le reste. Vous avez grand tort, permettez-moi de vous le dire avec tendresse et avec douleur, vous avez grand tort de soupçonner que je vous aie oubliée. J'ai bien fait des fautes dans le cours de ma vie. Les amertumes et les souffrances qui en ont marqué presque tous les jours ont été souvent mon ouvrage. Je sens le peu que je vaux; mes faiblesses me font pitié et mes fautes me font horreur. Mais Dieu m'est témoin que j'aime la vertu, et qu'ainsi je vous suis tendrement attaché pour toute ma vie.

Adieu, je vous embrasse, permettez-moi ce terme, avec tout le respect et toute la reconnaissance que je dois à Mlle Bessières.

XCIV. — A MADAME LA PRÉSIDENTE DE BERNIÈRES.

A Londres, 16 octobre.

Je n'ai reçu qu'hier, madame, votre lettre du 3 de septembre dernier. Les maux viennent bien vite et les consolations bien tard. C'en est une pour moi très-touchante que votre souvenir : la profonde solitude où je suis retiré ne m'a pas permis de la recevoir plus tôt. Je viens à Londres pour un moment; je profite de cet instant pour avoir le plaisir de vous écrire, et je m'en retourne sur-le-champ dans ma retraite.

Je vous souhaite, du fond de ma tanière, une vie heureuse et tranquille, des affaires en bon ordre, un petit nombre d'amis, de la santé et un profond mépris pour ce qu'on appelle vanité. Je vous pardonne d'avoir été à l'Opéra avec le chevalier de Rohan, pourvu que vous en ayez senti quelque confusion.

Réjouissez-vous le plus que vous pourrez à la campagne et à la ville. Souvenez-vous quelquefois de moi avec vos amis, et mettez la constance dans l'amitié au nombre de vos vertus. Peut-être que ma destinée me rapprochera un jour de vous. Laissez-moi espérer que l'absence ne m'aura point entièrement effacé dans votre idée, et que je pourrai retrouver dans votre cœur une pitié pour mes malheurs qui du moins ressemblera à l'amitié.

La plupart des femmes ne connaissent que les passions ou l'indolence ; mais je crois vous connaître assez pour espérer de vous de l'amitié.

Je pourrai bien revenir à Londres incessamment et m'y fixer. Je ne l'ai encore vu qu'en passant. Si, à mon arrivée, j'y trouve une lettre de vous, je m'imagine que j'y passerai l'hiver avec plaisir, si pourtant ce mot de plaisir est fait pour être prononcé par un malheureux comme moi. C'était à ma sœur à vivre et à moi à mourir ; c'est une méprise de la destinée. Je suis douloureusement affligé de sa perte ; vous connaissez mon cœur, vous savez que j'avais de l'amitié pour elle. Je croyais bien que ce serait elle qui porterait le deuil de moi. Hélas ! madame, je suis plus mort qu'elle pour le monde et peut-être pour vous. Ressouvenez-vous du moins que j'ai vécu avec vous. Oubliez tout de moi, hors les moments où vous m'avez assuré que vous me conserveriez toujours de l'amitié. Mettez ceux où j'ai pu vous mécontenter au nombre de mes malheurs, et aimez-moi par générosité, si vous ne pouvez plus m'aimer par goût.

Mon adresse, chez milord Bolingbroke, à Londres.

XCV. — A M. THIERIOT.

2 février (vieux style[1]) 1727.

Je reçus hier votre lettre du 20 janvier (n. s.) ; je vous avoue que je ne comprends pas comment vous n'avez reçu qu'un tome des *Voyages de Gulliver* ; il y a près de trois mois que je chargeai M. Dussol des deux tomes pour vous. Vous étiez en ce temps-là en Normandie.

Ayant été trois mois sans recevoir de vous aucun signe de vie, je m'imaginais que vous traduisiez *Gulliver*, et je me consolais de votre silence par l'espérance d'une bonne traduction, qui, selon moi, vous aurait beaucoup fait d'honneur et de profit.

Vous me mandez que vous n'avez reçu de M. Dussol que le premier volume, et que vous n'avez pas voulu le traduire, dans l'incertitude d'avoir le second. A cela, mon cher ami, je vous répondrai que je vous aurais pu envoyer tous les livres d'Angleterre en moins de temps que vous n'en pouviez mettre à traduire la moitié de *Gulliver*. Mais comment se peut-il faire que vous n'ayez différé votre traduction qu'à cause de ce second volume, qui vous manque, puisque vous me dites que vous n'avez lu que trois chapitres du premier tome ? Si vous voulez remplir les vues dont vous me parlez, par la traduction d'un livre anglais, *Gulliver* est peut-être le seul qui vous convienne. C'est le Rabelais de l'Angleterre, comme je vous l'ai déjà mandé ; mais c'est un Rabelais sans fatras ; et ce livre serait amusant par lui-même, par les imaginations singulières dont il est plein, par la légèreté de son style, etc., quand il ne serait pas d'ailleurs la satire du genre humain.

J'ai à vous avertir que le second tome n'est pas à beaucoup près si agréable que le premier, qu'il roule sur des choses particulières à l'Angleterre et indifférentes à la France, et qu'ainsi j'ai bien peur que

1. 22 janvier nouveau style. (ÉD.)

quelqu'un plus pressé que vous ne vous ait prévenu, en traduisant le premier tome, qui est fait pour plaire à toutes les nations, et qui n'a rien de commun avec le second.

À l'égard de vous envoyer des livres pour une somme d'argent considérable, j'aimerais mieux que vous dépensassiez cet argent à faire le voyage.

Vous savez peut-être que les banqueroutes sans ressources, que j'ai essuyées en Angleterre, le retranchement de mes rentes, la perte de mes pensions, et les dépenses que m'ont coûté les maladies dont j'ai été accablé ici, m'ont réduit à un état bien dur. Si Noël Pissot voulait me payer ce qu'il me doit, cela me mettrait en état, mon cher ami, de vous envoyer une partie de la petite bibliothèque dont vous avez besoin.

Si vous avez quelques heures de loisir, pourriez-vous vous transporter chez M. Dubreuil, cloître Saint-Merri, dans la maison de M. l'abbé Moussinot? Il est chargé de plusieurs billets de Ribou, de Pissot, et de quelques autres, que j'ai mis entre ses mains. Il vous remettra lesdits billets sur cette lettre. Vous pouvez mieux que personne tirer quelque argent de ces messieurs, que vous connaissez. Si cela est trop difficile, et si ces messieurs profitent de mes malheurs et de mon absence pour ne me point payer, comme ont fait bien d'autres, il ne faut pas, mon cher enfant, vous donner des mouvements pour les mettre à la raison; ce n'est qu'une bagatelle. Le torrent d'amertume que j'ai bu fait que je ne prends pas garde à ces petites gouttes.

Si vous avez envie de voir des vers écrits avec quelque force, donnez-vous la peine d'aller chez M. de Maisons; il vous montrera une petite parcelle de morceaux détachés de la *Henriade*, que je lui envoyai, il y a quelque temps, en dépôt, parce que vous étiez au diable, et qu'on n'entendait point parler de vous.

Adieu, mon très-cher Thieriot; je vous embrasse mille fois.

XCVI. — A M. LE COMTE DE MORVILLE,
MINISTRE DES AFFAIRES ÉTRANGÈRES.

1727.

Monseigneur, je me suis contenté jusqu'ici d'admirer en silence votre conduite dans les affaires de l'Europe; mais il n'est pas permis à un homme qui aime votre gloire, et qui vous est aussi tendrement attaché que je le suis, de demeurer plus longtemps sans vous faire ses sincères compliments.

Je ne puis d'ailleurs me refuser l'honneur que me fait le célèbre M. Swift de vouloir bien vous présenter une de mes lettres. Je sais que sa réputation est parvenue jusqu'à vous, et que vous avez envie de le connaître; il fait l'honneur d'une nation que vous estimez. Vous avez lu les traductions de plusieurs ouvrages qui lui sont attribués. Eh! qui est plus capable que vous, monseigneur, de discerner les beautés d'un original, à travers la faiblesse des plus mauvaises copies?

Je crois que vous ne serez pas fâché de dîner avec M. Swift et M. le président Hénault; et je me flatte que vous regarderez comme une preuve de mon sincère attachement à votre personne la liberté que je prends de vous présenter un des hommes les plus extraordinaires que l'Angleterre ait produits, et le plus capable de sentir toute l'étendue de vos grandes qualités.

Je suis, pour toute ma vie, avec un profond respect et un attachement rempli de la plus haute estime, monseigneur, etc. VOLTAIRE.

XCVII. — A M. SWIFT. LONDRES, A LA PERRUQUE BLANCHE.

Covent-Garden, 14 décembre 1727.

Vous serez surpris, monsieur, de recevoir d'un voyageur français un *Essai*, en anglais, *sur les Guerres civiles de France*, qui font le sujet de la *Henriade*. Ayez de l'indulgence pour un de vos admirateurs, qui doit à vos écrits de s'être passionné pour votre langue, au point d'avoir la témérité d'écrire en anglais.

Vous verrez, par l'*Avertissement*, que j'ai quelques desseins sur vous, et que j'ai dû parler de vous, pour l'honneur de votre pays et pour l'avantage du mien ; ne me défendez pas d'orner ma narration de votre nom.

Laissez-moi jouir de la satisfaction de parler de vous de la même manière que la postérité en parlera.

Me sera-t-il permis, en même temps, de vous supplier de faire usage de votre crédit en Irlande pour procurer quelques souscripteurs à la *Henriade*, qui est achevée, et qui, faute d'un peu d'aide, n'a pas encore paru ?

La souscription n'est que d'une guinée, payée d'avance. Je suis, avec la plus haute estime et la plus parfaite reconnaissance, monsieur,

Votre très-humble et très-obéissant serviteur. VOLTAIRE.

XCVIII. — A MADAME LA DUCHESSE DU MAINE.

1727

Toutes les princesses malencontreuses, qui furent jadis retenues dans des châteaux enchantés par des nécromans, eurent toujours beaucoup de bienveillance pour les pauvres chevaliers errants à qui même infortune était advenue. Ma Bastille, madame, est la très-humble servante de votre Châlons[1]; mais il y a une très-grande différence entre l'une et l'autre :

Car à Châlons les Grâces vous suivirent,
Les Jeux badins prisonniers s'y rendirent;
Et tous ces enfants éperdus
Furent bien surpris quand ils virent
La Fermeté, la Paix, et toutes les vertus,
Qui près de vous se réunirent.

1. Ce fut en mai 1719 que la duchesse du Maine, petite-fille du grand Condé, fut transférée du château de Dijon à Châlons. (ÉD.)

Cet aimable assemblage, si précieux et si rare, vous asservit les mœurs de tous les habitants.

On admira sur vos traces
Minerve auprès de l'Amour.
Ah! ne leur donnez plus ce Châlons pour séjour;
Et que les Muses et les Grâces
Jamais plus loin que Sceaux n'aillent fixer leur cour.

Vous avez, dit-on, madame, trouvé dans votre château le secret d'immortaliser un âne.

Dans ces murs malheureux votre voix enchantée
Ne put jamais charmer qu'un âne et les échos :
On vous prendrait pour une Orphée :
Mais vous n'avez point su, trop malheureuse fée,
Adoucir tous les animaux.

Puissiez-vous mener désormais une vie toujours heureuse, et que la tranquillité de votre séjour de Sceaux ne soit jamais interrompue que par de nouveaux plaisirs! Les agréments seuls de votre esprit peuvent suffire à faire votre bonheur.

Dans ses écrits le savant Malezieu
Joignit toujours l'utile à l'agréable;
On admira dans le tendre Chaulieu
De ses chansons la grâce inimitable.
Il nous fallait les perdre un jour tous deux,
Car il n'est rien que le temps ne détruise;
Mais ce beau dieu qui les arts favorise
De ses présents vous enrichit comme eux,
Et tous les deux vivent dans Ludovise.

XCIX. — A M. Swift.
1728.

Monsieur, l'autre jour j'envoyai une cargaison de sottises françaises au vice-roi. Milady Bolingbroke s'est chargée de vous procurer un exemplaire de la *Henriade*; elle souhaite de faire cet honneur à mon ouvrage, et j'espère que le mérite de vous être présenté par ses mains lui servira de recommandation. Cependant si elle ne l'a pas fait encore, je vous prie d'en prendre un dans la cargaison qui se trouve à présent dans le palais du vice-roi. Je vous souhaite l'ouïe bonne. Dès que vous l'aurez, rien ne vous manquera. Je n'ai point vu M. Pope cet hiver, mais j'ai lu le troisième volume des *Miscellanea*, et plus je lis vos ouvrages, plus j'ai honte des miens. Je suis avec respect, estime, et la plus parfaite reconnaissance,

Votre, etc.

C. — AU MÊME.
Vendredi (e.

Monsieur, je vous envoie ci-joint deux lettres, l'une de M. de Morville, secrétaire d'État, et l'autre pour M. des Maisons, désirant, et dignes tous les deux de faire votre connaissance. Ayez la bonté de me faire savoir si vous avez dessein de prendre la route de Calais ou celle de Rouen. Si vous prenez la résolution de passer par Rouen, je vous donnerai des lettres pour une bonne dame qui vit à sa terre, près de Rouen. Elle vous recevra comme vous le méritez. Vous y trouverez deux ou trois de mes amis intimes, qui sont vos admirateurs, et qui ont appris l'anglais depuis que je suis en Angleterre. Tous vous témoigneront les égards, et vous procureront les plaisirs qui seront en leur pouvoir. Ils vous donneront cent adresses pour Paris, et vous fourniront toutes les commodités convenables. Daignez me faire part de votre résolution; je me donnerai assurément toutes les peines possibles pour vous rendre service, et pour faire connaître à mon pays que j'ai l'honneur inestimable d'être de vos amis. Je suis avec le plus grand respect et estime, etc.

CI. — A M. THIERIOT.

A Londres, 4 août 1732.

Voici qui vous surprendra, mon cher Thieriot; c'est une lettre en français. Il me paraît que vous n'aimez pas assez la langue anglaise, pour que je continue mon chiffre avec vous. Recevez donc, en langue vulgaire, les tendres assurances de ma constante amitié. Je suis bien aise d'ailleurs de vous dire intelligiblement que si on a fait en France des recherches de la *Henriade* chez les libraires, ce n'a été qu'à ma sollicitation. J'écrivis, il y quelque temps, à M. le garde des sceaux [1] et à M. le lieutenant de police de Paris, pour les supplier de supprimer les éditions étrangères de mon livre, et, surtout, celle où l'on trouverait cette misérable *Critique* dont vous me parlez dans vos lettres. L'auteur est un réfugié connu à Londres, et qui ne se cache point de l'avoir écrite. Il n'y a que Paris au monde où l'on puisse me soupçonner de cette guenille; mais

« Odi profanum vulgus, et arceo : »
Hor., lib. III, od. I.

et les sots jugements et les folles opinions du vulgaire ne rendront point malheureux un homme qui a appris à supporter les malheurs réels : et qui méprise les grands peut bien mépriser les sots. Je suis dans la résolution de faire incessamment une édition correcte du poème auquel je travaille toujours dans ma retraite. J'aurais voulu, mon cher Thieriot, que vous eussiez pu vous en charger pour votre avantage et pour mon honneur. Je joindrai à cette édition un *Essai sur la Poésie épique*, qui ne sera point la traduction d'un embryon anglais mal formé, mais un ouvrage complet et très-curieux pour ceux q , quoique nés en France, veulent avoir une idée du goût des autres nations. Vous me mandez que des dévots, gens de mauvaise foi ou de très-peu de sens, ont trouvé à redire que j'aie osé, dans un poëme qui n'est point un colifichet de roman, peindre Dieu comme un être plein de bonté et indulgent aux sottises de l'espèce humaine. Ces faquins-là

1. Chauvelin.

feront tant qu'il leur plaira de Dieu un tyran, je ne le regarderai pas moins comme aussi bon et aussi sage que ces messieurs sont sots et méchants.

Je me flatte que vous êtes, pour le présent, avec votre frère. Je ne crois pas que vous suiviez le commerce comme lui; mais, si vous le pouviez faire, j'en serais fort aise; car il vaut mieux être maître d'une boutique que dépendant dans une grande maison. Instruisez-moi un peu de l'état de vos affaires, et écrivez-moi, je vous en prie, plus souvent que je ne vous écris. Je vis dans une retraite dont je n'ai rien à vous mander, au lieu que vous êtes dans Paris, où vous voyez tous les jours des folies nouvelles, qui peuvent encore réjouir votre pauvre ami, assez malheureux pour n'en plus faire.

Je voudrais bien savoir où est Mme de Bernières, et ce que fait le chevalier anglais des Alleurs; mais, surtout, parlez-moi de vous, à qui je m'intéresserai toute ma vie avec toute la tendresse d'un homme qui ne trouve rien au monde de si doux que de vous aimer.

CII. — AU P. PORÉE.

A Paris, rue de Vaugirard, près de la porte Saint-Michel.

Si vous vous souvenez encore, mon révérend père, d'un homme qui se souviendra de vous toute sa vie avec la plus tendre reconnaissance et la plus parfaite estime, recevez cet ouvrage avec quelque indulgence, et regardez-moi comme un fils qui vient, après plusieurs années, présenter à son père le fruit de ses travaux dans un art qu'il a appris autrefois de lui. Vous verrez par la préface quel a été le sort de cet ouvrage, et j'apprendrai, par votre décision, quel est celui qu'il mérite. Je n'ose encore me flatter d'avoir lavé le reproche que l'on fait à la France de n'avoir jamais pu produire un poëme épique; mais si la *Henriade* vous plaît, si vous y trouvez que j'ai profité de vos leçons, alors *sublimi feriam sidera vertice*. Surtout, mon révérend père, je vous supplie instamment de vouloir bien m'instruire si j'ai parlé de la religion comme je le dois; car, s'il y a sur cet article quelques expressions qui vous déplaisent, ne doutez pas que je ne les corrige à la première édition que l'on pourra faire encore de mon poëme. J'ambitionne votre estime, non-seulement comme auteur, mais comme *chrétien*.

Je suis, mon révérend père, et je ferai profession d'être toute ma vie, avec le zèle le plus vif, votre très-humble et très-obéissant serviteur. Signé VOLTAIRE.

CIII. — A M***.

La quadrature du cercle et le mouvement perpétuel sont des choses aisées à trouver en comparaison du secret de calmer tout d'un coup une âme agitée d'une passion violente. Il n'y a que les magiciens qui prétendent arrêter les tempêtes avec des paroles. Si une personne blessée, dont la plaie profonde montrerait des chairs écartées et sanglantes, disait à un chirurgien : « Je veux que ces chairs soient réunies, et qu'à peine il reste une légère cicatrice de ma blessure ; » le chirurgien répondrait : « C'est une chose qui dépend d'un plus grand maître que moi;

c'est au temps seul à réunir ce qu'un moment a divisé. Je peux couper, retrancher, détruire ; le temps seul peut réparer. »

Il en est ainsi des plaies de l'âme ; les hommes blessent, enveniment, désespèrent; d'autres veulent consoler, et ne font qu'exciter de nouvelles larmes; le temps guérit à la fin.

Si donc on se met bien dans la tête qu'à la longue la nature efface dans nous les impressions les plus profondes; que nous n'avons, au bout d'un certain temps, ni le même sang qui coulait dans nos veines, ni les mêmes fibres qui agitaient notre cerveau, ni par conséquent les mêmes idées; qu'en un mot, nous ne sommes plus réellement et physiquement la même personne que nous étions autrefois; si nous faisons, dis-je, cette réflexion bien sérieusement, elle nous sera d'un très-grand secours; nous pourrons hâter ces moments où nous devons être guéris.

Il faut se dire à soi-même : « J'ai éprouvé que la mort de mes parents, de mes amis, après m'avoir percé le cœur pour un temps, m'a laissé ensuite dans une tranquillité profonde ; j'ai senti qu'au bout de quelques années il s'est formé dans moi une âme nouvelle; que l'âme de vingt-cinq ans ne pensait pas comme celle de vingt, ni celle de vingt comme celle de quinze. Tâchons donc de nous mettre par la force de notre esprit, autant qu'il est en nous, dans la situation où le temps nous mettra un jour; devançons par notre pensée le cours des années. »

Cette idée suppose que nous sommes libres. Aussi la personne qui demande conseil se croit sans doute libre; car il y aurait de la contradiction à demander un conseil dont on croirait la pratique impossible. Nous nous conduisons, dans toutes nos affaires, comme si nous étions bien convaincus de notre liberté : conduisons-nous ainsi dans nos passions, qui sont nos plus importantes affaires. La nature n'a pas voulu que nos blessures fussent en un moment consolidées, qu'un instant nous fît passer de la maladie à la santé; mais des remèdes sages précipitent certainement le temps de la guérison.

Je ne connais point de plus puissant remède pour les maladies de l'âme que l'application sérieuse et forte de l'esprit à d'autres objets.

Cette application détourne le cours des esprits animaux : elle rend quelquefois insensible aux douleurs du corps. Une personne bien appliquée, qui exécute une belle musique, ou pénétrée de la lecture d'un bon livre qui parle à l'imagination et à l'esprit, sent alors un prompt adoucissement dans les tourments d'une maladie; elle sent aussi les chagrins de son cœur perdre petit à petit leur amertume. Il faut penser à tout autre chose qu'à ce qu'on veut oublier; il faut penser souvent, et presque toujours, à ce qu'on veut conserver. Nos fortes chaînes sont, à la longue, celles de l'habitude. Il dépend, je crois, de nous de désunir des chaînons qui nous lient à des passions malheureuses, et de fortifier les liens qui nous enchaînent à des choses agréables.

Ce n'est point que nous soyons les maîtres absolus de nos idées; il s'en faut beaucoup; mais nous ne sommes point absolument esclaves; et, encore une fois, je crois que l'Être suprême nous a donné une petite portion de sa *liberté*, comme il nous a donné un faible écoulement de sa *puissance de penser*.

Mettons donc en usage le peu de forces que nous avons. Il est certain qu'en lisant et en réfléchissant on augmente sa *faculté de penser*; pourquoi n'augmenterions-nous pas de même cette faculté qu'on nomme *liberté*? Il n'y a aucun de nos sens, aucune de nos puissances, à qui l'art n'ait trouvé des secours. La liberté sera-t-elle le seul attribut de l'homme que l'homme ne pourra augmenter?

Je suppose que nous soyons parmi des arbres chargés de fruits délicieux et empoisonnés, qu'un appétit dévorant nous porte à cueillir; si nous nous sentons trop faibles pour voir ces fruits sans y toucher, cherchons, et cela dépend de nous, des terrains où ces beaux fruits ne croissent pas.

Voilà des conseils qui sont peut-être, comme tant d'autres, plus aisés à donner qu'à suivre; mais aussi il s'agit d'une grande maladie, et la personne qui est languissante peut seule être son médecin.

CIV. — A M. THIERIOT.

Die Jovis, quem barbari Galli nuncupant *jeudi* (7 avril) 1729.

Je ne peux pas résister davantage à vos remontrances, à celles de M. de Richelieu et de M. Pallu. Puis donc que vous voulez tous que je sois ici avec un *warrant* signé Louis, « go to Saint-Germain; I write to the vizier Maurepas, in order to get leave to drag my chain in Paris[1]. »

Je vous renvoie *Quinte-Curce* et les *Diètes de Pologne*. Je demande les deux autres tomes de la *Géographie*. Si vous pouviez me dénicher quelque bon mémoire touchant la topographie de l'Ukraine et de la Petite-Tartarie, ce serait une bonne affaire. Je vous ai manqué ces jours-ci. Je mène la vie d'un rose-croix; toujours ambulant, toujours caché, mais ne prétendant point à la sagesse. « Quanquam, o! farewell, tell M. Nocei thank him heartily for his opera; and whip the lady Liset for her foolish sauciness : in case she has a pretty arse, forgive her[2]. »

CV. — AU MÊME.

Avril.

Mon cher Thieriot, vous me faites songer à mes intérêts, que j'ai trop négligés. J'avoue que j'ai eu tort de tout abandonner comme j'ai fait. Je me souviens que Marc-Tulle Cicéron, dans ses bavarderies éloquentes, dit quelque part : *Turpe est rem suam deserere*. Muni donc du sentiment d'un ancien, et rendu à la raison par vos remontrances, je vous envoie la patente de la pension que me fait la reine; il est juste qu'elle m'en daigne faire payer quelques années, puisque monsieur son mari m'a ôté mes rentes, contre le droit des gens. La difficulté n'est plus que de faire présenter à la reine un placet; je ne sais ni à qui il faut s'adresser, ni qui paye les pensions de cette nature. Je

---

1. « Allez à Saint-Germain : j'écris au vizir Maurepas pour qu'il me laisse traîner ma chaîne à Paris. »
2. « Adieu, dites à M. Nocei que je lui fais beaucoup de remercîments de son opéra. » (Le reste n'est pas traduisible.)

soupçonne seulement que M. Brossoré, secrétaire des commandements, a quelque voix en chapitre; mais je lui suis inconnu. Je crois que M. Pallu est de ses amis, et pourrait lui parler.

Mais, mon cher Thieriot, les obligations que j'ai déjà à M. Pallu me rendent timide avec lui. Irai-je encore importuner, pour des grâces nouvelles, un homme qui ne devrait recevoir de moi que des remerciments? La vivacité avec laquelle il s'intéresse à ma malheureuse affaire[1] ne sortira jamais de mon cœur. Cependant j'ai été trois ans sans lui écrire, comme à tout le reste du monde. On n'a pu arracher de moi que des lettres pour des affaires indispensables. Je me suis condamné moi-même à me priver de la plus douce consolation que je puisse recevoir, c'est-à-dire du commerce de ceux qui avaient quelque amitié pour moi.

Ma misère m'aigrit et me rend farouche. Irai-je donc, après trois ans de silence, importuner, pour une pension, des personnes à qui je suis déjà si redevable?

C'est à vous, mon cher enfant, à conduire cette affaire comme vous le jugerez convenable. Je vous remets entre les mains des intérêts que j'aurais entièrement oubliés sans vous.

Si vous savez des nouvelles de M. de Maisons, de M. de Pont de Veyle[2], de M. Bertier, de M. de Brancas, mandez-moi comment ils se portent. C'est toujours une consolation pour moi de savoir que les personnes que j'honore le plus sont en bonne santé.

Surtout, quand vous verrez M. Pallu, assurez-le que ma reconnaissance n'en est pas moins vive pour être muette.

Vos *Mémoires de Mademoiselle*[3] ne font pas d'honneur au style des princesses. Adieu.

CVI. — AU MÊME.

Décembre.

Vous êtes prié, demain jeudi, de venir dîner dans mon trou. Je fais demain le rôle de Ragotin. Je donne à dîner aux comédiens, et je récite mes vers. Vous trouverez des choses nouvelles dans *Brutus*, qu'il faut que vous entendiez. D'ailleurs il n'est pas mal que vous buviez, *with those who gave you your entrance free*.

M. de La Faie, que je rencontrai ces jours passés à la comédie, me dit qu'il voulait bien en être. J'ai donné une lettre au porteur pour lui; mais je ne sais pas son adresse : je vous prie de l'écrire.

CVII. — AU MÊME.

Fin de décembre.

Mon cher ami, je vous dis d'abord que j'ai retiré *Brutus*. On m'a assuré de tant de côtés que M. de Crébillon avait été trouver M. de Chabot, et avait fait le complot de faire tomber *Brutus*, que je ne veux pas leur en donner le plaisir. D'ailleurs, je ne crois pas la pièce digne

---

1. Avec le chevalier de Rohan-Chabot. (*Éd. de Kehl.*)
2. Antoine de Ferriol, comte de Pont de Veyle, frère aîné du comte d'Argental. (ÉD.)
3. Mademoiselle de Montpensier. (ÉD.)

du public; ainsi, mon ami, si vous avez retenu des loges, envoyez chercher votre argent.

M. Josse, qui vous rendra ce billet, imprime actuellement *le Bélier*, de feu M. Hamilton. Il voudrait avoir quelques pièces fugitives du même auteur. Si vous en avez quelques-unes, vous me ferez plaisir de les communiquer.

J'ai montré vos papiers à M. de Maisons; il dit qu'il faut qu'il vous parle. Je ne sais point de pays où les bagatelles soient si importantes qu'en France. Adieu, mon cher enfant. *Vale.*

CVIII. — A M. LE PRÉSIDENT HÉNAULT.
1729.

O vous ! l'un des meilleurs suppôts
Du dieu que le buveur adore,
Vous qu'Amour doit compter encore
Au rang de ses zélés dévots ;
Hénault, convive infatigable,
Que j'aime ta vivacité,
Et ce tour d'esprit agréable,
Qui font goûter la volupté ;
Lorsque versant à pleines tasses,
Vous répétez le soir à tous vos auditeurs
Ces contes, ces chansons, ces discours enchanteurs,
Dictés le matin par les Grâces !

Depuis mon départ de Paris, que je fis assez solennellement en buvant à votre santé, j'ai cru qu'il était inutile de vous écrire que je m'ennuie beaucoup en ce séjour, et que j'y étais arrivé en assez mauvais état. Deux de mes amis m'emballèrent à minuit, sans avoir soupé, dans une chaise de poste; et après avoir couru pendant deux nuits pour aller prendre des actions, nous entrâmes dans la Lorraine, par la route de Metz, qui est un pays d'un très-petit commerce, fort ingrat et très-peu peuplé :

Car, après de fort longues plaines,
L'on atteint des petits hameaux,
Et quelques huttes fort vilaines,
Faites de planches de bateaux.
Là de modernes Diogènes,
Dans leurs futailles de tonneaux,
Vivant de pain d'orge et de faînes,
Se croient exempts de tous maux
Quand ils sont exempts de travaux.

Jugez, mon cher monsieur, de la bonne chère avec laquelle nous fûmes régalés par ces coquins, qui préfèrent leur oiseuse stupidité aux commodités qu'un peu de peine et d'industrie fournit à nous autres Français. Une pareille misère ne me fit pas augurer en faveur des actions; et comme j'étais fort mal en arrivant à Nanci, je remis à deux ou trois jours pour souscrire. Nous trouvâmes à l'hôtel de la compagnie du commerce plusieurs bourgeois et quelques docteurs qui nous dirent que Son Altesse royale avait défendu très-expressément de donner des actions à tous les étrangers, et nous raillèrent en disant dans leur patois lorrain :

> Vous voulez être nos confrères,
> Messieurs, soyez les bienvenus;
> Vous êtes des actionnaires
> Dépouillés de vos revenus :
> Sans doute avec quelques pistoles,
> Que vous avez pour tout débris,
> Vous venez exprès de Paris
> Pour emporter nos léopoles.

En effet ils disaient la vérité, et malgré leur turlupinade, après de pressantes sollicitations, ils me laissèrent souscrire pour cinquante actions, qui me furent délivrées huit jours après, à cause de l'heureuse conformité de mon nom avec celui d'un gentilhomme de Son Altesse royale; car aucun étranger n'en a pu avoir. J'ai profité de la demande de ce papier assez promptement; j'ai triplé mon or, et dans peu j'espère jouir de mes doublons avec gens comme vous. Faites-en part à ceux que vous croyez s'intéresser à ce qui me regarde.

> Salut au bon père Finot,
> A qui vous lirez ma légende,
> A Faucheur, Douville, en un mot,
> A toute la bachique bande :
> Pour l'aimable et galant de Trois,
> Qui me réduit presque aux abois,
> Quand il exerce sa critique,
> Dites-lui donc, quand quelquefois,
> Après réplique sur réplique,
> Sans savoir bonnement pourquoi,
> Je m'emporte et je me lutine,
> Pour Dieu, qu'il ait pitié de moi
> Et de ma petite poitrine.

A l'égard de l'illustre papa *Gueton*, avec qui l'esprit et la santé ont fait un traité de société inaltérable, on peut fort bien lui appliquer, sans que la comparaison cloche,

> Ce qu'on disait de Desbarreaux,
> Que les anciens ni les nouveaux
> N'ont encore jamais vu naître
> Homme qui sût si bien connaître
> La nature des bons morceaux.

Vous pouvez lui dire, comme une chose de son ressort et à laquelle il s'intéresse, que de Bourgogne et des autres pays vignobles

> Nouvelle nous est arrivée
> Que nous avons pleine vinée;

Mais que Bacchus, dans ces beaux lieux,
Par de trop fréquentes rosées,
Avait ses tonnes épuisées :
Qu'ainsi je crois que pour le mieux
Il faut se préparer sans peine,
En ménageant votre vin vieux,
A goûter celui de Surêne.

CIX. — AU P. PORÉE.

Paris, 7 janvier 1730.

Je vous envoie, mon cher père, la nouvelle édition qu'on vient de faire de la tragédie d'*Œdipe*. J'ai eu soin d'effacer, autant que je l'ai pu, les couleurs fades d'un amour déplacé, que j'avais mêlées malgré moi aux traits mâles et terribles que ce sujet exige.

Je veux d'abord que vous sachiez, pour ma justification, que, tout jeune que j'étais quand je fis *Œdipe*, je le composai à peu près tel que vous le voyez aujourd'hui : j'étais plein de la lecture des anciens et de vos leçons, et je connaissais fort peu le théâtre de Paris ; je travaillai à peu près comme si j'avais été à Athènes. Je consultai M. Dacier, qui était du pays ; il me conseilla de mettre un chœur dans toutes les scènes, à la manière des Grecs : c'était, me conseiller de me promener dans Paris avec la robe de Platon. J'eus bien de la peine seulement à obtenir que les comédiens de Paris voulussent exécuter les chœurs qui paraissent trois ou quatre fois dans la pièce ; j'en eus bien davantage à faire recevoir une tragédie presque sans amour. Les comédiennes se moquèrent de moi quand elles virent qu'il n'y avait point de rôle pour l'amoureuse. On trouva la scène de la double confidence entre Œdipe et Jocaste, tirée en partie de Sophocle, tout à fait insipide. En un mot, les acteurs, qui étaient dans ce temps-là petits-maîtres et grands seigneurs, refusèrent de représenter l'ouvrage.

J'étais extrêmement jeune ; je crus qu'ils avaient raison : je gâtai ma pièce, pour leur plaire, en affaiblissant par des sentiments de tendresse un sujet qui le comporte si peu. Quand on vit un peu d'amour, on fut moins mécontent de moi ; mais on ne voulut point du tout de cette grande scène entre Jocaste et Œdipe : on se moqua de Sophocle et de son imitateur. Je tins bon ; je dis mes raisons, j'employai des amis ; enfin ce ne fut qu'à force de protections que j'obtins qu'on jouerait *Œdipe*.

Il y avait un acteur nommé Quinault (Dufresne), qui dit tout haut que, pour me punir de mon opiniâtreté, il fallait jouer la pièce telle qu'elle était, avec ce mauvais quatrième acte tiré du grec. On me regardait d'ailleurs comme un téméraire d'oser traiter un sujet où Pierre Corneille avait si bien réussi. On trouvait alors l'*Œdipe* de Corneille excellent ; je le trouvais un fort mauvais ouvrage, et je n'osais le dire ; je ne le dis enfin qu'au bout de dix ans, quand tout le monde est de mon avis.

Il faut souvent bien du temps pour que justice soit rendue : on l'a faite un peu plus tôt aux deux *Œdipes* de M. de La Motte. Le R. P. de

Tournemine a dû vous communiquer la petite préface dans laquelle je lui livre bataille. M. de La Motte a bien de l'esprit : il est un peu comme cet athlète grec qui, quand il était terrassé, prouvait qu'il avait le dessus.

Je ne suis de son avis sur rien; mais vous m'avez appris à faire une guerre d'honnête homme. J'écris avec tant de civilité contre lui, que je l'ai demandé lui-même pour examinateur de cette préface, où je tâche de lui prouver son tort à chaque ligne; et il a lui-même approuvé ma petite dissertation polémique. Voilà comme les gens de lettres devraient se combattre ; voilà comme ils en useraient, s'ils avaient été à votre école : mais ils sont d'ordinaire plus mordants que des avocats, et plus emportés que des jansénistes. Les lettres humaines sont devenues très-inhumaines; on injurie, on cabale, on calomnie, on fait des couplets. Il est plaisant qu'il soit permis de dire aux gens par écrit ce qu'on n'oserait pas leur dire en face. Vous m'avez appris, mon cher père, à fuir ces bassesses, et à savoir vivre comme à savoir écrire.

> Les Muses, filles du Ciel,
> Sont des sœurs sans jalousie :
> Elles vivent d'ambrosie,
> Et non d'absinthe et de fiel;
> Et quand Jupiter appelle
> Leur assemblée immortelle
> Aux fêtes qu'il donne aux dieux,
> Il défend que le Satyre
> Trouble les sons de leur lyre
> Par ses sons audacieux.

Adieu, mon cher et révérend père ; je suis pour jamais à vous et aux vôtres, avec la tendre reconnaissance que je vous dois, et que ceux qui ont été élevés par vous ne conservent pas toujours, etc.

CX. — A M. THIERIOT, A LONDRES.

Novembre 1730.

Lectori me credere malim,
Quam spectatoris fastidia ferre superbi.

HOR., lib. II, epist. I, v. 214.

Je vous envoie la *Henriade*, mon cher ami, avec plus de confiance que je ne vais donner *Brutus*. Je suis bien malade; je crois que c'est de peur.

Je vous envoie aussi une cargaison de lettres, dont je prie Mlle Sallé de vouloir bien se charger. Toutes les autres qu'elle a eues sont des lettres de recommandation; mais pour moi, je la prie de me recommander, et je n'ai point trouvé de meilleur expédient, pour faire ressouvenir les Anglais de moi, que de supplier Mlle Sallé de leur rendre mes lettres. Je vous prie cependant de lui dire qu'elle ne manque pas de voir M. Gay[1], dont M. Kich lui apprendra sans doute la demeure.

[1] Jean Gay, fabuliste anglais, mort le 4 décembre 1732. Il était très-lié avec le duc de Queensbury. (ED.)

Il faut que M. Gay la présente à la duchesse de Queensbury, qui est sans contredit la personne de Londres la plus capable de lui ameuter une faction considérable. Mme la duchesse de Queensbury n'est pas trop bien à la cour; mais Mlle Sallé est faite pour réunir tous les partis. Mme de Bolingbroke pourra aussi la servir vivement, et surtout auprès de Mme de Queensbury. Que ne puis-je être à Londres cet hiver! je n'aurais d'autre occupation que d'y servir les grâces et la vertu.

Adieu; je vous embrasse de tout mon cœur.

CXI. — A MADEMOISELLE GAUSSIN[1].

Décembre.

Prodige, je vous présente une *Henriade;* c'est un ouvrage bien sérieux pour votre âge; mais qui joue Tullie est capable de lire, et il est bien juste que j'offre mes ouvrages à celle qui les embellit. J'ai pensé mourir cette nuit, et je suis dans un bien triste état; sans cela, je serais à vos pieds, pour vous remercier de l'honneur que vous me faites aujourd'hui. La pièce est indigne de vous; mais comptez que vous allez acquérir bien de la gloire en répandant vos grâces sur mon rôle de Tullie. Ce sera à vous qu'on aura l'obligation du succès. Mais pour cela souvenez-vous de ne rien précipiter, d'animer tout, de mêler des soupirs à votre déclamation, de mettre de grands temps. Surtout jouez avec beaucoup d'âme et de force la fin du couplet de votre premier acte. Mettez de la terreur, des sanglots, et de grands temps dans le dernier morceau. Paraissez-y désespérée, et vous allez désespérer vos rivales. Adieu, prodige.

Ne vous découragez pas; songez que vous avez joué à merveille aux répétitions, qu'il ne vous a manqué hier que d'être hardie. Votre timidité même vous fait honneur. Il faut prendre demain votre revanche. J'ai vu tomber *Mariamne,* et je l'ai vue se relever.

Au nom de Dieu! soyez tranquille. Quand même cela n'irait pas bien, qu'importe? Vous n'avez que quinze ans; et tout ce qu'on pourra dire, c'est que vous n'êtes pas ce que vous serez un jour. Pour moi, je n'ai que des remercîments à vous faire; mais, si vous n'avez pas quelque sensibilité pour ma tendre et respectueuse amitié, vous ne jouerez jamais le tragique. Commencez par avoir de l'amitié pour moi, qui vous aime en père, et vous jouerez mon rôle d'une manière intéressante.

Adieu; il ne tient qu'à vous d'être divine demain.

CXII. — A M. DE CIDEVILLE.

A Paris, rue de Vaugirard, ce 12 décembre 1730.

M. de Voltaire présente ses très-humbles respects à M. de Cideville et à M. de Formont. Il leur envoie ces exemplaires de la *Henriade.* Il aurait l'honneur de leur écrire; mais il est malade au lit, depuis longtemps.

1. Jeanne-Catherine Gaussem, connue sous le nom de Gaussin, célèbre actrice, née en 1711, morte en 1767. (Cl.)

VOLTAIRE. — XXXIII

CXIII. — A M. THIERIOT.

A Tullie, imité de Catulle La Faie.

1730.

Que le public veuille ou non veuille,
De tous les charmes qu'il accueille
Les tiens sont les plus ravissants.
Mais tu n'es encor que la feuille
Des fruits que promet ton printemps.
O ma Tullie ! avant le temps
Garde-toi bien qu'on ne te cueille.

Je me meurs, mon cher Thieriot; mais, avant de mourir dans mon lit comme un sot, je viens de changer la dernière scène de Tullie. Recommandez bien à Titus d'en avertir nosseigneurs du parterre.

Mon valet de chambre arrive dans le moment, qui me dit que Tullie a joué comme un ange. Si cela est,

Ma Tullie, il est déjà temps,
« Allons, vite que l'on te cueille. »

Venez, mon cher ami, me dire des nouvelles.

CXIV. — A M. DE CIDEVILLE.

A Paris, ce 10 janvier 1731.

Je ne l'ai plus, aimable Cideville,
Ce don charmant, ce feu sacré, ce dieu
Qui donne aux vers ce tour tendre et facile
Et qui dictait à La Faie, à Chaulieu,
Conte, dizain, épître, vaudeville.
Las ! mon démon de moi s'est retiré;
Depuis longtemps il est en Normandie.
Donc quand voudrez, par Phébus inspiré,
Me défier aux combats d'harmonie,
Pour que je sois contre vous préparé,
Renvoyez-moi, s'il vous plaît, mon génie.
Adieu; comptez toujours sur la plus tendre amitié de l'hypocondre V.

CXV. — AU MÊME.

(*A vous seul.*)

Paris, 30 janvier.

Vous m'avez toujours un peu aimé, mon cher Cideville : il s'agit de me procurer le moyen de vivre avec vous quelque temps, en bonne fortune. Je voudrais faire imprimer à Rouen une *Histoire de Charles XII, roi de Suède*, de ma façon. C'est mon ouvrage favori, et celui pour qui je me sens des entrailles de père. Si je pouvais trouver un endroit où je demeurasse *incognito* dans Rouen, et un imprimeur qui se chargeât de l'ouvrage, je partirais dès que j'aurais reçu votre réponse.

1. Mlle Gaussin, qui créa aussi les rôles de Zaïre et d'Alzire. (B.)

Il y a deux manières de s'y prendre pour faire imprimer cette histoire. La première, c'est d'en montrer un exemplaire à M. le premier président qui donnerait une permission tacite ; la seconde, d'avoir un de ces imprimeurs qui font tout sans permission.

Dans le premier cas, on pourrait peut-être craindre que le premier président ne fît quelques difficultés de laisser imprimer ici un ouvrage dont on a suspendu l'impression à Paris, par ordre du garde des sceaux. Dans le second cas, il y aurait à craindre d'être découvert. Il est bien triste pour la littérature d'être dans ces transes, et dans ces extrémités, au sujet de presque tous les livres écrits avec un peu de liberté. La seule chose qui me rassure, c'est que, n'ayant mis dans mon ouvrage que de ces vérités qu'un magistrat et un citoyen doivent approuver, je pourrais aisément compter sur la connivence du premier président, en cas que la chose lui fût bien recommandée. Mais tout cela exigerait un profond secret ; et il faudrait qu'en ce cas-là même, le libraire chargé de l'impression n'en fût que plus secret et plus diligent.

Voilà, mon cher monsieur, mon ancien ami, et mon ancien camarade, et mon confrère en Apollon, ce qui lutine pour le présent ma pauvre petite tête.

Dans cet embarras, je vais vous envoyer, par le carrosse, le premier volume de cette histoire. C'est le seul exemplaire qui me reste de deux mille six cents qui ont été saisis, après avoir été munis d'une approbation du sceau.

Je m'adresse à vous hardiment pour redresser ce tort. Peut-être, en lisant l'ouvrage, le trouverez-vous moins indigne de l'impression, et vous intéresserez-vous à la destinée de mon pauvre enfant, qu'on a si mal traité.

Quand vous l'aurez lu, je laisse à votre amitié et à votre prudence à m'indiquer la voie la plus sûre pour réussir dans cette affaire, que j'ai extrêmement à cœur. Surtout je vous demande en grâce que vous ne fassiez point courir de livre dans Rouen, que qui que ce soit ne sache mon dessein d'y venir, et que le livre ne soit communiqué qu'à la personne qui pourra se charger d'obtenir cette permission tacite, en cas que vous ne vouliez pas vous compromettre.

S'il arrive, par malheur, qu'aucune des voies que je vous propose ne puisse réussir, alors vous me renverrez mon livre par la voie que j'aurai l'honneur de vous indiquer.

En attendant, je vous prie de m'adresser votre réponse sous l'enveloppe de M. de Livri, secrétaire du roi, rue de Condé. Je vous aime et estime trop pour vous faire des excuses de la liberté que je prends avec vous ; il n'y a personne dans le monde à qui je fusse plus aise d'avoir obligation. Songez que le plaisir que je vous demande est un des plus sensibles que je puisse jamais avoir ; c'est celui de pouvoir être à portée de vous voir pendant trois mois.

Adieu ; je suis pour toute ma vie votre très-humble et obéissant serviteur.

1. Camus de Pontcarré, premier président du parlement de Rouen. (Éd.)

CXVI. — AU MÊME.

À Paris, ce 3 février 1731.

Mon cher Cideville, je suis enchanté, pénétré de vos bontés. M. de Lézeau doit vous avoir remis la première partie qui a été déjà imprimée. Je m'imagine que le parti de parler au premier président est le seul raisonnable, quoiqu'il ne soit pas sûr. Il peut nous refuser; il peut craindre de se commettre; mais au moins gardera-t-il le secret; et surtout, ne sachant pas que c'est moi qui lui demande cette grâce, il ne pourra pas m'accuser au garde des sceaux d'avoir voulu faire imprimer un ouvrage défendu. Je n'ai donc, je crois, qu'un refus à craindre; par conséquent il le faut risquer. En ce cas mon parti est tout pris; vous me renverriez le livre par le carrosse de Rouen, à l'adresse de M. Dubreuil, cloître Saint-Merri; et je sais bien alors ce que je ferai.

Mais l'envie de passer quelques mois avec vous me flatte trop pour que je n'espère rien à Rouen. Je ne sais si je me trompe, mais on peut dire au premier président qu'il a déjà permis l'impression du *Triomphe de l'Intérêt*[1], qu'il était proscrit au sceau, et que cette permission tacite ne lui a point attiré de reproches; mais surtout on peut lui dire que M. le garde des sceaux n'a nulle envie de me désobliger; qu'il lui importe très-peu que cette nouvelle histoire du roi de Suède soit imprimée ou non; qu'il n'a retiré l'approbation que par une délicatesse qui sied très-bien à la place où il est, n'étant pas convenable qu'il donnât publiquement un privilége pour un ouvrage plein de vérités qui peuvent choquer plusieurs princes, vérités déjà connues, déjà imprimées dans toutes les gazettes et dans plusieurs livres, mais dont il pourrait être responsable en son nom, si elles paraissaient avec son approbation et le privilége de son maître. Tout ce que M. de Chauvelin souhaite, c'est de ne donner aucun prétexte aux plaintes qu'on pourrait former contre lui. Ainsi ce n'est point lui déplaire que de laisser imprimer à Rouen, avec un profond secret, cet ouvrage, dont il ne sera plus obligé de répondre. Si M. le premier président veut y faire réflexion, cette affaire ne souffre pas l'ombre de difficulté, et ne commet ni lui ni le garde des sceaux, dès qu'il n'y aura point de permission par écrit. J'ai par devers moi un grand exemple d'une pareille connivence, que vous pouvez et que je vous prie même, en cas de besoin, de citer à M. le premier président. Cette nouvelle édition du poëme de la *Henriade* a été faite à Paris par la permission tacite de M. de Chauvelin, le maître des requêtes, et de M. Hérault, sans que M. le garde des sceaux en sache encore le moindre mot. Voilà, monsieur, tout ce que je puis alléguer; le reste dépend de votre amitié pour moi, de votre éloquence, et du caractère facile ou revêche de M. de Pontcarré, que je ne connais point. Tout est entre vos mains : *mitte sapientem et nihil dicas*. Vous êtes de ces ambassadeurs à qui il faut donner carte blanche. M. de Lézeau, que j'ai vu à Paris, et qui sait

---

[1]. Divertissement de la composition de Boissi, joué, en 1730, à la Comédie-Italienne. (B.)

tout ceci, me gardera sans doute le secret. Je compte qu'il vous a remis le livre, et que personne que vous ne le verra, sauf M. le premier président. Adieu; mille remerciments; je vous embrasse bien tendrement. Écrivez dorénavant sous l'adresse de M. Dubreuil, cloître Saint-Merri.

CXVII. — AU MÊME.

16 février.

M. le premier président est un homme bien épineux; mais vous êtes un homme adorable. Je vous prie de lui montrer à bon compte le premier volume. Le manuscrit qui contient le second tome n'est pas encore prêt. Les difficultés que l'on pourrait faire ne peuvent regarder que le premier tome imprimé, puisqu'il ne s'agit guère dans le second que des aventures de chevalier errant que ce Suédois, moitié héros et moitié fou, mit à fin en Turquie et en Norvége, deux pays avec lesquels la librairie française a peu d'intérêts à ménager. Je ne doute point, si le premier président est un homme d'esprit, ou, ce qui vaut mieux, un homme aimable, qu'il ne soit tout à fait de vos amis, et qu'il ne fasse ce que vous voudrez. Je ne voudrais pas vous commettre avec lui, ni lui avec M. le garde des sceaux. Je puis vous donner ma parole d'honneur, et vous pouvez lui donner la vôtre, que tout ce qui a obligé M. le garde des sceaux à retirer le privilége a été la crainte de déplaire au roi Auguste[1], dont on est obligé de dire des vérités un peu fâcheuses. Mais, en même temps, comme ces vérités sont publiques en Europe, et ont été imprimées dans trente ou quarante histoires modernes, en toutes langues, je puis vous assurer que M. le garde des sceaux ne fera aucun scrupule de laisser paraître l'ouvrage, quand le privilége du roi n'y sera pas.

Dans ce pays-ci il me semble qu'on doit plus ménager Stanislas qu'Auguste : aussi je me flatte que sa fille Marie ne me saura pas mauvais gré du bien que j'ai dit de M. son père. Qui peut donc arrêter M. le premier président ? Je ne doute pas que vous n'en veniez à bout, mon cher Cideville, et que je n'aille bientôt dans la basse-cour du grand Corneille commencer *incognito* quelque tragédie, avec l'intercession de ce grand saint.

Adieu; que le premier tome ne déplaise pas, et je réponds du reste. J'attends avec impatience la conclusion de vos bontés. Tout le monde me croit ici en Angleterre. Tant mieux !

Moins connu des mortels, je me cacherai mieux[2].

Mille compliments à M. de Lézeau; un profond secret, et de vos nouvelles. Je vous aime tendrement; je vous embrasse de tout mon cœur, et j'espère entendre parler de vous incessamment.

1. Roi de Pologne. (ÉD.) — 2. *Phèdre*, V, VII. (ÉD.)

CXVIII. — A M. DE CIDEVILLE, RUE DE L'ÉCUREUIL, A ROUEN.
A Paris, ce 2 mars 1731.

Comme je vis ici moitié en philosophe, moitié en hibou, je n'ai reçu qu'hier votre lettre du 27, et les vers que vous m'aviez envoyés par M. de Formont. Thieriot, qui ne sait pas même ma demeure, ne put me rendre les vers qu'hier. Ce fut une journée complète pour moi de recevoir, en même temps, les bonnes nouvelles que vous me mandez, et les beaux vers dont vous m'honorez. Il y a, mon cher ami, des choses charmantes dans votre épître : il y a naïveté, esprit et grâce. Ce même esprit, qui vous fait faire de si jolies choses, vous en fait aussi sentir les défauts. Vous avez raison de croire votre épître un peu trop longue, et pas assez châtiée.

> Réprimez, d'une main avare et difficile,
> De ce terrain fécond l'abondance inutile.
> Émondez ces rameaux confusément épars ;
> Ménagez cette sève, elle en sera plus pure.
> Songez que le secret des arts
> Est de corriger la nature.

Je vais m'arranger pour venir raisonner belles-lettres avec vous, en bonne fortune, pendant quelques mois. Je vais faire partir, peut-être dès demain, une valise pleine de prose et de vers ; après quoi vous me verrez bientôt arriver. Je vous demande la permission d'envoyer cette valise à votre adresse. A l'égard de ma maigre figure, elle se transportera à Rouen avant qu'il soit dix jours. Ainsi je compte que vous aurez la bonté de me retenir ce petit trou dont vous m'avez parlé, pour le 15 du présent mois. Vous ne sauriez croire les obligations infinies que je vous ai.

Omne tulit punctum qui miscuit utile dulci.
Hor., *de Art. poet.*, v. 343

Adieu, ami charmant, négociateur habile, poëte aimable, et qui, par-dessus tout cela, avez une santé de fer, dont bien éloigné est, pour son malheur, votre très-obligé serviteur. Si vous avez quelque chose à me mander, d'ici à mon arrivée, ayez la bonté de m'écrire sous le couvert de M. de Livri. Comme je soupe là tous les jours, vos lettres m'en seront plus tôt rendues. Ne soyez pas étonné de toutes ces précautions : je n'en saurais trop prendre pour faire réussir un dessein qui me fera passer trois mois avec vous. Adieu.

CXIX. — A M. FAVIÈRES.
4 mars.

Je vous suis très-obligé, mon cher Favières, des vers latins et français que vous avez bien voulu m'envoyer. Je ne sais point qui est l'auteur des latins[1] ; mais je le félicite, quel qu'il soit, sur le goût

---
1. Favières, conseiller au parlement, était l'auteur du poëme latin intitulé : *Ver, carmen pentametrum*. La traduction française est attribuée à Querlon. (ÉD.)

qu'il a, sur son harmonie, et sur le choix de sa bonne latinité, et surtout de l'espèce convenable à son sujet.

Rien n'est si commun que des vers latins, dans lesquels on mêle le style de Virgile avec celui de Térence ou des épîtres d'Horace. Ici il paraît que l'auteur s'est toujours servi de ces expressions tendres et harmonieuses qu'on trouve dans les églogues de Virgile, dans Tibulle, dans Properce, et même dans quelques endroits de Pétrone, qui respirent la mollesse et la volupté.

Je suis enchanté de ces vers :

Ridet ager, lascivit humus, nova nascitur arbos...
Basia lascivæ jungunt repetita columbæ.

Et, en parlant de l'Amour :

Vulnere qui certo lædere pectus amat.

Je n'oublierai pas cet endroit où il parle des plaisirs qui fuient avec la jeunesse :

Sic fugit humanæ tempestas aurea vitæ,
Arguti fugiunt, agmina blanda, joci.

Je citerais trop de vers, si je marquais tous ceux dont j'ai goûté la force et l'énergie.

Mais, quoique l'ouvrage soit rempli de feu et de noblesse, je conseillerais plutôt à un homme qui aurait du goût et du talent pour la littérature, de les employer à faire des vers français. C'est à ceux qui peuvent cultiver les belles-lettres avec avantage à faire à notre langue l'honneur qu'elle mérite. Plus on a fait provision des richesses de l'antiquité, et plus on est dans l'obligation de les transporter en son pays. Ce n'est pas à ceux qui méprisent Virgile, mais à ceux qui le possèdent, d'écrire en français.

Venons maintenant, mon cher Favières, à votre traduction du *Printemps*, ou plutôt, à votre imitation libre de cet ouvrage. Vos expressions sont vives et brillantes, vos images bien frappées; et, surtout, je vois que vous êtes fidèle à l'harmonie, sans laquelle il n'y a jamais de poésie.

Il faudrait vous rappeler ici trop de vers, si je voulais marquer tous ceux dont j'ai été frappé. Adieu; je vais dans un pays où le printemps ne ressemble guère à la description que vous en faites l'un et l'autre. Je pars pour l'Angleterre¹ dans quatre ou cinq jours, et suis bien loin assurément de faire des tragédies.

Frange, miser, calamos, vigilataque prælia dele.
Juven., sat. VII, v. 27.

J'ai renoncé pour jamais aux vers.

Nunc.... versus et cætera ludicra pono.
Hor. lib. I, ep. I, v. 10.

1. C'est-à-dire pour Rouen, d'où furent écrites les cinq premières lettres qui suivent celle-ci. (ÉD.)

Mais il s'en faut bien que je sois devenu philosophe, comme celui dont je vous cite les vers. Adieu; je vous aime, en vers et en prose, de tout mon cœur, et vous serai attaché toute ma vie.

CXX. — A M. THIERIOT.
Le 1ᵉʳ mai.

Je vous écris enfin, mon cher Thieriot, du fond de ma solitude, où je serais le plus heureux homme du monde, si les circonstances de ma vie ne m'avaient rendu d'ailleurs le plus malheureux. Je compte quitter dans peu ma retraite pour venir vous retrouver à Paris. En attendant recevez mes compliments sur les succès flatteurs et solides de votre héroïne [1]. Je ne saurais plus résister à vous envoyer cette pièce que vous m'avez si souvent demandée;

> Et dût la troupe des dévots,
> Que toujours un pur zèle enflamme,
> Entourer mon corps de fagots,
> Le tout pour le bien de mon âme,

je ne puis m'empêcher de laisser aller ces vers, qui m'ont été dictés par l'indignation, par la tendresse et par la pitié, et dans lesquels, en pleurant Mlle Le Couvreur, je rends au mérite de Mlle Sallé la justice qui lui est due. Je joins ma faible voix à toutes les voix d'Angleterre, pour faire un peu sentir la différence qu'il y a entre leur liberté et notre esclavage, entre leur sage hardiesse et notre folle superstition, entre l'encouragement que les arts reçoivent à Londres et l'oppression honteuse sous laquelle ils languissent à Paris.

CXXI. — A M. DE FORMONT.

> O qu'entre Cideville et vous
> J'aurais voulu passer ma vie!
> C'est dans un commerce si doux
> Qu'est la bonne philosophie,
> Que n'ont point ces mystiques fous,
> Ni tous ces pieux loups-garous,
> Gens députés de l'autre vie,
> Nicole et Quesnel, enfin tous,
> Tous ces conteurs de rapsodie
> Dont le nom me met en courroux,
> Autant que leur œuvre m'ennuie.

Revenez donc, aimables amis, philosopher avec moi, et ne vous avisez point de chercher les beaux jours à une lieue de Rouen. Vous n'avez point de mois de mai en Normandie :

> Vos climats ont produit d'assez rares merveilles,
> C'est le pays des grands talents,
> Des Fontenelle, des Corneilles;
> Mais ce ne fut jamais l'asile du printemps.

[1] Mlle Sallé, qui était alors à Londres. (ED.)

Si Rouen avait d'aussi beaux jours que de bons esprits, je vous avoue que je voudrais m'y fixer pour le reste de ma vie. Je vous dirais, avec Virgile :

> . . . . *Soli cantare periti*
> *Arcades. O mihi tum quam molliter ossa quiescant...*
> *Atque utinam ex vobis unus, vestrique fuissem*
> *Aut custos gregis, aut maturæ vinitor uvæ!...*
> *Serta mihi Phyllis legeret, cantaret Amyntas.*
> Egl: x, 32.

Mais votre climat n'a point *maturam uvam*. Ma malheureuse machine m'obligera de m'éloigner du pays où l'on pense, pour aller chercher ceux où l'on transpire; mais, dans quelque pays du monde que j'habite, vous aurez toujours en moi un homme plein de tendresse et d'estime pour vous. C'est avec ces sentiments, mes chers messieurs, que je serai toute ma vie, votre, etc.

CXXII. — A M. Thieriot.

1er juin.

> Je t'écris d'une main par la fièvre affaiblie,
> D'un esprit toujours ferme, et dédaignant la mort,
> Libre de préjugés, sans liens, sans patrie,
> Sans respect pour les grands, et sans crainte du sort :
> Patient dans mes maux, et gai dans mes boutades,
> Me moquant de tout sot orgueil,
> Toujours un pied dans le cercueil,
> De l'autre faisant des gambades.

Voilà l'état où je suis, mourant et tranquille. Si quelque chose cependant altère le calme de mon esprit et peut augmenter les souffrances de mon corps, qui assurément sont bien vives, c'est la nouvelle injustice que l'on dit que j'essuie en France. Vous savez que je vous envoyai, il y a environ un mois, quelques vers *sur la mort de Mlle Le Couvreur*, remplis de la juste douleur que je ressens encore de sa perte et d'une indignation peut-être trop vive sur son enterrement; mais indignation pardonnable à un homme qui a été son admirateur, son ami, son amant, et qui, de plus, est poète. Je vous suis sensiblement obligé d'avoir eu la sage discrétion de n'en point donner de copies; mais on dit que vous avez eu affaire à des personnes dont la mémoire vous a trahi; qu'on en a surtout retenu les endroits les plus forts, que ces endroits ont été envenimés, qu'ils sont parvenus jusqu'au ministère, et qu'il ne serait pas sûr pour moi de retourner en France, où pourtant mes affaires m'appellent. J'attends de votre amitié que vous m'informerez exactement, mon cher Thieriot, de la vérité de ces bruits, de ce que j'ai à craindre et de ce que j'ai à faire. Mandez-moi le mal et le remède. Dites-moi si vous me conseillez d'écrire et de faire parler, ou de me taire et de laisser faire au temps.

On a commencé, sans ma participation, deux éditions de *Charles XII*, en Angleterre et en France. Ne pourriez-vous point savoir de M. de

Chauvelin quel sera, en cette occasion, l'esprit des ministres de la librairie?

A l'égard du secret que je vous confiai en partant, et qui échappa à M. l'abbé de Rothelin, soyez impénétrable, soyez indevinable. Dépaysez les curieux. Peut-être aura-t-on lu déjà aux comédiens *Ériphyle*. Détournez tous les soupçons. Je vous conjure de me rendre ce service avec votre amitié ordinaire.

Je n'ai écrit qu'à vous en France.

Thieriot *mihi primus amores*
Abstulit; ille habeat secum.

CXXIII. — AU MÊME.

30 juin.

J'ai reçu votre lettre, mon cher Thieriot. Ne soyez pas étonné du silence que j'ai gardé un mois entier. J'ai repris mon ancienne sympathie avec vous. J'avais la fièvre quand vous aviez le dévoiement, et j'ai passé un mois entier dans mon lit. Ce qui m'a prolongé ma fièvre est un étrange régime où je me suis mis. J'ai fait toute la tragédie de *César* depuis qu'*Ériphyle* est dans son cadre. J'ai cru que c'était un sûr moyen pour dépayser les curieux sur *Ériphyle*, car le moyen de croire que j'aie fait *César* et *Ériphyle*, et achevé *Charles XII*, en trois mois! Je n'aurais pas fait pareille besogne à Paris en trois ans. Mais vous savez bien quelle prodigieuse différence il y a entre un esprit recueilli dans la retraite et un esprit dissipé dans le monde.

Carmina secessum scribentis et otia quærunt.
Ovid., I, *Trist.*, I, 41.

J'ai reçu aussi toutes ces petites pièces fugitives à qui vous faites plus d'honneur qu'elles ne méritent; je les ai corrigées avec soin; je compte, quand je serai à Paris, troquer avec vous de portefeuille; je vous donnerai les pièces qui vous manquent et vous me rendrez celles que je n'ai pas. Comptez que vous gagnerez au change; car vous n'avez pas l'*Uranie*; et puisque vous êtes un homme discret, vous l'aurez ; *Quia super pauca fuisti fidelis, super multa te constituam.* (Matth., xxv, 21 et 23.)

Je vous envoie, mon cher ami, une réponse à des invectives bien injustes que j'ai trouvées imprimées contre moi dans les *Semaines* de l'abbé Desfontaines. Il me doit au moins la justice d'imprimer cette réponse, qui est, *uti nos decet esse*, pleine de vérité, et de modestie. Je l'ai fait imprimer à Cantorbéry, afin que, si on me refusait la justice de la rendre publique, elle parût indépendamment du journal du *Parnasse*, où elle doit être insérée. Mandez-moi, je vous prie, ce que vous pensez de cette petite pièce. J'ai cru que je ne pouvais me dispenser de répondre, mais je ne sais pas si j'ai bien répondu.

1. *La Mort de César*, imprimée en 1735, et jouée seulement en 1743, sur un grand théâtre. (En.)
2. *Le Pour et le Contre*, pièce connue d'abord sous le titre d'*Épître à Julie*, ou d'*Uranie*. (Ed.)

Si vous imprimez l'abbé de Chaulieu, n'y mettez rien de moi, je vous prie, avant que je vous aie montré les changements que j'ai faits aux petites pièces que je lui ai adressées. Faites ma cour à M. de Chauvelin, à qui je n'ai pu écrire, étant toujours malade. Mes respects à MM. de Fontenelle et La Motte. J'ai parlé de ces deux derniers dans ma réponse à l'abbé Desfontaines, non-seulement parce que je suis charmé de leur rendre justice, mais parce que l'abbé Desfontaines m'a accusé, dans son *Dictionnaire néologique*, de ne leur pas rendre, et m'a voulu associer à ses malignités. *Separa causam meam a gente iniqua et dolosa*[1]. Adieu.

CXXIV. — AUX AUTEURS DU NOUVELLISTE DU PARNASSE.

Juin 1731.

Messieurs, on m'a fait tenir à la campagne où je suis, près de Kenterbury, depuis quatre mois, les lettres que vous publiez avec succès en France depuis environ ce temps. J'ai vu, dans votre dix-huitième lettre, des plaintes injurieuses que l'on vous adresse contre moi, sur lesquelles il est juste que j'aie l'honneur de vous écrire, moins pour ma propre justification que pour l'intérêt de la vérité.

Un ami ou peut-être un parent de feu M. de Campistron me fait des reproches pleins d'amertume et de dureté de ce que j'ai, dit-il, insulté à la mémoire de cet illustre écrivain, dans une brochure de ma façon, et que je me suis servi de ces termes indécents : *le pauvre Campistron*. Il aurait raison, sans doute, de me faire ce reproche, et vous, messieurs, de l'imprimer, si j'avais en effet été coupable d'une grossièreté si éloignée de mes mœurs. C'est pour moi une surprise également vive et douloureuse de voir que l'on m'impute de pareilles sottises. Je ne sais ce que c'est que cette brochure[2], je n'en ai jamais entendu parler. Je n'ai fait aucune brochure en ma vie : si jamais homme devait être à l'abri d'une pareille accusation, j'ose dire que c'était moi, messieurs.

Depuis l'âge de seize ans, où quelques vers un peu satiriques[3], et par conséquent très-condamnables, avaient échappé à l'imprudence de mon âge et au ressentiment d'une injustice, je me suis imposé la loi de ne jamais tomber dans ce détestable genre d'écrire. Je passe mes jours dans des souffrances continuelles de corps qui m'accablent et dans l'étude des bons livres, qui me console; j'apprends quelquefois, dans mon lit, que l'on m'impute, à Paris, des pièces fugitives que je n'ai jamais vues et que je ne verrai jamais. Je ne puis attribuer ces accusations frivoles à aucune jalousie d'auteur; car qui pourrait être jaloux de moi? Mais quelque motif qu'on ait pu avoir pour me charger de pareils écrits, je déclare ici, une bonne fois pour toutes, qu'il n'y a personne en France qui puisse dire que je lui aie jamais fait voir, depuis que je suis hors de l'enfance, aucun écrit satirique en vers ou

---

1. *Psaume* XLII, verset 1. (ÉD.)
2. C'est en 1723 qu'avaient paru des *Sentiments d'un spectateur françois sur la nouvelle tragédie d'Inès de Castro*. On y critique un vers du pauvre M. de Campistron. (ÉD.)
3. Voltaire veut parler du *Bourbier*, mais cette pièce était de 1714; l'auteur avait vingt ans, et non seize, lorsqu'il la composa. (ÉD.)

en prose; et que celui-là se montre, qui puisse seulement avancer que j'aie jamais applaudi un seul de ces écrits, dont le mérite consiste à flatter la malignité humaine.

Non-seulement je ne me suis jamais servi de termes injurieux, soit de bouche, soit par écrit, en citant feu M. de Campistron, dont la mémoire ne doit pas être indifférente aux gens de lettres, mais je me suis toujours révolté contre cette coutume impolie qu'ont prise plusieurs jeunes gens, d'appeler par leur simple nom des auteurs illustres qui méritent des égards.

Je trouve toujours indigne de la politesse française, et du respect que les hommes se doivent les uns aux autres, de dire Fontenelle, Chaulieu, Crébillon, La Motte, Rousseau, etc.; et j'ose dire que j'ai corrigé quelques personnes de ces manières indécentes de parler, qui sont toujours insultantes pour les vivants, et dont on ne doit se servir envers les morts que quand ils commencent à devenir anciens pour nous. Le peu de curieux qui pourront jeter les yeux sur les préfaces de quelques pièces de théâtre que j'ai hasardées, verront que je dis toujours le grand Corneille, qui a pour nous le mérite de l'antiquité; et que je dis M. Racine et M. Despréaux, parce qu'ils sont presque mes contemporains.

Il est vrai que dans la préface d'une tragédie¹ adressée à milord Bolingbroke, rendant compte à cet illustre Anglais des défauts et des beautés de notre théâtre, je me suis plaint, avec justice, que la galanterie dégrade parmi nous la dignité de la scène; j'ai dit, et je dis encore, que l'on avait applaudi ces vers d'*Alcibiade*, indignes de la tragédie (acte I, sc. III):

Hélas! qu'est-il besoin de m'en entretenir?
Mon penchant à l'amour, je l'avouerai sans peine,
Fut de tous mes malheurs la cause trop certaine
Mais, bien qu'il m'ait coûté des chagrins, des soupirs
Je n'ai pu refuser mon âme à ses plaisirs;
Car enfin, Amintas, quoi qu'on en puisse dire,
Il n'est rien de semblable à ce qu'il nous inspire
Où trouve-t-on ailleurs cette vive douceur
Capable d'enlever et de charmer un cœur?
Ah! lorsque, pénétré d'un amour véritable,
Et gémissant aux pieds d'un objet adorable,
J'ai connu dans ses yeux timides ou distraits
Que mes soins de son cœur avaient troublé la paix;
Que, par l'aveu secret d'une ardeur mutuelle,
La mienne a pris encore une force nouvelle;
Dans ces tendres instants j'ai toujours éprouvé
Qu'un mortel peut sentir un bonheur achevé.

J'aurais pu dire avec la même vérité que les derniers ouvrages du grand Corneille sont indignes de lui, et sont inférieurs à cet *Alcibiade*.

1. *Brutus.* (Éd.)

et que la *Bérénice* de M. Racine n'est qu'une élégie bien écrite, sans offenser la mémoire de ces grands hommes. Ce sont les fautes de ces écrivains illustres qui nous instruisent : j'ai cru même faire honneur à M. de Campistron, en le citant à des étrangers à qui je parlais de la scène française; de même que je croirais rendre hommage à la mémoire de l'inimitable Molière, si, pour faire sentir les défauts de notre scène comique, je disais que, d'ordinaire, les intrigues de nos comédies ne sont ménagées que par des valets, que les plaisanteries ne sont presque jamais dans la bouche des maîtres, et que j'apportasse en preuve la plupart des pièces de ce charmant génie, qui, malgré ce défaut et celui de ses dénoûments, est si au-dessus de Plaute et de Térence.

J'ai ajouté qu'*Alcibiade* est une pièce suivie, mais faiblement écrite; le défenseur de M. de Campistron m'en fait un crime; mais qu'il me soit permis de me servir de la réponse d'Horace :

> *Nempe incomposito dixi pede currere versus*
> *Lucili : quis tam Lucili fautor inepte est*
> *Ut non hoc fateatur ?*
> Lib. I, sat. x, vers 1 et 2.

On me demande ce que j'entends par un style faible : je pourrais répondre, le mien. Mais je vais tâcher de débrouiller cette idée, afin que cet écrit ne soit pas absolument inutile, et que ne pouvant, par mon exemple, prouver ce que c'est qu'un style noble et fort, j'essaye au moins d'expliquer mes conjectures, et de justifier ce que je pense en général du style de la tragédie d'*Alcibiade*.

Le style fort et vigoureux, tel qu'il convient à la tragédie, est celui qui ne dit ni trop ni trop peu, et qui fait toujours des tableaux à l'esprit, sans s'écarter un moment de la passion.

Ainsi Cléopatre, dans *Rodogune*, s'écrie (acte V, sc. 1) :

> Trône, à t'abandonner je ne puis consentir;
> Par un coup de tonnerre il vaut mieux en sortir
> . . . .
> Tombe sur moi le ciel, pourvu que je me venge !

Voilà du style très-fort, et peut-être trop. Le vers qui précède le dernier :

Il vaut mieux mériter le sort le plus étrange,

est du style le plus faible.

Le style faible, non-seulement en tragédie, mais en toute poésie, consiste encore à laisser tomber ses vers deux à deux, sans entremêler de longues périodes et de courtes, et sans varier la mesure; à rimer trop en épithètes, à prodiguer des expressions trop communes; à répéter souvent les mêmes mots; à ne pas se servir à propos des conjonctions qui paraissent inutiles aux esprits peu instruits, et qui contribuent cependant beaucoup à l'élégance du discours :

> *Tantum series juncturaque pollet!*
> *De Arte poet.*, 240

Ce sont toutes ces finesses imperceptibles qui font en même temps et la difficulté et la perfection de l'art :

In tenui labor; at tenuis non gloria.
Georg., IV, 6.

J'ouvre dans ce moment le volume des tragédies de M. de Campistron, et je vois à la première scène de l'*Alcibiade* :

Quelle que soit pour nous la tendresse des rois,
Un moment leur suffit pour faire un autre choix.

Je dis que ces vers, sans être absolument mauvais, sont faibles et sans beauté.

Pierre Corneille ayant la même chose à dire, s'exprime ainsi :

Et malgré ce pouvoir dont l'éclat nous séduit,
Sitôt qu'il nous veut perdre, un coup d'œil nous détruit.

Ce *quelle que soit* de l'*Alcibiade* fait languir le vers : de plus, *un moment leur suffit pour faire un autre choix*, ne fait pas, à beaucoup près, une peinture aussi vive que ce vers :

Sitôt qu'il nous veut perdre, un coup d'œil nous détruit.

Je trouve encore :

Mille exemples connus de ces fameux revers....
Affaibli notre empire, et dans mille combats....
Nous cachent mille soins dont il est agité....
Il a mille vertus dignes du diadème....
Par mille exploits fameux justement couronnés....
En vain mille beautés, dans la Perse adorées....
En vain par mille soins la princesse Artémise....
Le sort le plus cruel, mille tourments affreux....

Je dis que ce mot *mille* si souvent répété, et surtout dans des vers assez lâches, affaiblit le style au point de le gâter ; que la pièce est pleine de ces termes oiseux qui remplissent négligemment l'hémistiche ; je m'offre de prouver à qui voudra, que presque tous les vers de cet ouvrage sont énervés par ces petits défauts de détail qui répandent leur langueur sur toute la diction.

Si j'avais vécu du temps de M. de Campistron, et que j'eusse eu l'honneur d'être son ami, je lui aurais dit à lui-même ce que je dis ici au public ; j'aurais fait tous mes efforts pour obtenir de lui qu'il retouchât le style de cette pièce, qui serait devenue avec plus de soin un très-bon ouvrage. En un mot, je lui aurais parlé, comme je fais ici, pour la perfection d'un art qu'il cultivait d'ailleurs avec succès.

Le fameux acteur¹ qui représenta si longtemps Alcibiade, cachait toutes les faiblesses de la diction par les charmes de son récit ; en effet, l'on peut dire d'une tragédie comme d'une histoire² : *Historia,*

---

1. Baron. (ÉD.) — 2. Pline, livre V, épître VIII. (ÉD.)

quoquo modo scripta, bene legitur; et tragœdia, quoquo modo scripta, bene repræsentatur; mais les yeux du lecteur sont des juges plus difficiles que les oreilles du spectateur.

Celui qui lit ces vers d'*Alcibiade* :

Je répondrai, seigneur, avec la liberté
D'un Grec qui ne sait pas cacher la vérité,

se ressouvient à l'instant de ces beaux vers de *Britannicus* :

Je répondrai, madame, avec la liberté
D'un soldat qui sait mal farder la vérité.

Il voit d'abord que les vers de M. Racine sont pleins d'une harmonie singulière qui caractérise en quelque façon Burrhus, par cette césure coupée, *d'un soldat*, etc.; au lieu que les vers d'*Alcibiade* sont rampants et sans force; en second lieu, il est choqué d'une imitation si marquée; en troisième lieu, il ne peut souffrir que le citoyen d'un pays renommé par l'éloquence et par l'artifice donne à ces mêmes Grecs un caractère qu'ils n'avaient pas (acte III, sc. III) :

Vous allez attaquer des peuples indomptables,
Sur leurs propres foyers plus qu'ailleurs redoutables.

On voit partout la même langueur de style. Ces rimes d'épithètes, *indomptables, redoutables,* choquent l'oreille délicate du connaisseur, qui veut des choses et qui ne trouve que des sons. *Sur leurs propres foyers plus qu'ailleurs*, est trop simple, même pour la prose.

Je n'ai trouvé aucun homme de lettres qui n'ait été de mon avis, et qui ne soit convenu avec moi que le style de cette pièce est, en général, très-languissant. J'ajouterai même que c'est la diction seule qui abaisse M. de Campistron au-dessous de M. Racine. J'ai toujours soutenu que les pièces de M. de Campistron étaient pour le moins aussi régulièrement conduites que toutes celles de l'illustre Racine; mais il n'y a que la poésie du style qui fasse la perfection des ouvrages en vers. M. de Campistron l'a toujours trop négligée. Il n'a imité le coloris de M. Racine que d'un pinceau timide; il manque à cet auteur, d'ailleurs judicieux et tendre, ces beautés de détail, ces expressions heureuses, qui sont l'âme de la poésie, et font le mérite des Homère, des Virgile, des Tasse, des Milton, des Pope, des Corneille, des Racine, des Boileau.

Je n'ai donc avancé qu'une vérité, et même une vérité utile pour les belles-lettres; et c'est parce qu'elle est vérité qu'elle m'attire des injures.

L'anonyme (quel qu'il soit) me dit, à la suite de plusieurs personnalités, que je suis un très-mauvais modèle; mais au moins il ne le dit qu'après moi: je ne me vante que de connaître mon art et mon impuissance. Il dit ailleurs (ce qui n'est point une injure, mais une critique permise) que ma tragédie de *Brutus* est très-défectueuse. Qui le sait mieux que moi? C'est parce que j'étais très-convaincu des défauts de cette pièce, que je la refusai constamment, un an entier, aux comédiens. Depuis même je l'ai fort retouchée; j'ai retourné ce terrain où j'avais travaillé si longtemps avec tant de peine et si peu de fruit. Il n'y a aucun de mes faibles ouvrages que je ne corrige tous les jours, dans les intervalles de mes maladies. Non-seulement je vois mes fautes, mais j'ai obligation à ceux qui m'en reprennent; et je n'ai jamais répondu à une critique qu'en tâchant de me corriger.

Cette vérité que j'aime dans les autres, j'ai droit d'exiger que les autres la souffrent en moi. M. de La Motte sait avec quelle franchise je lui ai parlé, et que je l'estime assez pour lui dire, quand j'ai l'honneur de le voir, quelques défauts que je crois apercevoir dans ses ingénieux ouvrages. Il serait honteux que la flatterie infectât le petit nombre d'hommes qui pensent. Mais plus j'aime la vérité, plus je hais et dédaigne la satire, qui n'est jamais que le langage de l'envie. Les auteurs qui veulent apprendre à penser aux autres hommes doivent leur donner des exemples de politesse comme d'éloquence, et joindre les bienséances de la société à celles du style. Faut-il que ceux qui cherchent la gloire courent à la honte par leurs querelles littéraires, et que les gens d'esprit deviennent souvent la risée des sots!

On m'a souvent envoyé en Angleterre des épigrammes et de petites satires contre M. de Fontenelle; j'ai eu soin de dire, pour l'honneur de mes compatriotes, que ces petits traits qu'on lui décoche ressemblent aux injures que l'esclave disait autrefois au triomphateur.

Je crois que c'est être bon Français de détourner, autant qu'il est en moi, le soupçon qu'on a dans les pays étrangers que les Français ne rendent jamais justice à leurs contemporains. Soyons justes, messieurs, ne craignons ni de blâmer, ni surtout de louer ce qui le mérite; ne lisons point *Pertharite*, mais pleurons à *Polyeucte*. Oublions, avec M. de Fontenelle, des lettres composées dans sa jeunesse; mais apprenons par cœur, s'il est possible, *les Mondes*, la *Préface de l'Histoire de l'Académie des Sciences*, etc. Disons, si vous voulez, à M. de La Motte, qu'il n'a pas assez bien traduit l'*Iliade*, mais n'oublions pas un mot des belles odes et des autres pièces heureuses qu'il a faites. C'est ne pas payer ses dettes que de refuser de justes louanges. Elles sont l'unique récompense des gens de lettres; et qui leur payera ce tribut; sinon nous qui, courant à peu près la même carrière, devons connaître mieux que d'autres la difficulté et le prix d'un bon ouvrage?

J'ai entendu dire souvent en France que tout est dégénéré, et qu'il y a dans tout genre une disette d'hommes étonnante. Les étrangers n'entendent à Paris que ces discours, et ils nous croient aisément sur notre parole; cependant quel est le siècle où l'esprit humain ait fait plus de progrès que parmi nous? Voici un jeune homme de seize ans qui exécute en effet ce qu'on a dit autrefois de M. Pascal, et qui donne un traité sur les courbes qui ferait honneur aux plus grands géomètres. L'esprit de raison pénètre si bien dans les écoles, qu'elles commencent à rejeter également et les absurdités inintelligibles d'Aristote, et les chimères ingénieuses de Descartes. Combien d'excellentes histoires n'avons-nous pas depuis trente ans? Il y en a telle qui se lit avec

1. Clairaut. (In.)

plus de plaisir que *Philippe de Comines*. Il est vrai qu'on n'ose l'avouer tout haut, parce que l'auteur est encore vivant, et le moyen d'estimer un contemporain autant qu'un homme mort il y a plus de deux cents ans!

Ploravere suis non respondere favorem
Speratum meritis.
Hor., lib. II, ep. I, vers 9 et 10.

Personne n'ose convenir franchement des richesses de son siècle. Nous sommes comme les avares qui disent toujours que le temps est dur. L'abus de votre patience, messieurs, pardonnez cette longue lettre et toutes ces réflexions au devoir d'un honnête homme qui a dû se justifier, et à mon amour extrême pour les lettres, pour ma patrie, et pour la vérité.

Je suis, etc.

CXXV. — A M. DE CIDEVILLE.
Ce jeudi matin.

Mon cher ami, vous n'avez point ici de maîtresse qui vous aime plus que moi; le premier plaisir que je goûte, en arrivant à Paris, est celui de vous écrire; et je vous réponds que je vais arranger mes affaires de façon que je vous reverrai bientôt. Je n'oublierai de ma vie les marques d'amitié que vous m'avez données à Rouen; vous avez trouvé le secret de me faire passer avec délices un temps où la maladie et la solitude auraient dû me rendre la vie bien ennuyeuse. Un esprit comme le vôtre est fait pour adoucir les chagrins et pour augmenter les plaisirs de tous ceux avec lesquels il vit. Je vous demande à présent de mettre à *Argus* et à *Isis* le temps que vous vouliez bien employer à m'adoucir ma prison de Rouen. Adieu; il n'est plus question pour moi de la vie douce; les affaires viennent me lutiner. A Rouen je passais ma vie à penser; je vais la consumer ici à courir. Une seule affaire, quelque petite qu'elle soit, emporte toi la journée de son homme, et ne laisse pas un moment de conversation avec nos amis Horace et Virgile.

O rus, quando ego te aspiciam? quandoque licebit,
Nunc veterum libris, nunc somno et inertibus horis
Ducere sollicitæ jucunda oblivia vitæ?
Hor., lib. II, sat. VI, v. 60.

C'est le *somnus* surtout que je regrette. Je ne le connais plus guère; mais je vous regrette mille fois davantage. *Vale, et tuum ama Voltairium.*

CXXVI. — A M. DE FORMONT.
Ce jeudi.

Je serais un homme bien ingrat, monsieur, si, en arrivant à Paris, je ne commençais pas par vous remercier de toutes vos bontés. Je regarde mon voyage de Rouen comme un des plus heureux événements de ma vie. Quand nos éditions se noyeraient en chemin, quand Éri-

1. L'abbé de Vertot. (Éd.)

phyle et *Jules César* seraient sifflés, j'aurais bien de quoi me dédommager, puisque je vous ai connu. Il ne me reste plus à présent d'autre envie que de revenir vous voir. Le séjour de Paris commence à m'épouvanter. On ne pense point au milieu du tintamarre de cette maudite ville :

Carmina secessum scribentis et otia quærunt.
Ovid., Trist., I, 1, 41.

Je commençais un peu à philosopher avec vous; mais je ne sais si j'aurai pris une assez bonne dose de philosophie pour résister au train de Paris. Puisque vous n'avez plus soin de moi, ayez donc la bonté de donner à *Henri IV* les moments que vous employiez avec l'auteur. J'aurais bien mieux aimé que vous eussiez corrigé mes fautes que celles de Jore. Vous êtes un peu plus sévère que M. de Cideville; mais vous ne l'êtes pas assez. Dorénavant, quand je ferai quelque chose, je veux que vous me coupiez bras et jambes. Adieu; je ne vous mande aucune nouvelle, parce que je n'ai pas encore vu, et même je ne verrai de longtemps, aucun de ces fous qu'on appelle *le beau monde*. Je vous embrasse de tout mon cœur, et me compte quelque chose de plus que votre très-humble et très-obéissant serviteur; car je suis votre ami, et vous suis tendrement attaché pour toute ma vie.

CXXVII. — A M. DE CIDEVILLE.

Ce dimanche, 5 août 1731.

Je vous remercie, mon cher ami, de votre prose et de vos vers. Je ne trouve jamais rien à ajouter à ce que vous pensez et à ce que vous dites; mais j'ai pris, selon ma louable coutume, la liberté de réduire les vers à quatre; on les trouve charmants : tout le monde, c'est-à-dire le petit nombre de ceux qui aiment le bon, les savent par cœur, et ignorent le nom de l'auteur. Enfin l'impitoyable M. de Maisons a vu *César*, et l'approuve. Le P. Porée, par une modestie à laquelle il ne gagnera rien, veut esquiver la dédicace. *Ériphyle*, si j'ai quelque crédit, ne sera jouée qu'à la Saint-Martin, et n'en vaudra que mieux. Jore doit avoir reçu l'*Essai sur la poésie épique*, que je vous supplie de lire; j'attends des nouvelles de M. de Formont et................
....adieu; je vous souhaite des maîtresses qui vous soient attachées comme je le suis.

CXXVIII. — AU MÊME.

13 août 1731.

Voici donc tout simplement, mon cher Ovide de Neustrie, comment j'ai rédigé vos vers; non que je ne les aimasse tous, mais c'est que des Français en retiennent plus aisément quatre que douze :

La Faye est mort; V*** se dispose
A parer son tombeau des plus aimables vers.
Veillons pour empêcher quelque esprit de travers
De l'étourdir d'une ode en prose.

J'ai pris, comme vous voyez, l'emploi de votre abréviateur, tandis que je vous laisse celui de tuteur de *la Henriade* et de l'*Essai sur l'Épopée*. Vous êtes d'étranges gens de croire que je m'arrête après la vie de Milton, et que je me borne à être son historien. Je vous ai seulement envoyé, à bon compte, cette partie de l'*Essai*, et j'espère, dans peu de jours, vous envoyer la fin, que je n'ai pu encore retravailler. Je vous avoue que je serai bien embarrassé quand il faudra parler de moi : je m'en tiendrais volontiers à ces vers que vous connaissez :

Après Milton, après le Tasse,
Parler de moi serait trop fort;
Et j'attendrai que je sois mort,
Pour apprendre quelle est ma place.

Je me bornerai, je crois, à dire que M. de Cambrai s'est trompé, quand il a assuré que nos vers à rime plate ennuyaient sûrement à la longue, et que l'harmonie des vers lyriques pouvait se soutenir plus longtemps. Cette opinion de M. de Fénelon a favorisé le mauvais goût de bien des gens, qui, ne pouvant faire des vers, ont été bien aises de croire qu'on n'en pouvait réellement pas faire en notre langue. M. de Fénelon lui-même était du nombre de ces impuissants qui disent que les c....les ne sont bonnes à rien. Il condamnait notre poésie, parce qu'il ne pouvait écrire qu'en prose; il n'avait nulle connaissance du rhythme et de ses différentes césures, ni de toutes les finesses qui varient la cadence de nos grands vers. Il y a bien paru, quand il a voulu être poète autrement qu'en prose. Ses vers sont fort au-dessous de ceux de Danchet. Cependant tous nos stériles partisans de la prose triomphent d'avoir dans leur parti l'auteur du *Télémaque*, et vous disent hardiment qu'il y a dans nos vers une monotonie insupportable.

Je conviens bien que cette monotonie est dans leurs écrits, mais j'ai assez d'amour-propre pour nier tout net qu'elle se trouvât dans ceux de votre serviteur. Toujours sais-je bien que je ne la trouverai pas dans l'opéra que je vous exhorte à finir de tout mon cœur. J'ai prié M. de Formont de vous donner de temps en temps quelques petits coups d'aiguillon. Je vous prie de lui faire encore mes remercîments, et de m'écrire ce qui lui en aura coûté pour le beau transport, afin que j'aie l'honneur de lui envoyer incessamment ce qu'il aura déboursé. A l'égard du peu de vers anglais qui peuvent se trouver dans l'*Essai sur la poésie épique*, l'ore n'aura qu'à m'envoyer la feuille par la poste; on a réponse en vingt-quatre heures, c'est une chose qui ne doit pas faire de difficulté. J'aimerais bien mieux venir les corriger moi-même, et passer avec vous l'automne.

Mille compliments à notre ami M. de Formont. Si sa femme, entre vous et lui, n'aime pas les vers, il y aura bien du malheur.

CXXIX. — AU MÊME.

19 août 1731.

Comment va votre santé? je vous en prie, mandez-le-moi : vous pouvez compter que je m'y intéresse comme une de vos maîtresses. Mais, *si vales, macte animo*, et pour Dieu faites ce troisième acte, et que je ne dise point :

........................*Ultima primis*
Non bene respondent..............

On a lu *Jules-César* devant dix jésuites; ils en pensent comme vous; mais nos jeunes gens de la cour ne goûtent en aucune façon ces mœurs stoïques et dures. J'ai un peu travaillé *Ériphyle*, et j'espère la faire jouer à la Saint-Martin. Je menai hier M. de Crébillon chez M. le duc de Richelieu : il nous récita des morceaux de son *Catilina* qui m'ont paru très-beaux. Il est honteux qu'on le laisse dans la misère; *laudatur et alget*[1]. Savez-vous que M. de Chauvelin, le maître des requêtes, fait travailler à une traduction de M. de Thou ? Je crois vous l'avoir déjà mandé. Ce jeune homme se fait adorer de la gent littéraire.

Adieu, mon cher ami; en vous remerciant des deux corrections à *la Henriade*. M. de Formont me les avait mandées; elles sont très-judicieuses. *Vale.*

CXXX. — AU MÊME.

A Paris, ce 3 septembre 1731.

J'ai été bien malade, mon cher ami; je n'ai pu, ni vous écrire, ni ....

je remets son entrée à la Saint-Martin. Je vais passer le mois de septembre tout seul à Arcueil, dans la maison de M. le prince de Guise, qu'il a la bonté de me prêter. Il est juste que les descendants du Balafré et du jeune d'Aumale fassent quelque chose pour moi. Je passerai mon temps à corriger sérieusement *Ériphyle*, que les comédiens demandent avec empressement. *Androgide* me déplaît plus que jamais. *Ériphyle* n'était pas plus effrayée de ce coquin-là que je le suis. Je vous dirai, avec une très-méchante plaisanterie, qu'il a trop l'air d'avoir f..., la reine, et que, pour moi, il me f.... Je voudrais bien savoir si pareille chose vous arrive avec votre troisième acte; autrement, que mon exemple vous encourage; achevez votre besogne, pendant que je corrige la mienne. Laissez les avocats faire les fainéants, pour le bien de l'État, et achevez, pour les plaisirs du public et pour votre gloire, ce que vous avez commencé si heureusement. Je suis bien faible, et j'ai la tête bien étonnée encore; c'est ce qui fait que je n'écris point à M. de Formont; mais je ne crois pas qu'il ait besoin de mes lettres pour savoir ce qu'il doit penser de mon estime et de ma tendre amitié pour lui. Vous contribuez furieusement l'un et l'autre à me faire regretter Rouen. J'espère vous revoir dès qu'*Ériphyle* aura été jouée. En attendant, je vais travailler comme un beau diable pour mériter un peu votre suffrage et justifier les sentiments que vous avez pour moi.

Le parlement s'assemble demain, pour mortifier, s'il peut, l'évêque de Laon. Toutes ces tracasseries ne m'intéressent guère; je ne me mêle plus que de ce qui se fait à Argos[2].

---

1. *Probitas laudatur et alget*, Juvén., sat. I, 74. (ÉD.)
2. Lieu de la scène, dans *Ériphyle*. (ÉD.)

« Adieu, mon cher ami; mille tendres compliments, je vous en supplie, à M. de Formont.

CXXXI. — A M. DE FORMONT, EN RÉPONSE A DES VERS
SUR LA DÉCADENCE DE LA POÉSIE.
4 septembre 1731.

Les beaux-arts sont perdus, le goût reste, et peut-être
Des poëtes naissants vont par vous s'animer.
Il ne tenait qu'à vous de l'être,
Mais vous aimez mieux les former.
Ils écrivent pour vous, et vous êtes leur maître.

Mon cher ami, j'écrivis avant-hier à M. de Cideville un petit mot qui doit vous plaire à tous deux : c'est que je corrige *Ériphyle*; elle n'est encore digne ni du public, ni même de moi chétif. J'avais cru facilement que les beautés de détail qui y sont répandues couvriraient les défauts que je cherchais à me cacher. Il ne faut plus se faire illusion : il faut ôter les défauts, et augmenter encore les beautés. L'arrivée de Théandre, au troisième acte, ce qu'il dit au quatrième et à la fin de ce même quatrième acte, me paraissent capables de tout gâter. Il y a encore à retoucher au cinquième. Mais, quand tout cela sera fait, et que j'aurai passé sur l'ouvrage le vernis d'une belle poésie, j'ose croire que cette tragédie ne fera pas déshonneur à ceux qui en ont eu les prémices, à mes chers amis de Rouen, que j'aimerai toute ma vie, et à qui je soumettrai toujours tout ce que je ferai. Vous m'avez envoyé tous deux des vers charmants, et je n'y ai pas répondu.

Mais, chers Formont et Cideville,
Quand j'aurai fait tous les enfants
Dont j'accouche avec *Ériphyle*,
Prêtez-moi tous deux votre style,
Et je ferai des vers galants
Que l'on chantera par la ville.

Je vous en dirais bien davantage, sans les douleurs où je suis. Rien ne pouvait les suspendre que votre charmante épître.

CXXXII. — A M. DE FORMONT.
A Paris, ce 8 septembre.

Je reçois trois de vos lettres ce matin. Je réponds d'abord à celle qui m'intéresse le plus, et vous vous doutez bien que c'est celle qui contient les vers sur la mort de ce pauvre M. de La Faie.

Vos vers sont comme vous, et, partant, je les aime;
Ils sont pleins de raison, de douceur, d'agrément ;
En peignant notre ami d'un pinceau si charmant,
Formont, vous vous peignez vous-même.

J'ai déjà mandé à M. de Cideville que *Jules-César* avait désarmé la critique impitoyable de M. de Maisons, mais qu'il tenait encore bon contre *Ériphyle*.

Je ne sais si je vous ai fait part du discours que m'a tenu le jeune M. de Chauvelin, vrai protecteur des beaux-arts. « Avez-vous fait imprimer *Charles XII*? » m'a-t-il dit; et sur ce que je répondais un peu en l'air : « Si vous ne l'avez pas imprimé, a-t-il ajouté, je vous déclare que je le ferai imprimer demain. »

C'est un homme charmant que ce M. de Chauvelin, et il nous le fallait pour encourager la littérature. Il combat tous les jours pour la liberté contre M. le cardinal de Fleuri et contre M. le garde des sceaux. Il fait imprimer le *de Thou*, et le fait traduire en français. Il soutient tant qu'il peut l'honneur de notre nation, qui s'en va grand'erre.

Encouragé par votre suffrage et par sa bonne volonté, j'ai, je vous l'avoue, une belle impatience de faire paraître *Charles XII*. S'il n'en coûte que soixante livres de plus par terre, je vous supplie de le faire venir par roulier, à l'adresse de M. le duc de Richelieu, à Versailles ; et moi, informé du jour et de l'heure de l'arrivée, je ne manquerai pas d'envoyer un homme de la livrée de Richelieu, qui fera conduire le tout en sûreté. Si les frais de voiture sont trop forts, je vous prie de le faire partir par eau pour Saint-Cloud, où j'enverrai un fourgon. Il ne me reste qu'à vous assurer de la reconnaissance la plus vive et de l'amitié la plus tendre.

Au nom du bon goût, que mon cher Cideville achève donc ce qu'il a si heureusement commencé ! Je l'embrasse de tout mon cœur.

J'ai fait mieux que vous à l'égard de *Séthos* ; je ne l'ai point lu.

CXXXIII. — A M. DE CIDEVILLE.

A Paris, ce 27 septembre 1731.

Mon cher ami, la mort de M. de Maisons m'a laissé dans un désespoir qui va jusqu'à l'abrutissement. J'ai perdu mon ami, mon soutien, mon père. Il est mort entre mes bras, non par l'ignorance, mais par la négligence des médecins. Je ne me consolerai de ma vie de sa perte et de la façon cruelle dont je l'ai perdu. Il a péri, faute de secours, au milieu de ses amis. Il y a à cela une fatalité affreuse. Que dites-vous de médecins qui le laissent en danger, à six heures du matin, et qui se donnent rendez-vous chez lui, à midi ? Ils sont coupables de sa mort. Ils laissent six heures, sans secours, un homme qu'un instant peut tuer ! Que cela serve de leçon à ceux qui auront leurs amis attaqués de la même maladie ! Mon cher Cideville, je vous remercie bien tendrement de la part que vous prenez à la cruelle affliction où je suis. Il n'y a que des amis comme vous qui puissent me consoler. J'ai besoin plus que jamais que vous m'aimiez. Je me veux du mal d'être à Paris. Je voudrais et je devrais être à Rouen. J'y viendrai assurément le plus tôt que je pourrai. Je ne suis plus capable d'autre plaisir dans le monde que de celui de sentir les charmes de votre société.

Je ne vous mande aucune nouvelle ni de moi, ni de mes ouvrages, ni de personne. Je ne pense qu'à ma douleur et à vous.

CXXXIV. — AU MÊME.

A Paris, ce 2 octobre 1731.

La mort de M. de Maisons, mon cher ami, occupait toutes mes idées, quand je fis réponse à la lettre que j'ai reçue de vous. J'avais à vous parler d'un de vos amusements qui m'est bien cher, et auquel je m'intéresse plus qu'à mes occupations. C'est ce joli opéra que vous avez ébauché de main de maître, et que vous finirez quand il vous plaira. J'en avais parlé chez Mme la princesse de Guise, à Arcueil, quelque temps avant la perte que j'ai faite. Je voulais tous les jours vous rendre compte de ce qui s'était passé à Arcueil; mais la douleur extrême où j'étais, et ces premiers moments de désespoir qui saisissent le cœur, quand on voit mourir dans ses bras quelqu'un qu'on aime tendrement, ne m'ont pas permis de vous écrire. Enfin ma tendre amitié pour vous, qui égale la perte que j'ai faite, et que je regarde comme ma plus douce consolation, remet mon esprit dans une assiette assez tranquille pour vous parler de ce petit ouvrage pour qui j'ai tant de sensibilité. Je dis, sans vous nommer, qu'un de mes amis s'était amusé à faire un opéra plein de galanterie, de tendresse et d'esprit, sur les trois sujets que j'expliquai, et dont je me hasardai de dire le plan. Tout fut extrêmement goûté, et il n'y eut personne qui ne témoignât son chagrin de voir que nous n'ayons point de musicien capable de servir un poëte si aimable. Mgr le comte de Clermont[1], qui était de la compagnie, et à la tête de ceux qui avaient grande impatience d'entendre l'ouvrage, envoya chercher sur-le-champ, à Paris, un musicien qui est à ses gages, et exigea de moi que j'engageasse mon ami à se servir de cet homme. C'est un nommé Blavet, excellent pour la flûte, et peut-être fort médiocre pour un opéra. Mais heureusement M. le comte de Clermont, qui, quoique prince, entend raison, nous promit que, si on n'était pas content de la première scène de notre homme, il serait cassé aux gages, et que la pièce serait remise entre les mains d'un autre. Voilà ce que je vous mande, sans que mon esprit républicain soit le moins du monde amolli par un prince, ni asservi à la moindre complaisance; en fait de beaux-arts, je ne connais personne; ainsi, je ne vous demande rien pour le sieur Blavet; mais je vous demande beaucoup pour moi : c'est que je puisse enfin voir *le Triomphe de la beauté* et le vôtre. Je ne pourrai peut-être pas arriver à Rouen aussitôt que je l'espérais. Je ne prévois pas que je puisse me remettre en prison avant le mois de décembre. En attendant, vous devriez bien m'envoyer ce *Triomphe* que je porterais à Richelieu, où je vais passer quinze jours. Le maître de la maison a passé toute sa vie dans ces triomphes que vous chantez. Il sera là dans son élément, et il est assez bon juge de camp dans ces tournois-là.

A l'égard de mon *Ériphyle*, je l'ai bien refondue. J'ai rendu l'édifice encore plus hardi qu'il n'était. Androgide ne prononce plus le

1. Louis de Bourbon-Condé, comte de Clermont, né en 1709, mort en 1771. (Éd.)

nom d'amour. Ériphyle, épouvantée par les menaces des dieux, et croyant que son fils est encore vivant, veut lui rendre la couronne, dût-elle expirer de la main de son fils, suivant la prédiction des oracles. Elle apprend au peuple assemblé qu'elle a un fils, que ce fils a été éloigné dès son enfance, dans la crainte d'un parricide, et elle le nomme pour roi. Androgide, présent à ce spectacle, s'écrie :

Peuples, chefs, il faut donc m'expliquer à mon tour;
L'affreuse vérité va donc paraître au jour;
Ce cruel rejeton d'une royale race
Ce fils, qu'on veut au trône appeler en ma place,
Cet enfant destiné pour combler nos malheurs,
Qui devait sur sa mère épuiser ses fureurs,
Il n'est plus! et mes mains ont prévenu son crime.

Androgide donne des preuves qu'il a tué cet enfant qui était réservé à de si grands crimes. La reine voit donc en lui le meurtrier de son époux et de son fils. Androgide sort de l'assemblée avec des menaces; la reine reste au milieu de son peuple. Tout cela se passe au troisième acte; elle a auprès d'elle cet Alcméon qu'elle aime. Elle avait jusqu'à ce moment, étouffé sa tendresse pour lui; mais, voyant qu'elle n'a plus de fils et que le peuple veut un maître, qu'Androgide est assez puissant pour lui ravir l'empire, et Alcméon assez vertueux pour la défendre, elle dit :

Es-tu lasse, Fortune, est-ce assez d'attentats?
Chère ombre de mon fils, et toi, cendre sacrée

(A Alcméon.)

Oui, seigneur, de ces dieux secondez le courroux,
Vengez-moi d'Androgide, et le trône est à vous.

Eh! quels rois, sur la terre, en seraient aussi dignes?
Acte III, scène III.

A l'égard du caractère d'Androgide, l'ambition est le seul mobile qui le fait agir. Voici un échantillon de l'âme de ce monsieur; c'est en parlant à son confident :

Moi connaître l'amour! Ah! qui veut être roi
On n'est point fait pour l'être, ou n'aime rien que soi.

Dès mes plus jeunes ans, la soif de la grandeur
Fut l'unique tyran qui régna dans mon cœur.
Amphiarus par moi privé de la lumière
Du trône à mon courage entr'ouvrait la barrière
Mais la main de nos dieux la ferma sous mes pas
Et, dans quinze ans entiers de troubles et de combats,
Toujours près de ce trône où je devais prétendre,
J'ai lassé ma fortune à force de l'attendre....
Acte III, scène I.

J'ai extrêmement changé le second acte; il est mieux écrit et beaucoup moins froid. J'ai, je l'ose dire, embelli le premier; j'ai laissé le quatrième comme il était; j'ai extrêmement travaillé le cinquième, mais je n'en suis pas content; j'ai envie de vous l'envoyer, afin que vous m'en disiez votre avis avec toute la rigueur possible. Hélas! je parlais de tout cela à ce pauvre M. de Maisons, au commencement de sa petite vérole; il approuvait ce nouveau plan; autant qu'il avait blâmé le premier acte de l'autre. Tenez-moi lieu de lui avec M. de Formont. Communiquez-lui tout cela; je compte lui écrire en vous écrivant, et je le supplie de me mander ce qu'il pense de tous ces nouveaux changements. Que j'ai envie et qu'il me tarde de vous revoir, l'un et l'autre!

O vos cantare periti
Arcades. O mihi tum quam molliter ossa quiescant,
Atque utinam ex vobis unus, vestrique fuissem, etc.
Virg., *Eglog.*, V, v. 32-33-35.

CXXXV. — A M. DE FORMONT.
Octobre 1731.

Eh bien, mon cher Formont! au milieu des tracasseries du roi et du parlement, de l'archevêque et des curés, des molinistes et des jansénistes, aimez-vous toujours *Ériphyle*? Vous m'exhortez à travailler; mais vous ne me dites point si vous êtes content de ce que je vous ai proposé, à vous et à M. de Cideville. Il me semble que le grand mal de cette pièce venait de ce qu'elle semblait plutôt faite pour étonner que pour intéresser. La bonne reine, vieille pécheresse pénitente, était bernée par les dieux pendant cinq actes, sans aucun intervalle de joie qui rafraîchît le spectateur. Les plus grands coups de la pièce étaient trop soudains, et ne laissaient pas au spectateur le temps de se reposer un moment sur les sentiments qu'on venait de lui inspirer *in totum oculi*[2]: on assemblait le peuple, au troisième acte; on déclarait roi le fils d'Ériphyle; Hermogide donnait sur-le-champ un nouveau tour aux affaires, en disant qu'il avait tué cet enfant. La nomination d'Alcméon faisait, à l'instant, un nouveau coup de théâtre. Théandre arrivait dans la minute, et faisait tout suspendre, en disant que les dieux faisaient le diable à quatre. Tant d'éclairs coup sur coup éblouissaient. Il faut une lumière plus douce. L'esprit, emporté par tant de secousses, ne pouvait se fixer; et quand l'ombre arrivait après tant de vacarme, ce n'était qu'un coup de massue sur Alcméon et Ériphyle, déjà atterrés et étourdis de tant de chutes. Théandre avait précédé les menaces de l'ombre par des discours déjà trop menaçants, et qui, pour comble de défauts, ne convenaient pas dans la bouche de Théandre, qui, selon ce que j'en ai dit dans une lettre à M. de Cideville, parlait trop ou trop peu, et n'était qu'un personnage équivoque. Ne convenez-vous pas de tous ces défauts? mais, en même temps, ne sentez-vous pas combien il est aisé de les corriger? Qui voit bien le

1. Vintimille. (Éd.) — 2. Saint Paul, *I Corinth.*, XV, 52. (Éd.)

mal voit aussitôt le remède. Il n'y a qu'à prendre la route opposée : *contraria contrariis curantur*. Vous saurez bientôt si j'ai corrigé tant de fautes avec quelque succès. Je compte faire partir *Ériphyle* pour Rouen avant qu'il soit peu; mais j'aurais bien voulu savoir auparavant ce que vous et M. de Cideville pensez des changements que je dois faire. Peut-être me renverrez-vous encore *Ériphyle*. Ne manquez pas, messieurs, de me la renvoyer impitoyablement, si vous la trouvez mal. Vous avez tous deux des droits incontestables sur cet enfant, que vous avez vu naître.

Adieu; je vous embrasse bien tendrement. Mille compliments à l'ami Cideville.

CXXXVI. — A M. DE CIDEVILLE.

A Paris, 2 novembre 1731.

Mon cher et aimable Cideville, ayant ouï dire que vous étiez à la campagne, j'ai adressé à M. de Formont un paquet de *Charles XII*, dans lequel vous trouverez un exemplaire pour le premier président, et un autre pour M. Desforges. Il y a aussi une lettre pour le premier président, que j'aurais bien souhaité qu'il pût recevoir de votre main, *ut gratior foret*; mais comme le temps me presse un peu, j'ai supplié M. de Formont de faire rendre la lettre et le livre, en cas que vous fussiez absent, me flattant bien qu'à votre retour vous réparerez par quelques petits mots ce qu'aura perdu ma lettre à n'être point présentée par vous. Je vous prierai bien aussi de continuer à mettre M. Desforges dans mes intérêts. Il faut qu'il continue ses bons procédés; et, puisqu'à votre considération il a favorisé l'impression du roi de Suède, il faut qu'il en empêche la contrefaçon, sans quoi il ne m'aurait rendu qu'un service onéreux; et, comme le voilà mis, grâces à vos bontés, en train de m'obliger, il ne lui en coûtera pas davantage d'interdire tout d'un temps l'entrée de l'édition de mes œuvres, faite à Amsterdam, chez Ledet et Desbordes, laquelle couperait la gorge à notre petite édition de Rouen, que je compte venir achever cet hiver.

Voilà bien des importunités de ma part; mais la plus forte, mon cher ami, sera mon empressement pour *Daphnis et Chloé*, pour *Antoine et Cléopâtre*, et pour la dame Io[1]. J'attends avec impatience cet ouvrage, dont j'ai une idée si avantageuse. Que les rapports des procès ne fassent point tort aux muses.

.... *Nox, ubi publicas*
Res ordinaris, grande munus
Cecropio repetes cothurno.

Hor., liv. II, od. i, v. 10.

A l'égard de mon cothurne, il ne passera qu'après celui de La Grange[2]; ainsi *Ériphyle* ne paraîtra probablement qu'en février. Tant de délais sont bien favorables, *Ériphyle* n'en vaudra que mieux; mais,

---

1. C'est-à-dire *Isis et Argus*, petite pièce lyrique. (ÉD.)
2. *Érigone*, tragédie jouée le 17 décembre 1731. (ÉD.)

s'ils font du bien à la pièce, ils font bien du mal à l'auteur, qu'ils privent trop longtemps de la douceur de vivre avec vous. Je suis toujours malade, toujours accablé des souffrances qui me persécutaient à Rouen ; mais je vous avais pour ma consolation, et vous me manquez aujourd'hui.

Ces entretiens charmants, ce commerce si doux,
Ce plaisir de l'esprit, plaisir vif et tranquille,
Est à mon corps usé le seul remède utile.
Ah ! que j'aurais souffert sans vous !

CXXXVII. — AU MÊME.

À Paris, novembre 1731.

D'où vient donc, mon cher Cideville, que vous ne me donnez point de vos nouvelles ? N'avez-vous point reçu le *Charles XII* que je vous ai adressé sous le couvert de M. de Formont, avec une lettre pour le premier président ? Je n'ai entendu parler depuis ni de vous ni de M. de Formont. Vous êtes d'étranges gens. Vous ne m'avez écrit avec quelque assiduité que quand vous avez eu quelques services à me rendre. Est-ce que vous ne m'aimiez qu'à proportion du besoin que j'ai eu de vous ? Au moins intéressez-vous au succès de cette histoire, que vous avez aidée à paraître au monde. Elle a reçu quelque légère contradiction du ministère, et nulle du public.

Mais savez-vous qu'il y a eu une lettre de cachet contre Jore ? Je fus assez heureux pour le savoir, et assez prompt pour l'avertir à temps. Un quart d'heure plus tard, mon homme était à la Bastille ; le tout pour avoir imprimé une préface un peu ironique à la tête du procès du P. Girard. Cette préface était de l'abbé Desfontaines, à qui je sauve la prison pour la seconde fois ; et mon avis est qu'il ne l'a méritée que lorsqu'il m'a payé d'ingratitude : car je ne pense pas qu'on doive, en bonne justice, coffrer un homme pour avoir suivi la morale des jésuites, ni pour l'avoir décriée.

J'attends toujours certain opéra, et travaille à certaine tragédie. Ce même M. de Launai, qui s'est chargé d'*Ériphyle*, vient de donner au Théâtre-Italien une petite comédie allégorique, intitulée *la Vérité fabuliste*; je ne l'ai point encore vue, ayant eu tous ces jours-ci beaucoup d'affaires. On en dit peu de bien et peu de mal ; ce qui est la marque infaillible de la médiocrité. *Le Chevalier Bayard*[1] vient d'être sifflé à la Comédie française, et n'est plus, comme autrefois, le *Chevalier sans peur et sans reproche*. On va donner l'*Érigone* de l'auteur des *Philippiques*. Piron travaille de son côté incognito. Voilà bien des provisions pour le théâtre. Vous savez sans doute qu'on a imprimé des lettres vraies ou fausses de l'abbé Montgon, dans lesquelles les ministres de ces pays-ci sont extrêmement maltraités ; mais cet ouvrage, imprimé à la Haye, ne paraît point encore à Paris ; peut-être en a-t-on acheté toute l'édition pour la supprimer. A propos d'édition, je

---

1. Comédie héroïque d'Autreau. (ÉD.)

vous prie d'engager M. Desforges à empêcher que Machuel ne réussisse dans le dessein qu'il a de contrefaire *Charles XII*. Adieu ; je vous embrasse de tout mon cœur, et suis à vous bien tendrement pour toute ma vie.

CXXXVIII. — A M. THIERIOT.
1er décembre.

Mon cher Thieriot, je viens enfin de voir tout à l'heure cette belle préface qu'on m'impute depuis un mois. Faites rougir M. de Chauvelin de vous avoir dit du bien de cet impertinent ouvrage, où le sérieux et l'ironie sont assurément bien mal mêlés ensemble, et dans lequel on loue, avec des exclamations exagérées, les factums de Chaudon[1], et ceux pour le P. Carme, que, Dieu merci, je ne lirai jamais. Cette préface est pourtant d'un homme d'esprit, mais qui écrit trop pour écrire toujours bien. Je suis très-fâché que M. de Chauvelin connaisse si peu ma personne et mon style. On ne peut lui être plus attaché, ni être plus en colère que je le suis. Quand Orphée-Rameau voudra, je serai à son service. Je lui ferai airs et récits, comme sa muse l'ordonnera. Le bon de l'affaire, c'est qu'il n'a pas seulement les paroles telles que je les ai faites.

Je gage qu'il n'a pas, par exemple, ce menuet :

    Le vrai bonheur
    Souvent dans un cœur
Est né du sein de la douleur.
    C'est un plaisir
    Qu'un doux souvenir
    Des peines passées ;
    Les craintes cessées
Font renaître un nouveau désir.

Il y a vingt canevas que je crois qu'il a perdus, et moi aussi. Mais quand il voudra faire jouer *Samson*, il faudra qu'il tâche d'avoir quelque examinateur au-dessus de la basse envie et de la petite intrigue d'auteur, tel qu'un Fontenelle, et non pas un Hardion, *who envies poets, as eunuches envy lovers*. Ce M. Hardion a eu la bonté d'écrire une lettre sanglante contre moi à M. Rouillé.

CXXXIX. — A M. DE FORMONT.
Paris, ce 10 décembre.

Grand merci de la prudence et de la vivacité de votre amitié. Je ne peux vous exprimer combien je suis aise que vous ayez logé chez vous les onze pèlerins[2]. Mais que dites-vous de l'injustice des méchants qui prétendent qu'*Ériphyle* est de moi, et que *Charles XII* a été imprimé à Rouen ? L'Antechrist est venu, mon cher monsieur ; c'est lui qui a fait *la Vérité de la Religion chrétienne prouvée par les faits*, Marie

---

1. Avocat de Catherine Cadière. (Éd.)
2. C'est-à-dire onze ballots de l'histoire que Jore venait d'imprimer pour Voltaire. (Éd.)

Alacoque, Seihos, Œdipe en prose rimée et non rimée. Pour Charles XII, il faut qu'il soit de la façon d'Élie; car il est très-approuvé et persécuté. Une chose me fâche, c'est que le chevalier Folard, que je cite dans cette histoire, vient de devenir fou. Il a des convulsions au tombeau de saint Pâris. Cela infirme un peu son autorité; mais, après tout, le héros de notre histoire n'était guère plus raisonnable.

Vous devez savoir qu'on a voulu mettre Jore à la Bastille, pour avoir imprimé à la tête du procès du P. Girard une préface que l'on m'attribuait. Comme on a su que j'ai fait sauver Jore, vous croyez bien que l'opinion que j'étais l'auteur de la préface n'a pas été affaiblie ni dans l'esprit des jésuites ni dans celui des magistrats, leurs valets; cependant c'était l'abbé Desfontaines qui en était l'auteur. On l'a su à la fin; et, ce qui vous étonnera, c'est que l'abbé couche chez lui; il m'en a l'obligation. Je lui ai sauvé la Bastille, mais je n'ai pas été fort éloigné d'y aller moi-même.

J'ai écrit à M. de Cideville pour le prier d'engager M. Desforges à empêcher rigoureusement qu'on n'imprime Charles XII à Rouen. Je crois que les Machuel en ont commencé une édition. M. le premier président ferait un beau coup de l'arrêter; mais Daphnis et Chloé, Antoine et Cléopâtre, Isis et Argus me tiennent encore plus au cœur. Adieu.

CXL. — À M. DE CIDEVILLE, RUE DE L'ÉCUREUIL, A ROUEN.

7 à 8 février 1732.

Ériphyle et ma machine malade m'ont tellement occupé tous ces jours-ci, mon cher ami, que l'heure de la poste était toujours passée, quand j'ai voulu vous écrire. Je suis venu à bout des tracasseries qu'on m'a faites; mais une tragédie et une mauvaise santé sont des choses bien plus difficiles à raccommoder. Je souffre et je rime; quelle vie! Encore si je rimais bien; mais si vous saviez combien il m'en coûte actuellement pour polir ma p..... d'Argos, pour mettre chaque mot à sa place,

Et male tornatos incudi reddere versus,

Hor., *de art. poet.*, v. 441,

vous plaindriez votre pauvre ami.

Mon Dieu! pourquoi faire des vers, et les faire mal? Voilà ce La Grange qui vient de donner *Érigone*. Il n'y a pas un vers passable dans tout l'ouvrage; il y en a cinq cents de ridicules. La pièce est le comble de l'extravagance, de l'absurdité, et de la platitude; mais j'ai peur que le siècle n'en soit digne. Cependant ce n'est pas trop à moi à dire du mal du siècle, qui traite assez favorablement *Charles XII*. Un auteur, qui fait des vers comme La Grange, mais qui vaut assurément bien mieux, est actuellement fort malade : c'est ce pauvre La

1. Les auteurs des quatre ouvrages cités dans cette phrase sont l'abbé Houteville, Languet de Gergi, l'abbé Terrasson, et Houdar de La Motte. (ÉD.)
2. Cette lettre, datée du 7 à 8 février dans l'original, mais certainement par distraction, dut être écrite entre le 17 et le 26 décembre 1731, d'après les allusions qu'elle contient. (*Note de M. Clogenson.*)

Motte. Je suis à peu près dans le même cas; j'ai un reste de fièvre. Adieu; quand on est malade, il faut s'en tenir au proverbe : Des lettres courtes et de longues amitiés.

Je vous aime tendrement pour toute ma vie. Mille amitiés à Formont.

CXLI. — A M. DE FORMONT.

Paris, 26 décembre.

J'ai reçu votre lettre par les mains de Thieriot; mais je ne sais pas pourquoi il n'a pas jugé à propos de me faire voir M. l'abbé Linant, qui me serait cher, pour peu qu'il fît quatre bons vers sur cinquante. Le patriarche[1] des vers durs vient de mourir. C'est bien dommage; car son commerce était aussi plein de douceur que ses poésies de dureté. C'est un bon homme, un bel esprit, un poëte médiocre de moins. L'évêque de Luçon, fils de ce Bussi-Rabutin qui avait plus de réputation qu'il n'en méritait, succède à La Motte dans la place d'académicien, place méprisée par les gens qui pensent, respectée encore par la populace, et toujours courue par ceux qui n'ont que de la vanité. Notre *Ériphyle* sera bientôt jouée. Vous la trouverez bien différente de ce qu'elle était. J'ai fini le moins mal que j'ai pu le tableau dont vous vîtes l'esquisse à Rouen. Je me flatte encore de vous voir à Paris, aux premières représentations. Je jouirai bien de votre commerce, car me voici votre voisin. Mme de Fontaines-Martel, la déesse de l'hospitalité, me donne à coucher dans son appartement bas, qui regarde sur le Palais-Royal. Je n'en désemparerai pas, tant que vous serez chez M. des Alleurs.

Quand nous souperons ensemble,

Nous parlerons de tout, et ne traiterons rien

comme dit un certain auteur très-aimable; mais, hors de là, je veux traiter avec vous beaucoup de choses. A l'égard de Jore, on m'a assuré qu'il n'avait rien à craindre. Il peut retourner à Rouen; mais je ne lui conseille pas de revenir sitôt à Paris. Gardez toujours chez vous, je vous en supplie, les ballots[2] à qui vous avez bien voulu donner retraite. Je voudrais être déjà quitte de toute cette besogne; mais il faut vous voir longtemps pour que la besogne soit bonne.

.... *Carmen reprehendite, quod non*
Multa dies, et multa litura coercuit....
Hor., *de Art. poët.*, v. 292.

Adieu,
.... *Nostrorum operum candide judex.*
Hor., I, *ep.* IV, v, 1.

Pressez donc notre cher Cideville de nous envoyer sa petite drôlerie. Je vous embrasse de tout mon cœur.

1. La Motte. (ÉD.)
2. De la *Henriade* et de l'*Histoire de Charles XII*, imprimées à Rouen. (ÉD.)

CXLII. — A M. DE CIDEVILLE.

3 février 1732.

Enfin, mon cher Cideville, *Ériphyle* et mes souffrances me laissent un moment de liberté; et j'en profite, quoique bien tard, pour m'entretenir avec vous, pour vous parler de ma tendre amitié, et pour vous demander pardon d'avoir été si longtemps sans vous écrire. M. de Formont, que j'ai le bonheur de voir tous les jours, sait combien nous vous regrettons. Les moments agréables que je passe avec lui me font souvenir des heures délicieuses que j'ai passées avec vous. J'étais, pour le moins, aussi malade que je le suis, mais vous m'empêchiez de le sentir. M. de Lézeau est aussi à Paris; mais je le vois aussi peu que je vois souvent M. de Formont, quoique ce soit lui qui ait écrit de sa main le premier acte d'*Ériphyle*. Pourquoi faut-il que ce soit M. de Lézeau qui soit à Paris, et que vous restiez à Rouen! Pardon cependant de mes souhaits; je ne songeais qu'à moi, et je ne faisais pas réflexion que le séjour de Rouen vous est peut-être infiniment cher, et que vous y êtes le plus heureux de tous les hommes. Si cela est, comme je n'en doute pas, souffrez donc au moins que je vous en félicite. Je m'intéresse à votre bonheur avec autant de discrétion que vous en apportez pour être heureux. Je présume même que cette félicité dont je vous parle a retardé un peu votre petit opéra.

> Vous êtes trop tendre pour croire
> Que de Quinault la poétique gloire
> De tous les biens soit le plus précieux.

Pour moi, qui suis assez malheureux pour ne faire ma cour qu'à *Ériphyle*, j'ai retravaillé ma tragédie avec l'ardeur d'un homme qui n'a point d'autre passion. Dieu veuille que je n'aie pas brodé un mauvais fond, et que je n'aie pas pris bien de la peine pour me faire siffler!

Enfin les rôles sont entre les mains des comédiens, et, en attendant que je sois jugé par le parterre, j'ai fait jouer la pièce chez Mme de Fontaines-Martel, qui m'a (comme vous savez peut-être) prêté un logement pour cet hiver. *Ériphyle* a été exécutée par des acteurs qui jouent incomparablement mieux que la troupe du faubourg Saint-Germain. La pièce a attendri, a fait verser des larmes, mais c'est gagner en première instance un procès qu'on peut fort bien perdre en dernier ressort. Le cinquième acte est la plus mauvaise pièce de mon sac, et pourra bien me faire condamner. On me jouera immédiatement après *le Glorieux*; c'est une pièce de M. Destouches, de laquelle on vous aura sans doute rendu compte. Elle a beaucoup de succès, et peut-être en aura-t-elle moins à la lecture qu'aux représentations. Ce n'est pas qu'elle ne soit, en général, bien écrite; mais elle est froide par le fond et par la forme; et je suis persuadé qu'elle n'est soutenue que par le jeu des acteurs pour lesquels il a travaillé. C'est un avantage qui me manque. J'ai fait ma pièce pour moi, et non pour Dufresne et pour Sarazin. Je l'ai même travaillée dans un goût auquel ni les acteurs ni les spectateurs ne sont accoutumés. J'ai été assez hardi pour songer uniquement à bien faire plutôt qu'à faire convenablement; mais, après tout, si je ne réussis pas, il n'y en aura pas pour moi moins de honte; et on m'accablera d'autant plus que le petit succès qu'a eu l'*Histoire du roi de Suède* a soulevé l'envie contre moi. Elle m'attend au parterre pour me punir d'avoir un peu réussi en prose. Je ferais bien mieux de ne plus songer au théâtre, puisque

Palma negata macrum, donata reducit opimum.
(Hor.), lib. II, ep. I, v. 181.

Il vaudrait mieux cent fois revenir achever mes *Lettres anglaises* auprès de vous.

O vanas hominum mentes, o pectora cæca!
Lucr., liv. II, v. 14.

Voilà bien du babil pour un malade; mais je vous aime, mon cher Cideville, et le cœur est toujours un peu diffus.

CXLIII. — AU MÊME.

Ce mercredi des Cendres, 27 février.

La beauté qu'en secret Cideville idolâtre
Voit en lui deux talents rarement réunis,
Le cœur aimable de Daphnis,
Et le v.. du héros qui f..... Cléopâtre.

Cependant, mon cher ami, votre cœur a mieux réussi que le reste, et l'on est beaucoup plus content de vos bergers que de vos héros. Notre ami Formont, qui n'a point de tragédie à faire jouer, vous aura mandé plus au long des nouvelles de *Daphnis* et d'*Antoine*. Pour moi, qui cours risque d'être sifflé mercredi prochain[1], et qui vais faire répéter *Ériphyle* dans l'instant, je ne puis que me recommander à Dieu, et me taire sur les vers des autres.

Je voudrais que vous raccommodassiez votre besogne à Paris, et moi la mienne; mais, comme probablement vous en avez de plus agréable à Rouen, je vous dirai seulement : *Felices quibus ista licent*[2]. Cependant, quand vous voudrez avoir du relâche et venir à Paris, j'espère, mon cher ami, pouvoir vous procurer non-seulement un appartement, mais une vie assez commode. C'est une affaire que j'ai dans la tête. Vous m'avez accoutumé à vivre avec vous, et il faut que j'y revive.

Adieu : je vous embrasse tendrement. *Plura alias.*

CXLIV. — A MADAME LA PRINCESSE DE GUISE.

Mars 1732.

Madame, mon petit voyage à Arcueil m'a tourné la tête. Je croyais n'aimer que la solitude, et je sens que je n'aime plus qu'à vous faire

1. *Ériphyle* fut jouée, pour la première fois, non le mercredi 5 mars, mais le vendredi 7 mars 1732. (ÉD.)
2. Ovide, *Métam.*, X, 330. (ÉD.)

ma cour. Au moins, si je suis destiné à vivre en hibou, je ne veux me retirer que dans les lieux que vous aurez habités et embellis. Je supplie donc Votre Altesse et M. le prince de Guise de donner à votre concierge ordre de me recevoir à Arcueil. Il faudra que je sois bien malheureux si de là je ne vais pas vous faire ma cour à Monjeu.

Je viens de faire, dans le moment, une infidélité à la maison de Lorraine. Voici un prince du sang pour qui j'ai rimé, ce matin, un petit madrigal. Il mériterait mieux; car il m'a enchanté. Comment, madame! il est aimable comme s'il n'était qu'un particulier.

Non : je n'étais point fait pour aimer la grandeur;
Tout éclat m'importune et tout faste m'assomme;
Mais Clermont, malgré moi, subjugue enfin mon cœur :
Je crois n'y voir qu'un prince, et j'y rencontre un homme.

Je crois lui donner, par ce dernier vers, la plus juste louange du monde, et, en même temps, la plus grande.

Il faudrait que j'eusse l'esprit bien bouché, si, ayant eu l'honneur de vous approcher, je ne savais pas donner aux choses leur véritable prix, et si je n'avais appris combien la grandeur peut être aimable. Mais je vois qu'au lieu d'un billet, je vous écris une épître dédicatoire, et qu'ainsi je vous déplais fort. Je suis donc, avec un profond respect, etc.

CXLV. — A M. DE CIDEVILLE.

Samedi, 8 mars.

Il faut vous donner les prémices
De ces aimables fruits, aux beaux esprits si doux.
Le public a goûté mes derniers sacrifices;
Ils en sont plus dignes de vous.

Cela veut dire, mon cher Cideville, qu'*Ériphyle*, que vous avez vue naître, reçut hier la robe virile, devant une assez belle assemblée, qui ne fut pas mécontente, et qui justifia votre goût. Notre cinquième acte a été critiqué; mais on pardonne au dessert, quand les autres services ont été passables. Je suis fâché, et en bon chrétien, que le sacré n'ait pas le même succès que le profane, et que *Jephté*[1] et l'arche du Seigneur soient mal reçus à l'Opéra, lorsqu'un grand prêtre de Jupiter et une catin d'Argos réussissent à la comédie; mais j'aime encore mieux voir les mœurs du public dépravées que si c'était son goût. Je demande très-humblement pardon à l'*Ancien Testament* s'il m'a ennuyé à l'Opéra.

Pardon d'un billet si succinct : courtes lettres et longues amitiés est ma devise; mais je serais bien fâché et j'y perdrais trop, si vos lettres étaient aussi courtes.

1. Tragédie-opéra de l'abbé Pellegrin, musique de Montéclair, jouée le 28 février 1732. (Éd.)

CXLVI. — AU MÊME.

Ce 17 mars 1732.

Voici M. de Linant, monsieur, qui fait des vers pleins d'images et d'harmonie, et qui mérite par là votre bienveillance. Je crois qu'il ira loin, parce qu'il a à présent trop d'idées et de fougue. La fureur de la jeunesse se change par le temps en chaleur. Je désespérerais de lui, si à son âge ses vers étaient raisonnables. Il m'a paru beaucoup plus sage que sa poésie, et je ne sais rien de si bien qu'une conversation douce et une poésie vive. Vous, mon cher Cideville, qui possédez si bien ces deux talents, encouragez-les dans ce jeune élève. Il sera digne de vivre à Paris en bonne compagnie quand il vous aura vu quelque temps. J'envie le plaisir qu'il va avoir ; je ne puis m'empêcher de lui donner cette lettre, afin que je sois sûr qu'on vous parle de moi. Vous m'avez envoyé *versiculos dicaces*, et une épître charmante. Adieu, le cœur le mieux fait et l'esprit le plus aimable que je connaisse.

CXLVII. — A M. DE MONCRIF.

Mars.

Mon cher Valerius, que votre consulat[1] ne vous fasse pas oublier Argos. J'ai besoin plus que jamais d'être approuvé et protégé par votre charmant maître[2]. Je ne veux pas qu'un ouvrage, qui sera honoré de son nom, soit médiocre; j'y travaille jour et nuit, et peut-être l'envie de lui plaire sera devenue talent chez moi. S'il daignait envoyer chercher la troupe comique encore une fois, et lui recommander *Ériphyle*, ce serait une bonne action digne de lui. J'ai abandonné cette pièce aux comédiens, quant au profit; mais pour la gloire, nous autres poètes ne sommes pas si généreux. Mon intérêt véritable, qui est celui de ma réputation, le droit que j'ai de faire continuer la pièce après Pâques, et surtout la protection dont m'honore Mgr le comte de Clermont, me font espérer que les comédiens ne refuseront pas de jouer la pièce. Je sais bien qu'après les manières honnêtes et généreuses que j'ai eues avec eux, ils auront envie de me nuire, attendu l'esprit de corps; mais j'attends tout des bontés de S. A. S. et de votre amitié.

CXLVIII. — AU MÊME.

Mars.

Muse aimable, muse badine,
Esprit juste et non moins galant,
Vous ressemblez bien mieux à La Fare, à Ferrand,
Que je ne ressemble à Racine.

Grand merci de vos bontés ; j'y suis plus sensible qu'à des battements de mains.

Mon cher et aimable *Tithon*[3], j'ai été deux fois à votre palais sans

1. Le rôle de Valerius Publicola, dans *Brutus*, que M. de Moncrif jouait en société. (Éd.)
2. Moncrif était secrétaire des commandements du comte de Clermont, à qui Voltaire voulait, à ce qu'il paraît, dédier *Ériphyle*. (Éd.)
3. Allusion au petit poëme intitulé : *le Rajeunissement inutile, ou les Amours de Tithon et de l'Aurore*, dont Moncrif est l'auteur. (Éd.)

pouvoir saluer Son Altesse. J'avais aussi à vous prier de passer chez Mme de Fontaines-Martel, qui se vante d'avoir quelque chose à vous dire. Recevez donc, par écrit, mon invitation de venir la voir. Si vous rencontrez dans votre palais *Rhadamiste* et *Palamède*[1], ayez la bonté, je vous prie, de lui dire des choses bien tendres de la part de son admirateur. A l'égard de votre prince, je me suis écrié à sa porte :

    J'ai par deux fois Votre Altesse ratée ;
    Cela veut dire, hélas ! tout simplement,
  Que ma muse deux fois s'est en vain présentée
    Pour vous faire son compliment.
    Heureux qui serait à portée
    De rater effectivement
    Votre personne tant vantée !
    Il n'en ferait rien sûrement.

Cela est un peu irrégulier à présenter à un saint abbé comme Mgr le comte de Clermont; mais pour vous qui n'êtes point *in sacris*, vous pouvez lire de ces sottises. Faites ma cour en prose à ce prince aimable, et brûlez mes vers; j'y gagnerai beaucoup.

Adieu. Cela est honteux que vous ne fassiez plus de vers. Ce siècle-ci a plus besoin que jamais de grâce et de bon goût. Il faut que vous travailliez.

CXLIX. — A M. BROSSETTE[2].

14 avril.

Je suis bien flatté de plaire à un homme comme vous, monsieur; mais je le suis encore davantage de la bonté que vous avez de vouloir bien faire des corrections si judicieuses dans l'*Histoire de Charles XII*. Je ne sais rien de si honorable pour les ouvrages de M. Despréaux que d'avoir été commentés par vous, et lus par Charles XII. Vous avez raison de dire que le sel de ses satires ne pouvait guère être senti par un héros vandale, qui était beaucoup plus occupé de l'humiliation du czar et du roi de Pologne que de celle de Chapelain et de Cotin. Pour moi, quand j'ai dit que les satires de Boileau n'étaient pas ses meilleures pièces, je n'ai pas prétendu pour cela qu'elles fussent mauvaises. C'est la première manière de ce grand peintre, fort inférieure à la vérité, à la seconde; mais très-supérieure à celle de tous les écrivains de son temps, si vous en exceptez M. Racine. Je regarde ces deux grands hommes comme les seuls qui aient eu un pinceau correct, qui aient toujours employé des couleurs vives, et copié fidèlement la nature. Ce qui m'a toujours charmé dans leur style, c'est qu'ils ont dit ce qu'ils voulaient dire, et que jamais leurs pensées n'ont rien coûté à l'harmonie ni à la pureté du langage. Feu M. de La Motte, qui écrivait bien en prose, ne parlait plus français quand il faisait des vers. Les tragédies de tous nos auteurs, depuis M. Racine, sont écrites dans un style froid et barbare; aussi La Motte et ses consorts faisaient tout ce qu'ils

---

1. C'est-à-dire Crébillon. Palamède est un des personnages de la tragédie d'*Électre*. (ÉD.)
2. Claude Brossette, commentateur de Boileau et ami de J.-B. Rousseau.

pouvaient pour rabaisser Despréaux, auquel ils ne pouvaient s'égaler. Il y a encore, à ce que j'entends dire, quelques-uns de ces beaux esprits subalternes qui passent leur vie dans les cafés, lesquels font à la mémoire de M. Despréaux le même honneur que les Chapelain faisaient à ses écrits, de son vivant. Ils en disent du mal, parce qu'ils sentent que si M. Despréaux les eût connus, il les aurait méprisés autant qu'ils méritent de l'être. Je serais très-fâché que ces messieurs crussent que je pense comme eux, parce que je fais une grande différence entre ses premières satires et ses autres ouvrages. Je suis surtout de votre avis sur la neuvième satire, qui est un chef-d'œuvre, et dont l'*Épître aux Muses*, de M. Rousseau, n'est qu'une imitation un peu forcée. Je vous serai très-obligé de me faire tenir la nouvelle édition des ouvrages de ce grand homme, qui méritait un commentateur comme vous. Si vous voulez aussi, monsieur, me faire le plaisir de m'envoyer l'*Histoire de Charles XII*, de l'édition de Lyon, je serai fort aise d'en avoir un exemplaire.

CL. — A M. DE CIDEVILLE.

Ce jeudi, 17 avril.

Je demande pardon à mon très-cher Cideville. Si je n'étais pas le plus sérieusement du monde occupé à des bagatelles, et si les moments de paresse qu'ont tous les vaporeux comme moi ne succédaient pas tour à tour au travail, je vous écrirais tous les jours, mon cher ami; car avec qui dans le monde aimerais-je mieux à m'entretenir qu'avec vous ? Avec qui puis-je mieux goûter les plaisirs de l'amitié et les agréments de la littérature ? Je vous renverrai votre opéra, puisque vous me le redemandez; mais ce ne sera pas sans regretter infiniment l'acte de *Daphnis et Chloé*, qui est certainement très-joli, et sur lequel on ne pourrait pas faire de méchante musique. Si jamais vous avez du loisir, je vous conjurerai de l'employer à corriger les deux autres actes, et à faire à votre opéra ce que je viens de faire bien ou mal à ma tragédie : j'y viens de changer plus de la valeur de deux grands actes, et c'est de cette nouvelle manière dont on la va jouer à la rentrée du théâtre, précédée d'un compliment en vers à nosseigneurs du public. Je compte vous envoyer dans un paquet la pièce et le compliment[1], et je veux que votre ami Formont m'en dise avec vous son sentiment; je vais lui écrire pour lui dire combien je lui suis obligé des peines qu'il a bien voulu prendre pour ce que vous savez[2], et combien nous le regrettons tous à Paris. Ah ! mon cher Cideville, pourquoi ne venez-vous pas aussi vous faire regretter, ou plutôt pourquoi ne pouvez-vous pas l'un et l'autre vous faire toujours regretter à Rouen ? Adieu, mon cher ami; mille pardons de vous écrire si fort en bref. J'ai déjà parlé à ma baronne[3] de notre petit Linant; je souhaite extrêmement de lui être utile. Je me croirais trop heureux, si j'avais pu, une fois en ma vie, encourager des talents. Adieu ; je vous embrasse tendrement.

1. *Ériphyle*, et le *Discours* (en vers) qui la précède. (ÉD.)
2. L'*Histoire de Charles XII*, dont onze ballots avaient été déposés, pendant quelques mois, chez Formont. (ÉD.)
3. Mme de Fontaines-Martel, qui ne voulut pas recevoir Linant chez elle. (ÉD.)

CLI. — A M. DE FORMONT.

Du 29 avril 1732.

Formont, chez nous tant regrette,
Toi qui, parlant avec finesse,
Penses avec solidité,
Et, sans languir dans la paresse,
Vis heureux dans l'oisiveté,
Dis-nous un peu, sans vanité,
Des nouvelles de la Sagesse
Et de sa sœur la Volupté;
Car on sait bien qu'à ton côté
Ces deux filles vivent sans cesse.
L'une et l'autre est une maîtresse,
Pour qui j'ai beaucoup de tendresse,
Mais dont Formont seul a tâté.

Je compte, mon cher Formont, que vous aurez incessamment quelques manuscrits de ma façon, puisqu'on vous a débarrassé du dépôt de mes folies imprimées. Je vous enverrai *Ériphyle*, de la nouvelle fournée, avec trois actes nouveaux, le tout accompagné d'une façon de compliment en vers, selon la méthode antique, lequel sera récité par Dufresne jeudi prochain. C'est ce jour-là que le parterre jugera *Ériphyle* en dernier ressort; mais je veux qu'auparavant elle soit jugée par vous et par M. de Cideville, les deux meilleurs magistrats de mon parlement. J'écrivis hier à notre cher Cideville, mais j'étais si pressé, que je ne lui mandai rien du tout. Vous aurez aujourd'hui la petite épigramme, assez naïve à mon sens, sur Néricault Destouches:

Néricault, dans sa comédie,
Croit qu'il a peint le *glorieux*;
Pour moi je crois, quoi qu'il nous die,
Que sa préface le peint mieux.

D'ailleurs, il n'y a rien ici qui vaille, en ouvrages nouveaux. Nous allons avoir, cet été, une comédie en prose, du sieur Marivaux, sous le titre des *Serments indiscrets* [1]. Vous croyez bien qu'il y aura beaucoup de métaphysique et peu de naturel, et que les cafés applaudiront, pendant que les honnêtes gens n'entendront rien.

Vous savez que la petite Dufresné [2], *in articulo mortis*, a signé un beau billet conçu en ces termes : « Je promets à Dieu et à M. le curé de Saint-Sulpice de ne jamais remonter sur le théâtre. » Tout le monde dit : « Oh ! le beau billet qu'a La Châtre ! » Pour nous autres Fontaines-Martel, nous jouons la comédie assez régulièrement. Nous répétâmes hier la nouvelle *Ériphyle*. Nous faisons quelquefois bonne chère; assez souvent mauvaise; mais, soit qu'on meure de faim ou qu'on se crève, on dit toujours : « Ah ! si M. de Formont était là ! » Adieu, mon cher ami; personne ne vous aime plus tendrement que, etc.

1. Pièce en cinq actes, jouée le 8 juin 1732. (Ed.)
2. Mlle Desmares, qui avait épousé Quinault-Dufresne. (Ed.)

CLII. — A M. DE CIDEVILLE.

Paris, ce 2 mai 1732.

Jore est parti, mon cher ami, avec un ouvrage que je regrette, et un autre pour qui je crains; c'est le vôtre que je voudrais bien n'avoir pas perdu; et c'est le mien que je tremble de donner au public. Jore doit vous rendre ballet et tragédie. Vous trouverez *Ériphyle* bien changée; lisez-la, je vous prie, avec notre aimable et judicieux ami, et dites-moi l'un et l'autre ce que vous en pensez. On peut aisément envoyer des corrections à son imprimeur, par la poste; ne m'épargnez point, et lisez chaque vers avec sévérité. Vous allez peut-être faire languir quelques pauvres plaideurs, et différer quelque beau rapport, pour une mauvaise pièce; vous direz, en parlant de mes vers :

Posthabui tamen illorum mea seria ludo.

Virg., *Egl.* VII, v. 17.

Il n'y a rien de nouveau ici qu'une pièce médiocre qu'on joue presque *incognito* aux Italiens[1]. On bâille à *Jephté*, mais on y va; il n'y a de livres nouveaux que l'Anatomie de Winslow.

Adieu, *care amice*.

CLIII. — AU MÊME.

Ce jeudi, 8 mai 1732, à une heure après midi.

Mes chers Aristarques, je vous obéis avec joie, et je suis encore plus sévère que vous; je vous envoie plus d'un changement dans cette feuille; demain vous pourrez avoir une voiture plus complète. La poste va partir, sans cela vous auriez au moins une douzaine de vers de plus. Jore en reçoit tous les jours : je vous prie de lui communiquer ceux-ci dès que vous les aurez reçus; dites-lui bien qu'il les porte exactement sur la pièce, qu'il commence incessamment l'impression, et qu'il m'envoie une copie de tous les vers corrigés qu'il a reçus de moi, afin que je les revoie à loisir. Mille remerciments, mille pardons. Soyez toujours bien indulgents pour moi, et bien sévères pour mes ouvrages. Je vous embrasse bien tendrement.

*Nouveaux changements dans la tragédie d'*Ériphyle.

ACTE I, SCÈNE I.

Songez à cet oracle, à cette loi suprême.
Corrigez : Songez à cet oracle, à cet ordre suprême.

Ces temps, ce jour affreux, feront la destinée.
Corrigez : Attends jusqu'à ce jour, attends la destinée.

De cet état tremblant embarrassaient les rênes.
Corrigez : De l'état qui chancelle embarrassaient les rênes.

Descend du haut des cieux après plus de quinze ans.
Corrigez : Descend du haut des cieux après plus de vingt ans.

1. *Les Amusements à la mode*, comédie de Romagnesi et Riccoboni, jouée le 21 avril 1732. Le troisième acte est une espèce de parodie d'*Ériphyle* et de *Jephté*. (Note de M. Beuchot.)

ACTE III, SCÈNE I (à la fin.) *Après ce vers* :

Mais du moins, en tombant, je saurai me venger,

Otez tout ce qui suit jusqu'à la fin de la scène, et mettez à la place :

EUPHORBE.

Si vous n'espérez rien, que faut-il ménager ?
Venez-vous essayer les mépris de la reine ?

HERMOGIDE.

Euphorbe, je viens voir à qui je dois ma haine ;
Qui sont mes vrais rivaux, qui je dois accabler ;
Qui séduit Ériphyle, et quel sang doit couler ;
Je viens voir si la reine aura bien l'assurance
De nommer devant moi.... C'est elle qui s'avance.

ACTE IV, SCÈNE DERNIÈRE.

Détestable aux mortels et réprouvé des dieux.

Corrigez :

Détesté des morts même, et réprouvé des dieux.

ÉRIPHYLE.

Rayez tout son couplet, et mettez à la place :

Malheureux, qu'as-tu dit ? Qu'on arrête Théandre,
Que le pontife enfin revienne m'éclaircir ;
Qu'on appelle Alcméon, qu'on le fasse venir.
Théandre ne sait point quel sang lui donna l'être ;
Il me ferait rougir, s'il se faisait connaître.
Que veut-il ? quel discours ! moi, je pourrai jamais
Rougir de ce héros, regretter mes bienfaits !
Dieux, est-ce là ce jour annoncé par vous-même,
Où j'allais disposer de moi, du diadème ;
Où j'allais être heureuse ? O mort, explique-toi !
Ne borne point ta haine à m'inspirer l'effroi.
Quel est cet Alcméon ? D'où vient qu'en sa présence
J'ai senti rallumer cet amour qui t'offense ?
Dieux qui voyez mes pleurs, mes regrets, mes combats,
Dévoilez-moi mon cœur, que je ne connais pas.
J'ai cru brûler d'un feu si pur, si légitime ;
Quel est donc mon destin ? ne puis-je aimer sans crime ?

FIN DU QUATRIÈME ACTE.

Addition aux changements qu'on doit faire à ce quatrième acte,
dans cette même scène.

THÉANDRE.

Le grand prêtre le sait ; il sauva son enfance.

Corrigez :

Je sais que le grand prêtre a sauvé son enfance.

CLIV. — AU MÊME.

Ce samedi, 9 mai.

Mme de Fontaines-Martel est malade, et moi aussi; il faut que je la veille, et j'ai besoin d'être veillé; il faut que je sorte, et j'ai besoin d'être couché; il faut que je vous écrive mille choses, et je n'ai pas le temps d'écrire un mot : tout ce que je puis vous dire, mes chers amis, c'est qu'il est nécessaire de suspendre l'impression d'*Ériphyle*; mes changements ne sauraient être assez tôt prêts, et seraient assurément très-mal faits, dans la foule des occupations, des désagréments, et des maux qui me traversent. Je vous demande en grâce de cacheter sur-le-champ *Ériphyle*, ou de me l'envoyer irrémissiblement par la poste; que Jore suspende tout, jusqu'à nouvel ordre. Adieu, *cari amici*; il faut ou qu'*Ériphyle* soit entièrement digne de vous, ou qu'elle ne paraisse point. *Valete.*

CLV. — AU MÊME.

Ce vendredi, 16 mai 1732.

J'ai reçu aujourd'hui *Ériphyle*; mais, avant de vous la renvoyer, il faut que vous me jugiez en cour de petit commissaire. Voici ce que j'allègue contre moi-même. Je fais la fonction de l'avocat du diable, contre la canonisation d'Ériphyle.

1° En votre conscience, n'avez-vous pas senti de la langueur et du froid, lorsqu'au troisième acte Théandre vient annoncer que les furies se sont emparées de l'autel, etc.? Ce que dit la reine à Alcméon, dans ce moment, est beau; mais on est étonné que ce beau ne touche point. La raison en est, à mon avis, que la reine est trop longtemps bernée par les dieux. Elle n'a pas le loisir de respirer; elle n'a pas un instant d'espérance et de joie; donc elle ne change point d'état, donc elle ne doit point remuer le spectateur, donc il faut retrancher cette fin du troisième acte.

2° Le quatrième acte commence avec encore plus de froid. Théandre y fait un monologue inutile. La scène qu'il a ensuite avec Alcméon me paraît mauvaise, parce que Théandre n'y dit rien de ce qu'il devrait dire. Ses doutes équivoques ne conviennent point au théâtre. S'il sait qu'Alcméon est fils de la reine, il doit l'en avertir; s'il n'en sait rien, il ne doit rien en soupçonner. Cette scène devrait être terrible, et n'est pas supportable. L'ombre venant après cette scène ne fait pas l'effet qu'elle devrait faire, parce qu'on en dit moins que Théandre n'en a fait entendre. Enfin, la reine ne finit point cet acte par les sentiments qu'elle devrait avoir. Elle ne marque que le désir d'épouser Alcméon. Il faut qu'elle exprime des sentiments de tendresse, d'horreur, et d'incertitude.

Il me paraît qu'il y a très-peu à réformer au cinquième, et rien au premier ni au second.

Prononcez donc, mes chers amis,
Vous êtes ma cour souveraine;
Et je recevrai vos avis
Comme un arrêt de Melpomène.

CLVI. — AU MÊME.

A Paris, le 29 mai.

Je lisais, ces jours passés, mon cher ami, que les gens qui font des tragédies négligent fort le style épistolaire, et écrivent rarement à leurs amis. J'ai le malheur d'être dans ce cas, et, en vérité, j'en suis bien fâché. Je ne conçois pas comment je peux mériter si mal les charmantes lettres que j'aime à recevoir de vous. Si je m'en croyais, je vous importunerais tous les jours pour m'attirer des lettres de mon cher ami Cideville; mais je ne suis occupé à présent qu'à m'attirer ses suffrages. J'ai corrigé dans *Ériphyle* tous les défauts que nous y avions remarqués. A peine cette besogne a été achevée, qu'afin de pouvoir revoir mon ouvrage avec moins d'amour-propre, et me donner le temps de l'oublier, j'en ai vite commencé un autre [1], et j'ai pris une ferme résolution de ne jeter les yeux sur *Ériphyle* que quand la nouvelle tragédie sera achevée. Celle-ci sera faite pour le cœur autant qu'*Ériphyle* était faite pour l'imagination. La scène sera dans un lieu bien singulier; l'action se passera entre des Turcs et des chrétiens. Je peindrai leurs mœurs autant qu'il me sera possible, et je tâcherai de jeter dans cet ouvrage tout ce que la religion chrétienne semble avoir de plus pathétique et de plus intéressant, et tout ce que l'amour a de plus tendre et de plus cruel. Voilà ce qui va m'occuper six mois; *quod felix, faustum musulmanumque sit.*

Je vis avant-hier l'abbé Linant, pour qui je me sens bien de l'estime et de l'amitié. Ce qu'il vaut, c'est-à-dire ce que vous pensez de lui, me fait extrêmement regretter de n'avoir pu le servir comme je le désirais. Vous savez que mon dessein était de vivre avec lui chez Mme de Fontaines-Martel; j'y étais même intéressé. Un homme de lettres, qui est né avec tant de talents, et qui me paraît si aimable, que vous aimez, et qui m'aurait entretenu de vous, aurait fait la douceur de ma vie. Mme de Fontaines n'a pas voulu entendre raison; elle prétend que Thieriot l'a rendue sage. Elle lui donnait douze cents francs de pension, et, avec cela, elle n'en a point été contente. Elle croit que tout jeune homme en usera de même. Le fils du pauvre Crébillon, frère aîné de Rhadamiste, et encore plus pauvre que son père, lui a été présenté dans cet intervalle. Elle l'a assez goûté; mais, sachant qu'il avait vingt-cinq ans, elle n'a pas voulu le loger. Je crois qu'elle ne m'a dans sa maison que parce que j'ai trente-six [2] ans et une trop mauvaise santé pour être amoureux; elle ne veut point que les gens qu'elle aime aient des maîtresses. Le meilleur titre qu'on puisse avoir pour entrer chez elle est d'être impuissant; elle a toujours peur qu'on ne l'égorge, pour donner son argent à une fille d'Opéra : jugez, d'après cela, si Linant, qui a dix-neuf ans, est homme à lui plaire.

Je suis, en vérité, bien fâché de la haine que Mme de Fontaines a pour la jeunesse. Votre abbé aurait été son fait et le mien. Mais, quelque chose qui arrive, il réussira sûrement; il est né sage, il a de l'esprit, de la bonne volonté, de la jeunesse; avec tout cela on se tire

---

1. *Zaïre.* (Éd.) — 2. Trente-huit. (Éd.)

bientôt d'affaire à Paris. Les vers qu'il a faits pour vous sont bien au-dessus de ceux qu'il avait faits pour Dieu et pour le chaos; on réussit selon les sujets. Je suis fort trompé, ou ce jeune homme a le véritable talent; et c'est ce qui augmente encore le regret que j'ai de ne pouvoir vivre avec lui. Qu'il compte sur moi, si jamais je puis lui rendre service. Dans deux ou trois ans il écrira mieux que moi, et je l'en aimerai davantage. Mon Dieu! mon cher Cideville, que ce serait une vie délicieuse de se trouver logés ensemble trois ou quatre gens de lettres, avec des talents et point de jalousie! de s'aimer, de vivre doucement, de cultiver son art, d'en parler, de s'éclairer mutuellement! Je ne figure que je vivrai un jour dans ce petit paradis; mais je veux que vous en soyez le dieu. En attendant, je vais versifier ma tragédie, et, si je peins l'amour comme vous me faites sentir l'amitié, l'ouvrage sera bon. Je vous embrasse mille fois. V.

CLVII. — A M. DE FORMONT.

Paris, ce 29 mai 1732.

Je viens de mander à notre cher Cideville combien je suis fâché de n'avoir pu faire succéder l'abbé Linant à Thieriot. La dame du logis prétend que, puisqu'elle m'a pour rien, elle doit avoir tout *gratis*, et regarde Thieriot comme quelqu'un dont elle hérite douze cents livres de rente viagère. Elle pense que tout jeune homme à qui elle ferait une pension la quitterait sur-le-champ pour Mlle Sallé. Je suis véritablement affligé de me voir inutile à l'abbé Linant; car vous l'aimez, et il fait bien des vers. J'ai vu un autre abbé [1], qui ne le vaut pas assurément, et qui m'a montré de petits vers pour Mme de Formont. Vous logerez celui-là, s'il vous plaît : pour moi je ne m'en charge pas. Je ne vous renverrai pas *Ériphyle* sitôt : j'ai tout corrigé, mais je veux l'oublier, pour la revoir ensuite avec des yeux frais. Il ne faut pas se souvenir de son ouvrage, quand on veut le bien juger. J'ai cru même que le meilleur moyen d'oublier la tragédie d'*Ériphyle* était d'en faire une autre. Tout le monde me reproche ici que je ne mets point d'amour dans mes pièces. Ils en auront cette fois-ci, je vous jure, et ce ne sera pas de la galanterie. Je veux qu'il n'y ait rien de si turc, de si chrétien, de si amoureux, de si tendre, de si furieux, que ce que je versifie à présent pour leur plaire. J'ai déjà l'honneur d'en avoir fait un acte. Ou je suis fort trompé, ou ce sera la pièce la plus singulière que nous ayons au théâtre. Les noms de Montmorency, de saint Louis, de Saladin, de Jésus, et de Mahomet, s'y trouveront. On y parlera de la Seine et du Jourdain, de Paris et de Jérusalem. On aimera, on baptisera, on tuera, et je vous enverrai l'esquisse dès qu'elle sera brochée.

On m'a parlé hier d'une petite pièce bachique du jeune Bernard, poëte et homme aimable. Dès que je l'aurai, je vous l'enverrai. Il paraît ici des couplets contre tout le monde; mais ils sont assez, comme presque tous les hommes d'aujourd'hui, malins et médiocres. La fureur de jouer la comédie partout continue toujours, et la fureur

1. Du Resnel du Bellay, traducteur de l'*Essai sur la Critique*, par Pope. (ÉD.)

de la jouer très-mal dure toujours aux comédiens français. Nous attendons l'opéra des cinq ou six *Sens* : la musique est de Destouches; les paroles, de Roi, qui se cache de peur que son nom ne lui nuise. Nous aurons aussi les *Serments indiscrets*, de Marivaux, où j'espère que je n'entendrai rien. Pour des nouvelles du parlement :

> .... *Ea cura quietum*
> Non me *sollicitat*...
> Virg., Æn., VI, 379.

Je ne connais et ne veux de ma vie connaître que les belles-lettres, et aimer que des personnes comme vous, si, par bonheur, il s'en rencontre.

Adieu; je vous suis attaché pour toute ma vie.

CLVIII. — AU MÊME.

A Paris, 25 juin 1732.

Grand merci, mon cher ami, des bons conseils que vous me donnez sur le plan d'une tragédie; mais ils sont venus trop tard. La tragédie¹ était faite. Elle ne m'a coûté que vingt-deux jours. Jamais je n'ai travaillé avec tant de vitesse. Le sujet m'entraînait, et la pièce se faisait toute seule. J'ai enfin osé traiter l'amour, mais ce n'est pas l'amour galant et français. Mon amoureux n'est pas un jeune abbé à la toilette d'une bégueule; c'est le plus passionné, le plus fier, le plus tendre, le plus généreux, le plus justement jaloux, le plus cruel, et le plus malheureux de tous les hommes. J'ai enfin tâché de peindre ce que j'avais depuis si longtemps dans la tête, les mœurs turques opposées aux mœurs chrétiennes, et de joindre, dans un même tableau, ce que notre religion peut avoir de plus imposant et même de plus tendre, avec ce que l'amour a de plus touchant et de plus furieux. Je fais transcrire à présent la pièce; dès que j'en aurai un exemplaire au net, il partira pour Rouen, et ira à MM. de Formont et Cideville.

A peine eus-je achevé le dernier vers de ma pièce turco-chrétienne, que je suis revenu à *Ériphyle*, comme Perrin-Dandin se délassait à voir des procès. Je crois avoir trouvé le secret de répandre un véritable intérêt sur un sujet qui semblait n'être fait que pour étonner. J'en retranche absolument le grand prêtre. Je donne plus au tragique et moins à l'épique, et je substitue, autant que je peux, le vrai au merveilleux. Je conserve pourtant toujours mon ombre, qui n'en fera que plus d'effet lorsqu'elle parlera à des gens pour lesquels on s'intéressera davantage. Voilà, en général, quel est mon plan. Je me sais bon gré d'en avoir arrêté l'impression, et de m'être retenu sur le bord du précipice dans lequel j'allais tomber comme un sot.

Adieu, je vous aime bien tendrement, mon cher ami; il faudra que vous reveniez ici, ou que je retourne à Rouen, car je ne peux plus me passer de vous voir.

1. *Zaïre*. (ÉD.)

CLIX. — A M. DE CIDEVILLE.

27 juin 1732.

Un homme qui vient d'achever une tragédie nouvelle n'a pas le temps d'écrire de longues lettres, mon aimable Cideville; mais chaque scène de la pièce était une lettre que je vous écrivais, et je me disais toujours : « Mon tendre et sensible ami approuvera-t-il cette situation ou ce sentiment? lui ferai-je verser des larmes? » Enfin, après avoir écrit rapidement mon ouvrage, afin de vous l'envoyer plus tôt, je l'ai lu aux comédiens. J'ai mené avec moi le jeune Linant, qui, je crois, vous en a rendu compte. Je serais bien aise de savoir ce qu'en pense un cœur aussi neuf et un esprit aussi juste que le sien. J'ai fait d'ailleurs ce que j'ai pu pour lui rendre service. Je ne sais si je serai assez heureux pour le placer, mais il est sûr que je l'envierai à quiconque le possédera. Mme de Fontaines-Martel a été assez abandonnée de Dieu pour n'en vouloir pas. Si j'avais une maison à moi, il en serait bientôt le maître. Il me paraît digne de toute la fortune qu'il n'a pas. Mais, si les mœurs aimables, l'esprit, et les talents, peuvent conduire à la fortune, il faudra bien qu'il en fasse une. Il vous aime de tout son cœur; nous parlons de vous quand nous nous rencontrons. Nous souhaitons de passer notre vie avec vous à Paris. Que dites-vous de nos conseillers de la *cohue des enquêtes*[1], qui ont fait vœu de n'aller ni aux spectacles ni aux Tuileries, jusqu'à ce que le roi leur rende les appels comme d'abus? Qu'a donc de commun la comédie avec celle du jansénisme? Mais, Dieu merci, tout cela va s'accommoder, et je me flatte d'avoir un nombre honnête de conseillers au parlement à la première représentation de ma tragédie turco-chrétienne.

Adieu, mon cher ami; je retourne à *Ériphyle* dans le moment; je vous écrirai de longues lettres quand je ne ferai plus de tragédies. V.

CLX. — AU MÊME.

A Paris, le 10 juillet 1732.

Oui, je vais, mon cher Cideville,
Vous envoyer incessamment
La pièce où j'unis hardiment
Et l'Alcoran et l'Évangile,
Et justaucorps et doliman,
Et la babouche et le bas blanc,
Et le plumet et le turban,
Comme votre muse facile
Me l'a dit très-élégamment.
Vous y verrez assurément
Des airs français, du sentiment,
Avec la fierté de l'Asie.
Vous concilierez aisément
Les discours de notre patrie
Avec les mœurs d'un Ottoman;

---

[1] Expression du cardinal de Retz. (Éd.)

Car vous avez (et dans la vie
C'est sans doute un grand agrément)
D'un chrétien la galanterie,
Et la vigueur d'un musulman.

Mon Dieu, mon cher Cideville, que vous écrivez bien, et que j'ai de plaisir à recevoir de vos lettres! Je m'attirerais ce plaisir-là plus souvent; mais comment trouver un instant, au milieu des maladies, des affaires, et des comédiens, gens plus difficiles à mener que mes Turcs? L'abbé Linant va faire une tragédie [1].

Macte animo, generose puer, *sic itur ad astra*.
Virg., Æn., IX, 641.

Pendant ce temps-là on joue *les cinq Sens* à l'opéra, à la Comédie française, à l'italienne, et à la Foire [2]. On ne saurait trop parler de ces messieurs-là, à qui vous avez plus d'obligation qu'un autre. Les miens sont plus faibles que jamais, et il ne me reste que du sentiment. Vous savez que le parlement de Paris vient de finir sa comédie et de reprendre ses séances. Voilà, mon cher ami, toutes les nouvelles des spectacles.

J'ai reçu, par la poste de Hollande, un exemplaire de la nouvelle édition de mes ouvrages; il y a bien des fautes. Ces messieurs ont affecté surtout, quand ils ont vu deux leçons dans quelque passage, d'imprimer la plus dangereuse et la plus brûlable. J'empêcherai qu'il n'en entre en France, et je prierai Jore de mettre quelques cartons aux exemplaires qu'il a chez lui.

Adieu. Formont ne m'écrit point. Je vous embrasse, et lui aussi, de tout mon cœur.

CLXI. — A M. DE FORMONT.

Paris, juillet 1732.

Je ne comptais vous écrire, mon cher ami, qu'en vous envoyant *Ériphyle* et *Zaïre*. J'espère que vous les aurez incessamment. En attendant, il faut que je me disculpe un peu sur l'édition de mes œuvres, soi-disant complètes, qui vient de paraître en Hollande. Je n'ai pu me dispenser de fournir quelques corrections et quelques changements au libraire qui avait déjà mes ouvrages, et qui les imprimait, malgré moi, sur les copies défectueuses qui étaient entre ses mains. Mais, ne sachant pas précisément quelles pièces fugitives il avait de moi, je n'ai pu les corriger toutes. Non-seulement je ne réponds point de l'édition, mais j'empêcherai qu'elle n'entre en France. Nous en aurons bientôt une corrigée avec plus de soin et plus complète. Je

---

1. Elle était intitulée *Sabinus*; Linant ne l'acheva pas. (ÉD.)
2. *Le Ballet des Sens*, par Roi, musique de Mouret, fut joué à l'Opéra le 5 juin 1732; le *Procès des Sens*, par Fuzelier, comédie en un acte, fut joué au Théâtre-Français le 16 juin. *L'Instinct et la Nature*, prologue contenant une critique des pièces de Roi et de Fuzelier, fut joué sur le théâtre de la Foire le 28 juillet. Je ne sais quel est le titre de la pièce donnée aux Italiens, s'il y en eut; à moins que Voltaire n'ait voulu parler des *Serments indiscrets*, de Marivaux, jouée le 8 juin. (*Note de M. Beuchot.*)

doute que, dans cette édition que je médite, je change beaucoup de choses dans l'épître à M. de La Faye. Il est vrai que j'y parle un peu durement de Rousseau; mais lui ai-je fait tant d'injustice? n'ai-je pas loué la plupart de ses épigrammes et de ses psaumes? J'ai seulement oublié les odes; mais c'est, je crois, une faute du libraire; j'ai rendu justice à ce qu'il y a de bon dans ses épîtres, et j'ai dit mon sentiment librement sur tous ses ouvrages, en général. Serez-vous donc d'un autre avis que moi, quand je vous dirai que, dans tous ses ouvrages raisonnés, il n'y a nulle raison; qu'il n'a jamais un dessein fixé, et qu'il prouve toujours mal ce qu'il veut prouver? Dans ses *Allégories*, surtout dans les nouvelles, a-t-il la moindre étincelle d'imagination? et ne ramène-t-il pas perpétuellement sur la scène, en vers souvent forcés, la description de l'âge d'or et de l'âge de fer, et les vices masqués en vertus, que M. Despréaux avait introduits auparavant en vers coulants et naturels? Pour la personne de Rousseau, je ne lui dois aucuns égards; je n'ai seulement qu'à le remercier d'avoir fait contre moi une épigramme si mauvaise qu'elle est inconnue, quoique imprimée.

Le petit abbé Linant va faire une tragédie : je l'y ai encouragé. C'est envoyer un homme à la tranchée; mais c'est un cadet qui a besoin de faire fortune, et de tout risquer pour cela. M. de Neale m'avait promis de le prendre; mais il ne lui donne encore qu'à dîner. La première année sera peut-être rude à passer pour ce pauvre Linant. Heureusement il me paraît sage et d'une vertu douce. Avec cela il est impossible qu'il ne perce pas à la longue. Adieu. Quand reviendrai-je à Rouen, et quand reviendrez-vous à Paris?

CLXII. — A M. DE CIDEVILLE.

Ce 3 août 1732.

Mon cher Cideville, votre ami M. de Lézeau part avec *Zaïre* et *Ériphyle*; il n'a qu'un moment ni moi non plus; je vous demande en grâce, tandis que M. de Formont lira une des deux pièces, de lire l'autre, et de me les renvoyer toutes deux dans un paquet, par le coche, dès que vous les aurez lues. Je soupçonne M. de Tressan d'être avec vous; mais je vous prie de ne pas me renvoyer le paquet moins vite. J'ai bien peur que vous n'ayez pas le plaisir de la nouveauté, à la lecture de *Zaïre*; vous savez déjà de quoi il est question; peut-être *Ériphyle* vous paraîtra-t-elle plus nouvelle par les changements. Mandez-moi, je vous en prie, ce que vous pensez de tout cela, et à qui vous donnez la préférence des païens, des Turcs, et des chrétiens. J'oubliais de vous dire que j'ai lu quatre actes de *Zaïre* à Mme de La Rivaudaie, et que ses beaux yeux ont pleuré; après son suffrage il n'y a que le vôtre et celui de M. de Formont qui puissent me donner de la vanité. Adieu; je vous embrasse bien tendrement. Mille compliments à M. du Bourg-Théroulde. Si vous voulez qu'il lise la pièce, j'en serai charmé, mais renvoyez-moi cela au plus vite. V.

CLXIII. — À M. LE COMTE DE TRESSAN.

Le 3 août

Tressan, l'un des grands favoris
Du dieu qui fait qu'on est aimable,
Du fond du jardin de Cypris,
Sans peine, et par la main des Ris,
Vous cueillez ce laurier durable
Qu'à peine un auteur misérable,
A son dur travail attaché,
Sur le haut du Pinde perché,
Arrache en se donnant au diable.
   Vous rendez les amants jaloux;
Les auteurs vont être en alarmes,
Car vos vers se sentent des charmes
Que l'Amour a versés sur vous.
   Tressan, comment pouvez-vous faire,
Pour mener si facilement
Les neuf pucelles dans Cythère,
Et leur donner votre enjouement?
Ah! prêtez-moi votre art charmant;
Prêtez-moi votre voix légère.
Mais ce n'est pas petite affaire
De prétendre vous imiter;
Je ne suis fait que pour chanter,
Et les dieux vous ont fait pour plaire
Je vous reconnais à ce ton
Si doux, si tendre, si facile.
En vain vous cachez votre nom,
Enfant d'Amour et d'Apollon,
On vous devine à votre style.

Revenez vite faire un enfant à toute autre qu'à la mère de Septimus. Si vous êtes actuellement avec MM. de Cideville et de Formont, je vous en fais à tous trois mon compliment, et je vous porte envie à tous trois.

CLXIV. — A M. DE CIDEVILLE.

Samedi, 9 d'août 1732.

Messieurs Formont et Cideville,
De grâce pardonnez au style
Qui ma *Zaïre* barbouilla,
Lorsqu'étant en sale cornette
A la hâte on vous l'envoya
Avant d'avoir fait sa toilette.

J'étais si pressé, messieurs mes juges, quand je fis le paquet, que je vous envoyai une leçon de *Zaïre* qui n'est pas tout à fait bonne. Mais figurez-vous que la dernière scène du troisième acte, et la dernière du quatrième, entre Orosmane et Zaïre, sont comme il faut. Imaginez-vous qu'Orosmane n'a plus le billet entre les mains, et a déjà fait donner à un esclave, quand il se trouve avec Zaïre à qu. i. a toujours envie de tout montrer. Croyez qu'il y a bien des vers corrigés, et que, si je n'étais pas aussi pressé que je le suis, vous auriez de moi des lettres de dix pages. V.

CLXV. — AU MÊME.

21 août.

Je reçois dans l'instant votre lettre, mon cher Cideville; mille remerciments, mille tendres compliments à Formont et à nos amis.

Je n'ai qu'un instant pour corriger des vers de *Zaïre*, pour vous assurer que je vous aime et pour vous redemander *Zaïre* par le coche. V.

CLXVI. — A M. DE LA ROQUE.

Quoique pour l'ordinaire vous vouliez bien prendre la peine, monsieur, de faire les extraits des pièces nouvelles, cependant vous me privez de cet avantage et vous voulez que ce soit moi qui parle de *Zaïre*. Il me semble que je vois M. Le Normand ou M. Cochin [1] réduire un de leurs clients à plaider sa cause. L'entreprise est dangereuse; mais je vais mériter au moins la confiance que vous avez en moi, par la sincérité avec laquelle je m'expliquerai.

Zaïre est la première pièce de théâtre dans laquelle j'aie osé m'abandonner à toute la sensibilité de mon cœur; c'est la seule tragédie tendre que j'aie faite. Je croyais, dans l'âge même des passions les plus vives, que l'amour n'était point fait pour le théâtre tragique. Je ne regardais cette faiblesse que comme un défaut charmant qui avilissait l'art des Sophocle. Les connaisseurs qui se plaisent plus à la douceur élégante de Racine qu'à la force de Corneille me paraissaient ressembler aux curieux qui préfèrent les nudités du Corrége au chaste et noble pinceau de Raphaël.

Le public qui fréquente les spectacles est aujourd'hui plus que jamais dans le goût du Corrége. Il faut de la tendresse et du sentiment; c'est même ce que les acteurs jouent le mieux. Vous trouverez vingt comédiens qui plairont dans les rôles d'Andronic et d'Hippolyte, et à peine un seul qui réussisse dans ceux de Cinna et d'Horace. Il a donc fallu me plier aux mœurs du temps, et commencer tard à parler d'amour.

J'ai cherché du moins à couvrir cette passion de toute la bienséance possible; et, pour l'ennoblir, j'ai voulu la mettre à côté de ce que les hommes ont de plus respectable. L'idée me vint de faire contraster dans un même tableau, d'un côté, l'honneur, la naissance, la patrie, la religion; et de l'autre, l'amour le plus tendre et le plus malheureux; les mœurs des mahométans et celles des chrétiens; la cour d'un soudan et celle d'un roi de France; et de faire paraître, pour la première fois, des Français sur la scène tragique. Je n'ai pris dans l'histoire que l'époque de la guerre de saint Louis; tout le reste est entièrement d'invention. L'idée de cette pièce étant si neuve et si fertile, s'ar-

[1] Deux fameux avocats.

rangea d'elle-même, et au lieu que le plan d'*Ériphyle* m'avait beaucoup coûté, celui de *Zaïre* fut fait en un seul jour, et l'imagination, échauffée par l'intérêt qui régnait dans ce plan, acheva la pièce en vingt-deux jours.

Il entre peut-être un peu de vanité dans cet aveu (car où est l'artiste sans amour-propre?); mais je devais cette excuse au public, des fautes et des négligences qu'on a trouvées dans ma tragédie. Il aurait été mieux sans doute d'attendre à la faire représenter que j'en eusse châtié le style; mais des raisons dont il est inutile de fatiguer le public n'ont pas permis qu'on différât. Voici, monsieur, le sujet de cette pièce.

La Palestine avait été enlevée aux princes chrétiens par le conquérant Saladin. Noradin, Tartare d'origine, s'en était ensuite rendu maître. Orosmane, fils de Noradin, jeune homme plein de grandeur, de vertus et de passions, commençait à régner avec gloire dans Jérusalem. Il avait porté sur le trône de la Syrie la franchise et l'esprit de liberté de ses ancêtres. Il méprisait les règles austères du sérail, et n'affectait point de se rendre invisible aux étrangers et à ses sujets, pour devenir plus respectable. Il traitait avec douceur les esclaves chrétiens, dont son sérail et ses États étaient remplis. Parmi ses esclaves il s'était trouvé un enfant, pris autrefois au sac de Césarée, sous le règne de Noradin. Cet enfant ayant été racheté par des chrétiens à l'âge de neuf ans, avait été amené en France au roi saint Louis, qui avait daigné prendre soin de son éducation et de sa fortune. Il avait pris en France le nom de Nérestan; et étant retourné en Syrie, il avait été fait prisonnier encore une fois et avait été enfermé parmi les esclaves d'Orosmane. Il retrouva dans la captivité une jeune personne avec qui il avait été prisonnier dans son enfance, lorsque les chrétiens avaient perdu Césarée. Cette jeune personne, à qui on avait donné le nom de Zaïre, ignorait sa naissance, aussi bien que Nérestan et que tous ces enfants de tribut qui sont enlevés de bonne heure des mains de leurs parents, et qui ne connaissent de famille et de patrie que le sérail. Zaïre savait seulement qu'elle était née chrétienne; Nérestan et quelques autres esclaves, un peu plus âgés qu'elle, l'en assuraient. Elle avait toujours conservé un ornement qui renfermait une croix, seule preuve qu'elle eût de sa religion. Une autre esclave nommée Fatime, née chrétienne, et mise au sérail à l'âge de dix ans, tâchait d'instruire Zaïre du peu qu'elle savait de la religion de ses pères. Le jeune Nérestan, qui avait la liberté de voir Zaïre et Fatime, animé du zèle qu'avaient alors les chevaliers français, touché d'ailleurs pour Zaïre de la plus tendre amitié, la disposait au christianisme. Il se proposa de racheter Zaïre, Fatime, et dix chevaliers chrétiens, du bien qu'il avait acquis en France, et de les amener à la cour de saint Louis. Il eut la hardiesse de demander au soudan Orosmane la permission de retourner en France sur sa seule parole, et le soudan eut la générosité de le permettre. Nérestan partit et fut deux ans hors de Jérusalem.

Cependant la beauté de Zaïre croissait avec son âge, et la naïveté touchante de son caractère la rendait encore plus aimable que sa beauté. Orosmane la vit et lui parla. Un cœur comme le sien ne pouvait l'aimer qu'éperdument. Il résolut de bannir la mollesse qui avait efféminé tant de rois de l'Asie, et d'avoir dans Zaïre un ami, une maîtresse, une femme qui lui tiendrait lieu de tous les plaisirs, et qui partagerait son cœur avec les devoirs d'un prince et d'un guerrier. Les faibles idées du christianisme, tracées à peine dans le cœur de Zaïre, s'évanouirent bientôt à la vue du soudan; elle l'aima autant qu'elle en était aimée, sans que l'ambition se mêlât en rien à la pureté de sa tendresse.

Nérestan ne revenait point de France. Zaïre ne voyait qu'Orosmane et son amour; elle était prête d'épouser le sultan, lorsque le jeune Français arriva. Orosmane le fait entrer en présence même de Zaïre. Nérestan apportait, avec la rançon de Zaïre et de Fatime, celle de dix chevaliers qu'il devait choisir. « J'ai satisfait à mes serments, dit-il au soudan : c'est à toi de tenir ta promesse, de me remettre Zaïre, Fatime et les dix chevaliers; mais apprends que j'ai épuisé ma fortune à payer leur rançon : *une pauvreté noble est tout ce qui me reste;* je viens me remettre dans tes fers. » Le soudan, satisfait du grand courage de ce chrétien, et né pour être plus généreux encore, lui rendit toutes les rançons qu'il apportait, lui donna cent chevaliers au lieu de dix et le combla de présents; mais il lui fit entendre que Zaïre n'était pas faite pour être rachetée et qu'elle était d'un prix au-dessus de toutes rançons. Il refusa aussi de lui rendre, parmi les chevaliers qu'il délivrait, un prince de Lusignan, fait esclave depuis longtemps dans Césarée.

Ce Lusignan, le dernier de la branche des rois de Jérusalem, était un vieillard respecté dans l'Orient, l'amour de tous les chrétiens et dont le nom seul pouvait être dangereux aux Sarrasins. C'était lui principalement que Nérestan avait voulu racheter; il parut, devant Orosmane, accablé du refus qu'on lui faisait de Lusignan et de Zaïre; le soudan remarqua ce trouble; il sentit dès ce moment un commencement de jalousie que la générosité de son caractère lui fit étouffer; cependant il ordonna que les cent chevaliers fussent prêts à partir le lendemain avec Nérestan.

Zaïre, sur le point d'être sultane, voulut donner au moins à Nérestan une preuve de sa reconnaissance; elle se jette aux pieds d'Orosmane pour obtenir la liberté du vieux Lusignan. Orosmane ne pouvait rien refuser à Zaïre; on alla tirer Lusignan des fers. Les chrétiens délivrés étaient avec Nérestan dans les appartements extérieurs du sérail; ils pleuraient la destinée de Lusignan : surtout le chevalier de Châtillon, ami tendre de ce malheureux prince, ne pouvait se résoudre à accepter une liberté qu'on refusait à son ami et à son maître, lorsque Zaïre arrive et leur amène celui qu'ils n'espéraient plus.

Lusignan, ébloui de la lumière qu'il revoyait après vingt années de prison, pouvant se soutenir à peine, ne sachant où il est et où on le conduit, voyant enfin qu'il était avec des Français, et reconnaissant Châtillon, s'abandonne à cette joie mêlée d'amertume que les malheureux éprouvent dans leur consolation. Il demande à qui il doit sa délivrance. Zaïre prend la parole en lui présentant Nérestan : « C'est à ce jeune Français, dit-elle, que vous et tous les chrétiens devez votre liberté. » Alors le vieillard apprend que Nérestan a été élevé dans le sérail avec Zaïre, et se tournant vers eux : « Hélas! dit-il, puisque vous avez pitié de mes malheurs, achevez votre ouvrage; instruisez-moi du sort de mes enfants. Deux me furent enlevés au berceau, lorsque je fus pris dans Césarée; deux autres furent massacrés devant moi avec leur mère. O mes fils! ô martyrs! veillez du haut du ciel sur mes autres enfants, s'ils sont vivants encore. Hélas! j'ai su que mon dernier fils et ma fille furent conduits dans ce sérail. Vous qui m'écoutez, Nérestan, Zaïre, Chatillon, n'avez-vous nulle connaissance de ces tristes restes du sang de Godefroi et de Lusignan? »

Au milieu de ces questions, qui déjà remuaient le cœur de Nérestan et de Zaïre, Lusignan aperçut au bras de Zaïre un ornement qui renfermait une croix : il se ressouvint que l'on avait mis cette parure à sa fille lorsqu'on la portait au baptême; Chatillon l'en avait ornée lui-même, et Zaïre avait été arrachée de ses bras avant que d'être baptisée. La ressemblance des traits, l'âge, toutes les circonstances, une cicatrice de la blessure que son jeune fils avait reçue, tout confirme à Lusignan qu'il est père encore; et la nature parlant à la fois au cœur de tous les trois, et s'expliquant par des larmes : « Embrassez-moi, mes chers enfants, s'écria Lusignan, et revoyez votre père! » Zaïre et Nérestan ne pouvaient s'arracher de ses bras. « Mais, hélas! dit ce vieillard infortuné, goûterai-je une joie pure? Grand Dieu, qui me rends ma fille, me la rends-tu chrétienne? » Zaïre rougit et frémit à ces paroles. Lusignan vit sa honte et son malheur, et Zaïre avoua qu'elle était musulmane. La douleur, la religion et la nature, donnèrent en ce moment des forces à Lusignan; il embrassa sa fille et lui montrant d'une main le tombeau de Jésus-Christ et le ciel de l'autre, animé de son désespoir, de son zèle, aidé de tant de chrétiens, de son fils, et du Dieu qui l'inspire, il touche sa fille, il l'ébranle; elle se jette à ses pieds et lui promet d'être chrétienne.

Au moment arrive un officier du sérail, qui sépare Zaïre de son père et de son frère, et qui arrête tous les chevaliers français. Cette rigueur inopinée était le fruit d'un conseil qu'on venait de tenir en présence d'Orosmane. La flotte de saint Louis était partie de Chypre et on craignait pour les côtes de Syrie, mais un second courrier ayant apporté la nouvelle du départ de saint Louis pour l'Égypte, Orosmane fut rassuré; il était lui-même ennemi du soudan d'Égypte. Ainsi n'ayant rien à craindre, ni du roi, ni des Français qui étaient à Jérusalem, il commanda qu'on les renvoyât à leur roi et ne songea plus qu'à réparer, par la pompe et la magnificence de son mariage, la rigueur dont il avait usé envers Zaïre.

Pendant que le mariage se préparait, Zaïre désolée demanda au soudan la permission de revoir Nérestan encore une fois. Orosmane, trop heureux de trouver une occasion de plaire à Zaïre, eut l'indulgence de permettre cette entrevue. Nérestan revit donc Zaïre; mais ce fut pour lui apprendre que son père était près d'expirer, qu'il mourait entre la joie d'avoir retrouvé ses enfants et l'amertume d'ignorer si Zaïre serait chrétienne, et qu'il lui ordonnait en mourant d'être baptisée ce jour-là même de la main du pontife de Jérusalem. Zaïre, attendrie et vaincue, promit tout et jura à son frère qu'elle ne trahirait point le sang dont elle était née, qu'elle serait chrétienne, qu'elle n'épouserait point Orosmane, qu'elle ne prendrait aucun parti avant que d'avoir été baptisée.

A peine avait-elle prononcé ce serment, qu'Orosmane, plus amoureux et plus aimé que jamais, vient la prendre pour la conduire à la mosquée. Jamais on n'eut le cœur plus déchiré que Zaïre; elle était partagée entre son Dieu, sa famille et son nom, qui la retenaient, et le plus aimable de tous les hommes qui l'adorait. Elle ne se connut plus; elle céda à la douleur, et s'échappa des mains de son amant, le quittant avec désespoir, et le laissant dans l'accablement de la surprise, de la douleur, et de la colère.

Les impressions de jalousie se réveillèrent dans le cœur d'Orosmane. L'orgueil les empêcha de paraître, et l'amour les adoucit. Il prit la fuite de Zaïre pour un caprice, pour un artifice innocent, pour la crainte naturelle à une jeune fille, pour toute autre chose enfin que pour une trahison. Il vit encore Zaïre, lui pardonna, et l'aima plus que jamais. L'amour de Zaïre augmentait par la tendresse indulgente de son amant. Elle se jette en larmes à ses genoux, le supplie de différer le mariage jusqu'au lendemain. Elle comptait que son frère serait alors parti, qu'elle aurait reçu le baptême, que Dieu lui donnerait la force de résister; elle se flattait même quelquefois que la religion chrétienne lui permettrait d'aimer un homme si tendre, si généreux, si vertueux, à qui il ne manquait que d'être chrétien. Frappée de toutes ces idées, elle parlait à Orosmane avec une tendresse si naïve et une douleur si vraie, qu'Orosmane céda encore, et lui accorda le sacrifice de vivre sans elle ce jour-là. Il était sûr d'être aimé; il était heureux dans cette idée, et fermait les yeux sur le reste.

Cependant, dans les premiers mouvements de jalousie, il avait ordonné que le sérail fût fermé à tous les chrétiens. Nérestan, trouvant le sérail fermé, et n'en soupçonnant pas la cause, écrivit une lettre pressante à Zaïre : il lui mandait d'ouvrir une porte secrète qui conduisait vers la mosquée, et lui recommandait d'être fidèle.

La lettre tomba entre les mains d'un garde qui la porta à Orosmane. Le soudan en crut à peine ses yeux; il se vit trahi; il ne douta pas de son malheur et du crime de Zaïre. Après avoir comblé un étranger, un captif, de bienfaits; avoir donné son cœur, sa couronne à une fille esclave, lui avoir tout sacrifié; ne vivre que pour elle et en être trahi pour ce captif même; être trompé par les apparences du plus tendre amour; éprouver en un moment ce que l'amour a de plus violent, ce que l'ingratitude a de plus noir, ce que la perfidie a de plus traître : c'était sans doute un état horrible; mais Orosmane aimait, et il souhaitait de trouver Zaïre innocente. Il lui fait rendre ce billet par un esclave inconnu. Il se flatte que Zaïre pouvait ne point écouter Nérestan; Nérestan seul lui paraissait coupable. Il ordonne qu'on l'arrête et qu'on l'enchaîne, et il va à l'heure et à la place du rendez-vous, attendre l'effet de la lettre.

La lettre est rendue à Zaïre, elle la lit en tremblant; et après avoir longtemps hésité, elle dit enfin à l'esclave qu'elle attendra Nérestan, et donne ordre qu'on l'introduise. L'esclave rend compte de tout à Orosmane.

Le malheureux soudan tombe dans l'excès d'une douleur mêlée de fureur et de larmes. Il tire son poignard, et il pleure. Zaïre vient au rendez-vous dans l'obscurité de la nuit. Orosmane entend sa voix, et son poignard lui échappe. Elle approche, elle appelle Nérestan; et à ce nom Orosmane la poignarde.

Dans l'instant on lui amène Nérestan enchaîné, avec Fatime, complice de Zaïre. Orosmane, hors de lui, s'adresse à Nérestan, en le nommant son rival. « C'est toi qui m'arraches Zaïre, dit-il; regarde-la avant que de mourir; que ton supplice commence avec le sien; regarde-la, te dis-je. » Nérestan approche de ce corps expirant : « Ah! que vois-je, ah! ma sœur! Barbare, qu'as-tu fait?... » A ce mot de sœur, Orosmane est comme un homme qui revient d'un songe funeste; il connaît son erreur; il voit ce qu'il a perdu; il est trop abîmé dans l'horreur de son état pour se plaindre. Nérestan et Fatime lui parlent; mais, de tout ce qu'ils disent, il n'entend autre chose, sinon qu'il était aimé. Il prononce le nom de Zaïre, il court à elle; on l'arrête, il retombe dans l'engourdissement de son désespoir. « Qu'ordonnes-tu de moi? » lui dit Nérestan. Le soudan, après un long silence, fait ôter les fers à Nérestan, le comble de largesses, lui et tous les chrétiens, et se tue auprès de Zaïre.

Voilà, monsieur, le plan exact de la conduite de cette tragédie que j'expose avec toutes ses fautes. Je suis bien loin de m'enorgueillir du succès passager de quelques représentations. Qui ne connaît l'illusion du théâtre? qui ne sait qu'une situation intéressante, mais triviale, une nouveauté brillante et hasardée, la seule voix d'une actrice, suffisent pour tromper quelque temps le public? Quelle distance immense entre un ouvrage souffert au théâtre et un bon ouvrage! J'en sens malheureusement toute la différence. Je vois combien il est difficile de réussir au gré des connaisseurs. Je ne suis pas plus indulgent qu'eux pour moi-même; et si j'ose travailler, c'est que mon goût extrême pour cet art l'emporte encore sur la connaissance que j'ai de mon peu de talent.

CLXVII. — A M. DE CIDEVILLE.

25 d'août.

Mes chers et aimables critiques, je voudrais que vous pussiez être témoins du succès de *Zaïre*; vous verriez que vos avis ne m'ont pas été inutiles, et qu'il y en a peu dont je n'aie profité. Souffrez, mon cher Cideville, que je me livre avec vous en liberté au plaisir de voir réussir ce que vous avez approuvé. Ma satisfaction s'augmente en vous la communiquant. Jamais pièce ne fut si bien jouée que *Zaïre*, à la quatrième représentation. Je vous souhaitais bien là : vous auriez vu que le public ne hait pas votre ami. Je parus dans une loge, et tout le parterre me battit des mains. Je rougissais, je me cachais, mais je serais un fripon si je ne vous avouais que j'étais sensiblement touché. Il est doux de n'être pas honni dans son pays; je suis sûr que vous m'en aimerez davantage. Mais, messieurs, renvoyez-moi donc *Ériphyle*, dont je ne peux me passer, et qu'on va jouer à Fontainebleau. Mon Dieu, ce que c'est que de choisir un sujet intéressant! *Ériphyle* est bien mieux écrite que *Zaïre*; mais tous les ornements, tout l'esprit, et toute la force de la poésie, ne valent pas, à ce qu'on dit, un trait de sentiment. Renvoyez-moi cependant mon paquet par le coche. J'en ai un besoin extrême; mais j'ai encore plus besoin de vos avis. Adieu, mes chers Cideville et Formont.

Quod si me tragicis vatibus inseres,
Sublimi feriam sidera vertice.

Hor., lib. I, od. I, v. 36.

Je vous demande en grâce de passer chez Jore, et de vouloir bien le presser un peu de m'envoyer les exemplaires de l'édition de Hollande. Adieu; je vous embrasse bien tendrement.

CLXVIII. — AU MÊME.

26 août.

J'ai reçu l'aînée[1] et la cadette, avec une lettre qui vaut mieux que toute ma famille. Dites à votre ami Formont que, si j'étais venu à Rouen *incognito*, je n'aurais jamais pu me tenir de le voir.

J'avais oublié de vous dire que j'ai parlé de vous, mon cher Cideville, deux bonnes heures, au clair de la lune, avec Mme de La Rivaudaie, dans ce même jardin où M. de Formont m'a vu si impitoyablement, sans me parler. Je suis bien aise que Mme de La Rivaudaie ne m'ait pas traité de même; elle m'a paru digne d'avoir un ami comme vous, si on peut n'être que son ami.

Bien des compliments, je vous en prie, à MM. de Formont et de Brévedent. V.

CLXIX. — AU MÊME.

Le 3 de septembre 1732.

Je suis pénétré, mon cher Cideville, des peines dont vous me faites l'amitié de me parler; c'est la preuve la plus sensible que vous m'aimez. Vous êtes sûr de mon cœur; vous savez combien je m'intéresse à vous. Pourquoi faut-il qu'un homme aussi sage et aussi aimable que vous soit malheureux? Que serai-je donc, moi qui ai passé toute ma vie à faire des folies? Quand j'ai été malheureux, je n'ai eu que ce que je méritais; mais quand vous l'êtes, c'est une balourdise de la Providence. J'ai eu la sottise de perdre douze mille francs, au biribi, chez Mme de Fontaines-Martel; je parie que vous n'en avez pas tant fait. Je voudrais bien que vous eussiez été à portée de les perdre; j'en donnerais le double pour vous voir à Paris.

Ah! quittez pour la liberté

1. *Ériphyle*, composée avant *Zaïre*. (Éd.)

Sacs, bonnet, épice, et soutane,
Et le palais de la chicane
Pour celui de la volupté.

M. de Formont m'a écrit une lettre charmante. Je ne lui ai pas encore fait de réponse; je ne sais où le prendre. Je vous en prie, mon cher ami, quand vous verrez Jore, dites-lui qu'il m'envoie dans un paquet, par le coche, quatre *Henriades* en grand, et quatre en petit, de l'édition de Hollande. Je les recevrai comme j'ai reçu *Ériphyle* et *Zaïre*, sans aucune difficulté.

Adieu; je vous embrasse bien tendrement. V.

CLXX. — A M. DE FORMONT.

Le .... septembre.

Je viens d'apprendre, par notre cher Cideville, qui part de Rouen, que vous y revenez. Je ne savais où vous prendre pour vous remercier, mon cher ami, mon juge éclairé, de la lettre obligeante que vous m'avez écrite de Gaillon. Je suis bien fâché que vous n'ayez vu que la première représentation de *Zaïre*. Les acteurs jouaient mal, le parterre était tumultueux, et j'avais laissé dans la pièce quelques endroits négligés qui furent relevés avec un tel acharnement, que tout l'intérêt était détruit. Petit à petit j'ai ôté ces défauts, et le public s'est raccoutumé à moi. *Zaïre* ne s'éloigne pas du succès d'*Inès de Castro*; mais cela même me fait trembler. J'ai bien peur de devoir aux grands yeux noirs de Mlle Gaussin, au jeu des acteurs, et au mélange nouveau des plumets et des turbans, ce qu'un autre croirait devoir à son mérite. Je vais retravailler la pièce comme si elle était tombée. Je sais que le public, qui est quelquefois indulgent au théâtre, par caprice, est sévère à la lecture, par raison. Il ne demande pas mieux qu'à se dédire; et à siffler ce qu'il a applaudi. Il faut le forcer à être content. Que de travaux et de peines pour cette fumée de vaine gloire! Cependant que ferions-nous, sans cette chimère? elle est nécessaire à l'âme comme la nourriture l'est au corps. Je veux refondre *Ériphyle* et la *Mort de César*, le tout pour cette fumée. En attendant, je suis obligé de travailler à des additions que je prépare pour une édition de Hollande de *Charles XII*. Il a fallu s'abaisser à répondre à une misérable critique faite par La Motraye. L'homme ne méritait pas de réponse; mais, toutes les fois qu'il s'agit de la vérité, et de ne pas tromper le public, les plus misérables adversaires ne doivent pas être négligés. Quand je me serai dépêtré de ce travail ingrat, j'achèverai ces *Lettres anglaises* que vous connaissez; ce sera tout au plus le travail d'un mois; après quoi il faudra bien revenir au théâtre, et finir enfin par l'histoire du *Siècle de Louis XIV*. Voilà, mon cher Formont, tout le plan de ma vie. Je la regarderai comme très-heureuse, si je peux en passer une partie avec vous. Vous m'aplaniriez les difficultés de mes travaux, vous m'encourageriez, vous m'en assureriez le succès, et il m'en serait cent fois plus précieux. Que j'aime bien mieux laisser aller dorénavant ma vie dans cette tranquillité douce et occupée, que si j'avais eu le malheur d'être conseiller au parlement. Tout ce que je vois me confirme dans l'idée où j'ai toujours été de n'être jamais d'aucun corps, de ne tenir à rien qu'à ma liberté et à mes amis. Il me semble que vous ne désapprouvez pas trop ce système, et qu'il ne faudra pas prêcher longtemps Cideville, pour le lui faire embrasser, dans l'occasion. Il vient de m'écrire, mais il me mande qu'il va à la campagne, et je ne sais où lui adresser ma réponse. Aimez-moi toujours, mon cher Formont, et que votre philosophie nourrisse la mienne des plaisirs de l'amitié.

CLXXI. — A M. LEFEBVRE.
1732.

Votre vocation, mon cher Lefebvre, est trop bien marquée pour y résister. Il faut que l'abeille fasse de la cire, que le ver-à-soie file, que M. de Réaumur les dissèque, et que vous les chantiez. Vous serez poëte et homme de lettres, moins parce que vous le voulez, que parce que la nature l'a voulu. Mais vous vous trompez beaucoup en imaginant que la tranquillité sera votre partage. La carrière des lettres, et surtout celle du génie, est plus épineuse que celle de la fortune. Si vous avez le malheur d'être médiocre (ce que je ne crois pas), voilà des remords pour la vie; si vous réussissez, voilà des ennemis : vous marchez sur le bord d'un abîme, entre le mépris et la haine.

« Mais quoi, me direz-vous, me haïr, me persécuter, parce que j'aurai fait un bon poëme, une pièce de théâtre applaudie, ou écrit une histoire avec succès, ou cherché à m'éclairer et à instruire les autres! »

Oui, mon ami, voilà de quoi vous rendre malheureux à jamais. Je suppose que vous ayez fait un bon ouvrage : imaginez-vous qu'il vous faudra quitter le repos de votre cabinet pour solliciter l'examinateur; si votre manière de penser n'est pas la sienne, s'il n'est pas l'ami de vos amis, s'il est celui de votre rival, s'il est votre rival lui-même, il vous est plus difficile d'obtenir un privilège, qu'à un homme qui n'a point la protection des femmes d'avoir un emploi dans les finances. Enfin, après un an de refus et de négociations, votre ouvrage s'imprime; c'est alors qu'il faut ou assoupir les Cerbères de la littérature, ou les faire aboyer en votre faveur. Il y a toujours trois ou quatre gazettes littéraires en France, et autant en Hollande; ce sont des factions différentes. Les libraires de ces journaux ont intérêt qu'ils soient satiriques; ceux qui y travaillent servent aisément l'avarice du libraire et la malignité du public. Vous cherchez à faire sonner ces trompettes de la Renommée; vous courtisez les écrivains, les protecteurs, les abbés, les docteurs, les colporteurs : tous vos soins n'empêchent pas que quelque journaliste ne vous déchire. Vous lui répondez, il réplique : vous avez un procès par écrit devant le public, qui condamne les deux parties au ridicule.

C'est bien pis si vous composez pour le théâtre. Vous commencez par comparaître devant l'aréopage de vingt comédiens, gens dont la profession, quoique utile et agréable, est cependant flétrie par l'injuste mais irrévocable cruauté du public. Ce malheureux avilissement où ils sont les irrite; ils trouvent en vous un client, et ils vous prodiguent tout le mépris dont ils sont couverts. Vous attendez d'eux votre première sentence; ils vous jugent; ils se chargent enfin de votre pièce; il ne faut plus qu'un mauvais plaisant dans le parterre pour la faire tomber. Réussit-elle, la farce qu'on appelle *italienne*, celle de la Foire, vous parodient; vingt libelles vous prouvent que vous n'avez pas dû réussir. Des savants qui entendent mal le grec, et qui ne lisent point ce qu'on fait en français, vous dédaignent ou affectent de vous dédaigner.

Vous portez en tremblant votre livre à une dame de la cour; elle le donne à une femme de chambre qui en fait des papillotes; et le laquais galonné qui porte la livrée du luxe insulte à votre habit qui est la livrée de l'indigence.

Enfin, je veux que la réputation de vos ouvrages ait forcé l'envie à dire quelquefois que vous n'êtes pas sans mérite; voilà tout ce que vous pouvez attendre de votre vivant : mais qu'elle s'en venge bien en vous persécutant! On vous impute des libelles que vous n'avez pas même lus, des vers que vous méprisez, des sentiments que vous n'avez point. Il faut être d'un parti, ou bien tous les partis se réunissent contre vous.

Il y a dans Paris un grand nombre de petites sociétés où préside toujours quelque femme qui, dans le déclin de sa beauté, fait briller l'aurore de son esprit. Un ou deux hommes de lettres sont les premiers ministres de ce petit royaume. Si vous négligez d'être au rang des courtisans, vous êtes dans celui des ennemis, et on vous écrase. Cependant, malgré votre mérite, vous vieillissez dans l'opprobre et dans la misère! Les places destinées aux gens de lettres sont données à l'intrigue, non au talent. Ce sera un précepteur qui, par le moyen de la mère de son élève, emportera un poste que vous n'oserez pas seulement regarder. Le parasite d'un courtisan vous enlèvera l'emploi auquel vous êtes propre.

Que le hasard vous amène dans une compagnie où il se trouvera quelqu'un de ces auteurs réprouvés du public, ou de ces demi-savants qui n'ont pas même assez de mérite pour être de médiocres auteurs, mais qui aura quelque place ou qui sera intrus dans quelque corps; vous sentirez, par la supériorité qu'il affectera sur vous, que vous êtes justement dans le dernier degré du genre humain.

Au bout de quarante ans de travail, vous vous résolvez à chercher par les cabales ce qu'on ne donne jamais au mérite seul; vous vous intriguez comme les autres pour entrer dans l'Académie française, et pour aller prononcer, d'une voix cassée, à votre réception, un compliment qui le lendemain sera oublié pour jamais. Cette Académie française est l'objet secret des vœux de tous les gens de lettres ; c'est une maîtresse contre laquelle ils font des chansons et des épigrammes jusqu'à ce qu'ils aient obtenu ses faveurs, et qu'ils négligent dès qu'ils en ont la possession.

Il n'est pas étonnant qu'ils désirent d'entrer dans un corps où il y a toujours du mérite, et dont ils espèrent, quoique assez vainement, d'être protégés. Mais vous me demanderez pourquoi ils en disent tous tant de mal jusqu'à ce qu'ils y soient admis, et pourquoi le public, qui respecte assez l'Académie des sciences, ménage si peu l'Académie française. C'est que les travaux de l'Académie française sont exposés aux yeux du grand nombre, et les autres sont voilés. Chaque Français croit savoir sa langue, et se pique d'avoir du goût; mais il ne se pique pas d'être physicien. Les mathématiques seront toujours pour la nation en général une espèce de mystère, et par conséquent quelque chose de respectable. Des équations algébriques ne donnent de prise ni à l'épigramme, ni à la chanson, ni à l'envie; mais on juge durement ces énormes recueils de vers médiocres, de compliments, de harangues, et ces éloges qui sont quelquefois aussi faux que l'éloquence avec laquelle on les débite. On est fâché de voir la devise de l'*immortalité* à la tête de tant de déclamations, qui n'annoncent rien d'éternel que l'oubli auquel elles sont condamnées.

Il est très-certain que l'Académie française pourrait servir à fixer le goût de la nation. Il n'y a qu'à lire ses *Remarques sur le Cid*; la jalousie du cardinal de Richelieu a produit au moins ce bon effet. Quelques ouvrages dans ce genre seraient d'une utilité sensible. On les demande depuis cent années au seul corps dont ils puissent émaner avec fruit et bienséance. On se plaint que la moitié des académiciens soit composée de seigneurs qui n'assistent jamais aux assemblées, et que, dans l'autre moitié, il se trouve à peine huit ou neuf gens de lettres qui soient assidus. L'Académie est souvent négligée par ses propres membres. Cependant, à peine un des quarante a-t-il rendu les derniers soupirs, que dix concurrents se présentent; un évêché n'est pas plus brigué; on court en poste à Versailles; on fait parler toutes les femmes; on fait agir tous les intrigants; on fait mouvoir tous les ressorts; des haines violentes sont souvent le fruit de ces démarches. La principale origine de ces horribles couplets qui ont perdu à jamais le célèbre et malheureux Rousseau, vient de ce qu'il manqua la place qu'il briguait à l'Académie. Obtenez-vous cette préférence sur vos rivaux, votre bonheur n'est bientôt qu'un fantôme : essuyez-vous un refus, votre affliction est réelle. On pourrait mettre sur la tombe de presque tous les gens de lettres :

    Ci-gît, au bord de l'Hippocrène,
    Un mortel longtemps abusé.
    Pour vivre pauvre et méprisé,
    Il se donna bien de la peine.

Quel est le but de ce long sermon que je vous fais? est-ce de vous détourner de la route de la littérature? Non; je ne m'oppose point ainsi à la destinée : je vous exhorte seulement à la patience.

CLXXII. — A MADEMOISELLE DE LUBERT, A TOURS.

A Fontainebleau, ce 29 octobre 1732.

Muse et Grâce, Mme de Fontaines-Martel m'a envoyé votre lettre, pour me servir de consolation, dans l'exil où je suis à Fontainebleau.

Je vois que vous êtes instruite des tracasseries que j'ai eues avec mon parlement, et de la combustion où toute la cour a été, pendant trois ou quatre jours, au sujet d'une mauvaise comédie que j'ai empêché d'être représentée. J'ai eu un crédit étonnant en fait de bagatelles, et j'ai remporté des victoires signalées sur des choses où il ne s'agissait de rien du tout. Il s'est formé deux partis : l'un de la reine et des dames du palais, et l'autre des princesses et de leurs adhérents. La reine a été victorieuse, et j'ai fait la paix avec les princesses. Il n'en a coûté, pour cette importante affaire, que quelques petits vers médiocres, mais qui ont été trouvés fort bons par celles à qui ils étaient adressés; car il n'y a point de déesse dont le nez ne soit réjoui de l'odeur de l'encens. Que j'aurais de plaisir à en brûler pour vous, *Muse et Grâce!* mais il faut vous le déguiser trop adroitement; il faut vous cacher presque tout ce qu'on pense.

Je n'ose dans mes vers parler de vos beautés
Que sous le voile du mystère.
Quoi ! sans art je ne puis vous plaire,
Lorsque sans lui vous m'enchantez?

Non, *Muse et Grâce*, il faut que vous vous accoutumiez à vous entendre dire naïvement qu'il n'y a rien dans le monde de plus aimable que vous, et qu'on voudrait passer sa vie à vous voir et à vous entendre. Il faut que vous raccommodiez le parlement avec la cour, afin que vous puissiez venir souper très-fréquemment chez Mme de Fontaines-Martel; car, si vous restez à Tours seulement encore quinze jours, il y aura assurément une députation du Parnasse pour venir vous chercher. Elle sera composée de ceux qui font des vers, de ceux qui les récitent, de ceux qui les notent, de ceux qui les chantent, de ceux qui s'y connaissent. Il faudra que tout cela vienne vous enlever de Tours, ou s'y établir avec vous. Je me mêlerai parmi messieurs les députés, et je vous dirai :

Un parlement n'est nécessaire
Que pour tout maudit chicaneur;
Mais les gens d'esprit et d'honneur
Font du plaisir leur seule affaire.
Plaignez leur destin rigoureux :
Six semaines de votre absence
Les ont tous rendus malheureux;
Rendez-vous à leur remontrance,
Et revenez vivre avec eux;
Tout en ira bien mieux en France.

Permettez-moi d'assurer M. le président de Lubert de mes respects, et daignez m'honorer de votre souvenir.

CLXXIII. — A M. DE MAUPERTUIS.

Fontainebleau, 30 octobre 1732, à l'hôtel de Richelieu

Étant à la cour, monsieur, sans être courtisan, et lisant des livres de philosophie, sans être philosophe, j'ai recours à vous dans mes doutes, bien fâché de ne pouvoir jouir du plaisir de vous consulter de vive voix. Il s'agit du grand principe de l'attraction de M. Newton. A qui puis-je mieux m'adresser qu'à vous, monsieur, qui l'entendez si bien, qui travaillez même sur sa philosophie, et qui êtes si capable d'en confirmer la vérité, ou d'en démontrer le faux?

Je vous envoie mon petit mémoire que j'avais fait très-long pour un autre, et que j'ai fait très-court pour vous, bien sûr que, sur le seul énoncé, vous suppléerez à tout ce qui y manque. Je vous demande pardon de mon importunité; mais je vous supplie très-instamment de vouloir bien employer un moment de votre temps à m'éclairer. J'attends votre réponse, pour savoir si je dois croire ou non à l'attraction. Ma foi dépendra de vous; et, si je suis persuadé de la vérité de ce système, comme je le suis de votre mérite, je suis assurément le plus ferme newtonien du monde.

J'ai l'honneur d'être, monsieur, avec toute l'estime que je vous dois, votre, etc.

CLXXIV. — AU MÊME.

Fontainebleau, 3 novembre.

Je ne vous avais demandé qu'une démonstration, et vous m'en donnez deux! Je vous remercie assurément de tout mon cœur de votre libéralité, et je suis bien aise de voir que ce sont les riches qui sont prodigues. Vous avez éclairci mes doutes avec la netteté la plus lumineuse; me voici newtonien de votre façon; je suis votre prosélyte, et fais ma profession de foi entre vos mains. A la manière dont vous écrivez, je ne doute pas que votre livre¹ ne vous fasse bien des disciples. Vous êtes si intelligible que, sans doute, *unusquisque audiet linguam suam*.

J'aurai seulement le bonheur d'avoir été instruit avant les autres, et d'être le premier néophyte. On ne peut plus s'empêcher de croire à la gravitation newtonienne, et il faut proscrire les chimères des tourbillons.

. . . . *Deus ille fuit. Deus, inclyte Memmi....*
Lucr., liv. V, v. 8.

Ergo vivida vis animi pervicit, et extra
Processit longe flammantia mœnia mundi.
Id., liv. I, v. 73.

Voilà le cas où vous êtes; j'attends votre livre avec la dernière impatience; vous serez l'apôtre du dieu dont je vous parle. Plus j'entrevois cette philosophie, et plus je l'admire. On trouve, à chaque pas que l'on fait, que cet univers est arrangé par des lois mathématiques qui sont éternelles et nécessaires.

Qui aurait pensé, il y a cinquante ans, que le même pouvoir faisait le mouvement des astres et la pesanteur? Qui aurait soupçonné la réfrangibilité et les autres propriétés de la lumière, découvertes par

---

1. *Discours sur les différentes figures des astres*, avec une exposition abrégée des systèmes de Descartes et de Newton. (ÉD.)

ANNÉE 1732.

Newton? Il est notre Christophe Colomb; il nous a menés dans un nouveau monde, et je voudrais bien y voyager à votre suite. Que de questions, peut-être mal fondées, je vous ferais! Mais je me flatte que vous y répondriez avec la même bonté avec laquelle vous avez levé mes premiers scrupules.

Je vous dirais que le système de l'attraction et l'anéantissement des tourbillons de matière subtile ne donnent aucune raison de la rotation des planètes sur leurs axes.

Je vous demanderais pourquoi, si la force de l'attraction augmente si prodigieusement par le voisinage, la comète de 1680, qui, dans son périgée, était presque dans le disque du soleil, et qui n'en était éloignée que de la huitième ou sixième partie, n'y a pas été entraînée; pourquoi les corps graves n'accélèrent plus leur chute sur la terre, au bout de quelques minutes; comment M. Newton peut apporter l'aimant en preuve de son système, puisque, selon ce système, l'aimant devrait attirer le fer, ou en être attiré en tous les sens, au lieu qu'il a un pôle qui attire et un autre qui repousse.

Votre écolier deviendrait enfin bien importun; mais il voudrait mériter d'avoir un tel maître. Je vous avoue avec douleur que toute mon attention, tous mes efforts et tout mon temps, me suffiraient à peine pour être un peu instruit, et que je n'ai à donner à cette étude sublime que quelques heures sans suite et une attention distraite par mille objets, et surtout par ma mauvaise santé.

Je n'en sais qu'autant qu'il faut pour vous admirer et non pas pour vous suivre. Je suis, monsieur, avec les sentiments les plus vifs d'estime et de reconnaissance, votre, etc.

CLXXV. — AU MÊME.

Fontainebleau, mercredi.

Ah! il me vient un scrupule affreux, et toute ma foi est ébranlée; si vous n'avez pitié de moi, la grâce m'abandonne.

Si B D vaut réellement quinze pieds, j'ai l'honneur d'être très-croyant. Mais la lune ne peut être supposée tomber en D d'une minute, qu'il ne soit démontré que l'effort seul de la pesanteur l'a fait tomber en F dans l'espace d'une minute.

Or il est certain que le mouvement circulaire de B en F, dans l'espace d'une minute, est composé de deux mouvements dont un seul lui ferait décrire la tangente, l'autre l'attirerait en A. Si la lune partant de B ne suivait que le mouvement de projectile, elle serait arrivée plus loin que E dans sa tangente, dans l'espace d'une minute, puisque, durant ce temps, la pesanteur l'a toujours rapprochée de A ; et réciproquement, si elle n'avait eu que sa détermination vers le centre, elle serait tombée plus bas que E, puisque, dans ce temps, elle était toujours poussée par le mouvement en ligne droite. Il paraît donc faux de dire que l'effort de la pesanteur seul a fait tomber le globe de E en F. Certainement cet effort seul l'aurait entraînée plus bas, comme la tangente seule l'aurait conduite plus loin. Mais la lune se trouve en F parce que ces deux forces sont balancées l'une par l'autre. Je ne peux donc pas connaître par là quelle est la force absolue de la pesanteur. Ces quinze pieds que l'on compte de E en F ne sont que le résultat d'une partie de la force centripète. Donc la lune abandonnée à elle-même tomberait de beaucoup plus de quinze pieds. Donc la proportion supposée selon les carrés des distances ne se trouve plus ; donc ce n'est pas le même pouvoir qui agit sur les corps graves dans notre atmosphère et qui retient la lune dans son orbite.

Ces objections que je me fais me paraissent assez fortes et je les fortifie encore par ce raisonnement-ci :

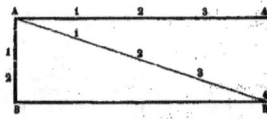

Le corps A, poussé dans la diagonale AR, n'y est poussé que par les quatre degrés de force qu'il a dans la ligne horizontale et les deux degrés qu'il a dans sa perpendiculaire. Cette force qui l'entraîne dans la perpendiculaire n'est que de deux degrés, parce que la force contraire est de quatre ; mais si cette force contraire était ôtée, certainement la force perpendiculaire aurait eu bien plus de deux degrés, et ce corps, qui arrive en R au bout de deux secondes dans sa diagonale, aurait parcouru un espace beaucoup plus grand en même temps, s'il avait été abandonné au seul mouvement de la pesanteur. Cette expérience est sûre et commune sur la terre ; donc il en arrive autant là-haut. Donc, si le corps A, n'ayant ici qu'un seul mouvement, serait tombé bien plus bas que B, de même, dans la première figure, B devrait, n'ayant qu'un seul mouvement, tomber bien plus bas que D. Donc, encore une fois, la pesanteur seule ferait tomber un corps en cet endroit de beaucoup plus que quinze pieds par minute.

Peut-être ne sais-je ce que je dis. Je m'en vais entendre la musique de Tancrède[1], et j'attends votre réponse avec toute la doci-

1. Opéra de Danchet, musique de Campra. (ÉD.)

ité d'un disciple assez heureux pour avoir trouvé un maître tel que vous :

Non ita certandi cupidus quam propter amorem
Quod te imitari aveo. Quid enim contendat hirundo
Cycnis, etc.

Lucr., liv. III, v. 5.

Je vous cite toujours des vers; mais je crois que vous ne haïssez pas les bribes de Lucrèce.

CLXXVI. — AU MÊME.

Fontainebleau, 6 novembre.

Pardon, monsieur, mes tentations sont allées au diable, d'où elles venaient. Votre première lettre m'a baptisé dans la religion newtonienne; votre seconde m'a donné la confirmation. En vous remerciant de vos sacrements. Brûlez, je vous prie, mes ridicules objections; elles sont d'un infidèle. Je garderai à jamais vos lettres; elles sont d'un grand apôtre de Newton : *lumen ad revelationem gentium*[1].

Je suis avec bien de l'admiration, de la reconnaissance et de la honte, votre très-humble et indigne disciple.

CLXXVII. — A MADAME LA MARQUISE DU DEFFAND.

Le....

Vous m'avez proposé, madame, d'acheter une charge d'écuyer chez Mme la duchesse du Maine, et, ne me sentant pas assez dispos pour cet emploi, j'ai été obligé d'attendre d'autres occasions de vous faire ma cour. On dit qu'avec cette charge d'écuyer, il en vaque une de lecteur; je suis bien sûr que ce n'est pas un bénéfice simple chez Mme du Maine comme chez le roi. Je voudrais de tout mon cœur prendre pour moi cet emploi; mais j'ai en main une personne qui, avec plus d'esprit, de jeunesse, et de poitrine, s'en acquittera mieux que moi.

Voici, madame, une occasion de montrer la bonté de votre cœur et votre crédit. La personne dont je vous parle est un jeune homme nommé M. l'abbé Linant, à qui il ne manque rien du tout que de la fortune. Il a auprès de vous une recommandation bien puissante; il est ami de M. de Formont, qui vous répondra de son esprit et de ses mœurs. Je ne suis ici que le précurseur de M. de Formont, qui va bientôt obtenir cette grâce de vous; et je vous en remercierai comme si c'était à moi seul que vous l'eussiez faite. En vérité, si vous placez ce jeune homme, vous ferez une action charmante; vous encouragerez un talent bien décidé qu'il a pour les vers; vous vous attacherez, pour le reste de votre vie, quelqu'un d'aimable, qui vous devra tout; vous aurez le plaisir d'avoir tiré le mérite de la misère, et de l'avoir mis dans la meilleure école du monde. Au nom de Dieu, réussissez dans cette affaire pour votre plaisir, pour votre honneur, pour celui de Mme du Maine, et pour l'amour de Formont, qui vous en prie par moi.

1. Luc, II, 32. (ÉD.)

Adieu, madame; je vous suis attaché comme l'abbé Linant vous le sera, avec le plus respectueux et le plus tendre dévouement.

CLXXVIII. — A M. DE CIDEVILLE.

J'ai envoyé, mon très-aimable Cideville, une petite boîte à Jore, contenant deux chiffons d'espèce très-différente. L'un est un parchemin[1], avec un *tel est notre plaisir*; l'autre est une *Épître dédicatoire de Zaïre*, moitié vers, moitié prose, dans laquelle j'ai mis plus d'imagination qu'il n'y en a dans cet autre ouvrage en parchemin. J'ai bien recommandé à Jore de vous porter cette épître; il y a bien des choses à réformer, avant qu'on l'imprime. Je ne sais même si la délicatesse excessive de ceux qui sont chargés de la librairie ne se révoltera pas un peu contre la liberté innocente de cet ouvrage. J'en ai adouci quelques traits, et je le communique corrigé à M. Rouillé, afin qu'il donne au moins une permission tacite, et que Jore ne puisse être inquiété.

A l'égard de l'impression de *Zaïre*, je ne peux faire ce que Jore demande; mais je le dédommagerai en lui faisant imprimer mes *Lettres anglaises*, qui composeront un volume assez honnête. Je compte que vous verrez bientôt ces guenilles; mais je vous supplie surtout de bien recommander à Jore de ne pas tirer un seul exemplaire de *Zaïre* par delà les deux mille cinq cents que je lui ai prescrits. Il ne faut pas que personne en puisse avoir, avant que je l'aie présentée au garde des sceaux.

Pour notre abbé Linant, je crois qu'il retournera bientôt à Rouen; j'ai été assez malheureux pour lui être inutile à Paris. Mais que faire de lui? il ne sait pas seulement écrire assez lisiblement pour être secrétaire, et j'ai bien peur qu'il n'ait la vertu aimable de la paresse, qui devient un grand vice dans un homme qui a sa fortune à faire. Il a de l'esprit, du goût, de la sagesse; je ne doute pas qu'il ne fasse tôt ou tard sa fortune, s'il veut joindre à cela un peu de travail.

Il faut, surtout, qu'il ne dédaigne pas les petits emplois convenables à son âge, à sa fortune, et à son état; car, quoiqu'il soit né avec du mérite, il n'a encore rien fait d'assez bon pour qu'on le mette au rang des gens de lettres qui ont à se plaindre de l'injustice du siècle.

Je voudrais qu'il pût attraper quelque bénéfice de votre archevêque. Voilà, ce me semble, ce qui lui conviendrait le mieux. Peut-être que vous pourrez, avec M. de Formont et avec le secours de M. de Tressan, lui procurer quelque petit établissement de cette espèce, sans quoi il sera réduit à passer par l'amertume des emplois subalternes. Ce qu'il a de mieux à faire, pendant qu'il est encore jeune, c'est de se retirer dans un grenier, chez sa mère, et de cultiver son talent dans la retraite, en attendant qu'il puisse le produire au grand jour avec succès.

Je vais m'arranger pour vous donner les étrennes que vous me demandez. Ce sont de vraies étrennes, car tout cela n'est que bagatelle. Je ne compte pas faire imprimer sitôt toutes ces petites pièces

---

1. C'était le privilège pour l'impression de *Zaïre*. (ÉD.)

fugitives; il ne faut pas assommer le public coup sur coup. Je vais seulement finir l'édition de la *Henriade* qui est entre les mains de Jore. Il n'y a plus de *Henriades*, à Paris, chez les libraires, et il ne faut pas en laisser manquer, de peur qu'on ne se désaccoutume de les demander. Après cela viendra l'édition des *Lettres anglaises*; et je serai le

    Bienheureux Scudéri, dont la fertile plume
    Peut tous les mois, sans peine, enfanter un volume.
                  Boileau, sat. II, v. 77.

Mandez-moi, je vous prie, comment va la guerre civile de la Rivière-Bourdet. Ragotin[1] a-t-il raccommodé Mme Bouvillon avec M. de la Baguenaudière? Adieu; je vous embrasse de tout mon cœur. V.

CLXIX. — AU MÊME.

A Paris, ce samedi 15 novembre 1732.

J'arrive de Fontainebleau, mon cher ami; mais ne croyez point que j'arrive de la cour. Je ne me suis point gâté dans ce vilain pays.

    J'ai hanté ce palais du vice,
    Où l'on fait le bien par caprice,
    Et le mal par un goût réel,
    Où la fortune et l'injustice
    Ont un hommage universel;
    Mais, loin d'y faire un sacrifice,
    J'ai bravé sur leur maître autel
    Ces dieux qu'adore l'avarice,
    J'ai porté mon air naturel
    Dans le centre de l'artifice.
    Ce poison subtil et mortel,
    Que l'on avale avec délice,
    Me semblait plus amer que fiel;
    Je l'ai renversé comme Ulysse;
    Je n'ai point bu dans ce calice
    Tant vanté par Machiavel.
    Le pied ferme, et l'œil vers le ciel,
    J'étais au bord du précipice;
    J'en fus sauvé par l'Éternel;
    Car on peut aller au b......
    Sans y gagner la ch.........

Je me rends tout entier, mon cher Cideville, aux doux plaisirs de l'amitié. Je vous écris en liberté, je jouis de la douceur de vous dire combien je vous suis attaché. Je voulais vous écrire tous les jours, mais la vie dissipée que je menais à Fontainebleau me rendait le plus paresseux du monde.

1. Ces noms de personnages du *Roman comique* désignent ici le marquis de Léreau, avec M. et Mme de Bernières, qui ne vivaient pas entre eux en bonne intelligence. (*Note de M. Clogenson.*)

Je n'ai point répondu, ce me semble, à une de vos dernières lettres, où vous me parliez de ce divertissement en trois actes. Je ne sais comment j'avais pu oublier un article qui me paraît si important. Je viens de relire la lettre où vous m'en parlez; vous me semblez indécis sur le choix du second acte. J'imagine qu'à présent vous ne l'êtes plus, et que vous avez pris votre parti à la campagne. Vous vous serez aperçu, en essayant dans votre imagination les sujets que vous vous proposiez, qu'il y en a toujours un qui se fait malgré qu'on en ait. Le goût se détermine tout seul vers le sujet pour lequel on se sent plus de talent.

Il est des nœuds secrets, il est des sympathies.....
Corn., *Rodog.*, act. I, sc. VII.

Je crois donc votre sujet trouvé et travaillé malgré vous.

......*Mos, ubi publicas*
Res ordinaris, grande munus
Cecropio repetes cothurno.
Hor., liv. II, od. I, v. 10.

C'est ce qu'Horace écrivait à l'autre Cideville; et cela ne veut dire autre chose sinon, quand vous aurez jugé vos procès, vous recommencerez votre opéra.

On a rejoué ici *Zaïre*; il y avait honnêtement de monde, et cela fut assez bien reçu, à ce qu'on m'a dit. Il n'en est pas de même de *Biblis*[1] et de son frère Caunus; mais on y va, quoiqu'on en dise du mal. L'Opéra est un rendez-vous public où l'on s'assemble à de certains jours, sans savoir pourquoi : c'est une maison où tout le monde va, quoiqu'on dise du mal du maître, et qu'il soit ennuyeux. Il faut, au contraire, bien des efforts pour attirer le monde à la Comédie ; et je vois presque toujours que le plus grand succès d'une bonne tragédie n'approche pas de celui d'un opéra médiocre.

La comédie de la cour et du parlement vient de finir par un acte fort agréable, où tout le monde paraît content. Ce n'est pas que l'intrigue de la pièce ne puisse recommencer, mais je ne me mêle pas de ces farces-là.

Un jeune conseiller de nos enquêtes, nommé M. de Montessu, avait pris le parti de ne point aller au lieu que le roi lui avait donné pour sa retraite, et s'était tapi, à Paris, chez la demoiselle Lacote, comédienne assez médiocre, mais assez jolie p...... Il est mort *incognito*, de la petite vérole, au grand étonnement des connaisseurs, qui s'attendaient à un autre genre de maladie.

A propos de comédienne, si vous n'avez point vu mes petits versiculets pour la demoiselle Gaussin, je vous les enverrai. Vous avez des droits sur mes ouvrages, et vous en aurez sur moi toute ma vie.

Mandez-moi un peu, je vous prie, si vous avez vu l'épouse de Gilles Bernières, et si M. le marquis se trouve bien de son ménage. M. le marquis ne m'a pas écrit un mot. V.

[1] Opéra de Fleury, musique de Lacoste. (B.)

CLXXX. — A M. DE FORMONT.

A Paris, ce samedi..... novembre.

Il y a mille ans, mon cher Formont, que je ne vous ai écrit; j'en suis plus fâché que vous. Vous me parliez, dans votre dernière lettre, de *Zaïre*, et vous me donniez de très-bons conseils. Je suis un ingrat de toutes façons. J'ai passé deux mois sans vous en remercier, et je n'en ai pas assez profité. J'aurais dû employer une partie de mon temps à vous écrire, et l'autre à corriger *Zaïre*. Mais je l'ai perdu tout entier, à Fontainebleau, à faire des querelles entre les actrices pour des premiers rôles, et entre la reine et les princesses pour faire jouer des comédies, à former de grandes factions pour des bagatelles, et à brouiller toute la cour pour des riens. Dans les intervalles que me laissaient ces importantes billevesées, je m'amusais à lire Newton, au lieu de retoucher notre *Zaïre*. Je suis enfin déterminé à faire paraître ces *Lettres anglaises*; et c'est pour cela qu'il m'a fallu relire Newton; car il ne m'est pas permis de parler d'un si grand homme sans le connaître. J'ai refondu entièrement les lettres où je parlais de lui, et j'ose donner un petit précis de toute sa philosophie. Je fais son histoire et celle de Descartes. Je touche en peu de mots les belles découvertes et les innombrables erreurs de notre René. J'ai la hardiesse de soutenir le système d'Isaac, qui me paraît démontré. Tout cela fera quatre ou cinq lettres, que je tâche d'égayer et de rendre intéressantes autant que la matière peut le permettre. Je suis aussi obligé de changer tout ce que j'avais écrit à l'occasion de M. Locke, parce qu'après tout, je veux vivre en France, et qu'il ne m'est pas permis d'être aussi philosophe qu'un Anglais. Il me faut déguiser à Paris ce que je ne pourrais dire trop fortement à Londres. Cette circonspection, malheureuse, mais nécessaire, me fait rayer plus d'un endroit assez plaisant sur les quakers et les presbytériens. Le cœur m'en saigne; Thieriot[1] en souffrira; vous regretterez ces endroits, et moi aussi; mais

Non *me fata meis* patiuntur scribere nugas
Auspiciis, et sponte mea componere chartas.
Virg., *Énéid.*, IV, v. 340.

J'ai lu au cardinal de Fleuri deux lettres sur les quakers, desquelles j'avais pris grand soin de retrancher tout ce qui pouvait effaroucher sa dévote et sage Éminence. Il a trouvé ce qui en restait encore assez plaisant; mais le pauvre homme ne sait pas ce qu'il a perdu. Je compte vous envoyer mon manuscrit, dès que j'aurai tâché d'expliquer Newton et d'obscurcir Locke. Vous me paraissez aussi désirer certaines pièces fugitives dont l'abbé de Sade vous a parlé. Je veux vous envoyer tout mon magasin à vous et à M. de Cideville, pour vos étrennes; mais je ne veux pas donner rien pour rien. Je sais, monsieur le fripon, que vous avez écrit à Mlle de Launai[2] une de ces lettres charmantes où vous joignez les grâces à la raison, et où vous couvrez de roses votre bonnet

---

1. Le bénéfice de l'édition était abandonné à Thieriot. (Éd.)
2. Connue sous le nom de Mme de Staal. (Éd.)

de philosophe. Si vous nous faisiez part de ces gentillesses, ce serait en vérité très-bien fait à vous, et je me croirais payé, avec usure, du magasin que je vous destine. Notre baronne [1] vous fait ses compliments. Tout le monde vous désire ici. Vous devriez bien venir reprendre votre appartement chez MM. des Alleurs, et passer votre hiver à Paris. Vous me feriez peut-être faire encore quelque tragédie nouvelle. Adieu; je supplie M. de Cideville de vous dire combien je vous aime, et je prie M. de Formont d'assurer mon cher Cideville de ma tendre amitié.

Adieu; je ne me croirai heureux que quand je pourrai passer ma vie entre vous deux.

CLXXXI. — A M. CLÉMENT, RECEVEUR DES TAILLES A DREUX.

A Paris, le 24 novembre.

Les vers aimables que vous avez bien voulu m'envoyer, monsieur, sont la récompense la plus flatteuse que j'aie jamais reçue de mes ouvrages. Vous faites si bien mon métier, que je n'ose plus m'en mêler après vous, et que je me réduis à vous remercier, en simple prose, de l'honneur et du plaisir que vous m'avez faits en vers. Je n'ai reçu que fort tard votre charmante lettre; et une fièvre qui m'est survenue, et dont je ne suis pas encore guéri, m'a privé, jusqu'à présent, du plaisir de vous répondre. On avait commencé, il y a quelque temps, monsieur, une édition de quelques-uns de mes ouvrages, qui a été suspendue. J'ai l'honneur de vous l'envoyer, tout imparfaite qu'elle est; je vous prie de la recevoir comme un témoignage de ma reconnaissance, et de l'envie que j'ai de mériter votre suffrage. Il est beau à vous, monsieur, de joindre aux calculs de Plutus l'harmonie d'Apollon. Je vous exhorte à réunir toujours ces deux divinités; elles ont besoin l'une de l'autre.

Omne tulit punctum qui miscuit utile dulci.

Hor., *Art poét.*, v. 343.

J'ai l'honneur d'être, etc.

CLXXXII. — A M. BROSSETTE.

Paris, 28 novembre 1732.

Il n'y a personne, monsieur, à qui je fasse plus volontiers hommage de mes ouvrages qu'à vous. J'ai fait mettre à la diligence de Lyon un petit paquet couvert de toile cirée, contenant deux exemplaires de l'*Histoire de Charles XII*. Il y en a un que je vous supplie de rendre à M. de Sozzy, qui me fait l'honneur de m'écrire quelquefois, et à qui mes infirmités ne me permettent pas de répondre aussi souvent que je le désire. Si vos occupations vous laissaient le temps de m'écrire votre sentiment sur cet ouvrage, je vous serais très-obligé; vous y verrez une infinité de fautes d'impression, qu'un lecteur judicieux rectifie aisément. Je voudrais qu'il me fût aussi aisé de corriger les miennes, et de mériter l'approbation d'un juge aussi éclairé que vous.

1. Mme de Fontaines-Martel. (ÉD.)

ANNÉE 1732.

CLXXXIII. — A M. DE CIDEVILLE.

8 décembre 1732.

Je vous envoyai, l'autre jour,
L'abrégé d'un pèlerinage
Que je fis en certain séjour
Où vous faites souvent voyage,
Ainsi qu'au temple de l'Amour.
Pour ce dernier n'y veux paraître,
J'y suis dès longtemps oublié;
Mais pour celui de l'Amitié¹,
C'est avec vous que j'y veux être.

Or cette fredaine du *Temple du Goût* doit être montrée à très-peu de monde; et, surtout, qu'on n'en tire point de copie. Il y a plaisir d'avoir affaire à gens discrets comme vous. J'aurais dû, mon cher Cideville, vous donner une belle place dans ce temple. Si le cardinal de Polignac vous connaissait, il vous y aurait placé lui-même.

J'ai écrit à Jore, et lui ai envoyé un assez honnête *errata* qu'il faut qu'il imprime. Je vous supplie de ne laisser sortir aucune *Zaïre* sans cet *errata*, et, surtout, de vouloir bien attendre, pour la rendre publique à Rouen, qu'elle paraisse à Paris. Vous devez avoir les premières prémices, mais Paris doit avoir les secondes; ensuite Rouen doit avoir le pas. Il faut que les choses soient dans les règles...............

CLXXXIV. — AU MÊME.

15 décembre.

Vous daignez vous abaisser à revoir des éditions, vous qui êtes fait assurément plutôt pour diriger des auteurs que des libraires. En vous remerciant, pour ma part, du soin que vous avez la bonté de prendre pour *Zaïre*. Si vous me passez sa conversion, j'ai l'amour-propre d'espérer que vous ne serez pas tout à fait mécontent du reste. Il me semble qu'on voit assez, dans la première scène, qu'elle serait chrétienne, si elle n'aimait pas Orosmane. Fatime, Nérestan et la croix, avaient déjà fait quelque impression sur son cœur. Son père, son frère et la grâce, achèvent cette affaire au second acte. La grâce surtout ne doit point effaroucher; c'est un être poétique et à qui l'illusion est attachée depuis longtemps. Pour le style, il ne faut pas s'attendre à celui de *la Henriade*. Une loure ne se joue point sur le ton de *la Descente de Mars*.

Me dulcis dominæ musa Licymniæ
Cantus; me voluit dicere lucidum
Fulgentes oculos, et bene mutuis
Fidum pectus amoribus.

Hor., liv. II, od. XII, v. 13.

Il a fallu, ce me semble, répandre de la mollesse et de la facilité

---
1. *Le Temple de l'Amitié*, poème composé par Voltaire, peu de temps avant le *Temple du Goût*. (Éd.)

dans une pièce qui roule tout entière sur le sentiment. *Qu'il mourût* serait détestable dans *Zaïre*; et *Zaïre, vous pleurez*, serait impertinent dans *Horace*. *Suus unicuique locus est*[1]. Ne me reprochez donc point de détendre un peu les cordes de ma lyre; les sons en eussent paru aigres, si j'avais voulu les rendre forts, en cette occasion.

Je compte vous envoyer incessamment une copie manuscrite de toutes mes *Lettres*[2] à Thieriot sur la religion, le gouvernement, la philosophie et la poésie des Anglais. Il y a quatre *Lettres* sur M. Newton, dans lesquelles je débrouille, autant que je le peux, et pas plus qu'il ne le faut pour des Français, le système et même tous les systèmes de ce grand philosophe. J'évite avec soin d'entrer dans les calculs. Je me regarde comme un homme qui arrange ses affaires, sans chiffrer avec son intendant. Il n'y a qu'une *Lettre* touchant M. Locke. La seule matière philosophique que j'y traite est la petite bagatelle de l'immatérialité de l'âme; mais la chose est trop de conséquence pour la traiter sérieusement. Il a fallu l'égayer, pour ne pas heurter de front nosseigneurs les théologiens, gens qui voient si clairement la spiritualité de l'âme, qu'ils feraient brûler, s'ils pouvaient, les corps de ceux qui en doutent. J'ai envoyé un autre ouvrage à Jore, avec le privilége de *Zaïre*; c'est une *Épître dédicatoire* d'un goût un peu nouveau. Je vous prie d'en retarder l'impression de quelques jours. Je ne l'ai adressée à M. Jore qu'afin qu'il la communiquât à mes deux juges, qui sont M. de Formont et M. de Cideville. Il y a bien des changements à y faire. Je compte vous en faire tenir incessamment une nouvelle copie.

On a joué, depuis peu, aux Italiens deux critiques[3] de *Zaïre*: elles sont tombées l'une et l'autre; mais leur humiliation ne me donne pas grand amour-propre; car les Italiens pourraient être de fort mauvais plaisants, sans que *Zaïre* en fût meilleure.

Il y a ici quelques livres nouveaux oubliés en naissant, tels que le *Repos de Cyrus*[4], les *Poésies* du sieur Tannevot et autres denrées. Le *Spectacle de la Nature*, compilation assez bonne, dans un style ridicule, a eu un succès assez équivoque. Moncrif va être de l'Académie française[5], et faire jouer sa comédie des *Abdérites*, afin de justifier le choix des quarante aux yeux du public. *Vale*.

CLXXXV. — A M. DE MAUPERTUIS.

J'ai lu ce matin, monsieur, les trois quarts de votre livre, avec le plaisir d'une fille qui lit un roman et la foi d'un dévot qui lit l'Évangile. Soyez toujours mon maître en physique et mon disciple en amitié;

1. .... *Est locus unicuique suus.* »
   Hor., I, sat. IX, 51-52. (Éd.)
2. Les *Lettres philosophiques*. (Éd.)
3. *Arlequin au Parnasse*, et *Les Enfants trouvés*. (Éd.)
4. Par l'abbé Jacques Pernetti, qui fut, trente ans plus tard, en correspondance avec Voltaire. — Alexandre Tannevot, auteur d'un écrit adressé à Voltaire contre l'*Épître à Uranie*, fut poète médiocre et censeur royal. — L'abbé Pluche fit paraître la première partie du *Spectacle de la Nature* en 1732. (Éd.)
5. Moncrif n'entra à l'Académie qu'en 1733. (Éd.)

car je prétends vous aimer beaucoup, à condition que vous m'aimerez un peu. Vous êtes accoutumé à me donner des leçons; souffrez donc, monsieur, que je soumette à votre jugement quelques *Lettres* que j'ai écrites autrefois d'Angleterre et qu'on veut imprimer à Londres. Je les ai corrigées depuis peu; mais elles me paraissent avoir grand besoin d'être revues par des yeux comme les vôtres; je vous demande en grâce de vouloir bien les lire. Je n'ose vous prier de mettre par écrit les réflexions que vous ferez, il n'est pas juste que je vous donne tant de peine; mais j'avoue que, si vous aviez cette bonté, je vous aurais une extrême obligation. J'ai choisi, parmi toutes ces *Lettres*, celles qui ont le plus de rapport aux études que vous honorez de la préférence; non que vous n'étendiez votre empire sur plus d'une province du Parnasse, mais je n'ai pas voulu vous ennuyer à la fois *in omni genere*. Je veux essayer votre patience par degrés.

Quand vous voudrez faire encore un souper chez M. Dufaï, avec l'honnête musulman qui entend si bien le français¹, je serai à vos ordres et je vous lirai *le Temple du Goût*. C'est un pays aussi connu de vous qu'il est ignoré de la plupart des géomètres. M. Newton ne le connaissait pas, et M. Leibnitz n'y avait guère voyagé qu'en Allemand.

Adieu, monsieur; vous n'avez point de disciple plus ignorant, plus docile et plus tendrement attaché que moi.

CLXXXVI. — A M. DE CIDEVILLE.

Ce samedi.

Il est deux heures après midi; je reçois dans ce moment votre lettre, mon cher ami. Je vous dirai, avec la précipitation où me met l'heure de la poste, que j'envoyai hier, sous le couvert de M. de Formont, une nouvelle copie de l'*Épître*² telle que je souhaite qu'elle soit imprimée. Je suis bien flatté de me rencontrer avec vous dans presque tous vos sentiments. Vous verrez que j'ai adouci, dans cette nouvelle copie, une partie des choses que vous craigniez qui ne révoltent. Je ne suis point du tout de votre avis sur les trois rimes masculines et féminines de suite. Il me paraît que ce redoublement a beaucoup de grâce dans ces ouvrages familiers, et je vous renvoie, sur cela, à notre ami Chapelle et à l'abbé de Chaulieu, qu'on imprime à présent. A l'égard du style de cette épître, j'ai cru qu'il était temps de ne plus ennuyer le public d'examens sérieux, de règles, de disputes, de réponses à des critiques dont il ne se soucie guère. J'ai imaginé une préface d'un genre nouveau, dans un goût léger, qui plaît par lui-même; et, à l'abri de ce badinage, je dis des vérités que peut-être je n'oserais pas hasarder dans un style sérieux. Tous les adoucissements que j'ai mis à ces vérités les feront passer pour ceux même qui s'en choqueraient, si on ne leur dorait pas la pilule. L'éloge que je fais de Louis XIV est plutôt un encouragement qu'un reproche pour un jeune roi. Enfin, pour plus de sûreté, j'ai montré l'ouvrage à celui qui est chargé de la

---

1. M. de La Condamine, habillé en turc, avait soupé chez M. Dufaï, avec M. de Voltaire, sans être reconnu. (*Éd. de Kehl.*)
2. L'*Épître dédicatoire de Zaïre.* (*Éd.*)

librairie, et je suis convenu avec lui que je ferais imprimer sans approbation et qu'il paraîtrait dans une seconde édition.

Je vous prie donc de vouloir bien dire à Jore qu'il presse l'impression de *Zaïre* et de cette épître, et qu'il se conforme, de point en point, à tout ce que je lui ai écrit.

Si vous trouvez encore quelque chose à redire dans l'épître, vous me ferez plaisir de me le mander. J'écrirai demain à M. de Formont. Adieu, adieu.

CLXXXVII. — A M. DE FORMONT.

Je vous adressai, avant-hier, mon cher ami et mon *candide judex*, la lettre à Falkener, telle que je l'avais corrigée et montrée à M. Rouillé. J'ai, depuis ce temps, reçu deux lettres de M. de Cideville à ce sujet. Je suis enchanté de la délicatesse de son amitié, mais je ne peux partager ses scrupules. Plus je relis cette *Épître dédicatoire*, plus j'y trouve des vérités utiles, adoucies par un badinage innocent. Je dis et je le redirai toujours, jusqu'à ce qu'on en profite, que les lettres sont peu accueillies aujourd'hui. Je dis qu'à la cour on fait quelquefois des critiques absurdes :

Tous les jours à la cour un sot de qualité
Peut juger de travers avec impunité.
Boileau, sat. IX, v. 173.

Qui ne fait que des critiques générales n'offense personne. La Bruyère a dit cent fois pis et n'en a plu que davantage.

Les louanges que je donne, avec toute l'Europe, à Louis XIV, ne deviendront un jour la satire de Louis XV que si Louis XV ne l'imite pas; mais en quel endroit insinué-je que Louis XV ne marchera pas sur ses traces? Les vers sur Polyeucte renferment une vérité incontestable, et la manière dont ils sont amenés n'a rien d'indécent; car ne dis-je pas que la corruption du cœur humain est telle, que la belle âme de Polyeucte *aurait faiblement attendri*, sans l'amour de sa femme pour Sévère, etc.? Ce qui regarde la pauvre Le Couvreur est un fait connu de toute la terre et dont j'aime à faire sentir la honte. Mais, en parlant d'amour et de Melpomène, j'écarte toutes les idées de religion qui pourraient s'y mêler et je dis poétiquement ce que je n'ose pas dire sérieusement.

M. Rouillé, en voyant cette *Épître*, a dit que l'endroit de Mlle Le Couvreur était le seul qu'un approbateur ne puisse passer, et c'est lui-même qui a donné le conseil de faire paraître deux éditions : la première, sans l'*Épître* et avec le privilège; la seconde, avec l'*Épître* et sans privilège. C'est à quoi je me suis déterminé. J'ai écrit à Jore en conséquence. Je lui ai recommandé d'imprimer l'*Épître* à part, avec un nouveau titre, et de me l'envoyer à Versailles, tandis que l'édition entière de la tragédie viendra à la chambre syndicale, avec toutes les formalités ridicules dont la librairie est enchevêtrée. Au reste, il n'y a rien dans cette épître qui me fasse peine. Que diriez-vous donc de mes pièces fugitives, qu'on veut imprimer, et de celles qui ont déjà paru? Ne sont-elles pas pleines de traits plus hardis cent fois et de reflexions plus hasardées? On me reprochera, dit-on, de mettre une lettre badine à la tête d'une tragédie chrétienne. Ma pièce n'est pas, Dieu merci, plus chrétienne que turque. J'ai prétendu faire une tragédie tendre et intéressante, et non pas un sermon : et, dans quelque genre que *Zaïre* soit écrite, je ne vois pas qu'il soit défendu de faire imprimer une épître familière avec une tragédie. Le public est las de préfaces sérieuses et d'examens critiques. Il aimera mieux que je badine avec mon ami, en disant plus d'une vérité, que de me voir défendre *Zaïre* méthodiquement et peut-être inutilement. En un mot, une préface m'aurait ennuyé et la lettre à Falkener m'a beaucoup diverti. Je souhaite qu'ainsi soit de vous. Adieu. On m'a dit que vous viendrez bientôt. Vous ne trouverez personne à Paris qui vous aime plus tendrement que moi, et qui vous estime davantage. Je suis pénétré de vos bontés.

CLXXXVIII. — A M. CLÉMENT, RECEVEUR DES TAILLES, A DREUX.

A Paris, le 25 décembre.

J'étais à Versailles, monsieur, quand votre présent arriva à Paris. Mme de Fontaines-Martel le mangea sans moi; mais vous n'y perdez rien. Elle a beaucoup de goût pour ce qui est excellent en son genre; elle a autant de gourmandise que d'esprit. Elle a trouvé votre marcassin admirable; mais elle est encore plus touchée de vos vers et de l'agrément de vos lettres. Je vous remercie de tout mon cœur, monsieur, de votre souvenir obligeant. Je voudrais bien vous envoyer, pour vos étrennes, une édition plus complète des ouvrages que vous avez reçus avec tant d'indulgence. Je me flatte que je payerai incessamment votre marcassin en cette mauvaise monnaie. Je vous souhaite, pour les compliments du nouvel an,

> Que toujours de ses douces lois
> Le dieu des vers vous endoctrine;
> Qu'à vos chants il joigne sa voix,
> Tandis que de sa main divine
> Il accordera, sous vos doigts,
> La lyre agréable et badine
> Dont vous vous servez quelquefois.
> Que l'Amour, encor plus facile,
> Préside à vos galants exploits,
> Comme Phébus à votre style;
> Et que Plutus, ce dieu sournois,
> Mais aux autres dieux très-utile,
> Rende, par maints écus tournois
> Les jours que la Parque vous file
> Des jours plus heureux mille fois
> Que ceux d'Horace ou de Virgile.

CLXXXIX. — A M. DE FORMONT

Décembre

Vos confitures ont été reçues avec reconnaissance et vos vers avec transport, comme vous le seriez vous-même. Ils vous ressemblent, mon cher Formont, ils sont pleins de justesse et d'esprit. Tout le monde croira, avec raison, que si je ne vous réponds qu'en prose, c'est parce que je sens mon impuissance et que je me défie de moi. Mais il y a encore une autre raison, c'est que je n'ai pas un instant dont je puisse disposer. Je retouche les *Lettres anglaises* pour vous les renvoyer. Je viens de finir *le Temple du Goût*, ouvrage que j'aurais dû dédier à vous et à M. de Cideville, si M. le cardinal de Polignac et M. l'abbé de Rothelin ne me l'avaient pas demandé. Je le fais partir par la poste et je pars dans l'instant pour Versailles, où l'on m'adresse les préfaces de *Zaïre*. Vous autres, qui avez un peu de loisir, écrivez-nous de longues lettres, à nous misérables qui n'y pouvons répondre qu'en billets écourtés. Mandez un peu ce que vous pensez du *Temple du Goût*; car après tout, messieurs, c'est votre affaire, et il s'agit de votre dieu et de votre église. Vous êtes les apôtres de la religion que je vais prêchant. Dieu veuille que vous ne me traitiez pas d'hérétique! Adieu.

CXC. — A M. L'ABBÉ D'OLIVET

Ce dimanche ....

Je vous regarderai toute ma vie comme mon maître, et vous aurez toujours sur moi vos premiers droits. Je vous dois toutes les prémices de ce que je fais. Comptez, mon cher monsieur, que vous aurez en moi, toute ma vie, un ami tendre et attentif. Je n'aurai *Zaïre* que dans sept ou huit jours; vous croyez bien que vous serez des premiers à qui je ferai ce petit hommage. *Si placeo, tuum est*[1]; et *placerem* bien davantage, si j'étais assez heureux pour passer ma vie avec vous; mais

Non me fata meis patiuntur ducere vitam
Auspiciis, et sponte mea componere curas.
Virg., *Énéid.*, IV, v. 340.

On ne fait rien dans ce monde de ce qu'on voudrait, et je passe ma vie à vous regretter. *Vale, dilige tuum amicum, tuum discipulum*, qui vous est toujours dévoué avec l'amitié la plus respectueuse.

CXCI. — A M. DE CIDEVILLE

Mardi, 30 décembre.

Lorsque je vous écrivis, il y a quelques jours, mon cher Cideville, et que je vous mandai que ceux qui sont à la tête de la librairie permettaient tacitement l'impression de l'*Épître dédicatoire* de *Zaïre*, j'oubliai, comme un étourdi, de vous dire que ces messieurs voulaient n'être point cités; malheureusement pour moi votre premier président est venu à Paris, et il a conté toute l'affaire à M. Rouillé, qui est,

---

1. Horace, liv. IV, ode III, vers dernier. (ÉD.)

avec raison, très-fâché contre moi : c'est bien ma faute, et je ne vous le mande que parce que vous vous intéressez à moi, et que j'aime autant m'entretenir avec vous quand j'ai tort que quand je pense avoir raison. Au reste, je n'ai encore aucune nouvelle de *Zaïre*; elle devait arriver hier, lundi, et n'est point venue. A l'égard du *Temple du Goût*, je suis bien fâché de vous l'avoir déjà envoyé, car il est bien meilleur qu'il n'était; il vaudrait beaucoup mieux encore s'il avait été fait sous vos yeux.

Mandez-moi, je vous prie, où demeure, à Paris, votre premier président; je veux l'aller voir, mais je ne lui parlerai de rien. Adieu; mille compliments, pour l'année prochaine, à MM. de Formont, de Brévedent, et du Bourg-Theroulde. Je vous embrasse avec bien de la tendresse. V.

CXCII. — A M. DE MAUPERTUIS.

Paris.

Je devrais être chez vous, monsieur, pour vous remercier de vos nouvelles bontés; mais des difficultés, des tracasseries, et des injustices assez singulières, que j'essuie depuis quelques jours, au sujet d'une préface que je destinais à *Zaïre*, ne me laissent pas un moment de libre. Il n'y a aucune de vos réflexions sur mes *Lettres* à laquelle je ne me sois rendu dans l'instant. Mais, malgré la vanité que j'ai de recevoir de vos lettres, mon petit amour-propre se sent obligé de vous dire que mon copiste avait passé une page entière où j'expliquais, tant bien que mal, le mouvement des prétendus tourbillons qu'on suppose emporter les planètes autour du soleil, et le mouvement de rotation de chaque globe en particulier, qu'on suppose être la cause de la pesanteur. Je me gardais bien de confondre ces deux romans, mais l'omission de près d'une page a dû vous faire croire que je pensais que c'était la même matière subtile, qui, selon Descartes, faisait le mouvement annuel de la terre et la pesanteur. Je suis bien aise de me justifier auprès de vous de cette erreur, et de vous dire encore qu'on a mis *aphélie*, en un endroit, pour *périhélie*.

Je vous supplie de vouloir bien examiner s'il est vrai que Newton assure que la lumière n'est point réfléchie par le rebondissement, si j'ose ainsi parler, des traits de lumière qui sont repoussés comme une balle par une muraille. Pemberton[1], que j'ai entre les mains, le dit positivement, et il n'y a pas apparence qu'il en impose à son maître. Il s'étend fort sur cet article, à la page 239 et suivantes, et il met au nombre des plus étonnants et des plus beaux paradoxes de M. Newton cette proposition, que « la lumière n'est pas réfléchie, en rejaillissant sur les parties solides des corps. »

Je n'ai pu m'étendre, dans mes *Lettres*, ni sur cette particularité, ni sur tant d'autres; il aurait fallu faire un livre de philosophie, et je suis à peine capable d'entendre la vôtre. J'ai cru seulement être obligé, en parlant de tous les beaux-arts, de faire un peu connaître M. New-

1. Henri Pemberton, auteur de *A view of sir Isaac Newton's philosophy*, 1728, in-4.

ton à des ignorants comme moi, *in quantum possum et in quantum indigens*.

Adieu; je vous aime et je vous admire; mais j'ai bien peur d'être obligé d'abandonner toute cette philosophie : c'est un métier qui demande beaucoup de santé et beaucoup de loisir; et je n'ai ni l'un ni l'autre.

CXCIII. A M. DE MONCRIF.

Il faut se lever de bon matin pour voir les princes et MM. leurs confidents. Il n'y a pas moyen, mon cher Moncrif, que quelqu'un qui arrive à midi trouve un chat à l'hôtel de Clermont. Je venais vous faire une proposition hardie : c'était de m'aider à travailler auprès de Son Altesse, pour obtenir de lui qu'il honorât nos dîners des dimanches de sa présence.

Mme de Fontaines-Martel disait, à ce propos:

« Puisse-t-il, sans cérémonie,
Au saint jour de l'Épiphanie,
Dîner avec les Arts dont lui seul est l'appui !
Ah ! s'il venait dans cet asile,
Nous ferions plus de cas d'un prince tel que lui
Que des trois rois de l'Évangile. »

Voilà ce que nous chantions, madame la baronne et moi chétif. Mais comment faire pour obtenir cette faveur ? Ce n'est pas mon affaire, c'est la vôtre.

Principibus placuisse viris, non ultima laus est.
Hor., lib. I, ep. XVII, v. 35.

Vous, qui savez ce secret, enseignez-nous comme il faut s'y prendre.

CXCIV. — A M. DE CIDEVILLE.

Ce dimanche, 4 janvier 1733.

Ma santé est pire que jamais. J'ai peur d'être réduit, ce qui serait pour moi une disgrâce horrible, à ne plus travailler. Je suis dans un état qui me permet à peine d'écrire une lettre. Les vôtres m'ont charmé, mon cher Cideville; elles font toujours ma consolation, quand je souffre, et augmentent mes plaisirs, quand j'en ai. Je n'écrirai point cette fois-ci à notre aimable Formont, par la raison que je n'en ai pas la force. Je lui aurais déjà envoyé les *Lettres anglaises*; mais voici ce qui me tient : M. l'abbé de Rothelin m'a flatté qu'en adoucissant certains traits, je pourrais obtenir une permission tacite; et je ne sais si je prendrai le parti de gâter mon ouvrage pour avoir une approbation. Il a fallu que je changeasse l'*Épître dédicatoire de Zaïre*, qui aurait paru tout uniment et sans contradiction, sans le malentendu entre M. votre premier président et M. Rouillé. Heureusement toute cette petite noise est entièrement apaisée. J'ai sacrifié mon *Épître*, et j'en fais une autre.

Vous n'êtes pas le seul qui corrigez vos vers, en voici trois que j'ai

ANNÉE 1733.

cru devoir changer, dans le premier acte de *Zaïre*. Je vous soumets cette rognure, comme tout le reste de l'ouvrage.

FATIME.
Vous allez épouser leur superbe vainqueur.

ZAÏRE.
Eh! *qui* refuserait le présent de son cœur?
De toute ma faiblesse il faut que je convienne,
Peut-être *que sans lui* j'aurais été chrétienne,
Peut-être qu'à ta loi j'aurais sacrifié;
Mais Orosmane m'aime, et j'ai · oublié.
Je ne vois qu'Orosmane, etc.

Il me semble que tout ce qui sert à préparer la conversion de Zaïre est nécessaire; et qu'ainsi ces vers doivent être préférés à ceux qui étaient en cet endroit.

Adieu; il ne se fait plus de bons vers qu'à Rouen. Les lettres que vous m'écrivez en sont farcies. M. de Formont a envoyé une petite épître à Mme de Fontaines-Martel qui aurait fait honneur à Sarrasin et à l'abbé de Chaulieu. Adieu; la plume me tombe des mains.

CXCV. — A M. JOSSE.

A Paris, le 6 janvier [1].

Quoique je n'aie jamais reçu un sou des souscriptions de *la Henriade*, quoique tous ceux qui ont envoyé en Angleterre aient reçu le livre, quoique jamais aucune souscription ne m'ait appartenu, cependant, depuis que je suis en France, j'ai toujours payé de mes deniers les souscriptions qu'on a présentées; et j'ai, outre cela, fait donner *gratis* toutes les éditions de *la Henriade* aux souscripteurs. Il est vrai, monsieur, que le temps fixé pour ce remboursement est passé, il y a deux mois; mais M. de Laporte, porteur de deux souscriptions, mérite une considération particulière. Je vous prie de lui rembourser ce papier, et de lui faire présent d'une *Henriade* de ma part.

CXCVI. — A M. DE FORMONT.

Ce 27 janvier.

Les confitures que vous aviez envoyées à la baronne [2], mon cher Formont, seront mangées probablement par sa janséniste de fille, qui a l'estomac dévot, et qui héritera au moins des confitures de sa mère, à moins qu'elles ne soient substituées, comme tout le reste, à Mlle de Clère. Je devais une réponse à la charmante épître dont vous accor-

1. Nous imprimons cette lettre sur l'original même, auquel se trouvait joint un grand nombre de souscriptions remboursées par M. de Voltaire. Cette lettre prouve qu'au commencement même de sa carrière littéraire, M. de Voltaire n'avait point cette avidité que ses ennemis lui ont tant de fois et si injustement reprochée. Il est d'ailleurs très-bien prouvé que nul auteur n'a moins tiré parti de ses ouvrages pour s'enrichir; il les a presque toujours donnés, soit aux libraires ou aux comédiens, soit aux jeunes gens de lettres qu'il voulait encourager. (Ed. de *Kehl*.)
2. Mme de Fontaines-Martel. (ED.)

paguâtes votre présent; mais la maladie de notre baronne suspendit toutes nos rimes redoublées. Je ne croyais pas, il y a huit jours, que les premiers vers qu'il faudrait faire pour elle seraient son épitaphe. Je ne conçois pas comment j'ai résisté à tous les fardeaux qui m'ont accablé depuis quinze jours. On me saisissait Zaïre d'un côté, la baronne se mourait de l'autre; il fallait aller solliciter le garde des sceaux et chercher le viatique. Je gardais la malade pendant la nuit, et j'étais occupé du détail de la maison tout le jour. Figurez-vous que ce fut moi qui annonçai à la pauvre femme qu'il fallait partir. Elle ne voulait point entendre parler des cérémonies du départ; mais j'étais obligé d'honneur à la faire mourir dans les règles. Je lui amenai un prêtre moitié janséniste, moitié politique, qui fit semblant de la confesser, et vint ensuite lui donner le reste. Quand ce comédien de Saint-Eustache lui demanda tout haut si elle n'était pas bien persuadée que son Dieu, son créateur, était dans l'eucharistie, elle répondit : *Ah, oui!* d'un ton qui m'eût fait pouffer de rire dans des circonstances moins lugubres.

Adieu; je vais être trois mois entiers tout à ma tragédie[1], après quoi je veux consacrer le reste de ma vie à des amis comme vous. Adieu; je vous aime autant que je vous estime.

CXCVII. — A M. DE CIDEVILLE.

Ce 27 janvier.

J'ai perdu, comme vous savez peut-être, mon cher ami, Mme de Fontaines-Martel; c'est-à-dire que j'ai perdu une bonne maison dont j'étais le maître, et quarante mille livres de rente qu'on dépensait à me divertir. Que direz-vous de moi qui ai été son directeur à ce vilain moment, et qui l'ai fait mourir dans toutes les règles? Je vous épargne tout ce détail, dont j'ai ennuyé M. de Formont; je ne veux vous parler que de mes consolations, à la tête desquelles vous êtes. Il n'y a point de perte qui ne soit adoucie par votre amitié. J'ai vu, tous ces jours-ci, bien des gens qui m'ont parlé de vous. Savez-vous bien qu'il n'y a pas quinze jours que nous représentâmes Zaïre, chez Mme de Fontaines-Martel, en présence de votre amie Mme de La Rivaudaie? Je jouais le rôle du vieux Lusignan, et je tirai des larmes de ses beaux yeux, que je trouvai plus brillants et plus animés quand elle me parla de vous. Qui aurait cru qu'il faudrait, quinze jours après, quitter cette maison, où tous les jours étaient des amusements et des fêtes? J'y vis hier un homme de votre connaissance, qui n'est pas tout à fait si séduisant que Mme de La Rivaudaie, et qui veut pourtant me séduire; c'est M. le marquis[2], qui prétend n'être pas encore cocu, qui aura au moins cinquante mille livres de rente, et qui ne croit pourtant pas que la Providence l'ait encore traité selon ses mérites. Il aurait bien dû employer les agréments et les insinuations de son esprit à rétablir la paix entre Gille Maignard et la pauvre présidente de Bernières.

Je suis charmé pour elle que vous vouliez bien la voir quelquefois.

1. *Adélaïde du Guesclin*. (En.) — 2. De Lézeau. (En.)

S'il y a quelqu'un dans le monde capable de la porter à des résolutions raisonnables, c'est vous. Ne vaudrait-il pas mieux pour elle qu'elle continuât à manger quarante ou cinquante mille livres de rente avec son mari, que d'aller vivre, avec deux mille écus, dans un couvent ? Si elle voulait, en attendant que le temps apaise toutes ces brouilleries, demeurer à la Rivière-Bourdet, je lui promettrais d'aller l'y voir, et d'y achever ma nouvelle tragédie. Quel plaisir ce serait pour moi, mon cher Cideville, de travailler sous vos yeux! car je me flatte que vous viendriez à la Rivère avec M. de Formont. Je me fais de tout cela une idée bien consolante. Tâchez d'induire Mme de Bernières à prendre ce parti. Dites-lui, je vous en prie, qu'elle m'écrive; que je lui serai toujours attaché; et que, si elle a quelques ordres à me donner, je les exécuterai avec la fidélité et l'exactitude d'un vieil ami. Adieu; je vous embrasse tendrement.

CXCVIII. — A M. THIERIOT, A LONDRES.

Paris, 24 février.

Voulez-vous savoir, mon cher Thieriot, tout ce qui m'a empêché de vous écrire depuis si longtemps? Premièrement, c'est que je vous aime de tout mon cœur, et que je suis si sûr que vous m'aimez de même, que j'ai cru inutile de vous le répéter; en second lieu, c'est que j'ai fait, corrigé et donné au public *Zaïre*; que j'ai commencé une nouvelle tragédie, dont il y a trois actes de faits; que je viens de finir *le Temple du Goût*, ouvrage assez long et encore plus difficile; enfin, que j'ai passé deux mois à m'ennuyer avec Descartes, et à me casser la tête avec Newton, pour achever les *Lettres* que vous savez. En un mot, je travaillais pour vous, au lieu de vous écrire, et c'était à vous à me soulager un peu dans mon travail, par vos lettres. C'est une consolation que vous me devez, mon cher ami, et qu'il faut que vous me donniez souvent.

Vous avez dû recevoir, par monsieur votre frère, un paquet contenant quelques *Zaïres* adressées à vos amis de Londres : je vous prie surtout de vouloir bien commencer par faire rendre celle qui est pour M. Falkener; il est juste que celui à qui la pièce est dédiée en ait les prémices, au moins à Londres, car l'édition est déjà vendue à Paris. On a été assez surpris ici que j'aie dédié mon ouvrage à un marchand et à un étranger ; mais ceux qui en ont été étonnés ne méritent pas qu'on leur dédie jamais rien. Ce qui me fâche le plus, c'est que la véritable *Épître dédicatoire* a été supprimée par M. Rouillé, à cause de deux ou trois vérités qui ont déplu, uniquement parce qu'elles étaient vérités. L'épître qui est aujourd'hui au-devant de *Zaïre* n'est donc pas la véritable. Mais ce qui vous paraîtra assez plaisant et très-digne d'un poëte, et surtout de moi, c'est que, dans cette véritable épître, je promettais de ne plus faire de tragédies, et que, le jour même qu'elle fut imprimée, je commençai une pièce nouvelle.

L'ordre des choses demande, ce me semble, que je vous dise ce que c'est que cette pièce à laquelle je travaille à présent. C'est un sujet tout français, et tout de mon invention, où j'ai fourré le plus que j'ai pu d'amour, de jalousie, de fureur, de bienséance, de probité, et de grandeur d'âme. J'ai imaginé un sire de Couci, qui est un très-digne homme, comme on n'en voit guère à la cour; un très-loyal chevalier, comme qui dirait le chevalier d'Aidie, ou le chevalier de Froulai.

Il faudrait à présent vous rendre compte de *Gustave Wasa;* mais je ne l'ai point vu encore. Je sais seulement que tous les gens d'esprit m'en ont dit beaucoup de mal, et que quelques sots prétendent que j'ai fait une grande cabale contre. M. de Maupertuis dit que ce n'est pas la représentation d'un événement en vingt-quatre heures, mais de vingt-quatre événements en une heure. Boindin dit que c'est l'histoire des révolutions de Suède revue et augmentée. On convient que c'est une pièce follement conduite et sottement écrite. Cela n'a pas empêché qu'on ne l'ait mise au-dessus d'*Athalie*, à la première représentation; mais on dit qu'à la seconde, on l'a mise à côté de *Callisthène*[1].

Venons maintenant à nos *Lettres*. Monsieur votre frère se pressa un peu de vous les envoyer; mais, depuis, il vous a fait tenir les corrections nécessaires. Je me croirai, mon cher Thieriot, bien payé de toutes mes peines, si cet ouvrage peut me donner l'estime des honnêtes gens, et à vous, leur argent. Rien n'est si doux que de pouvoir faire, en même temps, sa réputation et la fortune de son ami. Je vous prie de dire à milord Bolingbroke, à milord Bathurst, etc., combien je suis flatté de leur approbation. Ménagez leur crédit pour l'intérêt de cet ouvrage et pour le vôtre. Le plaisir que les *Lettres* vous ont fait m'en donne à moi un bien grand. Que votre amitié ne vous alarme pas sur l'impression de cet ouvrage. En Angleterre, on parle de notre gouvernement comme nous parlons, en France, de celui des Turcs. Les Anglais pensent qu'on met à la Bastille la moitié de la nation française, qu'on met le reste à la besace, et tous les auteurs un peu hardis, au pilori. Cela n'est pas tout à fait vrai; du moins je crois n'avoir rien à craindre. M. l'abbé de Rothelin qui m'aime, que j'ai consulté, et qui est assurément aussi difficile qu'un autre, m'a dit qu'il donnerait, même dans ce temps-ci, son approbation à toutes les *Lettres*, excepté seulement celle sur M. Locke; et je vous avoue que je ne comprends pas cette exception : mais les théologiens en savent plus que moi, et il faut les croire sur leur parole.

Je ne me rétracte point sur nosseigneurs les évêques; s'ils ont leur voix au parlement, aussi ont nos pairs. Il y a bien de la différence entre avoir sa voix et du crédit. Je croirai de plus, toute ma vie, que saint Pierre et saint Jacques n'ont jamais été comtes et barons.

Vous me dites que le docteur Clarke n'a pas été soupçonné de vouloir faire une nouvelle secte. Il en a été convaincu, et la secte subsiste, quoique le troupeau soit bien petit. Le docteur Clarke ne chantait jamais le *Credo* d'Athanase.

J'ai vu dans quelques écrivains que le chancelier Bacon confessa tout, qu'il avoua même qu'il avait reçu une bourse des mains d'une

---

1. *Callisthène* et *Gustave Wasa* sont deux tragédies de Piron. (Éd.)

femme; mais j'aime mieux rapporter le bon mot de milord Bolingbroke, que de circonstancier l'infamie du chancelier Bacon.

« Farewell, I have forgot this way to speak english with you; but, whatever be my language, my heart is yours for ever. »

CXCIX. — A M. DE CIDEVILLE.

À Paris, 25 février.

Pourquoi faut-il que je sois si indigne de vos charmantes agaceries? pourquoi ai-je perdu tant de temps sans vous écrire? pourquoi ne réponds-je qu'en prose à vos aimables vers? Que de reproches je me fais, mon cher ami! Mais aussi il faut un peu se justifier. Je passe la moitié de ma vie à souffrir, et l'autre à travailler pour vous. Croiriez-vous bien que cette petite chapelle du Goût, que je vous ai envoyée bâtie de boue et de crachat, est devenue petit à petit un *Temple* immense? J'en ai travaillé avec assez de soin les moindres ornements, et je crois que vous trouverez cet ouvrage plus limé et plus fini que tout ce que j'ai fait jusqu'à présent. Cependant j'ai poussé ma pièce nouvelle jusqu'au commencement du quatrième acte, et il faut suspendre souvent ses occupations poétiques, pour corriger, dans les *Lettres anglaises*, quelques calculs et quelques dates, ou pour faire l'inventaire de notre baronne, ou pour souffrir, et ne rien faire. Je resterai chez feu la baronne jusqu'à Pâques. Ah! si je pouvais me réfugier, au printemps, dans votre Normandie, et venir philosopher avec vous et notre ami Formont! Mais je ne sais encore si Jore imprimera ces *Lettres anglaises*; et même, s'il les imprimait, il ne faudrait pas que je fusse à Rouen, où je donnerais trop de soupçon aux inquisiteurs de la librairie. Mais si je pouvais faire imprimer cet ouvrage à Paris, et vous l'apporter à Rouen, ce serait se tirer d'affaire à merveille. Si l'on pouvait encore aller passer quelque temps à la Rivière-Bourdet, et venir parler d'Horace et de Locke, pendant que M. le marquis jouerait du violon, et que Gilles et sa benoîte épouse se querelleraient! Qu'en dites-vous? car, entre nous, je crois que la présidente restera dans son château, et je ne pense pas que la foule y soit. Nous y serions en liberté, à ce que je m'imagine; vous me rendriez ce séjour délicieux, et j'oublierais pour vous le maître de la maison.

Jore est ici qui débite son abbé de Chaulieu, que j'ai mis dans le *Temple du Goût* comme le premier des poëtes négligés, mais non pas comme le premier des bons poëtes. On joue encore *Gustave-Wasa*, mais tous les connaisseurs m'en ont dit tant de mal, que je n'ai pas eu la curiosité de le voir. Destouches a fait une comédie héroïque; c'est *l'Ambitieux*. La scène est en Espagne. On dit que cela n'est ni gai ni vif; et, comme dit Legrand, de polissonne mémoire,

Le comique, écrit noblement,
Fait bâiller ordinairement[1].

Ce Destouches-là est assurément de tous les comiques le moins co-

[1] Vaudeville de *la France italienne*. (ED.)

mique; cela sera joué l'hiver prochain. *Le Paresseux*, de de Launai paraîtra après Pâques ; et dans le même temps, le chevalier de Brassac ornera l'Opéra de son petit ballet[1]. Voilà toutes les nouvelles du Parnasse, auxquelles je m'intéresse plus qu'à la mort du roi Auguste.

CC. — AU MÊME.

Ce mardi, 17 mars.

Formont est arrivé, *sed sine te* ; il a vu *Gustave-Wasa* avant de me voir ; je crois cependant qu'à la longue je lui donnerai plus de satisfaction. Je viens de faire partir par le coche de Rouen, mon cher ami, un petit paquet de toile cirée contenant deux exemplaires du *Temple du Goût*, ouvrage bien différent de la petite esquisse que je vous envoyai, il y a quelques mois. Je ne vous écris que bien rarement, mon cher Cideville ; mais, si vous saviez à quel point je suis malade, ce qu'il m'en coûte pour écrire, et combien les poëtes tragiques sont paresseux, vous m'excuseriez. Je peux faire une scène de tragédie dans mon lit, parce que cela se fait sans se baisser sur une table, et sans que le corps y ait part ; mais, quand il faut mettre la main à la plume, la seule posture que cela demande me fait mal. Je suis à présent dans l'état du monde le plus cruel ; mais le plaisir d'être aimé de vous me console. (*Il y a ici une lacune dans l'original.*)

Adieu, mon aimable Cideville ; si j'obéissais à mon cœur, je vous écrirais des volumes ; mais je suis esclave de mon corps, et je finis pour souffrir et pour enrager. Mandez-moi ce qu'est devenue la présidente de Bernières.

J'ai été si malade, que je n'ai pu faire encore que quatre actes de ma nouvelle tragédie[2].

CCI. — AU MÊME.

Ce mercredi, 25 mars.

Au nom de Dieu, mon cher Cideville, empêchez que Jore ne parte avec son *Temple*. Je ne peux vous envoyer encore, aujourd'hui, les changements qui sont en grand nombre, qui sont considérables et nécessaires. On clabaude ici ; on crie, on critique. Il faut apaiser les plaintes, il faut imposer silence à la censure. Je travaille jour et nuit. Il est essentiel pour moi qu'une seconde édition paraisse, purgée des fautes de la première, et pleine de beautés nouvelles. Je viens de montrer cinquante vers nouveaux à Formont ; je lui ai dit d'être sévère, et il est content. Je vais travailler encore, rimer, raturer, corriger, mettre au net. Modérez l'impatience de Jore, et qu'il me laisse le temps d'avoir du génie. V.

CCII. — AU MÊME.

25 mars.

Autre nouvelle ; le *Temple du Goût* devient d'une petite chapelle une cathédrale. Ce ne sont plus des corrections que je comptais envoyer pour en faire des cartons, c'est un *Temple* tout nouveau. Ainsi il fau-

---

1. *L'Empire de l'Amour sur les mortels*, ballet de Moncrif, musique de Brassac. (B.)
2. *Adélaïde du Guesclin*. (B.)

drait que Jore bâtît tout à neuf. Qu'il fasse donc ce qu'il lui plaira; mais, surtout, qu'il ne montre jamais de mes lettres à personne. Que je suis fâché de n'avoir pas deux têtes et deux mains droites, et de ne vous point écrire tout ce que je fais, à mesure que je travaille! Je suis toujours en mal d'enfant, et je voudrais vous avoir pour accoucheur. J'ai montré à Formont le nouveau *Temple*; il en est beaucoup plus content que du premier. *Et in triduo illud reædificabo*[1]. Adieu, mon tendre ami. V.

CCIII. — AU MÊME.

2 avril.

Je n'ai que le temps de vous dire que vous avez raison; que *in triduo illud reædificavi*; que je me flatte que vous serez content; que je ferai tout ce que Jore désire, et tout ce dont je serai le maître; et qu'il brûle son édition. Vous aurez incessamment un gros volume, au lieu d'une épître laconique.

Je vous aime autant que je vous écris peu. V.

CCIV. — A M. DE MONCRIF.

Mon cher ami, le père de *Rhadamiste* m'a rogné un peu les ongles; mais il m'en reste encore assez. Voici un petit billet que je vous prie de lui faire tenir, pour le remercier. Pour vous, je ne vous remercie plus. Je compte vous voir demain à la répétition. Il sera bon que nous ayons des amis dans le parterre pour faire taire les malins, et pour éclairer les sots qui ne verraient que l'air de ressemblance d'Issé, et qui fermeraient les yeux sur la manière différente et nécessaire dont cela est amené. Si nous passons heureusement cet écueil, je compte sur un très-grand succès.

Je crois que vous songerez à faire habiller différemment M. le génie quand il redeviendra Alcidon.

VOLTAIRE.

CCV. — AU MÊME.

10 avril.

Il m'est absolument impossible de sortir. Ma santé est dans un état qui ferait pitié, même à Marivaux le métaphysique, ou à Rousseau le cynique. Oserais-je vous supplier de demander à S. A. S. monseigneur le comte de Clermont s'il permettra que son nom se trouve dans le *Temple du Goût*, en cas que l'on donne, de mon aveu, une édition de cette bagatelle? Je n'ose prendre la liberté d'écrire à S. A. S. sur une pièce qui a trouvé tant de contradicteurs; mais, si vous voulez bien me faire savoir ses intentions, j'attendrai ses ordres avant de rien faire. Son nom est déjà si cher aux beaux-arts qu'il ne lui appartient plus; il est à nous; mais je n'oserais jamais en faire usage sans son aveu. Je vous supplie de lui faire la cour d'un pauvre malade.

Adieu; je m'intéresse au succès du ballet comme vous-même. Comptez que je vous aime de tout mon cœur.

---

1. Saint Mathieu, chap. XXVI, v. 61; et chap. XXVII, v. 40. (Cl.)

CCVI. — AU MÊME.

11 avril.

Du dieu du *Goût* j'ai le *Temple* pollu,
Du dieu d'amour vous ornerez l'*Empire*,
Car vous avez mentule, plume et lyre ;
Vous savez *plaire*, aimer, chanter, écrire ;
Moi je n'ai rien qu'un talent mal voulu,
Honni des sots, et qu'on prend pour satire,
Donc je verrai mon *Temple* vermoulu.
Vous, vous serez baisé, fredonné, lu,
Claqué surtout, heureux comme un élu ;
Et moi sifflé ; mais je ne fais qu'en rire.

Du milieu de votre *Empire* rendez-moi un bon office, s'il vous plaît. Ce grand lévrier de Crébillon fils a envoyé à son singulier père ce misérable *Temple* pour être lu et approuvé. On prétend qu'on l'a remis ès mains d'une vieille muse, qui est la gouvernante de M. de Crébillon ; et cette vieille a dit qu'elle ferait tenir le paquet à Berci. Mais, si vous ne daignez vous en faire informer par vos gens, le *Temple du Goût* ira à tous les diables. Ce n'est pas encore tout, car ils disent que M. de Crébillon laissera manger mon *Temple* par ses chats ¹, et qu'il sera longtemps sans le lire ; et il fera bien, car il vaut mieux qu'il achève *Catilina*, que de perdre son temps à lire mes guenilles. Cependant, si vous vouliez un peu le presser, il aurait du temps pour lire mon *Temple* et pour achever son divin *Catilina*. Écrivez-lui donc un petit mot, mon aimable Quin-Monto ². Je vous souhaite, et à Lull-Brass, tout le plaisir que nous aurons mardi. Je ne sortirai que ce jour-là, et je serai à midi au parterre. *I love you with all my heart.*

CCVII. — A M. DE CIDEVILLE

12 avril.

Ce *Temple du Goût*, cet amas de pierres de scandale, est tellement devenu un nouvel édifice, qu'il n'y a pas deux pans de muraille de l'ancien. Ceux qui l'ont pris sous leur protection veulent qu'on l'imprime avec privilège, et qu'il soit affiché dans Paris, afin de fermer la bouche aux malins faiseurs d'interprétations. Il est accompagné d'une *Lettre* en forme de préface ; on y pourrait joindre *le Temple de l'Amitié*, avec quelques pièces fugitives ; et Jore pourrait s'en charger.

A l'égard des *Lettres anglaises*, je vous prie, mon cher ami, de me mander si Jore y travaille. On a fait marché, à Londres, avec ce pauvre Thieriot, à condition que les lettres ne paraîtraient pas en France, pendant la première chaleur du débit à Londres et à Amsterdam. Il a même été obligé de donner caution. Ainsi quelle honte pour lui et pour moi, si le malheur voulait qu'on en pût voir une feuille en ce pays-ci

---

1. L'auteur de *Rhadamiste* avait pour les chats un goût poussé jusqu'à la manie ; et Moncrif, dès 1727, avait donné *les Chats*, ou l'*Histoire des Chats*. (Ep.)
2. Quinault-Montorif, Lull-Brassse. (Ed.)

avant le temps ! Je crois vous avoir mandé qu'*Adélaïde du Guesclin* est dans son cadre. Il ne s'agit plus que de la transcrire pour vous l'envoyer. Voici bien de la besogne. Nous avons encore l'*Histoire de Charles XII*, que Jore veut réimprimer. J'ai écrit en Hollande qu'on m'en voyât un exemplaire par la poste; mais je ne l'ai pas encore reçu. Si Jore avait quelques correspondants plus exacts, il pourrait en faire venir un en droiture; sinon je lui ferai tenir les corrections et additions, avec les *Réponses* à La Motraye.

J'ai bien envie de venir faire un petit tour à Rouen, et de raisonner de tout cela avec vous. Voici le temps

> Où les zéphyrs de leurs chaudes haleines
> Ont fondu l'écorce des eaux.
> J.-B. Rousseau, liv. III, od. VII.

Quel plaisir de vous lire *Adélaïde* et même *Ériphyle*, revue et corrigée ! J'entends quel plaisir pour moi, car de votre côté ce sera complaisance.

Je n'ai encore montré qu'un acte à Formont. Il m'a parlé de votre idée *anacréontique*[1]. Vous savez que l'exécution seule décide du mérite du sujet. On peut bien conseiller sur la manière de traiter une pièce, mais non pas sur le fond de la chose. C'est à l'auteur à se sentir.

> ....*Cui lecta potenter erit res,*
> *Nec facundia deseret hunc, nec lucidus ordo.*
> Hor., *Art poét.*, v. 40.

Vale; je vous aime de tout mon cœur.

CCVIII. — AU MÊME.

Avril.

Mon cher ami, si Jore croit que le retardement de l'impression lui porterait préjudice, qu'il imprime donc; mais qu'il songe que, s'il en paraissait un seul exemplaire avant l'édition de Londres, Thieriot, à qui je veux faire plaisir, n'aurait que des sujets de se plaindre; et le bienfait deviendrait une injure. La honte m'en demeurerait tout entière, et je ne m'en consolerais jamais. Je viens de faire des additions au *Temple du Goût*, avec une petite dissertation qu'on imprime ici, pour la seconde édition. J'enverrai demain le tout à Jore, afin qu'il se hâte de l'imprimer. Ayez donc la bonté de lui dire qu'il mette *troisième édition* à la tête de ce petit livre. S'il n'en a pas tiré une trop grande quantité, il en trouvera le débit promptement, surtout dans les provinces.

J'aimerais mieux

Vrai, solide, heureux dans son tour

que

Solide, élégant,..........

1. *Anacréon*, petite pièce lyrique de Cideville. (Ep.)

Je voudrais mériter vos vers aimables; et, si vous avez la bonté d'en orner la troisième édition,

Sublimi feriam sidera vertice.
Hor., liv. I, od. L.
Vale et ama.

CCIX. — AU MÊME.

Ce mardi, 21 avril.

Voici, au net et en bref, ma situation, mon très-cher ami. On a tant clabaudé contre le *Temple du Goût*, que ceux qui s'y intéressent ont pris le parti de le faire imprimer, avec approbation et privilége, sous les yeux de M. Rouillé, qui verra les feuilles; ainsi, Jore ne peut être chargé de cette impression.

Mais voici de quoi il peut se charger : 1° des *Lettres anglaises*, qu'on a commencé à imprimer à Londres, à trois mille exemplaires, et dont il faut qu'il tire ici deux mille cinq cents; car nous ne pouvons aller en rien aussi loin que les Anglais;

2° D'*Ériphyle*, que j'ai retravaillée, et dont on demande à force une édition;

3° Du *Roi de Suède*, revu, corrigé, et augmenté, avec la réponse au sieur de La Motraye.

Il faudrait aussi qu'il me donnât une réponse positive au sujet de *la Henriade*; car il n'y en a plus du tout à Paris. M. Rouillé ferme les yeux sur l'entrée et le débit de *la Henriade*, mais il ne peut, à ce qu'il dit, en permettre juridiquement l'entrée; c'est donc à Jore à voir s'il veut s'en charger pour son compte, ou me la faire tenir incessamment chez moi, comme il me l'avait promis. Je vous prie de lui lire tous ces articles, et de vouloir bien me mander sa réponse positive sur tout cela. Voilà pour tout ce qui regarde notre féal ami Jore.

Vous avez perdu votre archevêque, mon cher ami; vous en êtes sans doute bien fâché pour son neveu, qui va être réduit à faire sa fortune tout seul. Vous n'aurez un archevêque de plus de dix mois; le très-sage cardinal de Fleuri voudra que le roi jouisse de l'annate aussi longtemps que faire se pourra. Mais, quoique votre ville soit privée si longtemps d'un pasteur, cela ne m'empêcherait point du tout de venir y philosopher et poétiser avec vous une partie de l'été; je vais m'arranger pour cela. Ma santé est affreuse; mais un petit voyage ne l'altérera pas davantage, et je souffrirai moins auprès de vous. Je vous jure, mon cher ami, que, si je ne peux exécuter cette charmante idée, c'est que la chose sera impossible. Savez-vous que j'ai en tête un opéra [1], et que nous nous y amuserions ensemble, pendant qu'on imprimerait *Charles XII* et *Ériphyle*? Notre ami Formont ne serait peut-être pas des nôtres; il a bien l'air de rester longtemps à Paris, car il y est reçu et fêté à peu près comme vous le serez quand vous y viendrez. J'ai peur qu'il ne vous ait mandé bien du mal de l'opéra du chevalier de Brassac; nous le raccommodons à force, et j'espère vous en dire beaucoup de bien au premier jour. J'ai toujours grande opinion

1. *Tanis et Zélide*. (ÉD.)

du vôtre, et je compte que vous l'achèverez, quand nous nous verrons à Rouen. *Vale.*

CCX. — A M. DE FORMONT.

Avril.

Philosophe aimable, à qui il est permis d'être paresseux, sortez un moment de votre douce mollesse, et ne donnez pas au chanoine Linant l'exemple dangereux d'une oisiveté qui n'est pas faite pour lui. Je lui mande, et vous en conviendrez, que ce qui est vertu dans un homme devient vice dans un autre. Écrivez-moi donc souvent pour l'encourager, et renvoyez-le-moi, quand vous l'aurez mis dans le bon chemin. J'ai besoin qu'il vienne m'exciter à rentrer dans la carrière des vers. Il y a bien longtemps que je n'ai monté les cordes de ma lyre. Je l'ai quittée pour ce qu'on appelle philosophie, et j'ai bien peur d'avoir quitté un plaisir réel pour l'ombre de la raison. J'ai relu le raisonneur Clarke, Malebranche, et Locke. Plus je les relis, plus je me confirme dans l'opinion où j'étais que Clarke est le meilleur sophiste qui ait jamais été; Malebranche, le romancier le plus subtil; et Locke, l'homme le plus sage. Ce qu'il n'a pas vu clairement, je désespère de le voir jamais. Il est le seul, à mon avis, qui ne suppose point ce qui est en question. Malebranche commence par établir le péché originel, et part de là pour la moitié de son ouvrage; il suppose que nos sens sont toujours trompeurs, et de là il part pour l'autre moitié.

Clarke, dans son second chapitre de l'*existence de Dieu*, croit avoir démontré que la matière n'existe point nécessairement, et cela, par ce seul argument que, si le tout existait de nécessité, chaque partie existerait de la même nécessité. Il nie la mineure; et, cela fait, il croit avoir tout prouvé; mais j'ai le malheur, après l'avoir lu bien attentivement, de rester sur ce point sans conviction. Mandez-moi, je vous prie, si ses preuves ont eu plus d'effet sur vous que sur moi.

Il me souvient que vous m'écrivîtes, il y a quelque temps, que Locke était le premier qui eût hasardé de dire que Dieu pouvait communiquer la pensée à la matière. Hobbes l'avait dit avant lui, et j'ai idée qu'il y a, dans le *de Natura Deorum*, quelque chose qui ressemble à cela.

Plus je tourne et je retourne cette idée, plus elle me paraît vraie. Il serait absurde d'assurer que la matière pense, mais il serait également absurde d'assurer qu'il est impossible qu'elle pense. Car, pour soutenir l'une ou l'autre de ces assertions, il faudrait connaître l'essence de la matière, et nous sommes bien loin d'en imaginer les vraies propriétés. De plus, cette idée est aussi conforme que toute autre au système du christianisme, l'immortalité pouvant être attachée tout aussi bien à la matière, que nous ne connaissons pas, qu'à l'esprit, que nous connaissons encore moins.

Les *Lettres philosophiques*, politiques, critiques, poétiques, hérétiques, et diaboliques, se vendent en anglais, à Londres, avec un grand succès. Mais les Anglais sont des papefigues maudits de Dieu, qui sont tous faits pour approuver l'ouvrage du démon. J'ai bien peur que l'Église gallicane ne soit un peu plus difficile. Jore m'a promis une fidélité à toute épreuve. Je ne sais pas encore s'il n'a pas fait quelque petite brèche à sa vertu. On le soupçonne fort, à Paris, d'avoir débité quelques exemplaires. Il a eu sur cela une petite conversation avec M. Hérault; et, par un miracle plus grand que tous ceux de saint Pâris et des apôtres, il n'est point à la Bastille. Il faut bien pourtant qu'il s'attende à y être un jour. Il me paraît qu'il a une vocation déterminée pour ce beau séjour. Je tâcherai de n'avoir pas l'honneur de l'y accompagner.

CCXI. — A M. THIERIOT, A LONDRES.

Paris, 1er mai.

J'ai donc achevé *Adélaïde*; je refais *Ériphyle*, et j'assemble des matériaux pour ma grande histoire du *Siècle de Louis XIV*. Pendant tout ce temps, mon cher ami, que je m'épuise, que je me tue pour amuser ma f..... patrie, je suis entouré d'ennemis, de persécutions et de malheurs. Ce *Temple du Goût* a soulevé tous ceux que je n'ai pas assez loués à leur gré, et encore plus ceux que je n'ai point loués du tout; on m'a critiqué, on s'est déchaîné contre moi, on a tout envenimé. Joignez à tout cela le crime d'avoir fait imprimer cette bagatelle sans une permission scellée avec de la cire jaune, et la colère du ministère contre cet attentat; ajoutez-y les criailleries de la cour, et la menace d'une lettre de cachet; vous n'aurez, avec cela, qu'une faible idée de la douceur de mon état, et de la protection qu'on donne aux belles-lettres. Je suis donc dans la nécessité de rebâtir un second *Temple*; et *in triduo reædificavi illud*[1]. J'ai tâché, dans ce second édifice, d'ôter tout ce qui pouvait servir de prétexte à la fureur des sots et à la malignité des mauvais plaisants, et d'embellir le tout par de nouveaux vers sur Lucrèce, sur Corneille, Racine, Molière, Despréaux, La Fontaine, Quinault, gens qui méritent bien assurément que l'on ne parle pas d'eux en simple prose. J'y ai joint de nouvelles notes, qui seront plus instructives que les premières, et qui serviront de preuves au texte. Monsieur votre frère[2], qui me tient ici lieu de vous, qui devient, de jour en jour plus homme de lettres, vous enverra le tout bien conditionné, et vous pourrez en régaler, si vous voulez, quelque libraire. Je crois que l'ouvrage sera utile, à la longue, et pourra mettre les étrangers au fait des bons auteurs. Jusqu'à présent il n'y a personne qui ait pris la peine de les avertir que Voiture est un petit esprit, et Saint-Évremont un homme bien médiocre, etc.

Cependant les *Lettres* en question peuvent paraître à Londres. Je vous fais tenir celle sur les *académies*, qui est la dernière[3]. J'en aurais ajouté de nouvelles; mais je n'ai qu'une tête, encore est-elle petite et faible, et je ne peux faire, en vérité, tant de choses à la fois. Il ne convient pas que cet ouvrage paraisse donné par moi. Ce sont des lettres familières que je vous ai écrites, et que vous faites imprimer; par conséquent, c'est à vous seul à mettre à la tête un avertissement qui instruise le public que mon ami Thieriot, à qui j'ai écrit des gue-

---

1. Saint Matthieu, XXVI, 61; XXVII, 40. (ÉD.)
2. Ce frère du vaurien Thieriot était un honnête marchand qui faisait assez souvent les commissions de Voltaire. (ÉD.)
3. La vingt-quatrième des *Lettres philosophiques*. (ÉD.)

nilles vers l'an 1728, les fait imprimer en 1733, et qu'il m'aime de tout son cœur.

« Tell my friend Falkener he should write me a word, when he has sent his fleet to Turkey. Make much of all who are so kind as to remember me. Get some money with my poor works; love me, and come back very soon, after the publication of them. But *Sallé* will go with you; at least come back with her. Farewell, my dearest friend. »

CCXII. — A M. DE CIDEVILLE.

5 mai.

Je vous écris au milieu des horreurs d'un déménagement, que la lecture de vos vers m'adoucit. Je vais demeurer vis-à-vis le seul ami que le *Temple du Goût* m'ait fait, vis-à-vis le portail Saint-Gervais. C'est là que je vais mener une vie philosophique dont j'ai toujours eu le projet en tête, et que je n'ai jamais exécuté. Je ne renonce point du tout, mon cher ami, au projet non moins sage, et beaucoup plus agréable, d'aller passer quelques jours avec vous. Mais, avant de vous aller embrasser, il faut que j'accoutume un peu le monde à mon absence. Si on me voyait disparaître tout d'un coup, on croirait que je vais faire imprimer les livres de l'Antechrist. Il est absolument nécessaire que je reste quelques semaines à Paris, et que je fasse une ou deux échappées, avant de m'aller éclipser totalement avec mon cher Cideville. Le bonheur de vous voir m'est si précieux que je veux me l'assurer.

......*Propria hæc si munera faxint.*
Hor., liv. II, sat. VI, v. 5.

Si je pouvais vous ramener à Paris, et que vous voulussiez accepter un lit auprès de ce beau portail, le rat de ville tâcherait de recevoir le rat des champs de son mieux.

Formont vous aura sans doute mandé que *le Paresseux*, de Launai, a été reçu comme il le méritait. Ce pauvre diable se ruine à faire imprimer ses ouvrages, et n'a de ressource qu'à faire imprimer ceux des autres. Si l'abbé de Chaulieu n'avait pas fait quelques bons vers, il y a trente ou quarante ans, de Launai était à l'aumône.

La fureur d'imprimer est une maladie épidémique qui ne diminue point. Les infatigables et pesants bénédictins vont donner en dix volumes *in-folio*, que je ne lirai point, l'*Histoire littéraire de la France*. J'aime mieux trente vers de vous que tout ce que ces laborieux compilateurs ont jamais écrit.

Vous voyez souvent un homme qui me trompera bien s'il devient jamais compilateur; il a deux talents qui s'opposent à cette lourde et accablante profession : de l'imagination et de la paresse.

Vous devez reconnaître, à ce petit portrait, le joufflu abbé de Linant, au teint fleuri et au cœur aimable. Je voudrais bien lui être bon à quelque chose, mais il ne paraît pas qu'il ait grande envie de vivre avec moi; et je suis persuadé qu'il ne songe à présent qu'à vous. Cela doit être ainsi, et je compte bien oublier avec vous le reste du monde.

CCXIII. — À M. L'ABBÉ DU RESNEL.

Je fus bien étonné, ces jours passés, mon très-sage et très-aimable abbé, lorsque M. Rouillé me renvoya *Ériphyle* chargée du nom de Danchet. Il m'avait promis que vous seriez mon approbateur, et je n'avais demandé que vous. Comment est-ce que le nom de Danchet peut se trouver à la place du vôtre, et pourquoi M. Rouillé m'a-t-il donné la mortification de mettre mon ouvrage en d'autres mains?

Je vous envoie une copie du *Temple du Goût*, telle qu'elle a été approuvée, et telle qu'on la supprime aujourd'hui. Votre suffrage me tiendra lieu de celui du public.

J'ai reçu l'*Essai* de Pope *sur l'Homme*; je vous l'enverrai incessamment. Adieu; aimez-moi. V.

CCXIV. — A M. THIERIOT, A LONDRES.

Paris, 15 mai.

Je quitte aujourd'hui les agréables pénates de la baronne, et je vais me claquemurer vis-à-vis le portail Saint-Gervais, qui est presque le seul ami que m'ait fait le *Temple du Goût*.

Je ferais bien mieux, mon cher ami, d'aller chercher le pays de la liberté où vous êtes; mais ma santé ne me permet plus de voyager, et je vais me contenter de penser librement à Paris, puisqu'il est défendu d'écrire. Je laisserai les jansénistes et les jésuites se damner mutuellement, le parlement et le conseil s'épuiser en arrêts, les gens de lettres se déchirer pour un grain de fumée, plus cruellement que des prêtres ne disputent un bénéfice. Vous ne vous embarrasserez sûrement pas davantage des querelles sur l'*accise* ou *excise*; et Walpole et Fleuri nous seront très-indifférents; mais nous cultiverons les lettres en paix, et cette douce et inaltérable passion fera le bonheur de notre vie.

Mandez-moi si vous avez commencé l'édition en question. J'espérais vous envoyer le nouveau *Temple du Goût*, mais on s'oppose furieusement à mon église naissante. En vérité, je crois que c'est dommage. Je vous envoie la chapelle de Racine, Corneille, La Fontaine et Despréaux. Je crois que ce n'est pas un des plus chétifs morceaux de mon architecture. Mandez-moi si vous voulez que je vous envoie ma vieille *Ériphyle* vêtue à la grecque, corrigée avec soin, et dans laquelle j'ai mis des chœurs. Je la dédie à l'abbé Franchini. J'aime à dédier mes ouvrages à des étrangers, parce que c'est toujours une occasion toute naturelle de parler un peu des sottises de mes compatriotes. Je compte donner, l'année prochaine, ma tragédie nouvelle, dont l'héroïne est une nièce de Bertrand du Guesclin, dont le vrai héros est un gentilhomme français, et dont les principaux personnages sont deux princes du sang. Pour me délasser, je fais un opéra. A tout cela vous direz que je suis fou, et il pourrait bien en être quelque chose; mais je m'amuse, et qui s'amuse me paraît fort sage. Je me flatte même que mes amusements vous seront utiles, et c'est ce qui me les rend bien agréables. L'opéra du chevalier de Brassac, sifflé indignement le prémier jour, revient sur l'eau, et a un très-grand succès. Ceux qui l'ont condamné sont aussi honteux que ceux qui ont approuvé *Gustave*.

De Launai a donné son *Paresseux*; mais il y a apparence que le public ne variera pas sur le compte du sieur de Launai. Quand on bâille à une première représentation, c'est un mal dont on ne guérit jamais. Je plains le pauvre auteur; il va faire imprimer sa pièce; et le voilà ruiné, s'il pouvait l'être. Il n'aura de ressource qu'à faire imprimer quelque petite brochure contre moi, ou à vendre les vers des autres. Vous savez qu'il a vendu à Jore, pour quinze cents livres, le manuscrit de l'abbé de Chaulieu, qui vous appartenait; sans cela le pauvre diable était à l'aumône; car il avait imprimé deux ou trois de ses ouvrages à ses dépens. Il est heureux que l'abbé de Chaulieu ait été, il y a vingt ou trente ans, un homme aimable.

Ce qui me serait cent fois plus important, et ce qui ferait le bonheur de ma vie, ce serait votre retour, dussiez-vous ne vivre à Paris que pour Mlle Sallé.

Adieu; je vous embrasse tendrement.

Je viens de recevoir et de lire le poème de Pope sur *les Richesses*. Il m'a paru plein de choses admirables. Je l'ai prêté à l'abbé du Resnel, qui le traduirait s'il n'était pas actuellement aussi amoureux de la fortune qu'il l'était autrefois de la poésie.

Envoyez-moi, je vous en prie, les vers de milady Mary Montague, et tout ce qui se fera de nouveau. Vous devriez m'écrire plus régulièrement.

CCXV. — A M. DE CIDEVILLE.

Ce 15 mai.

Mon cher ami, je suis enfin vis-à-vis ce beau portail, dans le plus vilain quartier de Paris, dans la plus vilaine maison, plus étourdi du bruit des cloches qu'un sacristain; mais je ferai tant de bruit avec ma lyre, que le bruit des cloches ne sera plus rien pour moi. Je suis malade; je me mets en ménage; je souffre comme un damné. Je brocante, j'achète des magots et des Titien, je fais mon opéra, je fais transcrire *Ériphyle* et *Adélaïde*; je les corrige, j'efface, j'ajoute, je barbouille, la tête me tourne. Il faut que je vienne goûter avec vous les plaisirs que donnent les belles-lettres, la tranquillité, et l'amitié. Formont est allé porter sa philosophique paresse chez Mme Moras. Il y a mille ans que je ne l'ai vu; il me consolait, car il me parlait de vous. Adieu; je souffre trop pour écrire.

CCXVI. — AU MÊME.

De Paris, ce 19 mai.

Je voudrais bien, mon cher ami, pouvoir vous présenter moi-même M. Richey, qui vous rendra cette lettre. C'est un étranger qui croit voyager pour s'instruire, et qui m'a instruit beaucoup. Il me paraît de tous les pays. Il y a donc dans le monde une nation d'honnêtes gens et de gens d'esprit, qui sont tous compatriotes. M. Richey est assurément un des premiers de cette nation-là, et fait, par conséquent, pour connaître les Cideville. Je vous demande en grâce de lui procurer dans votre ville tous les agréments qui dépendront de vous. Celui de vous voir sera celui dont il sera le plus touché. Je crois qu'il y trouvera aussi M. de Formont, qui est sur son départ. Je ne vois pas qu'après cela il y ait bien des choses à voir à Rouen. Je suis plus malade que jamais, mon cher ami,

Durum! sed levius fit patientia.
Quiquid corrigere est nefas.
Hor., liv. I, od. xxiv, v. 19.

Je vais écrire à l'abbé Linant. Vous aurez Jore dans un jour ou deux.

Adieu; vous m'écrivez toujours des vers charmants, et je ne vous réponds qu'en prose : preuve que je suis bien malade.

CCXVII. — AU MÊME.

Ce jeudi au soir, 21 mai.

Vous avez vu sans doute, mon cher Cideville, l'honnête et naïf Hambourgeois que je vous ai adressé. Le philosophe Formont part demain : mon Dieu, pourquoi ne m'est-il pas permis de le suivre! *calla*[1], *calla, señor* Cideville; j'aurai peut-être huit ou dix jours de santé; et Dieu sait si alors Rouen me verra, et si je viendrai philosopher avec vous. Je ne vous mande aucune nouvelle; l'aimable Formont vous les dira toutes; il vous parlera des spectacles qu'il a vus, et des plaisirs qu'il a goûtés. Je voulais le voir aujourd'hui; je ne suis sorti qu'un quart d'heure, et c'est précisément dans ce quart d'heure qu'il est venu; il partira sans que je l'aie embrassé. Croiriez-vous bien que je ne l'ai pas vu à mon aise pendant tout son séjour? Je ne crois pas avoir eu le temps de lui montrer plus d'un acte d'*Adélaïde*. Ah! quelle ville, que Paris, pour ne point voir les gens que l'on aime! Quand je serai à Rouen, je jouirai de vous tous les jours; mais si vous étiez à Paris, nous nous rencontrerions peut-être une fois toutes les semaines, tout au plus. Il ne faut pas que nos amis viennent ici; il faut que nous allions les chercher. Jore est (aujourd'hui jeudi) à présent auprès de vous; je vous prie de lui recommander secret, diligence, et exactitude; et, surtout, de ne laisser entre les mains d'une famille si exposée aux lettres de cachet aucun vestige, aucun mot d'écriture ni de vous ni de moi; qu'il vous rende exactement tous les manuscrits. Je vais lui envoyer dans peu une édition de *Charles XII*, corrigée et augmentée, avec les *Réponses* au sieur de La Motraye.

Il aura aussi *Ériphyle*; mais pour celle-là, j'espère la porter moi-même; je passe ma vie à espérer, comme vous voyez. L'abbé Linant me mande qu'il reviendra bientôt à Paris. Il m'a envoyé de beaux vers alexandrins; il a

Ingenium,....... atque os
Magna sonaturum............
Hor., liv. I, sat. iv, v. 43.

1. *Taisez-vous, taisez-vous, monsieur de Cideville* (Cid.).

mais, avec ses talents, je le crois paresseux; je le lui ai dit, je le lui écris; mais il faudra que je l'aime de tout mon cœur comme il est.

Si vous voyez Jore, ayez la bonté, je vous prie, de lui dire de m'envoyer les épreuves [1] par la poste, surtout celles où il est question de philosophie et de calcul; il n'a qu'à les adresser à M. Dubreuil, cloître Saint-Merri, sans mettre mon nom et sans écrire. Adieu; je vous suis attaché, *hasta la muerte.*

CCXVIII. — A MM. DE SADE.

Mai.

Trio charmant, que je remarque
Parmi ceux qui sont mon appui,
Trio par qui Laure, aujourd'hui,
Revient de la fatale barque,
Vous qui b..... mieux que Pétrarque,
Et rimez aussi bien que lui,
Je ne peux quitter mon étui
Pour le souper où l'on m'embarque;
Car la cousine de la Parque,
La fièvre au minois catarrheux,
A la marche vive, inégale,
A l'œil hagard, au cerveau creux,
De mes jours compagne infernale,
Me réduit, pauvre vaporeux,
A la nécessité fatale
D'avaler les juleps affreux
Dont monsieur Geoffroi [2] me régale,
Tandis que, d'un gosier heureux,
Vous humez la liqueur vitale
D'un vin brillant et savoureux.

Pardonnez-moi, messieurs de la trinité; pardonnez-moi, et plaignez-moi. Vous voulez bien aussi que je vous confie combien je suis fâché de manquer une partie avec M. de Surgères, que j'ai chanté fort mal, mais à qui je suis attaché, comme si j'avais fait tour lui les plus beaux vers du monde.

Si M. de Formont, avant de partir, ne vient point me parler un peu de sa douce et charmante philosophie, je vise au transport et je suis un homme perdu. Buvez, messieurs, soyez gais et bien aimables, car il faut que chacun fasse son métier. Le mien est de vous regretter, de vous être tendrement dévoué, et d'enrager.

CCXIX. — A M. DE CIDEVILLE.

Ce vendredi, 29 mai.

Mille remerciments, mon cher ami, de vos attentions pour mon Hambourgeois. Il n'y a que ceux qui ont une fortune médiocre qui exercent bien l'hospitalité. Cet étranger doit être bien content de son

---

1. Des *Lettres sur les Anglais.* (ÉD.) — 2. Apothicaire. (ÉD.)

voyage, s'il vous a vu; et je vous avoue que je vous l'ai adressé afin qu'il pût dire du bien des Français, à Hambourg. Je prie notre ami Formont de lui donner à souper; il s'en ira charmé.

    Ah! qu'à cet honnête Hambourgeois,
    Candide et gauchement courtois,
    Je porte une secrète envie!
    Que je voudrais passer ma vie,
    Comme il a passé quelques jours,
    Ignoré dans un sûr asile,
    Entre Formont et Cideville,
    C'est-à-dire avec mes amours!

Que fait cependant le joufflu abbé de Linant? J'avais adressé mon citadin de Hambourg chez la mère de notre abbé. Ce n'est pas que je regarde le b..... de *la ville de Nantes* comme une bonne hôtellerie; il y a longtemps que j'ai dit peu chrétiennement ce que j'en pensais; mais je voulais qu'il fût mal logé, mal nourri, et qu'il vît l'abbé Linant, que je crois aussi candide que lui, et qui lui aurait tenu bonne compagnie. Quand l'abbé voudra revenir à Paris, je lui louerai un trou près de chez moi, et il sera d'ailleurs le maître de dîner et de souper tous les jours dans ma retraite. Quand par hasard je n'y serai point, il trouvera d'honnêtes gens qui lui feront bonne chère en mon absence, mais qui ne lui parleront pas tant de vers que moi. J'ai d'ailleurs une espèce d'homme de lettres qui me lit Virgile et Horace tous les soirs, sans trop les entendre, et qui me copie très-mal mes vers; d'ailleurs bon garçon, mais indigne de parler à l'abbé Linant. Je voudrais avoir un autre *amanuensis*; mais je n'ose pas renvoyer un homme qui lit du latin.

J'ai fait partir aujourd'hui, à votre adresse, un petit paquet contenant *Charles XII*, revu, corrigé, et augmenté, avec les *Réponses* à La Motraye. Vous y trouverez aussi la tragédie d'*Ériphyle*, que j'ai retravaillée avec beaucoup de soin. Lisez-la, jugez-la, et renvoyez-la par le coche, ou plutôt par l'abbé Linant.

Au lieu de m'envoyer les épreuves sous le nom de Dubreuil, il vaut mieux me les envoyer sous le nom de Demoulin, rue de Long-Pont, près de la Grève. Je les recevrai plus tôt et plus sûrement.

Je vous demande en grâce que toutes les feuilles des *Lettres* soient remises en dépôt chez vous ou chez Formont, et qu'aucun exemplaire ne paraisse dans le public que quand je croirai le temps favorable.

Il faudra que Jore m'en fasse d'abord tenir cinquante exemplaires. A l'égard de *Charles XII*, il peut en tirer sept cent cinquante, et m'en donner deux cent cinquante pour ma peine.

Il m'avait promis de m'envoyer la *Henriade*: il n'y en a plus chez les libraires; ayez la bonté, je vous prie, de lui mander qu'il la fasse partir sans délai.

Je vous demanderais bien pardon de tant d'importunités, si je ne vous aimais pas autant que je vous aime. V.

CCXX. — A M. DE FORMONT.

Juin.

Rempli de goût, libre d'affaire,
Formont, vous savez sagement
Suivre en paix le sentier charmant
De Chapelle et de Sablière;
Car vous m'envoyez galamment
Des vers écrits facilement,
Dont le plaisir seul est le père;
Et, quoi qu'ils soient faits doctement,
C'est pour vous un amusement.
Vous rimez pour vous satisfaire,
Tandis que le pauvre Voltaire,
Esclave maudit du parterre,
Fait sa besogne tristement.
Il barbotte dans l'élément
Du vieux Danchet et de La Serre.
Il rimaille éternellement,
Corrige, efface assidûment,
Et le tout, messieurs, pour vous plaire.

Je vous soupçonne de philosopher, à Canteleu, avec mon cher, aimable, et tendre Cideville. Vous savez combien j'ai toujours souhaité d'apporter mes folies dans le séjour de votre sagesse.

*Atque utinam ex vobis unus, vestrique fuissem
Aut custos gregis, aut maturæ vinitor uvæ!*
....

*Hic gelidi fontes, hic mollia prata, Lycori;
Hic nemus : hic ipso tecum consumerer ævo.*

Virg., egl. x, v. 35.

Mais je suis entre *Adélaïde du Guesclin*, le seigneur Osiris[1], et Newton. Je viens de relire ces *Lettres anglaises*, moitié frivoles, moitié scientifiques. En vérité, ce qu'il y a de plus passable dans ce petit ouvrage est ce qui regarde la philosophie; et c'est, je crois, ce qui sera le moins lu. On a beau dire : « Le siècle est philosophe, » on n'a pourtant pas vendu deux cents exemplaires du petit livre de M. de Maupertuis, où il est question de l'attraction; et, si on montre si peu d'empressement pour un ouvrage écrit de main de maître, qu'arrivera-t-il aux faibles essais d'un écolier comme moi? Heureusement j'ai tâché d'égayer la sécheresse de ces matières, et de les assaisonner au goût de la nation. Me conseilleriez-vous d'y ajouter quelques petites réflexions détachés sur les *Pensées* de Pascal? Il y a déjà longtemps que j'ai envie de combattre ce géant. Il n'y a guerrier si bien armé qu'on ne puisse percer au défaut de la cuirasse; et je vous avoue que si, malgré ma faiblesse, je pouvais porter quelques coups à ce vainqueur de tant d'es-

---

1. C'est-à-dire *Tanis et Zélide*, opéra où figurent Osiris et Isis. (Cl.)

prits, et secouer le joug dont il les a affublés, j'oserais presque dire avec Lucrèce :

> *Quare superstitio pedibus subjecta vicissim*
> *Obteritur, nos exæquat victoria cœlo.*
> Liv. I, v. 79.

Au reste, je m'y prendrai avec précaution, et je ne critiquerai que les endroits qui ne seront point tellement liés avec notre sainte religion, qu'on ne puisse déchirer la peau de Pascal sans faire saigner le christianisme. Adieu. Mandez-moi ce que vous pensez des *Lettres* imprimées, et du projet sur Pascal. En attendant je retourne à Osiris. J'oubliais de vous dire que le paresseux Linant échafaude son *Sabinus*.

CCXXI. — A M. DE CIDEVILLE.

Ce mercredi, 10 juin à deux heures.

Voilà deux lettres que je reçois de vous, mon cher ami ; que je voudrais que les *Lettres anglaises* fussent écrites de ce style ! Vous croyez que votre cœur parle seul, et vous ne vous apercevez pas combien votre cœur a d'esprit. J'interromps le quatrième acte de mon opéra, pour m'entretenir un moment avec vous. Je vais corriger la *Lettre* sur Locke et la renvoyer dans l'instant. Recommandez-lui[1] surtout, plus que jamais, le secret le plus impénétrable et la plus vive diligence ; que jamais votre nom ni le mien ne soient prononcés, en quelque cas que ce puisse être ; que toutes les feuilles soient portées ou chez vous ou chez l'ami Formont, à qui je vous prie de dire combien je l'aime ; que l'on remette exactement les copies ; que l'on ne garde chez lui aucun billet de moi, aucun mot de mon écriture. S'il manque à un seul de ces points essentiels, il courra un très-grand risque.

Je vous supplie aussi de tirer de lui ce billet :

« J'ai reçu de M. Sanderson le jeune deux mille cinq cents exemplaires des *Lettres anglaises* de M. de Voltaire à M. T.[2], lesquels exemplaires je promets ne débiter que quand j'aurai permission, promettant donner d'abord au sieur Sanderson cent de ces exemplaires, et de partager ensuite avec lui le profit de la vente du reste, lui tenant compte de deux mille quatre cents exemplaires ; et promets compter avec celui qui me représentera ledit billet, le tenant suffisamment autorisé du sieur Sanderson. »

Vous voyez, mon cher Cideville, de quels soins et de quels embarras je vous charge ; j'en serais bien honteux avec tout autre.

J'ai pris d'abord l'abbé Linant pour vous seul, et bientôt je l'aimerai pour lui-même.

Je récitai hier *Adélaïde* chez moi, et je fis verser bien des larmes. Renvoyez-moi *Ériphyle*, et je vous enverrai *Adélaïde* ; mais à quand votre *Allégorie* ? J'en ai une grande opinion. Adieu ; il faut corriger pour Jore.

1. A Jore. (Éd.) — 2. Thieriot. (Éd.)

CCXXII. — AU MÊME.

Ce vendredi, 19 juin.

J'ai été, tous ces jours-ci, auprès d'un ami malade; c'est un devoir qui m'a empêché de remplir celui de vous écrire. J'ai prié l'abbé Linant de vaincre sa paresse, pour vous dire des choses bien tendres, en son nom et au mien. S'il vous a écrit, je n'ai plus rien à ajouter; car personne ne connaît mieux que lui combien je vous aime, et n'est plus capable de le dire comme il faut. Je ne change rien du tout à mes dispositions avec Jore, et j'insiste plus que jamais pour avoir les cent exemplaires dont il faut que je donne cinquante, qui seront répandus à propos. Je lui répète encore qu'il faut qu'il ne fasse rien sans un consentement précis de ma part; que, s'il précipite la vente, lui et toute sa famille seront indubitablement à la Bastille; que, s'il ne garde pas le secret le plus profond, il est perdu sans ressource. Encore une fois, il faut supprimer tous les vestiges de cette affaire. Il faut que mon nom ne soit jamais prononcé, et que tous les livres soient en séquestre, jusqu'au moment où je dirai : « Partez. »

Je vous supplie même de vous servir de la supériorité que vous avez sur lui, pour l'engager à m'écrire cette lettre sans date :

« Monsieur, j'ai reçu la vôtre, par laquelle vous me priez de ne point imprimer et d'empêcher qu'on imprime, à Rouen, les *Lettres* qui courent à Londres sous votre nom. Je vous promets de faire sur cela ce que vous désirez. Il y a longtemps que j'ai pris la résolution de ne rien imprimer sans permission, et je ne voudrais pas commencer à manquer à mon devoir pour vous désobliger. Je suis, etc. »

Vous jugez bien, mon cher ami, qu'il faut, outre cette lettre, le billet au sieur de Sanderson; lequel je remettrai dans les mains d'un Anglais, pour le représenter, en cas que Jore pût être accusé d'avoir reçu ces *Lettres* de moi ou de quelqu'un de mes amis.

Toutes ces démarches me paraissent entièrement nécessaires, et empêcheront que vous ne puissiez être commis en rien. Ce n'est pas que vous puissiez jamais avoir rien à craindre. Vous sentez bien que, dans le cas le plus rigoureux qu'on puisse imaginer, la moindre éclaboussure ne pourrait aller jusqu'à vous; mais je veux en être encore plus sûr; et il me semble que Jore, ayant donné sa déclaration qu'il a reçu ces *Lettres* d'un Anglais, ne pourra jamais dire dans aucun cas : « C'est M. de Cideville qui m'a encouragé. »

Je suis en train de vous parler d'affaires; mon amitié ne craint rien avec vous. Me voici tenant maison, me meublant et m'arrangeant, non-seulement pour mener une vie douce, mais pour en partager les petits agréments avec quelques gens de lettres, qui voudront bien s'accommoder de ma personne et de la médiocrité de ma fortune. Dans ces idées, j'ai besoin de rassembler toutes mes petites pacotilles. Savez-vous bien, que j'ai donné 18,000 francs au sieur marquis de Lezeau, sur la parole d'honneur qu'il m'a donnée, avec un contrat, que je serais payé, tous les six mois, avec régularité? Il s'est tant vanté à moi de ses richesses, de son grand mariage, de ses fiefs, de ses baronnies, et de sa probité, que je ne doute pas qu'un grand seigneur comme lui ne m'envoie 900 livres à la Saint-Jean. Si pourtant la multiplicité de ses occupations lui faisait oublier cette bagatelle, je vous supplierais instamment de daigner l'en faire souvenir. Mais j'aimerais bien mieux quelqu'un qui vous fît ressouvenir d'achever votre opéra et votre *Allégorie*.

Te vero dulces teneant ante omnia Musæ.
Georg. II, v. 475.

Voilà des colonels et des capitaines de gendarmerie qui nous donnent des pièces de théâtre [1]. Si vous achevez jamais votre ballet, je dirai : *Cedant arma togæ*.

A propos, Jore vous a-t-il donné, et à M. Formont, des *Henriades* de son édition ? Qu'il ne manque pas, je vous prie, à ce devoir sacré. Adieu. Que fait Formont dans sa philosophique paresse ? Excitez un peu son esprit juste et délicat à m'écrire. Il devrait rougir d'aimer si peu, lorsque vous aimez si bien. *Vale*.

CCXXIII. — A UN PREMIER COMMIS.
20 juin 1733.

Puisque vous êtes, monsieur, à portée de rendre service aux belles-lettres, ne rognez pas de si près les ailes à nos écrivains, et ne faites pas des volailles de basse-cour de ceux qui, en prenant l'essor, pourraient devenir des aigles; une liberté honnête élève l'esprit, et l'esclavage le fait ramper. S'il y avait une inquisition littéraire à Rome, nous n'aurions aujourd'hui ni Horace, ni Juvénal, ni des œuvres philosophiques de Cicéron. Si Milton, Dryden, Pope et Locke, n'avaient pas été libres, l'Angleterre n'aurait eu ni des poëtes ni des philosophes : il y a je ne sais quoi de turc à proscrire l'imprimerie; et c'est la proscrire que la trop gêner. Contentez-vous de réprimer sévèrement les libelles diffamatoires, parce que ce sont des crimes; mais tandis qu'on débite hardiment des recueils de ces infâmes Calottes, et tant d'autres productions qui méritent l'horreur et le mépris, souffrez au moins que Bayle entre en France et que celui qui fait tant d'honneur à sa patrie n'y soit pas de contrebande.

Vous me dites que les magistrats qui régissent la douane de la littérature se plaignent qu'il y a trop de livres. C'est comme si le prévôt des marchands se plaignait qu'il y eût à Paris trop de denrées : en achète qui veut. Une immense bibliothèque ressemble à la ville de Paris, dans laquelle il y a près de huit cent mille hommes : vous ne vivez pas avec tout ce chaos : vous y choisissez quelque société et vous en changez. On traite les livres de même : on prend quelques amis dans la foule. Il y aura sept ou huit mille controversistes, quinze ou seize mille romans, que vous ne lirez point; une foule de feuilles périodiques que vous jetterez au feu après les avoir lues. L'homme de goût ne lit que le bon, mais l'homme d'État permet le bon et le mauvais.

[1] M. de Brassac, colonel de cavalerie, avait mis en musique *l'Empire de l'Amour, sur les mortels*. (Cl.)

Les pensées des hommes sont devenues un objet important de commerce. Les libraires hollandais gagnent un million par an, parce que les Français ont eu de l'esprit. Un roman médiocre est, je le sais bien, parmi les livres ce qu'est dans le monde un sot qui veut avoir de l'imagination. On s'en moque, mais on le souffre. Ce roman fait vivre et l'auteur qui l'a composé, et le libraire qui le débite, et le fondeur, et l'imprimeur, et le papetier, et le colporteur, et le marchand de mauvais vin, à qui tous ceux-là portent leur argent. L'ouvrage amuse encore deux ou trois heures quelques femmes avec lesquelles il faut de la nouveauté en livres, comme en tout le reste. Ainsi, tout méprisable qu'il est, il a produit deux choses importantes, du profit et du plaisir.

Les spectacles méritent encore plus d'attention. Je ne les considère pas comme une occupation qui retire les jeunes gens de la débauche ; cette idée serait celle d'un curé ignorant. Il y a assez de temps, avant et après les spectacles, pour faire usage de ce petit de moments qu'on donne à des plaisirs de passage, immédiatement suivis du dégoût. D'ailleurs on ne va pas aux spectacles tous les jours, et dans la multitude de nos citoyens il n'y a pas quatre mille hommes qui les fréquentent avec quelque assiduité.

Je regarde la tragédie et la comédie comme des leçons de vertu, de raison et de bienséance. Corneille, ancien Romain parmi les Français, a établi une école de grandeur d'âme ; et Molière a fondé celle de la vie civile. Les génies français formés par eux appellent du fond de l'Europe les étrangers qui viennent s'instruire chez nous et qui contribuent à l'abondance de Paris. Nos pauvres sont nourris du produit de ces ouvrages, qui nous soumettent jusqu'aux nations qui nous haïssent. Tout bien pesé, il faut être ennemi de sa patrie pour condamner nos spectacles. Un magistrat qui, parce qu'il a acheté cher un office de judicature, ose penser qu'il ne lui convient pas de voir *Cinna*, montre beaucoup de gravité et bien peu de goût.

Il y aura toujours dans notre nation polie de ces âmes qui tiendront du Goth et du Vandale ; je ne connais pour vrais Français que ceux qui aiment les arts et les encouragent. Ce goût commence, il est vrai, à languir parmi nous ; nous sommes des sybarites lassés des faveurs de nos maîtresses. Nous jouissons des veilles des grands hommes qui ont travaillé pour nos plaisirs et pour ceux des siècles à venir, comme nous recevons les productions de la nature ; on dirait qu'elles nous sont dues. Il n'y a que cent ans que nous mangions du gland ; les Triptolèmes qui nous ont donné le froment le plus pur nous sont indifférents ; rien ne réveille cet esprit de nonchalance pour les grandes choses, qui se mêle toujours avec notre vivacité pour les petites.

Nous mettons tous les ans plus d'industrie et plus d'invention dans nos tabatières et dans nos autres colifichets, que les Anglais n'en ont mis à se rendre les maîtres des mers, à faire monter l'eau par le moyen du feu, et à calculer l'aberration de la lumière. Les anciens Romains élevaient des prodiges d'architecture pour faire combattre des bêtes ; et nous n'avons pas su depuis un siècle bâtir seulement une salle passable, pour y faire représenter les chefs-d'œuvre de l'esprit humain. Le centième de l'argent des cartes suffirait pour avoir des salles de spectacle plus belles que le théâtre de Pompée; mais quel homme dans Paris est animé de l'amour du bien public? On joue, on soupe, on médit, on fait de mauvaises chansons, et on s'endort dans la stupidité, pour recommencer le lendemain son cercle de légèreté et d'indifférence. Vous, monsieur, qui avez au moins une petite place dans laquelle vous êtes à portée de donner de bons conseils, tâchez de réveiller cette léthargie barbare, et faites, si vous pouvez, du bien aux lettres, qui en ont tant fait à la France.

CCXXIV. — A M. DE CIDEVILLE.

Ce mercredi 1er juillet.

Je viens, mon cher ami, d'envoyer au très-diligent, mais très-fautif Jore, une vingt-cinquième *Lettre*, qui contient une petite dispute que je prends la liberté d'avoir contre Pascal. Le projet est hardi; mais ce misanthrope chrétien, tout sublime qu'il est, n'est pour moi qu'un homme comme un autre quand il a tort; et je crois qu'il a tort très-souvent. Ce n'est pas contre l'auteur des *Provinciales* que j'écris; c'est contre l'auteur des *Pensées*, où il me paraît qu'il attaque l'humanité beaucoup plus cruellement qu'il n'a attaqué les jésuites. Si tous les hommes vous ressemblaient, mon cher Cideville, M. Pascal n'eût point dit tant de mal de la nature humaine. Vous me la rendez respectable et aimable, autant qu'il veut me la rendre odieuse. Je suis bien fâché contre ce dévot satirique de ce qu'il m'a empêché de retoucher Mlle du *Guesclin*, et d'achever mon opéra. Je ne sais s'il ne vaut pas mieux faire un bon opéra, bien mis en musique, que d'avoir raison contre Pascal. Je vous enverrai et tragédie et opéra, dès que tout cela sera au net. Vous aurez ensuite les pièces fugitives, *delicta juventutis meæ*[1], que vous avez demandées; mais il faudra auparavant les retoucher un peu,

...... *Quæ multa litura coercuit*...
Hor., *Art poét.*, v. 293.

car lorsque c'est pour vous qu'on travaille, il faut de bonne besogne.

Mais vous, qui parlez, vous me devez une belle épitre, et vous ne me l'envoyez point.

............*Quum publicas*
Res ordinaris,........
Cecropio repetes cothurno.
Hor., liv. II, ôd. I, v. 10.

Je vous plains bien de n'avoir pas encore de bonnes lettres de vétérance, de n'avoir pas vendu votre robe, et de n'être pas à Paris. La dernière lettre que je vous écrivis était toute faite pour un homme comme vous, qui se lève à quatre heures du matin pour les affaires des autres. Je ne vous y parlais que d'affaires et de précautions à prendre.

Si Jore vient chez vous, recommandez-lui bien de faire tout ce que je propose, attendu que c'est pour son bien. Ordonnez-lui de vous remettre tout généralement ce qui sera de mon écriture, lettres, épreuves, etc.

Avez-vous entendu parler d'une nouvelle brochure périodique¹ que l'abbé Desfontaines donne sous le nom de l'auteur des *Mémoires d'un homme de qualité*? Il y dit du mal de *Zaïre*. Il a cru qu'il lui était permis de me maltraiter, et d'en user avec moi avec un peu d'ingratitude, en ne donnant pas les choses sous son nom. Je suis fâché qu'un homme qui m'a tant d'obligations me convainque tous les jours que j'ai eu tort de le servir et de l'aimer. J'espère que le petit Linant, qui m'est bien moins obligé, sera plus reconnaissant, et que nous en ferons un très-honnête homme. Il lui manque des agréments, de la vivacité, et de la lecture; mais tout cela peut s'acquérir par l'usage. Il a tout le reste, qui ne s'acquiert point, jugement, esprit, et talent. Mais il y a encore bien loin de tout ce qu'il a à une bonne tragédie. Je me flatte que ce sera un excellent fruit qui mûrira à la longue.

Adieu; je vous embrasse; la poste va partir.

CCXXV. — AU MÊME.

Ce vendredi, 3 juillet.

Je vous donne, mon cher ami, plus de soins que les plaideurs dont vous rapportez les affaires, et je me flatte que vous aurez égard à mon bon droit contre M. Pascal. J'examine scrupuleusement mes petites *Remarques*, lorsque je relis les épreuves, et je me confirme de plus en plus dans l'opinion que les plus grands hommes sont aussi sujets à se tromper que les plus bornés. Je pense qu'il en est de la force de l'esprit comme de celle du corps; les plus robustes la perdent quelquefois, et les hommes les plus faibles donnent la main aux plus forts quand ceux-ci sont malades. Voilà pourquoi j'ose attaquer Pascal.

Je renvoie à Jore la dernière épreuve, avec une petite addition. Je vous supplie de lui dire d'envoyer sur-le-champ au messager, à l'adresse de Dumoulin, deux exemplaires complets, afin que je puisse faire l'*errata*, et marquer les endroits qui exigeront des cartons. Je prévois qu'il y en aura beaucoup. Je me souviens, entre autres, de cet endroit, à l'article Bacon : *Ses ennemis étaient à Londres ses admirateurs*. Il y a, ou il doit y avoir, dans le manuscrit : *Ses ennemis étaient à la cour de Londres ; ses admirateurs étaient dans toute l'Europe*. De pareilles fautes, quand elles vont à deux lignes, demandent absolument des cartons.

De plus, en voyant le péril approcher, je commence un peu à trembler; je commence à croire trop hardi ce qu'on ne trouvera à Londres

2. *Le Pour et Contre*, ouvrage périodique d'un goût nouveau (par l'abbé Prévost), qui parut de 1733 à 1740, et dont la collection forme vingt volumes in-12. (Éd.)

que simple et ordinaire. J'ai quelques scrupules sur deux ou trois *Lettres* que je veux communiquer à ceux qui savent mieux que moi à quel point il faut respecter ici les impertinences scolastiques; et ce ne sera qu'après leur examen et leur décision que je hasarderai de faire paraître le livre. J'ai écrit déjà à Thieriot, à Londres, d'en suspendre la publication jusqu'à nouvel ordre. Il m'a envoyé la *Préface* qu'il compte mettre au-devant de l'ouvrage; il y aura beaucoup de choses à réformer dans la préface comme dans mon livre : ainsi nous avons, pour le moins, un bon mois devant nous.

Jore, pendant ce temps, peut fort bien imprimer le *Charles XII*. Je vais écrire à notre ami Formont, et le remercier de sa remarque. Je l'avais déjà faite, et je n'ai pas manqué d'envoyer, il y a plus d'un mois, la correction à l'éditeur de Hollande.

Hier, étant à la campagne, n'ayant ni tragédie ni opéra dans la tête, pendant que la bonne compagnie jouait aux cartes, je commençai une *Épître* en vers sur la *Calomnie*, dédiée à une femme très-aimable et très-calomniée[1]. Je veux vous envoyer cela bientôt, en retour de votre *Allégorie*.

Adieu, mon cher ami, il est une heure; je n'ai pas le temps d'écrire à notre cher Formont, cet ordinaire. Vous devriez bien relire avec lui tout l'ouvrage. Adieu,

.......*Animæ dimidium meæ.*
Hor., liv. I, od. 3, v. 8.

CCXXXVI. — A MADAME LA DUCHESSE DE SAINT-PIERRE.

Les lettres charmantes que vous écrivez, madame, et celles qu'on vous envoie, tournent la tête aux gens qui les voient, et donnent une furieuse envie d'écrire. Mais je n'ose plus écrire en prose, depuis que je vois la vôtre et celle de votre amie[2].

Ce style aimable et gracieux,
Et cette prose si polie,
Me font voir que la poésie
N'est pas le langage des dieux.

Je suis réduit à ne vous parler qu'en vers, par vanité; car, si vous et votre amie, vous vous avisiez jamais de faire des vers, je n'oserais plus en faire. Vous avez pris pour vous toutes les grâces de l'esprit et du sentiment; il ne me reste plus que des rimes. Je vous rimerai donc que

Dans l'asile de ma retraite
Je fuyais les chagrins, j'ai trouvé le bonheur;
Occupé sans tumulte, amusé sans langueur,
Je méprise le monde, et je vous y regrette;
L'étude et l'amitié me tiennent sous leur loi;
Sage, heureux à la fois, dans une paix profonde,

1. Mme du Châtelet. (Ép.) — 2. *Id.* (Ép.)

Je bénis mon destin d'être ignoré du monde;
Mais il sera plus doux si vous pensez à moi.

Permettez, madame, que j'assure M. de Forcalquier de mon tendre dévouement.

J'aime sa grâce enchanteresse,
Il parle avec esprit, et pense sagement :
Nos vieux barbons font cas de son discernement,
Et notre brillante jeunesse
Veut imiter son enjouement.
Avec tant d'agréments qui le suivent sans cesse,
N'obtiendra-t-il jamais celui d'un régiment?

CCXXVII. — A M. BAINAST, A ABBEVILLE.

Paris, 5 juillet.

J'ai senti assurément plus de joie, monsieur, en lisant votre lettre, que vous n'en avez eu en lisant le *Temple du Goût*. Votre approbation est bien flatteuse pour moi, et votre amitié m'est encore plus sensible. Je vois avec un plaisir extrême que le temps a augmenté encore toutes les lumières de votre esprit, sans rien diminuer des sentiments de votre cœur. Quel saut nous avons fait, mon cher monsieur, de chez mme Alain dans le *Temple du Goût !* Assurément cette dame Alain ne se doutait pas qu'il y eût pareille église au monde.

Vous me paraissez être très-initié aux mystères de ce temple, mais croiriez-vous bien, monsieur, qu'il y a des schismes dans notre église, et qu'on m'a regardé, à Paris et à Versailles, comme un hérésiarque dangereux, qui a eu l'insolence d'écrire contre les apôtres Voiture, Balzac, Pélisson ? On m'a reproché d'avoir osé dire que la chapelle de Versailles est trop longue et trop étroite; et, enfin, on m'a empêché de faire imprimer à Paris la véritable édition de ce petit ouvrage, qu'on vient de publier en Hollande.

Ce que vous avez vu n'est qu'une petite esquisse, assez mal croquée, du tableau que j'ai fait un peu plus en grand. Je voudrais vous envoyer un exemplaire de la véritable édition d'Amsterdam; mais je n'ai pas encore eu le crédit d'en pouvoir faire venir pour moi. Dès qu'il m'en sera venu, je ne manquerai pas de vous en adresser un avec un exemplaire d'une nouvelle édition de la *Henriade*, qui vient de paraître. Je vous avoue que la *Henriade* est mon fils bien-aimé, et que, si vous avez quelques bontés pour lui, le père sera bien sensible.

Adieu, mon cher camarade, mon ancien ami; je suis comblé de joie de ce que vous vous êtes souvenu de moi, je vous embrasse de tout mon cœur, et suis bien véritablement, etc.

CCXXVIII. — A M. DE CIDEVILLE.

14 juillet.

Les vingt-quatre *Lettres* sont déjà imprimées à Londres, et j'attends, pour y envoyer la vingt-cinquième, que notre ami Jore, notre très-incorrect Jore, ait achevé cette besogne. L'attention que vous me marquez sur cela est une des plus précieuses marques de votre amitié.

Le *Pour et Contre*, dont je vous ai parlé, n'est point de l'abbé Desfontaines; il est réellement du bénédictin défroqué auteur de *Cléveland* et des *Mémoires d'un homme de qualité*. Je lui pardonne d'avoir dit un peu de mal de *Zaïre*, puisque vous en avez fait l'éloge.

Ne vous étonnez pas que je sache confondre
Un petit mal dans un grand bien.

J'ai grande envie de voir ce tome du *Journal* où vous avez mis un monument de votre amitié. Je regarde d'ailleurs ce petit écrit de vous comme une lettre de ma maîtresse, que l'on aura fait imprimer.

Je viens de recevoir une lettre du philosophe Formont; il n'est pas d'avis que j'argumente, cette fois-ci, contre Pascal. Mais le livre était trop court, et d'ailleurs, si je déplais aux fous de jansénistes, j'aurai pour moi ces bougres de révérends pères.

Sæpe, premente deo, fert deus alter opem.
Ovid., *Trist.*, liv. I, el. II, v. 4.

Vale, et amantem tui semper ama.

On répète à la Comédie-Française une *Pélopée* de l'abbé Pellegrin, et aux Italiens une comédie intitulée : *le Temple du Goût*[1], où votre serviteur est, dit-on, honnêtement drapé. Je veux faire une bibliothèque des petits ouvrages que l'on a faits contre moi; mais la bibliothèque serait trop mauvaise.

Il y a ici une haute-contre, nommée Jéliotte, qui est étonnante. Notre petit Tribon est enterré, de cette affaire-là. Pour Mlle Pélissier, elle se soutient encore, attendu que le chevalier de Brassac la f... trois coups toutes les nuits. On dit que cela fait beaucoup de bien à la voix des femmes.

CCXXIX. — A M. THIERIOT, A LONDRES.

Paris, le 14 juillet.

Je reçois, mon cher ami, votre lettre et votre *Préface*. Je vous parlerai d'abord du petit livre dont vous êtes l'éditeur. Il m'avait paru plus convenable d'y ajouter des réflexions sur les *Pensées de M. Pascal*, que d'y confondre une préface de tragédie. Je suis persuadé que ces critiques de M. Pascal, qui contiennent environ six feuilles d'impression, seront mieux reçues qu'une nouvelle édition du *Temple du Goût*. De plus, les libraires peuvent imprimer le *Temple du Goût* sans vous, au lieu qu'ils ne peuvent tenir que de vous la critique des *Pensées de M. Pascal*, petit ouvrage assez intéressant, et qui doit vous procurer encore du bénéfice, à proportion de la curiosité qu'une nation pensante doit avoir pour une entreprise aussi hardie que celle d'écrire contre un homme comme Pascal, que les petits esprits osent à peine examiner. C'est donc uniquement dans cette idée que j'ai revu cette

1. En un acte, en vers, par Romagnési et Riccoboni. (ÉD.)

petite critique, que je l'ai corrigée, et que je la fais imprimer; j'en attends actuellement les deux dernières feuilles, et je vous enverrai le tout à l'instant que je l'aurai reçu. Je vous supplie donc de tout suspendre jusqu'à la réception de ce paquet; alors vous conformerez votre préface aux choses que contiendra votre volume; et, si vous m'en croyez, vous garderez l'édition du *Temple du Goût*, pour la joindre à mes petites pièces fugitives dans un an ou deux.

Je ne peux réserver l'impression de mon petit Anti-Pascal pour une seconde édition, parce que, si l'on doit crier, j'aime bien mieux qu'on crie contre moi une fois que deux, et qu'après avoir parlé si hardiment dans mes *Lettres anglaises*, venir encore attaquer le défenseur de la religion, et renouveler les plaintes des bigots, ce serait s'exposer à deux persécutions dont la dernière pourrait être d'autant plus dangereuse que la première ne sera pas sans doute sans une défense expresse d'écrire sur ces matières, comme on défendit à la comtesse de Pimbêche *de plaider de sa vie*.

Ma seconde raison est que ceux qui auraient acheté la première édition, qui se vendra assez cher, seraient très-fâchés d'être obligés de l'acheter une seconde fois, pour une petite augmentation; et que les misérables insectes du Parnasse ne manqueraient pas de dire que c'est un artifice pour faire acheter deux fois le même livre bien cher.

Ma troisième raison est que la chose est faite, et qu'il faut en passer par là.

A l'égard de la petite pièce de vers à Mlle Sallé, je pense qu'il la faut sacrifier aussi dans un ouvrage tel que celui-ci, où les choses philosophiques l'emportent de beaucoup sur celles d'agrément, et où la littérature n'est traitée que comme un objet d'érudition. De plus, la petite *Épître à Mlle Sallé* ayant déjà été imprimée, pourquoi la donner encore dans un ouvrage qui n'est pas fait pour elle? Tenez-vous-en donc, je vous en supplie, aux *Lettres* et à l'Anti-Pascal. Cela fera un livre d'une grosseur raisonnable, sans qu'il y ait rien de hors d'œuvre. Je vous prierai aussi, lorsque votre édition anti-pascalienne sera faite, ce qui est l'affaire de huit jours, d'en dire un petit mot dans votre *Préface*. Je crois qu'il faudra que vous accourcissiez le commencement, et que vous ne disiez pas que *mon ouvrage se a content de sa fortune, si*, etc. Je voudrais aussi moins d'affectation à louer les Anglais. Surtout ne dites pas que *j'écrivis ces lettres pour tout le monde*, après avoir dit, quatre lignes plus haut, que je les ai faites pour vous. D'ailleurs, je suis très-content de votre manière d'écrire; et aussi satisfait de votre style que honteux de mériter si peu vos éloges.

On joue à la Comédie-Italienne le *Temple du Goût*. La malignité y fera aller le monde quelques jours et la médiocrité de l'ouvrage le fera ensuite tomber de lui-même. Il est d'un auteur inconnu et corrigé par Romagnesi, auteur connu, et qui écrit comme il joue. Si Aristophane a joué Socrate, je ne vois pas pourquoi je m'offenserais d'être barbouillé par Romagnesi. Les dérangements que nos préparatifs pour une guerre prétendue font dans les fortunes des particuliers, me feront plus de tort que les Romagnesi et les Lelio[1] ne me feront de mal; mais un peu de philosophie et votre amitié me font mépriser mes ennemis et mes pertes.

CCXXX. — A M. LE COMTE DE CAYLUS.

Juillet.

Je vais vous obéir avec exactitude, monsieur; et, si l'on peut mettre un carton à l'édition d'Amsterdam, il sera mis, n'en doutez pas. Je préfère le plaisir de vous obéir à celui que j'avais de vous louer. Je n'ai pas cru qu'une louange si juste pût vous offenser. Vos ouvrages sont publics; ils honorent les cabinets des curieux; mes portefeuilles en sont pleins; votre nom est à chacune de vos estampes; je ne pouvais deviner que vous fussiez fâché que des ouvrages publics, dont vous vous honorez, fussent loués publiquement.

Les noirceurs que j'ai essuyées sont aussi publiques et aussi incontestables que le reste; mais il est incontestable aussi que je ne les ai pas méritées, que je dois plaindre celui qui s'y abandonne et lui pardonner, puisqu'il a su s'honorer de vos bontés, et vous cacher les scélératesses dont il est coupable. C'est pour la dernière fois que je parlerai de sa personne : pour ses ouvrages, je n'en ai jamais parlé. Je souhaite qu'il devienne digne de votre bienveillance. Il me semble qu'il n'y a que des hommes vertueux qui doivent être admis dans votre commerce. Pour moi, j'oublierai les horreurs dont cet homme m'accable tous les jours si je peux obtenir votre indulgence. J'ai l'honneur d'être, monsieur, avec tous les sentiments respectueux que j'ai toujours eus pour vous, etc.

CCXXXI. — A M. THIERIOT, A LONDRES.

Paris, 24 juillet.

Je ne suis pas encore tout à fait logé; j'achevais mon nid, et j'ai bien peur d'en être chassé pour jamais. Je sens, de jour en jour, et par mes réflexions et par mes malheurs, que je ne suis pas fait pour habiter en France. Croiriez-vous bien que monsieur le garde des sceaux me persécute pour ce malheureux *Temple du Goût*, comme on aurait poursuivi Calvin pour avoir abattu une partie du trône du pape? Je vois heureusement qu'on verse en Angleterre un peu de baume sur les blessures que me fait la France. Remerciez, je vous en prie, de ma part, l'auteur du *Pour et Contre*[2] des éloges dont il m'a honoré. Je suis bien aise qu'il flatte ma vanité, après avoir si souvent excité ma sensibilité par ses ouvrages. Cet homme-là était, fait pour me faire éprouver tous les sentiments.

Vous me ferez le plus sensible plaisir du monde de retarder, autant que vous pourrez, la publication des *Lettres anglaises*. Je crains bien que, dans les circonstances présentes, elles ne me portent un fatal

---

1. Louis Riccoboni, connu sous le nom de *Lelio*, acteur de la troupe des Italiens. (Éd.)
2. L'abbé Desfontaines. (Id.) — L'abbé Prévost. (Id.)

contre-coup. Il y a des temps où l'on fait tout impunément; il y en a d'autres où rien n'est innocent. Je suis actuellement dans le cas d'éprouver les rigueurs les plus injustes, sur les sujets les plus frivoles. Peut-être dans deux mois d'ici je pourrai faire imprimer l'*Alcoran*. Je voudrais que toutes les criailleries, d'autant plus aigres qu'elles sont injustes, sur le *Temple du Goût*, fussent un peu calmées avant que les *Lettres anglaises* parussent. Donnez-moi le temps de me guérir pour me rebattre contre le public. A la bonne heure, qu'elles soient imprimées en anglais; nous aurons le temps de recueillir les sentiments du public anglais, avant d'avoir fait paraître l'ouvrage en français. En ce cas, nous serons à temps de faire des cartons, s'il est besoin pour le bien de l'ouvrage, et de faire agir ici mes amis pour le bien de l'auteur. Surtout, mon cher Thieriot, ne manquez pas de mettre expressément dans la préface que ces *Lettres* vous ont été écrites, pour la plupart, en 1728. Vous me direz que la vérité. La plupart furent en effet écrites vers ce temps-là, dans la maison [1] de notre cher et vertueux ami Falkener. Vous pourrez ajouter que le manuscrit ayant couru et ayant été traduit, ayant même été imprimé en anglais et étant près de l'être en français, vous avez été indispensablement obligé de faire imprimer l'original, dont on avait déjà la copie anglaise.

Si cela ne me disculpe pas auprès de ceux qui veulent me faire du mal, j'en serai quitte pour prévenir leur injustice et lever mauvaise volonté par un exil volontaire, et je bénirai le jour qui me rapprochera de vous. Plût au ciel que je pusse vivre avec mon cher Thieriot, dans un pays libre! ma santé seule m'a retenu jusqu'ici à Paris.

Je vais faire transcrire pour vous l'opéra [2], *Ériphyle*, *Adélaïde*; je vous enverrai aussi une *Épître sur la Calomnie*, adressée à Mme du Châtelet. A propos d'épître, dites à M. Pope que je l'ai très-bien reconnu « in his *Essay on Man*; 'tis certainly his style. Now and then there is « some obscurity; but the whole is charming. »

Je crois que vous verrez, dans quelques mois, le marquis Maffei, qui est le Varron et le Sophocle de Vérone. Vous serez bien content de son esprit et de la simplicité de ses mœurs. J'attends de vos nouvelles.

CCXXXII. — A M. DE CIDEVILLE.

Ce dimanche, 26 juillet.

J'aurais dû répondre plus tôt, mon cher ami, à votre charmante lettre, dans laquelle vous me parlez avec tant de prudence, d'amitié et d'esprit. J'attendais de jour en jour le paquet que .... et j'espère que j'aurai du moins deux mois pour prendre mon parti. Il y a des temps où l'on peut impunément faire les choses les plus hardies; il y en a d'autres où ce qu'il y a de plus simple et de plus innocent devient dangereux et criminel. Y a-t-il rien de plus fort que les *Lettres persanes*? y a-t-il un livre où l'on ait traité le gouvernement et la religion avec moins de ménagement? Ce livre, cependant, n'a produit autre chose que de faire entrer son auteur dans la troupe nommée

1. A Wandsworth, d'où est datée la lettre. (Éd.) — 2. *Tanis et Zélide*. (Éd.)

Académie française. Saint-Évremont a passé sa vie dans l'exil pour une lettre qui n'était qu'une simple plaisanterie[1]. La Fontaine a vécu paisiblement sous un gouvernement cagot. Il est mort, à la vérité, comme un sot, mais au moins dans les bras de ses amis. Ovide a été exilé et est mort chez les Scythes. Il n'y a qu'heur et malheur en ce monde. Je tâcherai de vivre à Paris comme La Fontaine, de mourir moins sottement que lui et de n'être point exilé comme Ovide.

Je ne veux pas assurément, pour trois ou quatre feuilles d'impression, me mettre hors de portée de vivre avec mon cher de Cideville. Je sacrifierais tous mes ouvrages pour passer mes jours avec lui. La réputation est une fumée, l'amitié est le seul plaisir solide.

Je n'ai pas un moment, mon cher ami. Je suis circonvenu d'affaires, d'ouvriers, d'embarras et de maladies. Je ne suis pas encore fixé dans mon petit ménage; c'est ce qui fait que je vous écris en courant. J'embrasse notre philosophe Formont. Je n'ai pas encore eu le temps de lui écrire.

Adieu. Je ne sais pas encore si Linant sera un grand poëte; mais je crois qu'il sera un très-honnête et très-aimable homme.

CCXXXIII. — A M. DE FORMONT.

A Paris, vis-à-vis Saint-Gervais, ce 26 juillet.

Je compte, mon cher Formont, envoyer par Jore, à mes deux amis et à mes deux juges de Rouen, de gros ballots de vers de toute espèce; mais il faut, en attendant, que je prenne quelques leçons de prose avec vous. Je ne crois pas que nos *Lettres anglaises* effrayent si tôt les cagots. Je suis bien aise de les tenir prêtes, pour les lâcher quand cela sera indispensable; mais j'attendrai que les esprits soient préparés à les recevoir et je prendrai avec le public

.....Faciles *aditus* et mollia *fandi*
Tempora............ ....
Virg., *Énéid.*, liv. IV, v. 293.

Je vous prierai cependant de les relire. Je crois qu'après un mûr examen de votre part vous taillerez bien de la besogne à Jore, et qu'il nous faudra bien des cartons. Nous serons à peu près du même avis sur le fond des choses. Il n'y aura que la forme à corriger : car, en vérité, mon cher métaphysicien, y a-t-il un être raisonnable qui, pour peu que son esprit n'ait pas été corrompu dans ces révérendes Petites-Maisons de théologie, puisse sérieusement s'élever contre M. Locke ? Qui osera dire qu'*il est impossible que la matière puisse penser ?*

Quoi ! Malebranche, ce sublime fou, dira que nous ne sommes sûrs de l'existence des corps que par la foi, et il ne sera pas permis de dire que nous ne sommes sûrs de l'existence des substances pures et spirituelles que par la foi ! Ce qui a trompé Descartes, Malebranche, et tous les autres sur ce point, c'est une chose réellement très-vraie : c'est que nous sommes beaucoup plus sûrs de la vérité de nos sentiments et

---

1. *Lettre au maréchal de Créqui sur le Traité des Pyrénées.* (ÉD.)

de nos pensées, que de l'existence des objets extérieurs; mais, parce que nous sommes sûrs que nous pensons, sommes-nous sûrs, pour cela, que nous sommes autre chose que matière pensante?

Je ne crois pas que le petit nombre de vrais philosophes qui, après tout, font seuls à la longue la réputation des ouvrages, me reprochent beaucoup d'avoir contredit Pascal. Ils verront, au contraire, combien je l'ai ménagé; et les gens circonspects me sauront bon gré d'avoir passé sous silence le chapitre des *miracles* et celui des *prophéties*, deux chapitres qui démontrent bien à quel point de faiblesse les plus grands génies peuvent arriver, quand la superstition a corrompu leur jugement. Quelle belle lumière que Pascal, éclipsé par l'obscurité des choses qu'il avait embrassées! En vérité, les prophéties qu'il cite ressemblent à Jésus-Christ comme au grand Thomas; et cependant, à la faveur de la vaine apparence d'un sens forcé, un génie tel que lui prend toutes ces vessies pour des lanternes.

O mentes hominum ! o quantum est in rebus inane !
Pers., sat. 1, v. 1.

Et moi, plus *inanis* cent fois que tout cela, d'avoir hasardé le repos de ma vie pour la frivole satisfaction de dire des vérités à des hommes qui n'en sont pas dignes! Que vous êtes sage, mon cher Formont! vous cultivez en paix vos connaissances. Accoutumé à vos richesses, vous ne vous embarrassez pas de les faire remarquer; et moi je suis comme un enfant qui va montrer à tout le monde les hochets qu'on lui a donnés. Il serait bien plus sage, sans doute, de réprimer la démangeaison d'écrire, qu'il n'est même honorable d'écrire bien. Heureux qui ne vit que pour ses amis! malheureux qui ne vit que pour le public! Après toutes ces belles et inutiles réflexions, je vous prie, ou vous, ou notre ami Cideville, de serrer sous vingt clefs ce magasin de scandale que Jore vient d'imprimer, et qu'il n'en soit pas fait mention jusqu'à ce qu'on puisse scandaliser les gens impunément.

Voilà une *Pélopée*, de l'abbé Pellegrin, qui réussit. *O tempora ! o mores !* et cependant les bénédictins impriment toujours de gros *in-folio*, avec les preuves. Nous sommes inondés de mauvais vers et de gros livres inutiles. Mon cher Formont, croyez-moi, j'aime mieux deux ou trois conversations avec vous, que la bibliothèque de Sainte-Geneviève. Adieu; aimez-moi; écrivez-moi souvent; vous n'avez rien à faire.

CCXXXIV. — A M. THIERIOT.
Ce 28 juillet.

Je reçois, ce mardi 28 juillet, votre lettre du 23. Premièrement, je me brouille avec vous à jamais, et vous m'outragez cruellement, si vous me cachez ceux qui vous ont pu mander l'impertinente calomnie dont vous parlez. Je ne veux pas assurément leur faire de reproches; je veux seulement les désabuser. Il y va de mon honneur, et il est du vôtre de me dire à qui je dois m'adresser, pour détruire ces lâches et infâmes faussetés.

Je n'ai point vu le garde des sceaux; mais j'apprends, dans l'instant, qu'il a écrit au premier président de Rouen, dans la fausse supposition que les *Lettres anglaises* s'impriment à Rouen. Je suis menacé cruellement de tous les côtés. Si vous m'aimez, mon cher Thieriot, vous reculerez tant que vous pourrez l'édition française. Je suis perdu si elle paraît à présent. Ne rompez pas pour cela vos marchés; au contraire, faites-les meilleurs, et tirez quelque profit de mon ouvrage. Je vous jure que c'en est pour moi la plus flatteuse récompense. A l'égard du *Temple du Goût*, dites de ma part, mon cher ami, au tendre et passionné auteur de *Manon Lescaut*, que je suis de votre avis et du sien sur les retranchements faits au *Temple du Goût*. Ah! mon ami, mériterais-je votre estime, si j'avais, de gaieté de cœur, retranché Mlle Le Couvreur et mon cher Maisons? Non, ce n'est assurément que malgré moi que j'avais sacrifié des sentiments qui me seront toujours si chers. Ce n'était que pour obéir aux ordres du ministère; et, après avoir obéi, après avoir gâté en cela mon ouvrage, on en a suspendu l'édition à Paris; et, pour comble d'ignominie, on a permis, dans le même temps, que l'on jouât chez les farceurs italiens une critique de mon ouvrage que le public a vue par malignité, et qu'il a méprisée par justice. Ce n'est pas tout : je ne suis pas sûr de ma liberté; on me persécute; on me fait tout craindre, et pourquoi? pour un ouvrage innocent, qui un jour sera regardé assurément d'un œil bien différent. On me rendra un jour justice, mais je serai mort; et j'aurai été accablé, pendant ma vie, dans un pays où je suis peut-être, de tous les gens de lettres qui paraissent depuis quelques années, le seul qui mette quelque prescription à la barbarie.

Adieu, mon cher ami. C'est bien à présent que je dois dire :

Frange, miser, calamos, vigilataque carmina dele.
Juven., sat. vii, v. 27.

CCXXXV. — A M. DE CIDEVILLE.
Ce mardi au soir, 28 juillet.

Je reçois votre lettre, charmant ami; j'avais déjà pris mes précautions pour l'Angleterre, où tout doit être retardé. Je comptais que l'édition de Rouen était tout entière entre vos mains, et en celles de Formont. Il y a deux jours que j'attends Jore à tous moments; il est à Paris, à ce que je viens d'apprendre; mais il n'a point couché cette nuit chez lui, et je ne l'ai point vu. J'ai bien peur qu'il n'ait couché

Dans cet affreux château, palais de la vengeance,
Qui renferme souvent le crime et l'innocence.
Henriade, ch. IV, v. 455.

Cela est très-vraisemblable. Cet étourdi-là devait bien au moins débarquer chez moi; je lui aurais dit de quoi il est question. S'il est où vous savez, il faudra que je déguerpisse, attendu que je n'aime pas les confrontations, et que j'ai de l'aversion pour les châteaux. Mandez-moi, mon cher ami, ce qu'est devenu le scandaleux magasin, et si vous savez quelques nouvelles du premier président et de Desforges. Écrivez toujours à l'adresse ordinaire.

Je vais gronder notre Linant; mais, en vérité, c'est l'homme du monde le moins propre à se mêler de faire raccommoder un éventail. Dieu veuille qu'il se tire heureusement du très-beau sujet que je lui ai donné ! J'ai eu beaucoup de peine à le détacher de son Sabinus, qui sortait de sa grotte pour venir se faire pendre à Rome. J'ai imaginé une fable bien plus intéressante, à mon gré, et bien plus théâtrale, en ce qu'elle ouvre un champ bien plus vaste aux combats des passions. Je crois qu'il vous aura envoyé le plan; du moins il m'a dit qu'il n'y manquerait pas. Il vous doit, comme moi, un compte exact de ses pensées, et nous disputons tous deux à qui pense le plus tendrement pour vous.

CCXXXVI. — AU MÊME.

Ce dimanche, 2 août.

Vous n'avez cru peut-être *embastillé*, mon cher ami. J'étais bien pis; j'étais malade, et je le suis encore. Il n'y a que vous dans le monde à qui je puisse écrire, dans l'état où je suis.

Je vais me rendre tout entier à *Adélaïde*, dès que j'aurai un rayon de santé. Je n'ose vous envoyer mon *Épître à Émilie sur la Calomnie*, parce qu'Émilie me l'a défendu; et que, si vous m'aviez défendu quelque chose, je vous obéirais assurément. Je lui demanderai la permission de faire une exception pour vous. Si elle vous connaissait, elle vous enverrait l'épître écrite de sa main; elle verrait bien que vous n'êtes pas fait pour être compris dans les règles générales; elle penserait sur vous comme moi.

Vous savez qu'on a imprimé le *Temple du Goût* en Hollande, de la nouvelle fabrique. Il y a quelques pierres du premier édifice que je regrette beaucoup; et un jour je compte bien faire, de ces deux bâtiments un *Temple* régulier, qu'on imprimera à la tête de mes petites pièces fugitives, lesquelles, par parenthèse, je fais actuellement transcrire pour vous et pour Formont. Je les corrige à mesure; mais je regrette de mettre moins de temps à les corriger que mon copiste à les écrire.

Paris est inondé d'ouvrages pour et contre le *Temple*; mais il n'y a eu rien de passable. Notre abbé fait sur cela un petit ouvrage qui vaudra mieux que tout le reste, et qui, je crois, fera beaucoup d'honneur à son cœur et à son esprit. Nous allons le faire copier pour vous l'envoyer; car l'abbé et moi, nous vous devons, mon cher Cideville, les prémices de tout ce que nous faisons. Il est bien mal logé chez moi; mais d'ailleurs je me flatte qu'il ne se repentira pas de m'avoir préféré au collège. Il va incessamment vous faire une tragédie; il bégaye comme l'abbé Pellegrin; il n'a guère plus de culottes, et il est abbé comme lui, mais il faut croire qu'il sera meilleur poète.

Dites donc à notre philosophe Formont qu'il m'envoie quelque leçon de philosophie de sa main. Et votre *Allégorie*? Adieu, je vous embrasse.

CCXXXVII. — A M. THIERIOT.

Ce 5 août.

Je vous regarderais comme l'homme du monde le plus barbare et le lus incapable d'humanité, si je ne savais que vous êtes le plus faible. Je suis réduit à la dure nécessité de penser, ou que vous avez voulu séparer votre cause de la mienne, et vous faire un mérite de me manquer, en prenant pour prétexte la fable dont vous me parlez, ou que vous avez eu la misérable faiblesse de la croire.

Est-il possible qu'après vingt années d'une amitié telle que je l'ai eue pour vous, et dans les circonstances où je suis, vous ayez pu penser que je sois capable d'avoir dit la sottise lâche et absurde que vous m'imputez? Moi avoir dit que vous m'avez *volé mon manuscrit!* Avez-vous eu assez de faiblesse pour le croire? M. le garde des sceaux, M. Rouillé, M. Hérault, M. Pallu, M. le cardinal, ont mes lettres, qui prouvent le contraire, et qui font bien foi que, si vous vous êtes chargé de l'édition de ce livre, ç'a été de mon consentement. J'ai dit, j'ai écrit que je vous en avais chargé moi-même. Il est vrai que, lorsque les calomniateurs ont osé dire que j'avais fait imprimer ce livre à Londres pour en tirer beaucoup d'argent, mes amis ont répondu qu'il n'y avait pas eu plus de cent louis de profit, et que je vous l'avais entièrement abandonné pour la peine que vous deviez prendre de cette édition (si mal faite). Parlez à M. Rouillé, parlez à M. Hérault, à M. d'Argental, à tous ceux qui sont au fait de cette affaire, et vous verrez combien l'imputation d'avoir dit que *vous m'aviez volé mon manuscrit* est une calomnie insigne. Mais je veux que des personnes de considération, trompées, je ne sais comment, aient pu vous avoir fait un rapport aussi faux et aussi indigne : n'était-il pas du devoir de l'amitié de m'écrire, sur-le-champ, pour vous en éclaircir? Vous me deviez bien au moins cette reconnaissance; vous deviez cet éclaircissement à vingt années d'une liaison étroite, à votre honneur, et au mien. Deux vieux amis qui se brouillent se déshonorent; et vous, qui deviez aller au-devant de ces lâches soupçons, par tant de raisons; vous, qui disiez que vous veniez à Paris pour me voir; vous qui, après tout, avez seul eu quelque avantage d'une affaire qui m'a rendu le plus malheureux homme du monde, vous êtes un mois sans m'écrire, et vous oubliez assez tous les devoirs pour parler de moi d'une manière désagréable. Je vous avoue que, si quelque chose m'a touché dans mon malheur, c'est un procédé si étrange. Je ne serais pas étonné que la même paresse et que la même légèreté de caractère, qui vous a fait à Londres négliger la révision même de cette édition, qui vous a empêché de m'envoyer les journaux et de me donner les avis nécessaires, vou eût empêché aussi de m'écrire, depuis que vous êtes à Paris; mais pousser ce procédé jusqu'à faire gloire d'être mal avec moi, voilà ce que je n peux croire. Je veux donner un démenti à ceux qui le disent, comme je le donne à ceux qui m'ont calomnié sur votre compte. Si jamais nous av ns dû être unis, c'est dans un temps où une affaire qui nous est en partie commune a fait ma perte. Il est de votre honneur d'être mon ami, et mon cœur s'accorde, en cela, avec votre devoir. Je n'ai fait aucune prière au ministère, mais j'en fais à l'amitié. Je fais plus de cas de la vertu que des puissances, et je mérite que vous m'aimiez, que vous rougissiez de votre procédé, et que vous me défendiez contre la calomnie, qui ose m'attaquer jusque dans vous-même.

CCXXXVIII. — A M. DE CIDEVILLE.

14 août.

Il y a bien longtemps, mon charmant ami, que je ne réponds qu'en *vile prose* à vos agaceries poétiques, qui ont si fort l'air des lettres de Chaulieu, de Ferrand, ou de La Faye.

Mais une triste maladie,
Des affaires le poids fatal,
Ont longtemps ma voix affaiblie ;
Je ne chante plus qu'Émilie :
Encor la chanté-je bien mal.

J'ai montré à Émilie votre ingénieuse lettre ; Émilie a répondu comme Benserade à Dangeau, au nom des filles de la reine :

« Vous demandez si bien qu'on ne peut refuser. »

Elle m'a donc donné la permission de vous envoyer les vers en question, à condition que vous les renverrez sans les avoir copiés. Je suis sûr que vous serez fidèle, car c'est l'amitié qui vous fait savoir les ordres de la beauté. Elle a été extrêmement contente de ces vers de votre façon :

Je l'adore comme les dieux,
Qu'on invoque sans les connaître.

Permettez-moi, s'il vous plaît, d'ajouter à cette pensée :

Une petite différence
Est entre Émilie et les dieux ;
C'est que plus on s'informe d'eux,
Et moins alors on les encense.
Mais celle que vous adorez
Mérite un peu mieux votre hommage ;
Sachez que, quand vous la verrez,
Vous l'invoquerez davantage.

Quelle est donc, me direz-vous, cette divinité ? Est-ce quelque Mme de La Rivaudaie ? est-ce une personne en l'air ? Non, mon cher Cideville :

Je vais, sans vous dire son nom,
Satisfaire un peu votre envie ;
Voici ce que c'est qu'Émilie :
Elle est belle, et sait être amie ;
Elle a l'imagination
Toujours juste et toujours fleurie ;
Sa vive et sublime raison

Quelquefois a trop de saillie ;
Elle a chassé de sa maison
Certain enfant tendre et fripon,
Mais retient la coquetterie ;
Elle a, je vous jure, un génie
Digne d'Horace et de Newton,
Et n'en passe pas moins sa vie
Avec le monde qui l'ennuie
Et des banquiers de pharaon.

Je vais lui montrer ce portrait-là, et je vous réponds qu'il est si vrai, qu'elle est la seule qui ne s'y reconnaîtra pas. Pour moi, qui lui suis attaché à proportion de son mérite, ce qui veut dire infiniment,

Ne croyez pas qu'un tel hommage
Soit l'effet d'un peu trop d'ardeur ;
L'amour serait votre partage,
A moi n'appartient tant d'honneur.
Grands dieux (s'il en est d'autres qu'elle) !
Ayez de moi quelque pitié ;
Écartez une ardeur cruelle
Qui corromprait mon amitié !
Jamais l'amitié ne s'altère ;
Elle rend sagement heureux,
Sans emportement, sans mystère.
L'Amour aurait plus de quoi plaire ;
Mais c'est un fou trop dangereux :
On a des moments si fâcheux
Avec gens de ce caractère !

Adieu ; vous êtes Émilie en homme, et elle est Cideville en femme. Notre ami Formont m'a écrit une lettre sur Locke, dans laquelle je crois qu'il ne s'est pas assez souvenu des sentiments de ce philosophe. Je veux lui écrire sur cet article.

Pardon, aimable Cideville ; je ne vous écris point de ma main ; mais je suis si malade qu'il n'y a que mon cœur en vie.

Renvoyez l'*Épître* à Émilie ; vous verrez que je hais Rousseau ; mais qui ne sait pas haïr ne sait pas aimer.

CCXXXIX. — A M. L'ABBÉ DE SADE.

A Paris, le 29 août.

Ainsi donc vous quittez Paris,
Les belles et les beaux esprits,
Vos études, vos espérances,
Pour aller dans le doux pays
Des *agnus* et des indulgences.

Votre lettre, monsieur, pouvait seule me dédommager de votre charmante conversation. La divine Émilie savait combien je vous étais attaché, et sait à présent combien je vous regrette. Elle connaît ce que vous valez, et elle mêle ses regrets aux miens. C'est une femme que l'on ne connaît pas; elle est assurément bien digne de votre estime et de votre amitié. Regardez-moi comme son secrétaire; écrivez-lui et écrivez-moi, malgré les amusements que vous donnent les femmes d'Avignon.

Au portrait que vous faites des hommes et des femmes du petit comtat de Papimanie,

   Je vois que le grand d'Assouci
   Eût aujourd'hui mal réussi;
   Car, hélas! qu'aurait-il pu faire,
   Avec son luth et ses chansons,
   Auprès de vos vilains giffons
   Et des déesses de Cythère?
   Le pauvre homme, alors confondu,
   Eût quitté le rond pour l'ovale,
   Et se fût à la fin rendu
   Hérétique en terre papale.

Pour moi, monsieur, je ne crains point d'être brûlé dans les terres du saint-père, comme vous voulez me le faire appréhender; vous savez que l'*Épître à Uranie* n'est pas de moi. D'ailleurs, je craindrais plus pour l'auteur de *la Henriade*, où les papes sont mal placés, que pour l'auteur de l'épître, où il n'est question que de la religion; mais, quoi qu'il en soit, je ferais hardiment le voyage de Rome, persuadé qu'avec beaucoup de louis d'or, et nulle dévotion, je serais très-bien reçu.

   Nous ne sommes plus dans les temps
   D'une ignorante barbarie,
   Où l'on faisait brûler les gens
   Pour un peu de philosophie;
   Aujourd'hui les gens de bon sens
   Ne sont brûlés qu'en l'autre vie.

On a déjà enlevé, à Londres, la traduction anglaise de mes *Lettres*[1]. C'est une chose assez plaisante que la copie paraisse avant l'original; j'ai heureusement arrêté l'impression du manuscrit français, craignant beaucoup plus le clergé de la cour de France que l'Église anglicane.

Vous me demandez l'*Épître à Émilie*; mais vous savez bien que c'est à la divinité même, et non à l'un de ses prêtres, qu'il faut vous adresser, et que je ne peux rien faire sans ses ordres. Vous devez croire qu'il est impossible de lui désobéir. Vous avez bien raison de dire que vous auriez voulu passer votre vie auprès d'elle. Il est vrai qu'elle aime un peu le monde.

   Cette belle âme est une étoffe
   Qu'elle brode en mille façons;
   Son esprit est très-philosophe,
   Et son cœur aime les pompons.

[1] Les *Lettres philosophiques*. (Éd.)

« Mais les pompons et le monde sont de son âge, et son mérite est au-dessus de son âge, de son sexe, et du nôtre.

J'avouerai qu'elle est tyrannique :
Il faut, pour lui faire sa cour,
Lui parler de métaphysique,
Quand on voudrait parler d'amour.

Mais moi, qui aime assez la métaphysique, et qui préfère l'amitié d'Émilie à tout le reste, je n'ai aucune peine à me contenir dans mes bornes.

Ovide autrefois fut mon maître,
C'est à Locke aujourd'hui de l'être.
L'art de penser est consolant,
Quand on renonce à l'art de plaire.
Ce sont deux beaux métiers vraiment,
Mais où je ne profitai guère.

J'aurais du moins fait quelque profit dans l'art de penser, entre Émilie et vous; j'aurais été l'admirateur de tous deux; je n'aurais jamais été jaloux des préférences que vous méritez. J'aurais dit de sa maison, comme Horace de celle de Mécène :

Nil mi officit unquam,
Ditior hic, aut est quia doctior; est locus uni-
Cuique suus.
liv. I, sat. IX, v. 50.

Mais vous allez courir à Avignon; Émilie est toujours à la cour, et cette divine abeille va porter son miel aux bourdons de Versailles. Pour moi, je reste presque toujours dans ma solitude, entre la poésie et la philosophie.

Je connais fort M. de Caumont de réputation, et c'en est assez pour l'aimer. Si je peux me flatter de votre suffrage et du sien,

Sublimi feriam sidera vertice.
Hor., liv. 1, od. 1.

Adieu, le papier me manque. *Vale.*

CCXI. — A M. JACOB VERNET, A GENÈVE.

Paris, 14 septembre.

Votre conversation, monsieur, me fit extrêmement désirer d'avoir avec vous un commerce suivi. Je vois avec une satisfaction extrême que vous n'êtes pas de ces voyageurs qui visitent en passant les gens de lettres, comme on va voir des statues et des tableaux, pour satisfaire une curiosité passagère. Vous me faites sentir tout le prix de votre correspondance, et je vous dis déjà, sans aucun compliment, que vous avez en moi un ami ; car sur quoi l'amitié peut-elle être fondée, si ce n'est sur l'estime et sur le rapport des goûts et des sentiments? Vous m'avez paru un philosophe pensant librement et parlant sagement; vous méprisez d'ailleurs ce style efféminé, plein d'affèterie et vide de choses, dont les frivoles auteurs de notre Académie française ont énervé notre langue. Vous aimez le vrai, et le style mâle qui seul appartient au vrai. Puis-je avec cela ne pas vous aimer? C'est pour le style impertinent, dont la France est inondée aujourd'hui, qu'il ne faut point d'indulgence; car on ramène les hommes au bon sens sur ces bagatelles. Mais, en fait de religion, nous avons, je crois, vous et moi, de la tolérance, parce qu'on ne ramène jamais les hommes sur ce point. Je passe tout aux hommes, pourvu qu'ils ne soient pas persécuteurs. J'aimerais Calvin, s'il n'avait pas fait brûler Servet; je serais serviteur du concile de Constance sans les fagots de Jean Huss.

Ces *Lettres anglaises*, dont vous me parlez, sont écrites avec cet esprit de liberté qui peut-être m'attirera en France des persécutions, mais qui me vaudra votre estime; elles ne paraissent encore qu'en anglais, et j'ai fait ce que j'ai pu pour faire suspendre l'édition française. Je ne sais si j'en viendrai à bout; mais jugez, monsieur, de la différence qui se trouve entre les Anglais et les Français : ces *Lettres* ont paru seulement philosophiques aux lecteurs de Londres, et à Paris on les appelle déjà impies, sans les avoir vues. Celui qui passe ici pour un tolérant, passe bientôt pour un athée. Les dévots et les esprits frivoles, les uns trompeurs et les autres trompés, crient à l'impiété contre quiconque ose penser humainement; et, de ce qu'un homme a fait une plaisanterie contre les quakers, nos catholiques concluent qu'il ne croit pas en Dieu.

A propos de quakers, vous me demandez mon avis, dans votre lettre, sur le *vous* et sur le *toi*[1]. Je vous dirai aussi hardiment ce que je pense sur cette bagatelle, que je serai timide devant vous sur une question importante. Je crois que, dans le discours ordinaire, le *vous* est nécessaire, parce qu'il est d'usage, et qu'il faut parler aux hommes le langage établi par eux; mais, dans ces mouvements d'éloquence où l'on doit s'élever au-dessus du langage vulgaire, comme quand on parle à Dieu, ou qu'on fait parler les passions, je crois que le *tu* a d'autant plus de force qu'il s'éloigne du *vous* ; car le *tu* est le langage de la vérité, et le *vous* le langage du compliment.

Je ne suis point étonné que vous n'ayez pu lire la tragédie de *Gustave*: quiconque écrit en vers doit écrire en beaux vers, ou ne sera point lu. Les poëtes ne réussissent que par les beautés de détail. Sans cela Virgile et Chapelain, Racine et Campistron, Milton et Ogilby, le Tasse et Rolli, seraient égaux.

Je vous serais obligé de m'adresser le libraire dont vous m'avez parlé; je vous serais encore plus obligé si vous vouliez bien m'écrire quelquefois. Vous m'avez fait aimer votre personne et vos lettres. Faites-moi ici votre correspondant.

Je suis, etc. VOLTAIRE.

---

1. Au nombre des écrits de Vernet est une *Lettre sur la coutume d'employer le vous au lieu du tu, et sur cette question : Doit-on employer le tutoiement dans nos versions, surtout dans celles de la Bible ?* 1752, in-8. (ÉD.)

CCXLI. — A M. DE CIDEVILLE.

Ce 15 septembre.

Eh bien! mon cher ami, vous n'avez encore ni opéra, ni *Adélaïde*, ni petites pièces fugitives; et vous ne m'avez point envoyé votre *Allégorie*, et Linant m'a quitté, sans avoir achevé une scène de sa tragédie.

O vanas hominum mentes! o pectora cæca[1]!

Jore devrait être déjà parti avec un ballot de vers, de ma part; mais le pauvre diable est actuellement caché dans un galetas, espérant peu en Dieu, et craignant fort les exempts. Un nommé Vanneroux, la terreur des jansénistes, et aussi renommé que Desgrets, est parti pour aller fureter dans Rouen, et pour voir si Jore n'aurait pas imprimé certaines *Lettres anglaises* que l'on croit ici un ouvrage du malin. Jore jure qu'il est innocent, qu'il ne sait ce que c'est que tout cela, et qu'on ne trouvera rien. Je ne sais pas si je le verrai avant le départ clandestin qu'il médite pour revenir voir sa très-chère patrie. Je vous prie, quand vous le reverrez, de lui recommander extrêmement la crainte du garde des sceaux et de Vanneroux. S'il fait paraître un seul exemplaire de cet ouvrage, assurément il sera perdu, lui et toute sa famille. Qu'il ne se hâte point; le temps amène tout. Il est convaincu de ce qu'il doit faire; mais ce n'est pas assez d'avoir la foi, si vous ne le confirmez dans la pratique des bonnes œuvres.

J'ai vu enfin la présidente de Bernières. Est-il possible que nous ayons dit adieu, pour toujours, à la Rivière-Bourdet? Qu'il serait doux de nous y revoir! Ne pourrions-nous point mettre le président dans un couvent, et venir manger ses canetons chez lui?

Je reste constamment dans mon ermitage, vis-à-vis Saint-Gervais, où je mène une vie philosophique, troublée quelquefois par des coliques, et par la sainte inquisition qui est à présent sur la littérature. Il est triste de souffrir, mais il est plus dur encore de ne pouvoir penser avec une honnête liberté, et que le plus beau privilége de l'humanité nous soit ravi: *fari quæ sentiat*[2]. La vie d'un homme de lettres est la liberté. Pourquoi faut-il subir les rigueurs de l'esclavage, dans le plus aimable pays de l'univers, que l'on ne peut quitter, et dans lequel il est si dangereux de vivre!

Thieriot jouit en paix, à Londres, du fruit de mes travaux; et moi je suis en transes, à Paris: *laudantur ubi non sunt, cruciantur ubi sunt*. Il n'y a guère de semaines où je ne reçoive des lettres des pays étrangers, par lesquelles on m'invite à quitter la France. J'envie souvent à Descartes sa solitude d'Egmont, quoique je ne lui envie point ses tourbillons et sa métaphysique. Mais enfin je finirai par renoncer ou à mon pays ou à la passion de penser tout haut. C'est le parti le plus sage. Il ne faut songer qu'à vivre avec soi-même et avec ses amis, et non à s'établir une seconde existence très-chimérique dans l'esprit des autres hommes. Le bonheur ou le mal est réel, et la réputation n'est qu'un songe.

1. Lucrèce, II, 14. (Éd.) — 2. Horace, liv. I, épît. IV, v. 9. (Éd.)

Si j'avais le bonheur de vivre avec un ami comme vous, je ne souhaiterais plus rien; mais, loin de vous, il faut que je me console en travaillant; et, quand un ouvrage est fait, on a la rage de le montrer au public. Que tout cela n'empêche point Linant de nous faire une bonne tragédie, que je mette mes armes entre ses mains : *illum oportet crescere, me autem minui.* Saint Jean, ch. III, v. 30.

Adieu, charmant ami.

CCXLII. — A M. LE MARQUIS DE CAUMONT, A AVIGNON.

A Paris, près Saint-Gervais, 15 septembre 1733.

Je ne dirai pas, monsieur, désormais que les beaux-arts ne sont point honorés et récompensés dans ce siècle; la lettre flatteuse que je reçois de vous est le prix le plus précieux de mes faibles ouvrages. Chapelain cherchait des pensions, et faisait sa cour aux ministres. Feu La Motte, d'ailleurs homme d'esprit et homme aimable, avait passé toute sa vie à se faire une cabale. Mais ni les cabales, ni les ministres, ni les princes ne font la vraie réputation; elle n'est jamais fondée, monsieur, que sur des suffrages comme le vôtre. *Il faut plaire aux esprits bien faits,* dit Pascal; et s'il n'avait jamais écrit que des pensées aussi vraies, je n'aurais jamais pris la petite liberté de combattre beaucoup de ses idées, comme j'ai fait dans ces Lettres anglaises dont vous m'avez fait l'honneur de me parler. Si elles paraissaient déjà en français, je ne manquerais pas de vous les envoyer, et je braverais les censures du vice-légat; car je suis bien plus jaloux de votre absolution que je ne crains l'excommunication *della santa chiesa.* En attendant, je fais partir à votre adresse, par le carrosse, un paquet qui contient deux exemplaires de *la Henriade,* d'une nouvelle édition prétendue d'Angleterre, avec un *Essai sur la poésie épique.* J'avais d'abord composé cet Essai en anglais, et il avait été traduit par l'abbé Desfontaines, homme fort connu dans la littérature. Mais je l'ai depuis travaillé en français, et je l'ai calculé pour notre méridien. Je vous supplie de vouloir bien accepter cet hommage avec bonté. J'y aurais joint l'*Histoire de Charles XII*; mais j'en attends incessamment une nouvelle édition, dans laquelle on a corrigé beaucoup d'erreurs. On a mis à la fin de cette édition les Remarques de La Motraye, voyageur curieux, mais qui n'a rien vu qu'avec les yeux du corps, et qui ressemble aux courriers qui voient tout, portent tout, et ne savent rien. Il y a en marge une réponse à ces Remarques, le tout pour l'honneur de la vérité dont je suis uniquement partisan.

Tros Rutulusve fuat, nullo discrimine habebo [1].

D'ordinaire les histoires sont des satires ou des apologies, et l'auteur, malgré qu'il en ait, regarde le héros de son histoire comme un prédicateur regarde le saint de son sermon; on mêle partout de l'enthousiasme, et il n'en faut avoir qu'en vers. Pour moi, je n'en ai point en écrivant l'histoire, et si jamais j'écris quelque chose sur le

1. Virgile, *Én.,* X, 108. (Éd.)

siècle de Louis XIV, je le ferai en homme désintéressé. J'aime à vous rendre compte, monsieur, de mes occupations et de mes sentiments, pour les soumettre au jugement d'un homme comme vous. Je remercierai toute la vie M. l'abbé de Sade de m'avoir procuré l'honneur de votre correspondance. Je le prends pour mon protecteur auprès de vous; il vous persuadera de m'aimer, car il persuade tout ce qu'il veut. Je regarderais comme un des plus heureux temps de ma vie celui que je pourrais passer entre vous deux. A Paris, on ne se voit jamais qu'en passant. Ce n'est que dans les villes où la bonne compagnie est moins dissipée et plus rassemblée, qu'on peut jouir du commerce des gens qui pensent. Ce ne serait pas des muscats et du thon que je viendrais chercher : j'achèterais votre conversation et la sienne de tous les raisins du monde. Mais vous m'avouerez qu'il serait plaisant que l'auteur de la *Henriade* et des *Lettres anglaises* vînt chercher un asile dans les terres du saint-père. Je crois qu'au moins il me faudrait un passe-port. J'ai l'honneur d'être, monsieur, avec l'estime la plus vive et la plus respectueuse reconnaissance, votre très-humble et très-obéissant serviteur, VOLTAIRE.

CCXLIII. — A M. DE CIDEVILLE.
Ce 26 septembre.

J'aime fort Linant pour vous et pour lui; mais, à parler sérieusement, il n'est pas bien sûr encore qu'il ait un de ces talents marqués sans qui la poésie est un bien méchant métier; il serait bien malheureux s'il n'avait qu'un peu de génie avec beaucoup de paresse. Exhortez-le à travailler et à s'instruire des choses qui pourront lui être utiles, quelque parti qu'il embrasse. Il voulait être précepteur, et à peine sait-il le latin. Si vous l'aimez, mon cher Cideville, prenez garde de gâter par trop de louanges et de caresses un jeune homme qui, parmi ses besoins, doit compter le besoin qu'il a de travailler beaucoup, et de mettre à profit un temps qu'il ne retrouvera plus. S'il avait du bien, je lui donnerais d'autres conseils; ou plutôt je ne lui en donnerais point du tout; mais il y a une différence si immense entre celui qui a sa fortune toute faite et celui qui la doit faire, que ce ne sont pas deux créatures de la même espèce. *Vale, amice.*

CCXLIV. — AU MÊME.
Ce 27 septembre.

L'autre jour l'Amitié, d'un air simple et facile,
Vint m'apporter des vers écrits en ma faveur :
« Ils sont, tu le vois bien, du charmant Cideville,
Dit-elle, et tu connais l'air tendre et séducteur
   Dont cet ingénieux pasteur
Par ses accents nouveaux à son gré ressuscite
Les sons du doux Virgile et ceux de Théocrite;
Mais il t'a prodigué, dans son style enchanteur,
   Tous les éloges qu'il mérite. »

Quelle faible réponse, mon aimable ami, à votre charmante églogue, et que j'ai de remords de vous payer si tard et si mal! N'accusez point ma paresse; mon cœur, surtout, n'est point paresseux; mais vous savez que ma détestable santé me met quelquefois dans l'impuissance de penser et d'écrire; cela met dans ma vie des vides effroyables. Il faut quelquefois que je demeure plusieurs jours privé de la consolation des belles-lettres et de la douceur de votre commerce. Moi, qui voudrais, vous le savez bien, passer ma vie entre ces lettres et vous, faut-il que je ne la passe presque qu'en regrets! L'abbé Linant, ou plutôt Linant, qui n'est plus abbé, vient d'arriver, toujours rempli de vous. Il lui faudra du temps pour reprendre l'habitude de la vie inquiète et tumultueuse de Paris, après avoir joui d'une si douce tranquillité auprès de vous. Il est... en mal logé chez moi; mais ce n'est pas ma faute, c'est la sienne. Il a trouvé, en arrivant, un compagnon que je lui ai donné, et dont je crois qu'il sera content. C'est un jeune homme nommé Lefebvre, qui fait aussi des vers harmonieux, et qui est né, comme Linant, poète et pauvre. Je voudrais bien que ma fortune fût assez honnête pour leur rendre la vie plus agréable; mais, n'ayant point de richesses à leur faire partager, ils daignent partager ma pauvreté. Je ne suis pas comme la plupart de nos Parisiens; j'aime mieux avoir des amis que du superflu; et je préfère un homme de lettres à un bon cuisinier et à deux chevaux de carrosse. On en a toujours assez pour les autres quand on sait se borner pour soi. Rien n'est si aisé que d'avoir du superflu. Voilà une morale que M. le marquis ne goûtera pas, mais qui est sûrement de votre goût.

A l'heure que je vous parle, mes deux amis sont à la comédie, à une pièce nouvelle d'un nommé La Chaussée, intitulée : *la Fausse Antipathie*. Ce titre a l'air de Marivaux; mais Marivaux ne fait pas de vers, et La Chaussée en fait de très-bons, du moins dans le genre didactique. Ce n'est pas un bon préjugé pour le genre de la comédie.

J'assistai hier à la première représentation d'*Hippolyte et Aricie*. Les paroles sont de l'abbé Pellegrin, et dignes de l'abbé Pellegrin. La musique est d'un nommé Rameau, homme qui a le malheur de savoir plus de musique que Lulli. C'est un pédant en musique; il est exact et ennuyeux.

Linant revient de la comédie ; il dit qu'elle a plu assez, qu'elle n'est pas absolument froide, et qu'elle est bien écrite.

Adieu ; sur nos vieux jours nous irons ensemble aux premières représentations.

CCXLV. — A M. BERGER.

Octobre.

Je suis très-fâché, monsieur, que vous ayez connu, comme moi, le prix de la santé par les maladies. Je ne suis point de ces malheureux qui aiment à avoir des compagnons. Comptez que le plaisir est le meilleur des remèdes. J'attends de grands soulagements de celui que me feront vos lettres. Y a-t-il quelque chose de nouveau, sur le Parnasse, qui mérite d'être connu par vous? Comment va l'opéra de Rameau?

1. Le marquis de La Motte-Lézeau. (CL.)
2. Marchand à Paris, et amateur des beaux-arts, depuis secrétaire du prince de Carignan et directeur des fourrages de l'armée. (CL.)

Soyez donc un peu, avec votre ancien ami, le nouvelliste des arts et des plaisirs, et comptez sur les mêmes sentiments que j'ai toujours eus pour vous.

CCXLVI. — A M. DE CIDEVILLE.

Octobre.

(Lacune dans l'original.) — Mais quand pourrai-je donc, mon très-cher ami, vous être aussi utile à Paris que vous me l'êtes à Rouen? Vous passez douze mois de l'année à me rendre des services; vous m'écrivez de plus des vers charmants, et je suis comme une bégueule, qui me laisse aimer. Non, mon cher Cideville, je ne suis pas si bégueule; je vous aime de tout mon cœur, je travaille pour vous, j'ai retouché deux actes d'*Adélaïde*, je raccommode encore mon opéra tous les jours, et le tout pour vous plaire, car vous me valez tout un public.

Et si me tragicis vatibus inseres,
Sublimi feriam sidera vertice.
Hor., liv. I, od. 1.

C'est à de tels lecteurs que j'offre mes écrits.

A l'égard de ma personne, à laquelle vous daignez vous intéresser avec tant de bonté, je suis obligé de vous dire, en conscience, que je ne suis pas si malheureux que vous le pensez. Je crois vous avoir déjà dit en vers d'Horace :

Non agimur tumidis velis aquilone secundo;
Non tamen adversis ætatem ducimus austris,
Viribus, ingenio, specie, virtute, loco, re,
Extremi primorum, extremis usque priores.
Liv. II, ép. II, v. 201.

Mais voilà mon seul embarras, et ma petite santé est mon seul malheur. Je tâche de mener une vie conforme à l'état où je me trouve, sans passions désagréables, sans ambition, sans envie, avec beaucoup de connaissances, peu d'amis, et beaucoup de goûts. En vérité je suis plus heureux que je ne mérite.

Mon cœur même à l'amour quelquefois s'abandonne,
J'ai bien peu de tempérament;
Mais ma maîtresse me pardonne,
Et je l'aime plus tendrement.

A Paris, 14 octobre.

Que direz-vous de moi? Il y a trois jours que cette lettre devait partir; mais j'ai été malade, j'ai couru, et je vous demande pardon. Voici un petit papier ci-joint que je vous supplie bien fort de faire tenir à Jore, afin qu'il l'imprime à la fin des remarques du sieur La Motraye.

Adieu; je n'ai pas un moment; je vous embrasse. Linant vous écrit. Il n'y a rien de nouveau encore, on ne sait si les Français ont passé le Rhin, ni si les Russes ont passé la Vistule. Jamais les fleuves n'ont été si difficiles à traverser que cette année. V.

ANNÉE 1733.

CCXLVII. — A M. LE COMTE DE SADE.

Ce lundi....

Voilà une fort mauvaise copie d'*Adélaïde*; mais je n'en ai pas d'autre. Vous n'aurez pas besoin de mes vers pour vous amuser en chemin. Votre imagination et votre compagne de voyage vous mèneraient au bout du monde. Cependant prenez toujours ce chiffon de tragédie, pour les quarts d'heure où vous voudrez lire des choses inutiles. Si vous voulez en procurer une lecture au petit *Gnome*, correspondant des savants, vous êtes le maître. Quand vous serez arrivé à Toulouse, voyez, je vous en prie, mon ami d'Aigueberre, conseiller au parlement; je le crois au fond digne de vous, quoiqu'il n'ait pas de brillant. Adieu; bon voyage. Mille respects, tendre amitié.

CCXLVIII. — A M. LE MARQUIS DE CAUMONT.

A Paris, ce 25 octobre.

J'avais mis, monsieur, à la diligence de Lyon un paquet contenant deux *Henriades* à votre adresse, à *Avignon*. J'ai renvoyé à la diligence sur la lettre que vous m'avez fait l'honneur de m'écrire, et j'ai trouvé que le paquet n'était point parti, ces messieurs disant pour raison qu'il aurait fallu l'adresser à Lyon à quelqu'un connu dans la ville. M. de Malijac que vous m'avez indiqué m'a tiré d'embarras; j'ai été chez lui, et j'ai eu l'honneur de lui remettre le paquet pour vous. J'ai gagné beaucoup à cela. M. de Malijac m'a paru un homme très-aimable. Il a un fils dont il me semble qu'on peut dire : *Gratior et pulchro veniens in corpore virtus*. Mais j'ai bien peur, monsieur, que vous n'ayez pas sitôt cette pauvre *Henriade*. Il me paraît que le ministère retient tant qu'il peut M. de Malijac dans ce pays-ci. Nos ministres ont raison; j'en ferais autant à leur place si j'aimais mieux la bonne compagnie que les intérêts des sujets de notre saint père le pape.

Il s'agit, je crois, de nous donner du bois, du blé et de l'huile. On fait bien des façons pour vous laisser avoir

Frigus, quo duramque famem depellere possit.

Apparemment qu'on veut avoir pris l'Italie avant de régler nos affaires. Voilà toute l'Europe en armes. Quel temps, monsieur, pour les lettres! Je dirai de nous :

Solus enim tristes hac tempestate camenas
Respexit.

Je me flatte de vous envoyer bientôt quelque nouvel ouvrage, malgré le tintamarre de la guerre qui nous environne de tous les côtés. Pour cette *Histoire du Siècle de Louis XIV*, c'est une entreprise qui sera l'occupation et la consolation de ma vieillesse; il faudra peut-être dix ans pour la faire. Heureux qui peut se faire un plan d'occupation pour dix années! Ce travail sera doux et tranquille en comparaison des ouvrages d'imagination qui tirent l'âme hors d'elle-même, et qui sont une espèce de passion violente. On peut peut-être faire des vers comme l'amour dans sa jeunesse, mais à quarante ans il faut dire :

Nunc itaque, et versus, et cætera ludicra pono;
Quid verum atque decens curo et rogo, et omnis in hoc sum.
Hor., liv. I, ép. I, vers 10-11.

Je vous demande pardon de mon verbiage latin et français. Je vous respecte sans cérémonie.

VOLTAIRE.

CCXLIX. — A M. DE CIDEVILLE.
A Paris, ce 27 octobre.

Aujourd'hui est partie par le coche certaine *Adélaïde du Guesclin*, qui va trouver l'intime ami de son père avec des sentiments fort tendres, beaucoup de modestie, et quelquefois de l'orgueil, de temps en temps des vers frappés, mais quelquefois d'assez faibles. Elle espère que l'élégant, le tendre, l'harmonieux Cideville lui dira tous ses défauts; et elle fera tout ce qu'elle pourra pour s'en corriger.

Moi, père d'*Adélaïde*, je me meurs de regret de ne pouvoir venir vous entretenir sur tout cela.

Parce (sed invideo), sine me, liber, ibis ad illum;
Ovid., *Trist.*, liv. I, eleg. I, v. I.

« Ad illum qui, absens et præsens, mihi semper erit carissimus[1]. »

J'attends votre *Allégorie*; il me faut de temps en temps de quoi supporter votre absence; je parle souvent de vous avec Linant. Vous faites cent fois plus de besogne que lui. Les occupations continuelles de votre charge, loin de rebuter votre muse, l'encouragent et l'animent; vous sortez du temple de Thémis comme de celui d'Apollon. Je ne sais pas encore quel fruit Linant aura tiré de votre société et de vos conseils, mais je n'ai encore rien vu de lui. Il y a deux ans que je lui ai fait donner son entrée à la comédie, sur la parole qu'il ferait une pièce. Je lui ai enfin fourni un sujet, au lieu de son *Sabinus*, qui n'était point du tout théâtral. Il n'a pas seulement mis par écrit le plan que je lui ai donné. Je le plains fort s'il ne travaille pas; car il me semble qu'*étant un peu fier et trés gueux*[2], si, avec cela, il est paresseux et ignorant, il ne doit espérer qu'un avenir bien misérable. Il a eu le malheur de se brouiller chez moi avec toute la maison : cela met, malgré que j'en aie, bien du désagrément dans sa vie. Celui qui se mêle de mes petites affaires, et sa femme, s'étaient plaints souvent de lui. Je les avais raccommodés; les voilà, cette fois-ci, brouillés sans apparence de retour. Cela me fâche d'autant plus que Linant en souffre, et que, malgré toutes mes attentions, je ne peux empêcher mille petits désagréments que des gens, qui ne sont pas tout à fait mes domestiques, sont à portée de lui faire essuyer, sans que j'en sache rien. Je vous rends compte de ces petits détails, parce que je l'aime et que vous l'aimez. Je suis persuadé que vous aurez la bonté

1. Térence, *Adelphes*, I, I, (Ch.) — 2. Racine (Ph.

de lui donner des conseils dont il profitera. J'ai bien peur que jusqu'ici vous ne lui ayez donné que de l'amour-propre. Personne n'est plus persuadé que moi que tous les hommes sont égaux; mais, avec cette maxime, on court risque de mourir de faim, si on ne travaille pas; et il lui sera tout au plus permis de se croire au-dessus de son état quand il aura fait quelque chose de bon. Mais jusque-là il doit songer qu'il est jeune, et qu'il a besoin de travail. Je ne lui dis pas le quart de tout cela, parce que j'aurais l'air d'abuser du peu de bien que je lui fais, ou de prendre le parti de ceux avec lesquels il s'est brouillé assez mal à propos. Encore une fois, pardonnez ces détails à la confiance que j'ai en vous, et à l'envie d'être utile à un homme que vous m'avez recommandé.

CCL. — A M. BERGER.

J'ai reçu à la fois trois lettres de vous. Je suis trop heureux d'avoir un ami comme vous. Les autres se contentent de dire : « C'est dommage; » mais vous êtes rempli des attentions les plus obligeantes, et je regarderai toujours votre commerce comme la consolation la plus flatteuse de votre absence.

J'ai fait une grande sottise de composer un opéra; mais l'envie de travailler pour un homme comme M. Rameau m'avait emporté. Je ne songeais qu'à son génie, et je ne m'apercevais pas que le mien (si tant est que j'en aie un) n'est point fait du tout pour le genre lyrique. Aussi je lui mandais, il y a quelque temps, que j'aurais plus tôt fait un poëme épique que je n'aurais rempli des canevas. Ce n'est pas assurément que je méprise ce genre d'ouvrage; il n'y en a aucun de méprisable; mais c'est un talent qui, je crois, me manque entièrement. Peut-être qu'avec de la tranquillité d'esprit, des soins, et les conseils de mes amis, je pourrai parvenir à faire quelque chose de moins indigne de notre Orphée; mais je prévois qu'il faudra remettre l'exécution de cet opéra à l'hiver prochain. Il n'en vaudra que mieux, et n'en sera que plus désiré du public. Notre grand musicien, qui a sans doute des ennemis en proportion de son mérite, ne doit pas être fâché que ses rivaux passent avant lui. Le point n'est pas d'être joué bientôt, mais de réussir. Il vaut mieux être applaudi tard, que d'être sifflé de bonne heure. Il n'y a que le plaisir de vous voir, que je ne puis différer plus longtemps. Je me flatte que je vous embrasserai cet hiver. Le jour que je vous verrai sera ma première consolation, et l'empressement de vous obéir, auprès de M. de Richelieu, sera la seconde. Je vous prie de m'écrire souvent.

CCLI. — A M. L'ABBÉ DE SADE.

Paris, le 13 novembre.

Vous m'avez écrit, monsieur, en arrivant, et je me suis bien douté que vous n'auriez pas demeuré huit jours dans ce pays-là, que vous n'écririez plus qu'à vos maîtresses. Je vous fais mon compliment sur le mariage de monsieur votre frère ; mais j'aimerais encore mieux vous voir sacrer, que de lui voir donner la bénédiction nuptiale. On s'est très-souvent repenti du sacrement de mariage, et jamais de l'onction épiscopale.

Je viens d'écrire à M. de Sade cette petite guenille :

> Vous suivez donc les étendards
> De Bellone et de l'Hyménée ;
> Vons vous enrôlez cette année
> Et sous Carman et sous Villars.
> Le doyen des héros, une beauté novice,
> Vont vous occuper tour à tour,
> Et vous nous apprendrez un jour
> Quel est le plus rude service
> Ou de Villars ou de l'Amour.

Ceci n'est bon que pour votre trinité indulgente. Je vous destinais des vers un peu plus ampoulés ; c'est une nouvelle édition de la *Henriade*. J'ai remis entre les mains de M. Malijac un petit paquet contenant une *Henriade* pour vous et une pour M. de Caumont. Je vous remercie de tout mon cœur de m'avoir procuré l'honneur et l'agrément de son commerce ; mais c'est à lui que je dois à présent m'adresser, pour ne pas perdre le vôtre. Il semble que vous ayez voulu vous défaire de moi pour me donner à M. de Caumont, comme on donne sa vieille maîtresse à son ami. Je veux lui plaire, mais je vous ferai toujours des coquetteries. Je ne lui ai pas pu envoyer les *Lettres* en anglais, parce que je n'en ai qu'un exemplaire, ni en français, parce que je ne veux point être brûlé sitôt.

Comment! M. de Caumont sait aussi l'anglais! Vous devriez bien l'apprendre. Vous l'apprendrez sûrement, car Mme du Châtelet l'a appris en quinze jours. Elle traduit déjà tout courant ; elle n'a eu que cinq leçons d'un maître irlandais. En vérité, Mme du Châtelet est un prodige, et on est bien neuf à notre cour.

Voulez-vous des nouvelles ? Le fort de Kehl vient d'être pris ; la flotte d'Alicante est en Sicile ; et, tandis qu'on coupe les deux ailes de l'aigle impériale, en Italie et en Allemagne, le roi Stanislas est plus empêché que jamais. Une grande moitié de sa petite armée l'a abandonné, pour aller recevoir une paye plus forte de l'électeur-roi.

Cependant le roi de Prusse[1] se fait faire la cour par tout le monde et ne se déclare encore pour personne. Les Hollandais veulent être neutres, et vendre librement leur poivre et leur cannelle. Les Anglais voudraient secourir l'empereur, et ils le feront trop tard.

Voilà la situation présente de l'Europe ; mais à Paris on ne songe point à tout cela. On ne parle que du rossignol que chante Mlle Petitpas[2], et du procès qu'a Bernard[3] avec Servandoni, pour le payement de ses impertinentes magnificences

---

1. Frédéric-Guillaume I⁵, père du grand Frédéric. (ÉD.)
2. Dans l'opéra d'*Hippolyte et Aricie*. (ÉD.)
3. Samuel-Jacques Bernard, comte de Coubert, né en 1686, fils de Samuel

Adieu; quand vous serez las de toute autre chose, souvenez-vous que Voltaire est à vous toute sa vie, avec le dévouement le plus tendre et le plus inviolable.

CCLII. — A M. DE CIDEVILLE.

Paris, le 6 novembre.

Aimable ami, aimable critique, aimable poëte, en vous remerciant tendrement de votre *Allégorie*. Elle est pleine de très-beaux vers, pleine de sens et d'harmonie; mon cœur, mon esprit, mes oreilles, vous ont la dernière obligation. Je me suis rencontré avec vous dans un vers que peut-être vous n'aurez point encore vu dans ma tragédie :

Toutes les passions sont en moi des fureurs.

Voici l'endroit tel que je l'ai corrigé en entier. C'est Vendôme qui parle à Adélaïde, au second acte :

Pardonne à ma fureur, toi seule en es la cause.
Ce que j'ai fait pour toi sans doute est peu de chose.
Non, tu ne me dois rien; dans tes fers arrêté,
J'attends tout de toi seule, et n'ai rien mérité.
Te servir en esclave est ma grandeur suprême;
C'est moi qui te dois tout, puisque c'est moi qui t'aime.
Tyran que j'idolâtre, et que rien ne fléchit,
Cruel objet des pleurs dont mon orgueil rougit,
Oui, tu tiens dans tes mains les destins de ma vie,
Mes sentiments, ma gloire et mon ignominie.
Ne fais point succéder ma haine à mes douleurs,
Toutes les passions sont en moi des fureurs.
Dans mes soumissions crains-moi, crains ma colère.

Il y a encore bien d'autres endroits changés et bien des corrections envoyées aux comédiens, depuis que je vous ai fait tenir la pièce. Pour le fond, il est toujours le même; on ne peut élever de nouveaux fondements comme on peut changer une antichambre et un cabinet; et toutes les beautés de détail sont des ornements presque perdus au théâtre. Le succès est dans le sujet même. Si le sujet n'est pas intéressant, les vers de Virgile et de Racine, les éclairs et les raisonnements de Corneille, ne feraient pas réussir l'ouvrage. Tous mes amis m'assurent que la pièce est touchante; mais je consulterai toujours votre cœur et votre esprit, de préférence à tout le monde; c'est à eux à me parler; il n'y a point de vérité qui puisse déplaire quand c'est vous qui la dites.

Souffrez aussi, mon cher ami, que je vous dise, avec cette même franchise que j'attends de vous, que je ne suis pas aussi content du fond de votre *Allégorie* et de la tissure de l'ouvrage, que je le suis des beaux vers qui y sont répandus. Votre but est de prouver qu'on se trouve bien, dans la vieillesse, d'avoir fait provision dans son prin-

Bernard, fut longtemps surintendant de la maison de la reine, et finit par faire banqueroute, vers 1753 ; il était beau-frère, par sa sœur, du premier président de la grand'chambre Molé, et allié aux Biron, aux Duroure, et aux Boulainvilliers. (*Note de M. Clogenson.*)

temps, et qu'il faut, à vingt ans, songer à habiller l'homme de cinquante. La longue description des âges de l'homme est donc inutile à ce but. Pourquoi étendre en tant de vers ce qu'Horace et Despréaux ont dit en dix ou douze lignes connues de tout le monde? « Mais, direz-vous, je présente cette idée sous des images neuves. » A cela je vous répondrai que cette image n'est ni naturelle, ni aimable, ni vraisemblable. Pourquoi cette montagne? pourquoi fera-t-il plus chaud au milieu qu'au bas? pourquoi différents climats dans une montagne? pourquoi se trouve-t-on tout d'un coup au sommet? Une allégorie ne doit point être recherchée, tout s'y doit présenter de soi-même, rien ne doit y être étranger. Enfin, quand cette allégorie serait juste, et que vous en auriez retranché les longueurs, il resterait encore de quoi dire : *Non erat his locus*.

Votre ouvrage serait, je crois, charmant, si vous vous renfermiez dans votre première idée ; car de quoi s'agit-il ? de faire voir l'usage et l'abus du temps. Présentez-moi une déesse à qui tous les vieillards s'adressent pour avoir une vieillesse heureuse ; alors chaque sexagénaire vient exposer ce qu'il a fait dans sa vie, et leurs dernières années sont condamnées aux remords ou à l'ennui. Mais ceux qui ont cultivé leur esprit, comme mon cher Cideville, jouissent des biens acquis dans leur jeunesse, et sont heureux et honorés. Voilà un champ assez vaste ; mais tout ce qui sort de ce sujet est une morale hors d'œuvre. Votre montagne est une longue préface, une digression qui absorbe le fond de la chose. N'ayez simplement que votre sujet devant les yeux, et votre ouvrage deviendra un chef-d'œuvre.

Pour m'encourager à vous oser parler ainsi, envoyez-moi une bonne critique d'*Adélaïde* ; mais, surtout, ne gâtez point Linant. Je ne suis pas trop content de lui. Il est nourri, logé, chauffé, blanchi, vêtu, et je sais qu'il a dit que je lui avais fait manquer un beau poste de précepteur, pour l'attirer chez moi. Je ne l'ai cependant pris qu'à votre considération et après que la dignité de précepteur lui a été refusée. Il ne travaille point, il ne fait rien, il se couche à sept heures du soir, pour se lever à midi. Encouragez-le et grondez-le ; en général, si vous le traitez en homme du monde, vous le perdrez. Adieu.

CCLIII. — A MADAME LA DUCHESSE DE SAINT-PIERRE.

  Moi qui, dans mes amusements,
  Cherchant quelque sage lecture,
  Lis très-peu les nouveaux romans,
  Et beaucoup la sainte Écriture,
  Hier je lisais l'aventure
  De ce bon père des croyants,
  Qui, de Dieu chantant les louanges,
  Vit arriver dans son réduit,
  Vers les approches de la nuit,
  Une visite de trois anges.

J'ai reçu, madame, le même honneur dans mon trou de la rue de

Long-Pont; et, de ce jour-là, j'ai cru aux divinités comme Abraham. Mais la différence fut que le trio céleste soupa chez ce bonhomme, et que vous n'avez daigné souper chez moi, crainte de faire méchante chère. Si vous aviez effectivement la bonté qu'on attribue à votre espèce divine, vous auriez fait une cène dans mon ermitage; mais votre apparition ne fut point une apparition angélique;

  Et, pour revenir à la fable,
  Pour moi beaucoup plus vraisemblable,
  Et dont vous aimez mieux le tour,
  Je reçus chez moi, l'autre jour,
  De déesses un couple aimable,
  Conduites par le dieu d'amour;
  Du paradis l'heureux séjour
  N'a jamais rien eu de semblable.

Le dieu d'amour[1] n'avait point une perruque blonde, ses cheveux n'étaient pas si dérangés que les boulets du fort de Kehl le faisaient craindre, et il avait beaucoup d'esprit. Il n'appartient pas à un mortel qui loge vis-à-vis Saint-Gervais d'oser supplier la déesse, vice-reine de Catalogne, l'autre déesse et cet autre dieu, de daigner venir boire du vin de Champagne, au lieu de nectar, de quitter leur palais pour une chaumière et bonne compagnie pour un malade.

  Ciel! que j'entendrais s'écrier
  Marianne, ma cuisinière,
  Si la duchesse de Saint-Pierre,
  Du Châtelet et Forcalquier
  Venaient souper dans ma tanière!

Mais, après la fricassée de poulets et les chandelles de Charonne, que ne doit-on pas attendre de votre indulgence?

  Les dieux sont bons, ils daignent tout permettre
  Aux gens de bien qui leur offrent des vœux;
  Le cœur suffit, le cœur est tout pour eux,
  Et c'est le mien qui dicta cette lettre.

CCLIV. — A M. DE CIDEVILLE.

Ce 18 novembre.

Voyez, mon cher ami, combien je suis docile. Je suis entièrement de votre avis sur les louanges que vous donnez à notre *Adélaïde*. J'avais peur qu'il ne parût un peu de coquetterie dans Mlle du Guesclin; mais, puisque vous, qui êtes expert en cette science, ne vous êtes pas aperçu de ce défaut, il y a apparence qu'il n'existe pas. Mais vous me donnez autant de scrupule sur le reste que de confiance sur les choses que vous approuvez.

1. Louis-Buffle de Brancas, comte de Forcalquier, fils du maréchal de France Louis de Brancas. Il s'était trouvé au siège du fort de Kehl, qui se rendit aux Français, le 28 octobre 1733, et où il avait eu les cheveux coupés par un boulet de canon. (ÉD.)

Je conviens avec vous que Nemours n'est pas, à beaucoup près, si grand, si intéressant, si occupant le théâtre que son emporté de frère. Je suis encore bien heureux qu'on puisse aimer un peu Nemours, après que Vendôme a saisi, pendant deux actes, l'attention et le cœur des spectateurs. Si le personnage de Nemours est souffert, je regarde comme un coup de l'art d'avoir fait supporter un personnage qui devait être insipide. Vous me dites qu'on pourrait relever le caractère de Nemours, en affaiblissant celui de Couci. Je ne saurais me rendre à cette idée en aucune façon, d'autant plus que Couci ne se trouve avec Nemours qu'à la fin de la pièce.

J'aurais bien voulu parler un peu de ce fou de Charles VI, de cette mégère Isabeau, de ce grand homme Henri V; mais, quand j'en ai voulu dire un mot, j'ai vu que je n'en avais pas le temps; et *non erat his locus*. La passion occupe toute la pièce d'un bout à l'autre. Je n'ai pas trouvé le moment de raconter tous ces événements, qui, de plus, sont aussi étrangers à mon action principale qu'essentiels à l'histoire. L'amour est une étrange chose; quand il est quelque part, il y veut dominer; point de compagnon, point d'épisode. Il semble que, quand Nemours et Vendôme se voient, c'était bien là le cas de parler de Charles VI et de Charles VII; point du tout. Pourquoi cela? C'est qu'aucun d'eux ne s'en soucie; c'est qu'ils sont tous deux amoureux comme des fous. Peut-on faire parler un acteur d'autre chose que de sa passion? Et, si j'ai à me féliciter un peu, c'est d'avoir traité cette passion de façon qu'il n'y a pas de place pour l'ambition et pour la politique.

Vous avez très-bien senti l'horreur de l'action de Vendôme. Il semble, en effet, que ce beau nom ne soit pas fait pour un fratricide. S'il ordonnait la mort de son frère à tête reposée, ce serait un monstre, et la pièce aussi. Je ne sais même si on ne sera pas révolté qu'il demande cette horrible vengeance à l'honnête homme de Couci, et je vous avoue que je tremble fort pour la fin de ce quatrième acte, dont je ne suis pas trop content; mais le cinquième me rassure. Il est impossible de ne pas aimer Vendôme et de ne le pas plaindre. Je peux même espérer que l'on pardonnera à ce furieux, à cet amant malheureux, à cet homme qui, dans le même moment, se voit trahi par un frère et par une maîtresse qui lui doivent tous deux la vie; qui voit sa maîtresse enlevée et le peuple révolté par ce même frère, et qui, de plus, est annoncé comme un homme capable du plus grand emportement.

A l'égard du détail, je le corrige tous les jours. Je travaille à plus d'un atelier à la fois; je n'ai pas un moment de vide, les jours sont trop courts; il faudrait les doubler pour les gens de lettres. Que ne puis-je les passer avec vous! ils me paraîtraient alors bien plus courts.

Nous avons relu votre *Allégorie*; nous persistons dans nos très-humbles remontrances. Nous vous prions de nous ôter la montagne. Trop d'abondance appauvrit la matière. Si j'avais beaucoup parlé des guerres civiles, *Adélaïde* ne toucherait pas tant. Il ne faut jamais perdre un moment son principal sujet de vue. C'est ce qui fait que je pense toujours à vous. *Vale, et me ama.*

CCLV. — A M. BROSSETTE.

Le 22 novembre.

Je regarde, monsieur, comme un de mes devoirs de vous envoyer les éditions de la *Henriade* qui parviennent à ma connaissance : en voici une qui, bien que très-fautive, ne laisse pas d'avoir quelque singularité, à cause de plusieurs variantes qui s'y trouvent, et dans laquelle on a, de plus, imprimé mon *Essai sur l'Épopée*, tel que je l'ai composé en français, et non pas tel que M. l'abbé Desfontaines l'avait traduit, d'après mon *Essai* anglais. Vous trouverez peut-être assez plaisant que je sois un auteur traduit par mes compatriotes, et que je me sois retraduit moi-même. Mais si vous aviez été deux ans, comme moi, en Angleterre, je suis sûr que vous auriez été si touché de l'énergie de cette langue, que vous auriez composé quelque chose en anglais.

Cette *Henriade* a été traduite en vers, à Londres et en Allemagne. Cet honneur, qu'on me fait dans les pays étrangers, m'enhardit un peu auprès de vous. Je sais que vous êtes en commerce avec Rousseau, mon ennemi; mais vous ressemblez à Pomponius Atticus, qui était courtisé à la fois par César et par Pompée. Je suis persuadé que les invectives de cet homme, en qui je respecte l'amitié dont vous l'honorez, ne feront que vous affermir dans les bontés que vous avez toujours eues pour moi. Vous êtes l'ami de tous les gens de lettres, et vous n'êtes jaloux d'aucun. Plût à Dieu que Rousseau eût un caractère comme le vôtre !

Permettez-moi, monsieur, que je mette dans votre paquet un autre paquet pour M. le marquis de Caumont; c'est un homme qui, comme vous, aime les lettres, et que le bon goût a fait sans doute votre ami.

Quel temps, monsieur, pour vous envoyer des vers !

Hinc movet Euphrates, illinc Germania bellum :
.... *Sævit toto Mars impius orbe.*
Virg., *Géorg.*, I, v. 509.

.... *Et carmina tantum*
Nostra valent, Lycida, tela inter Martia, quantum
Chaonias dicunt, aquila veniente, columbas.
Egl., IX, v. II.

On a pris le fort de Kehl; on se bat en Pologne; on va se battre en Italie.

I nunc, et versus tecum meditare canoros.
Hor., liv. II, ép. II, v. 76.

Voilà bien du latin que je vous cite; mais c'est avec des dévots comme vous que j'aime à réciter mon bréviaire.

CCLVI. — A M. L'ABBÉ DE SADE.

A Paris, le 25 novembre.

J'interromps mon agonie pour vous dire que vous êtes une créature charmante. Vous m'avez écrit une lettre qui me rendrait la santé, si quelque chose pouvait me guérir.

On dit que vous allez être prêtre et grand vicaire; voilà bien des sacrements à la fois dans une famille. C'est donc pour cela que vous me dites que vous allez renoncer à l'amour.

> Ainsi donc vous vous figurez,
> Alors que vous posséderez
> Le juste nom de grand-vicaire,
> Qu'aussitôt vous renoncerez
> A l'amour, au talent de plaire.
> Ah! tout prêtre que vous serez,
> Mon cher ami, vous aimerez;
> Fussiez-vous évêque ou saint-père,
> Vous aimerez, et vous plairez;
> Voilà votre vrai ministère;
> Et toujours vous réussirez
> Et dans l'Église et dans Cythère.

Vos vers et votre prose sont bien assurément d'un homme qui sait plaire. Je suis si malade que je ne vous en dirai pas davantage; et d'ailleurs, que pourrais-je vous dire de mieux, sinon que je vous aime de tout mon cœur?

J'ai envoyé trois *Henriades*, de la nouvelle édition, à M. de Caumont par M. de Malijac, une par M. de Sozzi qui demeure à Lyon, vis-à-vis Bellecour. Je ne lui écris point, et à vous je ne vous écris guère, car je n'en peux plus.

Adieu; conservez bien votre santé; il est affreux de l'avoir perdue et d'aimer le plaisir. *Vale, vale.* Ne parlez pas à Mme du Châtelet de son anglais; c'est un secret qu'il faut qu'elle vous apprenne. Adieu; je vous serai attaché tout le temps de ma courte et chienne de vie.

CCLVII. — A M. DE CIDEVILLE

Le 26 novembre.

Il y a cinq jours, mon cher ami, que je suis dangereusement malade, d'une espèce d'inflammation d'entrailles; je n'ai la force ni de penser ni d'écrire. Je viens de recevoir votre lettre et le commencement de votre nouvelle *Allégorie*. Au nom d'Apollon, tenez-vous-en à votre premier sujet, ne l'étouffez point sous un amas de fleurs étrangères; qu'on voie bien nettement ce que vous voulez dire; trop d'esprit nuit quelquefois à la clarté. Si j'osais vous donner un conseil, ce serait de songer à être simple, à ourdir votre ouvrage d'une manière bien naturelle, bien claire, qui ne coûte aucune attention à l'esprit du lecteur. N'ayez point d'esprit, peignez avec vérité, et votre ouvrage sera charmant. Il me semble que vous avez peine à écarter la foule d'idées ingénieuses qui se présente toujours à vous; c'est le défaut d'un homme supérieur, vous ne pouvez pas en avoir d'autre; mais c'est un défaut très-dangereux. Que m'importe si l'enfant est étouffé à force de caresses, ou à force d'être battu? Comptez que vous tuez votre enfant en le caressant trop. Encore une fois, plus de simplicité, moins de démangeaison de briller; allez vite au but, ne dites que le nécessaire. Vous aurez encore plus d'esprit que les autres quand vous aurez retranché votre superflu.

Voilà bien des conseils que j'ai la hardiesse de vous donner ; mais....

Petimusque, damusque vicissim.
Hor., *Art. poet.*, v. 11.

Celui qui écrit est comme un malade qui ne sent pas, et celui qui lit peut donner des conseils au malade. Ceux que vous me donnez sur *Adélaïde* sont d'un homme bien sain ; mais, pour parler sans figures, je ne suis plus guère en état d'en profiter. On va jouer la pièce ; *jacta est alea.*

Adieu ; dites à M. de Formont combien je l'aime. Je suis trop malade pour en écrire davantage.

CCLVIII. — AU MÊME.

À Paris, ce 5 décembre.

J'ai été bien malade, mon très-cher ami ; je le suis encore ; et le peu de forces que j'ai, c'est l'amitié qui me les donne ; c'est elle qui me met la plume à la main, pour vous dire que j'ai montré à Émilie votre épître allégorique. Elle en a jugé comme moi, et m'a confirmé dans l'opinion où je suis qu'en arrachant une infinité de fleurs que vous avez laissées croître, sans y penser, autour de l'arbre que vous plantiez, il n'en croîtra que mieux, et n'en sera que plus beau. Vous êtes un grand seigneur à qui son intendant prêche l'économie. Soyez moins prodigue, et vous serez beaucoup plus riche. Vous en convenez ; voici donc quel serait mon petit avis, pour arranger les affaires de votre grande maison.

J'aime beaucoup ces vers :

J'étais encor dans l'âge où les désirs
Vont renaissant dans le sein des plaisirs, etc.

De là je voudrais vous voir transporté, par votre démon de Socrate, au temple de la Raison ; et cela, bien clairement, bien nettement, et sans aucune idée étrangère au sujet. *Le Temps*, dont vous faites une description presque en tout charmante, présente à cette divinité tous ceux qui se flattent d'avoir autrefois bien passé le temps. Jetez-vous dans les portraits ; mais que chacun fasse le sien, en se vantant des choses mêmes que la raison condamne ; par là chaque portrait devient une satire utile et agréable. Point de leçon de morale, je vous en prie, que celle qui sera renfermée dans l'aveu ingénu que feront tous les sots de l'impertinente conduite qu'ils ont tenue dans leur jeunesse. Ces moralités, qui naissent du tableau même, et qui entrent dans le corps de la fable, sont les seules qui puissent plaire, parce qu'elles-mêmes peignent chemin faisant ; et tout, en poésie, doit être peinture.

Il y a une foule de beaux vers que vous pouvez conserver. Tout est diamant brillant dans votre ouvrage. Un peu d'arrangement rendra le garniture charmante. Je voudrais avoir avec vous une conversation d'une heure seulement; je suis persuadé qu'en m'instruisant avec vous, et en vous communiquant mes doutes, nous éclaircirions plus de choses que je ne vous en embrouillerais dans vingt lettres. J'entrerais avec vous dans tous les détails; je vous prierais d'en faire autant pour notre *Adélaïde*; vous m'encourageriez à réchauffer et à ennoblir le caractère de Nemours, à mettre plus de dignité dans les amours des deux frères, et à corriger bien des mauvais vers.

J'ai adopté toutes vos critiques; j'ai refait tous les vers que vous avez bien voulu reprendre. Quand pourrai-je donc m'entretenir avec vous, à loisir, de ces études charmantes qui nous occupent tous deux si agréablement? Il me semble que nous sommes deux amants condamnés à faire l'amour de loin. Savez-vous bien que, pendant ma maladie, j'ai refait l'opéra de *Samson* pour Rameau? Je vous promets de vous envoyer celui-là; car j'ai l'amour-propre d'en être content, au moins pour la singularité dont il est.

Linant renonce enfin au théâtre; il quitte l'habit avant d'avoir achevé le noviciat. Que deviendra-t-il? pourquoi avoir pris un habit d'homme, et quitté le petit collet? quel métier fera-t-il? Vale

CCLIX. — AU MÊME.

Le 27 décembre.

Mon aimable Cideville, les c... vous occupent, je le crois bien; ce n'est qu'un rendu. Vous êtes bien heureux de songer au plaisir au milieu des sacs, et de vous délasser de la chicane avec l'amour. Pour moi, je suis bien malade depuis quinze jours; je suis mort au plaisir; si je vis encore un peu, c'est pour vous et pour les lettres. Elles sont pour moi ce que les *belles* sont pour vous; elles sont ma consolation et le soulagement de mes douleurs. Ne me dites point que je travaille trop; ces travaux sont bien peu de chose pour un homme qui n'a point d'autre occupation. L'esprit plié depuis longtemps aux belles-lettres s'y livre sans peine et sans effort, comme on parle facilement une langue qu'on a longtemps apprise, et comme la main du musicien se promène sans fatigue sur un clavecin. Ce qui est seulement à craindre, c'est qu'on ne fasse avec faiblesse ce qu'on ferait avec force dans la santé. L'esprit est peut-être aussi juste, au milieu des souffrances du corps, mais il peut manquer de chaleur: aussi, dès que je sentirai ma machine totalement épuisée, il faudra bien renoncer aux ouvrages d'imagination; alors je jouirai de l'imagination des autres, j'étudierai les autres parties de la littérature qui ne demandent qu'un peu de jugement et une application modérée; je ferai avec les lettres ce que l'on fait avec une vieille maîtresse, pour laquelle on change son amour en amitié.

Linant, qui se porte bien, et qui est dans la fleur de l'âge, devrait bientôt prendre ma place; mais il paraît que sa vocation n'est pas trop décidée. Cette tragédie, promise depuis deux ans, à peine commencée, est abandonnée. Il renonce aux talents de l'imagination pour ne rien apprendre; il devient, avec de l'esprit et du goût, inutile aux autres et à soi-même. Sa vue ne lui permet pas, dit-il, d'écrire; son bégayement l'empêche de lire pour les autres. De quelle ressource sera-t-il donc? et que faire pour lui, s'il ne fait rien? Son malheur est d'avoir l'esprit au-dessus de son état, et de n'avoir pas le talent de s'en tirer. Il eût mieux valu pour lui cent fois de rester chez sa mère, que de venir ici pour se dégoûter de sa profession, sans en savoir prendre aucune. Vous serez responsable à Dieu d'en avoir voulu faire un homme du monde ; vous l'avez jeté dans un train où il ne peut se tenir ; vous lui avez donné une vanité qu'il ne peut justifier, et qui le perdra. Il aurait raison s'il avait dix mille livres de rente ; mais, n'ayant rien, il a tort.

M. de Formont doit avoir reçu douze exemplaires du *Charles XII* de Hollande. Je vais lui écrire. Je l'embrasse tendrement.

Adieu ; je souffre cruellement. *Vale, et me ama.*

CCLX. — A M. DE MONCRIF.

Je vous envoyai, mon cher ami, la petite carte. Il y a quelques jours, pour vous signifier combien je prends part à tout ce qui vous arrive d'agréable. Vous savez combien je vous ai aimé, depuis que je vous ai connu chez Mme de Fontaine-Martel. Les grâces de votre esprit et la sûreté de votre commerce m'ont attaché pour toujours à vous. Il y a six semaines que ma mauvaise santé me fait garder le lit. Seriez-vous assez aimable pour venir dîner ou souper chez un pauvre malade ? Je serai charmé de voir le discours que vous devez prononcer. Personne ne s'intéresse plus que moi à votre gloire. Quelque jour et à quelque moment que vous veniez, vous me ferez oublier tous mes maux. VOLTAIRE.

CCLXI. — A M. DE MAUPERTUIS.

Paris.

J'ai lu votre manuscrit sept ou huit fois, mon aimable maître à penser. J'ai tenté de vous écrire mes objections, et les idées que cette lecture m'a fournies ; mais j'apprendrai plus de choses dans un quart d'heure de votre conversation, que je ne vous proposerais de doutes dans cent pages d'écriture. D'ailleurs, les persécutions que j'essuie au sujet de mes *Lettres anglaises*, un peu trop *philosophiques*, ne me laissent guère le temps de mettre par écrit mes songes métaphysiques. Plus je raisonne, plus je suis incertain ; mais je sais certainement que je voudrais vivre en liberté, et m'éclairer avec des esprits comme le vôtre. Je ne suis pas trop sûr qu'il n'y ait point de substances, et j'ignore absolument ce que c'est que la matière ; mais je suis certain que je suis un être pensant, qui le deviendrait bien davantage avec vous, qui vous aime de tout son cœur, et qui est pénétré pour vous de la plus tendre estime.

CCLXII. — A M. CLÉMENT, RECEVEUR DES TAILLES A BREUX.[1]

J'ai reçu, j'ai goûté vos poissons¹ et vos vers.

Votre puissance enchanteresse

1. M. Clément avait envoyé à Voltaire des truites de la rivière de Blaise, qui

Gouverne également, par des talents divers,
Et les nymphes de l'Eure et celles du Permesse.

Rien n'est plus précieux pour moi que l'honneur de votre souvenir, monsieur; et, si je vous disais combien j'y suis sensible, je vous écrirais des volumes, au lieu d'une petite lettre.

Vos vers pour Mme du Maine valent encore beaucoup mieux que vos présents; et, dans le peu que je vous ai vu, vous m'avez paru valoir encore mieux que vos ouvrages. Le prix le plus flatteur que j'aie jamais reçu des miens est d'avoir connu un homme comme vous.

CCLXIII. — A MADAME LA DUCHESSE D'AIGUILLON.
1734.

On m'a dit, madame, que Minerve, descendue sur la terre sous les traits de Vénus et sous le nom d'Aiguillon, avait daigné honorer de ses regards et de sa protection cette *Adélaïde* tant contredite : j'ose demander à votre divinité les mêmes faveurs pour Charles XII et pour Henri IV, que je prends la liberté de vous envoyer.

Deux héros différents, l'un superbe et sauvage,
L'autre toujours aimable, et toujours amoureux,
A l'immortalité prétendent tous les deux;
Mais, pour être immortel, il faut votre suffrage.
Ah! si sous tous les deux vous eussiez vu le jour,
Plus justement leur gloire eût été célébrée;
Henri quatre pour vous aurait quitté d'Estrée,
Et Charles XII aurait connu l'amour.

CCLXIV. — A M. DE MAIRAN.
Du 1er février 1734.

Monsieur, *Adélaïde* et moi nous sortons de l'agonie. Voilà pourquoi je n'ai pu encore vous remercier du beau présent dont vous m'avez honoré [1]. Je voulais l'avoir lu avant de vous remercier; mais pardonnez à un mourant, qui touchait à son dernier crépuscule, de n'avoir point vu votre *aurore*.

Pardon si je fais des pointes; je viens de lire deux pages de la *Vie de Mariamne* [2].

Je vais me mettre demain à vous étudier et à vous admirer. Je vous devrai mon instruction et mon plaisir. Vos livres sont comme vous, monsieur, sages, instructifs, et agréables. Heureux qui peut ou vous lire ou vous entendre! Vous n'avez point de plus zélé admirateur ni de plus tendre et respectueux serviteur que V.

---

se jette dans l'Eure un peu au-dessous de Dreux. Une autre rivière, nommée aussi la Blaise, passe sous les murs du château de Cirey. (ÉD.)
1. Le *Traité physique et historique de l'aurore boréale*. (ÉD.)
2. La seconde partie de ce roman, que Marivaux n'a jamais achevé, venait de paraître. (ÉD.)

CCLXV. — A M. CLÉMENT, A DREUX.

Vous m'accablez toujours de présents, mon cher monsieur; vos galanteries m'enchantent et me font rougir; car, *quid retribuam domino, pro omnibus quæ retribuit mihi?* (Ps. CXV, v. 12.) Hélas! je ne dirai point: *calicem accipiam* (*ibid.*, v. 13); misérable que je suis! Il me faut vivre d'un régime bien indigne de vos dindons et de vos perdrix. Je ne fais point imprimer *Adélaïde* sitôt, et j'attends la reprise pour la donner au public. Mais je suis charmé de pouvoir vous donner, sur le public une petite préférence. Je vais vous faire transcrire *Adélaïde* pour vous l'envoyer. Il est juste que vous ayez les fruits de ma terre. J'accepte la très-consolante proposition que vous daignez me faire pour la sainte Quadragésime; c'est un des plus grands plaisirs qu'on puisse faire à un pauvre malade comme moi.

Si vous avez la bonté de charger un de vos gens ou de vos commissionnaires d'envoyer cette petite provision au sieur Demoulin, qui prend soin de mon petit ménage, et qui, par conséquent, demeure chez moi, je vous aurai beaucoup d'obligation, à condition que vous n'empêcherez pas que Demoulin paye très-exactement votre commissionnaire.

Adieu; je vous embrasse tendrement. *Adélaïde* fut jouée hier pour la dernière fois. Le parterre eut beau la redemander à grands cris, pendant un quart d'heure, j'ai été inflexible.

Adieu; mille remercîments; je vous aime trop pour vous écrire avec cérémonie.

CCLXVI. — A M. DE CIDEVILLE.

A Paris, ce 27 février.

Mon tendre et aimable ami, j'ai été bien consolé dans ma maladie, en voyant quelquefois votre ami, M. du Bourg-Theroulde; il est mon rival auprès de vous, et rival préféré; mais je n'étais point jaloux. Nous parlions de mon cher Cideville avec un plaisir si entier, et si pur! nous nous entretenions de l'espérance de vivre un jour à Paris avec lui; et, aujourd'hui, voilà mon cher Cideville qui me mande qu'en effet il pourra venir ici bientôt. Cela est-il bien vrai? puis-je y compter? Ah! c'est alors que j'aurai de la santé, et que je serai heureux.

Je commence enfin à sortir. J'allai même, samedi dernier, à l'enterrement d'*Adélaïde*, dont le convoi fut assez honorable. J'avais esquivé le mien, et je suis fort content du parterre, qui reçut *Adélaïde* mourante, et Voltaire ressuscité, avec assez de cordialité. Il est vrai que je suis retombé depuis; mais, malgré cette rechute, je veux aller au plus vite chez M. du Bourg-Theroulde pour lui parler de vous. En attendant, disons un petit mot d'*Adélaïde*.

On ne se plaint plus du duc de Nemours; on s'est récrié contre le duc de Vendôme. La voix publique m'a accusé d'abord d'avoir mis sur le théâtre un prince du sang, pour en faire, de gaieté de cœur, un assassin. Le parterre est revenu tout d'un coup de cette idée; mais nosseigneurs les courtisans, qui sont trop grands seigneurs pour se dédire si vite, persistent encore dans leur reproche. Pour moi, s'il m'est permis de me mettre au nombre de mes critiques, je ne crois pas que l'on soit moins intéressé à une tragédie, parce qu'un prince de la nation se laisse emporter à l'excès d'une passion effrénée.

Un historiographe me dira bien que le comte de Vendôme n'était point duc, et que c'était le duc de Bretagne Jean, et non le comte de Vendôme, qui fit cette méchante action. Le public se moque de tout cela; et si la pièce est intéressante, peu lui importe que son plaisir vienne de Jean ou de Vendôme.

Mais ce Vendôme n'intéresse peut-être pas assez, parce qu'il n'est point aimé, et parce qu'on ne pardonne point à un héros français d'être furieux contre une honnête femme qui lui dit de si bonnes raisons. Couci vient encore prouver à notre homme qu'il est un pauvre homme d'être si amoureux. Tout cela fait qu'on ne prend pas un intérêt bien tendre au succès de cet amour. Ajoutez que le sieur Dufresne a joué ce rôle indignement, quoi qu'en dise Rochemore.

Le travail que j'ai fait pour corriger ce qui avait paru révoltant dans ce Vendôme, à la première représentation, est très-peu de chose. Je vous enverrai la pièce; vous la trouverez presque la même. Le public, qui applaudit à la seconde représentation ce qu'il avait condamné à la première, a prétendu, pour se justifier, que j'avais tout refondu; et je l'ai laissé croire.

Adieu, mon cher ami. Écrivez, je vous en prie, à Linant qu'il a besoin d'une conduite très-circonspecte ; que rien n'est plus capable de lui faire tort que de se plaindre qu'il n'est pas assez bien chez un homme à qui il est absolument inutile, et qui, de compte fait, dépense pour lui seize cents francs par an. Une telle ingratitude serait capable de le perdre. Je vous ai toujours dit que vous le gâtiez. Il s'est imaginé qu'il devait être sur un pied brillant dans le monde, avant d'avoir rien fait qui pût l'y produire. Il oublie son état, son inutilité, et la nécessité de travailler; il abuse de la facilité que j'ai eue de lui faire avoir son entrée à la Comédie; il y va tous les jours, sur le théâtre, au lieu de songer à faire une pièce. Il a fait en deux ans une scène qui ne vaut rien; et il se croit un personnage, parce qu'il va au théâtre et chez Procope. Je lui pardonne tout, parce que vous le protégez; mais, au nom de Dieu, faites-lui entendre raison, si vous en espérez encore quelque chose.

CCLXVII. — A. M. DE MONCRIF.

Je suis très-flatté, je vous assure, mon cher monsieur, de recevoir quelques-uns de vos ordres; mais je crains bien de ne pouvoir les exécuter. M. Falkener, mon ami, n'est point à Alexandrie, mais à Constantinople, dont il doit partir incessamment. Il est vrai qu'il a du goût pour l'antiquaille, mais ce n'est ni pour alun, borax, terre sigillée ou plante marine. Son goût se renferme dans les médailles grecques et dans les vieux auteurs : de sorte qu'excepté les draps et les soies, auxquels il s'entend parfaitement bien, je ne lui connais d'autre intelligence que celle d'Horace et de Virgile, et des vieilles monnaies de temps d'Alexandre. Cependant, monsieur, s'il lui tombe entre les mains quelque coquille de colimaçon turc, quelques morceaux de soufre du lac de Sodome, quelque araignée, ou crapaud volant du Levant, ou autres utilités semblables, sans omettre de vieux morceaux de marbre ou de terre, je vais le prier de les apporter avec lui, à Paris, où je compte le voir à son retour de Constantinople. Il se fera un plaisir de vous les apporter lui-même. Je lui enverrai donc, dès demain, votre mémoire. Si j'avais une copie de *Tithon et l'Aurore*, je l'y joindrais, bien sûr qu'il s'empresserait plus pour l'auteur de cet aimable ouvrage que pour tous les princes du monde; car il est homme d'esprit et Anglais.

Je suis, de tout mon cœur, monsieur, avec la plus sincère estime, etc.

CCLXVIII. — A M. LE MARQUIS DE CAUMONT.

Paris, ce 2 avril, 1734.

Une longue maladie, monsieur, m'a mis hors d'état de répondre plus tôt à vos bontés. M. l'abbé de Sade, que vous allez revoir, me servira encore de protecteur auprès de vous. Je lui ai même remis un exemplaire de ma tragédie d'*Adélaïde*, dont je le prie de se servir pour vous faire ma cour. Je voudrais que mes vers pussent vous payer de la prose que je vous dois. Vous voyez du moins que je ne néglige point les occasions de mériter vos bontés.

Je suis toujours dans la résolution de faire quelque chose sur ce beau siècle de Louis XIV; mais j'ai bien peur de n'en avoir ni le loisir, ni la santé, ni le talent. J'assemble toujours quelques matériaux en attendant que je puisse commencer cet ouvrage, qui me paraît également long et dangereux à achever.

Si vous trouviez dans ces *Lettres* en question des faits qui fussent dignes de votre attention, et que vous daignassiez me les communiquer, ce serait une grâce qui, après le commerce dont vous m'honorez, serait la plus grande que vous me puissiez faire. Que ne puis-je venir vous en remercier! J'envie le sort de M. l'abbé de Sade, non que je lui envie l'honneur d'être prêtre et grand vicaire, mais bien le plaisir d'être à Avignon et de vous y voir. Comptez à jamais, monsieur, sur ma tendre et respectueuse reconnaissance. VOLTAIRE.

CCLXIX. — A M. DE CIDEVILLE.

Ce mercredi, 7 avril.

Mon cher ami, je pars pour être témoin d'un mariage que je viens de faire. J'avais mis dans ma tête, il y a longtemps, de marier M. le duc de Richelieu à Mlle de Guise. J'ai conduit cette affaire comme une intrigue de comédie; le dénoûment va se faire à Monjeu, auprès d'Autun. Les poètes sont plus dans l'usage de faire des épithalames que des contrats; cependant j'ai fait le contrat, et, probablement, je ne ferai point de vers. Vous savez ce que dit Mme de Murat:

Mais, quand l'hymen est fait, c'est en vain qu'on réclame
Le dieu des vers et les neuf doctes sœurs.

C'est le sort des amours, et celui des auteurs,
D'échouer à l'épithalame.

L'Heureuse peine, conte.

Je pars dans une heure, mon aimable Cideville; j'envoie devant
ragédie, opéra, versiculets, *et totam nugarum supellectilem*. C'est
pour le coup que je vais travailler à vous faire transcrire tout ce que
je vous dois. Formont vient de m'écrire une lettre où je reconnais sa
raison saine et son goût délicat. Messieurs les Normands, vous avez
bien de l'esprit. L'abbé du Resnel, autre Normand, traducteur de
Pope, homme qui sait penser, sentir, et écrire, est ou doit être à
Rouen; je lui ai dit que mon cher Cideville y était; il le verra, et il
en pensera comme moi. C'est un admirateur et un ami de plus que vous
allez acquérir l'un et l'autre en faisant connaissance.

Je n'ai pas perdu toute espérance sur Linant. Je ne crois pas que
Linant ait jamais un talent supérieur; mais je crois qu'il sera un ignorant inutile aux autres et à lui-même; plein de goût et d'esprit, sans
imagination, il n'a rien de ce qu'il faut ni pour briller, ni pour faire
fortune. Il a la sorte d'esprit qui convient à un homme qui aurait
vingt mille livres de rentes. Voilà de quoi je le plains, mais de quoi
je ne lui parle jamais. J'ai été mécontent de lui, mais je ne l'ai dit qu'à
vous et à M. de Formont.

Adieu; je vous aime avec tendresse. Je pars. *Valete curæ.*

CCLXX. — AU MÊME.

A Monjeu, par Autun, le 24 avril.

J'étais ici tranquille, mon charmant ami, et je jouissais paisiblement du fruit de ma petite négociation entre M. de Richelieu et
Mlle de Guise. Je n'ai pas trop l'air du blond Hyménée; mais
je faisais les fonctions de ce dieu charitable, et je me mêlais d'unir
des cœurs par-devant notaire, lorsque les nouvelles les plus affli-
geantes sont venues troubler mon repos. Ces maudites *Lettres anglaises*
se débitent enfin sans qu'on m'ait consulté, sans qu'on m'en ait donné
le moindre avis. On a l'insolence de mettre mon nom à la tête, et de
donner l'ouvrage avec la *Lettre sur les pensées de Pascal*, que j'avais
le plus à cœur de supprimer.

Je ne veux pas soupçonner Jore de m'avoir joué ce tour, parce que,
sur le moindre soupçon, il serait mis sûrement à la Bastille, pour le
reste de sa vie. Mais je vous supplie de me mander ce que vous en
savez. En un mot, si l'on pouvait ôter mon nom, du moins ce serait
une impertinence de sauvée. Je ne sais où est ce misérable.

Adieu; j'ai le cœur serré de douleur. Écrivez-moi pour me consoler,
et faites mille tendres compliments pour moi à mon ami Formont.
L'abbé du Resnel est-il à Rouen? En êtes-vous bien content? Adieu;
écrivez-moi à Monjeu.

CCLXXI. — A M. DE FORMONT.

A Monjeu, par Autun, ce 25 avril.

On ne peut, mon cher Formont, vous écrire plus rarement que je fais, et vous aimer plus tendrement. Je passe la moitié de mes jours à souffrir, et l'autre à étudier ou à rimailler; et il se trouve que la journée se passe sans que j'aie le temps d'écrire ma lettre. Vous serez peut-être étonné de la date de celle-ci. Moi, au fond de la Bourgogne! moi, qui n'aurais voulu quitter Paris que pour Rouen; mais c'est que je me suis mêlé de marier M. de Richelieu avec Mlle de Guise, et qu'il a fallu dans les règles être de la noce. J'ai donc fait quatre-vingts lieues pour voir un homme coucher avec une femme. C'était bien la peine d'aller si loin!

Mais voici bien une autre besogne. On vend mes *Lettres*, que vous connaissez, sans qu'on m'ait averti, sans qu'on m'ait donné le moindre signe de vie. On a l'insolence de mettre mon nom à la tête; et, malgré mes prières réitérées de supprimer au moins ce qui regarde les *Pensées* de Pascal, on a joint cette Lettre aux autres. Les dévots me damnent; mes ennemis crient, et on me fait craindre une lettre de cachet, lettre beaucoup plus dangereuse que les miennes. Je vous demande en grâce de me mander ce que vous pourrez savoir. Jore est-il dans votre ville? est-il à Paris? Pourrait-on, au moins, faire savoir mes intentions à ceux qui ont eu l'indiscrétion de débiter cet ouvrage sans mon consentement? Pourrait-on, au moins, supprimer mon nom? Adieu, mon sage et aimable ami. Je suis bien fou de me faire des affaires pour un livre.

CCLXXII. — A M. L'ABBÉ D'OLIVET.

A Monjeu, par Autun, ce 25 avril.

Je compte toujours sur votre amitié, mon très-cher abbé et mon maître, et je vous mets à l'épreuve. Écrivez-moi, si vous m'aimez, tout ce qu'on dit de ces *Lettres anglaises* qui paraissent depuis peu. C'est bien assurément malgré moi que l'on débite cet ouvrage. Il y a plus d'un an que je prenais les plus grandes et les plus inutiles précautions pour le supprimer. Il m'en a coûté quinze cents francs[1] pour espérer, pendant quelques mois, qu'il ne paraîtrait point. Mais enfin j'ai perdu mon argent, mes peines, et mes espérances. Non-seulement on m'a trahi, et l'on débite l'ouvrage; mais, grâce à la bonté qu'on a toujours de juger favorablement son prochain, j'apprends qu'on me soupçonne de faire vendre moi-même l'ouvrage. Je me flatte que vous me défendrez avec vos amis, ou plutôt, que ceux qui ont l'honneur d'être vos amis ne m'imputeront point de telles bassesses.

Mais vous, mon cher abbé, mandez-moi ce que c'était que l'affaire qu'on voulait vous susciter, au sujet des rêveries[2] de ce fou de P. Har-

---

1. Voltaire avait prêté cette somme à Jore. (ÉD.)
2. D'Olivet avait publié un volume intitulé : *Johannis Harduini opera varia*. (ÉD.)

douin. Faudra-t-il que les gens de lettres, en France, soient toujours traités comme les mathématiciens l'étaient du temps de Domitien! Écrivez-moi, je vous en prie, au plus vite à Monjeu. J'y étais paisiblement occupé à marier M. le duc de Richelieu à Mlle de Guise. L'aventure de ces *Lettres* a rabattu ma joie, et votre souvenir me la rendra.

CCLXXIII. — A M. DE MAUPERTUIS.

A Monjeu, par Autun, 29 avril.

Votre géomètre[1], monsieur, vient de me montrer votre lettre. Je vous plains de son absence; mais je suis beaucoup plus à plaindre que vous, s'il faut que j'aille à Londres ou à Bâle[2], tandis que vous serez à Paris, avec Mme du Châtelet.

Ce sont donc ces *Lettres anglaises* qui vont m'exiler! En vérité, je crois qu'on sera un jour bien honteux de m'avoir persécuté pour un ouvrage que vous avez corrigé. Je commence à soupçonner que ce sont les partisans des tourbillons et des idées innées qui me suscitent la persécution. Cartésiens, malebranchistes, jansénistes, tout se déchaîne contre moi; mais j'espère en votre appui : il faut, s'il vous plaît, que vous deveniez chef de secte. Vous êtes l'apôtre de Locke et de Newton; et un apôtre de votre trempe, avec une disciple comme Mme du Châtelet, rendrait la vue aux aveugles. Je crains encore plus M. le garde des sceaux que les raisonneurs; il ne prend point du tout cette affaire en philosophe; il se fâche en ministre, et, qui pis est, en ministre prévenu et trompé. On lui a fait entendre que c'est moi qui débite cette édition, tandis que je n'ai épargné, depuis un an, ni soins ni argent pour la supprimer. J'étais bien loin assurément de la vouloir donner au public; il me suffisait de votre approbation. Mme du Châtelet et vous, ne me valez-vous pas le public? D'ailleurs, aurais-je eu, je vous prie, l'impertinence de mettre mon nom à la tête de l'ouvrage? y aurais-je ajouté la Lettre sur Pascal, que j'avais fait supprimer, même à Londres?

Savez-vous bien que j'ai fait prodigieusement grâce à ce Pascal? De toutes les prophéties qu'il rapporte, il n'y en a pas une qui puisse s'expliquer honnêtement de Jésus-Christ. Son chapitre sur les miracles est un persiflage. Cependant je n'en ai rien dit, et l'on crie: Mais laissez-moi faire; quand je serai une fois à Bâle, je ne serai pas si prudent? En attendant, je vous prie de faire connaître la vérité à vos amis. Il me sera plus glorieux d'être défendu par vous, qu'il n'est triste d'être persécuté par les sots.

Je vous demande pardon d'avoir mis tant de paroles dans ma lettre; mais, quand on écrit en présence de Mme du Châtelet, on ne peut pas recueillir son esprit fort aisément.

Adieu; vous savez le respect que mon esprit a pour le vôtre. Écrivez-moi, ou pour m'apprendre quelques nouvelles de ces *Lettres* ou

---

1. Mme du Châtelet, à qui M. de Maupertuis avait donné quelques leçons de géométrie. (*Éd. de Kehl.*)
2. Il alla à Bâle au mois de mai, mais n'y passa que quelques jours. (ÉD.)

pour me consoler. Je vous suis tendrement attaché pour la vie, comme si j'étais digne de votre commerce.

CCLXXIV. — A M. LE COMTE D'ARGENTAL.

Avril.

On dit qu'après avoir été mon patron, vous allez être mon juge, et qu'on dénonce à votre sénat ces *Lettres anglaises*, comme un mandement du cardinal de Bissi, ou de l'évêque de Laon. Messieurs, tenant la cour du parlement, de grâce, souvenez-vous de ces vers :

Il est dans ce saint temple un sénat vénérable,
Propice à l'innocence, au crime redoutable,
Qui, des lois de son prince et l'organe et l'appui,
Marche d'un pas égal entre son peuple et lui, etc.
Henriade, ch. IV, v. 399.

Je me flatte qu'en ce cas les présidents Hénault et Roujault, les Berthier, se joindront à vous, et que vous donnerez un bel arrêt, par lequel il sera dit que Rabelais, Montaigne, l'auteur des *Lettres persanes*, Bayle, Locke, et moi chétif, serons réputés gens de bien, et mis hors de cour et de procès.

Qu'est devenu M. de Pont-de-Veyle? d'où vient que je n'entends plus parler de lui? n'est-il point à Pont-de-Veyle avec madame votre mère?

Si vous voyez M. Hérault, sachez, je vous en prie, ce qu'aura dit le libraire qui est à la Bastille; et encouragez ledit M. Hérault à me faire, auprès du bon cardinal[1] et de l'opiniâtre Chauvelin, tout le bien qu'il pourra humainement me faire.

Je vais vous parler avec la confiance que je vous dois et qu'on ne peut s'empêcher d'avoir pour un cœur comme le vôtre. Quand je donnai permission, il y a deux ans, à Thieriot d'imprimer ces maudites *Lettres*, je m'étais arrangé pour sortir de France, et aller jouir, dans un pays libre, du plus grand avantage que je connaisse, et du plus beau droit de l'humanité, qui est de ne dépendre que des lois, et non du caprice des hommes. J'étais très-déterminé à cette idée; l'amitié seule m'a fait entièrement changer de résolution, et m'a rendu ce pays-ci plus cher que je ne l'espérais. Vous êtes assurément à la tête des personnes que j'aime; et ce que vous avez bien voulu faire pour moi, dans cette occasion, m'attache à vous bien davantage, et me fait souhaiter plus que jamais d'habiter le pays où vous êtes. Vous savez tout ce je dois à la généreuse amitié de Mme du Châtelet, qui avait laissé un domestique à Paris, pour m'apporter en poste les premières nouvelles. Vous eûtes la bonté de m'écrire ce que j'avais à craindre; et c'est à vous et à elle que je dois la liberté dont je jouis. Tout ce qui me trouble à présent, c'est que ceux qui peuvent savoir la vivacité des démarches de Mme du Châtelet, et qui n'ont pas un cœur aussi tendre et aussi vertueux que vous, ne rendent pas à l'extrême amitié et aux sentiments respectables dont elle m'honore toute la jus-

1. Le cardinal Fleury.

tice que sa conduite mérite. Cela me désespérerait, et c'est en ce cas surtout que j'attends de votre générosité que vous fermerez la bouche à ceux qui pourraient devant vous calomnier une amitié si vraie et si peu commune.

Faites-moi la grâce, je vous en prie, de m'écrire où en sont les choses; et si M. de Chauvelin s'adoucit, si M. Rouillé peut me servir auprès de lui, si M. l'abbé de Rothelin peut m'être utile. Je crois que je ne dois pas trop me remuer dans ces commencements, et que je dois attendre du temps l'adoucissement qu'il met à toutes les affaires; mais aussi il est bon de ne pas m'endormir entièrement sur l'espérance que le temps seul me servira.

Je n'ai point suivi les conseils que vous me donniez de me rendre en diligence à Auxonne; tout ce qui était à Monjeu m'a envoyé vite en Lorraine. J'ai, de plus, une aversion mortelle pour la prison; je suis malade; un air enfermé m'aurait tué; on m'aurait peut-être fourré dans un cachot. Ce qui m'a fait croire que les ordres étaient durs, c'est que la maréchaussée était en campagne.

Ne pourriez-vous point savoir si le garde des sceaux a toujours la rage de vouloir faire périr, à Auxonne, un homme qui a la fièvre et la dyssenterie, et qui est dans un désert? Qu'il m'y laisse, c'est tout ce que je lui demande, et qu'il ne m'envie pas l'air de la campagne. Adieu; je serai toute ma vie pénétré de la plus tendre reconnaissance. Je vous serai attaché comme vous méritez qu'on vous aime.

CCLXXV. — A M. DE MONCRIF.

A Monjeu, par Autun, ce 6 mai.

Je compte sur votre amitié, mon cher et aimable Moncrif. Voici une belle occasion pour vous. On me calomnie, on m'accable, on me déchire. Jamais vous n'aurez plus de mérite à me défendre. Les dévots me damnent; les sots me critiquent; les politiques me parlent de lettres de cachet; le tout, pour avoir dit des vérités fort innocentes. Le juste est toujours persécuté, mon cher ami; mais ces épreuves servent à faire valoir le zèle des vrais élus. Vous êtes de ces élus; votre royaume, qui mieux est, est de ce monde, et vous avez le don de plaire dans la société comme sur le Parnasse. Mettez en usage ce talent que vous avez de persuader, pour réfuter les lâches calomnies dont on m'affuble. On ose dire que c'est moi-même qui fais débiter ces *Lettres anglaises*, dans le temps qu'on sait que je l'épargne, depuis un an, ni soins ni argent pour les supprimer. Je pardonne à ces vils insectes, à ces misérables prétendus beaux esprits, qui déchirent tout haut des ouvrages qu'ils approuvent tout bas, et qui font semblant de mépriser ce qu'ils envient; mais je ne puis pardonner à ces calomniateurs de profession, qui attaquent la personne encore plus cruellement que les ouvrages, et qui vont de maison en maison semer les rumeurs les plus calomnieuses. C'est contre le bourdonnement de ces frelons que je vous demande votre secours, ma gentille abeille du Parnasse. Mandez-moi, je vous en prie, des nouvelles de vous, des théâtres, de ces *Lettres* et des plaisirs. A-t-on joué *Zaïre?* qui? Mlle Gaussin? et vous, qui ?... ou pour aller plus galamment : *Qua cales ? qum te vinctum grata compede detinet ?*

Adieu ; je vous aime, vous estime, et voudrais passer ma vie avec vous.

CCLXXVI. — A M. BERGER.

Vous, monsieur, qui êtes le très-digne secrétaire d'un prince qui veut bien être à la tête de nos plaisirs, et qui avez par conséquent le plus joli département du monde, faites-moi, je vous prie, l'amitié de me mander quand il faudra lui envoyer les paroles de *Samson*. Je n'ai fait cet ouvrage par aucun autre motif que par celui de contribuer de fort loin à la gloire de M. Rameau et de servir à ses talents, comme celui qui fournit la toile et le chevalet contribue à la gloire du peintre. Mais quoique je ne joue qu'un rôle fort subalterne dans cette affaire, cependant je voudrais bien n'avoir aucune difficulté à essuyer, et pouvoir compter personnellement sur la protection de M. le prince de Carignan, soit pour la manière dont cet opéra sera exécuté, soit pour l'examen des paroles. Je me flatte que vous voudrez bien lui faire un peu ma cour, et que ce sera à vous que j'aurai l'obligation de ses bontés.

On me mande ici que ces *Lettres anglaises* faisaient beaucoup plus de bruit qu'elles ne méritent ; que la plupart des ignorants qui parlent haut dans les cafés devant des gens plus ignorants qu'eux, disaient que j'avais tort sur Newton dont ils ne connaissaient que le nom ; que les jansénistes m'appelaient moliniste ; que les dévots disaient que je suis un athée parce que je me suis moqué des quakers, et que les indignes ennemis qu'un peu de réputation m'a attirés, ne parlaient que de lettres de cachet pour se venger de ce que mon livre leur a fait peut-être trop de plaisir, et leur a appris quelque chose. Vous pouvez compter que mon seul embarras est de savoir pour qui de tous ces animaux raisonneurs j'ai le plus grand mépris ; mais je ne suis point embarrassé de vous dire que je suis beaucoup plus touché de votre amitié que de leurs criailleries. Je compte entretenir un commerce fort exact avec votre ami M. Sinetti, et être en France son correspondant, si pourtant je reste en France.

Mandez-moi, je vous prie, de vos nouvelles, et aimez un peu votre ami.

CCLXXVII. — A M. DE CIDEVILLE.

Ce 8 mai.

Votre protégé Jore m'a perdu. Il n'y avait pas encore un mois qu'il m'avait juré que rien ne paraîtrait, qu'il ne ferait jamais rien que de mon consentement ; je lui avais prêté 1500 francs dans cette espérance ; cependant à peine suis-je à quatre-vingts lieues de Paris, que j'apprends qu'on débite publiquement une édition de cet ouvrage, avec mon nom à la tête, et avec la *Lettre* sur Pascal. J'écris à Paris,

Telephum... puella... tenet.... grata
Compede vinctum.
Hor., liv. IV, od. XI, 21-24.

je fais chercher mon homme, point de nouvelles. Enfin il vient chez moi, et parle à Demoulin, mais d'une façon à se faire croire coupable. Dans cet intervalle on me mande que, si je ne veux pas être perdu, il faut remettre sur-le-champ l'édition à M. Rouillé. Que faire dans cette circonstance? Irai-je être le délateur de quelqu'un? et puis-je remettre un dépôt que je n'ai pas?

Je prends le parti d'écrire à Jore, le 2 mai, que je ne veux être ni son délateur ni son complice; que, s'il veut se sauver et moi aussi, il faut qu'il remette entre les mains de Demoulin ce qu'il pourra trouver d'exemplaires, et apaiser au plus vite le garde des sceaux par ce sacrifice. Cependant il part une lettre de cachet le 4 mai; je suis obligé de me cacher et de fuir; je tombe malade en chemin; voilà mon état; voici le remède.

Ce remède est dans votre amitié. Vous pouvez engager la femme de Jore à sacrifier cinq cents exemplaires, ils ont assez gagné sur le reste, supposé que ce soit eux qui aient vendu l'édition. Ne pourriez-vous point alors écrire en droiture à M. Rouillé, lui dire qu'étant de vos amis depuis longtemps, je vous ai prié de faire chercher à Rouen l'édition de ces *Lettres;* que vous avez engagé ceux qui s'en étaient chargés à la remettre, etc.; ou bien, voudriez-vous faire écrire le premier président? il s'en ferait honneur, et il ferait voir son zèle pour l'inquisition littéraire qu'on établit. Soit que ce fût vous, soit que ce fût le premier président, je crois que cela me ferait grand bien, si le garde des sceaux pouvait savoir, par ce canal et par une lettre écrite à M. Rouillé, que j'ai écrit à Rouen, le 2 mai, pour faire chercher l'édition, à quelque prix que ce pût être.

Je remets tout cela à votre prudence et à votre tendre amitié. Votre esprit, et votre cœur sont faits pour ajouter au bonheur de ma vie quand je suis heureux, et pour être ma consolation dans mes traverses.

A présent que je vais être tranquille dans une retraite ignorée de tout le monde, nous vous enverrons sûrement des *Samson* et des pièces fugitives en quantité. Laissez faire, vous ne manquerez de rien, vous aurez des vers.

J'embrasse tendrement mon ami Formont et notre cher du Bourg-Theroulde. Adieu, mon aimable ami, adieu. Écrivez-moi sous l'enveloppe de l'abbé Moussinot, cloître Saint-Merri.

CCLXXVIII. — AU MÊME.

Ce 11 mai, en passant.

Je n'ai que le temps de vous écrire, mon cher ami, de ne faire nul usage du billet de treize cent soixante-huit livres qu'on vous a envoyé sans ma participation. Il vaut beaucoup mieux que le fils[1] du vieux bonhomme fasse ce dont il était convenu avec moi, en cas qu'il voie que cette démarche puisse être utile. Peut-être en a-t-il déjà vendu; et, en ce cas, il serait puni tout aussi sévèrement, et on lui répon-

1. Jore, associé à son père, comme libraire du clergé. (Éd.)

drait comme Dieu aux Juifs : *Sacrificia tua non volo.* C'est à lui à voir s'il est coupable, et jusqu'à quel point il peut compter sur l'indulgence des gens à qui il a affaire. Il faut qu'il commence par m'instruire de ses démarches, afin que je sache, de mon côté, sur quoi compter. Je ne veux ni ne dois rien faire aveuglément. Je commence à croire que l'édition *avec mon nom à la tête* est une édition de Hollande. En ce cas, votre protégé n'aurait rien à craindre, ni même rien à faire à présent qu'à se tenir tranquille. Je lui demande pardon de l'avoir soupçonné; mais il fallait qu'il m'écrivît pour prendre des mesures.

Adieu; je vous embrasse tendrement. V.

A M. l'abbé Moussinot; et, sous l'enveloppe, à l'ami de l'abbé Moussinot; voilà mon adresse.

CCLXXIX. — AU MÊME.
Ce 20 mai.

Par des lettres que je viens de recevoir, mon cher Cideville, on vient de m'assurer que c'est l'édition de votre protégé qui a paru, et qui a fait tout le malheur. Je n'en serai certain par moi-même que lorsque j'aurai vu les exemplaires que j'ai donné ordre qu'on m'envoyât incessamment. Il y a près d'un mois que je l'ai fait chercher dans Paris, et que je l'ai fait prier de m'écrire ce qu'il savait de cette affaire ; point de nouvelles; je ne sais où il est. Il y a apparence qu'il m'eût écrit s'il avait été innocent. Vous jugez bien que, dans cette incertitude, je ne puis rien faire. Acheter ce que vous savez est absolument inutile, et même très-dangereux. Le mieux est de se tenir tranquille quelque temps. Je lui conseille d'aller voyager en Hollande. Je ne sais si je n'irai pas y faire un tour.

J'ignore encore si l'on vous a fait toucher treize cent soixante-huit livres; si vous les avez, je vous prie de les renvoyer à M. Pasquier, agent de change, rue Quincampoix, à Paris. Cet argent ne m'appartient pas; il est à une personne à qui je le devais, qui en a un très-grand besoin, et qui s'en dessaisissait en ma faveur, s'imaginant que c'était un moyen sûr d'apaiser l'affaire : il ne faut pas qu'elle soit la victime de son amitié.

A l'égard de Jore, je ne vous en parlerai que quand j'aurai de ses nouvelles. Conservez-moi votre tendre amitié; je vous écrirai quand je serai fixé en quelque endroit. Jusqu'à présent je ne vous ai écrit que comme un homme d'affaires; mon cœur sera plus bavard la première fois. Adieu; mille amitiés à Formont et à l'abbé du Resnel.

CCLXXX. — AU MÊME.
Mai.

Eh bien ! est-il possible que vous vous soyez laissé surprendre aux larmes et aux cris de ces gens-là ? Ou ils vous trompent bien indignement, ou ils sont bien trompés eux-mêmes.

J'ai découvert enfin, à n'en pouvoir douter, que ce misérable a tout fait, et qu'il m'a trahi cruellement. Je m'en doutais bien à silence

Le scélérat m'avait juré, en partant, que rien ne paraîtrait jamais. Il avait, depuis un mois, le supplément de la fin, il s'en est servi; il a pris le temps de mon absence pour trahir les promesses qu'il m'avait faites et les obligations qu'il m'avait. On m'a enfin envoyé la preuve incontestable de son crime. J'ai tout confronté; sa perfidie n'est que trop réelle. Il triomphe; il en vend deux mille cinq cents à 6, à 8, à 10 livres pièce; et moi, je suis proscrit. Lettre de cachet, dénonciation au parlement, requête des curés, la crainte d'un jugement rigoureux, voilà tout ce qu'il m'attire; tandis que, sur la foi de vos lettres, j'ai hasardé de me perdre pour le sauver, et que j'ai tellement assuré son innocence aux ministres, que je me suis fait croire coupable.

Au nom de Dieu, parlez à ces gens-là, quand vous les verrez; dites-leur qu'ils avertissent leur fils de faire ce que je lui marquerai dans un billet, sans quoi il sera perdu. Il n'est pas juste, après tout, que je sois malheureux toute ma vie pour contenter l'avidité de ce misérable. Surtout qu'on vous remette jusqu'au moindre chiffon d'écriture qu'on peut avoir de moi.

Les hommes sont bien méchants! Quoi! dans le temps qu'il m'a mille obligations! O hommes! vous êtes ou trompeurs, ou indignement superstitieux, ou calomniateurs. Vous êtes des monstres; mais il y a des Cideville, il y a des Émilie; cela fait qu'on tient à l'humanité, et qu'on pardonne au genre humain. L'amitié que j'ai éprouvée dans cette occasion passe tout l'excès des persécutions qu'on peut me faire essuyer. La balance n'est pas égale, et je suis trop heureux.

J'embrasse tendrement le philosophe Formont, le tendre et charmant du Bourg-Théroulde, le judicieux et élégant du Resnal. Si vous voyez M. le marquis, dites-lui qu'avec sa permission je pourrais bien aller passer un mois dans ses terres pour dépayser les alguazils. N'y viendriez-vous pas? Adieu; tout cela ne m'empêche ni ne m'empêchera d'achever mon quatrième acte [1]. *Vale, te amo.*

CCLXXXI. — A M. LE COMTE D'ARGENTAL.

Mai.

Encore une importunité, encore une lettre. Avouez que je suis un persécutant encore plus qu'un persécuté. La lettre de cachet m'en fait écrire mille.

Nardi parvus onyx eliciet cadum.
Hor., lib. IV, od. XII, v. 17.

Je vous supplie de faire rendre cette lettre à Mme la duchesse d'Aiguillon. Je vous l'envoie ouverte; ayez la bonté d'y voir ma justification et de la cacheter. Mille pardons. Vraiment, puisqu'on crie tant sur ces fichues *Lettres*, je me repens bien de n'en avoir pas dit davantage. Va, va, Pascal, laisse-moi faire! tu as un chapitre sur les prophéties où il n'y a pas l'ombre du bon sens; attends, attends!

Où en sommes-nous, je vous prie? De grâce, un petit mot touchant cet excommunié. Mon livre sera-t-il brûlé, ou moi? Veut-on que je me

[1] De la tragédie d'*Alzire*. (Éd.)

rétracte, comme saint Augustin? veut-on que j'aille au diable? Écrivez ou chez Demoulin, ou chez l'abbé Moussinot, ou plutôt à M. Paliu, et dites-lui qu'il me garde un profond secret.

CCLXXXII. — A MADAME LA DUCHESSE D'AIGUILLON.

Si vous êtes encore à Paris, madame, permettez-moi d'avoir recours à la langue française dont vous vous servez si bien, plutôt qu'au vieux gascon, qui me serait à présent peu utile, je crois, auprès de M. le garde des sceaux. Je suis pénétré de reconnaissance et je vous remercie, au nom de tous les partisans de Locke et de Newton, de la bonté que vous avez eue de mettre Mme la princesse de Conti dans les intérêts des philosophes, malgré les criailleries des dévots. On me mande, dans ma retraite, que le parlement veut me faire condamner et me traiter comme un mandement d'évêque. Pourquoi non? Il y a bien eu des arrêts contre l'antimoine et en faveur des formes substantielles d'Aristote.

On dit qu'il faut que je me rétracte; très-volontiers : je déclarerai que Pascal a toujours raison; que *fatal laurier, bel astre*, sont de la belle poésie; que si saint Luc et saint Marc se contredisent, c'est une preuve de la vérité de la religion à ceux qui savent bien prendre les choses; qu'une des belles preuves encore de la religion, c'est qu'elle est inintelligible. J'avouerai que tous les prêtres sont doux et désintéressés; que les jésuites sont d'honnêtes gens; que les moines ne sont ni orgueilleux, ni intrigants, ni puants; que la sainte inquisition est le triomphe de l'humanité et de la tolérance; enfin, je dirai tout ce qu'on voudra; pourvu qu'on me laisse en repos et qu'on ne s'acharne point à persécuter un homme qui n'a jamais fait de mal à personne, qui vit dans la retraite et qui ne connaissait d'autre ambition que celle de vous faire sa cour.

Il est très-certain, de plus, que l'édition est faite malgré moi, qu'on y a ajouté beaucoup de choses et que j'ai fait humainement ce que j'ai pu pour en découvrir l'auteur.

Permettez-moi, madame, de vous renouveler ma reconnaissance et mes prières. La grâce que je demande au ministre, c'est qu'il ne me prive pas de l'honneur de vous voir; c'est une grâce pour laquelle on ne saurait trop importuner.

J'ai l'honneur d'être, avec un profond respect,

VOLTAIRE.

M'est-il permis de saluer M. le duc d'Aiguillon, de lui présenter mon respect, de le remercier et de l'exhorter à lire les *Lettres philosophiques* sans scandale? Elles sont imprimées à faire peur et remplies de fautes absurdes; c'est là ce qui me désespère.

CCLXXXIII. — A MADAME LA MARQUISE DU DEFFAND.

A Paris, le 23 mai.

Vraiment, madame, quand j'eus l'honneur de vous écrire et de vous prier d'engager vos amis à parler à M. de Maurepas, ce n'était pas de peur qu'il me fît du mal, c'était afin qu'il me fît du bien. Je le priais comme mon bon ange; mais mon mauvais ange, par malheur, est beaucoup plus puissant que lui. N'admirez-vous pas, madame, tous les beaux discours qu'on tient à l'égard de ces scandaleuses *Lettres?* Mme la duchesse du Maine est-elle bien fâchée que j'aie mis Newton au-dessus de Descartes? et comment Mme la duchesse de Villars, qui aime tant les idées innées, trouvera-t-elle la hardiesse que j'ai eue de traiter ses idées innées de chimères?

Mais, si vous voulez vous réjouir, parlez un peu de mon brûlable livre à quelques jansénistes. Si j'avais écrit qu'il n'y a point de Dieu, ces messieurs auraient beaucoup espéré de ma conversion; mais, depuis que j'ai dit que Pascal s'était trompé quelquefois; que *fatal laurier, bel astre, merveille de nos jours*, ne sont pas des beautés poétiques, comme Pascal l'a cru; qu'il n'est pas absolument démontré qu'il faut croire la religion, parce qu'elle est obscure; qu'il ne faut point jouer l'existence de Dieu à croix ou pile; enfin, depuis que j'ai dit ces absurdités impies, il n'y a point d'honnête janséniste qui ne voulût me brûler, dans ce monde-ci et dans l'autre.

De vous dire, madame, qui sont les plus fous, des jansénistes, des molinistes, ou des anglicans, des quakers, cela est bien difficile; mais il est certain que je suis beaucoup plus fou qu'eux de leur avoir dit des vérités qui ne leur feront nul bien et qui me feront grand tort. J'étais à Londres quand j'écrivis tout cela; et les Anglais qui voyaient mon manuscrit me trouvaient bien modéré. Je comptais sortir de France pour jamais, quand je donnai la malheureuse permission, il y a deux ans, à Thieriot, d'imprimer ces bagatelles. J'ai bien changé d'avis depuis ce temps-là; et, malheureusement, ces *Lettres* paraissent en France lorsque j'ai le plus d'envie d'y rester.

Si je ne reviens point, madame, soyez sûre que vous serez à la tête des personnes que je regretterai. Si vous voyez M. le président Hénault, dites-lui bien, je vous prie, qu'il parle, et souvent, à mons Rouillé. Quand il ne serait point à portée de me rendre service, votre suffrage et le sien me suffiraient contre la fureur des dévots et contre les lettres de cachet. Si vous vouliez m'honorer de votre souvenir, écrivez-moi à Paris, vis-à-vis Saint-Gervais; les lettres me seront rendues. Ayez la bonté de mettre une petite marque, comme deux *DD*, par exemple, afin que je reconnaisse vos lettres. Je ne devrais pas me méprendre au style, mais quelquefois on fait des *quiproquo*.

CCLXXXIV. — A M. DE CIDEVILLE.

Le 1ᵉʳ juin.

La dernière lettre que je vous écrivis, mon cher ami, sur le compte de Jore, était fondée sur ceci :

Lorsqu'il me tomba entre les mains, il y a quelques années, des feuilles et des épreuves de cette édition supprimée dont il a été soupçonné, il y avait des fautes considérables dont je me souviens, et j'ai retrouvé ces mêmes fautes dans les exemplaires qu'on a débités à Paris.

Y a-t-il une apparence plus forte, et n'étais-je pas bien en droit de le soupçonner? Cependant j'apprends qu'on ne le croit pas coupable, et qu'il est en liberté. J'apprends, en même temps, qu'il a eu avec moi un procédé bien contraire au mien. Dans le temps qu'il était en prison, je ne cessais d'écrire aux magistrats et aux ministres pour les assurer de son innocence; et lui, au contraire, a dit au lieutenant de police que c'était moi-même qui avais fait faire cette édition qu'on a débitée. Sur sa déposition on a été tout renverser dans ma maison à Paris; on a saisi une petite armoire où étaient mes papiers et toute ma fortune, on l'a portée chez le lieutenant de police; elle s'est ouverte en chemin, et tout a été au pillage.

Je pardonne à Jore de tout mon cœur tout ce qu'il a pu dire et ce qui m'a attiré cette cruelle visite. Je crois qu'étant bien persuadé, comme il l'était, que je n'avais nulle part à cette édition, il a prévu que la visite qu'on ferait chez moi ne servirait qu'à ma justification; et c'est ce qui est arrivé.

Pour lui, s'il est vrai qu'il soit associé avec quelques personnes des pays étrangers, et qu'ils aient en effet une édition de ce livre, laquelle n'ait point encore paru, je l'en félicite de tout mon cœur; car il est sûr que son édition sera la meilleure, et que, tôt ou tard, il trouvera bien le moyen de s'en défaire avec avantage.

On vient de saisir à Paris une presse à laquelle on travaillait à réimprimer cet ouvrage; cette presse était chez un particulier. Le libraire qui devait débiter cette édition nouvelle est connu, et, je crois, arrêté. Cette découverte fera deux biens: elle servira, en premier lieu, à justifier Jore et pourra même faire découvrir l'imprimeur de l'édition débitée dans Paris; en second lieu, elle intimidera les autres libraires, qui n'oseront pas se charger d'imprimer le livre : et alors, s'il arrivait que Jore eût des exemplaires des étrangers ou autrement, il y gagnerait considérablement; ainsi, de façon ou d'autre, il ne peut se plaindre; car, s'il a une édition, il la débitera; s'il n'en a point, il ne perd rien.

J'ai assuré qu'il n'en a point, et je l'assure encore tous les jours. C'est un principe dont il ne faut plus s'écarter. Dans les commencements de l'orage, je lui écrivis des choses assez ambiguës : s'il m'avait fait un mot de réponse, il m'aurait rassuré, au lieu qu'il m'a laissé toujours dans l'inquiétude; et j'ai été incertain de ce qu'il ferait et de ce que je devais faire. Sa grande faute est de ne m'avoir point écrit. Que lui coûtait-il de dire : « Je n'ai jamais vu ni connu cette édition, et c'est ainsi que je parlerai toujours? »

Heureusement il a tenu aux magistrats ce discours, dont il aurait d'abord dû m'instruire. Il n'y a donc plus à s'en dédire. Il n'a jamais eu la moindre part à aucune édition de ce livre ; c'est ce que je crois et ce que je soutiens fermement; mais cependant le ministère prétend qu'il faut que je lui remette cette prétendue édition, que j'avais, dit-on, fait faire par Jore. A cela je n'ai autre chose à répondre, sinon que je ne peux changer de langage, que je ne connais pas cette édition plus que Jore; que je l'ai toujours dit et le dirai toujours. Il est bien vrai qu'il y a eu, pendant plus d'un an, des exemplaires imprimes des *Lettres philosophiques*, entre les mains de quelques particuliers de Paris; mais ces exemplaires étaient d'une édition faite en Angleterre, de laquelle je ne suis pas le maître.

Je ne peux pas, pour contenter le ministère, trouver une édition qui n'existe point, et je peux encore moins me déshonorer en trouvant une édition que j'ai toujours assuré que je ne connaissais pas. Le résultat de tout ceci est qu'il est absolument nécessaire que Jore m'instruise de tout ce qui s'est passé; que, de mon côté, je demeure convaincu qu'il n'a jamais pensé à faire une édition (que, du sien,) il demeure tranquille; mais, surtout, que je sache ce qu'il a dit à M. Hérault, afin que je m'y conforme, en cas de besoin.

J'apprends, dans le moment, que mes affaires vont très-bien; que la découverte de cet imprimeur, qui faisait une nouvelle édition, a beaucoup servi à ma justification; que tous les incrédules de la ville et de la cour se sont déchaînés contre les dévots.

Sæpe, prementis deo, fert deus alter opem.
Ovid., I, *Trist.* I, eleg. II, v. 4.

Écrivez-moi hardiment sous le couvert de l'abbé Moussinot, cloître Saint-Merry, à Paris. Mille compliments à nos amis.

CCLXXXV. — A M. DE FORMONT.

Ce 5 juin.

J'ai reçu votre lettre, mon cher ami. Je ne vous parlerai pas, cette fois-ci, de philosophie; je ne vous dirai pas combien je me repens de n'avoir pas montré plus au long tous les faux raisonnements et les suppositions plus fausses encore dont les *Pensées* de Pascal sont remplies. Je veux vous entretenir de ma situation présente, au sujet de cette malheureuse édition qu'on m'a si indignement imputée.

Demoulin m'est venu trouver dans ma retraite, et m'a confirmé qu'il croyait l'homme que vous savez coupable de cette trahison. « Il n'a jamais osé vous écrire, me disait-il, et il l'aurait fait, s'il n'avait craint de donner quelques armes contre lui. Par tous les discours qu'il m'a tenus, ajouta-t-il, je suis certain qu'il a fait cette édition dont il aura tiré peu d'exemplaires, et qui, n'étant pas tout à fait conforme à l'autre, devait servir à sa justification, en cas de soupçon. Il voulait, par là, se mettre à l'abri de vos justes plaintes et de la sévérité du ministère. Il ne vous écrit point; il a même eu l'insolence de dire à M. Hérault que c'était chez vous qu'était cette édition qu'on débite dans Paris; et c'est sur cette infâme calomnie d'un scélérat d'imprimeur, ingrat à toutes vos bontés, qu'on est venu visiter chez vous. »

Voilà les discours que me tient Demoulin; et, quand je songe que j'ai trouvé, dans les exemplaires qu'on vend à Paris, les mêmes fautes qui s'étaient glissées dans les premières feuilles imprimées autrefois, et depuis supprimées, je suis bien tenté d'être de l'avis de Demoulin.

D'un autre côté, j'apprends qu'un nommé René Josse faisait encore une édition de ce livre, laquelle a été découverte. Ce René Josse a été dénoncé à Demoulin par François Josse son parent. Ce François Josse

ANNÉE 1734.

a bien l'air d'avoir fait lui-même, de concert avec son cousin René, l'édition qui a fait tant de vacarme. Il y a grande apparence que ce François Josse, qui a eu entre les mains un des trois exemplaires que j'avais, et qui me l'a fait relier, il y a deux mois et demi, en aura abusé, l'aura fait copier, et l'aura imprimé, avec René que, depuis la jalousie qu'il aura eue de la deuxième édition de René, l'aura porté à la dénoncer. Voilà ce que je conjecture; voilà ce que je vous prie de peser avec M. de Cideville. Vous pouvez, après cela, avoir la bonté d'en parler à Jore. S'il n'est pas coupable, il doit être charmé d'avoir cette ouverture pour se justifier. Mais, coupable ou non, il doit m'écrire ou me faire instruire des démarches qu'il a faites; et, s'il ne le fait pas, je suis dans la ferme résolution de le dénoncer au garde des sceaux, et je le perdrai assurément. Il est trop horrible d'être sa victime et sa dupe, et d'avoir soutenu et attesté son innocence, lorsqu'il en use avec tant d'indignité. C'est une des choses qui ont ajouté un poids plus insupportable à mon malheur. Je vous demande en grâce d'en conférer avec votre ami, et de me mander tous deux votre sentiment. J'attends vos réponses avec une extrême impatience, et je vous embrasse tendrement.

CCLXXXVI. — A MADAME DE CHAMPBONIN.

Je ne me porte pas trop bien, madame; mais j'irai vous faire ma cour demain, dans quelque état que je sois. Si je me porte bien, je serai extrêmement gai; si je suis malade, votre conversation me guérira bien vite.

Que m'importe le vain murmure
De cette canaille à tonsure
Qui n'entend rien de mes écrits?
Tous les maudissons qu'ils me donnent,
Et les *oremus* qu'ils entonnent,
Sont tous pour moi du même prix.
Je consens qu'on m'excommunie,
Pourvu qu'un jour au Champbonin
Avec toi je passe ma vie.
Je consens que dans ton jardin
On m'enterre comme un impie,
Honnête homme, et mauvais chrétien,
Philosophe non sans folie,
Avec un cœur digne du tien.
Si tu m'aimes, il faudra bien
Et qu'on m'estime, et qu'on m'envie.

Allez vous promener, madame, avec votre très-humble servante; comptez que je vous suis respectueusement attaché pour la vie.

CCLXXXVII. — A M. DE CIDEVILLE.

Ce 22 juin.

Je reçois, mon cher et judicieux et très-constant ami, trois lettres de vous à la fois, qui auraient dû me parvenir il y a près de trois semaines. D'abord je vais vous mettre au fait de ma situation avec Jore.

Dès le 3 mai, je fus averti que le livre paraissait, et qu'il y avait une lettre de cachet. Mes amis de Paris me mandèrent qu'ils croyaient que j'apaiserais tout, si je livrais l'édition que le garde des sceaux supposait entre mes mains. Je fis réponse que je n'avais point d'édition, et je me mis en retraite.

Je fus extrêmement surpris que Jore ne m'eût point écrit pour m'instruire de ce qui se passait. Il devait bien s'attendre que la publication du livre, et son silence, le rendraient coupable dans mon esprit. Ne sachant s'il était libre ou à la Bastille, je lui écrivis ces propres paroles par Demoulin : « S'il est vrai que vous ayez une édition de ce livre (ce que je ne crois pas), ou si vous en pouvez trouver une, portez-la chez M. Rouillé, et je la payerai au prix qu'il taxera. »

C'était lui faire entendre que je ne l'accusais pas, et que je lui donnais un moyen de se sauver et de ne rien perdre, s'il était coupable. J'ai fait plus : quand je sus certainement qu'il était à la Bastille, j'écrivis à M. Rouillé et à M. Hérault les lettres les plus fortes par lesquelles je leur attestais l'innocence du prisonnier. Je ne sais pas quels indignes mensonges ont employés les interrogateurs, mais je sais que l'interrogé m'a chargé contre toute raison, contre la vérité, contre son honneur, et contre son intérêt, en un mot, en vrai libraire. Vous en verrez la preuve dans la lettre ci-jointe, que je vous prie de brûler ; elle est d'un conseiller au parlement, intime ami de M. Hérault et de M. Rouillé.

Sur la déposition de ce misérable, M. Hérault assura M. le cardinal de Fleury et M. le garde des sceaux que c'était moi-même qui étais l'auteur de l'édition débitée ; et M. le cardinal écrivit, le 28 mai, à un de mes amis, qui m'a renvoyé la lettre du cardinal.

Cependant Mme d'Aiguillon et plusieurs autres personnes avaient parlé vivement en ma faveur au garde des sceaux ; et ma liberté et la fin de mon affaire ne tenaient plus qu'à une lettre de désaveu que l'on exigeait de moi. Tout le monde m'en écrivit, mais toutes les lettres allèrent à un endroit où je n'étais pas. Je n'en reçus aucune dans la retraite où j'étais. Cette erreur fut causée par Demoulin, qui fait mes affaires, mais qui est un peu inattentif. Mon silence fit croire au garde des sceaux que je ne voulais pas plier ; et son opiniâtreté se fâchant contre la mienne, il a fait rendre ce bel arrêt [1], qui déshonore la grand'-chambre, et qui ne rend pas les *Lettres philosophiques* plus mauvaises. Cependant j'étais prêt à obéir à M. le garde des sceaux, et il n'en savait rien.

Que conclure de tout ceci, et que faire ? Premièrement, je conclus qu'il y a des événements dans la vie qu'il faut souffrir sans murmure, comme la fièvre ; que la publication de ces *Lettres* est une infidélité cruelle qu'on m'a faite, sans que j'en sache précisément l'auteur ; que le grand tort de Jore est de ne m'avoir point écrit, de ne m'avoir point

[1]. Du 10 juin 1734. (ÉD.)

informé de ses démarches, et surtout de m'avoir accusé si mal à propos, si lâchement, et avec si peu de bon sens. Vous lui ferez entendre raison quand vous le verrez, et vous saurez de lui ses malheurs et ses fautes.

Je joins ici la copie d'une lettre à un de mes amis; au lieu de vous ennuyer de nouvelles réflexions, je viens de recevoir une lettre de notre ami Formont. J'allais lui répondre; mais voici des nouvelles affreuses qui me viennent, touchant M. de Richelieu, que la plume me tombe des mains[2]. Je mourrais de douleur si elles étaient vraies. Mon Dieu! quel funeste mariage j'aurais fait! V.

Adieu, mon tendre ami; mes compliments à tous nos amis.

CLXXXVIII. — A M. DE LA CONDAMINE[1].

Le 22 juin.

Si la grand'chambre était composée, monsieur, d'excellents philosophes, je serais très-fâché d'y avoir été condamné; mais je crois que ces vénérables magistrats n'entendent que très-médiocrement Newton et Locke. Ils n'en sont pas moins respectables pour moi, quoiqu'ils aient donné autrefois un arrêt en faveur de la physique d'Aristote, qu'ils aient défendu de donner l'émétique, etc.; leur intention est toujours très-bonne. Ils croyaient que l'émétique était un poison; mais, depuis que plusieurs conseillers de grand'chambre furent guéris par l'émétique, ils changèrent d'avis, sans pourtant réformer leur jugement; de sorte qu'encore aujourd'hui l'émétique demeure proscrit par un arrêt, et que M. Silva ne laisse pas d'en ordonner à messieurs, quand messieurs sont tombés en apoplexie. Il pourrait peut-être arriver à peu près la même chose à mon livre; peut-être quelque conseiller pensant lira les *Lettres philosophiques* avec plaisir, quoiqu'elles soient proscrites par arrêt. Je les ai relues hier avec attention, pour voir ce qui a pu choquer si vivement les idées reçues. Je crois que la manière plaisante dont certaines choses y sont tournées aura fait généralement penser qu'un homme qui traite si gaiement les quakers et les anglicans ne peut faire son salut *cum timore et tremore*[3], et est un très-mauvais chrétien. Ce sont les termes et non les choses qui révoltent l'esprit humain. Si M. Newton ne s'était pas servi du mot d'*attraction* dans son admirable philosophie, toute votre académie aurait ouvert les yeux à la lumière; mais il a eu le malheur de se servir à Londres d'un mot auquel on avait attaché une idée ridicule à Paris; et, sur cela seul, on lui a fait ici son procès avec une témérité qui fera un jour peu d'honneur à ses ennemis.

S'il est permis de comparer les petites choses aux grandes, j'ose dire qu'on a jugé mes idées sur des mots. Si je n'avais pas égayé la ma-

---
1. M. de La Condamine. (Ed.)
2. Plusieurs des princes de la maison de Lorraine avaient été mécontents de ce mariage; l'un d'eux (le prince de Lixen) l'a si senti durement à M. de Richelieu, au camp de Philisbourg; ils se battirent sur le revers de la tranchée, et M. de Lixen fut tué. (Ed. de Kehl.)
3. *Tobie*, XIII, 6; et *II Corinth.*, VII, 15. (Ed.)

tière, personne n'eût été scandalisé, mais aussi personne ne m'aurait lu.

On a cru qu'un Français qui plaisantait les quakers, qui prenait le parti de Locke, et qui trouvait de mauvais raisonnements dans Pascal, était un athée. Remarquez, je vous prie, si l'existence d'un Dieu, dont je suis réellement très-convaincu, n'est pas clairement admise dans tout mon livre. Cependant les hommes, qui abusent toujours des mots, appelleront également athée celui qui niera un Dieu, et celui qui disputera sur la nécessité du péché originel. Les esprits ainsi prévenus ont crié contre les *Lettres sur M. Locke* et sur *les Pensées de M. Pascal*.

Ma *Lettre* sur Locke se réduit uniquement à ceci : « La raison humaine ne saurait démontrer qu'il soit impossible à Dieu d'ajouter la pensée à la matière. » Cette proposition est, je crois, aussi vraie que celle-ci : « Les triangles qui ont même base et même hauteur sont égaux. »

A l'égard de Pascal, le grand point de la question roule visiblement sur ceci, savoir, si la raison humaine suffit pour prouver deux natures dans l'homme. Je sais que Platon a eu cette idée, et qu'elle est très-ingénieuse; mais il s'en faut bien qu'elle soit philosophique. Je crois le péché originel, quand la religion me l'a révélé; mais je ne crois point les androgynes, quand Platon a parlé. Les misères de la vie, philosophiquement parlant, ne prouvent pas plus la chute de l'homme, que les misères d'un cheval de fiacre ne prouvent que les chevaux étaient tous autrefois gros et gras, et ne recevaient jamais de coups de fouet; et que, depuis que l'un d'eux s'avisa de manger trop d'avoine, tous ses descendants furent condamnés à traîner des fiacres. Si la sainte Écriture me disait ce dernier fait, je le croirais; mais il faudrait du moins m'avouer que j'aurais eu besoin de la sainte Écriture pour le croire, et que ma raison ne suffisait pas.

Qu'ai-je donc fait autre chose que de mettre la sainte Écriture au-dessus de la raison? Je défie, encore une fois, qu'on me montre une proposition répréhensible dans mes réponses à Pascal. Je vous prie de conférer sur cela avec vos amis, et de vouloir bien me mander si je m'aveugle.

Vous verrez bientôt Mme du Châtelet. L'amitié dont elle m'honore ne s'est point démentie dans cette occasion. Son esprit est digne de vous et de M. de Maupertuis, et son cœur est digne de son esprit. Elle rend de bons offices à ses amis, avec la même vivacité qu'elle a appris les langues et la géométrie; et, quand elle a rendu tous les services imaginables, elle croit n'avoir rien fait; comme, avec son esprit et ses lumières, elle croit ne savoir rien, et ignore si elle a de l'esprit. Soyez-lui bien attachés, vous et M. de Maupertuis, et soyons toute notre vie ses admirateurs et ses amis. La cour n'est pas trop digne d'elle; il lui faut des courtisans qui pensent comme vous. Je vous prie de lui dire à quel point je suis touché de ses bontés. Il y a quelque temps que je ne lui ai écrit¹, et que je n'ai reçu de ses nouvelles,

1. La liaison de Voltaire avec Mme du Châtelet a duré seize ans, et lorsque

mais je n'en suis pas moins pénétré d'attachement et de reconnaissance.
Embrassez pour moi, je vous prie, l'électrique M. Dufai; et, si vous embrassiez ma petite sœur[1], feriez-vous si mal? Mandez-moi, je vous prie, comment elle se porte. Mille respects à Mme Dufai et à ces dames.

Vous m'aviez parlé d'une lettre de Stamboul, etc.

CCLXXXIX. — A M. DE FORMONT. Ce 27.

Si ceux qui me font l'honneur de me persécuter ont eu envie de me donner les mortifications les plus sensibles, ils ne pouvaient mieux faire, mon cher et aimable ami, que de me retenir loin de Paris, dans le temps que vous y êtes. Je vous prie de ne point parler du voyage qu'a fait ma désolée muse tragique chez les Américains[2]. C'est un nouveau projet dont Linant vit la première ébauche, et sur quoi je voudrais bien qu'il me gardât le secret.

A l'égard du nom de poëme épique, que vous donnez à des fantaisies[3] qui m'ont occupé dans ma solitude, c'est leur faire beaucoup trop d'honneur :

.... *cui sit mens grandior, atque os*
Magna sonaturum, des nominis hujus honorem.
Hor., liv. I, sat. IV, v. 43.

C'est plutôt dans le goût de l'Arioste que dans celui du Tasse que j'ai travaillé. J'ai voulu voir ce que produirait mon imagination, lorsque je lui donnerais un libre essor, et que la crainte du petit esprit de critique, qui règne en France, ne me retiendrait pas. Je suis honteux d'avoir tant avancé un ouvrage si frivole, et qui n'est point fait pour

des circonstances les ont momentanément séparés, leur correspondance était très-active. Voici ce que rapporte l'abbé de Voisenon :

« Mme la marquise du Châtelet avait huit volumes in-4. manuscrits et bien reliés des lettres qu'il (Voltaire) lui avait écrites. On n'imaginerait pas que, dans ces lettres d'amour, on s'occupât d'une autre divinité que de celle dont on à le cœur plein, et qu'on fît plus d'épigrammes contre la religion que de madrigaux pour sa maîtresse. Voilà cependant ce qui arrivait à Voltaire. Mme du Châtelet n'avait rien de caché pour moi; je restais souvent tête à tête avec elle jusqu'à cinq heures du matin; et il n'y avait que l'amitié la plus vraie qui faisait les frais de nos veillées. Elle me disait quelquefois qu'elle était entièrement détachée de Voltaire. Je ne répondais rien; je tirais un des huit volumes, et je lisais quelques lettres; je remarquais des yeux humides de larmes; je refermais le livre promptement en disant : Vous n'êtes pas guérie. La dernière année de sa vie, je fis la même épreuve; elle les critiquait; je fus convaincu que la cure était faite. Elle me confia que Saint-Lambert avait été son médecin. Elle partit pour la Lorraine où elle mourut (10 septembre 1749). Voltaire, inquiet de ne pas trouver ces lettres, crut que j'en étais dépositaire, et m'en écrivit; je ne les avais pas. On assure qu'elles ont été brûlées. »

On ne connaît de cette correspondance que deux fragments, que l'on peut voir sous le n° 419. (Note de M. Beuchot.)

1. C'est probablement une plaisanterie de société. La sœur de Voltaire était morte en 1726, comme on le voit dans la lettre XCIII. (Éd.)
2. Allusion à la tragédie d'*Alzire ou les Américains*. (Éd.)
3. Le poëme de *la Pucelle*. (Éd.)

voir le jour; mais, après tout, on peut encore plus mal employer son temps. Je veux que cet ouvrage serve quelquefois à divertir mes amis; mais je ne veux pas que mes ennemis puissent jamais en avoir la moindre connaissance. Au mot d'ennemis, je ne peux m'empêcher de faire une réflexion bien triste : c'est que leur haine, dont je n'ai jamais connu la cause, est la seule récompense que j'aie eue pour avoir cultivé les lettres pendant vingt années. Voilà tout ce que l'on gagne dans ce métier aimable et dangereux, une réputation chimérique et des persécutions réelles. On est envié, comme si on était puissant et heureux; et, dans le même temps, on est accablé sans ressource. La profession des lettres, si brillante, et même si libre sous Louis XIV, la plus despotique de nos rois, est devenue un métier d'intrigues et de servitude. Il n'y a point de bassesse qu'on ne fasse pour obtenir je ne sais quelles places ou au sceau, ou dans des académies; et l'esprit de petitesse et de minutie est venu au point que l'on ne peut plus imprimer que des livres insipides. Les bons auteurs du siècle de Louis XIV n'obtiendraient pas de privilége. Boileau et La Bruyère ne seraient que persécutés. Il faut donc vivre pour soi et pour ses amis, et se bien donner de garde de penser tout haut, ou bien aller penser en Angleterre ou en Hollande.

J'ai relu M. Locke, depuis que je ne vous ai vu. Si cet homme-là avait eu le malheur d'être en France, nous n'aurions peut-être pas ce chef-d'œuvre de raison et de sagesse. C'est bien dommage qu'il n'ait pas encore pris plus de liberté, et que sa modération ait étranglé des vérités qui ne demandaient qu'à sortir de sa plume. J'ai osé m'amuser à travailler après lui. J'ai voulu me rendre compte à moi-même de mon existence, et voir si je pouvais me faire quelques principes certains. Il serait bien doux, mon cher Formont, de marcher dans ces terres inconnues avec un aussi bon guide que vous, et se délasser de ses recherches avec des poëmes dans le goût de l'Arioste; car, malheur à la raison, si elle ne badine quelquefois avec l'imagination! Il y a une dame à Paris, qui se nomme Émilie, et qui, en imagination et en raison, l'emporte sur des gens qui se piquent de l'une et de l'autre. Elle entend Locke bien mieux que moi. Je voudrais bien que vous rencontrassiez cette philosophe; elle mérite que vous l'alliez chercher.

Je vous envoie une bonne leçon de l'*Épître à Émilie*. Mandez-moi, je vous prie, si vous avez rencontré Moncrif, et pourquoi il s'est brouillé avec son prince. Adieu; je vous aime pour la vie.

CCXC. — A MADAME LA COMTESSE DE LA NEUVILLE.

Au camp de Philisbourg, le 1er juillet.

J'ai eu l'honneur, madame, de rendre les lettres dont j'étais chargé. Je n'ai pu avoir encore celui de voir M. de Champbonin, parce que messieurs les dragons sont à la droite, à deux lieues de l'infanterie où je suis. Il y a apparence que le prince Eugène va occuper les Français à tout autre chose qu'à écrire des lettres dans leurs tentes. Les armées sont en présence; on s'attend à tout moment à une bataille sanglante. Les Français se trouvent entre Philisbourg, le Rhin et les Allemands. Les troupes marquent une grande ardeur; elle est étonnante; on jure qu'on battra le prince Eugène, on ne le craint pas : mais à bon compte on se retranche jusqu'aux dents; on a des lignes, un fossé, des puits, et un avant-fossé : c'est une invention nouvelle, qui paraît fort jolie, et très-propre à faire casser le cou à des gens qui viennent attaquer des lignes. Toutes les apparences sont que le prince Eugène viendra se présenter au passage des puits et des fossés, vers les quatre heures du matin, demain vendredi, jour de la Vierge. On dit qu'il est fort dévot à Marie, et qu'elle pourra bien le favoriser contre M. d'Asfeld, qui est janséniste. Vous savez, madame, que vous autres jansénistes êtes soupçonnés de n'avoir pas assez de dévotion pour la Vierge; vous vous êtes moqués de la congrégation des jésuites et du *Paradis ouvert à Philagie par cent et une dévotions à la mère de Dieu*. Nous verrons demain pour qui se déclarera la victoire. En attendant, on se cantonne à force; les lignes de notre camp sont bordées de quatre-vingts pièces de canon, qui commencent à jouer. Hier on acheva d'emporter un certain ouvrage à corne, dont M. de Belle-Isle avait déjà gagné la moitié; douze officiers aux gardes ont été blessés à ce maudit ouvrage. Voilà, madame, la folie humaine dans toute sa gloire et dans toute son horreur. Je compte quitter incessamment le séjour des bombes et des boulets, pour aller profiter des bontés dont vous m'honorez. Il me semble que je me sens mille fois plus de goût pour la vertu, depuis que je vous ai fait ma cour.

CCXCI. — A M. L'ABBÉ DU RESNEL.

Ce 21 juillet.

Si vous ne craignez point, mon cher abbé, d'être en commerce avec un excommunié, souvenez-vous un peu de votre ancienne amitié; vos lettres me tiendront lieu d'onguent pour la brûlure [1]. Mandez-moi si les belles-lettres ont toujours l'honneur de faire votre occupation; et si vous avez enfin renoncé à ce quart de gloire qui vous revenait du *Journal des Savants*. Vous méritez qu'on fasse l'extrait de vos pensées, plus que vous n'êtes fait pour extraire celles des autres. Vous devez savoir, par le portier de votre académie, la demeure d'un de vos confrères, M. de Pouilli, et l'adresse à laquelle il faut lui écrire. Je vous supplie de vouloir bien avoir la bonté de m'en instruire. Vous n'avez qu'à envoyer votre lettre chez moi, à Paris; je vous en serai très-obligé.

Avez-vous lu *Didon* [2]? Avez-vous lu le livre de M. de Montesquieu [3]? Je suis actuellement un pauvre provincial éloigné des sources de l'esprit. C'est par votre canal que je veux tenir encore aux muses. Je me flatte que vous vous souvenez quelquefois de moi, avec M. Dupré de

---

1. Les *Lettres philosophiques* avaient été condamnées le 10 juin. (ÉD.)
2. Tragédie de Lefranc de Pompignan. (ÉD.)
3. *Considérations sur les causes de la grandeur et de la décadence des Romains.* (ÉD.)

Saint-Maur. Mais il fait plus, il m'écrit. Suivez ce bel exemple. Il n'y a personne dans le monde dont le souvenir et les lettres me soient plus chers que les vôtres.

On m'a envoyé de Paris une malheureuse copie de l'*Épître à Émilie*, dans laquelle il n'y a pas le sens commun. Entre autres sottises, ils ont mis M. *Crozat* pour M. *Créqus*. Ceci est moins une sottise qu'une malice. Je suis fait pour être la victime de la *calomnie* et de la bêtise. Mais, par la règle des contraires, il faut que je sois défendu par vous.

Adieu, mon cher abbé, je vous aime pour toute ma vie. V.

CCXCII. — A M. DE CIDEVILLE.

Ce 24 juillet.

Je reviens à mon gîte après avoir erré pendant un mois. Cette vie vagabonde m'a empêché, mon cher ami, de recevoir plus tôt les lettres qui m'étaient adressées depuis longtemps. J'en reçois trente à la fois; mais les vôtres me sont toujours les plus précieuses. J'y vois toujours le cœur le plus tendre, avec l'esprit le plus juste et le plus fin.

Vous ne pourrez blâmer le petit voyage que j'ai fait à l'armée. Pourriez-vous condamner ce que le cœur fait faire? Tout mon chagrin est de n'en avoir pas fait autant que vous. Vous savez que, depuis longtemps, tous mes désirs et toutes mes espérances sont de passer avec vous quelques jours dans la douceur de l'amitié, et dans une jouissance entière des belles-lettres, que nous aimons tous deux également; de vous montrer mes ouvrages nouveaux, de les corriger sous vos yeux, de rassembler toutes ces petites pièces fugitives dont j'ai de quoi vous faire un petit recueil; enfin, de vous parler et de vous entendre. Je ne haïrais pas de passer quelques semaines à Canteleu, si on pouvait n'y voir que vos amis, et n'y être point décelé par les domestiques.

J'irais même chez le marquis [1], malgré les conditions dures qu'il m'impose. Quel barbare que monsieur le marquis! il ne veut point laisser aux gens liberté de conscience.

Je ne connais point le petit libelle [2], que quelque honnête dévot et quelque bon citoyen aura pieusement fait contre moi; mais je crains plus les lettres de cachet que tous les ouvrages qu'on peut faire contre les *Lettres philosophiques*.

Parmi les lettres qui m'ont été renvoyées de Strasbourg, j'en vois une de M. de Formont, dans laquelle il me mande que votre parlement s'est signalé aussi; mais il ne me mande point qu'on ait rendu un arrêt contre ceux qui ont vu et corrigé l'édition. Je plains bien ces pauvres gens qui ont part à la brûlure. Si ce saint zèle continue, cela va faire le tour du royaume, et on sera brûlé douze fois [3]; cela est assez honorable, entre nous; mais il faut avoir de la modestie.

Pour Jore, je le crois en cendres. Je n'entends point parler de lui. A l'égard de la copie de la lettre [4] que je vous envoyai, il y a un

1. Le marquis de Lézeau. (ÉD.)
2. *Lettres servant de réponses aux Lettres philosophiques* (par Molinier). (ÉD.)
3. Il y avait alors en France douze parlements. (ÉD.)
4. La lettre à La Condamine du 22 juin. (ÉD.)

mois, c'était uniquement pour vous amuser, vous et deux ou trois honnêtes gens. Avez-vous pu penser un moment que ces mystères soient faits pour les profanes?

    Odi profanum vulgus, et arceo.
      Hor., lib. III, od. I.

Mille tendres compliments à tous nos amis. Adieu; je vous embrasse mille fois; adieu, mon cher ami. V.

CCXCIII. — A M. DE FORMONT.

Ce 24 juillet.

  Ah! que j'aime votre leçon!
  Ah! qu'il est doux d'en faire usage,
  Pâmé dans les bras de Manon,
  Ou folâtrant avec un page;
  De passer les jours doucement
  A se contenter, à se plaire,
  Plutôt que d'aller hautement
  Choquer les erreurs du vulgaire!

Je n'irai pas plus loin, car voilà, mon cher ami, la trentième lettre que j'écris aujourd'hui. Je suis excédé des fatigues d'un voyage et de celle d'écrire. Je sens pourtant que mes forces reviennent avec vous. Votre lettre est datée d'un mercredi à Canteleu; mais, comme il y a un mois que je mène une vie errante, je ne sais si ce mercredi était en juin ou en juillet. Votre ami, dont la dernière lettre est du 27 juin, ne me parle point de la brûlure du ballot. Il faut apparemment que ce grand exemple de justice n'ait été fait que depuis peu.

  Parve, nec invideo, sine me, liber, ibis in ignem.
    Ovid., *Trist.*, liv. I, eleg. I.

Toute la terre me persécute. Il n'y a pas jusqu'au petit marquis; c'est le petit Lézeau que je veux dire, qui se mêle de vouloir que j'aille à la messe, en cas que je vienne passer quelque temps dans les terres de ce seigneur. Mon cher Formont, j'aimerais mieux entendre vêpres et la grand'messe avec vous, que d'entendre seulement un évangile chez lui. Je serais charmé de pouvoir aller dans quelque temps à Canteleu; mais la chose me paraît bien difficile. Me voici bientôt excommunié dans toutes les paroisses, et brûlé dans tous les parlements. Cela est beau, j'en conviens; mais cette gloire est un peu embarrassante; je vous avoue que,

  Nec vixit male, qui natus moriensque fefellit.
    Hor., lib. I, ep. XVII, v. 10.
  Et bene qui latuit bene vixit.
    Ovid., *Trist.*, III, el. IV.

Mais que voulez-vous que fasse un pauvre homme, quand on débite des livres sous son nom, qu'on l'excommunie, et qu'on le brûle malgré qu'il en ait? Adieu, mon cher Formont; je vous aime tendrement pour toute ma vie.

CCXCIV. — A MADAME LA COMTESSE DE LA NEUVILLE.

De Cirey.

Je suis pénétré, madame, de vos bontés. Ce pays-ci, qui n'était d'abord pour moi qu'un asile, est devenu, grâce à vous, un séjour délicieux, que je voudrais habiter toute ma vie. Il me semble que ma patrie doit être où vous habitez. Paris est partout où vous êtes. Je prends la liberté de vous envoyer une hure de sanglier. Ce monsieur vient d'être assassiné tout à l'heure, pour me donner occasion de vous faire ma cour. Je vous faisais chercher un chevreuil; mais on n'en a point trouvé. Ce sanglier était destiné à vous donner sa hure. Je vous jure que je fais très-peu de cas d'une tête de cochon sauvage, et je crois bien que cela ne se mange que par vanité; mais je n'ai rien autre chose à vous offrir. Si j'avais pris une alouette, je vous la présenterais de même, dans la confiance d'un homme qui croit que le cœur fait tout.

CCXCV. — A LA MÊME.

1734.

Si je reviendrai vous faire ma cour, madame! En doutez-vous? Je vais demain à Cirey pour des terrasses et des cheminées, et de là je revolerai à la Neuville, pour jouir de la société la plus délicieuse et la plus respectable que je connaisse. Il faudrait être bien ennemi de soi-même, et bien haïr la vertu, pour ne pas retourner chez vous.

CCXCVI. — A LA MÊME.

Des terrasses, des remises, des grilles, de longues allées, m'ont arraché, madame, au plaisir de vous faire ma cour. Je m'étais si bien accoutumé à la vie charmante que je menais auprès de vous, que je crois à présent que tout me manque. Je regretterais un commerce aussi délicieux que le vôtre, au milieu de tout ce qu'on appelle plaisirs à Paris; jugez de ce que je dois faire au milieu des maçons et entouré de plâtras! Je retrouverai sans doute demain Mme de Champbonin chez vous, très-habile au trictrac. J'irai assurément dans le pays des vertus et des grâces. Je crois que ce sera aussi celui des pêches. Nous n'en avons point à Cirey; mais je m'imagine qu'elles sont mûres chez vous; votre terre doit être une terre bénite.

CCXCVII. — A LA MÊME.

En vous remerciant de vos pêches, madame; il me semble que tous mes jours sont marqués par vos bontés. Ils le seront assurément par mon attachement et par ma reconnaissance. Je rends grâces à la fortune, et à ce que les hommes appellent malheur, qui m'a conduit dans ce pays-ci. L'injustice de quelques hommes, et l'éloignement de Paris, ne sont point des malheurs réels. Mais c'est un bonheur véritable de trouver une femme comme vous, dont le cœur est si respectable et la société si délicieuse. Heureux ceux qui vous connaissent!

CCXCVIII. — A MADAME DE CHAMPBONIN.

Ne soyez donc plus malade, madame; ne soyez point grosse, et daignez ne tenir compte de l'effort que je fais, en n'allant pas sitôt vous voir. Voyez comme je préfère à mon plaisir des engagements qui me sont devenus des devoirs ! J'attends ici tous les jours des ouvriers. Je suis moi-même le piqueur de ceux qui travaillent, j'écris leurs noms chaque jour, dans un grand livre de comptes; jusqu'à ce que j'aie quelqu'un qui me soulage, je ne peux quitter. Plaignez-moi d'avoir entrepris un ouvrage qui m'arrache au plaisir de vous faire ma cour. Vous êtes très-bien avec Mme du Châtelet; mais vous y serez encore mieux, quand elle viendra dans son château. Vous savez bien que plus on vous voit, plus on vous aime. C'est une vérité que vous m'avez fait connaître par mon expérience. Permettez-moi de vous prier d'entretenir la bonne volonté qu'on a pour moi à la Neuville. A l'égard de celle de ma femme, je m'en remets à la Providence, et à ma patience de cocu.

CCXCIX. — A MADAME LA COMTESSE DE LA NEUVILLE.

Je vous envoie, madame, cette *Épître sur la Calomnie*, qui ne mérite votre attention que par la personne à qui elle est adressée.

Daignez donc parcourir, de vos yeux pleins d'attraits,
Ces vers contre la calomnie;
Ce monstre dangereux ne vous blessa jamais;
Vous êtes cependant sa plus grande ennemie.
Votre esprit sage et mesuré,
Non moins indulgent qu'éclairé,
Plaint nos travers, au lieu d'en rire,
Excuse, quand il peut médire,
Et des vices de l'univers
Votre vertu, mieux que mes vers,
Fait à tout moment la satire.

Je joins à mon obéissance une petite œuvre de surérogation, *la Mule du pape*[1]. C'est une satire que j'ai retrouvée dans mes paperasses. Vous me pardonnerez bien de m'être un peu émancipé sur le saint-père. J'ai l'honneur d'être réuni avec les jansénistes par une honnête aversion pour la cour de Rome; mais je vous suis bien plus attaché que je ne hais le pape, et j'aime mille fois mieux chanter vos louanges que de me moquer de la cour romaine. Que ma femme me fasse souvent cocu; que Mme de Champbonin, votre bonne amie, n'ait point d'indigestion, je serai toujours très-heureux.

CCC. — A M. LE COMTE D'ARGENTAL.

Septembre.

J'avais, ô adorable ami ! entièrement abandonné mon héros à mâchoire d'âne, sur le peu de cas que vous faites de cet Hercule grossier,

1. L'un des contes en vers de Voltaire. (ÉD.)

et du bizarre poëme qui porte son nom. Mais Rameau crie, Rameau dit que je lui coupe la gorge, que je le traite en Philistin; que si l'abbé Pellegrin avait fait un Samson pour lui, il m'en démordrait pas; il veut qu'on le joue; il me demande un prologue. Vous me paraissez vous-même un peu raccommodé avec mon samsonet. Allons donc, je vais faire le petit Pellegrin, et mettre l'Éternel sur le théâtre de l'Opéra, et nous aurons de beaux psaumes pour ariettes. On m'a condamné comme fort mauvais chrétien cet été; je vais être un dévot faiseur d'opéra cet hiver; mais j'ai bien peur que ce ne soit une pénitence publique. Excommunié, brûlé et sifflé, n'en est-ce point trop pour une année? J'ai envie de faire de cela un petit prologue. Je voudrais bien chanter, en un fade prologue, nos césars à quatre sous par jour, et la bataille de Parme, et cette formidable place de Philisbourg; mais cette cascade de Dantzick retient mon enthousiasme. Il me semble que je ferais un beau prologue à Pétersbourg. La czarine n'est point dévote, et elle donne des royaumes. Nous ferions un beau chœur du quatrain de La Condamine.

Voici une petite épître que je vous supplie de rendre à Mme de Bolingbrocke. On dit qu'elle a engagé Matignon le sournois à parler au garde des sceaux. Ce garde des sceaux donne eau bénite de cour; un excommunié en a toujours besoin. Mais, s'il vous plaît, quel si grand mal trouveriez-vous si on allait dans un faubourg passer huit jours sans paraître? On y souperait avec vous, on serait caché comme un trésor, et on décamperait de son trou à la première alarme. On a des affaires après tout; il faut y mettre ordre, et ne pas s'exposer à voir tout d'un coup sa petite fortune au diable. Mais cela n'est rien; le cœur me conduit, et mon cœur n'entend point raison. Écrivez-moi, de grâce, vos petites réflexions sur ce. Avez-vous eu la bonté de dire quelque chose pour moi au porteur de drapeaux? Avez-vous dit à M. Pont de Veyle combien je lui suis attaché? Voyez-vous quelquefois Mme du Châtelet? Écrivez-moi, mon cher ami; je suis enchanté de vos bontés; mais ne mettez mon nom ni sur ni dans votre lettre. Votre écriture ressemble, comme deux gouttes d'eau, à celle d'un homme qui m'écrit quelquefois. Signez un *D* ou un *F*. Adieu; je vous aime comme on aime sa maîtresse.

CCCI. — A MADAME DE CHAMPBONIN.

Cirey.

Vos laines sont arrivées, et je vous les envoie, madame. Nous travaillons tous deux; vous êtes tapissière, et je suis maçon. Que ne puis-je travailler avec vous! Il est bien mal à moi de rester ici et de résister au plaisir de vous faire ma cour. C'est une vertu qui coûte bien cher à mon cœur; mais il n'y a de vertu qu'à se vaincre.

Autrefois, pour payer le zèle
De Baucis et de Philémon,
On disait que de leur maison
Jupiter fit une chapelle.

ANNÉE 1734.

Si j'avais un pouvoir divin,
Je n'imiterais pas ses augustes sottises,
Je démolirais vingt églises
Pour vous bâtir un Champbonin.

En vous remerciant de vos magnifiques poires de beurré et de toutes les poulardes que nous mangeons. Mais tout cela ne vaudra rien, si l'on n'a pas le plaisir de les manger avec vous.

CCCII. — A M.***

Cirey.. 1734.

J'ai eu l'honneur de vous écrire, monsieur, ces jours passés, par la voie du sieur Demoulin. Mais comme je n'avais pas votre adresse, je crains que vous n'ayez pas reçu ma lettre. On parle beaucoup d'une affaire en Italie. Je vous prie de me mander ce qui en est. J'aimerais mieux entendre parler de spectacle et de jolis vers que de guerre, de dixième denier et de misère. J'aime mieux un bon musicien qu'un bon général, et un opéra me paraît bien plus intéressant qu'une bataille. Si les hommes étaient sages, ils ne songeraient qu'à leurs plaisirs, et c'est ce que je fais en vous assurant de ma tendre amitié.

CCCIII. — A M. DE MAUPERTUIS, A BÂLE.

Cirey, octobre.

Que tous les tourbillonniers s'en aillent, s'ils veulent, à Bâle, mais que le sieur Isaac[1] revienne à Paris, et surtout qu'il décrive une ligne courbe en passant par Cirey.

J'ai reçu, monsieur, l'inutile lettre de Thieriot; une autre conduite eût mieux valu que sa lettre; mais je pardonne aux faibles et ne suis inflexible que pour les méchants. Horace met parmi les vertus nécessaires, *ignoscere amicis*; je crois avoir cette vertu-là; et, quand je n'y serais pas disposé, vous y auriez tourné mon cœur. Les hommes d'ailleurs sont, en général, si fourbes, si envieux, si cruels, que, quand on en trouve un qui n'a que de la faiblesse, on est trop heureux. La plus belle âme du monde passe la vie à vous écrire en algèbre; et, moi, je vous dis en prose que je serai toute ma vie votre admirateur, votre ami.

CCCIV. — A M. DE FORMONT.

Depuis que nous ne nous sommes écrit, mon cher Formont, j'aurais eu le temps de faire une tragédie et un poëme épique; aussi ai-je fait, au moins en partie; et quelque jour vous entendrez parler de tout cela[2]. Mais que fait à présent votre muse aimable et paresseuse? Êtes-vous à Rouen ou à Canteleu? On dit que notre ami Cideville est à Paris; mandez-moi donc l'endroit où il demeure, afin que je lui écrive. Est-il possible que je ne me trouve point à Paris, pendant le seul voyage

1. Allusion flatteuse pour Maupertuis, au prénom de Newton. (*Note de M. Clogenson.*)
2. Il s'agissait de *la Pucelle* et d'*Alzire*. (ÉD.)

qu'il y a fait! Que sont devenus nos anciens projets de philosopher un jour ensemble, dans cette grande ville si peu philosophe? Quand est-ce donc que nous pourrons dire ensemble, avec liberté, qu'il n'est pas sûr que la matière soit nécessairement privée de pensée, qu'il n'y a pas d'apparence que la lumière, pour éclairer la terre, ait été faite avant le soleil, et autres hardiesses semblables, pour lesquelles certains fous se sont fait brûler autrefois par certains sots?

Faites-moi l'amitié, je vous prie, de me mander ce qu'est devenu Jore. Sa famille est-elle encore à Rouen? Ce misérable Jore en a usé bien indignement avec moi et bien imprudemment avec lui-même. Cependant je crois que je serai à portée incessamment de lui rendre service, et je le ferai avec zèle, quelques sujets que j'aie de me plaindre de lui.

Je suis bien étonné de n'avoir reçu aucune lettre de M. Linant, depuis qu'il a quitté le petit ermitage dont l'ermite était proscrit: il me semble que c'est pousser la paresse bien loin, que de ne pas daigner, en trois mois, écrire un mot à quelqu'un à qui il devait un peu de souvenir. Mais je lui pardonne, si jamais il fait quelque bon ouvrage. Écrivez-moi, mon cher Formont; ne soyez pas si paresseux que le gros Linant. Mandez-moi où est notre cher Cideville; adressez votre lettre sous le couvert de Demoulin, à Paris, vis-à-vis Saint-Gervais. Adieu; vous savez que je vous suis attaché pour toute ma vie.

CCCV. — A M. LE COMTE D'ARGENTAL.

Dans un cabaret hollandais, sur le chemin de Bruxelles,
le 4 novembre.

Mon cher et respectable ami, voilà horriblement de bruit pour une omelette[1]. On ne peut être ni moins coupable ni plus vexé. Je n'ai pas manqué une poste. Ce n'est pas ma faute si elles sont très-infidèles dans les chemins de traverse de l'Allemagne; et, puisqu'on envoya en Touraine une de vos lettres, adressée en Hollande, on peut avoir fait de plus grandes méprises dans la Franconie et dans la Vestphalie. J'ai été un mois entier sans recevoir des nouvelles de votre amie[2]; mais j'ai été affligé sans colère, sans croire être trahi, sans mettre toute l'Allemagne en mouvement. Je vous avoue que je suis très-fâché des démarches qu'on a faites. Elles ont fait plus de tort que vous ne pensez; mais il n'y a point de fautes qui ne soient bien chères, quand le cœur les fait commettre. J'ai les mêmes raisons pour pardonner qu'on a eues de se mal conduire. Vous auriez grand tort, mon cher ange, de m'avoir condamné sans m'entendre. Et quel besoin même aviez-vous de ma justification? votre cœur ne devait-il pas deviner le mien? et n'est-ce pas au maître à répondre du disciple? Je me flatte que vous me reverrez bientôt à l'ombre de vos ailes, que vous me rendrez plus de justice, et que vous apprendrez à votre amie à ne point obscurcir par des orages un ciel aussi serein que le nôtre. Mille tendres respects à tous les anges.

1. C'est le mot attribué à Desbarreaux. (ÉD.) — 2. Mme du Châtelet. (ÉD.)

ANNÉE 1734.

Ce 6 novembre.

J'arrive à Bruxelles, où je jouis du bonheur de voir votre amie, en bien meilleure santé que moi ; je me croirai parfaitement heureux quand, l'un et l'autre, nous aurons la consolation de vous embrasser. Je sens ma joie toute troublée par la maladie de Mme d'Argental. J'ai reçu ici une ancienne lettre de M. le commandeur de Solar. Je vais lui répondre. Je me flatte que l'un de mes deux anges l'assurera bien qu'il n'est pas fait pour être oublié. Tous ces ministres de Sardaigne sont aimables ; j'en ai vu dont je suis presque aussi content que de M. de Solar. Adieu, couple charmant ; adieu, divinités de la société, et de mon cœur.

CCCVI. — A M. DE CIDEVILLE.

Auprès de Bruxelles ce 5 novembre.

Je suis trop malade, mon très-cher ami, pour répondre une seule rime à vos vers charmants ; mais j'ai du moins assez de force pour vous supplier, au nom de la tendre amitié que vous avez pour moi, de ne point prendre d'autre maison que la mienne, et de vouloir bien loger dans mon appartement. Demoulin et sa femme vous marqueront par leurs soins avec quel zèle je voudrais vous y recevoir moi-même. Je ne pourrai vraisemblablement être à Paris qu'à Noël. Mais vous, mon cher ami, pour combien de temps y êtes-vous ? Puis-je me flatter de vous y retrouver encore ? Vous me parlez, en très-jolis vers, de mes prétendus voyages, et vous ne me dites rien de vous ! Pourquoi donc faites-vous plus de cas de mon esprit que de mon cœur

Ami, ne me conseillez pas
De parcourir ces beaux climats
Que jadis honora Virgile.
Mantoue est aujourd'hui l'asile
Des Allemands et des combats ;
Mais fût-elle toujours tranquille,
Je ne connais d'autres séjour
Que les lieux où règne l'Amour
Et ceux qu'habite Cideville.

Je vous embrasse tendrement ; si vous m'aimez, logez chez moi. Adieu ; quand viendra donc le temps où je vous accablerai, tout le jour, de prose et de vers ! Ne sachant pas votre adresse, j'ai prié M. d'Argental de vous rendre ce chiffon. Ce d'Argental est bien digne de vous. Je lui envoie Samson pour vous être montré, en attendant mieux.

CCCVII. — A M. LE COMTE D'ARGENTAL.

Novembre.

J'ai mené une vie un peu errante, mon adorable ami, depuis près d'un mois ; voilà ce qui m'a empêché de vous écrire. Je crois que je touche enfin à la paix que vos négociations et vos bontés m'ont procurée. Voilà Mme de Richelieu qui va enfin être présentée. Elle ne quittera point votre garde des sceaux qu'elle n'ait obtenu la paix, et j'espère qu'enfin cette infâme persécution, pour un livre innocent, cessera. Pour moi, je vous avoue qu'il faudra que je sois bien philosophe, pour oublier la manière indigne dont j'ai été traité dans ma patrie. Il n'y a que des amis tels que vous, et tels que ceux qui m'ont si bien servi, qui puissent me faire rester en France. Voulez-vous, si je ne reviens pas sitôt, que je vous envoie certaine tragédie fort singulière[1], que j'ai achevée dans ma solitude ? C'est une pièce fort chrétienne, qui pourra me réconcilier avec quelques dévots; j'en serai charmé, pourvu qu'elle ne me brouille pas avec le parterre. C'est un monde tout nouveau, ce sont des mœurs toutes neuves. Je suis persuadé qu'elle réussirait à fort Panama et à Fernambouc. Dieu veuille qu'elle ne soit pas sifflée à Paris! J'avais commencé cet ouvrage l'année passée, avant de donner *Adélaïde*; et j'en avais même lu la première scène au jeune Crébillon et à Dufresne. Je suis assez sûr du secret de Dufresne; mais je doute fort de Crébillon. En tout cas, je lui ferai demander le secret, sauf à lui à le garder, s'il veut. Vous pourriez toujours faire donner la pièce à Dufresne, sans que Crébillon ni personne en sût rien. Le pis qui pourrait arriver serait d'être reconnu, après la première représentation; mais nous aurions toujours prévenu les cabales. Les examinateurs, ne sachant pas que l'ouvrage est de moi, le jugeraient avec moins de rigueur, et passeraient une infinité de choses que mon nom seul leur rendrait suspectes. Est-il vrai que M. Fallu a passé de l'intendance de Moulins à celle de Besançon? Peut-être est-ce une fausse nouvelle; mais un pauvre reclus comme moi peut-il en avoir d'autres? Est-il vrai qu'on parle de paix? Mandez-moi, je vous prie, ce qu'on en dit. Il n'y a point de particulier qui ne doive s'y intéresser, en qualité d'âne à qui on fait porter double charge pendant la guerre.

Adieu; je vous aime comme vous méritez d'être aimé.

CCCVIII. — A MADAME DE CHAMPBONIN.

Cirey.

Mme du Châtelet est ici, de retour de Paris d'hier au soir. Elle est venue dans le moment que je recevais une lettre d'elle, par laquelle elle me mandait qu'elle ne viendrait pas sitôt. Elle est entourée de deux cents ballots, qui ont débarqués ici, le même jour qu'elle. On a des lits sans rideaux, des chambres sans fenêtres, des cabinets de la Chine et point de fauteuils, des phaétons charmants et point de chevaux qui puissent les mener.

Mme du Châtelet, au milieu de ce désordre, rit, et est charmante. Elle est arrivée dans une espèce de tombereau à deux, secouée et meurtrie, sans avoir dormi, mais se portant fort bien. Elle me charge de vous faire mille compliments de sa part. Nous faisons rapiéceter de vieilles tapisseries. Nous cherchons des rideaux, nous faisons faire des portes, le tout pour vous recevoir. Je vous jure, raillerie à part, que vous y serez très-commodément. Adieu, madame; je vous suis tendrement et respectueusement attaché pour la vie.

1. *Alzire*. (B.)

CCCIX. — A MADAME LA COMTESSE DE LA NEUVILLE.

Eh bien! madame, il me semble qu'il y a un siècle que je ne vous vue. Mme du Châtelet comptait bien aller vous voir dès qu'elle serait débarquée à Cirey; mais elle est devenue architecte et jardinière. Elle fait mettre des fenêtres où j'avais mis des portes; elle change les escaliers en cheminées, et les cheminées en escaliers; elle fait planter des tilleuls où j'avais proposé des ormes; et, si j'avais planté un potager, elle en ferait un parterre. De plus, elle fait l'ouvrage des fées dans sa maison. Elle change des guenilles en tapisseries; elle trouve le secret de meubler Cirey avec rien. Ces occupations la retiennent encore pour quelques jours. Je me flatte que j'aurai l'honneur de lui servir bientôt d'écuyer jusqu'à La Neuville, après avoir été ici son garçon jardinier. Elle me charge de vous assurer, et Mme de Champbonin, de l'envie extrême qu'elle a de vous revoir. Ne doutez pas non plus de mon impatience.

CCCX. — A MADAME DE CHAMPBONIN.

Cirey.

Mon aimable Champenoise, pourquoi tout ce qui est à Cirey n'est-il pas à la Neuville ou chez vous? ou pourquoi tout chez vous et la Neuville n'est-il pas à Cirey? Faut-il que la malheureuse nécessité d'avoir des rideaux de lit et des vitres sépare des personnes si aimables? Il me semble que le plaisir de vivre avec Mme du Châtelet redoublerait, en le partageant avec vous. On ne regrette personne avec elle, et on n'a besoin d'aucune autre société, quand on jouit de la vôtre; mais réunir tout cela ensemble, ce serait une vie charmante. Elle compte bien passer son temps avec vous et avec Mme de La Neuville; car il n'est pas permis que trois personnes de si bonne compagnie demeurent chacune chez elles. Quand vous serez toutes trois ensemble, la compagnie sera le paradis terrestre.

CCCXI. — A LA MÊME.

Cirey.

Que mon aimable Champenoise entend-elle, quand elle me dit qu'elle n'est pas si Champenoise que je le crois? Entend-elle qu'elle n'a pas l'esprit aussi vrai et aussi naturel, et le cœur aussi bon et les mœurs aussi aimables que je le lui dis tous les jours? En ce cas, ma Champenoise se trompe fort. Qu'elle vienne donc expliquer au plus tôt ce qu'elle entend! qu'elle vienne chez la maîtresse la plus aimable du plus délabré château qu'il y ait au monde, où elle est attendue avec impatience, et où l'on ne peut être tout à fait bien sans elle! Il y a quelque temps que Mme du Châtelet voulait vous aller enlever au Champbonin; tenez-lui compte de sa bonne volonté, et n'oubliez pas l'empressement que j'ai de vous faire ma cour.

CCCXII. — A M. LE MARQUIS D'USSÉ.

Monsieur, la fille d'un de vos meilleurs amis, beaucoup plus aimable encore que son père, a été également touchée de votre souvenir et de la manière dont vous l'exprimez. Elle a cru d'abord que l'épître était de monsieur votre fils, au feu brillant qui règne dans vos vers; mais, sachant que votre imagination a toujours la grâce et la vigueur de la jeunesse, elle a bien vu que l'ouvrage est de vous. Quoique vous m'ayez adressé la lettre, monsieur, je sens que ce n'était qu'un fidéicommis pour Mme du Châtelet.

    Je ne suis rien qu'un prête-nom ;
    Votre épître a paru si belle,
    Et si neuve, et d'un si bon ton,
    Que sans doute elle était pour elle.

Je ne sais pas comment vous pouvez vous défier de votre raison, quand vous la faites parler d'une manière si charmante.

    Si d'Horace le doux langage,
    Et la prose de Cicéron,
    La vérité, le badinage ;
    Si tout cela n'est pas raison,
    Apprenez-nous quel autre nom
    Il faut qu'on donne à votre ouvrage.
    Cette raison, je l'avouerai,
    N'est pas le don le plus sacré
    Que l'homme reçut en partage ;
    Il en est un autre, à mon gré,
    Au-dessus de l'esprit du sage,
    Un don plus beau, plus précieux,
    Par qui la raison embellie
    Plaît en tout temps comme en tous lieux.
    Quel est ce don ? c'est le génie.

    On a vu ce génie heureux
    Vous inspirer dès votre enfance.
    En vain de l'âge qui s'avance
    La main vient blanchir vos cheveux ;
    Votre esprit ferme et vigoureux
    Ne connaît point la décadence.
    Vous n'êtes point tel que Rousseau,
    Dont l'ennuyeuse hypocrisie
    Change son or en oripeau,
    Et ses chansons en homélie.
    Vos vers sont dignes des premiers
    Que votre beau printemps fit naître ;
    Vous fûtes, vous serez mon maître.
    Vivez, rimez ; puissiez-vous être
    Immortel comme vos lauriers !

Voilà, monsieur, une partie des choses que je pense de vous. Je respecterai, j'aimerai en vous, toute ma vie, le véritable philosophe qui a quitté la cour depuis longtemps, qui vit pour soi, pour sa famille, et pour ses amis; l'homme de lettres et de génie qui n'est point de l'Académie, qui aime les arts pour eux-mêmes, qui a toujours écouté ses goûts et jamais la vanité; l'ami dont la société est toujours égale, qui n'exige rien, et qu'on retrouve toujours. Malgré mon éloignement, malgré mon silence, comptez, monsieur, que je suis tendrement attaché à toute votre famille, et que, si jamais je quittais l'heureuse solitude que j'habite pour le tumulte de Paris, je ne pourrais m'en consoler qu'en venant chercher la solitude auprès de vous.

Recevez, monsieur, aussi bien que Mme d'Ussé et monsieur votre fils, les assurances de mon tendre et respectueux dévouement.

CCCXIII. — A MADAME DE CHAMPBONIN.

De Cirey.

Ma charmante Champenoise, il y a un lutin qui nous sépare. Je suis persuadé que vous serez bien fâchée de ne point voir arriver cette personne adorable que vous aimez tant, et que je devais avoir l'honneur d'accompagner. Consolez-vous; n'y comptez plus. Elle est comme l'Amour, qui ne vient pas quand on veut. D'ailleurs, elle n'aurait pu vous enlever pour vous emmener à Cirey, parce que, autre chose est d'avoir de la laine cardée, et autre chose est d'avoir des tours de lit. Cirey n'est point encore en état de recevoir personne. Tout ce qui m'étonne, c'est que la dame du lieu puisse l'habiter. Elle y a été, jusqu'à présent, par le goût de bâtir; elle y reste, aujourd'hui, par nécessité. Elle souffre beaucoup des dents, et encore plus de votre absence. C'est un sentiment que je partage avec elle. Vous savez combien elle vous aime, et combien je vous suis dévoué. Si j'étais avec toute autre qu'avec elle, je vous prierais de me plaindre.

Adieu; aimez-moi un peu, vous me l'avez promis, et j'y compte; car je vous aime de tout mon cœur.

CCCXIV. — A LA MÊME.

De Cirey.

Ce n'est pas seulement moi qui vous écris, mon aimable Champbonin, c'est Mme de Cirey dont j'ai l'honneur d'être le très-humble secrétaire. Cette dame de Cirey est très-fâchée du peu de foi que vous avez. Elle est occupée, tout le jour, à faire carder les laines de vos matelas, et à vous faire placer de grands carreaux de vitre à travers lesquels vous passeriez toute brandie, malgré l'embonpoint que je vous ai toujours reproché.

Préparez-vous à vous laisser enlever, dans deux ou trois jours, et soyez inexorable avec M. de Champbonin. Retenez bien que Mme de Cirey vous aime de tout son cœur, autant en fait Voltaire.

CCCXV. — A MADAME LA COMTESSE DE LA NEUVILLE.

Je maudis, madame, tous tapissiers, tous maçons, tous couvreurs, qui empêchent Mme du Châtelet d'aller vous voir. C'est donc de lundi en huit que son petit phaéton et ses grands chevaux la conduiront dans la cour de la Neuville. Figurez-vous, madame, que nous n'avons joué que trois parties d'échecs depuis huit jours, et pas une partie de piquet. En récompense, on fait des plans, on lit des philosophes et des poëtes. On parle beaucoup de vous, on vous regrette, on vous désire, on s'entretient de toutes vos bonnes qualités qui font le charme de la société. Si je m'en croyais, madame, je ne finirais pas, et je vous dirais longuement les choses du monde les plus tendres; mais le véritable attachement n'est point bavard.

CCCXVI. — A MADAME DE CHAMPBONIN.
De Cirey.

Faisons ici trois tentes. Que Mme de Champbonin vienne dans le *dépenaillement* de Cirey, et que Voltaire ait le bonheur de vous y voir. Est-il possible qu'il faille absolument trois lits, parce qu'on est trois personnes? Mme du Châtelet compte aller dans trois jours à la Neuville; mais savez-vous bien ce que vous devriez faire? Il serait charmant que vous vinssiez incessamment dîner à Cirey. Vous vous en retourneriez le même jour si vous vouliez, et même on vous prêterait des chevaux pour courir plus vite. Vous verriez cette Mme du Châtelet que vous aimez. Vous verriez son établissement. Nous passerions sept ou huit heures ensemble; et puis, dès qu'il y aurait des rideaux dans la maison, pour le coup on irait vous enlever. Elle a, entre autres, un petit phaéton léger comme une plume, traîné par des chevaux gros comme des éléphants. C'est ici le pays des contrastes; mais je suis réuni avec la maîtresse de la maison dans l'attachement que j'aurai toujours pour vous.

CCCXVII. — A M. BERGER.
Cirey, le 2 décembre.

Je ne sais point, monsieur, partager les profits d'une affaire dans laquelle je ne mets point de fonds, que je ne connais et que je ne veux connaître que pour rendre service. J'ai déjà écrit à la personne en question pour vous faire avoir l'intérêt que vous désirez. Je vous instruirai de sa réponse aussitôt que je l'aurai reçue. L'intérêt ne m'a jamais tenté, et je n'ai jamais eu sur cet article autre chose à me reprocher que d'avoir fait plaisir, et d'avoir prodigué mon bien à des amis ingrats. L'abbé Mac-Carthy n'est pas le dixième qui m'ait marqué de l'ingratitude; mais c'est le seul qui ait été empalé. Parmi les infâmes calomnies dont j'ai été accablé, l'accusation d'avoir eu part à la publication des *Lettres philosophiques* m'a été une des plus sensibles. On disait que je les faisais vendre pour en retirer de l'argent, tandis qu'en effet je n'épargnais ni soins ni argent pour les supprimer. Je suis bien aise d'être aussi loin d'un pays où de si lâches calomnies ont été ma seule récompense, et je crois que je n'y reviendrai de longtemps.

Je vous remercie, monsieur, de l'amitié que vous voulez bien me conserver, et des nouvelles que vous me mandez. Si j'avais fait quelque chose de nouveau en poésie, je me ferais un plaisir de vous l'envoyer; mais les choses auxquelles je m'occupe présentement sont d'une tout autre nature. Je vous prie seulement, à propos de poésie et de *calomnie*, de vouloir bien vous oppposer à l'injure que l'on m'a faite de glisser le nom de Crozat dans l'*Épître à Émilie*. Je ne connais et n'ai jamais vu ni M. Crozat l'aîné, ni monsieur son frère, et je ne vois pas pourquoi on a été fourrer là leur nom, si ce n'est pour me faire un ennemi de plus; mais si ces messieurs sont sages, ils doivent faire comme moi, qui regarde avec un profond mépris toutes ces misères. J'écrirai bientôt à M. Sinetti, et je prierai M. Demoulin de faire un petit ballot de livres que je veux lui envoyer. Je vous supplie, monsieur, d'être persuadé de mon amitié, et de me conserver la vôtre. Permettez-moi d'assurer M. Bernard de mon estime et de mon amitié. J'ai l'honneur d'être, etc.

CCCXVIII. — A M. LE COMTE D'ARGENTAL.

Décembre.

Je vous envoie, mon charmant ami, une tragédie[1], au lieu de moi. Si elle n'a pas l'air d'être l'ouvrage d'un bon poëte, elle aura celui d'être, au moins, d'un bon chrétien; et, par le temps qui court[2], il vaut mieux faire sa cour à la religion qu'à la poésie. Si elle n'est bonne qu'à vous amuser quelques moments, je ne croirai pas avoir perdu ceux que j'ai passés à la composer; elle a servi à faire passer quelques heures à Mme du Châtelet. Elle et vous me tenez lieu du public; vous êtes seulement l'un et l'autre plus éclairés et plus indulgents que le parterre. Si, après l'avoir lue, vous la jugez capable de paraître devant ce tribunal dangereux, c'est une aventure périlleuse que j'abandonne à votre discrétion, et que j'ose recommander à votre amitié. Surtout laissez-moi goûter le plaisir de penser que vous avez seul, avec Mme du Châtelet, les prémices de cet ouvrage. Je ne peux pas assurément exclure monsieur votre frère de la confidence; mais, hors lui, je vous demande en grâce que personne n'y soit admis. Vous pourriez faire présenter l'ouvrage à l'examen secrètement, et sans qu'on me soupçonnât. Je consens qu'on me devine à la première représentation; je serais même fâché que les connaisseurs s'y pussent méprendre; mais je ne veux pas que les curieux sachent le secret avant le temps, et que les cabales, toujours prêtes à accabler un pauvre homme, aient le temps de se former. De plus, il y a bien des choses dans la pièce qui passeraient pour des sentiments très-religieux dans un autre, mais qui chez moi seraient impies, grâce à la justice qu'on a coutume de me rendre.

Enfin le grand point est que vous soyez content; et, si la pièce vous plaît, le reste ira tout seul: trouvez seulement mon enfant joli, adoptez-le, et je réponds de sa fortune. Je n'ai point lu le conte du jeune Crébillon. On dit que si je l'avais fait, je serais brûlé: c'est tout ce que j'en sais. Je n'ai point lu *les Mécontents*[3], et ne sais même s'ils sont imprimés. J'ai vécu depuis deux mois dans une ignorance totale des

---

1. *Alzire*. (Éd.) — 2. Allusion à l'arrêt du 10 juin. (Éd.)
3. Comédie en vers, de La Bruère. (Éd.)

plaisirs et des sottises de votre grande ville. Je ne sais autre chose, sinon que je regrette votre commerce charmant, et que j'ai bien peur de le regretter encore longtemps. Voilà ce qui m'intéresse; car je vous serai attaché toute ma vie, et j'en mettrai le principal agrément à en passer quelques années avec vous. Parlez de moi, je vous prie, à la philosophe[1] qui vous rendra cette lettre; elle est comme vous, l'amitié est au rang de ses vertus; elle a de l'esprit sans jamais le vouloir; elle est vraie en tout. Je ne connais personne au monde qui mérite mieux votre amitié. Que ne suis-je entre vous deux, mon cher ami, et pourquoi suis-je réduit à vous écrire à l'un et à l'autre !

Adieu; je vous embrasse; adieu, aimable et solide ami.

CCCXIX. — A M. BERGER.

Cirey.

Oui, mon cher monsieur, je rends justice à votre amitié et à votre discrétion. Je suis également touché de l'une et de l'autre. Je fais un effort pour avoir le plaisir de vous le dire. Ma santé est si mauvaise, et je suis à présent dans un accablement si grand, qu'à peine ai-je la force d'écrire un mot. C'est une consolation bien chère pour moi d'avoir trouvé un ami comme vous. Ce que les hommes appellent malheur a redoublé vos attentions pour moi, et plus vous m'avez vu à plaindre, plus vous m'avez marqué de tendresse et d'empressement. J'en serai reconnaissant toute ma vie. Je n'ai pas trouvé dans tous mes amis la même fidélité et la même constance; aussi je compte sur vous plus que sur personne. Vos lettres me font un plaisir bien sensible. Vous me rendez intéressantes toutes les nouvelles que vous m'apprenez, et vous me paraissez un juge si impartial, que je suis résolu à ne faire venir que les livres dont vous m'aurez dit du bien.

Je n'ai aucune nouvelle de l'affaire que vous m'avez recommandée, et j'en suis plus inquiet que vous. Je pardonnerai à la fortune tous les maux qu'elle a pu me faire, si elle me donne une occasion de vous servir; mais je ne pardonne pas à ma mauvaise santé qui me fait finir ma lettre si vite, et qui m'empêche de vous dire combien j'aime votre commerce et avec quelle passion je désire que vous continuiez à m'écrire.

Adieu! je vous embrasse de tout mon cœur.

CCCXX. — AU MÊME.

A Cirey, le....

J'ai eu réponse, monsieur, touchant l'affaire dont vous avez bien voulu me charger. On me mande qu'on fera tout au monde pour l'amener à une heureuse fin, mais qu'il faudrait que je fusse à Paris pour discuter. Une des choses qui me fait le plus regretter Paris est de savoir que je pourrais vous y être utile. Soyez sûr que je n'omettrai rien pour mériter la confiance que vous avez bien voulu avoir en moi.

---

1. Mme du Châtelet, qui retournait de Cirey à Paris. (ÉD.)

J'apprends, avec beaucoup de plaisir, que M. de Crébillon est sorti du vilain séjour où on l'avait fourré[1]. Il a donc vu

Cet horrible château, palais de la vengeance,
Qui renferme souvent le crime et l'innocence.
Henriade, ch. IV, v. 455.

Le roi le nourrissait et lui donnait le logement. Je voudrais qu'il se contentât de lui donner la pension. J'admire la facilité avec laquelle on dépense 12 à 1500 livres par an pour tenir un homme en prison, et combien il est difficile d'obtenir une pension de cent écus. Si vous voyez le grand enfant de Crébillon, je vous prie, monsieur, de lui faire mille compliments pour moi, et de l'engager à m'écrire.

S'il faut se réjouir avec l'auteur de l'*Histoire japonaise*, il faut s'affliger avec l'auteur de *Tithon et l'Aurore*[2]. Si je savais où le prendre, je lui écrirais pour lui faire mon compliment de condoléance de n'être plus avec un prince, et pour le féliciter d'avoir retrouvé sa liberté.

Vous voyez sans doute M. Rameau. Je vous prie de l'assurer qu'il n'a point d'ami ni d'admirateur plus zélé que moi, et que si, dans ma solitude et dans ma vie philosophique, je retrouve quelque étincelle de génie, ce sera pour le mettre avec le sien.

Quand vous n'aurez rien à faire de mieux, et que vous voudrez bien continuer à me donner de vos nouvelles, vous me ferez un extrême plaisir ; quand on n'a pas le plaisir de vous voir, rien ne peut consoler que vos lettres.

Est-il vrai que le comte de Charolais ait écrit la lettre dont on a parlé ? Est-il vrai que l'auteur de *Tithon* ait été disgracié, pour avoir vieilli, en un jour, de quelques années, auprès de la Camargo ? Est-il vrai que l'abbé Houteville ait fait une longue harangue[3] et le duc de Villars un compliment fort joli ? Est-il vrai que vous ayez toujours de l'amitié pour moi ?

CCCXXI. — A M. LE COMTE D'ARGENTAL.

Ce 18 décembre.

Je ne crois pas que mes *sauvages* puissent jamais trouver un protecteur plus poli que vous, et que je puisse jamais avoir un ami plus aimable. Il ne faut plus songer à faire jouer cela cet hiver ; plus j'attendrai, plus la pièce y gagnera. Je ne serai pas fâché d'attendre un temps favorable où le public soit vide de nouveautés. Je suis charmé qu'on m'oublie ; le secret d'ailleurs en sera mieux gardé sur la pièce, et le peu de gens qui ont su que j'avais envie de traiter ce sujet seront déroutés.

---

1. Crébillon fils fut emprisonné, en 1734, pour son ouvrage intitulé : *Tanzaï et Néardané*, ou l'*Écumoire*, *histoire japonaise*, contenant des obscénités, et des traits contre le cardinal de Rohan, la duchesse du Maine, et la bulle *Unigenitus*. (ÉD.)
2. Moncrif venait de perdre sa place de secrétaire des commandements du prince de Clermont. (ÉD.)
3. Le discours de l'abbé Houteville pour la réception du duc de Villars, le 9 décembre 1734, était cinq fois plus long que celui du récipiendaire. (ÉD.)

Puisque la conversion de Gusman vous plaît, il ira droit en paradis, et j'espère faire mon salut auprès du parterre.

La façon de tuer ce Gusman chez lui n'est pas si aisée que d'opérer sa conversion. Zamore avait pris déjà l'épée d'un Espagnol pour ce beau chef-d'œuvre; si vous voulez, il prendra encore les habits de l'Espagnol. J'avais fait endormir la garde peu nombreuse et fatiguée; si vous voulez, je l'enivrerai pour mieux la faire ronfler.

Faire de Montèze un fripon me paraît impossible. Pour qu'un homme soit un coquin, il faut qu'il soit un grand personnage; il n'appartient pas à tout le monde d'être fripon.

Montèze, quoique père de la *signora*, n'est qu'un subalterne dans la pièce, il ne peut jamais faire un rôle principal; il n'est là que pour faire sortir le caractère d'Alzire. Figurez-vous la mère de la Gaussin avec sa fille. J'en suis fâché pour Montèze, mais je n'ai pas compté sur lui.

Les autres ordres que vous me donnez sont plus faciles à exécuter : *Patientiam habe in me, et ego omnia reddam tibi* [1]. Je m'étais hâté d'envoyer à Mme du Châtelet des changements pour les derniers actes, mais il ne faut point se hâter, quand on veut bien faire; l'imagination harcelée et gourmandée devient rétive; j'attendrai les moments de l'inspiration.

J'accable de mes respects et de mon amitié madame votre mère et le lecteur [2] de Louis XV. Je vous supplie de faire ma cour à Mme de Bolingbrocke. Vraiment je serai fort aise que ce M. de Matignon tire un peu la manche du garde des sceaux en ma faveur. Il faut, au bout du compte, ou être effacé du livre de proscription, ou enfin s'en aller hors de France; il n'y a pas de milieu, et, sérieusement, l'état où je suis est très-cruel.

Je serais très-fâché de passer ma vie hors de France; mais je serais aussi très-fâché qu'on crût que j'y suis, et surtout qu'on sût où je suis. Je me recommande, sur cela, à votre sage et tendre amitié. Dites bien à tout le monde que je suis à présent en Lorraine.

J'ai envoyé un petit mémoire, par Demoulin, à M. Hérault. Voudrez-vous bien lui en parler, et savoir de lui si ce mémoire peut produire quelque chose ?

Adieu; les misérables sont gens bavards et importuns.

CCCXXII. À M. DE CIDEVILLE.

Décembre.

Quoi! Gilles Maignard s'est séparé tout à fait de notre présidente? N'est-il point mort de la douleur qu'il avait de lui faire deux mille écus de pension? La veuve vient de me mander qu'elle ne gardera point la Rivière-Bourdet. Il serait pourtant bien doux, mon cher ami, que nous pussions être un peu les maîtres de sa maison. Mais il sera dit que nous passerons notre vie à faire le projet de vivre ensemble. Quoi! vous venez une fois en vingt ans à Paris, et c'est justement le moment

---

1. Matthieu. XVIII. 26. — 2. Pont de Veyle.

où il ne m'est pas permis d'y revenir. Vous n'avez vu ni Émilie ni moi. Il vaudrait un peu mieux, mon cher ami, se rassembler chez Émilie que chez la veuve de *Gilles*. Ce n'est pas que je n'aie pour notre présidente tous les égards d'une ancienne amitié, mais, franchement, vous conviendrez, quand vous aurez vu Émilie, qu'il n'y a point de présidente qui en approche. Mandez-moi si elle ne vous a point écrit depuis peu; car vous connaissez son écriture avant de connaître sa personne. Vous vous écrivez quelquefois, et vous êtes déjà amis intimes, sans vous être parlé. On m'a mandé que l'*Épître à Émilie* courait le monde; mais j'ai peur qu'elle ne soit défigurée étrangement. Les pièces fugitives sont comme les nouvelles : chacun y ajoute, ou en retranche, ou en falsifie quelque chose, selon le degré de son ignorance et de sa mauvaise volonté. Si vous voulez, je vous l'enverrai bien correcte. Je rougis, mon cher Cideville, en vous parlant de vous envoyer mes ouvrages. Il y a si longtemps que je vous en promets une petite édition manuscrite, que j'aurais eu depuis le temps de composer un in-folio. Aussi, depuis ma retraite, il faut que je vous avoue que j'ai fait environ trois ou quatre mille vers. Ce sont de nouvelles dettes que je contracte avec vous, sans avoir acquitté les premières; mais je vous jure que je vais travailler à vous payer tout de bon. J'ai certain valet de chambre imbécile qui me sert de secrétaire, et qui écrit : le *général F....* tout au lieu du *général Toutefêtre*; c'est donner *un grand c..*, pour une *grande leçon*; *ils précipitaient leurs repas*, au lieu de *ils précipitaient leurs pas*. Ce secrétaire n'est pas trop digne de travailler pour vous; mais je reverrai ses bévues et les miennes. Êtes-vous à présent à Rouen? Y avez-vous l'ami Formont et l'ami Dubourg-Théroulde? Faites sentir à M. Dubourg-Théroulde combien je l'aime, et prouvez à M. de Formont la même chose. Dites au premier que je fais beaucoup de petits vers, et que j'aime passionnément la musique; dites à l'autre que j'ai un petit *Traité de métaphysique* tout prêt. Tout cela est vrai à la lettre. Voici un petit mot pour M. Linant. Adieu, mon très-cher ami; je suis à vous pour la vie; faudra-t-il la passer à regretter votre commerce charmant?

CCCXXIII. — A MADAME LA COMTESSE DE LA NEUVILLE.

Cela est plaisant, madame! l'écriture de Mme de Champbonin paraît ressembler si fort à la vôtre, que quelquefois je m'y méprends. Vous avez d'autres ressemblances, et je me flatte surtout que vous avez celle de m'honorer d'un peu de bonté. Si je n'étais pas occupé ici à ruiner infailliblement Mme du Châtelet, vous croyez bien que j'aurais l'honneur de vous voir. Je suis excédé de détails; je crains si fort de faire de mauvais marchés, je suis si las de piquer des ouvriers, que j'ai demandé un homme qui vint m'aider. Je l'attends dans le mois de janvier, et, dès que mon coadjuteur sera venu, j'irai, madame, vous redemander ces jours heureux et paisibles que j'ai déjà goûtés dans votre aimable maison. Vous savez qu'on parle d'un congrès; mais les parties ne sont point encore assez lasses de plaider pour songer à s'accommoder. M. de

Coigni s'est démis du commandement en Italie, et je crois que la cour ne serait pas fâchée que M. de Broglie en fît autant. Mais, avant d'accepter la démission de M. de Coigni, on a proposé à Monsieur le Duc de commander l'armée, afin d'avoir quelqu'un qui, par la prééminence de son rang, étouffât les jalousies du commandement. Monsieur le Duc a refusé. On pense d'y envoyer M. le comte de Clermont. Sur cette nouvelle, M. le comte de Charolais a écrit à M. de Chauvelin : « Monsieur, on dit que vous êtes réduit à la dure nécessité de choisir un prince du sang pour commander les armées; je vous prie de vous souvenir que je suis l'aîné de mon frère l'abbé. » On commence à trouver la levée du dixième bien rude et à n'avoir plus tant d'ardeur pour une guerre où il n'y a peut-être rien à gagner pour la France. On s'en dégoûte aussitôt qu'on en est entêté. Je suis persuadé qu'au moindre échec le ministère sera bien embarrassé.

CCCXXIV. — A M. LE COMTE D'ARGENTAL.

4 janvier 1735.

Je n'ose me flatter de mériter vos éloges, mais je sens bien que je mérite vos critiques. En vous remerciant de tout mon cœur de m'avoir ouvert les yeux. Voilà à quoi servent des amis comme vous, qui ont l'esprit aussi éclairé qu'ils ont le cœur aimable. Le sot père est actuellement délogé du quatrième acte. Mais est-il bien vrai que la conversion de cet Espagnol vous déplaise tant? Vous êtes bien mauvais chrétien, mais vous savez que le parterre est bon catholique. S'il y a un côté respectable et frappant dans notre religion, c'est ce pardon des injures, qui d'ailleurs est toujours héroïque, quand ce n'est pas un effet de la crainte. Un homme qui a la vengeance en main et qui pardonne, passe partout pour un héros; et, quand cet héroïsme est consacré par la religion, il en devient plus vénérable au peuple, qui croit voir dans ces actions de clémence quelque chose de divin. Il me paraît que ces paroles du duc François de Guise, que j'ai employées dans la bouche de Gusman : *Ta religion t'enseigne à m'assassiner, et la mienne à te pardonner*, ont toujours excité l'admiration. Le duc de Guise était à peu près dans le cas de Gusman, persécuteur en bonne santé, et pardonnant héroïquement quand il était en danger. Raillerie à part, je suis persuadé que la religion fait plus d'effet sur le peuple au théâtre, quand elle est mise en beaux vers, qu'à l'église, où elle ne se montre qu'avec du latin de cuisine. Les honnêtes gens traitèrent le bon vieux Lusignan de capucin, quand je lus la pièce, et le gros du monde fondit en larmes à la représentation. En un mot, ce qu'il y a de touchant dans une religion l'emportera toujours sur tout le reste, dans l'esprit de la multitude; et, plus j'envisage le changement de Gusman de tous les côtés, plus je le regarde comme un coup qui doit faire une très-grande impression. Malgré cela, vous ne sauriez croire combien l'approche du danger augmente ma poltronnerie. Il est vrai que j'en suis à cinquante lieues; mais le bruit du sifflet fait plus de dix lieues par minute. Je commence à trouver mon ouvrage tout à fait indigne du public; et, si vous ne me rassurez pas, je mourrai de frayeur; mais, si la pièce tombe, je ferai ce que je pourrai pour ne pas mourir de chagrin. Il est vrai que cette chute fera bien du plaisir à mes ennemis, que les Desfontaines en prendront sujet de m'accabler, que je serai immolé à la raillerie et au mépris; car telle est l'injustice des hommes : ils punissent comme un crime l'envie de leur plaire, quand cette envie n'a pas réussi. Que faire à cela? ne plus servir un maître si ingrat, et ne songer à plaire qu'à des hommes comme vous.

J'ose vous supplier d'ajouter à toutes vos bontés celle d'empêcher les comédiens de mettre mon nom sur l'affiche. Cette affectation ne sert qu'à irriter le public, et à avertir les siffleurs de se préparer pour le jour du combat.

Je vous demande en grâce de me dire ce que vous pensez de *Didon*, et quel jugement on en porte dans le public, depuis qu'elle a paru à ce jour dangereux de l'impression.

L'*Histoire Japonaise* m'a fort réjoui dans ma solitude; je ne sais rien de si fou que ce livre, et rien de si sot que d'avoir mis l'auteur à la Bastille. Dans quel siècle vivons-nous donc? On brûlerait apparemment La Fontaine aujourd'hui. Il serait bien triste, mon cher ami, d'être né dans ce vilain temps-ci, s'il n'y avait pas encore quelques gens comme vous, qui pensent comme on pensait dans les beaux jours de Louis XIV.

Conservez-moi, je vous en conjure, une amitié qui fait la consolation de ma vie. Permettez-moi d'en dire autant à monsieur votre frère. Adieu, personne ne vous sera jamais plus tendrement attaché que moi.

CCCXXV. — A MADAME LA COMTESSE DE LA NEUVILLE.
Janvier 1735.

Quoi! femme respectable, mère heureuse, amie charmante, amie généreuse, la première lettre que vous écrivez est pour moi! Vous savez bien, madame, tout le plaisir que vous me faites. Il n'y en a qu'un plus grand, c'est celui de vous faire ma cour. Je ferai certainement de mon mieux pour aller rendre mes respects à la belle accouchée, au père, et au joli enfant. L'*Hirondelle*[1] est bien malade, et je crains furieusement le froid des églises; mais il n'y a cheval que je ne crève, et rhume que je n'affronte, pour aller à la Neuville.

Mme du Châtelet est partie, et a laissé son architecte à Cirey. Il est étonné d'avoir sur les bras un détail fort embarrassant, et qui me déplairait bien fort, si ce n'était pas un plaisir extrême de travailler pour ses amis. Mme du Châtelet m'a ordonné bien expressément, madame, de vous dire combien vous lui rendez le séjour de la campagne agréable. Je me flatte qu'un voisinage tel que le vôtre lui fera prendre goût pour la retraite de Cirey. Ce château-ci va un peu incommoder les affaires du baron[2] et de la baronne. Les dépenses de la guerre ne les raccommoderont pas; et ils seront forcés, je crois, de

1. Cheval de Mme du Châtelet. (ÉD.)
2. Le marquis du Châtelet-Lomont avait aussi le titre de baron, et il était seigneur de Cirey-sur-Blaise. (ÉD.)

venir vivre en grands seigneurs à Cirey. Je vous jure, madame, que tout mon objet est de passer ma vie entre eux et votre société; et je commence à l'espérer.

CCCXXVI. — A M. BERGER.

A Cirey, le 12 janvier.

Vous ne sauriez croire, monsieur, combien je suis flatté de voir que vous ne m'oubliez point, au milieu des devoirs et des occupations dont vous êtes surchargé. Vous me faites voir, par votre dernière lettre, que M. de La Clède[1] est placé auprès de M. le maréchal de Coigni. Je ne le savais pas; c'est sans doute M. d'Argental qui lui aura procuré cette place. Si cela est, voilà M. d'Argental bien aise; c'est un nouveau service rendu de sa part. Il est né pour faire plaisir, comme Rameau pour faire de bonne musique. Il y aurait un homme qui se tiendrait tout aussi heureux que M. d'Argental, si certaine affaire que vous avez désirée pouvait se conclure; cet homme est moi. J'ai récrit et on m'a fait entendre que l'affaire allait mal. Ayez la bonté de m'instruire de l'état où sont les choses. Je vous demande, comme la grâce la plus flatteuse, de me procurer une occasion de vous servir.

N'avez-vous point vu M. de Moncrif? S'obstine-t-il à se tenir solitaire, parce qu'il n'est plus dans une cour? Eh! ne peut-on pas vivre heureux avec des hommes, quoiqu'on n'ait pas l'avantage d'être auprès des princes?

J'ai lu l'*Histoire Japonaise*[2]; je ne sais si je vous l'ai mandé. Je souhaite que l'*Histoire de Portugal* soit aussi amusante.

Voudriez-vous me faire l'amitié de me mander quand on fera l'oraison funèbre de M. le maréchal de Villars? Celui qui est chargé de l'éloge de M. de Berwick est un homme de mérite, qui me fait l'honneur d'être de mes amis. Je ne sais qui sera le Fléchier de notre dernier Turenne. Le P. Tournemine avait entrepris ce discours, mais il a remercié. N'est-ce point l'abbé Segui qui lui a succédé? Il est déjà connu par un très-beau panégyrique de saint Louis. Le sujet de saint Louis était épuisé, et celui-ci est tout neuf. Que ne dirait-il pas d'un homme qui, à quatre-vingts ans, prenait le Milanès et entretenait des filles?

Adieu, monsieur; vous savez combien je vous suis attaché.

CCCXXVII. — A MADAME LA COMTESSE DE LA NEUVILLE.

1735.

Si je n'étais pas, madame, accablé d'ouvriers, je partirais sur-le-champ avec la boiteuse *hirondelle*, pour vous dire combien je suis touché de vos bontés. Vraiment, que M. de Champbonin se garde bien de venir à Cirey! tout le vieux pavillon est sens dessus dessous. Il n'y a pas une chambre où l'on puisse se retirer. Un homme qui a fait la campagne de Philisbourg a besoin d'être un peu à son aise. J'espère que j'aurai l'honneur de le voir chez vous, avec Mme de Champbonin.

1. Auteur d'une *Histoire générale du Portugal*. (ED.)
2. Voy. la note 1 de la page 271. (ED.)

Vous m'accablez de bontés; il me semble que j'en abuse; mais il faut tout pardonner à mon tendre et respectueux attachement.

CCCXXVIII. — A M. DE FORMONT.

26 janvier.

L'extrême plaisir que j'ai eu à lire votre *Épître à M. l'abbé du Resnel* fait que je vous pardonne, mon cher ami, de ne me l'avoir pas envoyée plus tôt; car, lorsqu'on est bien content, il n'y a rien que l'on ne pardonne.

> Votre ferme pinceau, qui rien ne dissimule,
> Peint du siècle passé les nobles attributs
>   A notre siècle ridicule.
> Vous nous montrez les biens que nous avons perdus.
> Les poëtes du temps seront bien confondus
>   Quand ils liront votre opuscule.
> Devant des indigents votre main accumule
>   Les vastes trésors de Crésus;
>   Vous vantez la taille d'Hercule
>   Devant des nains et des bossus.

En vérité, je ne saurais vous dire trop de bien de ce petit ouvrage. Vous avez ranimé dans moi cette ancienne idée que j'avais d'un *Essai sur le Siècle de Louis XIV*. S'il n'y avait que l'histoire d'un roi à faire, je ne m'en donnerais pas la peine; mais son siècle mérite assurément qu'on en parle; et, si jamais je suis assez heureux pour avoir sous ma main les secours nécessaires, je ne mourrai pas que je n'aie mis à fin cette entreprise. Ce que vous dites en vers de tous les grands hommes de ce temps-là sera le modèle de ma prose.

> Car, s'ils n'étaient connus par leurs écrits sublimes,
>   Vous les eussiez rendus fameux;
> Juste en vos jugements, et charmant dans vos rimes,
> Vous les égalez tous, lorsque vous parlez d'eux.

Il est bien vrai que M. Cassini n'a pas découvert la route des astres, et qu'il ne nous a rien appris sur cela; mais il a découvert le cinquième satellite de Saturne, et a observé le premier ses révolutions. Cela suffit pour mériter l'éloge que vous lui donnez. On sait bien que ce n'est pas lui qui a fait le premier almanach. On pourrait, si on voulait, vous dire encore que Boileau a commencé à travailler longtemps avant que Quinault fit des opéras. On doit être assez content quand on n'essuie que de pareilles critiques.

Je n'ai lu aucun ouvrage nouveau, hors *l'Écumoire*[1] de ce grand enfant, et les *Princesses Malabares*[2] de je ne sais quel animal qui a trouvé le secret de faire un mauvais livre, sur un sujet où il est pourtant fort aisé de réussir.

1. C'est l'*Histoire japonaise* de Crébillon, dont il est question dans les lettres précédentes. (ÉD.)
2. De Louis-Pierre de Longue. (ÉD.)

Je connaissais les *Mémoires* du maréchal de Villars. Il m'en avait lu quelque chose, il y a plusieurs années. Il chargea l'abbé Houteville, deux ans avant sa mort, du soin de les arranger. Vous croyez bien que les endroits familiers sont du maréchal, et que ceux qui sont trop tournés sont de l'auteur de *la Religion chrétienne prouvée par les faits*[1]. Je crois que M. le duc de Villars a eu la bonté de me les envoyer dans un paquet qu'il a fait adresser vis-à-vis Saint-Gervais, mais que je n'ai point encore reçu. J'entends dire beaucoup de bien de la *Vie de l'empereur Julien*, quoique faite par un prêtre[2]. Je m'en étonne; car, si cette histoire est bonne, le prêtre doit être à la Bastille. On m'a parlé aussi d'un Traité sur le Commerce, de M. Melon. La suppression de son livre ne m'en donne pas une meilleure idée; car je me souviens qu'il nous régala, il y a quelques années, d'un certain *Mahmoud*[3], qui, pour être défendu, n'en était pas moins mauvais. Je veux lire cependant son Traité sur le Commerce; car, au bout du compte, M. Melon a du sens et des connaissances, et il est plus propre à faire un ouvrage de calcul qu'un roman. J'attends avec impatience la comédie[4] de M. de La Chaussée; il y aura sûrement des vers bien faits, et vous savez combien je les aime. Mais écrivez-moi donc souvent, mon cher et aimable philosophe. Vous avez soupé avec Émilie; j'aurais été assez aise d'en être. Voyez-vous toujours Mme du Deffand? elle m'a abandonné net. Je dois une lettre à notre tendre et charmant Cideville. Pour Thieriot, je ne sais ce que je lui dois. On me mande qu'il m'a tourné casaque publiquement; je ne le veux pas croire, pour l'honneur de l'humanité. *Vale; te amplector.*

CCCXXIX. — A M. DE CIDEVILLE.

6 février.

Allez, mes vers, aux rivages de Seine;
N'arrêtez point dans les murs de Paris;
Gardez-vous-en, les arts y sont proscrits;
Des gens dévots la sottise et la haine
Y font la guerre à tous les bons écrits.
Vers indiscrets, enfants de la nature,
Dictés souvent par ce fripon d'Amour,
Ou par la voix de la vérité pure,
Fuyez Paris, n'allez point à la cour,
Si vous n'avez onguent pour la brûlure.
Allez plus loin, sur le bord neustrien;
Vous y verrez certain homme de bien,
Qui réunit, voluptueux et sage,
L'art de penser au riant badinage.
Il veut vous voir, allez; et plût aux dieux

1. L'abbé Houteville. Mais Voltaire se trompe; ce fut l'abbé Margon qui fabriqua une partie des *Mémoires du duc de Villars*. (ÉD.)
2. L'abbé de La Bletterie. (ÉD.)
3. *Mahmoud le Gasnevide, histoire orientale*. (ÉD.)
4. *Le Préjugé à la mode*, jouée pour la première fois le 3 février 1735. (ÉD.)

Qu'ainsi que vous je paraisse à ses yeux!
Ne craignez point son goût ni sa prudence;
Puisqu'il est sage, il est plein d'indulgence.
Allez d'abord saluer humblement
Ses vers heureux, ses vers qui vous effacent;
Aimez-les tous, encor qu'ils vous surpassent,
Et faites-leur ce petit compliment :
« Frères très-chers, enfants de Cideville,
Recevez-nous avec cet air facile
Que votre père a répandu sur vous.
Nous sommes fils de son ami Voltaire.
Par charité, beaux vers, apprenez-nous
L'art d'être aimé; c'est l'art de votre père. »

Voilà le petit compliment que je vous faisais, mon cher ami, en arrangeant ces guenilles[1] que j'aurais dû vous envoyer il y a long-temps. Votre lettre du 24 janvier me fait rougir de ma paresse; mais quand il faut revoir tant de petites pièces dont la plupart sont bien faibles, et qu'on sent qu'il faut vous les envoyer, on est honteux, et l'on demande du temps. Enfin vous les aurez ce mois-ci, mal en ordre, mal transcrites,

.... *Nec* SOBRIORUM PUMICE MUNDÆ.

Hor., liv. I, ep. xx, v. 2.

Il y en a même quelques-unes qui manquent. Je n'ai pas, par exemple, cette façon d'épithalame à Mme de Richelieu. Si vous l'avez, faites-moi le plaisir de me l'envoyer. Je vous avertis encore que je mets une condition fort raisonnable à mon marché : c'est que vous aurez la bonté, quand vous m'écrirez, de grossir votre paquet de quelques-unes de vos petites pièces. Je veux absolument avoir de vos vers pour vos maîtresses. Ils doivent être bien tendres et bien animés, quoique pleins d'esprit. Égayez ma solitude, mon cher ami, par vos petits ouvrages, qui doivent respirer la volupté.

N'êtes-vous pas bien content de l'épître de M. de Formont à l'abbé du Resnel? Mais comment va la tragédie de Linant? Je lui ai donné là un sujet bien hardi et bien difficile à traiter. S'il s'en tire avec honneur, son coup d'essai sera un coup de maître. Je réponds qu'il y aura des vers mâles et tout brillants de pensées. A l'égard de l'intérêt et de l'art d'attacher et d'émouvoir le cœur pendant cinq actes, c'est un don de Dieu qu'il refuse quelquefois même à ses élus. Et puis il y a sur les pièces de théâtre une destinée bizarre qui trompe la prévoyance de presque tous les jugements qu'on porte avant la représentation. Je n'aurais jamais osé prédire le succès de *Didon*; cependant elle a réussi. Il y a une chose sûre, c'est que le public est toujours favorable à la première pièce d'un jeune homme. J'ai une grande impatience de voir *Ramsessès*. Engagez M. Linant à m'en envoyer une

1. Le recueil de ses poésies fugitives, copiées par son valet de chambre Céran. (ÉD.)

copie. Il n y a qu'à l'adresser, par le coche, chez Demoulin. Et qui est donc ce jeune philosophe, faiseur d'épigrammes, qui lit Newton et qui plaisante avec esprit? Ne pourrai-je être en relation avec ce petit prodige¹?

Je ne suis point surpris de la manière dont ce mot de *cocu* a été reçu; on ne dit aux gens que ce qu'on sait.

Mon cher Cideville, si je vous revoyais, j'ai bien de quoi vous amuser. Nous avons huit chants de faits de notre *Pucelle*; mais, Dieu merci, notre *Pucelle* est dans le goût de l'Arioste, et non dans celui de Chapelain. Recommandez un profond secret au père de *Ramesses* sur certains *Américains*, dont il a vu la naissance. *Vale et me semper ama.*

CCCXXX. — A MADAME LA MARQUISE DU DEFFAND.

J'ai reçu, madame, une lettre charmante. Comment ne le serait-elle pas, écrite par vous et par M. de Formont? Une lettre de vous est une faveur dont je n'avais pas besoin d'être privé si longtemps, pour en sentir tout le prix. Mais des vers, des vers, des rimes redoublées! voilà de quoi me tourner la cervelle mille fois, si votre prose d'ailleurs ne suffisait pas.

    De qui sont-ils ces vers heureux,
      Légers, faciles, gracieux?
    Ils ont, comme vous, l'art de plaire.
    Du Deffand, vous êtes la mère
      De ces enfants ingénieux.
    Formont, cet autre paresseux,
      En est-il avec vous le père?
    Ils sont bien dignes de tous deux;
      Mais je ne les méritais guère.

Je suis enchanté pourtant comme si je les méritais. Il est triste de n'avoir de ces bonnes fortunes-là qu'une fois par an, tout au plus.

    Ah! ce que vous faites si bien,
    Pourquoi si rarement le faire?
    Si tel est votre caractère,
    Je plains celui qu'un doux lien
    Soumet à votre humeur sévère.

Il est bien vrai qu'il y a des personnes fort paresseuses en amitié, et très-actives en amour; il est vrai encore qu'une de vos faveurs est sans doute plus précieuse que mille empressements d'une autre. Je le sens bien par cette lettre séduisante que vous m'avez écrite, et c'est précisément ce qui fait que j'en voudrais avoir de pareilles tous les jours.

Je ne sais bien bon gré d'avoir griffonné dans ma vie tant de prose et de vers, puisque cela a l'honneur de vous amuser quelquefois. Mes pauvres quakers² vous sont bien obligés de les aimer; ils sont bien

1. Bréhan. (ÉD.) — 2. La tragédie d'*Alzire*. (ÉD.)
3. Les quatre premières *Lettres sur les Anglais*. (ÉD.)

plus fiers de votre suffrage que fâchés d'avoir été brûlés. Vous plaire est un excellent onguent pour la brûlure. Je vois que Dieu a touché votre cœur, et que vous n'êtes pas loin du royaume des cieux, puisque vous avez du penchant pour mes bons quakers.

  Ils ont le ton bien familier,
  Mais c'est celui de l'innocence.
  Un quakre dit tout ce qu'il pense.
  Il faut, s'il vous plaît, essuyer
  Sa naïve et rude éloquence;
  Car, en voulant vous avouer
  Que sur son cœur simple et grossier
  Vous avez entière puissance,
  Il est homme à vous tutoyer,
  En dépit de la bienséance.

  Heureux le mortel enchanté
  Qui dans vos bras, belle Délie,
  Dans ces moments où l'on s'oublie,
  Peut prendre cette liberté,
  Sans choquer la civilité
  De notre nation polie.

Quelque bégueule respectable trouvera peut-être, madame, ces derniers vers un peu forts; mais vous, qui êtes respectable sans être bégueule, vous me les pardonnerez.

  CCCXXXI. — DE M. LE CARDINAL ALBERONI.

          À Rome, le 10 février 1735.

Il m'est arrivé assez tard, monsieur, la connaissance de la Vie que vous avez écrite du feu roi de Suède. Je dois vous rendre bien des grâces pour ce qui me regarde. Votre prévention et votre penchant pour ma personne vous ont porté assez loin, puisque avec votre style sublime vous avez dit plus en deux mots de moi, que ce qu'a dit Pline de Trajan dans son panégyrique. Heureux les princes qui auront le bonheur de vous intéresser dans leurs faits! votre plume suffit pour les rendre immortels. À mon égard, monsieur, je vous proteste les sentiments de la plus parfaite reconnaissance, et je vous assure, monsieur, que personne au monde ne vous aime, ne vous estime et respecte plus que le cardinal ALBERONI.

  CCCXXXII. — A M. DESFORGES-MAILLARD.

         À Vassy, en Champagne, le.... février.

Dona puer soleit, quæ femina coderat, Iphis.
         Ovid., *Met.* IX, v. 793.

Votre changement de sexe, monsieur, n'a rien altéré de mon estime pour vous. La plaisanterie que vous avez faite est un des bons tours dont on se soit avisé, et cela serait auprès de moi un grand mérite.

Mais vous en avez d'autres que celui d'attraper le monde; vous avez celui de plaire, soit en homme, soit en femme. Vous êtes actuellement sur les bords du Lignon, et de nymphe de la mer vous voilà devenu berger d'Astrée. Si ce pays-là vous inspire quelques vers, je vous prie de m'en faire part; pour moi, j'ai un peu abandonné la poésie dans la campagne où je suis :

> *Non eadem ætas, non vis.*
> *Olim poteram cantando ducere noctes;*

mais à présent je songe à vivre.

> *Quid verum atque decens curo et rogo, et omnis in hoc sum.*
> Hor., liv. I, ep. I, v. 11.

Un peu de philosophie, l'histoire, la conversation, partagent mes jours.

> *Duco sollicitæ jucunda oblivia vitæ.*
> Hor., liv. II, sat. VI, v. 62.

Cette vie sera plus heureuse encore si vous me donnez part des fruits de votre loisir. Je suis fâché que la Champagne soit si loin du Lignon; mais c'est véritablement vivre ensemble que de se communiquer les productions de son esprit et les sentiments de son âme.

CCCXXXIII. — A M. L'ABBÉ DE BRETEUIL [1].

Vénus et le dieu de la table,
Et Martelière à leur côté,
Chantaient tous trois un air aimable,
Que tous trois vous avaient dicté;
Mais bientôt réduits à se taire,
Quelle douleur trouble leurs sens,
Quand on leur dit qu'en son printemps
Le plus gai, le plus fait pour plaire,
Des convives et des amants,
Laissait la Comus et Cythère,
Pour être grand vicaire à Sens!
Plaisirs, Amours, troupe légère,
Il faut calmer votre douleur :
La sainte Église aura beau faire,
Vous serez toujours dans son cœur.
Du froid séjour de la Prudence
Il saura descendre en vos bras,
Escorté de la bienséance
Qui relève encor vos appas,
Et qui donne une jouissance
Que Lattaignant ne connaît pas.
Un cœur indiscret et volage,

[1] Frère puîné de la marquise du Châtelet. (ÉD.)

Toujours occupé de jouir,
A souvent l'ennui pour partage;
Mais celui qui sait s'asservir
A ses devoirs, et vivre en sage,
Est bien plus digne de plaisir,
Et le goûte bien davantage.
Ainsi Bossuet autrefois,
Ce dernier père de l'Église,
Dans les bras de la jeune Lise
Devint père aussi quelquefois.
Monsieur son neveu, dans le temple
Apporta les mêmes vertus;
C'est un bel exemple de plus;
Mais on n'a pas besoin d'exemple.

Il ne vous manque plus que l'évêché, monsieur; vous avez tout le reste : et, pour moi, je ne souhaite autre chose que d'être votre diocésain. Vous auriez eu déjà de grands bénéfices, si vous étiez né du temps qu'on donnait un évêché à Godeau pour des vers, et une abbaye considérable à Desportes pour un sonnet. Vous faites des vers mieux qu'eux, quand vous voulez jouer avec les Muses. Mais, puisque la fortune ne se fait plus aujourd'hui par la rime, vous la ferez par la raison, par la supériorité de votre esprit, par vos talents pour les affaires, et par la vraie éloquence, qui n'est pas, je crois, d'entasser des figures d'orateur, mais de concevoir clairement, de s'énoncer de même, et d'avoir toujours le mot propre à commandement.

Voilà ce que j'ai cru apercevoir en vous; voilà ce qui vous donnera une vraie supériorité sur tous vos confrères, et qui fera votre réputation, autant que votre fortune. Vous êtes un homme de toutes les heures; vous me paraissez aussi solide en affaires qu'aimable à souper. Il y a quelque fée qui préside à ces talents-là, et qui a eu soin de votre éducation comme de celle de madame votre sœur. Je vous retrouve à tout moment dans elle, et je crois qu'elle ne vous regrette pas plus que moi.

Adieu, monsieur; conservez quelque bonté pour un homme dont vous connaissez la respectueuse tendresse pour vous.

CCCXXXIV. — A M. DE FORMONT.

15 février.

Si Mme du Deffand, mon cher ami, avait toujours un secrétaire comme vous, elle ferait bien de passer une partie de sa vie à écrire. Faites souvent, je vous en prie, en votre nom, ce que vous avez fait au sien; consolez-moi de votre absence et de la sienne, par le commerce aimable de vos lettres.

Je n'ai point encore vu les *Mémoires* d'Hector[1] : mais, vrais ou faux,

---

1. Les Mémoires du maréchal de Villars. Il s'appelait Louis-Claude. On avait dit de lui :
    Cet Hector que tu vois n'a point trouvé d'Achille. (ÉD.)

je doute qu'ils soient bien intéressants ; car, après tout, que pourront-ils contenir que des siéges, des campements, des villes prises et perdues, de grandes défaites, de petites victoires ? On trouve de cela partout ; il n'y a point de siècle qui n'ait sa demi-douzaine de Villars et de princes Eugène. Les contemporains, qui ont vu une partie de ces événements, les liront pour les critiquer ; et la postérité s'embarrassera peu qu'un général français ait gagné la bataille de Friedlingen, et ait perdu celle de Malplaquet. Le maréchal de Villars avait l'humeur un peu romanesque ; mais sa conduite et ses aventures ne tiennent pas assez du roman pour divertir son lecteur.

Qu'un prince, comme Charles II, qui a vu son père sur l'échafaud, et qui a été contraint lui-même de fuir à travers son royaume, déguisé en postillon ; qui a demeuré deux jours dans le creux d'un chêne, lequel chêne, par parenthèse, est mis au rang des constellations ; qu'un tel prince, dis-je, fasse des mémoires, on les lira plus volontiers que les *Amadis*. Il en est des livres comme des pièces de théâtre : si vous n'intéressez pas votre monde, vous ne tenez rien. Si Charles XII n'avait pas été excessivement grand, malheureux et fou, je me serais bien donné de garde de parler de lui. J'ai toujours eu envie de faire une histoire du *Siècle de Louis XIV*; mais celle de ce roi, sans son siècle, me paraîtrait assez insipide.

Le père de La Bletterie, en écrivant la *Vie de Julien*, a fait un superstitieux de ce grand homme. Il a adopté les sots contes d'Ammien-Marcellin. Me dire que l'auteur des *Césars* était un païen bigot, c'est vouloir me persuader que Spinosa était bon catholique. La Bletterie devait prendre avec soi le peloton de M. de Saint-Aignan, et s'en servir pour se tirer du labyrinthe où il s'est engagé. Il n'appartient point à un prêtre d'écrire l'histoire : il faut être désintéressé sur tout, et un prêtre ne l'est sur rien.

J'aimerais presque autant l'histoire des papillons [1] et des chenilles que M. de Réaumur nous donne, que l'histoire des hommes dont on nous ennuie tous les jours ; d'ailleurs je suis dans un pays où il y a bien moins d'hommes que de chenilles. Il y a longtemps que je n'ai rien vu qui ressemble à l'espèce humaine, et je commence à oublier ces animaux-là. Exceptez-en un très-petit nombre, à la tête desquels vous êtes, je ne fais pas grand cas de mes confrères les humains ; mais j'en use avec vous à peu près comme Dieu avec Sodome. Ce bon Dieu voulait pardonner à ces.... là, s'il avait trouvé cinq [2] honnêtes gens dans le pays. Vous êtes assurément un de ces cinq ou six qui me font encore aimer la France. Cideville est de cette demi-douzaine ; il m'écrit toujours de jolie prose et de jolis vers.

1. *Mémoires pour servir à l'histoire des insectes.* (Éd.)
2. *La Genèse*, XVIII, 32, parle de dix justes. (Éd.)

ANNÉE 1735. 285

CCCXXXV. — A M. BERGER.

À Cirey, le 22 février 1735.

Je vous supplie, monsieur, sitôt la présente reçue, d'aller chez M. d'Argental. C'est l'ami le plus respectable et le plus tendre que j'aie jamais eu. Il fait toute ma consolation et toute mon espérance dans cette affaire, et sa vertu prend le parti de l'innocence contre l'homme le plus scélérat, le plus décrié, mais le plus dangereux qui soit dans Paris. Comme il n'a pas toujours le temps de m'écrire, et que j'ai, un besoin pressant d'être instruit à temps, de peur de faire de fausses démarches, et que d'ailleurs il demeure trop loin de la grande poste, il pourra vous instruire des choses qu'il faudra que je sache. Il connaît votre probité; parlez-lui, écrivez-moi, et tout ira bien. Il s'en faut bien que je sois content de Saint-Hyacinthe. Il n'a pas plus réparé l'infâme outrage qu'il m'a fait, qu'il n'est l'auteur du *Mathanasius*. N'avez-vous pas vu l'un et l'autre ouvrage? N'y reconnaissez-vous pas la différence des styles? C'est Salengre et s'Gravezande qui ont fait le *Mathanasius*. Saint-Hyacinthe n'y a fourni que sa chanson. Il est bien loin, ce misérable, de faire de bonnes plaisanteries. Il a escroqué la réputation d'auteur de ce petit livre, comme il a volé Mme Lambert. Infâme escroc et sot plagiaire, voilà l'histoire de ses mœurs et de son esprit. Il a été moine, soldat, libraire, marchand de café, et vit aujourd'hui du profit du biribi. Il y a vingt ans qu'il écrit contre moi des libelles; et, depuis *Œdipe*, il m'a toujours suivi comme un roquet qui aboie après un homme qui passe sans le regarder. Je ne lui ai jamais donné le moindre coup de fouet; mais enfin je suis las de tant d'horreurs, et je me ferai justice d'une façon qui le mettra hors d'état d'écrire.

Si vous voulez prévenir les suites funestes d'une affaire très-sérieuse parlez-lui de façon à obtenir qu'il ne m'a jamais eu en vue, et que ce qui est rapporté dans l'abbé Desfontaines est une calomnie horrible. Je ne l'ai jamais offensé. Je le défie de citer un mot que j'aie jamais dit de lui. Faites-lui parler par M. Remond de Saint-Mard. Il y a à Paris une Mme Champbonin, qui demeure à l'hôtel de Modène; elle est ma parente: c'est une femme serviable, active, capable de tout faire réussir; voudriez-vous l'aller trouver, et agir de concert? Comptez sur moi, mon cher Berger, comme sur votre meilleur ami.

CCCXXXVI. — A M. DE CIDEVILLE.

À Paris, le 31 mars.

Je dérobe à votre ami¹, monsieur, le plaisir de vous apprendre lui-même son retour; je sens et je partage votre joie. J'ai eu un plaisir extrême à le revoir; son affaire a traîné si longtemps, que je n'osais presque plus la fin; mais enfin il nous est rendu; il faut espérer qu'il ne nous donnera plus des alarmes aussi vives. Je ne sais si vous avez reçu une lettre de moi dont M. de Formont a bien voulu se

1. Le premier paragraphe de cette lettre est de Mme du Châtelet. (ED.)

charger. Je veux toujours me flatter que je vous rassemblerai un jour dans une campagne où je médite de passer quelque temps. Vous devez être bien persuadé que je désire avec empressement de connaître une personne pour qui j'ai conçu une estime que l'amitié a fait naître, et que j'espère qu'elle cimentera.

Émilie permet, mon cher ami, que j'ajoute quelques petits mots à sa lettre. Cela est bien hardi à moi. Peut-on lire quelque autre chose, après qu'on a lu ce qu'elle vous mande? Elle vous assure de son amitié. Vous devriez, en vérité, venir à Paris prendre possession de ce qu'elle vous offre; je connais les charmes de cette amitié, et j'en sens tout le prix. Si j'étais assez heureux pour vous voir dans sa cour, que de vers, mon cher Cideville! que de conversations charmantes! M. de Formont a eu le bonheur de la voir, et j'avais le malheur d'être bien loin; enfin me voici revenu, mais me voici loin de vous. Il manque toujours quelque chose au bonheur des hommes. J'ai reçu un paquet que je n'ai pas encore eu le temps d'ouvrir. J'y verrai tous les charmes de votre esprit; ce sera l'aimant de mon imagination. J'ai vu le gros Linant, mais je n'ai pas encore vu sa pièce. Je souhaite qu'elle se porte aussi bien que lui.

Adieu, mon cher ami; je vous embrasse bien tendrement. Notre cher Formont devrait bien regretter Paris, si vous n'étiez point à Rouen. Je me flatte que M. Dubourg-Therouldé veut bien se souvenir de moi. Pour M. de Brévedent, s'il savait que j'existe, j'ambitionnerais bien son amitié. Adieu; ne vous verrai-je donc jamais?

CCCXXXVII. — AU MÊME.

Ce 12 avril.

Je suis à Paris pour très-peu de temps, mon cher ami; soyez bien sûr que, si je pouvais disposer de huit jours, je viendrais les passer auprès de vous. Savez-vous bien que tout ce grand bruit, excité par les *Lettres philosophiques*, n'a été qu'un malentendu? Si ce malheureux Joré m'avait écrit dans les commencements, il n'y aurait eu ni lettre de cachet, ni brûlure, ni perte de maîtrise pour Jore. Le garde des sceaux a cru que je le trompais, et il le croit encore. Je sais que Jore est à Paris; mais je ne sais où le trouver. Il faudrait engager sa famille à lui mander de me venir trouver; peut-être qu'un quart d'heure de conversation avec lui pourrait servir à éclairer M. le garde des sceaux, me raccommoder entièrement avec lui, et rendre à Jore sa maîtrise, en finissant un malentendu qui seul a été cause de tout le mal. A l'égard de Linant, j'ai vu une partie de sa pièce; il n'y a rien qui ressemble à une tragédie; cela n'est pas présentable aux comédiens. S'il a compté sur cette pièce pour se procurer de l'argent et de la considération, on ne saurait être plus loin de son compte. La présidente[1] m'a paru aussi peu disposée à recevoir sa personne que les comédiens le seraient à recevoir sa pièce. Je crains même qu'elle ne

1. De Bernières. (ÉD.)

soit un peu fâchée, et qu'elle ne s'imagine qu'on lui a tendu un piége. La seule ressource de Linant, c'est de se faire précepteur; ce qui est encore plus difficile, attendu son bégayement, sa vue basse, et même le peu d'usage qu'il a de la langue latine. J'espère cependant le mettre auprès du fils[1] de Mme du Châtelet; mais il faudra qu'il se conduise un peu mieux dans cette maison qu'il ne fait dans mon bouge, et surtout qu'il ne se croie point un homme considérable pour une pièce de théâtre qu'il a eu envie de faire. Si vous avez quelques bontés pour lui, et que vous vouliez le tirer de la misère, recommandez-lui de s'attacher sincèrement à la maison dans laquelle il entrera. Il sera chez moi jusqu'à ce qu'il puisse être installé. Il ne me reste plus que peu de papier à remplir, et j'ai cent choses à vous dire; ce sera pour la première fois. *Vale.*

CCCXXXVIII. — AU MÊME.

Paris, ce 16 avril.

Vraiment, mon cher ami, je ne vous ai point encore remercié de cet aimable recueil que vous m'avez donné. Je viens de le relire avec un nouveau plaisir. Que j'aime la naïveté de vos peintures! que votre imagination est riante et féconde! et, ce qui répand sur tout cela un charme inexprimable, c'est que tout est conduit par le cœur. C'est toujours l'amour ou l'amitié qui vous inspire. C'est une espèce de profanation à moi de ne vous écrire que de la prose, après les beaux exemples que vous me donnez; mais, mon cher ami,

Carmina secessum scribentis et otia quærunt.
Ovid., *Trist.*, el. 1, v. 41.

Je n'ai point de recueillement dans l'esprit; je vis de dissipation depuis que je suis à Paris;

Tendunt extorquere poemata;............
Hor., liv. II, ep. II, v. 57.

mes idées poétiques s'enfuient de moi. Les affaires et les devoirs m'ont appesanti l'imagination; il faudra que je fasse un tour à Rouen pour me ranimer.

Les vers ne sont plus guère à la mode à Paris. Tout le monde commence à faire le géomètre et le physicien. On se mêle de raisonner. Le sentiment, l'imagination et les grâces sont bannis. Un homme qui aurait vécu sous Louis XIV et qui reviendrait au monde ne reconnaîtrait plus les Français; il croirait que les Allemands ont conquis ce pays-ci. Les belles-lettres périssent à vue d'œil. Ce n'est pas que je sois fâché que la philosophie soit cultivée, mais je ne voudrais pas qu'elle devînt un tyran qui excluît tout le reste. Elle n'est en France qu'une mode qui succède à d'autres, et qui passera à son tour; mais aucun art, aucune science ne doit être de mode. Il faut qu'ils se tiennent tous par la main; il faut qu'on les cultive en tout temps.

---

1. Le duc du Châtelet, condamné à mort le 13 décembre 1793. (B.)

Je ne veux point payer de tribut à la mode; je veux passer d'une expérience de physique à un opéra ou à une comédie, et que mon goût ne soit jamais émoussé par l'étude. C'est votre goût, mon cher Cideville, qui soutiendra toujours le mien; mais il faudrait vous voir, il faudrait passer avec vous quelques mois; et notre destinée nous sépare quand tout devrait nous réunir.

J'ai vu Jore à votre semonce; c'est un grand écervelé. Il a causé tout le mal pour s'être conduit ridiculement. Il n'y a rien à faire pour Linant, ni auprès de la présidente, ni au théâtre. Il faut qu'il songe à être précepteur. Je lui fais apprendre à écrire; après quoi il faudra qu'il apprenne le latin, s'il veut le montrer. Ne le gâtez point, si vous l'aimez. *Vale.* V.

CCCXXXIX. — A M. DE FORMONT.

Ce 17 avril.

Mon cher Formont, vous me pardonnerez si vous voulez; mais je ne me rends point encore sur Julien. Je ne peux croire qu'il ait eu les ridicules qu'on lui attribue : qu'il se soit fait débaptiser et tauroboliser de bonne foi. Je lui pardonne d'avoir haï la secte dont était l'empereur Constance, son ennemi; mais il ne m'entre point dans la tête qu'il ait cru sérieusement au paganisme. On a beau me dire qu'il assistait aux processions, et qu'il immolait des victimes : Cicéron en faisait autant, et Julien était dans l'obligation de paraître dévot au paganisme; mais je ne peux juger d'un homme que par ses écrits; je lis *les Césars*, et je ne trouve dans cette satire rien qui sente la superstition. Le discours même qu'on lui fait tenir, à sa mort, n'est que celui d'un philosophe. Il est bien difficile de juger d'un homme après quatorze cents ans; mais au moins n'est-il pas permis de l'accuser sans de fortes preuves; et il me paraît que le bien qu'on peut dire de Julien est prouvé par les faits, et que le mal ne l'est que par ouï-dire et par conjectures. Après tout, qu'importe? Pourvu que nous n'ayons aucune sorte de superstition, à la bonne heure que Julien en ait eu.

Vous savez que nos philosophes argonautes[1] sont partis enfin pour aller tracer une méridienne et des parallèles dans l'Amérique. Nous saurons enfin quelle est la figure de la terre, et ce que vaut précisément chaque degré de longitude. Cette entreprise rendra service à la navigation, et fera honneur à la France. Le conseil d'Espagne a nommé quelques petits philosophes espagnols pour apprendre leur métier sous les nôtres. Si notre politique est la très-humble servante de la politique de Madrid, notre Académie des sciences nous venge. Les Français ne gagnent rien à la guerre, mais ils toisent l'Amérique. Savez-vous que l'Académie des belles-lettres s'est chargée de faire une belle inscription pour la besogne de nos argonautes? Toute cette académie en corps, après y avoir mûrement réfléchi, a conclu que ces messieurs allaient mesurer un arc du méridien sous un arc de l'équateur. Vous remarquerez que les méridiens vont du nord au sud, et que, par con-

---

1. Godin, Bouguer et La Condamine, qui s'embarquèrent à la Rochelle, le 16 mai 1735, pour Quito. (ÉD.)

séquent l'Académie des belles-lettres en corps a fait la plus énorme bévue du monde. Cela ressemble à celle de l'Académie française, qui fit imprimer, il y a quelques années, cette belle phrase : *Depuis les pôles glacés jusqu'aux pôles brûlants.*

Le papier manque. *Vale.*

CCCXL. — A M. LE MARQUIS DE CAUMONT.

A Paris, ce 19 avril 1735.

Il y a peu de choses, monsieur, auxquelles j'aie été aussi sensible qu'au souvenir dont vous voulez bien m'honorer. Il est vrai que je me suis amusé dans ma retraite à plus d'un genre de littérature; mais il n'y a pas d'apparence que j'en laisse rien transpirer dans le public. Je m'aperçois tous les jours qu'il faut vivre et penser pour soi, et que la chimère de la réputation ne console point des chagrins qu'elle traîne après soi. Il y a des pays où il est permis de communiquer ses idées aux hommes; il y en a d'autres dans lesquels à peine est-il permis d'avoir des idées. Un homme comme vous, monsieur, me tiendra lieu du public. Votre estime et votre correspondance sont pour moi le prix le plus flatteur de mes faibles travaux. Je vous aurai une obligation bien grande, si vous voulez bien avoir la bonté de faire extraire de ces lettres dont vous me parlez ce qui peut regarder l'histoire de ce dernier siècle. Je ne sais si Louis XIV méritait bien le nom de Grand; mais son siècle le méritait; et c'est de ce bel âge des arts et des lettres que je veux parler plutôt que de sa personne. J'ai trouvé, en arrivant à Paris, que la philosophie de Newton gagnait un peu parmi les vrais philosophes. Je n'ai vu, d'ailleurs, hors de la *Vie de Julien*, que des ouvrages médiocres ou ridicules. Les sottises molinistes et jansénistes vont toujours leur train; mais elles sont obscurcies par la crise où se trouve l'Europe. Il est honteux pour l'humanité que, dans un siècle aussi éclairé que le nôtre, ces impertinentes disputes soient encore à la mode; mais le vulgaire se ressemble dans tous les temps. Il y avait, du temps des Nérons et des Socrates, des gens qui sacrifiaient de bonne foi aux dieux Lares et à la déesse Latrine. Apulée fut accusé de sacrilége devant le préteur, comme le P. Girard; chaque siècle a eu ses Marie Alacoque. Adieu, monsieur; j'ai toujours désiré un climat tel que celui que vous habitez. Je voudrais être avec vous sous votre beau soleil, avec des philosophes anglais et des voix italiennes. J'ai l'honneur de vous être tendrement et respectueusement dévoué pour jamais.

VOLTAIRE.

CCCXLI. — A M. DESFORGES-MAILLARD.

Le.... avril.

Les fréquentes maladies dont je suis accablé, monsieur, m'ont empêché de répondre à votre prose et à vos vers; mais elles ne m'ôtent rien de ma sensibilité pour tout ce qui vous regarde. Je me souviens toujours des coquetteries de Mlle Malcrais; malgré votre barbe et la mienne; et, s'il n'y a pas moyen de vous faire des déclarations, je cherche celui de vous rendre service. Je compte voir, cet été, M. le contrôleur général. Je chercherai *mollia fandi tempora*, et je me croirai trop heureux si je puis obtenir quelque chose du Plutus de Versailles, en faveur de l'Apollon de Bretagne. Pardonnez à un pauvre malade de ne pouvoir vous écrire de sa main. Je suis, etc.

CCCXLII. — A M. DE CIDEVILLE.

Paris, le 29 avril.

Linant n'a encore que la parole de Mme du Châtelet. Il est bien honteux, pour l'humanité, que cette parole ne suffise pas. Mais Mme du Châtelet a un mari; c'est une déesse mariée à un mortel, et ce mortel se mêle d'avoir des volontés. Nous attendons, pour être sûrs de la destinée de Linant, que les deux conjoints soient d'accord. Cependant il apprend à écrire; il savait faire de beaux vers, mais il faut commencer par savoir former ses lettres. A l'égard de sa tragédie, j'ose encore vous assurer qu'elle n'a pas forme d'ouvrage à être présenté à nosseigneurs les comédiens, et qu'il lui faudra encore bien du temps pour faire une pièce de cet assemblage de scènes. Ce serait un grand avantage d'être, pendant une année au moins, à la campagne, avec Mme du Châtelet, auprès d'un enfant qui ne demande pas une grande assiduité. Il aurait le temps de travailler et de s'instruire. Il y aurait à cela une chose assez plaisante, c'est que la mère sait bien mieux le latin que Linant, et qu'elle serait le régent du précepteur.

J'allai hier à *Inès*; la pièce me fit rire, mais le cinquième acte me fit pleurer. Je crois qu'elle sera toujours au nombre de ces pièces médiocres et mal écrites qui subsistent par l'intérêt. Il court ici beaucoup de satires en prose et en vers; elles sont si mauvaises que, toutes satires qu'elles sont, elles ne plaisent point. Que dites-vous d'une petite troupe de comédiens qui jouent à huis clos des parades de Gilles, trois fois par semaine? Les acteurs sont.... devinez qui? le prince Charles de Lorraine, âgé de plus de cinquante ans; il fait le rôle de Gilles; le duc de Nevers, goutteux amant de l'infidèle et impertinente Quinault, d'Orléans, Pont de Veyle, d'Argental, le facile d'Argental, etc.

J'ai vu notre petit Bréhan; il est charmant, il est digne de votre amitié; et de petits vers qu'il m'a montrés sont dignes de vous. Adieu, mon cher ami; mille compliments aux Formont, aux Dubourg-Theroulde, et même aux Brèvedent. Je voudrais bien savoir comment le métaphysicien Brèvedent a trouvé les *Lettres philosophiques*. *Vale, et ama me.*

CCCXLIII. — AU MÊME.

A Paris, ce 6 mai.

Non, mon cher ami, je n'ai jamais reçu cette *Reine des songes*[1]. Cet abbé a sans doute connu le mérite de ce qu'il avait entre les mains et l'a gardé pour lui; je le ferai assigner à la cour du Parnasse; cela est infâme à lui.

Pour notre Linant, il faudra bien des brigues pour le placer. J'espère que nous en viendrons à notre honneur, malgré les prêtres qui

1 *La Déesse des Songes*, opéra de Cideville, non achevé. (Cl.)

ont empaumé le mari. C'est bien raison que la divine Émilie l'emporte sur ces faquins qui

Scire volunt secreta domus, atque inde timeri.
Juv., sat. III, v. 113.

Point de prêtres chez les Émilies, mon cher ami! Ah! si nous pouvions vivre ensemble! Ah! destinée! destinée! Les Émilies de Rouen retiennent mon cher Cideville. On a joué *les Grâces*[1], mais personne ne les a reconnues, parce que l'auteur ne les connaît guère. Adieu, vous qui êtes leur favori. Je pars; je vous aime pour jamais.

CCCXLIV. — A M. DE FORMONT.

Le 6 mai.

Je pars, mon cher ami; je n'ai point vu le ballet des *Grâces*. On dit que l'auteur, j'entends le poëte, qui a toujours été brouillé avec elles, ne s'est pas bien remis dans leur cour. Je m'en rapporte aux connaisseurs; mais il y en a peu par le temps qui court. Les suivantes de ces trois déesses sont à présent à Rouen. C'est donc à Rouen qu'il faudrait voyager; mais je vais en Lorraine demain. Adieu, mon cher philosophe, poëte aimable, plein de grâce et de raison. Vous avez donc fait un poëte français de l'abbé Franchini! En vérité, il est plus aisé à présent de tirer des vers français d'un Italien que de nos compatriotes. Tout tombe, tout s'en va dans Paris. Je m'en vais aussi, car ni vous ni les muses n'êtes là. Adieu, mon cher ami.

CCCXLV. — A M. L'ABBÉ ASSELIN,
Professeur du collége d'Harcourt.

Mai.

En me parlant de tragédie, monsieur, vous réveillez en moi une idée que j'ai depuis longtemps de vous présenter *la Mort de César*, pièce de ma façon, toute propre pour un collége où l'on n'admet point de femmes sur le théâtre. La pièce n'a que trois actes, mais c'est de tous mes ouvrages celui dont j'ai le plus travaillé la versification. Je m'y suis proposé pour modèle votre illustre compatriote, et j'ai fait ce que j'ai pu pour imiter de loin

La main qui crayonna
L'âme du grand Pompée et celle de Cinna[2].

Il est vrai que c'est un peu la grenouille qui s'enfle pour être aussi grosse que le bœuf; mais enfin je vous offre ce que j'ai. Il y a une dernière scène à refondre, et, sans cela, il y a longtemps que je vous aurais fait la proposition. En un mot, César, Brutus, Cassius, et Antoine, sont à votre service quand vous voudrez. Je suis bien sensible à la bonne volonté que vous voulez bien témoigner pour le petit Champbonin, que je vous ai recommandé. C'est un jeune en-

1. Ballet du Roi, musique de Mouret. (ÉD.)
2. Vers de P. Corneille. (ÉD.)

fant qui ne demande qu'à travailler, et qui peut, je crois, entrer tout d'un coup en rhétorique ou en philosophie. Nous sommes bon gentilhomme et bon enfant, mais nous sommes pauvre. Si l'on pouvait se contenter d'une pension modique, cela nous accommoderait fort; et elle serait au moins payée régulièrement, car les pauvres sont les seuls qui payent bien.

Enfin, monsieur, si vous saviez quelque débouché pour ce jeune homme, je vous aurais une obligation infinie. Je voudrais qu'il fût élevé sous vos yeux, car il aime les bons vers.

Adieu, monsieur; comptez sur l'amitié, sur l'estime, sur la reconnaissance de V. Point de cérémonie; je suis quaker avec mes amis. Signez-moi un A.

CCCXLVI. — A M. THIERIOT, A PARIS.

Lunéville, le 15 mai.

Mon cher correspondant, me voici dans une cour sans être courtisan. J'espère vivre ici comme les souris d'une maison, qui ne laissent pas de vivre gaiement sans jamais connaître le maître ni la famille. Je ne suis pas fait pour les princes, encore moins pour les princesses. Horace a beau dire :

Principibus placuisse viris non ultima laus est;
Liv. I, ép. XVII, v. 35.

je ne mériterai point cette louange. Il y a ici un excellent physicien nommé M. de Varinge, qui, de garçon serrurier, est devenu un philosophe estimable, grâce à la nature, et aux encouragements qu'il a reçus de feu M. le duc de Lorraine, qui déterrait et qui protégeait tous les talents. Il y a aussi un Duval bibliothécaire, qui, de paysan, est devenu un savant homme, et que le même duc de Lorraine rencontra un jour gardant les moutons et étudiant la géographie. Vous croyez bien que ce seront là les grands de ce monde à qui je ferai ma cour; joignez-y un ou deux Anglais pensants qui sont ici, et qui, dit-on, s'humanisent jusqu'à parler. Je ne crois pas qu'avec cela j'aie besoin de princes; mais j'aurai besoin de vos lettres. Je vous prie de ne pas oublier votre philosophe lorrain, qui aime encore les rabâchages de Paris, surtout quand ils passent par vos mains.

CCCXLVII. — A M. DESFORGES-MAILLARD.

Le.... juin.

De longues et cruelles maladies, dont je suis depuis longtemps accablé, monsieur, m'ont privé, jusqu'à présent, du plaisir de vous remercier des vers que vous me fîtes l'honneur de m'envoyer au mois d'avril dernier. Les louanges que vous me donnez m'ont inspiré de la jalousie, et, en même temps, de l'estime et de l'amitié pour l'auteur. Je souhaite, monsieur, que vous veniez à Paris perfectionner l'heureux talent que la nature vous a donné. Je vous aimerais mieux avocat à Paris qu'à Rennes; il faut de grands théâtres pour de grands talents, et la capitale est le séjour des gens de lettres. S'il m'était permis, monsieur, d'oser joindre quelques conseils aux remerciments que je vous dois, je prendrais la liberté de vous prier de regarder la poésie comme un amusement qui ne doit pas vous dérober à des occupations plus utiles. Vous paraissez avoir un esprit aussi capable du solide que de l'agréable. Soyez sûr que, si vous n'occupiez votre jeunesse que de l'étude des poëtes, vous vous en repentiriez dans un âge plus avancé. Si vous avez une fortune digne de votre mérite, je vous conseille d'en jouir dans quelque place honorable; et alors la poésie, l'éloquence, l'histoire et la philosophie, feront vos délassements. Si votre fortune est au-dessous de ce que vous méritez et de ce que je vous souhaite, songez à la rendre meilleure, *primo vivere, deinde philosophari*. Vous serez surpris qu'un poëte vous écrive de ce style; mais je n'estime la poésie qu'autant qu'elle est l'ornement de la raison. Je crois que vous la regardez avec les mêmes yeux. Au reste, monsieur, si je suis jamais à portée de vous rendre quelque service dans ce pays-ci, je vous prie de ne point m'épargner; vous me trouverez toujours disposé à vous donner toutes les marques de l'estime et de la reconnaissance avec lesquelles je suis, etc.

CCCXLVIII. — A M. THIERIOT, A PARIS.
Lunéville, le 12 juin.

Oui, je vous injurierai jusqu'à ce que je vous aie guéri de votre paresse. Je ne vous reproche point de souper tous les soirs avec M. de La Popelinière; je vous reproche de borner là toutes vos pensées et toutes vos espérances. Vous vivez comme si l'homme avait été créé uniquement pour souper, et vous n'avez d'existence que depuis dix heures du soir jusqu'à deux heures après minuit. Il n'y a soupeur qui se couche, ni bégueule qui se lève plus tard que vous. Vous restez dans votre trou jusqu'à l'heure des spectacles, à dissiper les fumées du souper de la veille; ainsi vous n'avez pas un moment pour penser à vous et à vos amis. Cela fait qu'une lettre à écrire devient un fardeau pour vous. Vous êtes un mois entier à répondre, et vous avez encore la bonté de vous faire illusion, au point d'imaginer que vous serez capable d'un emploi et de faire quelque fortune, vous qui n'êtes pas capable seulement de vous faire, dans votre cabinet, une occupation suivie, et qui n'avez jamais pu prendre sur vous d'écrire régulièrement à vos amis, même dans les affaires intéressantes pour vous et pour eux. Vous me rabâchez *de seigneurs et de dames les plus titrés*: qu'est-ce que cela veut dire? Vous avez passé votre jeunesse, vous deviendrez bientôt vieux et infirme; voilà à quoi il faut que vous songiez. Il faut vous préparer une arrière-saison tranquille, heureuse, indépendante. Que deviendrez-vous quand vous serez malade et abandonné? Sera-ce une consolation pour vous de dire : « J'ai bu du vin de Champagne autrefois en bonne compagnie? » Songez qu'une bouteille qui a été fêtée, quand elle était pleine d'eau des Barbades, est jetée dans un coin dès qu'elle est cassée, et qu'elle reste en morceaux dans la poussière; que voilà ce qui arrive à tous ceux qui n'ont songé qu'à être admis à quelques soupers, et que la fin d'un vieil inutile, infirme, est une chose bien pitoyable. Si cela ne vous donne pas un peu de courage et ne vous excite pas à secouer l'engourdissement dans lequel vous laissez votre âme, rien ne vous guérira. Si je vous aimais moins, je vous plaisanterais sur votre paresse; mais je vous aime, et je vous gronde beaucoup.

Cela posé, songez donc à vous, et puis songez à vos amis; buvez du vin de Champagne avec des gens aimables; mais faites quelque chose qui vous mette en état de boire un jour du vin qui soit à vous. N'oubliez point vos amis, et ne passez pas des mois entiers sans leur écrire un mot. Il n'est point question d'écrire des lettres pensées et réfléchies avec soin, qui peuvent un peu coûter à la paresse; il n'est question que de deux ou trois mots d'amitié, et quelques nouvelles soit de littérature, soit des sottises humaines, le tout courant sur le papier, sans peine et sans attention. Il ne faut, pour cela, que se mettre un demi-quart d'heure vis-à-vis son écritoire. Est-ce donc là un effort si pénible? J'ai d'autant plus d'envie d'avoir avec vous un commerce régulier que votre lettre m'a fait un plaisir extrême. Je pourrai vous demander de temps en temps des anecdotes concernant le siècle de Louis XIV. Comptez qu'un jour cela peut vous être utile, et que cet ouvrage vous vaudrait vingt volumes de *Lettres philosophiques*.

J'ai lu le Turenne[1]; le bonhomme a copié des pages entières du cardinal de Retz, des phrases de Fénelon. Je lui pardonne, il est coutumier du fait; mais il n'a point rendu son héros intéressant. Il l'appelle *grand*, mais il ne le rend pas tel; il le loue en rhétoricien. Il pille les *Oraisons funèbres* de Mascaron et de Fléchier, et puis il fait réimprimer ces oraisons funèbres parmi les preuves. Belle preuve d'histoire qu'une oraison funèbre!

Je ne suis surpris ni du jugement que vous portez sur la pièce[2] de l'abbé Le Blanc, ni de son succès. Il se peut très-bien faire que la pièce soit détestable et applaudie.

Écrivez-moi, et aimez toute votre vie un homme vrai qui n'a jamais changé.

P. S. Qu'est-ce que c'est qu'un portrait de moi, en quatre pages, qui a couru? Quel est le barbouilleur? Envoyez-moi cette enseigne à bière.

Faites souvenir de moi les Froulai, les des Alleurs, les Pont de Veyle, les du Deffand, *et totam hanc suavissimam gentem*.

CCCXLIX. — A M. DE FORMONT.

A Vassy, en Champagne, ce 25 juin.

Eh bien! mon cher philosophe, il y a bien du temps que je ne me suis entretenu avec vous. J'ai été à la cour de Lorraine, mais vous vous doutez bien que je n'y ai point fait le courtisan. Il y a là un établissement admirable pour les sciences, peu connu et encore moins cultivé. C'est une grande salle toute meublée des expériences nouvelles de physique, et particulièrement de tout ce qui confirme le système newtonien. Il y a pour environ dix mille écus de machines de toute espèce. Un simple serrurier devenu philosophe, et envoyé en Angleterre par le feu duc Léopold, a fait, de sa main, la plupart de ces machines, et les démontre avec beaucoup de netteté. Il n'y a en France rien de pa-

---

1. Par Ramsai. (Éd.) — 2. *Aboneade*, tragédie. (Éd.)

reil à cet établissement; et tout ce qu'il a de commun avec tout ce qui se fait en France, c'est la négligence avec laquelle il est regardé par la petite cour de Lorraine. La destinée des princes et des courtisans est d'avoir le bon auprès d'eux, et de ne le pas connaître. Ce sont des aveugles au milieu d'une galerie de peintures. Dans quelque cour que l'on aille, on retrouve Versailles. Il faut pourtant vous dire, à l'honneur de notre cour de Versailles, et à l'honneur des femmes, que Mme de Richelieu a fait un cours de physique dans cette salle des machines; qu'elle est devenue une assez bonne newtonienne, et qu'elle a confondu publiquement certain prédicateur jésuite qui ne savait que des mots, et qui s'avisa de disputer, en bavard, contre des faits et contre de l'esprit. Il fut hué avec son éloquence, et Mme de Richelieu d'autant plus admirée qu'elle est femme et duchesse.

J'ai lu le Turenne. Je ne sais pas trop si ce Turenne était un si grand homme; mais il me paraît que Ramsai ne l'est pas. Il pille des styles, il en a une douzaine; tantôt ce sont des phrases du cardinal de Retz, tantôt du *Télémaque*, et puis du Fléchier et du Mascaron. Il n'est point *ens per se*, il est *ens per accidens*; et, qui pis est, il vole des pages entières. Tout cela ne serait rien s'il m'avait intéressé; mais il trouve le secret de me refroidir pour son héros, en voulant toujours me faire voir Ramsai. Il va me parler de l'origine du calvinisme; il ferait bien mieux de me dire que le vicomte s'est fait catholique pour faire son neveu cardinal. Son livre est un gros panégyrique; et il fait réimprimer de vieilles oraisons funèbres pour servir de preuves.

Que dites-vous des petits *Mémoires*[1] du roi Jacques? Ne vous semblent-ils pas, comme ce roi, un peu plats? Et puis, voulez-vous que je vous dise tout? je crois qu'il n'y a homme sur terre qui mérite qu'on fasse sur lui deux volumes in-4°. C'est tout ce que peut contenir l'*Histoire du siècle de Louis XIV*; car tout ce qui a été fait ne mérite pas d'être écrit; et, si nous n'avions que ce qui en vaut la peine, nous serions moins assommés de livres. *Vale, et ama me.*

CCCL. — A M. DE CIDEVILLE.

A Vassy, en Champagne, ce 26 juin.

En voici bien d'une autre! je reviens dans ma campagne chérie, après avoir couru un grand mois; je fouille, par hasard, dans les poches d'un habit que Demoulin m'avait envoyé de Paris, je trouve une lettre de mon cher Cideville, du mois de mars dernier, avec la *Déesse des songes*. J'ai lu avec avidité ce petit acte digne de celui de *Daphnis et Chloé*. J'ai jeté par terre des livres de mathématiques dont ma table était couverte, et je me suis écrié :

Que ces agréables mensonges
Sont au-dessus des vérités!

1. C'est ironiquement, sans doute, que Voltaire appelle *petits* les *Mémoires* de Jacques II, qui forment deux volumes in-4°, et qui pourtant ne sont qu'un abrégé, fait par Ch. Dryden, des quatre volumes in-folio autographes, qui étaient conservés en France, mais qui ont été détruits en 1794. (*Note de M. Beuchot.*)

Et que votre *Reine des songes*
Est la reine des voluptés !

Je vous demande en grâce, mon adorable ami, de m'envoyer cet cte de *Daphnis et Chloé*. Si vous avez quelqu'un qui puisse le transcrire menu, envoyez-le-moi tout simplement par la poste. Il faudra bien un jour faire un ballet complet de tout cela, et je veux le faire mettre en musique, quand je serai de retour à Paris. En attendant, il charmera Émilie, et Émilie vaut tout le parterre. Je crois qu'elle vous a écrit de Paris, il y a quelque temps, et qu'elle vous a mandé qu'elle avait pris Linant pour précepteur de son fils. Il sera à la campagne avec nous, et aura tout le loisir de faire, s'il veut, une tragédie; car, en vérité, il s'en faut beaucoup que la sienne soit faite.

J'en ai fait une[1] aussi, moi qui vous parle, et je ne vous l'envoie point, parce que je pense de mon ouvrage comme de celui de Linant; je ne crois point qu'il soit fait. Je ne veux donner cette pièce qu'après un long et rigoureux examen. Je la laisse reposer longtemps, pour la revoir avec des yeux désintéressés, et pour la corriger avec la sévérité d'un critique qui n'a plus la faiblesse de père.

Jeanne, la pucelle, a déjà neuf chants; c'est un amusement pour les entr'actes des occupations plus sérieuses.

La métaphysique, un peu de géométrie et de physique, ont aussi leurs temps réglés chez moi; mais je les cultive sans aucune vue marquée, et par conséquent avec assez d'indifférence. Mon principal emploi à présent est ce *Siècle de Louis XIV*, dont je vous ai parlé il y a quelques années. C'est la sultane favorite; les autres études sont des passades. J'ai apporté avec moi beaucoup de matériaux, et j'ai déjà commencé l'édifice; mais il ne sera achevé de longtemps. C'est l'ouvrage de toute ma vie.

Voilà, mon cher ami, un compte exact de ma conduite et de mes desseins. Je suis tranquille, heureux et occupé; mais vous manquez à mon bonheur. Grand merci de l'épithalame[2] que je n'avais point; mais vous en aviez une bien mauvaise copie.

Je vous souhaite un vrai bonheur,
Mais *c'est une chose impossible*.

Il y a :

Mais voilà la chose impossible.

Cela est bien différent, à mon gré.
Adieu; ne vous point aimer, *voilà la chose impossible*.

CCCLI. — A M. L'ABBÉ D'OLIVET.
A Vassy, en Champagne.

Mon ancien maître, qui l'êtes toujours comme vous savez, et que j'aime comme si vous n'étiez pas mon maître, sachez que, si j'étais resté à Paris, je vous aurais vu très-souvent, et que, puisque je me

1. *Alzire*. (Éd.)
2. Pour le mariage du duc de Richelieu avec Mlle de Guise. (Éd.)

suis confiné à la campagne, il faut que je sois avec vous en commerce de lettres : car, de près ou de loin, je veux que vous m'aimiez et que vous m'instruisiez. Dîtes-moi donc, mon très-cher abbé, quelle fortune a faite l'*Histoire du vicomte de Turenne*. Daignez me dire si l'*Histoire ancienne* de Rollin ne commence pas à lasser un peu le public. Les tréteaux de Melpomène et de Thalie retentissent-ils de fadaises amusantes ou sifflées? Mettez un peu au fait, je vous en prie, un pauvre solitaire qui,

..............................*Armis*
Herculis ad postem fixis, latet abditus agro,
Hor., liv. I, ép. I, v. 4.

Mais, si vous voulez me faire un véritable plaisir, mandez-moi à quoi vous occupez votre loisir. Allez-vous

.....*Inter silvas Academi quærere verum?*
Hor., liv. II, ép. II, v. 45.

Vous occupez-vous de philosophie ancienne et moderne, ou de l'histoire de nos belles-lettres? Si vous déterriez jamais, dans votre chemin, quelque chose qui pût servir à faire connaître le progrès des arts dans le siècle de Louis XIV, vous me feriez la plus grande faveur du monde de m'en faire part. Tout me sera bon, anecdotes sur la littérature, sur la philosophie, histoire de l'esprit humain, c'est-à-dire de la sottise humaine, poésie, peinture, musique. Je ferai comme La Flèche[1], qui faisait son profit de tout. Je sais que vous êtes *harum nugarum exquisitissimus detector*.

Je vous demande en grâce de me faire part de ce que vous pourrez déterrer de singulier sur ces matières, ou, du moins, de m'indiquer les sources un peu détournées. Il me semble, mon cher abbé, que j'aurais passé des journées délicieuses à m'entretenir avec vous de ces riens qui m'intéressent, et qui, tout futiles qu'ils sont, ne laissent pas d'être matière à réflexion pour quiconque sait penser. Écrivez-moi donc, mon ancien maître, avec familiarité, avec amitié, *currente calamo et animo*. Songez que vous n'avez guère d'ami de plus vieille date, ni qui vous soit plus tendrement et plus vivement attaché, quand il ne vous aimerait que d'hier.

CCCLII. — A M. THIÉRIOT.

A Cirey, le.... juin.

Mon cher Thieriot, je suis revenu à Cirey, sur la parole de M. le duc de Richelieu, et même sur celle du garde des sceaux, qui a écrit à M. et Mme du Châtelet de manière à dissiper mes craintes présentes, mais à m'en laisser pour l'avenir.

Vraiment vous ne m'aviez pas dit que vous aviez environ 1500 livres[2] par an, pour la peine de souper tous les jours en bonne compagnie. Et moi, qui sais que toutes les choses de ce monde passent, je crai-

1. Personnage de la comédie de *l'Avare*, acte I, scène III. (ÉD.)
2. Mme de Fontaines-Martel lui faisait une pension de douze cents livres. (ÉD.)

gnais que vous ne perdissiez un jour vos soupers, et que vous ne vous trouvassiez sans vin de Champagne et sans fortune. Puisque vous avez l'utile et l'agréable, je n'ai plus qu'à vous féliciter; mais j'ai toujours à vous exhorter à ménager votre santé et à surmonter votre paresse. Je suis bien content de vous pour le présent. Vous voilà un peu à votre aise, vous vous portez bien, et vous m'écrivez de grandes lettres; mais continuez dans ce régime, et ne vous relâchez sur rien de tout cela. Surtout écrivez souvent à votre ami, et souvenez-vous qu'après la maison de Pollion[1], celle de Minerve-Émilie est celle où vous devriez être.

Tâchez de vous assurer, dans votre chemin, de tout ce que vous trouverez qui concernera l'histoire des hommes sous Louis XIV, de tout ce qui regardera le progrès des arts et de l'esprit. Songez que c'est l'histoire des choses que nous aimons. Vous ne me parlez plus de cette tragédie indienne[2], qui a eu un si beau succès à la première représentation. Qu'est devenu ce succès? n'est-il pas arrivé la même chose qu'à *Gustave Wasa*? et le public n'a-t-il point infirmé son premier jugement? Je vous remercie du barbouillage que vous m'avez envoyé sous le nom de mon *Portrait*. Il me paraît que ce prétendu peintre a tort de dire que je finis bien vite, avec mes égaux, *par le dégoût*. Il y a vingt ans que notre amitié donne une preuve contraire.

Je suis charmé que vous ayez été content d'Émilie. Si vous la connaissiez davantage, vous l'admireriez. Son amie, Mme la duchesse de Richelieu, suit un peu ses traces, quoique d'assez loin. Elle a très-bien profité des excellentes leçons de physique qu'un artiste, nommé Varinge, fait à Lunéville. Un célèbre prédicateur jésuite, qu'on appelle P. Dallemant, s'est avisé de venir à ces leçons, et de disputer contre elle sur le système de Newton, qu'elle commence à entendre, et qu'il n'entend point du tout. Le pauvre prêtre a été confondu et hué, en présence de quelques Anglais, qui ont conçu de cette affaire beaucoup d'estime pour nos dames, et un peu de mépris pour la science de nos moines. Cette aventure valait la peine de vous être contée. Envoyez-moi l'épître imprimée de Formont, et quelque chanson de Mécénas La Popelinière, si vous en avez. Adieu, je vous embrasse.

CCCLIII. — AU MÊME, A PARIS.

15 juillet.

Je n'ai point été intempérant, mon cher Thieriot, et cependant j'ai été malade. Je suis un juste à qui la grâce a manqué. Je vous exhorte à vous tenir ferme, car je crois être encore au temps où nous étions si unis, que vous aviez le frisson quand j'avais la fièvre.

Vous voilà donc vengé de votre nymphe[3]; elle a perdu sa beauté. Elle sera dorénavant plus humaine, et trouvera peu de gens humains. Vous pourrez lui dire :

Les dieux ont vengé mon outrage;

---

1. Pollion est un des surnoms donnés par Voltaire à La Popelinière. (ÉD.)
2. *Abensaïd*. (ÉD.) — 3. Mlle Sallé. (ÉD.)

Tu perds à la fleur de ton âge,
Taille, beautés, honneurs, et bien.

Mais, avec tout cela, je crains bien que, quand elle aura repris un peu d'embonpoint, et dansé quelque bonne chaconne, vous ne redeveniez son chevalier plus enchanté que jamais. J'ai reçu une lettre charmante de votre ancien rival, ou plutôt de votre ancien ami M. Ballot; mais vraiment je suis trop languissant à présent pour lui répondre.

Quand je vous ai demandé des anecdotes sur le siècle de Louis XIV, c'est moins sur sa personne que sur les arts qui ont fleuri de son temps. J'aimerais mieux des détails sur Racine et Despréaux, sur Quinault, Lulli, Molière, Lebrun, Bossuet, Poussin, Descartes, etc., que sur la bataille de Steinkerque. Il ne reste plus rien que le nom de ceux qui ont conduit des bataillons et des escadrons; il ne revient rien au genre humain de cent batailles données; mais les grands hommes dont je vous parle ont préparé des plaisirs purs et durables aux hommes qui ne sont point encore nés. Une écluse du canal qui joint les deux mers, un tableau du Poussin, une belle tragédie, une vérité découverte, sont des choses mille fois plus précieuses que toutes les annales de cour, que toutes les relations de campagne. Vous savez que chez moi les grands hommes vont les premiers, et les héros les derniers. J'appelle grands hommes tous ceux qui ont excellé dans l'utile ou dans l'agréable. Les saccageurs de provinces ne sont que héros. Voici une lettre d'un homme moitié héros, moitié grand homme, que j'ai été bien étonné de recevoir, et que je vous envoie. Vous savez que je n'avais pas prétendu m'attirer des remerciments de personne, quand j'ai écrit l'*Histoire de Charles XII*; mais je vous avoue que je suis aussi sensible aux remerciments du cardinal Alberoni qu'il l'a pu être à la petite louange très-méritée que je lui ai donnée dans cette histoire. Il a vu apparemment la traduction italienne qu'on en a faite à Venise. Je ne serais pas fâché que M. le garde des sceaux vît cette lettre, et qu'il sût que si je suis persécuté dans ma patrie, j'ai quelque considération dans les pays étrangers. Il fait tout ce qu'il peut pour que je ne sois pas prophète chez moi.

Continuez, je vous en prie, à faire ma cour aux gens de bien qui peuvent se souvenir de moi. Je voudrais bien que Pollion de La Popelinière pensât de moi plutôt comme les étrangers que comme les Français.

On m'a dit que ce *Portrait* est imprimé. Je suis persuadé que les calomnies dont il est plein seront crues quelque temps, et je suis encore plus sûr que le temps les détruira.

Adieu; je vous embrasse tendrement. Le temps ne détruira jamais mon amitié pour vous.

CCCLIV. — A MADAME LA COMTESSE DE LA NEUVILLE.

Une santé à laquelle vous daignez vous intéresser, madame, ne peut pas être longtemps mauvaise. L'envie de vivre pour vous et pour vos amis est un excellent médecin. Je vous demande pardon, madame, de la témérité de Linant; le zèle l'a emporté.

Il est difficile de taire
Ce qu'on sent au fond de son cœur,
L'exprimer est une autre affaire.
Il ne faut point parler si l'on n'est sûr de plaire;
Souvent l'on est un fat, en montrant trop d'ardeur;
Mais soupirer tout bas, serait-ce vous déplaire?
Punissez-vous, ainsi qu'un téméraire,
L'amant discret, soumis dans son malheur,
Qui sait cacher sa flamme et sa douleur?
Ah! trop de gens vous mettraient en colère.

Voilà des vers aussi. Je serais trop jaloux si Linant était votre seul poëte. Toute votre famille est faite pour la société. Mme du Châtelet connaît tout le prix de la vôtre.

Bien des respects à M. de La Neuville, et quelque chose de plus à Mme de Champbonin.

CCCLV. — A M. LE CARDINAL ALBERONI.

Juillet.

Monseigneur, la lettre dont Votre Éminence m'a honoré est un prix aussi flatteur de mes ouvrages que l'estime de l'Europe a dû vous être de vos actions. Vous ne me deviez aucun remerciment, monseigneur; je n'ai été que l'organe du public en parlant de vous. La liberté et la vérité, qui ont toujours conduit ma plume, m'ont valu votre suffrage. Ces deux caractères doivent plaire à un génie tel que le vôtre. Quiconque ne les aime pas pourra bien être un homme puissant, mais ne sera jamais un grand homme.

Je voudrais être à portée d'admirer de plus près celui à qui j'ai rendu justice de si loin. Je ne me flatte pas d'avoir jamais le bonheur de voir Votre Éminence; mais si Rome entend assez ses intérêts pour vouloir au moins rétablir les arts, le commerce, et les remettre en quelque splendeur, dans un pays qui a été autrefois le maître de la plus belle partie du monde, j'espère alors que je vous écrirai sous un autre titre que sous celui de VOTRE ÉMINENCE, dont j'ai l'honneur d'être avec autant d'estime que de respect, etc.

CCCLVI. — A M. DE CIDEVILLE.

Ce 3 août, à Cirey, par Vassy.

Lorsque la divine Émilie
A l'ombre des bois entendit
Cette élégante bergerie¹
Où l'ignorant Daphnis languit
Près de son innocente amie,
Où le dieu d'amour s'applaudit

1. L'opéra de *Daphnis et Chloé*, que Cideville a laissé imparfait. (ÉD.)

De leur naïve sympathie,
Où des Jeux la troupe choisie
Danse avec eux, et leur sourit ;
Où, sans art, sans coquetterie,
Le sentiment règne, et bannit
Ce qu'on nomme galanterie ;
Où ce qu'on pense et ce qu'on dit
Est tendre sans afféterie :
Alors votre belle Émilie
Soupira tendrement, et dit :
« Si ces innocents, que conduit
La nature simple et sauvage,
Ont tant de tendresse en partage,
Que feront donc les gens d'esprit ? »

Vous voyez, mon cher Cideville, que la sublime Émilie a entendu et approuvé votre aimable ouvrage, et qu'elle juge que celui qui a mis tant de tendresse dans la bouche de ces amants ignorants doit avoir le cœur bien savant.

Nous sommes, M. Linant et moi, dans son château. Il ne tient qu'à elle d'enseigner le latin au précepteur, qui restituera au fils ce qu'il aura reçu de la mère. Nous apprendrons tous deux d'elle à penser. Il faut que nous mettions à profit un temps heureux. Je me flatte que Linant fera, sous ses yeux, quelque bonne tragédie, à moins qu'elle n'en veuille faire un géomètre et un métaphysicien. Il faudrait être universel pour être digne d'elle. Pour moi je ne suis actuellement que son maçon.

Ma main peu juste, mais légère,
Tenait autrefois, tour à tour,
Ou le flageolet de l'Amour,
Ou la trompette de la guerre.
Aujourd'hui, disciple nouveau
De Mansart et de Laguépierre,
Je tiens une toise, une équerre,
Je mets une cour au niveau ;
J'arrondis la forme grossière
D'un pilastre ou d'un chapiteau,
Et je sais façonner la pierre
Sous le dur tranchant du ciseau.
Dans la fable on nous fait entendre
Que du haut des cieux Apollon
Vint bâtir les murs d'Ilion,
Sur les rivages du Scamandre.
Mon sort est plus beau mille fois,
Plus heureux, plus digne d'envie :
Il était le maçon des rois,
Et je suis celui d'Émilie.
Apollon, banni par les dieux,

Regretta la voûte azurée :
Que regretterai-je en ces lieux ?
C'est moi qui suis dans l'empyrée

Je vous plains, mon cher ami, de n'être pas ici. Que vous êtes malheureux de juger des procès! Que ne quittez-vous tout cela pour venir faire votre cour à Émilie!

Adieu, mon cher ami; je vais faire poser des planches, et entendre ensuite des choses charmantes, et profiter plus dans sa conversation que je ne ferais dans tous les livres. Le *Siècle de Louis XIV* est entamé. Je ne sais comment nommer cet ouvrage; ce n'est point une histoire, c'est la peinture d'un siècle admirable. *Vale, ama, et scribe.*

CCCLVII. — A M. BERGER.

A Cirey, le 4 août

Vous me mandez, monsieur, que je dois vous tenir compte de votre silence; c'est pourtant le plus grand dépit que vous puissiez me faire. Vous savez combien vos lettres me font de plaisir, et à quel point votre commerce m'est précieux. N'attendez donc pas, pour me donner de vos nouvelles, que vous receviez des vers de Marseille. J'ai lu ceux de M. Sinetti. Je savais bien qu'il était tout aimable; mais je ne savais pas qu'il fût poëte. Il y a, en vérité, de très-belles choses dans ce petit poëme. J'y ai trouvé ce que j'aime, beaucoup d'images; *ut pictura poesis*. Il ne m'appartient pas de donner des coups de pinceau à son tableau. Il y a peut-être plusieurs endroits qui mériteraient d'être retouchés; mais c'est toujours à la main du maître à corriger son ouvrage. Je pourrais prendre des libertés qu'il n'approuverait pas. Il faut parler à un auteur, et examiner avec lui les fautes dont on veut le faire convenir; il faut connaître sa docilité et ses ressources. Je vois, par la facilité qui règne dans ses vers, qu'il les corrigerait sans peine; mais, pour cela, il faut se voir et se parler. Je lui soumettrais mes critiques, comme il a bien voulu me soumettre son poëme : mais, quelque chose que je lui proposasse sur son ouvrage, il verrait en moi plus d'estime que de critique. Dans l'impossibilité où nous sommes de nous rencontrer, je ne peux à présent que l'assurer du cas que je fais de son génie.

J'ai vu le *Portrait* qu'on a fait de moi. Il n'est pas, je crois, ressemblant. J'ai beaucoup plus de défauts qu'on ne m'en reproche dans cet ouvrage, et je n'ai pas les talents qu'on m'y attribue; mais je suis bien certain que je ne mérite point les reproches d'insensibilité et d'avarice que l'on me fait. Mon amitié pour vous me justifie de l'un, et mon bien prodigué à mes amis me met à couvert de l'autre. Quiconque est tant soit peu homme public est sûr d'être calomnié; c'est un privilége dont je jouis depuis longtemps. On m'a dit que quelque bonne âme avait fait un portrait un peu moins méchant, mais qu'on s'est bien donné de garde de le laisser imprimer. On a raison; les critiques empêchent les gens de broncher, et on se gâte par les louanges. Aimez-moi toujours; écrivez-moi souvent; et soyez sûr que votre amitié me console bien de ces misères. Si jamais je vous suis bon à quelque chose, vous pouvez compter sur moi.

CCCLVIII. — A. M. THIERIOT.

Cirey.

Je vous envoie, mon cher ami, ma réponse au cardinal Alberoni; vous ferez de sa lettre et de la mienne l'usage que vous croirez le plus propre *ad majorem rei litterariæ gloriam*. Vous n'avez pas entendu parler sans doute d'un certain *Jules César*, qui a été joué assez bien, dit-on, au collége d'Harcourt. C'est une tragédie de ma façon, dont je ne sais si vous avez le manuscrit. Je ne suis plus qu'un poète de collége. J'ai abandonné deux théâtres qui sont trop remplis de cabales, celui de la Comédie-Française et celui du monde. Je vis heureux dans une retraite charmante, fâché seulement d'être heureux loin de vous. Il me paraît que nous sommes l'un et l'autre assez contents de notre destinée. Vous buvez du vin de Champagne avec Pollion La Popelinière; vous assistez à de beaux concerts italiens; vous voyez les pièces nouvelles; vous êtes dans le tourbillon du monde, des belles-lettres et des plaisirs; moi je goûte, dans la paix la plus pure et dans le loisir le plus occupé, les douceurs de l'amitié et de l'étude, avec une femme unique dans son espèce, qui lit Ovide et Euclide, et qui a l'imagination de l'un et la justesse de l'autre. Je donne tous les jours quelque coup de pinceau à ce beau siècle de Louis XIV, dont je veux être le peintre et non l'historien. La poésie et la philosophie m'amusent dans les intervalles. J'ai corrigé cette *Mort de Jules César*, et j'aurais grande envie que vous la vissiez. J'ai la vanité de penser que vous y trouveriez quelques vers tels qu'on en faisait il y a soixante ans.

Souvenez-vous, si vous rencontrez en chemin quelque bonne anecdote sur l'histoire des arts, de m'en faire part. Tout ce qui peut caractériser le siècle de Louis XIV est de mon ressort, et est digne de votre attention.

Qu'est-ce que c'est qu'un nouveau *Portrait* de moi, qui paraît? Tout le monde attribue le premier au jeune comte de Charost. J'ai bien de la peine à croire qu'un jeune seigneur, qui ne m'a jamais vu, ait pu faire cette satire; mais le nom de M. de Charost, qu'on met à la tête de ce petit écrit, me confirme dans le soupçon où j'étais que l'ouvrage est d'un jeune abbé de La Mare, qui doit entrer auprès de M. de Charost. C'est un jeune poète fort vif et peu sage. Je lui ai fait tous les plaisirs qui ont dépendu de moi; je l'ai reçu de mon mieux, et j'avais même chargé Demoulin de lui donner des secours essentiels. Si c'est lui qui m'a déchiré, il doit être au rang des gens de lettres ingrats. On n'en trouve que trop de cette espèce, qui déshonore la littérature, et l'esprit; mais je suspends mon jugement, parce qu'il ne faut accuser personne sans être sûr de son fait; et, d'ailleurs, dans dans la félicité dont je jouis, mon premier plaisir est d'oublier les injures.

Mandez-moi des nouvelles, mon cher ami, s'il y en a qui valent la peine d'être sues. Le ballet [1] de Rameau se joue-t-il? la Sallé y danse-t-elle? y a-t-il de nouveaux plaisirs? mais surtout comment va votre santé?

CCCLIX. — A. M. L'ABBÉ D'OLIVET.

A Cirey, par Vassy en Champagne, le 24 août.

Mon cher abbé, savez-vous que je me reproche bien d'avoir passé une partie de ma vie sans profiter de votre aimable commerce? Vous êtes l'homme du monde que je devrais voir le plus, et que j'ai le moins vu. Je vous réponds bien que, si jamais je quitte la retraite heureuse où je suis, ce sera pour faire un meilleur usage de mon temps. J'aime la saine antiquité, je dévore ce que les modernes ont de bon, je mets au-dessus de tout les douceurs de la société. On trouve tout cela avec vous. Laissez-moi donc goûter quelque partie de tant d'agréments dans vos lettres, en attendant que je vous voie. Ce que vous appelez mon *Arioste* est une folie qui n'est pas si longue que la sienne; *non ho pigliato tante coglionerie*. Je serais honteux d'avoir employé trente chants à ces fadaises et à ces débauches d'imagination. Je n'ai que dix chants de ma *Pucelle* Jeanne. Ainsi je suis au moins des deux tiers plus sage que l'Arioste. Ces amusements sont les intermèdes de mes occupations. Je trouve qu'on a du temps pour tout quand on veut l'employer. Mon occupation principale est à présent ce beau *Siècle de Louis XIV*. Les batailles données, les révolutions des empires, sont les moindres parties de ce dessin; des escadrons et des bataillons battants ou battus, des villes prises et reprises, sont l'histoire de tous les temps; le siècle de Louis XIV, en fait de guerre et de politique, n'a aucun avantage par-dessus les autres. Il est même bien moins intéressant que le temps de la Ligue et celui de Charles-Quint. Otez les arts et les progrès de l'esprit à ce siècle, vous n'y trouverez plus rien de remarquable, et qui doive arrêter les regards de la postérité. Si donc, mon cher abbé, vous savez quelque source où je doive puiser quelques anecdotes touchant nos arts et nos artistes, de quelque genre que ce puisse être, indiquez-les-moi. Tout peut trouver sa place; j'ai déjà des matériaux pour ce grand édifice. Les *Mémoires* du P. Nicéron et du P. Desmolets sont mes moindres recueils. J'ai du plaisir même à préparer les instruments dont je dois me servir. La manière dont je recueille mes matériaux est un amusement agréable; il n'y a point de livres où je ne trouve des traits dont je peux faire usage. Vous savez qu'un peintre voit les objets d'une manière différente des autres hommes; il remarque des effets de lumière et des ombres qui échappent aux yeux non exercés. Voilà comme je suis; je me suis établi le peintre du siècle de Louis XIV, et tout ce qui se présente à moi est regardé dans cette vue; je ressemble à La Flèche, qui faisait son profit de tout.

Savez-vous que j'ai fait jouer, depuis peu, au collège d'Harcourt, une certaine *Mort de César*, tragédie de ma façon, où il n'y a point

1. Les *Indes galantes*, ballet héroïque, paroles de Fuzelier, musique de Rameau, joué le 23 août 1735. (ÉD.)

de femmes? mais il y a quelques vers, tels qu'on en faisait il y a soixante ans. J'ai grande envie que vous voyiez cet ouvrage. Il y a de la férocité romaine. Nos jeunes femmes trouveraient cela horrible; on ne reconnaîtrait pas l'auteur de la tendre Zaïre. Mais

Ridetur chorda qui semper oberrat eadem.
Hor., *de Arte poet.*, v. 356.

Vale, scribe, ama.

CCCLX. — A M. BERGER.

A Cirey, le 24 avril.

Vos lettres ajoutent un nouveau charme à la douceur dont je jouis dans la solitude où je me suis retiré loin du monde bruyant, méchant et misérable; loin des mauvais poëtes et des mauvais critiques. J'aime mille fois mieux savoir par vous des nouvelles de tout ce qui se passe que d'en être le témoin. Il y a une infinité d'événements qui ennuient le spectateur, et qui deviennent intéressants quand ils sont bien contés. Vous m'embellissez, par vos lettres, les sottises de mon siècle. Je les lis à une personne respectable et bien aimable, dont le goût est universel : vos lettres lui plaisent infiniment. Je suis bien aise de vous faire cette petite trahison, afin de vous engager à m'écrire plus souvent. S'il n'y avait que moi qui lusse vos lettres, je vous prierais encore de m'en favoriser chaque jour par le seul intérêt de mon plaisir; mais puisqu'elles font les délices d'une personne à qui tout le monde voudrait plaire, c'est votre amour-propre qui y est intéressé à présent.

Mandez-moi donc si le grand musicien Rameau est aussi *maximus in minimis*, et si, de la sublimité de sa grande musique, il descend avec succès aux grâces naïves du ballet. J'aime les gens qui savent quitter le sublime pour badiner. Je voudrais que Newton eût fait des vaudevilles; je l'en estimerais davantage. Celui qui n'a qu'un talent peut être un grand génie; celui qui en a plusieurs est plus aimable. C'est apparemment parce que je suis le très-humble serviteur de ceux qui touchent à la fois aux deux extrémités, qu'on m'a gravé à côté de M. de Fontenelle. Mon ami Thieriot s'est fait peindre avec la *Henriade* à la main. Si j'ai une copie de ce portrait, j'aurai ma maîtresse et mon ami dans un cadre. Mandez-moi si vous le voyez quelquefois à l'Opéra, et aiguillonnez un peu la paresse qu'il a d'écrire. Adieu; je vous embrasse tendrement.

CCCLXI. — A M. DE CAUMONT.

A Vassy en Champagne, ce 24 août 1735.

Eh bien, monsieur, avez-vous trouvé, dans les lettres de feu Mme d'Uxelles, quelques particularités dont vous pensez que je puisse faire usage? Songez, je vous en prie, que tout est de mon ressort; que des choses qui paraissent indifférentes peuvent servir à caractériser le siècle que je veux peindre. C'est moins une histoire des faits qu'un tableau du siècle que j'ai en vue. Par exemple, un arrêt du conseil, qui met hors des prisons tous les malheureux qui y étaient déténus pour la sorcellerie, m'est plus essentiel qu'une bataille; car on a donné des batailles dans tous les temps; mais le génie des peuples, leurs goûts, leurs sottises n'ont pas été toujours les mêmes. Une erreur détruite, un art inventé ou perfectionné, me paraît quelque chose de bien supérieur à la gloire de la destruction et des massacres. Je suis de votre avis, monsieur, sur l'Histoire de Turenne. Je ne méprise point l'historien, et j'estime le héros. Il est vrai que la Vie de Turenne ne m'a point intéressé, mais d'ailleurs il y a quelques morceaux assez bien écrits. On voit dans l'ouvrage un génie froid, mais nourri de la lecture des bons auteurs. Je suis fâché seulement qu'il ressemble à ces mauvais estomacs qui rendent les choses comme ils les ont prises. Je lui passe l'imitation, puisqu'il est né étranger, mais non pas le plagiarisme. C'est un Écossais enrichi en France, mais il ne fallait pas voler les gens. A l'égard de son héros, j'en reviens toujours à dire qu'il a changé de religion ou par faiblesse ou par intérêt. Car je ne crois pas à un changement par conviction. Il a eu jusqu'à la mort des maîtresses qui se sont moquées de lui; il a trahi le roi à la tête des armées; il a dit le secret de l'État à une jeune femme; il a été battu cinq ou six fois; avec tout cela, je crois que c'est un des grands hommes que nous ayons eus. *Maximus ille est qui minimus urgetur.*

Je méprise, comme vous, ces petits ouvrages hebdomadaires, ces insectes d'une semaine. Cependant on y trouve quelquefois des choses agréables. Ce sont des vendeurs de grains de chapelet qui ont quelquefois des diamants. Auriez-vous vu une épître en vers sur la décadence du goût? Elle me paraît bien écrite; elle est d'un nommé Formont, de Rouen, homme de beaucoup d'esprit, et qui fait de temps en temps de bons vers.

J'espère avoir l'honneur de vous envoyer bientôt, monsieur, une tragédie de la *Mort de César*. Elle est d'une espèce nouvelle; il n'y a point de femmes, et il y a des espèces de chœurs. Elle n'est pas faite pour le parterre de Paris; mais il y a dans cette tragédie quelques sentiments dignes de l'antiquité, et quelques vers comme on en faisait il y a soixante ans : elle est digne de vous.

Je vous suis toujours attaché bien respectueusement. Je ne sais aucune nouvelle dans ma retraite. On parlait d'armistice, je ne sais pourquoi, car c'était une vieille nouvelle; l'armistice était établi sur le Rhin, depuis cinq mois, entre les pacifiques armées. VOLTAIRE.

CCCLXII. — A M. ***, MÉDECIN.

A Cirey, ce 27 août 1735.

Je vous suis très-obligé, monsieur, de votre recette, et encore plus du plaisir que m'a fait votre visite. Votre société me paraît aussi désirable que vos consultations. Heureux les malades qui vous ont pour médecin, et les gens bien sains qui vous ont pour ami! Mme la marquise du Châtelet aime trop l'esprit, le savoir et le mérite, pour ne pas souhaiter de vous voir, vous et monsieur votre frère. Elle ne songe à avoir des appartements commodes dans son château que pour y attirer des personnes comme vous. Je partage ses sentiments, et j'y joins celui de la reconnaissance. Je fais mille compliments à monsieur votre frère. Les gens de lettres qui aiment la vertu et la liberté de penser sont amis avant de s'être vus.

Je suis bien véritablement, monsieur, etc.

CCCLXIII. — Au P. TOURNEMINE, JÉSUITE.
1735.

Mon très-cher et révérend Père, j'ai toujours aimé la vérité, et je l'ai cherchée de bonne foi. C'est ce témoignage que je me rends à moi-même, qui m'enhardira toujours à ne me pas croire indigne de votre commerce et de votre amitié.

J'attends de la bonté de votre cœur, et de l'amour que vous avez en connaissance de cause pour les vérités que je cherche, que vous voudrez bien répondre à ma lettre par quelques instructions, et communiquer mes doutes à vos amis.

Je sais que vous êtes un peu paresseux d'écrire; mais vous ne l'êtes ni de penser, ni de rendre service. Daignez donc dicter une réponse. J'en ai trop besoin pour que vous le refusiez. Je ne me plaindrai point ici des injustices que j'ai essuyées, et des cris du parti janséniste. On s'est cru obligé de me sacrifier pour quelque temps. Il n'est pas étonnant que des gens qui font Dieu si cruel, le soient eux-mêmes. Il ne s'agit ici que de quelques propositions sur lesquelles je vous conjure de m'éclairer, et de me faire savoir le sentiment de ceux de vos Pères qui s'adonnent à la philosophie.

1° Je voudrais savoir si vos philosophes qui ont lu attentivement Newton peuvent nier qu'il y ait dans la matière un principe de gravitation qui agit en raison directe des masses, et en raison renversée du carré des distances; il ne s'agit pas de savoir ce que c'est que cette gravitation; je crois qu'il est impossible de connaître jamais aucun premier principe. Mais Dieu a permis que nous puissions calculer, mesurer, comparer avec certitude. Or il me paraît qu'on peut être aussi certain que la matière gravite selon les lois des forces centripètes, qu'il est certain que les trois angles d'un triangle quelconque sont égaux à deux droits.

2° On a regardé comme impie cette proposition : *Nous ne pouvons pas assurer qu'il soit impossible à Dieu de communiquer la pensée à la matière.* Je trouve cette proposition religieuse, et la contraire me semble déroger à la toute-puissance du Créateur. Ceux qui me condamnent me reprochent de croire l'âme mortelle. Mais quand même j'aurais dit, *l'âme est matière*, cela serait bien éloigné de dire, *l'âme périt.* Car la matière, elle-même ne périt point. Son étendue, son impénétrabilité, sa nécessité d'être configurée et d'être dans l'espace, tout cela et mille autres choses lui demeurent après notre mort. Pourquoi ce que vous appelez *âme* ne demeurerait-il pas? Il est certain que je ne connais ce que j'appelle *matière* que par quelqu'une de ses propriétés. Je connais même ces propriétés très-imparfaitement. Comment puis-je donc assurer que Dieu tout-puissant n'a pu lui donner la pensée? Dieu ne peut pas faire ce qui implique contradiction ; mais il faut, je crois, être bien hardi pour dire que la matière pensante implique contradiction.

Je suis bien loin de croire que je puisse affirmer que la pensée est matière. Je suis bien loin aussi de pouvoir affirmer que j'aie la moindre idée de ce qu'on appelle *esprit*.

Je dis simplement qu'il me paraît aussi possible que Dieu fasse penser la substance étendue, qu'il me paraît possible que Dieu joigne un être étendu à un être immatériel.

Dans le doute, ce qui me fait pencher vers la matière, le voici :

Je suis convaincu que les animaux ont les mêmes sentiments et les mêmes passions que moi; qu'ils ont de la mémoire; qu'ils combinent quelques idées. Les cartésiens les appelleront machines qui ont des passions, qui gardent vingt ans le souvenir d'une action, et qui ont les mêmes organes que nous. Comment les cartésiens répondront-ils à cet argument-ci ?

Dieu ne fait rien en vain; il a donné aux bêtes les mêmes organes de sentiments qu'à moi; donc si les bêtes n'ont point de sentiment, Dieu a fait ces organes en vain.

Les cartésiens ne peuvent éluder la force de ce raisonnement, qu'en disant que Dieu n'a pu faire autrement les organes de la vie des bêtes, qu'en les faisant conformes aux nôtres. Ils me répondront que Dieu m'a donné une âme pour flairer par mon nez et pour ouïr par mes oreilles, et que le chien a un nez et des oreilles, seulement parce que cela était nécessaire à sa vie.

Or cette réponse est bien méprisable : car il y a des animaux qui n'ont point d'oreilles, d'autres n'ont point de nez, d'autres sont sans langue, d'autres sans yeux. Donc ces organes ne sont point nécessaires à la vie; donc ce sont des organes de sentiments; donc les bêtes sentent comme nous.

Maintenant, pourra-t-on assurer qu'il soit impossible à Dieu d'avoir donné le sentiment à ces substances nommées *bêtes* ? non, sans doute. Donc il n'est pas impossible à Dieu d'en avoir autant fait pour nous. Or, il est vraisemblable qu'il en a agi ainsi pour les bêtes; donc il n'est pas hors de vraisemblance qu'il en ait agi ainsi pour nous.

Je viens aux *Pensées* de M. Pascal. Je remarquerai d'abord que je n'ai jamais trouvé personne en ma vie qui n'ait admiré ce livre, et que depuis trois mois plusieurs personnes prétendent qu'elles ont toujours pensé que ce livre était plein de faussetés.

Mais venons au fait. Ma grande dispute avec Pascal roule précisément sur le fondement de son livre.

Il prétend que pour qu'une religion soit vraie, il faut qu'elle connaisse à fond la nature humaine, et qu'elle rende raison de tout ce qui se passe dans notre cœur.

Je prétends que ce n'est point ainsi qu'on doit examiner une religion, et que c'est la traiter comme un système de philosophie; je prétends qu'il faut uniquement voir si cette religion est révélée ou non, et qu'ainsi il ne faut pas dire : « Les hommes sont légers, inconstants, pleins de désirs et d'impuissance; les femmes accouchent avec douleur, et le blé ne vient que quand on a labouré la terre; donc *la religion chrétienne doit être vraie.* » Car toute religion a tenu et peut tenir le même langage.

Mais il faut au contraire dire si la religion chrétienne a été révélée; alors nous verrons la vraie raison pourquoi les hommes sont faibles, méchants; pourquoi il faut semer, etc.

Mon idée est donc que le péché originel ne peut être prouvé par la raison, et que c'est un point de foi. Voilà pourtant ce qui a soulevé contre moi tous les jansénistes.

CCCLXIV. — AU MÊME.

1735.

Mon très-cher et révérend Père, l'inaltérable amitié dont vous m'honorez est bien digne d'un cœur comme le vôtre; elle me sera chère toute ma vie. Je vous supplie de recevoir les nouvelles assurances de la mienne, et d'assurer aussi le P. Porée de la reconnaissance que je conserverai toujours pour lui. Vous m'avez appris l'un et l'autre à aimer la vertu, la vérité, et les lettres. Ayez aussi la bonté d'assurer de ma sincère estime le révérend P. Brumoy. Je ne connais point le P. Moloni, ni le P. Rouillé dont vous me parlez; mais s'ils sont vos amis, ce sont des hommes de mérite.

J'ai lu avec beaucoup de plaisir le poëme latin que vous m'avez envoyé; et je regrette toujours que ceux qui écrivent si bien dans une langue étrangère et presque inutile, ne s'appliquent pas à enrichir la nôtre. Je fais mes compliments à l'auteur; et je souhaite, pour l'honneur de la nation, qu'il veuille bien faire dans une langue qu'on parle ce qu'il fait dans une langue qu'on ne parle plus; c'est un de vos mérites, mon cher Père, de parler notre langue avec noblesse et pureté; c'est à un homme qui pense et qui parle comme vous, à faire l'oraison funèbre de feu M. le maréchal de Villars; le panégyriste est digne du héros. J'ai toujours été très-attaché à tous les deux; et je vous supplie instamment de vouloir bien m'envoyer cet ouvrage.

Vous plaignez l'état où je suis; je ne suis à plaindre que par ma mauvaise santé; mais je supporte avec patience les maux réels que me fait la nature; à l'égard de ceux qui m'a faits la fortune, ce sont des maux chimériques. Je suis si loin d'être malheureux, que j'ai refusé, il y a trois semaines, une place chez un souverain d'Allemagne [1], avec la valeur de dix mille livres d'appointement; et je n'ai refusé cette place que pour vivre en France avec quelques amis, ne présumant pas qu'on ait la barbarie de me persécuter; et si on l'avait, je vivrais ailleurs heureux et tranquille.

A l'égard des réponses que vous avez bien voulu faire à mes questions philosophiques, je vous avoue qu'elles m'ont bien étonné et que j'attendais tout autre chose.

1° Je ne vous ai point demandé s'il y a dans la matière un principe d'attraction et de gravitation; mais je vous ai demandé si ce principe

---

1. Le duc de Holstein. (Éd.)

commençait d'être, un peu généralement connu parmi les savants de votre ordre, et si ceux qui ne l'admettent pas encore y font quelques objections vraisemblables.

Là-dessus vous me répondez qu'*un corps pèse sur un autre, quand il en pousse un autre*, etc. Ce qui me fait juger que ni vous ni ceux à qui vous avez montré les réponses, n'avez pas encore daigné vous appliquer à lire les principes de M. Newton ; car ce n'est nullement de corps poussé dont il s'agit : la question est de savoir s'il y a une tendance, une gravitation, une attraction du centre de chaque corps, les uns vers les autres, à quelque distance prodigieuse qu'ils puissent être. Cette propriété de la matière, découverte et démontrée par le chevalier Newton, est aussi vraie qu'étonnante ; et la moitié de l'Académie des sciences, c'est-à-dire ceux qui n'ont pas cru indigne de leur raison d'apprendre ce qu'ils ne savaient pas, commencent à reconnaître cette vérité dont toute l'Angleterre, le pays des philosophes, commence à être instruite. A l'égard de notre Université, elle ne sait pas encore ce que c'était que Newton. C'est une chose déplorable qu'il ne soit jamais sorti un bon livre des universités de France, et qu'on ne puisse seulement trouver chez elles une introduction passable à l'astronomie, tandis que l'Université de Cambridge produit tous les jours des livres admirables de cette espèce ; aussi ce n'est pas sans raison que les étrangers habiles ne regardent la France que comme la crème fouettée de l'Europe.

Je souhaiterais que les jésuites, qui ont les premiers fait entrer les mathématiques dans l'éducation des jeunes gens, fussent aussi les premiers à enseigner des vérités si sublimes, qu'il faudra bien qu'ils enseignent un jour, quand il n'y aura plus d'honneur à les connaître, mais seulement de la honte à les ignorer.

Ce que vous me dites à propos du mouvement (qui n'est point certainement essentiel à la matière), prouve bien encore que ni vous, ni vos amis, n'avez pas daigné lire, ou n'avez pas présentes à l'esprit les vérités enseignées par ce grand philosophe ; car, encore une fois, il ne s'agit pas ici du mouvement ordinaire des corps, mais du principe inhérent dans la matière qui fait que chaque partie de la matière est attirée et attire en raison directe de la masse, et en raison doublée et inverse de la distance. Ni M. Newton, ni aucun homme digne du nom de philosophe, n'ont dit que ce principe soit essentiel à la matière ; ils le regardent seulement comme une propriété donnée de Dieu à l'être si peu connu que nous sommes *matière*. Ce que vous dites, que le mouvement est une des preuves de l'existence de Dieu, ne fait encore rien au sujet ; à moins que ce ne soit un secret soupçon que vous ayez, que ceux qui ont le mieux démontré la Divinité, soient les indignes et abominables ennemis de Dieu, dont ils sont en effet les plus respectables interprètes ; mais je ne vous soupçonne pas d'une idée si injuste et si cruelle ; vous êtes bien loin de ressembler à ceux qui accusent d'athéisme quiconque n'est pas de leur avis. Ayez la bonté maintenant de revenir à cette question. *Dieu peut-il communiquer le don de la pensée à la matière, comme il lui communique l'attraction et le mouvement ?* On répond hardiment que cela est impossible à Dieu ; et on se fonde sur cette raison, que celui qui juge aperçoit un objet indivisiblement; donc la pensée est indivisible, etc.; et on appelle cela une démonstration; ce n'est pourtant qu'un paralogisme bien visible, qui suppose ce qui est en question.

La question est de savoir si Dieu a le pouvoir de donner à un corps organisé la puissance d'apercevoir un morceau de pain et de sentir de l'appétit en le voyant. Vous dites : « Non, Dieu ne le peut; car il faudrait que le corps organisé aperçût tout le pain : or la partie A du pain ne frappe que la partie A du cerveau, la partie B que la partie B; et nulle partie du cerveau ne peut recevoir tout l'objet. »

Voilà ce qu'assurément vous ne pourrez jamais prouver; et vous ne trouverez aucun principe duquel vous puissiez tirer cette conclusion, que Dieu n'a pu donner à un corps organisé la faculté de recevoir à la fois l'impression de tout un objet. Vous voyez que mille rayons de lumière viennent peindre un objet dans l'œil; mais par quelle raison assurez-vous que Dieu ne peut imprimer dans le cerveau la faculté de sentir ce qui est sensible dans la matière?

Vous avez beau dire : « La matière est divisible; » ce n'est ni comme divisible, ni comme étendue qu'elle peut penser; mais la pensée peut lui être donnée de Dieu, comme Dieu lui a donné le mouvement et l'attraction, qui ne lui sont pas essentiels et qui n'ont rien de commun avec la divisibilité. Je sais bien qu'une pensée n'est ni carrée, ni octogone, ni rouge, ni bleue; elle n'a ni quart, ni moitié, mais le mouvement et la gravitation ne sont rien de tout cela et cependant existent. Il n'est donc pas plus difficile à Dieu d'ajouter la pensée à la matière, que de lui avoir ajouté le mouvement et la gravitation.

Je vous avoue que plus je considère cette question, et plus je suis étonné de la témérité des hommes qui osent ainsi borner la puissance du Créateur à l'aide d'un syllogisme.

Vous croyez que les mots *je* et *moi*, et ce qui constitue la personnalité est encore une preuve de l'immatérialité de l'âme. N'est-ce pas toujours supposer ce qui est en question? Car qui empêchera un être organisé qui pense de dire *je* et *moi*? Ne serait-ce pas toujours une personne différente d'un autre corps, soit pensant, soit non pensant?

Vous demandez d'où viendrait l'idée de l'immatérialité à un être purement matériel; je réponds : « De la même source d'où vient l'idée de l'infini à un être fini. » Vous parlez après cela d'Aristote et d'un enfant qui raisonne sur sa poupée; les deux comparaisons ne sont que trop bien assorties : Aristote, en fait de saine philosophie, n'était qu'un enfant; est-il possible que vous puissiez citer un homme qui n'a jamais mis que des paroles à la place des choses? A l'égard de l'enfant et de sa poupée, quel rapport cela peut-il avoir avec la question présente? J'avais dit qu'il faudrait connaître à fond la matière pour oser décider que Dieu ne la peut rendre pensante; et il est très-vrai que nous ne savons ce que c'est que matière, et ce que c'est qu'esprit; et là-dessus vous me dites que les esprits forts, pour se tirer d'affaire, répondent qu'ils n'ont aucune idée de matière, ni d'esprit, ni de vertu, ni de vice.

Que font là, je vous prie, les vertus et les vices? Dieu en sera-t-il moins le législateur des hommes quand il aura fait penser leur corps? un fils en devra-t-il moins le respect à son père? devra-t-on être moins juste, moins doux, moins indulgent? l'âme en sera-t-elle moins immortelle? sera-t-il plus difficile à Dieu de conserver à jamais les petites particules auxquelles il aura attaché le sentiment et la pensée? Qu'importe de quoi votre âme soit faite, pourvu qu'elle use bien de la liberté que Dieu a daigné lui accorder? Cette question a si peu de rapport à la religion, que quelques Pères de l'Église ont conçu autrefois Dieu et les anges comme corporels. Mais on ne vous assure point que l'âme soit matérielle. On assure seulement qu'il est très-possible à Dieu de l'avoir rendue telle; et je ne vois pas qu'on puisse jamais prouver le contraire.

Pour deviner ce qu'elle est réellement, on ne peut avoir que des vraisemblances; et la saine philosophie demande que, dans des questions où l'on n'a que de la vraisemblance à espérer, on ne se flatte point de démonstrations.

On dit donc : Il est très-vraisemblable que les bêtes ont du sentiment, et qu'elles n'ont point une âme spirituelle telle qu'on l'attribue à l'homme. Nous avons tous de commun avec les bêtes, organes, nourriture, propagation, besoins, désirs, veille, repos, sentiment, idées simples, mémoire ; nous avons donc quelques principes communs qui opèrent tout cela en nous et en elles : car *frustra fit per plura, quod potest fieri per pauciora*.

Pourquoi notre supériorité ne consisterait-elle pas dans une faculté d'avoir et de combiner des idées, poussée beaucoup plus loin dans nous qu'elle ne l'est dans les animaux, et surtout dans l'immortalité que Dieu fait le partage des hommes, et n'a pas fait le partage des bêtes ?

Cette supériorité n'est-elle pas suffisante? et faut-il encore que notre orgueil nous empêche de voir tout ce que nous avons de conforme avec elles? Je supplie qu'on lise, sur cette matière, le chapitre de l'*Étendue des connaissances humaines* de M. Locke, dernière édition de l'*Essai sur l'entendement humain*. Si ce qu'a dit ce sage et modéré philosophe ne satisfait pas, rien ne satisfera.

Lorsqu'on a une fois expliqué les raisons pour lesquelles on a appuyé son sentiment, et qu'on a bien lu les raisons de son adversaire, si on ne change pas d'opinion, on doit au moins conserver toujours une disposition à se rendre à de nouvelles raisons quand on en sentira la force.

C'est, je vous jure, mon très-cher Père, la manière dont je me conduis; j'ai cru fort longtemps qu'on ne pouvait prouver l'existence de Dieu que par des raisons *a posteriori*, parce que je n'avais pas encore appliqué mon esprit au peu de vérités métaphysiques que l'on peut démontrer.

La lecture de l'excellent livre du docteur Clarke m'a détrompé; et j'ai trouvé dans ses démonstrations un jour que je n'avais pu recevoir d'ailleurs. C'est encore lui seul qui me donne des idées nettes sur la liberté de l'homme; tous les autres écrivains n'avaient fait qu'embrouiller cette matière. Si jamais je trouve quelqu'un qui puisse me prouver de même, par la raison éternelle, la spiritualité et l'immortalité de l'âme, je lui aurai une obligation, etc.

CCCLXV. — A M. THIERIOT.

A Cirey, 1ᵉʳ septembre.

Mon cher ami, il faut toujours que, de près ou de loin, je reçoive quelque taloche de la fortune. J'avais eu la condescendance de donner ma petite tragédie de *Jules César* à l'abbé Asselin, pour la faire jouer à son collège, avec promesse de sa part que copie n'en serait point tirée; c'était une fidélité qu'on m'avait religieusement gardée à l'hôtel Sassenage. Je n'ai pas été aussi heureux au collège d'Harcourt. J'apprends que non-seulement on vient d'imprimer cet ouvrage, mais qu'on l'a honoré de plusieurs additions et corrections qu'un régent de collège y a faites. Je suis persuadé qu'on ne manquera pas encore de dire que c'est moi qui l'ai fait imprimer; ainsi me voilà calomnié et ridicule. Ne pourriez-vous point me sauver une partie de l'opprobre, en publiant et en faisant mettre dans les journaux que je ne suis en aucune manière responsable, mais bien très-affligé de cette misérable édition?

Autre misère : on m'envoie une *Ramsaïde*, maudite rapsodie, infâme calotte[1], et mon nom est à la tête. Dites-moi franchement, le monde est-il assez sot pour m'attribuer cet ouvrage? Consolez-moi en m'écrivant. Je croyais, en ayant renoncé au monde, avoir renoncé à ses tracasseries comme à ses pompes; mais il est dur de se voir, d'un côté, père putatif d'enfants supposés, et de l'autre, père malheureux d'enfants barbouillés.

Si je ne suis pas heureux en famille, au moins le suis-je en amis. Savez-vous bien, à propos d'amis, que notre Falkener est ambassadeur en Turquie? Un marchand, homme d'esprit, est quelque chose, comme vous voyez, chez les Anglais; mais, parmi nous, il vend son drap et paye la capitation. *Vale, scribe, ama.*

CCCLXVI. — A M. L'ABBÉ DESFONTAINES.

A Cirey, près de Vassy en Champagne, ce 7 septembre.

...... Je m'amusai, il y a quelques années, à faire une tragédie en trois actes, de la *Mort de Jules César*. C'est une pièce tout opposée au goût de notre nation. Il n'y a point de femme dans cette pièce; il n'est question que de l'amour de la patrie; d'ailleurs, elle est aussi singulière par l'arrangement théâtral que par les sentiments. En un mot, elle n'est point faite pour le public. Je l'avais confiée, il y a deux ans, à MM. de..., qui la représentèrent et qui eurent la fidélité de n'en garder aucune copie. J'ai eu, en dernier lieu, la même confiance dans M. l'abbé Asselin, proviseur d'Harcourt, que j'aime et que j'estime; mais il n'a pu, malgré ses soins, empêcher que quelqu'un de

---

1. On donnait le nom de *calotte* à des pièces satiriques, toujours injurieuses, souvent calomnieuses, qui couraient de salons en salons. (ÉD.)

son collége n'en ait tiré une copie. Voilà la tragédie aujourd'hui imprimée, à ce que j'apprends, pleine de fautes, de transpositions, et d'omissions considérables. On dit même que le professeur de rhétorique d'Harcourt, qui était chargé de la représentation, y a changé plusieurs vers. Ce n'est plus mon ouvrage. Je sens bien cependant qu'on me jugera comme si j'étais l'éditeur, et que la calomnie se joindra à la critique. Tout ce que je demande, c'est que l'on sache que cette pièce n'est point imprimée telle que je l'ai faite, et que je suis bien loin d'avoir la moindre part à cette édition. Je vous prie d'en dire deux mots dans l'occasion, etc.

CCCLXVII. — A M. THIERIOT.

A Cirey, le 11 septembre.

Vos lettres me font un plaisir extrême. Je vois que l'amitié vous donne des forces. Vous écrivez des dix pages à votre ami, d'une main tremblante. Vous me traitez comme le vin de Champagne, dont vous buvez beaucoup avec un estomac faible.

> Puisses-tu, lorsque le destin,
> Le soir, pour t'éprouver, t'engage
> Chez ta maîtresse ou ta catin,
> Trouver en toi même courage!

Je vous envoie ma réponse au cardinal Alberoni. Elle m'avait échappé dernièrement dans mes paquets; je lui ai écrit, comme je fais à tout le monde, tout naturellement ce que je pense. Si celui qui demanda, *Quid est veritas*[1], s'était adressé à moi, je lui aurais répondu : « *Veritas est ce que j'aime.* » Ce style contraint et fardé, qui règne dans presque tous les livres qu'on fait depuis cinquante ans, est la marque des esprits faux, et porte un caractère de servitude que je déteste. Il y a longtemps que j'ai parcouru ces *Mémoires* du jeune d'Argens. Ce petit drôle-là est libre; c'est déjà quelque chose; mais, malheureusement, cette bonne qualité, quand elle est seule, devient un furieux vice. Il me vient incessamment un ballot de *Pour et Contre*, d'*Observations*, de petits libelles nouveaux; *Vert-Vert* y sera; mais j'attends cette cargaison sans impatience, entre Émilie et le *Siècle de Louis XIV*, dont j'ai déjà fait trente années. Il n'y a rien dans tout ce siècle de si admirable qu'elle. Elle lit Virgile, Pope et l'algèbre, comme on lit un roman. Je ne reviens point de la facilité avec laquelle elle lit les *Essais de Pope on Man*. C'est un ouvrage qui donne quelquefois de la peine aux lecteurs anglais. Si je n'étais auprès d'elle, je serais auprès de vous, mon cher ami. Il est ridicule que nous soyons heureux si loin l'un de l'autre. Vraiment je suis charmé que Pollion de La Popelinière pense un peu favorablement de moi.

C'est à de tels lecteurs que j'offre mes écrits.
Boileau, ép. VII, v. 190.

1. Saint Jean, XVIII, 38. (ÉD.)

Je suis toujours très-indigné de l'édition de *Jules César*; je ne l'ai point encore vue.

On dit que, dans les Indes l'opéra de Rameau pourrait réussir. Je crois que la profusion de ses doubles croches peut révolter les *lullistes*; mais, à la longue, il faudra bien que le goût de Rameau devienne le goût dominant de la nation, à mesure qu'elle sera plus savante. Les oreilles se forment petit à petit. Trois ou quatre générations changent les organes d'une nation. Lulli nous a donné le sens de l'ouïe que nous n'avions point; mais les Rameau le perfectionneront. Vous m'en direz des nouvelles dans cent cinquante ans d'ici. Adieu, j'ai cent lettres à écrire.

CCCLXVIII. — A M. DE CIDEVILLE.

Ce 30 septembre, à Cirey, par Vassy.

Que devient mon cher Cideville ?
Et pourquoi ne m'écrit-il plus ?
Est-ce Thémis, est-ce Vénus
Qui l'a rendu si difficile ?

Soit que d'un vieux papier timbré
Il débrouille le long grimoire,
Soit qu'un tendre objet adoré
Lui cède une douce victoire;

Il faut que, loin de m'oublier,
Il m'écrive avec allégresse,
Ou sur le dos de son greffier,
Ou sur le cul de sa maîtresse.

Ah ! datez du cul de Manon;
C'est de là qu'il me faut écrire,
C'est le vrai trépied d'Apollon,
Plein du beau feu qui vous inspire.

Écrivez donc des vers badins;
Mais, en commençant votre épître,
La plume échappe de vos mains,
Et vous f..... votre pupitre.

Mais d'où vient que j'écris de ces vilenies-là ? c'est que je deviens grossier, mon cher ami, depuis que vous m'abandonnez. Savez-vous bien qu'il y a plus de trois mois que je n'ai mis deux rimes l'une auprès de l'autre ? J'avais compté que Linant soufflerait un peu mon feu poétique qui s'éteint; mais le pauvre homme passe sa vie à dormir, et, qui pis est, *non somniat in Parnaso*. Il ne cultive en lui d'autre talent que celui de la paresse. Son corps et son âme sacrifient à l'indolence; c'est là sa vocation. Je ne compte plus sur des tragédies de sa façon; je ne lui demande, à présent, que de savoir un peu de latin. Hélas ! à propos de tragédie, je ne sais quel infâme a fait imprimer ma pièce de la *Mort de César*. Il est dur de voir ainsi mutiler ses enfants; cela crie vengeance. L'éditeur a plus massacré César que Brutus et Cassius n'ont jamais fait. Cependant ne doutez pas que le public malin ne me juge sur cette édition, et que les gens de lettres, grands calomniateurs de leur métier, ne disent que c'est moi qui ai fait clandestinement imprimer la pièce.

Le pays de la littérature me paraît actuellement inondé de brochures; nous sommes dans l'automne du bon goût et au temps de la chute des feuilles. Le *Pour et Contre* est plus insipide que jamais, et les *Observations* de l'abbé Desfontaines sont des outrages qu'il fait régulièrement une fois par semaine à la raison, à l'équité, à l'érudition, et au goût. Il est difficile de prendre un ton plus suffisant, et d'entendre plus mal ce qu'il loue et ce qu'il condamne. Ce pauvre homme, qui veut se donner pour entendre l'anglais, donne l'extrait d'un livre anglais fait en faveur de la religion, comme d'un livre d'athéisme. Il n'y a pas une de ses feuilles qui ne fourmille de fautes. Je me repens bien de l'avoir tiré de Bicêtre et de lui avoir sauvé la Grève. Il vaut mieux, après tout, brûler un prêtre que d'ennuyer le public. *Oportet aliquem mori pro populo*[1]. Si je l'avais laissé cuire, j'aurais épargné au public bien des sottises.

J'attends, depuis près d'un mois, le quatrième livre de l'*Énéide*, en vers français, de la façon de notre ami Formont; on l'a mis dans un ballot de porcelaines que nous espérons recevoir incessamment. Son *Épître sur la décadence du goût* me donne grande opinion de sa traduction. Je ne sais si l'abbé du Resnel a fini celle qu'il a entreprise de l'*Essai* de Pope *sur l'Homme*. Ce sont des épîtres morales en vers, qui sont la paraphrase de mes petites *Remarques sur les Pensées de Pascal*. Il prouve, en beaux vers, que la nature de l'homme a toujours été et toujours dû être ce qu'elle est. Je suis bien étonné qu'un prêtre normand ose traduire de ces vérités.

J'ai lu les *Fêtes indiennes* et très-indiennes[2]; les *Adieux de Mars*[3], tout propres à être reliés avec la *Didon*, à être loués par le *Mercure galant* et par l'abbé Desfontaines, et à faire bâiller les honnêtes gens. J'ai voulu lire *Vert-Vert*, poëme digne d'un élève du P. du Cerceau, et je n'ai pas pu en venir à bout. Heureusement je n'ai point reçu *Abensaïd*.

Je me console, avec le *Siècle de Louis XIV*, de toutes les sottises du siècle présent. J'attends quelque chose de vous comme un baume sur toutes ces blessures. Je me flatte que vous avez reçu ma lettre où je vous parlais de vos petits *Daphnis et Chloé*.

Adieu, mon très-cher ami.

Émilie me fait décacheter ma lettre, pour vous dire qu'elle voudrait bien que Cirey fût auprès de Rouen. Mais comment oserais-je vous parler de la sublime et délicate Émilie, après la lettre grossière que je vous ai écrite? Son nom épure tout cela. Vous croyez bien qu'elle n'a point lu cette lettre qu'il faut brûler. V.

1. Jean, XVIII, 14. (Éd.) — 2. *Les Indes galantes*. (Éd.)
3. Comédie en un acte et en vers libres, par Lefranc de Pompignan (Éd.)

CCCLXIX. — A M. THIERIOT.

À Cirey, le 24 septembre.

Depuis que je vous ai écrit, mon cher ami, j'ai lu force fadaises nouvelles : une cargaison de petites pièces comiques, d'opéras, de feuilles volantes, m'est venue. Ah! mon ami, quelle barbarie, et quelle misère! la nature est épuisée. Le siècle de Louis XIV a tout pris pour lui. *Vergimus ad fæces*. Je suis si ennuyé, que je n'ai pas la force de m'indigner contre l'abbé Desfontaines. Mais vous, qui avez de l'amitié pour moi, et qui savez ce que j'ai fait pour lui, pouvez-vous souffrir la manière pleine d'ingratitude et d'injustice dont il parle de moi dans ses feuilles? Je n'avais pas lu ses impertinences hebdomadaires, quand je le priai, il y a quelques jours, de vouloir bien me rendre un petit service; c'était au sujet de cette misérable édition de *la Mort de César*. Je le priais de prévenir le public que non-seulement je n'ai aucune part à cette impression, mais que mon ouvrage est tout à fait différent. Je ne sais s'il aura eu assez de probité pour s'acquitter auprès du public de cette petite commission, sans mêler, dans son avertissement, quelque trait de satire et de calomnie. Cependant il m'est important qu'on sache la vérité, et je vous prie d'engager, soit l'abbé Desfontaines, soit le *Mercure*, soit le *Pour et Contre*, à me rendre, en deux mots, cette justice.

J'ai lu la nouvelle *Critique des Lettres philosophiques*; c'est l'ouvrage d'un ignorant, incapable d'écrire, de penser et de m'entendre. Je ne crois pas qu'il y ait un honnête homme qui ait pu achever cette lecture. Vous croyez bien que je ne tire pas même vanité des injures que me dit ce misérable; mais j'avoue que je suis blessé des calomnies personnelles que ces gredins répètent sans cesse. Les cris de la canaille ne peuvent rien contre la réputation d'un écrivain qui a les suffrages du public; mais les accusations infamantes désolent toujours un honnête homme. De quel front ces lâches calomniateurs osent-ils dire que j'ai trompé mon libraire, dans l'édition des *Lettres philosophiques*, à Londres? N'êtes-vous pas intéressé à réfuter cette accusation? Qu'on me dise un peu par quelle rage les gens de lettres s'acharnent à me reprocher ma fortune et l'usage que j'en fais, à moi qui ai prêté et donné tout mon bien, à moi qui ai nourri, logé et entretenu, comme mes enfants, deux gens de lettres¹, pendant tout le temps que j'ai demeuré à Paris, après la mort de Mme de Fontaines-Martel. Qu'on me dise quel est le libraire qui peut se plaindre de moi. Il n'y en a aucun de tous ceux que j'ai employés, à qui je n'aie fait gagner de l'argent, et à qui je n'aie remis partie de ce qu'ils me devaient. Je suis honteux d'entrer dans ces détails; mais la lâcheté avec laquelle on cherche à me diffamer doit exciter le courage de mes amis, et c'est à eux à parler pour moi. En voilà trop sur un chapitre aussi désagréable.

Si vous connaissez quelque livre où l'on puisse trouver de bons mémoires sur le commerce, je vous prie de me l'indiquer, afin que je le

---

1. Linant et Lefebvre. (Éd.)

fasse venir de Paris. Faites-moi connaître aussi tous les livres où l'on peut trouver quelques instructions touchant l'histoire du dernier siècle, et le progrès des beaux-arts; je vous répéterai toujours cette antienne. Adieu, mon ami. Entonnez-vous toujours beaucoup de vin de Champagne? Avez-vous revu la cruelle bégueule[1], jadis et peut-être encore reine de votre cœur? Je comptais que mon ami Falkener viendrait me voir, en passant par Calais; mais il s'en va par l'Allemagne et par la Hongrie.

Si je n'étais pas à Cirey, je vous avoue que, dans deux mois, je serais sur la Propontide, avec mon ami, plutôt que de revoir une ville où je suis si indignement traité; mais, quand on est à Cirey, on ne le quitte point pour Constantinople; et puis, que ferais-je sans vous? *Vale, et me ama, scribe sæpe, scribe multum.*

CCCLXX. — A M. LE DUC DE RICHELIEU.

A Cirey, ce 30 septembre.

Vous attendez apparemment, messieurs du Rhin, que l'Italie soit nettoyée d'Allemands, pour que vous fassiez enfin quelque beau mouvement de guerre, ou peut-être pour que vous publiiez la paix, à la tête de vos armées. Le pacifique philosophe dont vous vous moquez est cependant entre ses montagnes, faisant pénitence comme don Quichotte, et attendant sa Dulcinée. J'ai appris, dans ma solitude, que Mme de Richelieu devient tous les jours une grande philosophe, et qu'elle a berné et confondu publiquement un ignorant prédicateur de jésuite qui s'est avisé de disputer contre elle sur l'attraction et sur le vide. Vous allez, de votre côté, devenir un grand astronome, quand vous aurez le gnomon universel que Varinge a promis de faire pour la somme de trois cent cinquante livres. Vous pouvez écrire à votre savante épouse de presser ledit Varinge, qui doit travailler à cet ouvrage incessamment, et le livrer au mois d'octobre. Croyez, monsieur le duc, que mon respect pour la physique et pour l'astronomie ne m'ôte rien de mon goût pour l'histoire. Je trouve que vous faites à merveille de l'aimer. Il me semble que c'est une science nécessaire pour les seigneurs de votre sorte, et qu'elle est bien plus de ressource dans la société, plus amusante et bien moins fatigante que toutes les sciences abstraites. Il y a dans l'histoire, comme dans la physique, certains faits généraux très-certains; et pour les petits détails, les motifs secrets, etc., ils sont aussi difficiles à deviner que les ressorts cachés de la nature. Ainsi, il y a partout également d'incertitude et de clarté. D'ailleurs ceux qui, comme vous, aiment les anecdotes en histoire, sont assez comme ceux qui aiment les expériences particulières en physique. Voilà tout ce que j'ai de mieux à vous dire en faveur de l'histoire que vous aimez, et que Mme du Châtelet méprise un peu trop. Elle traite Tacite comme une bégueule, qui dit des nouvelles de son quartier. Ne viendrez-vous pas disputer un peu contre elle, quelque

---

1. Mlle Sallé. (ÉD.)

jour, à Cirey? Je vais vite vous faire bâtir un appartement. Je crois que vous reviendrez des bords du Rhin;

  Un peu las de votre campagne,
  Très-affamé de jeunes....
  Et pour des .... fermes et ronds
  Oubliant toute l'Allemagne.
  Vous m'avouerez pour le certain
  Que votre bonté passagère
  Se saisira de la première
  Honnête bégueule ou catin,
  Sage ou folle, facile ou fière,
  Qui vous tombera sous la main.
  Mais, s'il vous peut rester encore
  Quelque pitié pour le prochain,
  Épargnez, dans votre chemin,
  La beauté que mon cœur adore.

CCCLXXI. — A M. BERGER.

Septembre.

Vous savez le plaisir que me font vos lettres, mon cher monsieur; elles me servent d'antidote contre ces misérables brochures qui m'inondent. Tous ces petits insectes d'un jour piquent un moment et disparaissent pour jamais. Parmi les sottises qu'on imprime, j'ai vu avec douleur une certaine tragédie de moi, nommée la *Mort de César*. Les éditeurs ont massacré ce César plus que n'ont jamais fait Brutus et Cassius. J'admire l'abbé Desfontaines de m'imputer toutes les pauvretés, les mauvais vers, les phrases inintelligibles, les scènes tronquées et transposées, qui sont dans cette misérable édition! Un homme de goût distingue aisément la main de l'ouvrier; il sait qu'il y a certains défauts dont un auteur, qui connaît les premières règles de son art, est incapable; mais il paraît que l'abbé Desfontaines sait bien mal les règles du goût, de l'équité, de la raison, de la société, et surtout de la reconnaissance. Il n'y a point de lecteur qui ne doive être indigné, quand cet abbé compare les stoïciens aux quakers. Il ne sait pas que les quakers sont des gens pacifiques, les agneaux de ce monde, que, c'est un point de la religion chez eux de ne jamais aller à la guerre, de ne porter pas même d'épée. C'est avec autant d'erreur qu'il prononce que Brutus était un *particulier*; tout le monde sait assez qu'il était sénateur et préteur, que tous les conjurés étaient sénateurs, etc. Je ne relèverai point toutes les méprises dans lesquelles il tombe; mais je vous avoue que toute ma patience m'abandonne, quand j'ose dire que la *Mort de César* est une pièce contre les mœurs. Est-ce donc à lui à parler de mœurs? Pourquoi fait-il imprimer une lettre que je lui ai écrite avec confiance? Il trahit le premier devoir de la société. Je le priais de garder le secret sur ma lettre et sur le lieu où je suis, et de dire seulement, en deux mots, que cette impertinente édition de la *Mort de César* n'a presque rien de commun avec mon ouvrage. Au lieu de faire ce que je lui demande, il imprime une satire où il n'y a ni raison ni équité; et, au bout de cette satire, il donne ma lettre au public. On croirait peut-être, à ce procédé, que c'est un homme qui a beaucoup à se plaindre de moi, et qui cherche à se venger à tort et à travers; c'est cependant ce même homme pour qui je me traînai à Versailles, étant presque à l'agonie, pour qui je sollicitai toute la cour, et qu'enfin je tirai de Bicêtre. C'est ce même homme que le ministère voulait faire brûler, contre qui les procédures étaient commencées; c'est lui à qui j'ai sauvé l'honneur et la vie; c'est lui que j'ai loué comme un assez bon écrivain, quoiqu'il m'eût fort faiblement traduit; c'est lui enfin qui, depuis ces services essentiels, n'a jamais reçu de moi que des politesses, et qui, pour toute reconnaissance, ne cesse de me déchirer. Il veut, dans les feuilles qu'il donne toutes les semaines, tourner la *Henriade* en ridicule. Savez-vous qu'il en a fait une édition¹ clandestine à Évreux, et qu'il y a mis des vers de sa façon? C'était bien la meilleure manière de rendre l'ouvrage ridicule. Je vous avoue que ce continuel excès d'ingratitude est bien sensible. J'avais cru ne trouver dans les belles-lettres que de la douceur et de la tranquillité; et, certainement, ce devait être leur partage; mais je n'y ai rencontré que trouble et qu'amertume. Que dites-vous de l'auteur d'une brochure contre les *Lettres philosophiques*, qui commence par assurer que non-seulement j'ai fait imprimer cet ouvrage en Angleterre, mais que j'ai trompé le libraire avec qui j'ai contracté, moi qui ai donné publiquement cet ouvrage à M. Thieriot, pour qu'il en eût seul tout le profit? Peut-on m'accuser d'une bassesse si directement opposée à mes sentiments et à ma conduite? Qu'on m'attaque comme auteur, je me tais; mais qu'on veuille me faire passer pour un malhonnête homme, cette horreur m'arrache des larmes. Vous voyez avec quelle confiance je répands ma douleur dans votre sein. Je compte sur votre amitié autant que j'ambitionne votre estime.

CCCLXXII. — A M. THIERIOT.

Cirey, le 4 octobre.

Je vous avoue, mon cher ami, que je suis indigné des brochures de l'abbé Desfontaines. C'est déjà le comble de l'ingratitude, dans lui, de prononcer mon nom, malgré moi, après les obligations qu'il m'a; mais son acharnement à payer par des satires continuelles la vie et la liberté qu'il me doit, est quelque chose d'incompréhensible. Je lui avais écrit pour le prier d'avertir le public, comme il est vrai, que la pièce de *Jules César*, telle qu'elle est imprimée, n'est point mon ouvrage. Au lieu de répondre, que fait-il? une critique, une satire infâme de ma pièce; et, au bout de sa satire, il fait imprimer ma lettre, sans m'en avoir averti; il joint à cet indigne procédé celui de mettre la date du lieu où je suis, et que je voulais qui fût ignoré du public. Quelle fu-

---

1. *La Ligue ou Henri le Grand*, poëme épique par M. de Voltaire, avec des additions et un recueil de pièces diverses du même auteur. A Amsterdam (Évreux), chez J. F Bernard, petit in-12 de viij et 196 pages. (ÉD.)

reur possède cet homme, qui n'a d'idées dans l'esprit que celles de la satire, et de sentiments dans le cœur que ceux de la plus lâche ingratitude? Je ne lui ai jamais fait que du bien, et il ne perd aucune occasion de m'outrager. Il joint les imputations les plus odieuses aux critiques d'un ignorant et d'un homme sans goût. Il dit que *César* est une pièce contre les bonnes mœurs, et il ajoute que Brutus a les sentiments d'un quaker plutôt que d'un stoïcien. Il ne sait pas qu'un quaker est un religieux au milieu du monde, qui fait vœu de patience et d'humilité, et qui, loin de venger les injures publiques, ne venge jamais les siennes, et ne porte pas même d'épée. Il avance, avec la même ignorance, que Brutus était un *particulier* sans caractère, oubliant qu'il était préteur. C'est avec le même esprit que ce prétendu critique, en condamnant *le Temple du Goût*, veut justifier la ressemblance de la plupart des caractères des héros de Racine, tels que Bajazet, Xipharès, Hippolyte, que je nomme expressément. Je dis qu'ils paraissent un peu *courtisans français*, et il parle du caractère de Pyrrhus, dont je n'ai pas dit un mot. Il met ensuite *la Henriade* à côté des ouvrages de Mlle Malcrais[1]. Il veut faire l'extrait d'un ouvrage anglais, intitulé *Alciphron*, du docteur Berkeley, qui passe pour un saint dans sa communion. Il y a un interlocuteur qui est un incrédule. L'abbé Desfontaines prend les sentiments de cet interlocuteur pour les sentiments de l'auteur, et traite hardiment Berkeley d'athée. Il loue les plus mauvais ouvrages du même fonds d'iniquité et de mauvais goût dont il condamne les bons. Je crois bien que le public éclairé me vengera de ses impertinentes critiques; mais je voudrais bien que l'on sût qu'au moins la tragédie de *Jules César* n'est point de moi telle qu'elle est imprimée. Peut-on m'imputer des vers sans rime, sans mesure, et sans raison, dont cette misérable édition est parsemée? Vous êtes des amis du *Pour et Contre*; engagez-le, je vous en prie, à me rendre justice dans cette occasion. A l'égard de l'abbé Desfontaines, ne pourriez-vous pas lui faire sentir l'infamie de son procédé, et à quoi il s'expose? Que dira-t-il, quand il verra à la tête de *la Henriade*, ou de mes autres ouvrages, l'histoire de son ingratitude?

J'ai lu aussi cette indigne *Critique des Lettres philosophiques*. Vous croyez bien que je la regarde avec le profond mépris qu'elle mérite, mais je vois que les calomnies s'accréditent toujours. Ce méchant livre n'est que l'écho des cris des misérables auteurs qui ne cessent d'aboyer contre moi. Que de bassesse et que d'horreurs chez les gens de lettres! eux qui devraient apprendre à penser aux autres hommes, et enseigner la raison et la vertu, ne servent qu'à déshonorer l'espèce humaine. Un misérable auteur famélique, qui imprime ses sottises ou celles des autres, pour vivre, s'imagine que c'est dans ce dessein que j'ai donné des ouvrages au public. Il ose dire que j'ai trompé mon libraire, au sujet de ces *Lettres* que vous connaissez. Quelle indignité et quelle misère! Devez-vous souffrir, mon cher Thieriot, une accusation pareille? vous pour qui seul ces *Lettres* ont été imprimées en

---

1. Pseudonyme de Desforges-Maillard. (Éd.)

Angleterre, supportez-vous qu'on m'accuse d'avoir travaillé pour moi? La probité ne vous engage-t-elle pas à réfuter, une bonne fois pour toutes, ces odieuses imputations? Engagez un peu l'abbé Prévost à entrer sagement dans ce détail, en parlant de la *Critique des Lettres philosophiques*. J'ai extrêmement à cœur que le public soit désabusé des bruits injurieux qui ont couru sur mon compte. Un homme qui néglige sa réputation est indigne d'en avoir; j'en suis jaloux, et vous devez l'être, vous qui êtes mon ami. Il vous sera très-aisé de faire insérer dans le *Pour et Contre* quelques réflexions générales sur les calomnies dont les gens de lettres sont souvent accablés. L'auteur pourrait, après avoir cité quelques exemples, parler de l'accusation générale que j'ai essuyée, au sujet des souscriptions de *la Henriade*, que j'ai toutes remboursées de mon argent aux souscripteurs français qui ont négligé d'envoyer à Londres, de sorte que *la Henriade*, qui m'a valu quelque avantage en Angleterre, m'a coûté beaucoup en France, et je suis assurément le seul homme à qui cela soit arrivé. Il pourrait ensuite réfuter les calomnies qu'on a entassées dans mon prétendu *Portrait*, en disant ce que j'ai fait en faveur de plusieurs gens de lettres, lorsque j'étais à Paris. Ces faits avérés sont une réponse décisive à toutes les calomnies. On y pourrait ajouter que l'abbé Desfontaines, qui m'outrage tous les huit jours, est l'homme du monde qui m'a le plus d'obligations. Tout cela, dicté par la bonté de votre cœur et par la sagesse de votre esprit, arrangé par la plume de l'auteur du *Pour et Contre*, ne pourrait faire qu'un très-bon effet; après quoi, tout ce que je souhaiterais, ce serait d'être oublié de tout le monde, hors des personnes avec qui je vis, et de vous, que j'aimerai toute ma vie.

CCCLXXIII. — A M. L'ABBÉ D'OLIVET.

A Cirey, par Vassy en Champagne, ce 4 octobre.

Quel procédé est-ce là? Pourquoi donc ne m'écrivez-vous point? Avez-vous, s'il vous plaît, un plus ancien ami que moi? Avez-vous un approbateur plus zélé de vos ouvrages? Je vous avertis que ma colère contre vous est aussi grande que mon estime et que mon amitié, et qu'ainsi je dois être terriblement fâché. En un mot, je souhaite passionnément que vous m'écriviez, que vous me parliez de vous, de belles-lettres, d'ouvrages nouveaux. Je veux réparer le temps perdu; je veux m'entretenir avec vous. Premièrement, je vous demande en grâce de me mander où je pourrais trouver le livre [1] pour lequel le pauvre Vanini fut brûlé. Ce n'était point son *Amphitheatrum* [2]; je viens de lire cet ennuyeux *Amphitheatrum*; c'est l'ouvrage d'un pauvre théologien orthodoxe. Il n'y a pas d'apparence que ce barbouilleur thomiste soit devenu tout d'un coup athée. Je soupçonne qu'il n'y a nul athéisme dans son fait, et qu'il pourrait bien avoir été cuit, comme Gaufridi et tant d'autres, par l'ignorance des juges de ce temps-là. C'est un petit

1. *De admirandis naturæ reginæ deæque mortalium arcanis libri quatuor.* (ÉD.)
2. *Amphitheatrum æternæ providentiæ divino-magicum*, etc. (ÉD.)

point d'histoire que je veux éclaircir, et qui en vaut la peine à mon sens.

Il y a dans Paris un homme beaucoup plus brûlable : c'est l'abbé Desfontaines. Ce malheureux, qui veut violer tous les petits garçons et outrager tous les gens raisonnables, vient de payer d'un procédé bien noir les obligations qu'il m'a. Vous me demanderez peut-être quelles obligations il peut m'avoir. Rien que celle d'avoir été tiré de Bicêtre, et d'avoir échappé à la Grève. On voulait, à toute force, en faire un exemple. J'avais alors bien des amis que je n'ai jamais employés pour moi ; enfin je lui sauvai l'honneur et la vie, et je n'ai jamais affaibli par le plus léger procédé les services que je lui ai rendus. Il me doit tout ; et, pour unique reconnaissance, il ne cesse de me déchirer.

Savez-vous qu'on a imprimé une tragédie de *César*, composée de beaucoup de mes vers estropiés, et de quelques-uns d'un régent de rhétorique, le tout donné sous mon nom ? J'écrivis à l'abbé Desfontaines avec confiance, avec amitié, à ce sujet ; je le prie d'avertir, en deux mots, que l'ouvrage, tel qu'il est, n'est point de moi. Que fait mon abbé des Chauffours[1] ? Il broche, dans ses *Matsemaines*[2], une satire honnêtement impertinente, dans laquelle il dit que Brutus était un quaker, ignorant que les quakers sont les plus bénins des hommes, et qu'il ne leur est pas seulement permis de porter l'épée. Il ajoute qu'il est contre les bonnes mœurs de représenter l'assassinat de César ; et, après tout cela, il imprime ma lettre. Quels procédés il y a à essuyer de la part de nos prétendus beaux esprits ! Que de bassesses ! que de misères ! Ils déshonorent un métier divin. Consolez-moi par votre amitié et par votre commerce. Vous avez le solide des anciens philosophes et les grâces des modernes ; jugez de quel prix vos attentions seront pour moi. S'il y a quelque livre nouveau, qui vaille la peine d'être lu, je vous prie de m'en dire deux mots. Si vous faites quelque chose, je vous prie de m'en parler beaucoup.

CCCLXXIV. — A M. THIERIOT.

A Cirey, le 13 octobre.

Vous êtes de ceux dont parle Mme Deshoulières,

« Gens dont le cœur s'exprime avec esprit[3]. »

Votre lettre, mon tendre ami,
Porte ce double caractère ;
Aussi ce n'est point à demi
Que votre missive a su plaire
A la nymphe sage et légère

---

1. Des Chauffours, gentilhomme lorrain, brûlé en place de Grève comme pédéraste. (ÉD.)

2. Nom que Voltaire donnait aux *Observations* que Desfontaines publiait, sous forme de *Lettres*, toutes les semaines. Même qualification fut donnée par lui aux feuilles de Fréron qu'il désigne sous le nom de l'*Homme aux semaines*, dans la *Pucelle*, chant XVIII, v. 197. (ÉD.)

3. Dans son *rondeau contre l'amour*, Mme Deshoulières a dit :

Gens dont le cœur s'explique avec esprit. (ÉD.)

Dont le bon goût s'est affermi,
Si loin des routes du vulgaire.
Elle sait penser et sentir,
Et philosopher et jouir;
Ce que peu de gens savent faire
Ah ! je vous verrais accourir
A son aimable sanctuaire,
La voir, l'admirer, la chérir :
Vous m'avoueriez que sa lumière
Sait éclairer sans éblouir :
Oui, vous vous laisseriez ravir
Par cette âme si singulière,
Qui, sans effort sait réunir
Les arts, la raison, le plaisir,
Les travaux et le doux loisir,
Tout le Parnasse, et tout Cythère.
Je vous connais, et, de ce pas,
Vous franchiriez votre hémisphère,
Pour voir, pour aimer tant d'appas;
Mais je sais qu'on ne quitte pas
Pollion La Popelinière.

Du moins, si vous ne pouvez venir, écrivez donc bien souvent, et n'allez pas imaginer qu'il faille attendre ma réponse pour me récrire. Vous êtes à la source de tout ce qu'on peut mander; et moi, quand je vous aurai dit que je suis heureux loin du monde, occupé sans tumulte, philosophe pour moi tout seul, tendre pour vous et pour une ou deux personnes, j'aurai tout dit. C'est à vous à m'inonder de nouvelles; vos lettres seront pour moi *historia nostri temporis.*

Je suis bien aise d'avoir deviné que la musique de Rameau ne pouvait jamais tomber. L'abbé Desfontaines en a fait une critique qui ne peut être que d'un ignorant, qui manque d'un sens comme de bon sens. S'il n'a pas d'oreille, du moins devrait-il se taire sur les choses qui ne sont pas de sa compétence. Il parle de musique comme de poésie.

Si je croyais qu'on pût représenter le *Samson*, je le travaillerais encore; mais il faut s'attendre que le poème sera aussi extraordinaire dans son genre que la musique de notre ami l'est dans le sien.

En attendant, je vous dirai un petit mot de la tragédie de *Jules César*. Demoulin doit vous envoyer la dernière scène. Vous jugerez par là combien le reste de l'ouvrage est différent de l'imprimé. Je crois qu'il est nécessaire de faire une édition correcte de l'ouvrage. Voici quel est mon projet.

Faites faire cette édition; que le libraire donne un peu d'argent et quelques livres, à votre choix; l'argent sera pour vous, et les livres pour moi. Seulement je voudrais que le pauvre abbé de La Mare pût avoir de cette affaire une légère gratification, que vous régleriez. Il est dans un triste état. Je l'aide autant que je peux; mais je ne suis pas en état de faire beaucoup.

Mille tendres compliments à l'imagination forte et naïve de notre petit Bernard : il y a mille ans que je ne lui ai écrit. Mais savez-vous bien que je n'ai pas de temps, et que je suis aussi occupé qu'heureux?

Vive memor nostri.

CCCLXXV. — A M. L'ABBÉ ASSELIN.

A Cirey, 24 octobre.

M. Demoulin, monsieur, a dû vous remettre un papier qui contient la dernière scène de *Jules César*, telle que je l'ai traduite de Shakspeare, ancien auteur anglais. Je ne vous en donnai qu'une partie, parce que j'avais supprimé, pour votre théâtre, l'assassinat de *Brutus*. Je n'avais osé être ni Romain ni Anglais à Paris. Cette pièce n'a d'autre mérite que celui de faire voir le génie des Romains, et celui du théâtre d'Angleterre; d'ailleurs, elle n'est ni dans nos mœurs, ni dans nos règles; mais l'abbé Desfontaines aurait dû faire à cette étrangère les honneurs du pays un peu mieux. Il me semble que c'est enrichir la république des lettres que de faire connaître le goût de ses voisins; et peut-on faire connaître les poëtes autrement qu'en vers ? C'était là un beau champ pour l'abbé Desfontaines. Il est bien étonnant qu'il ait parlé de cet ouvrage comme s'il eût critiqué une pièce de notre théâtre. Vous lui ferez sans doute faire cette réflexion, si vous le voyez. J'ai beaucoup de sujets de me plaindre de lui, et j'en suis très-fâché, parce qu'il a du mérite. Je ne veux avoir de guerre littéraire avec personne; ces petits débats rendent les lettres trop méprisables. L'abbé Desfontaines m'avertit que j'en vais soutenir une sur son théâtre, au sujet des ouvrages de Campistron. Il y a du temps qu'il l'a commencée, et bien injustement. Je proteste, en homme d'honneur, que je n'ai jamais rien écrit contre cet auteur, et que je n'ai jamais vu l'écrit dont l'abbé Desfontaines parle. Faites-lui sentir, monsieur, combien il est odieux de me faire jouer, malgré moi, un personnage qui me déplaît, et de me mêler dans une querelle où je ne suis jamais entré. Il me menace d'insérer dans son journal des pièces désagréables contre moi. Sur cette matière, tout ce que je répondrai sera une protestation solennelle que je ne sais ce dont il s'agit. Pourquoi veut-il toujours s'acharner à me piquer et à me nuire? Est-ce là ce que je devais attendre de lui ? Je vous prie, monsieur, de joindre à vos bontés celle de lui parler. Il a trop de mérite, et j'ose dire qu'il m'a trop d'obligations, pour que je veuille être son ennemi. Pour vous, monsieur, je n'ai que des grâces à vous rendre, et je vous serai attaché toute ma vie, avec toute l'estime et toute la reconnaissance que je vous dois.

CCCLXXVI. — A M. DE CIDEVILLE.

A Cirey, ce 3 novembre.

La divine Émilie, mon cher ami, n'est pas de trop pour *Anacréon*. C'est la première fois que je n'ai pas été de son avis; je tiens que c'est à vous à le faire parler. Je suis persuadé que, dans quarante ans, vous aimerez comme lui; vous l'imitez déjà dans sa vie et dans ses vers aimables; mais Anacréon n'était pas conseiller au parlement, et n'aurait jamais quitté un opéra pour aller juger.

Il y a peu de choses à corriger aux *Songes* et à *Daphnis et Chloé*, pour les rendre propres au théâtre. L'acte d'*Anacréon* vous coûtera encore moins, la conformité du style et des mœurs vous soutiendra. Vous n'avez rien de l'ignorance de Daphnis, vos plaisirs ne sont point des *songes*; mais, quand il s'agit d'Anacréon, vous serez un dévot qui fêterez votre patron. Trouveriez-vous mauvais qu'Anacréon aimât la même personne que le roi, et qu'il fût préféré? Je ne haïrais pas de voir le chansonnier des Grecs l'emporter sur un monarque.

Je vous envoie, mon cher ami, la dernière scène de *Jules César*; c'est de toutes les scènes de cette pièce celle qui a été imprimée avec le plus de fautes. Elle a, ce me semble, une très-grande singularité, c'est qu'elle est une traduction assez fidèle d'un auteur anglais qui vivait il y a cent cinquante ans; c'est Shakspeare, le Corneille de Londres, grand fou d'ailleurs, et ressemblant plus souvent à Gilles qu'à Corneille; mais il a des morceaux admirables. Mandez-moi ce que vous pensez de celui-ci.

Je vous ai déjà mandé les impertinences de l'abbé Desfontaines, au sujet de ce *Jules César*. Il appelle la scène que je vous envoie une controverse; c'est là la moindre de ses critiques. Il ne fait pas exiger de goût de lui; mais je devais en attendre, au moins, plus de reconnaissance. Les auteurs faméliques sont pardonnables; s'ils déchirent leurs amis, ce n'est que par nécessité. Ce sont des anthropophages qui réservent pour le dernier celui à qui ils ont le plus d'obligations. Envoyez, je vous prie, la scène de Shakspeare à notre ami Formont, et qu'il m'en dise un peu son avis.

Adieu, mon aimable ami; il faudrait, pour que je fusse entièrement heureux, que vous vinssiez quelque jour à Cirey. Émilie vous fait mille compliments. Linant commence une tragi-comédie; puisse-t-il l'achever!

CCCLXXVII. — A M. THIERIOT.

Cirey, 3 novembre.

Ami des arts, sage voluptueux,
Languissamment assis au milieu d'eux,
Juge éclairé, sans orgueil, sans envie,
Chez Pollion vous passez votre vie,
Heureux par lui, si l'on peut être heureux.
Moi, je le suis, mais c'est par Émilie :
Mon cœur s'épure au feu de son génie.
Ah! croyez-moi, j'habite au haut des cieux;
J'y resterai; j'ose au moins le prétendre :
Mais, si d'un ciel et si pur et si doux,
Chez les humains il me fallait descendre,
Ce ne serait que pour vivre avec vous.

Nous avons ici le marquis Algarotti, jeune homme qui sait les langues et les mœurs de tous les pays, qui fait des vers comme l'Arioste, et qui sait son Locke et son Newton; il nous lit des dialogues qu'il a faits sur des parties intéressantes de la philosophie; moi, qui vous parle, j'ai fait aussi mon petit cours de métaphysique, car il faut bien se rendre compte à soi-même des choses de ce monde. Nous lisons quelques chants de Jeanne *la Pucelle*, ou une tragédie de ma façon, ou un chapitre du *Siècle de Louis XIV*. De là nous revenons à Newton et à Locke, non sans vin de Champagne et sans excellente chère, car nous sommes des philosophes très-voluptueux, et sans cela nous serions bien indignes de vous et de votre aimable Pollion. Voilà un compte assez exact de ma vie. Voilà, ce qui fait, mon cher Thieriot, que je ne suis point avec vous; mais comptez que ma vie en est plus douce, en sachant combien la vôtre est agréable. Mon bonheur fait bien ses compliments au vôtre. Faites ma cour à ce charmant bienfaiteur.

  Buvez ma santé tous les deux
  Avec ce champagne mousseux
  Qui brille ainsi que son génie,
  Moi, chez la sublime Émilie,
  Dans nos soupers délicieux,
  Je bois à vous en ambroisie.

Je lui ai tout au moins autant d'obligations que vous en avez à M. de la Popelinière. Ce qu'elle a fait pour moi dans l'indigne persécution que j'ai essuyée, et la manière dont elle m'a servi, m'attacherait à son char pour jamais, si les lumières singulières de son esprit et cette supériorité qu'elle a sur toutes les femmes, ne m'avaient déjà enchaîné. Vous savez si mon cœur connaît l'amitié ; jugez quel attachement infini je dois avoir pour une personne dans qui je trouve de quoi oublier tout le monde, auprès de qui je m'éclaire tous les jours, à qui je dois tout. Mon respect et ma tendre amitié pour elle sont d'autant plus forts que le public l'a indignement traitée. On n'a connu ni ses vertus, ni son esprit supérieur. Le public était indigne d'elle. Vous m'allez dire qu'en vivant dans le sein de l'amitié et de la philosophie, je devrais ne point sentir ces piqûres d'épingle de l'abbé Desfontaines, et ces calomnies dont on m'a noirci. Non, mon ami, du même fonds de sensibilité que j'idolâtre le mérite et les bontés de Mme du Châtelet, je suis sensible à l'ingratitude, et je voudrais qu'un homme témoin de tant de vertus ne fût point calomnié. Arranger tout pour le mieux avec l'abbé Prévost, je lui aurai une véritable obligation. J'ai peur seulement que cette scène traduite de Shakspeare ne soit imprimée dans d'autres journaux; j'ai peur même que l'abbé Asselin ne l'ait donnée à l'abbé Desfontaines; mais ne pourriez-vous pas parler à l'abbé Desfontaines même? Ne lui reste-t-il aucune pudeur? Je vous avertis qu'on va imprimer le *Jules César* à Amsterdam. J'y enverrai le manuscrit correct. Après cela il faudra bien qu'il paraisse en France. On prépare en Hollande une nouvelle édition de mes folies en prose et en vers. Voici encore de la besogne pour moi. Il faut que je passe le rabot sur bien des endroits; il faut assommer mon imagination par un travail pénible : mais ce n'est qu'à ce prix qu'on peut faire quelque honneur à son pays. *Labor improbus omnia vincit*. Si ceux qui sont à la tête des spectacles aiment assez les beaux-arts pour protéger notre grand musicien Rameau, il faudra qu'il donne son *Samson*. Je lui ferai tous les vers qu'il y voudra ; mais il aurait besoin d'un peu de protection. Que dites-vous d'un nommé Hardion, à qui on avait donné *Samson* à examiner, et qui a fait tout ce qu'il a pu pour empêcher qu'on ne le jouât? Nous avons besoin d'un examinateur raisonnable ; mais surtout que Rameau ne s'effarouche point des critiques. La tragédie de *Samson* doit être singulière, et dans un goût tout nouveau comme sa musique. Qu'il n'écoute point les censeurs. Savez-vous bien que M. de Richelieu a trouvé la musique détestable? Hélas! M. de Richelieu l'a eue chez lui sans la connaître. Adieu, écrivez-moi.

CCCLXXVIII. — A M. L'ABBÉ ASSELIN.

Cirey, 4 novembre.

Demoulin a bien mal fait, monsieur, de ne vous avoir pas envoyé cette dernière scène complète ; je viens de lui écrire et de lui recommander de vous la porter sur-le-champ. C'est, comme je vous l'ai dit, une traduction assez fidèle de la dernière du *Jules César* de Shakspeare. Ce morceau devient par là un morceau singulier et assez intéressant dans la république des lettres. Voilà le point de vue dans lequel un journaliste devait examiner ma tragédie. Elle donne une véritable idée du goût des Anglais. Ce n'est pas en traduisant des poëtes en prose qu'on fait connaître le génie poétique d'une nation, mais en imitant en vers leur goût et leur manière. Une dissertation sur ce goût, si différent du nôtre, était ce qu'on devait attendre de l'abbé Desfontaines. Il sait l'anglais ; il doit avoir lu Shakspeare ; il était à portée de donner sur cela des lumières au public. Si, au lieu de s'écrier, en parlant de ma pièce : *Que de mauvais vers ! que de vers durs !* il avait voulu distinguer entre l'éditeur et moi, et s'attacher à faire voir, en critique sage, les différences qui se trouvent entre le goût des nations, il aurait rendu un service aux lettres, et ne m'aurait point offensé. Je me connais assez en vers, quoique je n'en fasse plus, pour assurer que cette tragédie, telle qu'on l'imprime à présent en Hollande, est l'ouvrage le plus fortement versifié que j'aie fait. Tous les étrangers, qui retrouvent d'ailleurs dans cette pièce les hardiesses qu'on prend en Italie et à Londres, et qu'on prenait autrefois à Athènes, me rendent un peu plus de justice que l'abbé Desfontaines et mes ennemis ne m'en ont rendu. Ils distinguent entre le goût des nations et celui des Français ; ils savent par cœur une partie de ces vers que l'abbé Desfontaines trouve si *durs* et si *faibles* ; ils disent que Brutus doit parler en Brutus ; ils savent que ce Romain a écrit à Cicéron et à Antoine qu'il aurait tué son père pour le salut de l'État ; ils ne me reprochent point un tutoiement qui est si noble en poésie, que c'est la seule manière dont on parle à Dieu ; ils ne traitent point de *controverse* l'admirable scène de Shakspeare, dont on n'a joué chez vous qu'une petite partie, et qu'on a imprimée si ridiculement. Quand ils voient des vers tel que celui-ci :

A vos tyrans Brutus ne parle qu'au sénat,

ils savent bien, pour peu qu'ils aient de connaissance de la langue française, qu'un tel vers ne peut être de moi.

Je pardonne de tout mon cœur à l'abbé Desfontaines; si, dans les choses désagréables qu'il a semées contre moi dans vingt de ses feuilles, il n'a point eu l'intention de m'outrager. Cependant, monsieur, je vous enverrai, si vous voulez, vingt lettres de mes amis, qui me parlent de son procédé avec beaucoup plus de chaleur que je n'en ai parlé moi-même. Enfin, monsieur, quoi qu'il en soit, j'oublierai tout. Les disputes des gens de lettres ne servent qu'à faire rire les sots aux dépens des gens d'esprit, et à déshonorer les talents, qu'on devrait rendre respectables. Je puis vous assurer qu'il y a plus d'un ennemi de l'abbé Desfontaines qui m'a écrit pour me proposer des vengeances que j'ai rejetées. Je souhaite qu'il revienne à moi avec l'amitié que j'avais droit d'attendre de lui; mon amitié ne sera pas altérée par la différence de nos opinions. Vous pouvez lui communiquer cette lettre.

Je vous suis attaché pour toute ma vie, avec bien de la reconnaissance.

CCCLXXIX. — A M. DE LA PLACE.

A Cirey en Champagne, le 11 novembre 1735.

J'ai reçu, monsieur, à la campagne où je suis depuis quelques mois, et où je compte rester encore du temps, la lettre dont vous m'avez honoré et les vers aimables qui l'accompagnent. De quelque main qu'ils soient, ils annoncent beaucoup de goût et de génie, deux choses rares, même séparément, et encore plus rares à trouver ensemble. Ma passion pour les belles-lettres me rend ami de quiconque les cultive. Personne ne me paraît avoir plus de droits à mon amitié et à mon estime que vous, monsieur, dont la jeunesse et les talents donnent tant d'espérance. Je n'ai que des louanges à vous donner, et bien des remercîments à vous faire, etc.

CCCLXXX. — A M. L'ABBÉ DESFONTAINES.

A Cirey, le 14 novembre.

Si l'amitié vous a dicté, monsieur, ce que j'ai lu dans la feuille trente-quatrième que vous m'avez envoyée, mon cœur en est bien plus touché que mon amour-propre n'avait été blessé des feuilles précédentes. Je ne me plaignais pas de vous comme d'un critique, mais comme d'un ami; car mes ouvrages méritent beaucoup de censure; mais moi je ne méritais pas la perte de votre amitié. Vous avez dû juger, à l'amertume avec laquelle je m'étais plaint à vous-même, combien vos procédés m'avaient affligé; et vous avez vu, par mon silence sur tous les autres critiques, à quel point j'y suis sensible. J'avais envoyé à Paris, à plusieurs personnes, la dernière scène, traduite de Shakspeare, dont j'avais retranché quelque chose pour la représentation d'Harcourt, et que l'on a encore beaucoup tronquée dans l'impression. Cette scène était accompagnée de quelques réflexions sur vos critiques. Je ne sais si mes amis les feront imprimer ou non ; mais je sais que, quoique ces réflexions aient été faites dans la chaleur de mon ressentiment, elles n'en étaient pas moins modérées. Je crois que M. l'abbé Asselin les a ; il peut vous les montrer, mais il faut regarder tout cela comme non avenu.

Il importe peu au public que la *Mort de César* soit une bonne ou une méchante pièce ; mais il me semble que les amateurs des lettres auraient été bien aises de voir quelques dissertations instructives sur cette espèce de tragédie qui est si étrangère à notre théâtre. Vous en avez parlé et jugé comme si elle avait été destinée aux comédiens français. Je ne crois pas que vous ayez voulu, en cela, flatter l'envie et la malignité de ceux qui travaillent dans ce genre ; je crois plutôt que, rempli de l'idée de notre théâtre, vous m'avez jugé sur les modèles que vous connaissez. Je suis persuadé que vous auriez rendu un service aux belles-lettres si, au lieu de parler en peu de mots de cette tragédie comme d'une pièce ordinaire, vous aviez saisi l'occasion d'examiner le théâtre anglais et même le théâtre d'Italie, dont elle peut donner quelque idée. La dernière scène, et quelques morceaux traduits mot pour mot de Shakspeare, ouvraient une assez grande carrière à votre goût. Le *Giulio Cesare* de l'abbé Conti[1], noble vénitien, imprimé à Paris il y a quelques années, pouvait vous fournir beaucoup. La France n'est pas le seul pays où l'on fasse des tragédies ; et notre goût, ou plutôt notre habitude de ne mettre sur le théâtre que de longues conversations d'amour, ne plaît pas chez les autres nations. Notre théâtre est vide d'action et de grands intérêts, pour l'ordinaire. Ce qui fait qu'il manque d'action, c'est que le théâtre est offusqué par nos petits-maîtres ; et ce qui fait que les grands intérêts en sont bannis, c'est que notre nation ne les connaît point. La politique plaisait du temps de Corneille, parce qu'on était tout rempli des guerres de la Fronde ; mais aujourd'hui on ne va plus à ses pièces. Si vous aviez vu jouer la scène entière de Shakspeare, telle que je l'ai vue, et telle que je l'ai à peu près traduite, nos déclarations d'amour et nos confidentes vous paraîtraient de pauvres choses auprès. Vous devez connaître, à la manière dont j'insiste sur cet article, que je suis revenu à vous de bonne foi, et que mon cœur, sans fiel et sans rancune, se livre au plaisir de vous servir, autant qu'à l'amour de la vérité. Donnez-moi donc des preuves de votre sensibilité et de la bonté de votre caractère. Écrivez-moi ce que vous pensez et ce que l'on pense sur les choses dont vous m'avez dit un mot dans votre dernière lettre. La pénitence que je vous impose est de m'écrire au long ce que vous croyez qu'il y ait à corriger dans mes ouvrages, dont on prépare en Hollande une très-belle édition. Je veux avoir votre sentiment

1. Antoine Schinella Conti, qui, plus tard, traduisit la *Mérope* de Voltaire en vers italiens. (Éd.)

et celui de vos amis. Faites votre pénitence avec le zèle d'un homme bien converti, et songez que je mérite, par mes sentiments, par ma franchise, par la vérité et la tendresse qui sont naturellement dans mon cœur, que vous vouliez goûter avec moi les douceurs de l'amitié et celles de la littérature.

CCCLXXXI. — A M. DE FORMONT.

A Cirey, 15 novembre.

Pourquoi vous rebuter d'un ouvrage si admirable, et auquel il manque si peu de chose pour être parfait? Nous n'avons dans notre langue que cette seule traduction du plus beau monument de l'antiquité; car je compte pour rien toutes les mauvaises qu'on a faites.

> Virgile, du sein du tombeau,
> Vous dit-il pas en son langage:
> « Il faut achever ton ouvrage,
> Quand je t'ai prêté mon pinceau? »

Je viens d'apprendre que la *Didon*, qui a fait tant de fracas sur notre théâtre, est une espèce de traduction d'un opéra italien de Metastasio, se disant poëte de l'empereur. Je tiens cette anecdote d'un jeune Vénitien[1] qui est ici. Personne ne sait cela en France, tant nous sommes bien instruits dans notre petit coin du Parnasse de ce qui se passe dans les autres coins!

Je n'ai point encore vu la traduction en prose de la première scène de la *Cléopatre* de Dryden. Tout ce que je peux vous dire, c'est qu'une traduction en prose, d'une scène en vers, est une beauté qui me montrerait son cul, au lieu de me montrer son visage; et puis, je vous dirai qu'il s'en faut beaucoup que le visage de Dryden soit une beauté. Sa *Cléopatre* est un monstre, comme la plupart des pièces anglaises, ou plutôt comme toutes les pièces de ce pays-là; j'entends les pièces tragiques. Il y a seulement une scène de Ventidius et d'Antoine qui est digne de Corneille. C'est là le sentiment de milord Bolingbrocke et de tous les bons auteurs; c'est ainsi que pensait Addison.

Je n'ai point encore lu la traduction que l'abbé du Resnel a faite de l'*Essai* de Pope[2]; mais comme cela n'est point intitulé *Réponse à Pascal*[3], il n'a rien à craindre.

Je vais tâcher d'avoir ce journal[4], où vous dites que je trouverai des absurdités métaphysiques, à propos de mes sentiments. Je sais qu'il est de l'essence d'un jésuite d'être mauvais philosophe; ce sont gens à qui on dicte, à l'âge de quinze ou vingt ans, des mots qu'ils prennent ensuite pour des idées. Je ne sais pas si Locke a raison, mais il en a bien l'air. J'ai beau chercher, je ne vois pas qu'on puisse jamais prouver que la matière ne saurait penser; mais, après tout, qu'importe,

---

1. Algarotti, auteur du *Neutonianismo per le dame*. (ÉD.)
2. L'*Essai sur l'Homme* (*on man*), traduit par du Resnel, ne parut qu'en 1737. (ÉD.)
3. Allusion aux *Remarques sur les Pensées de M. Pascal*. (ÉD.)
4. Le *Journal de Trévoux*. (ÉD.)

pourvu que nous pensions bien, c'est-à-dire que nous pensions de façon à nous rendre heureux? Je me trouve très-bien d'être matière, si j'ai des sensations et des idées agréables.

S'il vous vient quelque pensée sur cette *chape à l'évêque*, dont les hommes se débattent, faites-m'en un peu part, s'il vous plaît.

Candidus imperti.... ....
Hor., ép. VI, v. 68, liv. I.

Pour moi, j'ai envoyé à notre ami Cideville la dernière scène de la *Mort de César*, qui est très-mal imprimée et toute tronquée dans la misérable édition qu'on en a faite; je l'ai prié de vous en faire tenir une copie. Je vous envoie des bagatelles de ma façon, en attendant de vous des idées et des lumières; chacun donne ce qu'il a. Je vais grand train dans le *Siècle de Louis XIV*; je saute à pieds joints sur toutes les minuties que je trouve en mon chemin. C'est un taillis fourré où je me fais des grandes routes; je voudrais bien m'y promener avec vous. La sublime, la légère, l'universelle Émilie vous fait mille compliments. Linant croit qu'il fera une pièce, et je n'en crois rien. *Vale.*

CCCLXXXII. — A M. DE CIDEVILLE.

A Cirey, ce 25 novembre.

Que dites-vous, mon cher Cideville, des scélérats de commis de la poste? Nous avions, Linant et moi, mis bien proprement deux louis d'or, bien entourés de cire, dans un gros paquet adressé à sa pauvre sœur; et nous avions pris ce parti parce que le besoin était pressant. La malheureuse a bien reçu la lettre d'avis, mais point la lettre à argent. Pour remédier à cette violation cruelle du droit des gens, je m'adresse à M. le marquis. Ce M. le marquis me doit des monts d'or; il vous remettra les deux louis. Je m'adresse à vous pour cette petite commission, ne sachant en quel endroit du monde il se carre pour le présent.

J'ai la tête en compote, mon cher ami; je ne vous en écris pas davantage; je n'en ai pas la force. Qu'importe une longue lettre? c'est de longues amitiés qu'il faut.

Adieu, mon charmant ami. V.

CCCLXXXIII. — A M. THIERIOT.

A Cirey, le 30 novembre.

Vos fenêtres donnent donc à présent sur le Palais-Royal; j'aimerais mieux qu'elles donnassent sur la prairie et sur la petite rivière[1] que je vois de mon lit; mais on ne peut pas tout avoir à la fois, et il faut bien que M. de La Popelinière soit récompensé de son mérite, en ayant auprès de lui un homme aussi aimable que vous. Vous êtes le lien de la société; le nom de *compère* vous sied à merveille, en ce sens-là, comme on appelait certain philosophe, *la sage-femme des pensées d'autrui.*

Je suis enchanté de la bonne fortune que vous avez depuis six mois,

1. La Blaise. (ÉD.)

avec Locke. Vous me charmez de lire ce grand homme qui est, dans la métaphysique, ce que Newton est dans la connaissance de la nature. Quel est donc ce curé[1] de village dont vous me parlez? Il faut le faire évêque du diocèse de Saint-Vrain[2]. Comment! un curé, et un Français, aussi philosophe que Locke? Ne pouvez-vous point m'envoyer le manuscrit? Il n'y aurait qu'à l'envoyer, avec les lettres de Pope, dans un petit paquet, à Demoulin; je vous le rendrais très-fidèlement.

Si j'avais auprès de moi un domestique qui sût écrire, je ferais copier quelques chapitres d'une *Métaphysique* que j'ai composée pour me rendre compte de mes idées; cela vous divertirait peut-être de voir quelle espèce de philosophe c'est que l'auteur de *la Henriade* et de *Jeanne la Pucelle*. Vous auriez bien aussi quelques chants de *Jeanne*, car je sais que vous êtes discret et fidèle.

Le corsaire Desfontaines a bien les vices que vous n'avez pas. Vous connaissez cette guenille, que j'avais écrite au comte Algarotti; l'abbé Desfontaines me demande la permission de l'imprimer; je lui fais réponse, au nom de M. et Mme du Châtelet, qu'ils regarder ont cette impression comme une offense personnelle; je le prie et je lui recommande de se bien donner de garde de publier cette bagatelle; je lui fais sentir que ce qui est bon entre amis devient très-dangereux entre les mains du public. A peine a-t-il reçu ma lettre, qu'il imprime. Ce qui m'étonne, c'est que son examinateur sache assez peu le monde pour souffrir que le nom de Mme du Châtelet soit livré indignement à la malignité du pamphletier. Si M. et Mme du Châtelet se plaignent à M. le garde des sceaux, comme ils devraient faire, je suis persuadé que l'abbé Desfontaines se repentirait de son imprudence.

On m'a envoyé une nouvelle édition de *Jules César*. J'ai reconnu qu'elle était nouvelle à des différences considérables qui s'y trouvent. Il est donc absolument nécessaire de donner ce petit ouvrage tel qu'il est, puisqu'on l'a comme il n'est pas. L'abbé de La Mare se chargera de l'édition, et le peu de profit qu'on en pourra tirer sera pour lui. C'est une libéralité que vous lui ferez volontiers surtout à présent que vous êtes grand seigneur.

Si vous connaissiez quelque domestique qui sût bien écrire, envoyez-le-moi au plus vite; vous y gagnerez mille chiffons par an, vers, prose; vous me tiendrez lieu du public. Adieu, mon ami.

P. S. Qu'est-ce qu'une estampe de moi, qui se vend chez Odieuvre, près de la Samaritaine, cela veut dire, je crois, sur le Pont-Neuf? Il est juste que je sois avec mon héros. Voyez si cette estampe ressemble.

CCCLXXXIV. — A M. L'ABBÉ D'OLIVET.

A Cirey, par Vassy en Champagne, ce 30 novembre.

Je vous prie, mon cher maître en Apollon, d'envoyer à mon logis, vis-à-vis Saint-Gervais, votre petit antidote[3] contre le style imperti-

1. Meslier. (*Éd.*)
2. Saint-Vrain est une commune des environs d'Arpajon. (*Éd.*)
3. *Discours* prononcé le 25 août 1735, avant la distribution des prix, par l'abbé d'Olivet, directeur de l'Académie française. (*Éd.*)

nent dont nous sommes inondés. C'est une prescription contre la barbarie. J'attends ce Discours avec très-grande impatience; joignez-y la Vie du martyr [1] de Toulouse; je ne la garderai qu'un jour, et on la reportera chez vous.

Je vous abandonne Marc-Antoine; l'assassin de votre bon ami [2] que vous avez embelli en français, mérite bien votre indignation. Je ne vous avais envoyé cette scène [3] que pour vous faire connaître le goût du théâtre anglais, et point du tout pour vous faire aimer Antoine.

Avez-vous lu une lettre du P. Tournemine, qu'il a fait imprimer dans le *Journal de Trévoux*, au mois d'octobre? Il dispute bien mal contre M. Locke, et parle de Newton comme un aveugle des couleurs. Si des philosophes s'avisaient de lire cette brochure, ils seraient bien étonnés, et auraient bien mauvaise opinion des Français. En vérité nous sommes la crème fouettée de l'Europe. Il n'y a pas vingt Français qui entendent Newton. On dispute contre lui à tort et à travers, sans avoir lu ses démonstrations géométriques. Il me semble que je vois Thomas Diafoirus qui soutient thèse contre les circulateurs. Nous avons ici un noble vénitien [4] qui entend Newton comme les *Éléments d'Euclide*. Cela n'est-il pas honteux pour nos Français?

L'Académie des inscriptions, en corps, a voulu faire une devise (belle occupation!) pour les opérations mathématiques qu'on va faire vers l'équateur. Ils ont mis, dans leur inscription, que *l'on mesure un arc du méridien sous l'équateur*. Est-il possible que toute une académie fasse une ânerie pareille, et qu'il faille que M. Maffei, un étranger, redresse nos bévues?

Mais, dans votre académie, pourquoi ne recevez-vous pas l'abbé Pellegrin? Est-ce que Danchet serait trop jaloux? Vous savez qu'il y a vingt ans que je vous ai dit que je ne serais jamais d'aucune académie. Je ne veux tenir à rien dans ce monde, qu'à mon plaisir; et puis je remarque que telles académies étouffent toujours le génie, au lieu de l'exciter. Nous n'avons pas un grand peintre, depuis que nous avons une académie de peinture; pas un grand philosophe formé par l'Académie des sciences. Je ne dirai rien de la française. La raison de cette stérilité dans des terrains si bien cultivés, ce me semble, que chaque académicien, en considérant ses confrères, les trouve très-petits, pour peu qu'il ait de raison, et se trouve très-grand en comparaison, pour peu qu'il ait d'amour-propre. Danchet se trouve supérieur à Mallet, et en voilà assez pour lui; il se trouve au comble de la perfection. Le petit Coipel trouve qu'il vaut mieux que Detroi le jeune, et il pense être un Raphaël. Homère et Platon n'étaient, je crois, d'aucune académie. Cicéron n'en était point, ni Virgile non plus. Adieu, mon cher abbé; quoique vous soyez académicien, je vous aime et vous estime de tout mon cœur; vous êtes digne de ne l'être pas. *Vale*, et *me ama*.

Mandez-moi quel est le jésuite qui a fait les *Mémoires pour servir à*

1. *La vie et les sentiments de Lucilio Vanini*, par D. Durand. (Éd.)
2. D'Olivet avait déjà traduit plusieurs ouvrages de Cicéron. (Éd.)
3. La scène VIII, acte III, de la *Mort de César*. (Éd.) — 4. Alizarotti. (Éd.)

l'*Histoire* du dernier siècle, et celui qui a fait les *Mémoires chronologiques* sur les matières ecclésiastiques. Mais vous, que faites-vous ? ne m'en direz-vous point de nouvelles ?

CCCLXXXV. — A MM. LES COMÉDIENS FRANÇAIS.

Novembre.

Je ne sais, messieurs, si vous avez lu une tragédie[1] que j'avais composée, il y a deux ans, et dont je lus même chez moi les premières scènes à M. Dufresne. Je n'aurais jamais osé la présenter au théâtre. La singularité du sujet, la défiance où je dois toujours être sur mes faibles ouvrages, et le nombre de mes ennemis, m'avaient fait prendre le parti de ne la jamais exposer au public.

J'ai appris que M. Le Franc[3], s'étant fait rendre compte, il y a un an, du sujet de ma pièce, en a depuis composé une à peu près sur le même plan, et qu'il s'est hâté de vous la lire. Vous sentez bien, messieurs, que tout le mérite de ce sujet consiste dans la peinture des mœurs américaines, opposée au portrait des mœurs européanes : du moins c'est là mon seul avantage. Je ne doute pas que M. Le Franc, qui a au-dessus de moi les talents de l'esprit, et l'imagination que donne la jeunesse, n'ait embelli son ouvrage par des ressources qui m'ont manqué ; mais il arriverait que, si sa pièce était jouée la première, la mienne ne paraîtrait plus qu'une copie de la sienne ; au lieu que, si sa tragédie n'est jouée qu'après, elle se soutiendra toujours par ses propres beautés. Je n'aurais jamais travaillé sur un plan choisi par M. Le Franc. La considération et l'estime que j'ai pour lui m'en auraient empêché, autant que la crainte de me trouver son rival.

Il s'est dispensé d'un égard que j'aurais eu. Au reste, messieurs, soyez persuadés que, si je crains de passer après lui, c'est uniquement parce que ma pièce ne soutiendrait pas la comparaison avec la sienne. Votre intérêt s'accorde, en cela, avec le plaisir du public, qui applaudira toujours à M. Le Franc, en quelque temps que son ouvrage paraisse ; et la justice exige que celui qui a inventé le sujet passe avant celui qui l'a embelli. Je n'aurai que la préférence dangereuse et passagère d'être exposé le premier à la censure du public.

J'ai l'honneur d'être, avec l'estime que j'ai pour ceux qui cultivent les beaux-arts, et avec la reconnaissance que je dois à ceux qui ont si souvent orné mes faibles productions et fait pardonner mes fautes, votre, etc.

CCCLXXXVI. — AU P. TOURNEMINE.

1735.

L'estime et la respectueuse amitié que j'ai eues pour vous, depuis mon enfance, m'avaient inspiré de m'adresser à vous pour avoir la solution de quelques-uns de mes doutes. Non-seulement vous m'avez répondu avec autant d'esprit que de bonté, mais vous avez rendu votre

1. Ils sont de D'Avrigny. (ÉD.) — 2. *Alzire*. (ÉD.)
3. J. J. Lefranc de Pompignan. (ÉD.)

réponse publique, et vous l'avez même fortifiée de raisons et d'instructions nouvelles. L'obligation que je vous ai est devenue celle de tous les hommes qui cultivent leur raison.

C'est pour leur satisfaction, autant que pour la mienne, que je prends la liberté de vous demander encore de nouveaux éclaircissements, avec la confiance d'un disciple qui s'adresse à son maître.

Il s'agit de savoir si M. Locke, en examinant les bornes de l'entendement humain (sans aucun rapport à la foi), a eu raison de dire qu'*il est possible à Dieu de donner la pensée à la matière*. La question n'est pas de savoir si la matière pense par elle-même; ce sentiment est rejeté par M. Locke, comme absurde. Il ne s'agit pas non plus de savoir si notre âme est spirituelle ou non; le point de la question est uniquement de voir si nous avons assez de connaissance de la matière et de la pensée pour oser affirmer cette proposition : *Dieu ne peut communiquer la pensée à l'être que nous appelons matière*. Vous tenez avec beaucoup de philosophes que cela est impossible à Dieu.

Voici le premier argument que vous apportez.

Pour juger d'un objet, il faut l'apercevoir tout entier indivisiblement; et vous en concluez que l'âme est nécessairement un être simple, et que par conséquent elle ne peut être matière.

Cet argument, que vous appelez démonstration, laisse encore quelques doutes dans mon esprit, soit que je ne l'aie pas assez compris, soit que j'aie encore quelque préjugé qui m'empêche d'en apercevoir toute l'évidence.

Je me demande d'abord à moi-même pourquoi je reçois sans hésiter une démonstration géométrique; celle-ci, par exemple, que trois angles, dans tout triangle, sont égaux à deux droits; c'est que la conclusion est renfermée nécessairement dans une proposition évidente : il m'est évident que les grandeurs qui se mesurent par une quantité égale sont égales entre elles; or il m'est évident que deux angles droits valent 180 degrés, trois angles d'un triangle sont démontrés en valoir autant; donc il m'est évident qu'ils sont égaux en ce sens.

Mais après avoir fait tous mes efforts pour sentir l'évidence de cet axiome, *pour apercevoir un objet, il faut le voir indivisiblement*, non-seulement je n'en découvre pas la vérité, mais je n'en démêle pas même le sens.

Entendez-vous que plusieurs parties ne peuvent frapper une seule partie? mais cependant des lignes innombrables d'une circonférence aboutissent toutes à un point qui est le centre.

Entendez-vous que pour apercevoir un objet, il faut le voir tout entier? mais il n'y a aucun objet que nous puissions voir de cette façon; nous ne voyons jamais qu'une surface des choses.

Pour moi, j'avoue que si on me demande comment il faut faire pour apercevoir un objet, je réponds que je n'en sais rien du tout; c'est le secret du Créateur : je ne sais ni comment je pense, ni comment je vis, ni comment je sens, ni comment j'existe.

Et cette proposition, *pour apercevoir un objet, il faut le voir indivisiblement*, fait un sens si peu clair à mon esprit, que, si on me disoit au contraire : « Pour apercevoir un objet, il faut le voir divisiblement et par parties; » cela me paraîtrait beaucoup plus compréhensible. Je sens au moins qu'on me donnerait une idée très-claire de la chose que vous voulez prouver, si on me disait : « Une perception ne peut être divisible; on ne peut mesurer une pensée, elle n'est ni carrée ni longue; or la matière est divisible, mesurable, et figurée; donc une perception ne peut être matière. » Ou bien : « Ce qui est composé retient nécessairement l'essence de la chose dont il est composé; or si cette pensée était composée de matière, elle retiendrait l'essence de la matière, elle serait étendue; mais une pensée n'est point étendue, donc il implique contradiction qu'une pensée soit matière : or Dieu ne peut faire ce qui implique contradiction; donc Dieu ne peut composer la pensée de matière. » Voilà un argument qui serait clair et évident, et qui me paraîtrait avoir la force de la démonstration.

Mais cet argument, qui démontre que la pensée ne peut être le composé d'un corps, serait absolument étranger à la question présente. Car je ne dis ni que l'esprit soit matière, ni que la pensée soit un composé de matière, mais seulement qu'il n'est pas impossible à Dieu de joindre la pensée à cet être aussi inconnu que la pensée, lequel nous appelons matière.

Dieu ne peut faire les contradictoires; cela est vrai, parce que ce n'est pas un pouvoir de faire ce qui est absurde; c'est, au contraire, une négation du pouvoir : il reste donc à examiner où est la contradiction que la matière puisse recevoir de Dieu la pensée.

Pour savoir de quoi une chose est ou n'est pas capable, il faut la connaître entièrement. Or nous ne connaissons rien de la matière; nous savons bien que nous avons certaines sensations, certaines idées; par exemple, dans un morceau d'or nous apercevons de l'étendue, de la dureté, de la pesanteur, d'une couleur jaune, de la ductilité, etc.; mais cette substance, ce sujet, cet être à quoi tout cela est attaché, nous ne savons pas plus ce que c'est, que nous ne savons comment sont faits les habitants de Saturne.

Si Dieu a voulu que certains corps organisés pensent, ce n'est ni comme étendus ni comme divisibles qu'ils pensent. Ils auront la pensée indépendamment de tout cela, parce que Dieu la leur aura donnée. Je ne conçois pas comment la matière pense; je ne conçois pas non plus comment un esprit pense. N'est-il pas vrai que Dieu peut créer un être doué de mille qualités inconnues à moi, sans lui communiquer ni la pensée ni l'étendue? ne peut-il pas ensuite donner la faculté de penser à cet être? et après lui avoir donné cette faculté, ne peut-il pas lui communiquer l'étendue? Or, si Dieu peut communiquer à une substance l'étendue après la pensée, pourquoi ne peut-il pas lui donner la pensée après l'étendue?

Mais, dit-on, l'âme est immortelle. Cela est vrai; la foi nous le dit, et personne n'en doute chez les chrétiens. Mais ce dogme empêche-t-il que Dieu ne puisse joindre la pensée et l'étendue dans un même sujet? Au contraire, si une certaine étendue existe avec la faculté de penser, il est sûr que cette étendue ne périt point; elle ne fait que changer de qualité et de place : et il est aussi facile à Dieu de lui conserver la pensée, qu'il lui a été facile de la lui donner ; car la pensée étant l'action de Dieu sur la matière, rien n'empêche Dieu d'agir toujours.

On pourra me faire encore cette objection : « Quelle est la partie à qui Dieu aura donné la pensée ? cette partie n'est-elle pas divisible pendant toute l'éternité ? n'est-il pas à croire qu'elle perdra toujours quelque chose d'elle-même ? Or, à quelle petite particule de cette petite partie restera le don de penser ? Si vous dites que c'est à la partie droite, je la divise et la retranche de son tout ; alors il arrivera nécessairement une de ces trois choses : ou il y aura deux êtres pensants au lieu d'un ; ou bien ni l'un ni l'autre ne sera pensant ; ou cet être, ayant perdu la moitié de soi-même, aura perdu la moitié de sa pensée ; ou Dieu donnera à la petite particule restante ce don de penser qu'avait, auparavant toute la partie. Les trois cas sont absurdes ; donc il est impossible que la pensée puisse subsister toujours avec la même matière. » Je n'ai vu cet argument nulle part ; je me le fais à moi-même, et il me paraît assez pressant. Il sert à me faire voir la faiblesse de mes compréhensions, mais il ne me prouve point que Dieu ne puisse conserver à une petite partie de mon corps, pendant toute l'éternité, ce qu'il lui aura donné dans le temps de ma vie.

Il est sûr que si la matière, par le mouvement continuel où elle est, va toujours se divisant à l'infini, il est impossible d'imaginer comment une partie qui se divisera toujours, conservera toujours la pensée. Mais, premièrement, cette partie, à qui Dieu l'aura donnée, peut fort bien en elle-même demeurer un individu, comme notre corps en est un ; et en cela je n'apercevrais point de contradiction.

En second lieu, la matière n'est pas divisible à l'infini physiquement. Il est nécessaire qu'il y ait des parties parfaitement solides ; s'il n'y en avait pas, il n'y aurait point de matière. Car les pores des corps augmentent à mesure que les parties solides des corps diminuent ; ainsi les pores croissant à l'infini, et les parties solides diminuant à l'infini, le solide deviendrait *zéro* et les pores *infinis*, etc. Donc il est nécessaire qu'il y ait des parties parfaitement solides ; donc il est aisé de concevoir qu'une de ces parties solides soit impérissable, et que Dieu lui communique à jamais la pensée et le sentiment.

Si tout était matière, dites-vous, d'où l'âme matérielle aurait-elle tiré l'idée d'un être immatériel ?

1° Dieu, qui nous donne nos idées, pourrait fort bien nous donner celle d'un être immatériel, d'un être essentiellement différent de nous, puisque, quand même nous serions purs esprits, nous ne laisserions pas d'avoir une idée de Dieu, qui cependant est quelque chose d'essentiellement différent de tout pur esprit créé.

2° Je réponds que nous recevons l'idée d'un être immatériel, comme l'idée de l'infini nous vient sans que nous soyons infinis pour cela.

Je passe ce que vous dites d'une poupée et d'un enfant, persuadé que vous ne voulez point parler sérieusement.

Vous prétendez que quand on dit *je* et *moi* et *unité*, cela prouve que nous connaissons ce que c'est que l'esprit.

Je et *moi* signifie-t-il autre chose que ma personne? et une unité n'est-elle pas aussi bien une unité de matière qu'une autre substance?

Vous me dites que les esprits forts répondent à cela qu'ils n'ont aucune idée ni d'esprit, ni de matière, ni de vertu, ni de vice : il ne s'agit assurément ici ni de vertu ni de vice; et M. Locke, le plus sage et le plus vertueux de tous les hommes, était bien loin d'avancer une impiété aussi absurde et aussi horrible. Pour vous prouver, non pas que notre pensée est une action de Dieu sur la matière, mais qu'elle peut être une action de Dieu sur la matière, et, ce qu'il faut toujours répéter, qu'il n'est pas impossible à l'être infiniment puissant de faire penser un corps, je vous avais apporté l'exemple des bêtes; vous me répondez : *La bête sera ce qu'il vous plaira.* Je vous supplie d'examiner la chose avec un peu d'attention, il me paraît qu'elle en vaut la peine.

Toute question n'est pas susceptible de démonstration, mais il faut examiner ce qui est le plus probable; non pas pour le croire fermement, mais pour croire au moins qu'il est probable.

Or il est de la plus grande probabilité que les bêtes ont des sentiments, des idées, de la mémoire, etc. Je n'entrerai pas ici dans les preuves d'expérience, dont on ferait des volumes, mais je dirai en philosophe: « Les bêtes ont les mêmes organes de sentiment que nous; la nature ne fait rien en vain; donc Dieu ne leur a point donné des organes de sentiment pour qu'elles n'aient point de sentiment; donc elles en ont comme nous. »

Si on me dit à cela que les ressorts que je prends pour organes de leurs cinq sens sont seulement en eux les organes de la vie, je réponds que les animaux peuvent avoir la vie sans leurs cinq sens, puisqu'il y en a qui n'ont que trois ou deux sens, et qui vivent; donc les organes des sens leur sont donnés pour autre chose que pour la vie; donc ils ont du sentiment; donc ils ont cela de commun avec nous. Or, ou Dieu a ajouté le sentiment à ces portions de matière, ou il leur a donné une âme spirituelle et immortelle. On est donc réduit à dire, ou qu'une puce a une âme immortelle, ou que Dieu a donné à la matière le don de sentir; or s'il a pu accorder à certains corps la sensation, pourquoi lui sera-t-il impossible d'accorder la pensée à d'autres?

Pour prouver encore qu'on ne peut dire qu'il soit impossible à Dieu de donner, par son action, la pensée au corps, et pour faire voir combien il est faux de dire, *ce qui n'est pas divisible ne peut appartenir à la matière,* je vous avais apporté l'exemple du mouvement.

Le mouvement n'est pas divisible; la vie, la végétation, l'électricité, ne sont pas divisibles; cependant l'électricité, la vie, la végétation, le mouvement appartiennent à la matière; donc la matière a des propriétés, et peut-être sans nombre, qui ne sont pas divisibles. Il peut y avoir du plus ou du moins dans ces propriétés; il y en a aussi dans la propriété de la pensée. Un corps est plus ou moins en mouvement, une pensée est plus ou moins vive, plus ou moins forte, plus ou moins claire.

Je vous avais surtout apporté l'exemple de la gravitation, qui est un principe qui agit à des distances immenses, qui semble n'avoir rien de corporel, et qui cependant est le grand ressort de la nature. Je vous avais demandé ce que vous en pensiez et si vous le connaissiez ; et là-dessus voici comme vous me faites l'honneur de me répondre : « Oui, monsieur, les corps pèsent ; les calculs du célèbre Newton ne m'en convainquent pas plus que les sens. Un corps pèse sur l'autre, c'est-à-dire qu'un corps pousse l'autre. »

Je soupçonne qu'il y a là quelque faute du libraire, car il n'est pas vraisemblable que ce soit là le sentiment d'un homme aussi savant que vous. Vous n'ignorez pas, sans doute, ce que c'est que cette propriété de la nature appelée *gravitation*, ou *attraction*, ou *force centripète*; et si je vous le demandais, vous me répondriez, avec Newton et avec tous ceux qui ont étudié les vérités découvertes par ce grand homme : « La gravitation, l'attraction est la propriété par laquelle tous les corps tendent à s'approcher les uns des autres, sans aucun besoin d'une impulsion étrangère et de matière intermédiaire; et cela en raison directe de la quantité de leur masse et en raison double inverse des distances. » Cette propriété de la matière, inconnue jusqu'à nous, a été découverte et prouvée, je dis prouvée par ce grand philosophe, et ses preuves sont toutes fondées sur les lois de Kepler que les planètes observent dans leurs révolutions, sur les inégalités des mouvements dans les globes célestes, qui toutes confirment cette admirable loi des forces centripètes.

Ainsi il ne s'agit pas ici de l'impulsion des corps et de la communication du mouvement, quoique l'impulsion des corps et la communication du mouvement soient encore une propriété de la matière, qui n'a rien de commun avec la divisibilité.

Il s'agit de ce pouvoir réel de gravitation, d'attraction, de forces centripètes, qui dirigent les planètes autour du soleil, et la lune autour de la terre, selon des lois mathématiques qui excluent nécessairement tout ce prétendu fluide, et cette chimère de tourbillons qu'on avait supposés si gratuitement.

Ce pouvoir démontré est précisément tout le contraire de ce que vous dites. *Un corps*, dites-vous, *pèse*, c'est-à-dire *il pousse et ne pousse qu'autant qu'il est poussé*. Non, mon père, le soleil n'est point poussé, et Saturne n'est point poussé.

Mais le soleil et Saturne s'attirent, gravitent, pèsent l'un sur l'autre, selon la quantité directe de leur masse, et selon la raison inverse du carré de leur éloignement; et il n'y a point entre eux ni autour d'eux de fluide qui puisse ni leur faire une résistance sensible, ni diriger leur mouvement. Il y a donc certainement un principe de gravitation, d'attraction, que nous ne connaissons pas, qui agit d'une manière surprenante, et qui n'a aucun rapport aux autres propriétés de la matière. Ce principe, vous avais-je dit, est interne, inhérent dans les corps; et là-dessus vous me répondez que jamais Newton n'a admis ce principe inhérent et interne dans les corps, et que s'il l'avait admis, on se serait moqué de lui. Si vous entendez par principes ou propriétés inhérentes une propriété essentielle, il est très-vrai que Newton ne dit pas que le principe des forces centripètes soit essentiel à la matière ainsi que l'étendue. Peu importe qu'il se soit servi des termes *inhérent* et *interne* dont je me sers. Tout ce qu'on entend par ce mot *inhérent*, c'est que toute matière a reçu de Dieu ce principe qui est en elle; que toute particule de matière a la propriété, tant qu'elle est matière, de graviter l'une vers l'autre, comme l'or a la propriété inhérente de peser plus que l'argent, comme l'eau a la propriété inhérente d'être fluide à un certain degré de température. Je ne vois pas comment, en disant cela, Newton se serait exposé à la dérision des philosophes, comme vous le dites.

Vous m'apprenez ensuite que M. Newton a poussé plus loin qu'aucun philosophe l'observation des mouvements qui approchent les corps, ou qui les éloignent les uns des autres. Il semble par ces paroles que Newton n'aurait fait autre chose que de pousser plus loin qu'un autre ces recherches triviales sur les lois du mouvement; comme, par exemple, que la quantité de mouvement est le produit de la masse par la vitesse, etc. Ce n'est point du tout cela, encore une fois, dont il s'agit; c'est du pouvoir des forces centripètes, qui font que le soleil, par exemple, étant dans l'un des foyers d'une ellipse, le corps placé dans la circonférence de cette ellipse doit nécessairement parcourir des espaces égaux en temps égaux, et que la force centripète augmente à mesure que le corps approche de celui des foyers de l'ellipse où est le soleil. Encore une fois, sans vous répéter ici toutes ces combinaisons, les forces centripètes, l'attraction, la gravitation, sont une nouvelle loi de la nature aussi certaine et aussi inconnue que la vie des animaux et la végétation des plantes, le mouvement, et l'électricité.

Vous parlez ensuite de M. Newton ainsi : « Ce sage observateur déclare nettement (section II, p. 172) qu'en regardant tous les corps comme des espèces d'aimants, il s'en tient aux mouvements apparents, de quelque cause qu'ils viennent, et sans toucher aux systèmes différents qui les rapportent à quelque impulsion, à l'action de la matière subtile ou éthérée. »

Je n'ai pas ici l'ouvrage dont vous citez cette page 172; mais, sans avoir sous les yeux cet ouvrage, je sais fort bien que M. Newton, en vingt endroits, réclame contre l'injustice ridicule et absurde qu'il y aurait à lui reprocher d'admettre les qualités occultes des péripatéticiens. Il a soin de déclarer expressément qu'il ne sait point ce que c'est que cette propriété qu'il appelle du nom de gravitation, de force centripète, d'attraction. Il a hasardé sur cela quelques conjectures très-faibles; mais enfin, il n'est pas moins démontré que cette propriété, inconnue jusqu'à lui, existe réellement; c'est le seul point dont il est ici question. Il y a une propriété dans la matière, laquelle agit sans contact, sans véhicule, à des distances immenses; donc la matière peut avoir d'autres propriétés que celle d'être divisible.

La matière a probablement mille autres facultés que nous ne connaissons pas.

Vous me dites ensuite : « La faculté d'attirer et repousser, de peser en poussant, n'enferme que du mouvement, du poids, de la mesure; donc ce sont des propriétés d'un être divisible. » Il est vrai que ce sont des propriétés d'un être qui d'ailleurs est divisible; mais ce n'est pas parce qu'il est divisible qu'il a ces propriétés. La matière est physiquement divisible, c'est-à-dire ses parties solides adhérentes les unes aux autres sont séparables, et ces parties adhérentes ensemble, qui composent un tout comme notre globe, ont ensemble la faculté d'attraction, de gravitation : mais chaque particule solide de cet univers a en soi la même faculté, et un atome gravite vers un atome, comme la Terre, Mars, Jupiter, vers le soleil leur centre.

La gravitation, le mouvement, appartiennent donc à toute la matière que nous connaissons. Il y a nécessairement des parties solides; donc ce n'est point en tant que divisible que la matière a la propriété de l'attraction; donc, encore une fois, il y a des principes dans la matière indépendants de la divisibilité; donc c'est une grande témérité d'assurer que Dieu ne peut joindre la pensée à la matière, sur cette faible et obscure raison que la matière est divisible. Encore une fois, on ne vous dit pas que le Créateur ait donné à la matière la pensée, on ne saurait trop le répéter; on vous dit seulement que des êtres aussi peu éclairés que nous le sommes, doivent être bien retenus quand il s'agit de prononcer ce que l'Être infini et tout-puissant peut faire ou ne peut pas faire.

Vous me dites ensuite que le mouvement, la pesanteur des corps, nous indiquent Dieu, nous conduisent à Dieu; et ensuite vous parlez de ceux qui doutent de l'existence de Dieu.

On croirait, par ces paroles, que vous voudriez jeter quelques soupçons de cette horrible et impertinente incrédulité sur Newton et sur Locke, et sur ceux qui ont éclairé leur esprit des lumières de ces grands hommes. Ce n'est pas assurément votre intention; vous avez le cœur trop droit, vous avez un esprit trop juste pour ne pas reconnaitre que toute la philosophie de Newton suppose nécessairement un premier moteur. Vous savez avec quelle supériorité de raison Locke a prouvé avant Clarke l'existence de cet Être suprême. Newton et Locke, ces deux sublimes ouvrages du Créateur, ont été ceux qui ont démontré son existence avec le plus de force; et les hommes, en cela, comme dans tout le reste, doivent faire gloire d'être leurs disciples.

Je ne sais pas, en vérité, à propos de quoi vous parlez de libertinage, de passions et de désordres, quand il s'agit d'une question philosophique de Locke, dans laquelle son profond respect pour la Divinité lui fait dire simplement qu'il n'en sait pas assez *pour oser borner la puissance de l'Être suprême.*

Il était bien loin, ce grand homme, d'être courbé vers la terre, et d'être plongé dans les voluptés, lui qui a passé sa vie, non-seulement à éclairer l'entendement des hommes, mais à leur enseigner, par son exemple, la pratique des vertus les plus sévères et les plus aimables. M. Newton a été aussi vertueux qu'il a été grand philosophe : tels sont, pour la plupart, ceux qui sont bien pénétrés de l'amour des sciences, qui n'en font point un indigne métier, et qui ne les font point servir aux misérables fureurs de l'esprit de parti. Tel a été le docteur Clarke; tel était le fameux archevêque Tillotson; tel était le grand Galilée; tel notre Descartes; tel a été Bayle, cet esprit si étendu, si sage et si pénétrant, dont les livres, tout diffus qu'ils peuvent être, seront à jamais la bibliothèque des nations. Ses mœurs n'étaient pas moins respectables que son génie. Le désintéressement et l'amour de la paix comme de la vérité étaient son caractère; c'était une âme divine. M. Basnage, son exécuteur testamentaire, m'a parlé de ses vertus les larmes aux yeux. Cependant, je ne sais par quelle fatalité un des hommes les plus respectables de votre société, un homme plus célèbre encore par sa vertu que par son éloquence, a pu être trompé au point de dire, dans un de ses discours publics, en parlant de Bayle : *Probitatem non do*, « je lui refuse la probité. »

CCCLXXXVII. — A M. BERGER.

A Ciray, le 1er décembre.

Au nom de Rameau, ma froide veine se réchauffa, monsieur. Vous me dites qu'il a besoin de quelque guenille pour faire exécuter des morceaux de musique chez M. le prince de Carignan. Voici de mauvais vers, mais tels qu'il les faut, je crois, pour faire briller un musicien. S'il veut brocher de son or cette étoffe grossière, la voici :

Fille du ciel, ô charmante Harmonie!
Descendez, et venez briller dans nos concerts;
La nature imitée est par vous embellie.
Fille du ciel, reine de l'Italie,
Vous commandez à l'univers.
Brillez, divine Harmonie,
C'est vous qui nous captivez.
Par vos chants vous vous élevez
Dans le sein du dieu du tonnerre;
Vos trompettes et vos tambours
Sont la voix du dieu de la guerre.
Vous soupirez dans les bras des Amours.
Le Sommeil, caressé des mains de la Nature,
S'éveille à votre voix;
Le badinage avec tendresse
Respire dans vos chants, folâtre sous vos doigts.
Quand le dieu terrible des armes
Dans le sein de Vénus exhale ses soupirs,
Vos sons harmonieux, vos sons remplis de charmes,
Redoublent leurs désirs.
Pouvoir suprême,
L'Amour lui-même
Te doit des plaisirs.
Fille du ciel, ô charmante Harmonie! etc.

Il me semble qu'il y a là un *rimbombo* de paroles et une variété sur laquelle tous les caractères de la musique peuvent s'exercer. Si Orphéo-Rameau veut couvrir cette misère de doubles croches, *ella è padrone*, pourvu qu'on ne me nomme point.

S'il avait demandé M. de Fontenelle, ou quelque autre honnête homme, pour examinateur, il aurait fait jouer *Samson*, et je lui aurais fait tous les vers qu'il aurait voulu. Peut-être en est-il temps encore. Quand il voudra, je suis à son service. Je n'ai fait *Samson* que pour lui. Je partageais le profit entre lui et un pauvre diable de bel esprit. Pour la gloire, elle n'eût point été partagée, il l'aurait eue tout entière.

Écrivez-moi souvent : vos lettres valent mieux que de l'argent et de la gloire. Vous êtes le plus aimable correspondant du monde, bon ami de près et de loin. Je vous embrasse, et suis à vous pour la vie.

P. S. Qu'est-ce qu'une estampe de moi, qui se vend chez Odieuvre ? Voyez cela, je vous prie ; j'en ferai venir pour le bailli du village, au cas que cela soit ressemblant.

Vous m'avez parlé d'une gravure où j'ai l'honneur d'être avec le berger, le philosophe, le galant Fontenelle. J'aimerais mieux cette gravure que l'estampe. Étant derrière Fontenelle, on est sûr d'être au moins regardé ; mais, étant seul, on ne m'ira point déterrer. *Vale.*

CCCLXXXVIII. — A M. Thieriot.

A Cirey, 2 décembre, à quatre heures du matin.

La date vous fera voir que je n'ai pas le temps de vous écrire une longue épître. On vient de m'avertir que plusieurs chants de la *Pucelle* courent dans Paris. Ou c'est quelque poëme qu'on met sous mon nom, ou un copiste infidèle a transcrit quelques-uns de ces chants. Dans l'un ou dans l'autre cas, il faut que je sois instruit de bonne heure de la vérité. Je vous jure, par cette même vérité que vous me connaissez, que je n'ai jamais prêté le manuscrit à personne, puisque je ne l'ai pas prêté à vous-même. Si quelqu'un m'a trahi, ce ne peut être qu'un nommé Dubreuil, beau-frère de Demoulin, qui a copié l'ouvrage il y a six mois. M. Rouillé prétend qu'il en court des copies. Voyez, informez-vous ; que votre amitié se trémousse un peu. Il est d'une conséquence extrême que je sois averti. Il faudra enfin que j'aille mourir dans les pays étrangers ; mais, en récompense, les Hardion, les Danchet, etc., prospèrent en France.

J'avais commencé une tragédie où je peignais un tableau assez singulier du contraste de nos mœurs avec les mœurs du Nouveau-Monde. On a dit, il y a quelques mois, mon sujet au sieur Le Franc ; qu'a-t-il fait ? Il a versifié dessus ; il a lu sa pièce à nos seigneurs les comédiens, qui l'ont envoyée à la révision. Le petit homme est un *tantinetto* plagiaire ; il avait pillé sa pauvre *Didon* tout entière d'un opéra italien de Metastasio. Mais il prospérera avec les Danchet et les La Serre, et moi j'irai languir à la Haye ou à Londres. Adieu ; réponse, et prompte.

CCCLXXXIX. — Au même.

A Cirey, 17 décembre.

Vous êtes le plus aimable ami, le plus exact et le plus tendre qu'il y ait au monde. Vous écrivez aussi régulièrement qu'un homme d'affaires, et vous avez les sentiments d'une maîtresse. Par quel remerciment commencerai-je? J'accepte d'abord le valet de chambre écrivain, pourvu qu'il ne soit ni dévot ni ivrogne, deux qualités également abominables. Il copiera toutes mes guenilles, que je corrige tous les jours, et que je vous destine. J'ai envoyé à MM. de Pont-de-Veyle et d'Argental la tragédie en question, avec cette clause qu'elle serait communiquée à vous, mon cher ami, et à vous seul. Ainsi, lorsque vous voudrez, passez chez ce M. d'Argental, chez cette aimable et bienfaisante créature, qui ne cesse de me combler de ses bons offices. A présent que cette pièce envoyée me donne un peu de loisir, revenons à Orphée-Rameau. Je lui avais craché de petits vers pour un petit duo. On pourrait, en allongeant la litanie, faire de cela un morceau très-musical. C'est la louange de la musique; on y peut fourrer tous ses attributs, tous ses caractères. Le génie de notre Orphée se trouverait au large.

Je ferai de *Samson* tout ce qu'on voudra, c'est pour lui (Rameau); c'est pour sa musique mâle et vigoureuse que j'avais pris ce sujet.

Vous faites trop d'honneur à mes paroles de dire qu'il y a trois personnages. Je n'en connais que deux, Samson et Dalila; car pour le roi, je ne le regarde que comme une basse-taille des chœurs. Je voudrais bien que Dalila ne fût point une Armide. Il ne faut point être copiste. Si j'en avais cru mes premières idées, Dalila n'eût été qu'une friponne, une Judith, p..... pour la patrie, comme dans la sainte Écriture; mais autre chose est la *Bible*, autre chose est le parterre. Je serais encore bien tenté de ne point parler des cheveux plats de Samson. Faisons-le marier dans le temple de Vénus la Sidonienne, de quoi le Dieu des Juifs sera courroucé; et les Philistins le prendront comme un enfant, quand il sera bien épuisé avec la Philistine. Que dit à cela le petit Bernard? J'ai corrigé et refondu le *Temple du Goût* et beaucoup de pièces fugitives; et malgré vos leçons, je suis à la bataille d'Hochstedt. Je passe mes jours dans les douceurs de la société et du travail, et je ne regrette guère que vous. Je voudrais être aussi bien auprès de Pollion que vous auprès d'Émilie.

CCCXC. — A M. BERGER.

A Cirey, le 22 décembre.

Vous êtes un ami charmant. Vos lettres ne sont pas seulement des plaisirs pour moi, elles sont des services solides. Je savais ce que vous me mandez de l'abbé de La Mare[2]. Vos réflexions sont très-sages. Je ne peux que louer sa reconnaissance et craindre la malignité du public. J'ai retranché, comme vous croyez bien, toutes les louanges que l'amitié de ce jeune homme, trompé en ma faveur, me prodiguait assez imprudemment, et qui nous auraient fait tort à l'un et à l'autre. Je l'ai prié de ne m'en donner aucune. A la bonne heure que, en faisant imprimer une édition de *Jules César*, il réfute, en passant, les calomnies dont m'ont noirci ceux qui prennent la peine de me haïr. Je ne

1. *Alzire*. (Éd.)
2. La Mare, abbé et poète, né à Quimper en 1706, donna, en 1736, une édition de la *Mort de César*. (Éd.)

crois pas que ce soit une chose que je puisse empêcher, s'il ne se tient qu'à des faits, s'il ne me loue point, s'il ne se commet avec personne, s'il parle simplement et sans art. Mais il faut que sa préface soit écrite avec une sagesse extrême, et que sa conduite y réponde.

Je n'ai point gardé de copie de ces vers pour Orphée-Rameau; mais je me souviens de l'idée, et, quand j'aurai plus de santé et de loisir, je ferai ce qu'il voudra. Il a bien raison de croire que *Samson* est le chef-d'œuvre de sa musique; et, quand il voudra le donner, il me trouvera toujours prêt à quitter tout pour rimer ses doubles croches.

Il est vrai, mon cher monsieur, que j'avais composé une tragédie dans laquelle j'avais essayé de faire un tableau des mœurs européennes et des mœurs américaines. Le contraste régnait dans toute la pièce, et je l'avais travaillée avec beaucoup de soin; mais j'avais peur d'y avoir mis plus de travail que de génie; je craignais la haine opiniâtre de mes ennemis et l'indisposition du public. Je me tenais tranquille, loin de toute espèce de théâtre, attendant un temps plus favorable; mais une personne instruite du sujet de ma pièce (qui n'est point *Montézume*[1]), en ayant parlé à M. Le Franc, il s'est hâté de bâtir sur mon fonds; et je ne doute pas qu'il n'ait mieux réussi que moi. Il est plus jeune et plus heureux. Il est vrai que, si j'avais eu un sujet à traiter, je ne lui aurais pas pris le sien. J'aurais eu pour lui cette déférence que la seule politesse exige. Tout ce que je peux faire, à présent, c'est de lui applaudir, si sa pièce est bonne, et d'oublier son mauvais procédé, à proportion du plaisir que me feront ses vers. Je ne veux point de guerre d'auteurs. Les belles-lettres devraient lier les hommes; elles les rendent d'ordinaire ennemis. Je ne veux point ainsi profaner la littérature, que je regarde comme le plus bel apanage de l'humanité. Adieu, monsieur; je suis bien touché des marques d'amitié que vous me donnez; et c'est pour la vie.

CCCXCI. — A M. Thieriot.
À Cirey, le 25 décembre.

Je suis toujours d'avis qu'il ne soit plus question des grands cheveux plats de Samson; je gagnerai à cela une sottise sacrée de moins, et ce sera encore une scène de récitatif retranchée. Je n'entends pas trop ce qu'on veut dire par une Dalila intéressante. Je veux que ma Dalila chante de beaux airs, où le goût français soit fondu dans le goût italien. Voilà tout l'intérêt que je connais dans un opéra. Un beau spectacle bien varié, des fêtes brillantes, beaucoup d'airs, peu de récitatifs, des actes courts, c'est là ce qui me plaît. Une pièce ne peut être véritablement touchante que dans la rue des Fossés-Saint-Germain[2]. *Phaéton*, le plus bel opéra de Lulli, est le moins intéressant.

Je veux que le *Samson* soit dans un goût nouveau; rien qu'une scène de récitatif à chaque acte, point de confident, point de verbiage. Est-ce que vous n'êtes pas las de ce chant uniforme et de ces eu

1. Le bruit avait couru et des journaux avaient annoncé que la tragédie de Voltaire était intitulée *Montézume*. (Éd.)
2. Le Théâtre-Français y a été de 1689 à 1770. (Éd.)

perpétuels qui terminent, avec une monotonie d'antiphonaire, nos syllabes féminines? C'est un poison froid qui tue notre récitatif. Mandez-moi sur cela l'avis de Pollion et de Bernard.

Ne pourriez-vous point savoir ce que le plagiaire de Métastasio et le mien a pris de mes Américains? J'aurais peut-être le temps de changer ce qu'il a imité. Je ferais comme les gens qu'on a volés, qui changent les gardes de la serrure. Si vous voyez M. le bailli de Froulai et M. le chevalier d'Aidie, dites, je vous en prie, à cette paire de loyaux chevaliers combien je suis reconnaissant de leurs bontés. M. de Froulai a parlé en vrai Bayard au garde des sceaux.

Qu'est-ce donc que cette mauvaise pièce intitulée *le Tocsin de la Cour?* On dit que c'est le laquais de La Serre ou de Roi qui en est l'auteur. M. le garde des sceaux a-t-il si peu de goût que de me soupçonner de ces bassesses et de ces misères? Je suis bien las de toutes ces vexations; et, si je n'avais pas le bonheur de vivre à Cirey, dans le sein de la vertu, des beaux-arts, de l'esprit et de l'amitié, auprès de la personne la plus respectable qui soit au monde, je dénicherais bien vite de France.

CCCXCII. — AU MÊME.

2e décembre.

J'ai reçu à la fois, mon cher et véritable ami, vos deux lettres. Vous savez bien que la seule amitié était le lien qui me retenait en France. Voilà la divinité à qui je sacrifiais ma liberté; mais enfin la rage de mes ennemis l'emporte, et la calomnie m'arrache le seul bien où mon cœur était attaché. Je vais, par les conseils mêmes des personnes qui daignaient passer leur vie avec moi, chercher dans une solitude plus profonde le repos qu'on m'envie. Je fais par une nécessité cruelle ce que Descartes faisait par goût et par raison; je fuis les hommes, parce qu'ils sont méchants.

Quand vous m'écrirez, envoyez dorénavant vos lettres à Demoulin, sans dessus, ou bien à M. Dufaure; il me les fera tenir.

Je vous jure, sur l'amitié que j'ai pour vous, que quiconque dira que j'ai laissé copier quatre vers de l'ouvrage en question, est un imposteur.

Si M. le garde des sceaux a dans son portefeuille quelque pièce sous le nom de la *Pucelle*, c'est apparemment l'ouvrage de quelqu'un qui a voulu m'attribuer son style, pour me déshonorer et pour me perdre.

J'attendais de M. le garde des sceaux qu'il me rendrait plus de justice. Peut-être le cardinal de Richelieu, Louis XIV et M. Colbert, m'eussent protégé. Quelque persécution injuste et cruelle que j'aie essuyée de sa part, je ne me plaindrai jamais de lui ni de personne, pas même de l'abbé Desfontaines, qui s'est signalé par de si noires ingratitudes. J'achèverai en paix, sans murmure, et sans bassesse, le peu de jours que la nature pourra permettre que je vive, loin des hommes, dont je n'ai que trop éprouvé la méchanceté.

Je serais inconsolable, si vous n'en étiez pas plus assidu à m'écrire. Je ne me sens capable d'oublier tant d'injustices des autres qu'en faveur de votre amitié.

Mme du Châtelet a lu la préface que m'a envoyée le petit La Mare. Nous en avons retranché beaucoup, et surtout les louanges; mais, pour les faits qui y sont, nous ne voyons pas que je doive en empêcher la publication. C'est une réponse simple, naïve, et pleine de vérité, à des calomnies atroces et personnelles imprimées dans vingt libelles. Il y aurait un amour-propre ridicule à souffrir qu'on me louât, mais il y aurait un lâche abandon de moi-même à souffrir qu'on me déshonore. L'ouvrage de La Mare nous paraît à présent très-sage, et même intéressant. Il me semble qu'il y règne un amour des arts et de la vertu, un esprit de justice, une horreur de la calomnie, et un attendrissement sur le sort de presque tous les gens de lettres persécutés, qui ne peut révolter personne, et qui, même dans le temps de cette persécution nouvelle, doit gagner les bons esprits en ma faveur. Il ne faut pas songer aux autres.

Il est vrai que cette justification aurait plus de poids si elle était faite d'une main plus importante et plus respectée; mais, plus on a d'acquis dans le monde, moins on sait défendre ses amis. Il n'y a que vous qui ayez ce courage en parlant, et La Mare en écrivant. J'ajoute encore que cette marque publique de la reconnaissance de La Mare peut servir à lui faire des amis : on verra qu'il est digne d'en avoir.

Ne négligez pas d'aller voir *par amabile fratrum*, les dignes amis Pont de Veyle et d'Argental.

Je vous embrasse tendrement, et vous aime comme vous méritez d'être aimé.

CCCXCIII. — AU MÊME.

Le 28 décembre.

Je n'ai jamais, mon cher ami, parlé de l'abbé Prévost que pour le plaindre d'avoir une tonsure, des liens de moine, honteux pour l'humanité, et de manquer de fortune. Si j'ai ajouté quelque chose sur ce que j'ai lu de lui, c'est apparemment que j'ai souhaité qu'il eût fait des tragédies; car il me paraît que le langage des passions est sa langue naturelle. Je fais une grande différence entre lui et l'abbé Desfontaines; celui-ci ne sait parler que de livres; ce n'est qu'un auteur, et encore un bien médiocre auteur, et l'autre est un homme. On voit par leurs écrits la différence de leurs cœurs, et on pourrait parier, en les lisant, que l'un n'a jamais eu affaire qu'à des petits garçons, et que l'autre est un homme fait pour l'amour. Si je pouvais rendre service à l'abbé Prévost, du fond de ma retraite, il n'y a rien que je ne fisse; et, si j'étais assez heureux pour revenir à Cirey, en sûreté, je tâcherais de l'y attirer.

Dans la douleur dont j'ai le cœur percé, il m'est bien difficile, mon ami, de songer à *Samson*. Je me souviens cependant que, dans cette petite ariette des fleurs, il faut mettre :

Sensible image
Des plaisirs du bel âge,

Acte IV, scène IV.

au lieu de

Plaisir volage, etc;

car Dalila ne doit pas prêcher l'inconstance, à un héros dont la vigueur ne doit que trop le porter à ce vice abominable de l'infidélité.

Je suis actuellement sur les frontières de France, avec une chaise de poste, des chevaux de selle, et des amis, prêt à gagner le séjour de la liberté, s'il ne m'est plus permis de revoir celui du bonheur. La plus aimable, la plus spirituelle, la plus éclairée, et la plus simple femme de l'univers m'a chargé, en me quittant, de vous dire qu'elle est charmée de vos lettres, et qu'elle vous regarde comme son intime ami. Je voudrais bien vous envoyer la copie d'une lettre qu'elle a pris sur elle d'écrire au garde des sceaux, à la suite d'une autre que son mari a écrite. Vous y admireriez l'éloquence tendre et mâle que donne l'amitié; vous y verriez le langage de la vertu courageuse. Ah! mon ami, il est plus doux d'avoir une pareille lettre écrite en sa faveur, qu'il n'est affreux d'être si indignement persécuté. Je vous l'enverrai cette lettre.

En attendant, la personne charitable qui a si généreusement parlé en ma faveur, ne pourrait-elle pas dire trois choses au garde des sceaux? La première, qu'il est très-faux qu'il ait des chants de mon ouvrage; ou qu'il a un ouvrage supposé par un traître; la seconde, que je n'ai jamais rien fait qui dût lui déplaire; la troisième, qu'il n'y a que de la honte à me persécuter. Voyez s'il pourrait confire au miel de la cour le fond de ces trois vérités.

Passons des horreurs de la persécution aux tracasseries de Le Franc. Il est faux que l'abbé de Voisenon lui ait dit le détail de mon sujet. Il a su le fond en général par lui, et un peu de détail par un autre, et il s'est pressé de travailler. C'est un homme qui veut, à ce que je vois, aller à la gloire par le chemin de la honte, s'il est, comme on me le mande, le plagiaire des auteurs, et le *busy-body* des comédiens.

Voyez, *avec par nobile fratrum*, si vous pensez que ma pièce puisse soutenir le grand jour après celle de Le Franc. Au bout du compte, si mon ouvrage vous paraissait passable, y aurait-il tant d'inconvénients à le laisser passer le dernier? Le public même, si revenu de son estime pour la *Didon*, et, pour l'auteur, ne prendrait-il pas mon parti, d'autant plus qu'on me persécute? Pourriez-vous savoir ce qu'en pense Dufresne, et me le mander? Adressez toujours vos lettres, jusqu'à nouvel ordre, chez Demoulin.

Adieu, je vous embrasse bien tendrement et avec tous les sentiments que je vous dois, et que j'aurai pour vous toute ma vie.

P. S. J'oubliais de vous dire, mon cher ami, que j'ai fait mon examen de conscience, au sujet de Pétersbourg. Tout ce que je sais, c'est que le duc de Holstein, héritier présomptif de la Russie, me voulut avoir, il y a un an, et me donner dix mille francs d'appointements; mais, tout persécuté que j'étais, je n'aurais pas quitté Cirey pour le trône de la Russie même, Je répondis, d'une manière respectueuse et mesurée. Tout ce que cela prouve, c'est que Keeper¹ devrait moins persécuter un homme qui refusa dans les pays étrangers de pareils établissements.

1. Par ce mot anglais, qui signifie *garde*, Voltaire désigne le garde des sceaux. (ÉD.)

CCCXCIV. — A M. L'ABBÉ D'OLIVET.

A Cirey, par Vassy en Champagne, ce 6 janvier 1736.

Je vous gronde de ne m'avoir point écrit; mais je vous aime de tout mon cœur de m'avoir envoyé ce petit antidote contre le poison des Marivaux et consorts. Votre *Discours* est un des bons préservatifs contre la fausse éloquence qui nous inonde. Franchement, nous autres Français, nous ne sommes guère éloquents. Nos avocats sont des bavards secs; nos sermonneurs, des bavards diffus; et nos faiseurs d'oraisons funèbres, des bavards ampoulés. Il nous resterait l'histoire; mais un génie naturellement éloquent veut dire la vérité, et en France on ne peut pas la dire. Bossuet a menti avec une élégance et une force admirables, tant qu'il a eu à parler des anciens Égyptiens, des Grecs, et des Romains; mais, dès qu'il est venu aux temps plus connus, il s'est arrêté tout court. Je ne connais, après lui, aucun historien où je trouve du sublime, que la *Conjuration* de Saint-Réal. La France fourmille d'historiens, et manque d'écrivains.

De quoi diable vous avisez-vous de louer les phrases hyperboliques et les vers enflés de Balzac? Voiture tombe tous les jours, et ne se relèvera point; il n'a que trois ou quatre petites pièces de vers par où il subsiste. La prose est digne du chevalier d'Her.... Et vous avez loué la naïveté du style le plus pincé et le plus ridiculement recherché. Laissez là ces fadaises; c'est du plâtre et du rouge sur le visage d'une poupée. Parlez-moi des *Lettres provinciales*. Quoi! vous louez Fénelon d'avoir de la variété! Si jamais homme n'a eu qu'un style, c'est lui; c'est partout *Télémaque*. La douceur, l'harmonie, la peinture naïve et riante des choses communes, voilà son caractère; il prodigue les fleurs de l'antiquité, qui ne se fanent point entre ses mains; mais ce sont toujours les mêmes fleurs. Je connais peu de génies variés tels que Pope, Addison, Machiavel, Leibnitz, Fontenelle. Pour M. de Fénelon, je ne vois pas par où il mérite ce titre. Permettez-moi, mon cher abbé, de vous dire librement ma pensée; cette liberté est la preuve de mon estime.

J'ajouterai que la *palme de l'érudition* est un mot plus fait pour le latin du P. Jouvenci que pour le français de d'Olivet.

Je vous demande en grâce, à vous et aux vôtres, de ne vous jamais servir de cette phrase : *nul style, nul goût dans la plupart*, sans y daigner mettre un verbe. Cette licence n'est pardonnable que dans la rapidité de la passion, qui ne prend pas garde à la marche naturelle d'une langue; mais dans un discours médité, cet étranglement me révolte. Ce sont nos avocats qui ont mis ces phrases à la mode; il faut les leur laisser, aussi bien qu'au *Journal de Trévoux*. Mais je m'aperçois que je remontre à mon curé; je vous en demande très-sérieusement pardon. Si je voulais vous dire tout ce que j'ai trouvé d'admirable dans votre discours, je serais bien plus importun.

J'ai reçu hier la *Vie de Vanini*; je l'ai lue. Ce n'était pas la peine de faire un livre. Je suis fâché qu'on ait cuit ce pauvre Napolitain; mais je brûlerais volontiers ses ennuyeux ouvrages, et encore plus l'histoire de sa vie. Si je l'avais reçue un jour plus tôt, vous l'auriez avec ma lettre.

Un petit mot encore, je vous prie, sur le style moderne. Soyez bien persuadé que ces messieurs ne cherchent des phrases nouvelles que parce qu'ils manquent d'idées. Hors M. de Fontenelle, patriarche respectable d'une secte ridicule, tous ces gens-là sont ignorants, et n'ont point de génie. Pardonnez-leur de danser toujours, parce qu'ils ne peuvent marcher droit. Adieu; s'il y a quelque chose de nouveau dans la littérature, secouez votre infâme paresse, et écrivez à votre ami.

CCCXCV. — A M. DE CIDEVILLE.

8 janvier.

Un orage bien cruel et bien imprévu m'a arraché quelque temps, mon charmant ami, du port où je vivais heureux et tranquille. Il faut que j'aie été bien accablé, puisque je ne vous ai point écrit. Le premier usage que je fais du retour de ma tranquillité et de mon bonheur, c'est de vous le dire, et de goûter avec vous une félicité pure et nouvelle, en vous parlant du malheur que j'ai essuyé. Je ne sais quelle calomnie m'avait encore noirci dans le séjour du vice qu'on appelle la cour. Il sera dit que les poëtes, comme les prophètes, seront toujours persécutés dans leur pays. Voilà le seul prix, mon cher Cideville, de vingt ans de travail. On m'a mandé que ces horreurs, qui ont été sur le point de m'accabler, avaient été fabriquées par le barbouilleur de *Didon*. Il devait bien se contenter d'avoir corrigé Virgile. Que peut-il, après cela, daigner avoir à démêler avec Voltaire? J'avais fait ma pièce des *Américains*, mais je ne savais pas qu'il m'avait volé, et je ne croyais pas que la rage d'être joué le premier pût le porter à ourdir une aussi vilaine trame que celle dont on l'accuse. Je ne le veux pas croire; j'ai trop de respect pour les lettres; je ne veux pas les déshonorer au point de croire les gens de lettres aussi méchants que les prêtres. Je me borne, mon cher ami, à tâcher de bien faire. J'oublie la calomnie, j'ignore les intrigues. Je fais actuellement transcrire mon ouvrage pour vous l'envoyer, et, si vous l'approuvez, je croirai avoir toujours été heureux.

Je ne sais si je vous ai parlé de cette sottise de Demoulin, qui voulait que vos vers valussent un habit au petit La Mare. Ce petit homme serait le mieux vêtu du monde, si vous aviez accordé la requête; mais Demoulin n'a pas un papier à vous, et je l'ai bien grondé de la lettre indiscrète qu'il vous écrivit.

Mille tendres compliments au philosophe Formont et à votre cher du Bourg-Theroulde.

Je vous dis en confidence que je me trouve dans une situation qui aurait besoin du souvenir du petit marquis[1]. Si vous vouliez rafraîchir sa mémoire et piquer sa vanité, vous feriez une bonne œuvre. Je vous embrasse mille fois.

P. S. Avouez que vous avez bien gagné à mon silence. Vous avez eu une belle lettre d'Émilie. Adieu, mon cher ami.

1. Le marquis de Lezeau lui devait de l'argent. (Cl.)

CCCXCVI. — A M. BERGER.

10 janvier.

Il n'y a aucune de vos lettres, mon cher ami, qui n'ait augmenté mon estime et mon amitié pour vous. Vous êtes presque la seule personne dont je n'aie point vu le jugement corrompu par les illusions du public. Le premier fracas des applaudissements et des injures injustes, dont ce public, extrême en tout et toujours ivre, accable les hommes et les ouvrages, ne vous en impose jamais. Votre opinion sur *Didon*, *Vert-Vert*, sur tous les ouvrages, se trouve confirmée par le temps. Si l'on pouvait ajouter quelques louanges à celles que mérite votre goût, j'y ajouterais que Mme la marquise du Châtelet a pensé entièrement comme vous. Il est vrai que les petits ouvrages de poésie occupent peu son temps. Les yeux occupés à lire les vérités découvertes par les Newton, les Locke, les Clarke, se détournent un moment sur toutes ces bagatelles passagères, qu'elle juge d'un seul regard, mais qu'elle a toujours jugées comme si elle les avait approfondies et discutées.

J'ai vu la *Chartreuse*; c'est, je crois, l'ouvrage de ce jeune homme où il y a le plus d'expression, de génie, et de beautés neuves. Mais sûrement cet ouvrage sera bien plus critiqué que *Vert-Vert*, quoiqu'il soit bien au-dessus. Un premier ouvrage est toujours reçu avec idolâtrie; mais le public se venge sur la seconde pièce, et brise souvent la statue qu'il a lui-même élevée.

J'ai été aussi affligé que vous de la mort de ce pauvre M. de La Clède. Quand je songe au nombre prodigieux de jeunes gens pleins de santé et de vigueur que j'ai enterrés, je me regarde comme un roseau cassé, qui subsiste et végète encore au milieu de cent chênes abattus autour de lui.

Je n'ai guère le temps, à présent, de servir notre Orphée[1], et de lui donner des cantates. Cette tragédie[2], qu'on va jouer, m'occupe nuit et jour; je fais tout ce que je peux pour la rendre supportable. Je l'aurais voulue merveilleuse, et je crains avec raison, qu'elle ne soit que bizarre. Le sujet en est beau, mais c'est un fardeau de pierreries et d'or que mes faibles mains n'ont pu porter, et qui tombe à terre en morceaux.

Envoyez-moi, je vous prie, les vers de l'aimable Bernard, et même le discours satirique de l'abbé Desfontaines à l'Académie. Il faut que j'aie le fiel et le miel du Parnasse.

Continuez-moi votre correspondance; j'en sens le prix comme celui de votre amitié.

CCCXCVII. — A M. THIERIOT.

A Cirey, le 13 janvier.

Vous croirez peut-être, mon cher ami, que je vais me répandre en plaintes et en reproches sur le dernier orage que je viens d'essuyer;

Que je vais accuser et les vents et les eaux,
Et mon pays ingrat, et le garde des sceaux;

---

1. Rameau. (ED.) — 2. *Mérope*. (ED.)

non, mon ami; cette nouvelle attaque de la fortune n'a servi qu'à me faire sentir encore mieux, s'il est possible, le prix de mon bonheur. Jamais je n'ai plus éprouvé l'amitié vertueuse d'Émilie ni la vôtre; jamais je n'ai été plus heureux; il ne me manque que de vous voir. Mais c'est à vous à tromper l'absence par des lettres fréquentes, où nos âmes se parlent l'une à l'autre en liberté. J'aime à vous mettre tout mon cœur sur le papier, comme je vous l'ouvrais autrefois dans nos conversations.

Je vais donc me donner le plaisir de répondre, article par article, à votre charmante lettre du 6 janvier. Je commence par la respectable Émilie, *a se principium sibi desinet*. Elle a été touchée sensiblement de ce que vous lui avez écrit; elle pense, comme moi, que vous êtes un ami rare, aussi bien qu'un homme d'un goût exquis, et un amateur éclairé de tous les beaux-arts. Nous vous regardons tous deux comme un homme qui excelle dans le premier de tous les talents, celui de la société.

Si vous revoyez les deux chevaliers[1] sans peur et sans reproche, joignez, je vous en prie, votre reconnaissance à la mienne. Je leur ai écrit; mais il me semble que je ne leur ai pas dit assez avec quelle sensibilité je suis touché de leurs bontés, et combien je suis orgueilleux d'avoir pour mes protecteurs les deux plus vertueux hommes du royaume.

M. Le Franc ne paraît pas au moins le plus modeste. Je vous envoie la copie d'une lettre que j'ai écrite aux comédiens, qui se trouve heureusement servir de contraste à celle pleine d'amour-propre par laquelle il les a probablement révoltés. Au reste, je me défie de mon ouvrage autant que Le Franc est sûr du sien; non pas que je veuille avoir le plaisir d'opposer de la modestie à sa vanité, mais parce que je connais mieux le danger, et que je connais, par expérience, ce que c'est que d'avoir affaire au public.

Je vous supplie de dire à M. d'Argental qu'il faut absolument que la *Lettre de M. Algarotti* soit imprimée. Je ne veux ni rejeter l'honneur qu'il m'a fait, ni le priver du plaisir de sentir le cas que je fais de cet honneur. Il aurait raison d'être piqué si je ne faisais pas servir sa lettre à l'usage auquel il la destine.

Je vous prie de remercier pour moi le vieux bonhomme La Serre.

J'approuve infiniment la manière dont vous vous conduisez avec les mauvais auteurs. Il n'y a aucun écrivain médiocre qui n'ait de l'esprit, et qui par là ne mérite quelque éloge. Vous avez grande raison de distinguer M. Destouches de la foule; c'est un homme sage dans sa conduite comme dans son style, et que j'honore beaucoup.

Je compte vous envoyer, dans quelque temps, la copie de *Samson*. Je persiste, jusqu'à nouvel ordre, dans l'opinion qu'il faut, dans nos opéras, servir un peu plus la musique, et éviter les langueurs du récitatif. Il n'y en aura presque point dans *Samson*, et je crois que le génie d'Orphée-Rameau y sera plus à son aise; mais il faudra obtenir un examinateur raisonnable, qui se souvienne que *Samson* se joue à

1. Le bailli de Froulai et le chevalier d'Aidie. (ÉD.)

l'Opéra, et non en Sorbonne. Prêtez-vous donc, je vous prie, à ce nouveau genre d'opéra, et disons avec Horace :

> *O imitatores servum pecus!*..........
> Hor., liv. I, ép. xix, v. 19.

Je m'occupe à présent à mettre la dernière main à notre *Henriade*,

> ....Faisant ore un tendon,
> Ore un repli, puis quelque cartilage
> Et n'y plaignant l'étoffe et la façon¹.

Mes tragédies et mes autres ouvrages ont bien l'air d'être peu de chose. Je voudrais qu'au moins *la Henriade* pût aller à la postérité, justifier votre estime et votre amitié pour moi. Je vous embrasse; buvez à ma santé chez Pollion.

CCCXCVIII. — A M. DE FORMONT.

A Cirey, le 13 janvier.

Aimable philosophe, nous avons reçu votre prose et vos vers; la prose est d'un sage, les vers sont d'un poète.

> Votre style juste et coulant,
> Votre raison ferme et polie,
> Plaisent tous deux également
> A la philosophe Émilie,
> Qui joint la force du génie
> A la douceur du sentiment.
> Entre vous deux assurément,
> Le ciel mit de la sympathie.
> A l'égard de notre Linant,
> Il vous approuve, et dort d'autant,
> Commence un ouvrage et l'oublie.
> Moi, je raisonne et versifie:
> Mais non, certes, si doctement
> Que votre sage Polymnie.

Voilà de la rimaille qui m'a échappé; venons à la raison, que je n'attraperai peut-être point.

Il est vrai que nous ne pouvons comprendre ni comment la matière pense, ni comment un être pensant est uni à la matière. Mais de ces deux choses également incompréhensibles, il faut que l'une soit vraie, comme, de la divisibilité ou de l'indivisibilité de la matière, il faut que l'une ou l'autre soit, quoique ni l'une ni l'autre ne soient compréhensibles. Ainsi la création et l'éternité de la matière sont inintelligibles; et cependant il faut que l'une des deux soit admise.

Pour savoir si la matière pense ou non, nous n'avons point de règle fixe qui nous puisse conduire à une démonstration, comme en géométrie cette vérité : « Entre deux points la ligne droite est la plus courte, » mène à toutes les démonstrations. Mais nous avons des probabilités; il

---

1. La Fontaine, *le Faiseur d'oreilles et le Raccommodeur de moules*. (Éd.)

s'agit donc de savoir ce qui est le plus probable. L'axiome le plus raisonnable, en fait de physique, est celui-ci : « Les mêmes effets doivent être attribués à la même cause. » Or les mêmes effets se voient dans les bêtes et dans les hommes; donc la même cause les anime. Les bêtes sentent et pensent à un certain point, elles ont des idées; les hommes n'ont au-dessus d'elles qu'une plus grande combinaison d'idées, un plus grand magasin. Le plus et le moins ne changent point l'espèce; donc, etc. Or personne ne s'avise de donner une âme immortelle à une puce; il n'en faudra donc point donner à l'éléphant ni au singe, ni à mon valet champenois, ni à un bailli de village, qui a un peu plus d'instinct que mon valet; enfin ni à vous, ni à Émilie.

La pensée et le sentiment ne sont pas essentiels, sans doute, à la matière, comme l'impénétrabilité. Mais le mouvement, la gravitation, la végétation, la vie ne lui sont pas essentiels, et personne n'imaginerait ces qualités dans la matière, si on ne s'en était pas convaincu par l'expérience.

Il est donc très-probable que la nature a donné des pensées à des cerveaux, comme la végétation à des arbres; que nous pensons par le cerveau, de même que nous marchons avec le pied, et qu'il faut dire comme Lucrèce :

Primum, animum dico, mentem quem sæpe vocamus,
In quo consilium vitæ regimenque locatum est,
Esse hominis partem nihilominus ac manus et pes.
Liv. III, v. 94.

Voilà, je crois, ce que notre raison nous ferait penser, si la foi divine ne nous assurait pas du contraire; c'est ce que pensait Locke, et ce qu'il n'a pas osé dire.

De plus, quand même cette analogie des animaux ne serait pas une extrême probabilité, le *frustra per plura quod potest per pauciora* est encore une excellente raison. Or le chemin est bien plus court de faire penser un cerveau que de fourrer dans un cerveau je ne sais quel être dont nous n'avons aucune idée. Cet être, qui croît et décroît avec nos sens, a bien la mine d'être un sixième sens; et, si ce n'était notre divine religion, je serais tenté de le croire ainsi.

Je trouve très-mauvais que vous parliez de Newton comme d'un faiseur de systèmes, il n'en a fait aucun. Il a découvert, dans la matière, des propriétés incontestables, démontrées par les expériences. Il est aussi certain que les forces centripètes agissent sur tous les corps sans aucune matière intermédiaire, qu'il est certain que l'air pèse. Il est aussi sûr que la lumière se réfléchit dans le vide, par la force de l'attraction, c'est-à-dire par les forces centripètes, qu'il est sûr que les rayons de la lumière se brisent dans l'eau.

Je vous en dirais davantage, mais j'ai une tragédie qui me presse. Le Franc m'a volé mon sujet et toutes mes situations; il s'est hâté de bâtir sur mon fonds, et est allé proposer son vol aux comédiens. C'est voler sur l'autel. Adieu; mille tendres compliments à Cideville. Émilie vous en fait beaucoup.

CCCXCIX. — A M. DE CIDEVILLE.

A Cirey, ce 19 janvier.

Je vous avais écrit, mon cher Cideville, une lettre qui n'était que longue, en réponse à votre épître charmante, où vous aviez mis cette jolie épitaphe. Je vous avais envoyé mon épitaphe aussi ; et, en vérité, ce style funéraire convenait bien mieux à moi chétif, toujours faible, toujours languissant, qu'à vous, robuste héros de l'amour, qui vivrez longtemps pour lui, et qui ferez l'épitaphe de trente ou quarante passions nouvelles, avant qu'il soit question de graver la vôtre. Voici celle que je m'étais faite :

> Voltaire a terminé son sort,
> Et ce sort fut digne d'envie :
> Il fut aimé jusqu'à la mort
> De Cideville et d'Émilie.

Comme je vous écrivais ce petit quatrain tendre, on entra dans ma chambre, on vit la lettre, et on la brûla. Je vous écris celle-ci incognito et avec la peur d'être surpris en flagrant délit. Émilie, au lieu de ma triste épitaphe, vous écrivit une belle lettre qui lui en a attiré une charmante, qui fait ici le principal ornement de notre Émiliance. Ne soyez pas surpris, mon cher Cideville, qu'avec des épitaphes et la fièvre, je raisonne à force sur l'immortalité de l'âme, et que j'argumente, de mon lit, avec notre aimable philosophe Formont.

> Toujours prêt à sortir de ma frêle prison,
> J'en veux du moins sortir en sage,
> Et munir un peu ma raison
> Contre les horreurs du voyage.

Votre esprit et le sien me font croire l'âme immortelle ; mais, lorsque je suis accablé par la maladie, que mes idées me fuient, et que mon sentiment s'anéantit dans le dépérissement de la machine,

> Alors, par une triste chute,
> Je m'endors en me croyant brute.

Il y a des gens, mon cher ami, qui promettent l'immortalité à certaine tragédie¹ que je vous envoie ; pour moi, je crains les sifflets. Vous jugerez de ce que je mérite. Que mon offrande soit digne de vous ou non, ai dit : « Il faut toujours que mon cher Cideville en ait les prémices. » Lisez-la donc, messieurs les beaux et bons esprits ; et vous, aimable philosophe Formont, quittez Locke pour un moment ; ma muse vous appelle en Amérique. J'étais las des idées uniformes de notre théâtre ; il m'a fallu un nouveau monde :

> ....Et extra
> Processi longe flammantia mœnia mundi.
>   Lucr., liv. I, v. 73.

1. Alzire. (B.)

« Voilà tous les arts au ╵érou[1]. On le mesure, et moi, je le chante ; mais je tremble qu'on ne me prenne pour un sauvage.

Je reçois votre lettre, mon cher ami, en griffonnant ceci. Que je vous aime de ne point aimer votre métier ! Vous jugez de tout comme vous écrivez, avec un goût infini. Mme du Châtelet est de votre sentiment sur *la Chartreuse*. Je n'ai point lu les *Adieux* aux révérends pères ; mais je suis fort aise qu'il les ait quittés. Un poëte de plus et un jésuite de moins, c'est un grand bien dans le monde.

Vale, te amo, te semper amabo. V.

CD. — A M. DE FORMONT.

..... janvier 1736.

Il est vrai que si l'on peut prouver qu'il y a une incompatibilité, une contradiction formelle entre la matière et la pensée, toutes les probabilités en faveur de la matière pensante sont détruites.

Il est donc vrai que le fort de la dispute, comme vous le dites très-bien, roule sur cette question : « La matière pensante est-elle une contradiction ? »

1° J'observerai qu'il ne s'agit pas de savoir si la matière pense par elle-même : elle ne fait rien, elle ne peut avoir le mouvement ni l'existence par elle-même (du moins cela me paraît démontré) ; il s'agit uniquement de savoir si le Créateur, qui lui a donné le mouvement, le pouvoir incompréhensible de le communiquer, peut aussi lui communiquer, lui unir la pensée.

Or, s'il était vrai qu'on prouvât que Dieu n'a pu communiquer, n'a pu unir la pensée à la matière, il me paraît qu'on prouverait aussi par là que Dieu n'a pu lui unir un être pensant ; car je dirai contre l'être pensant uni à la matière tout ce qu'on dira contre la pensée unie à la matière.

On ne connaît rien dans les corps, dira-t-on, qui ressemble à une pensée. Cela est vrai ; mais je réponds : Une pensée est l'action d'un être pensant ; donc il n'y a rien, selon vous, dans la matière qui ait la moindre analogie à un être pensant ; donc, selon vous-même, vous prouveriez qu'un être immatériel ne peut être en rien affecté par la matière ; donc, selon vous-même, l'homme ne penserait point, ne sentirait point ; donc, en prétendant prouver l'impossibilité où est la matière de penser, vous prouveriez qu'en effet nous ne pouvons penser, ce qui serait absurde. En un mot, si la pensée ne peut être dans la matière, je ne vois pas comment un être pensant peut être dans la matière. Or, de quelque manière que nous nous tournions, il est très-vrai qu'il n'y a aucune connexion, aucune dépendance entre les objets de nos organes et de nos idées ; il est très-vrai (soit que la matière pense, soit que Dieu lui ait uni un être immatériel), il est très-vrai, dis-je, qu'il n'y a aucune raison physique par laquelle je doive voir un arbre, ou entendre le son des cloches, quand il y a un arbre devant mes yeux, ou que le battant frappe la cloche près de mes oreilles. Il est surtout démontré dans l'optique qu'il n'y a rien dans les rayons de

---

1. Allusion au voyage de Godin, Bouguer et La Condamine. (Éd.)

lumière qui doive me faire juger de la distance d'un objet; donc, soit que mon âme soit matière ou non, je ne puis ni voir ni entendre, ni avoir une idée de la distance, etc., que par les lois arbitraires établies par le Créateur.

Reste donc à savoir si le Créateur a pu, en établissant ces lois, communiquer des idées à mon corps à l'occasion de ces lois.

Ceux qui disent que Dieu ne peut donner des idées aux corps se servent de cet argument : « Ce qui est composé est nécessairement de la nature de ce qui le compose; or, si une idée était un composé de matière, la matière étant divisible et étendue, il se trouverait que la pensée serait divisible et étendue : mais la pensée n'est ni l'un ni l'autre; donc il est impossible que la pensée soit de la matière. »

Cet argument serait une démonstration contre ceux qui diraient que la pensée est un composé de matière; mais ce n'est pas cela que l'on dit. On dit que la pensée peut être ajoutée de Dieu à la matière, comme le mouvement et la gravitation, qui n'ont aucun rapport à la divisibilité; donc Dieu peut donner à la matière des attributs tels que la pensée et le sentiment, qui ne sont point divisibles.

L'argument dont s'est servi le P. Tournemine, dans le *Journal de Trévoux*, est encore bien moins solide que l'argument que je viens de réfuter.

Nous apercevons, dit-il, un objet indivisiblement; or, si notre âme était matière, la partie A d'un objet frapperait la partie A de mon entendement; la partie B de l'objet frapperait la partie B de mon âme; donc nulle partie de mon âme ne pourrait voir l'objet.

Vous avez mis dans un très-grand jour cet argument du P. Tournemine.

Voici en quoi consiste, à mon sens, le vice évident de ce raisonnement. Ce raisonnement suppose que nous n'aurions l'idée d'un objet que parce que les parties d'un objet frapperaient notre cerveau; or rien n'est plus faux.

1° J'ai l'idée d'une sphère, quoiqu'il ne vienne à mes yeux que quelques rayons de la moitié de cette sphère; j'ai le sentiment de la douleur, qui n'a aucun rapport à un morceau de fer entrant dans ma chair; j'ai l'idée du plaisir, qui n'a rien d'analogue à quelque liqueur passant dans mon corps, ou en sortant : donc les idées ne peuvent être la suite nécessaire d'un corps qui en frappe un autre; donc c'est Dieu qui me donne les idées, les sentiments, selon les lois par lui arbitrairement établies; donc la difficulté résultant de ce que la partie A de mon cerveau ne recevrait qu'une partie A de l'objet est une difficulté que l'on appelle *ex falso suppositum*, et n'est point difficulté.

2° Il serait encore faux de dire que toutes les parties d'un objet ne puissent se réunir en un point dans mon cerveau; car toutes les lignes peuvent aboutir dans une circonférence à un point seul qui est le centre.

On fait encore une difficulté éblouissante. La voici : « Si Dieu a accordé le don de penser à une partie de mon cerveau, cette partie est divisible. On en retranche la moitié, on en retranche le quart, on en retranche mille, cent mille particules : à laquelle de ces particules appartiendra la pensée? »

Je réponds à cela deux choses : 1° Il est possible au Créateur de conserver dans mon cerveau une partie immuable, et de la préserver du changement continuel qui arrive à toutes les parties de mon corps. 2° Il est démontré qu'il y a dans la matière des parties solides indivisibles; en voici la démonstration.

Les pores du corps augmentent en proportion doublée de la division de ce corps; donc si vous divisez à l'infini, vous aurez une série dont le dernier terme sera l'infini pour les pores, et l'autre terme *zéro* pour la matière, ce qui est absurde; donc il y a des parties solides et indivisibles; donc si Dieu accorde la pensée à quelqu'une de ces parties, il n'y a point à craindre que le don de penser se divise, ni rien à objecter contre ce pouvoir que l'Être suprême a de donner la pensée à un corps.

Remarquez, en passant, que cette démonstration de la nécessité qu'il y ait des parties parfaitement solides ne combat point la démonstration de la matière divisible à l'infini en géométrie. Car, en géométrie, nous ne considérons que les objets de nos pensées : or il est démontré que notre pensée fera passer dans l'espace infiniment petit du point de contingence d'un cercle et d'une tangente une infinité d'autres cercles; mais physiquement cela ne se peut : voilà pourquoi M. de Malésieu, dans ses *Éléments de Géométrie*, page 117 et suivantes, paraît se tromper en ne distinguant pas l'indivisible physique, et l'indivisible mathématique. Il tombe surtout dans une grande erreur au sujet des unités. Je vous prie de relire cet endroit de *sa Géométrie*.

Je reviens donc à cette proposition : Il est impossible de prouver qu'il y ait de la contradiction, de l'incompatibilité, entre la matière et la pensée. Pour savoir s'il est impossible que la matière pense, il faudrait connaître la matière, et nous ne savons ce que c'est; donc, voyant que nous sommes cet être que nous appelons *matière*, et que nous pensons, nous devons juger qu'il est très-possible à Dieu d'ajouter la pensée à la matière, par les raisons ci-devant déduites dans ma dernière lettre.

Permettez-moi d'ajouter encore cet argument-ci : Je ne sais point comment la matière pense, ni comment un être, quel qu'il soit, pense; peut-on nier que Dieu n'ait le pouvoir de faire un être doué de mille qualités à moi inconnues, sans lui donner ni l'étendue ni la pensée ?

Or, Dieu ayant créé un être, ne peut-il pas le faire pensant? et, après l'avoir fait pensant, ne peut-il pas le faire étendu, *et vicissim?* Il me semble que, pour nier cela, il faudrait être chef du conseil de Dieu, et savoir bien précisément ce qui s'y passe.

CDI. — A M. Thieriot.

A Cirey, le 22 janvier.

J'ai passé toute la journée, mon cher ami, à éplucher de la métaphysique, à corriger *les Américains*, à répéter une très-mauvaise comédie¹ de ma façon, que nous jouons à Cirey. (*N. B.* qu'Émilie est encore une actrice admirable.) Je finis ma journée en recevant votre épître du 19. Mon cher Thieriot, que voulez-vous que je vous dise? Je n'ai plus de termes pour vous exprimer combien je vous aime. Il faut répondre en bref. Je prie les comédiens de ne point prendre le double, et j'ai écrit déjà très-fortement sur cela à M. d'Argental.

Pour la jolie Dangeville, elle fait bien de l'honneur à *l'Indiscret* Dites-lui, cher ami, que je la remercie de vouloir embellir de sa figure et de son action cette bagatelle. Si j'avais pu prévoir autrefois que ce rôle serait joué par elle, je l'aurais fait bien meilleur; mais il faudra absolument retrancher beaucoup d'une très-longue scène du valet de *l'Indiscret* et de Julie. Cette scène est injouable, telle qu'elle est. Je ne vous ferai point aujourd'hui de dissertation sur l'Opéra, parce que

Pluribus attentus, minor est ad singula sensus.

Vous pouvez me confier ce secret de plaire aux grands. Je l'embrasserai avec l'avidité d'un homme qui souhaite passionnément de rester dans un pays habité par Émilie et par vous. Dites-moi ce que c'est que ces deux lettres. Comptez que je n'abuserai pas de votre confiance. Vous pouvez hardiment tout dire à un homme qui se tairait dans Paris, et qui n'a personne avec qui bavarder ici. Encore un coup, confiez-moi hardiment un secret qui m'est important, à moins que vous ne me preniez pour le héros de la pièce qu'a demandée la reine. J'ai lu les lettres de Pope; « sed plura at another time. I am yours for ever, and more your friend than ever. »

CDII. — AU MÊME.

A Cirey, le 25 janvier.

Nous avons joué notre tragédie, mon charmant ami, et nous n'avons point été sifflés. Dieu veuille que le parterre de Paris soit aussi indulgent que celui de nos bons Champenois! Je suis bien fâché, pour l'honneur des belles-lettres, que Le Franc fasse de si mauvaises manœuvres pour m'accabler. En sera-t-il plus haut quand je serai plus bas? Forcer Mlle Dufresne à ne point jouer dans ma pièce, c'est ôter le maréchal de Villars au roi dans la campagne de Denain. Le rôle était fait pour elle, comme Zaïre était taillée sur la gentille Gaussin. Mon cher Thieriot, vous connaissez mon cœur; je voudrais réussir sans que Le Franc tombât. J'aime tant les beaux-arts que je m'intéresserais même au succès de mes rivaux. La lettre que j'ai écrite aux comédiens n'était point ironique. Le ton modeste doit être le mien, et celui de tout homme qui se livre au public. J'ose croire que ce même public, informé du plagiat de Le Franc, et de la tyrannie qu'il a voulu exercer sur moi, s'empressera de me venger en me faisant grâce; et, si la pièce est applaudie, je dirai grand merci à Le Franc. Voilà comment les ennemis peuvent être utiles. Que je vous ai d'obligation, mon cher et solide ami, d'encourager notre petite

1. C'était très-probablement *l'Enfant prodigue.* (ÉD.)

Américaine Gaussin, et de l'élever un peu sur les échasses du cothurne ! « You must exalt her tenderness into a kind of savage loftiness and natural grandeur; let her enforce her own character ! » Mettez-lui bien le cœur, ou plutôt quelque chose de mieux au ventre; voilà du Ballot² tout pur. Faites bien mes compliments à cette *imagination* naturelle et vive, qui, comme vous, juge bien de tous les arts. Est-il vrai que Desfontaines est puni de ses crimes, pour avoir fait une bonne action ? On dit qu'on va le condamner aux galères, pour avoir tourné l'Académie française en ridicule, après qu'il a impunément outragé tant de bons auteurs et trahi ses amis. Est-il vrai que le libraire Ribou est arrêté ? Adieu, écrivez-moi tout ce que j'attends de vous.

Dites à monsieur votre frère que la fermière de M. d'Estaing nous fait enrager. Je lui en écrirai un mot.

Adieu; Émilie a joué son rôle comme elle fait tout le reste. Ah ! qu'il vaut mieux se borner aux plaisirs de la société, que de se faire le Zani sérieux et le bouffon tragique d'un parterre tumultueux ! Émilie vous aime. *Vale.*

CDIII. — A M. BERGER.

A Cirey, janvier.

De ton Bernard
J'aime l'esprit ;
J'aime l'écrit,
Que, de sa part,
Tu viens de mettre
Avec ta lettre.
C'est la peinture
De la nature ;
C'est un tableau
Fait par Watteau.
Sachez aussi
Que la déesse
Enchanteresse
De ce lieu-ci,
Voyant l'espèce
De vers si courts
Que les Amours
Eux-même ont faits
A dit qu'auprès
De ces vers nains,
Vifs et badins,
Tous les plus longs,
Faits par Voltaire,
Ne pourraient guère
Être aussi bons.

1. « Donner à sa tendresse le genre de chaleur et d'élévation naturelles à un caractère passionné, mais sauvage ; qu'elle se surpasse dans son rôle. » (ED.)
2. Ami de Thieriot, Voltaire l'appelait Ballot-*l'imagination.* (ED.)

Mille compliments à notre ami Bernard; de ce qu'il cultive toujours les muses aimables. Je ne sais pas pourquoi le public s'obstine à croire que j'ai fait *Montézume*. La scène est au Pérou, messieurs, séjour peu connu des poëtes. La Condamine mesure ce pays, les Espagnols l'épuisent, et moi je le chante. Dieu me garde des sifflets! Le Franc fait bien tout ce qu'il peut pour m'attirer cette aubade; il empêche Mlle Dufresne de jouer. Je ne sais si le rôle est propre pour Mlle Gaussin. Si je ne suis pas sifflé, voilà une belle occasion d'écrire à M. Sinetti l'Américain. Adieu; je ne me porte guère bien. Adieu, charmant correspondant.

CDIV. — A M. L'ABBÉ ASSELIN.
A Cirey, le 29 janvier.

Je fais trop de cas de votre estime pour ne vous avoir pas importuné un peu au sujet des mauvais procédés de l'abbé Desfontaines; mais j'avais envie, monsieur, de vous faire voir que je ne me plaignais point sans sujet. Je vous supplie de me renvoyer la lettre de Mme la marquise du Châtelet. J'apprends que l'abbé Desfontaines est malheureux, et dès ce moment je lui pardonne. Si vous savez où il est, mandez-le-moi. Je pourrai lui rendre service, et lui faire voir, par cette vengeance, qu'il ne devait pas m'outrager. Je sais que c'est un précepteur du collège des jésuites qui a fait imprimer le *Jules César*. C'est un homme de mauvaises mœurs, qui est, dit-on, à Bicêtre. Est-il possible que la littérature soit souvent si loin de la morale! Vous joignez, monsieur, l'esprit à la vertu; aussi rien n'égale l'estime avec laquelle je serai toute ma vie, etc

CDV. — A M. THIERIOT.
A Cirey, le 2 février.

Mon cher ami, quelque vivacité d'imagination qu'ait le petit La Mare, je suis bien sûr qu'il ne vous a point dit combien je suis pénétré de tout ce que vous avez fait pour nos *Américains*. Vous avez servi de père à mes enfants; l'obligation que je vous en ai est un plaisir plus sensible pour moi que le succès de ma pièce. J'attends avec impatience les détails que vous m'en apprendrez. Le divin M. d'Argental m'en a déjà appris de bons. Le petit La Mare était si ému du gain de la victoire, qu'il savait à peine ce qui s'était passé dans le combat. Il m'a dit, en général, que Le Franc avait été battu, et que vous chantiez le *Te Deum*. Mandez-moi, je vous prie, si M. de La Popelinière est content; car ce n'est qu'un *De profundis* qu'il faut chanter, si je n'ai pas son suffrage. Je crois que le petit La Mare mériterait à présent son indulgence et sa protection; il m'a paru avoir une ferme envie d'être honnête homme et sage. On a été fort content de lui à Cirey. Il ne peut rien faire de mieux que de vous voir quelquefois, et de prendre vos avis.

Je n'ai pu avoir de privilège pour *Jules César*. Il n'y aura qu'une permission tacite; cela me fait trembler pour *Samson*. Les héros de la fable et de l'histoire semblent être ici en pays ennemi. Malgré cela, j'ai travaillé à *Samson* dès que j'ai su que nous avions gagné la bataille du Pérou; mais il faut que Rameau me seconde, et qu'il ne se laisse pas assommer par toutes les mâchoires d'âne qui lui parlent. Peut-être que mon dernier succès lui donnera quelque confiance en moi. J'ai examiné la chose très-mûrement; je ne veux point donner dans des lieux communs. *Samson* n'est point un sujet susceptible d'un amour ordinaire. Plus on est accoutumé à ces intrigues, qui sont toutes les mêmes sous des noms différents, plus je veux les éviter. Je suis très-fortement persuadé que l'amour dans *Samson* ne doit être qu'un moyen, et non la fin de l'ouvrage. C'est lui et non pas Dalila qui doit intéresser. Cela est si vrai, que si Dalila paraissait au cinquième acte, elle n'y ferait qu'une figure ridicule. Cet opéra, rempli de spectacle, de majesté et de terreur, ne doit admettre l'amour que comme un divertissement. Chaque chose a son caractère propre. En un mot, je vous conjure de me laisser faire l'opéra de *Samson* une tragédie dans le goût de l'antiquité. Je réponds à M. Rameau du plus grand succès, s'il veut joindre à sa belle musique quelques airs dans un goût italien mitigé. Qu'il réconcilie l'Italie avec la France. Encouragez-le, je vous prie, à ne pas laisser inutile une musique si admirable. Je vous enverrai incessamment l'opéra tel qu'il est. Je suis comme un homme qui a des procès à tous les tribunaux. Vous êtes mon avocat; Pollion est mon juge. Tâchez de me faire gagner ma cause auprès de lui. Adieu, charmant et unique ami.

CDVI. — A M. BERGER.
A Cirey.... février.

Le succès de nos *Américains* est d'autant plus flatteur pour moi, mon cher monsieur, qu'il justifie votre amitié pour ma personne, et votre goût pour mes ouvrages. J'ose vous dire que les sentiments vertueux qui sont dans cette pièce sont dans mon cœur; et c'est ce qui fait que je compte beaucoup plus sur l'amitié d'une personne comme vous, dont je suis connu, que sur les suffrages d'un public toujours inconstant, qui se plaît à élever des idoles pour les détruire, et qui, depuis longtemps, passe la moitié de l'année à me louer, et l'autre à me calomnier. Je souhaiterais que l'indulgence avec laquelle cet ouvrage vient d'être reçu pût encourager notre grand musicien Rameau à reprendre en moi quelque confiance, et à achever son opéra de *Samson*, sur le plan que je me suis toujours proposé. J'avais travaillé uniquement pour lui. Je m'étais écarté de la route ordinaire dans le poëme, parce qu'il s'en écarte dans la musique. J'ai cru qu'il était temps d'ouvrir une carrière nouvelle à l'opéra comme sur la scène tragique. Les beautés de Quinault et de Lulli sont devenues des lieux communs. Il y aura peu de gens assez hardis pour conseiller à M. Rameau de faire de la musique pour un opéra dont les deux premiers actes sont sans amour; mais il doit être assez hardi pour se mettre au-dessus du préjugé. Il doit m'en croire et s'en croire lui-même. Il peut compter que le rôle de Samson, joué par Chassé, fera autant d'effet, au moins, que celui de Zamore, joué par Dufresne. Tâchez de persuader cela à cette tête à doubles oreilles; que son intérêt et sa gloire l'encouragent; qu'il me promette d'être entièrement de concert avec moi, surtout qu'il n'use pas sa musique, en la faisant jouer de maison en maison; qu'il orne de beautés nouvelles les morceaux que je lui ai faits. Je lui enverrai la pièce quand il le voudra. M. de Fontenelle en sera l'examinateur. Je me flatte que M. le prince de Carignan la protégera, et qu'enfin ce sera de tous les ouvrages de ce grand musicien celui qui, sans contredit, lui fera le plus d'honneur.

A l'égard de M. de Marivaux, je serais très-fâché de compter parmi mes ennemis un homme de son caractère, et dont j'estime l'esprit et la probité. Il y a surtout dans ses ouvrages un caractère de philosophie, d'humanité et d'indépendance, dans lequel j'ai trouvé avec plaisir mes propres sentiments. Il est vrai que je lui souhaite quelquefois un style moins recherché et des sujets plus nobles; mais je suis bien loin de l'avoir voulu désigner, en parlant des comédies métaphysiques. Je n'entends par ce terme que ces comédies où l'on introduit des personnages qui ne sont point dans la nature, des personnages allégoriques, propres, tout au plus, pour le poëme épique, mais très-déplacés sur la scène, où tout doit être peint d'après nature. Ce n'est pas, ce me semble, le défaut de M. de Marivaux; je lui reprocherais, au contraire, de trop détailler les passions, et de manquer quelquefois le chemin du cœur, en prenant des routes un peu trop détournées. J'aime d'autant plus son esprit, que je le prierais de le moins prodiguer. Il ne faut point qu'un personnage de comédie songe à être spirituel; il faut qu'il soit plaisant malgré lui, et sans croire l'être; c'est la différence qui doit être entre la comédie et le simple dialogue. Voilà mon avis, mon cher monsieur, je le soumets au vôtre.

J'avais prêté quelque argent à feu M. de La Clède, mais sans billet; je voudrais en avoir perdu dix fois davantage, et qu'il fût en vie. Je vous supplie de m'écrire tout ce que vous apprendrez au sujet de mes *Américains*. Je vous embrasse tendrement.

Qu'est devenu l'abbé Desfontaines? dans quelle loge a-t-on mis ce chien qui mordait ses maîtres? Hélas! je lui donnerais encore du pain, tout enragé qu'il est. Je ne vous écris point de ma main, parce que je suis un peu malade. Adieu.

CDVII. — A M. THIERIOT.

A Cirey, le 6 février.

Vous m'avez écrit, non une lettre, mais un livre plein d'esprit et de raison. Faut-il que je n'y réponde que par une courte lettre qu'un peu de maladie m'empêche encore d'écrire de ma main? Si vous voyez MM. de Pont de Veyle et d'Argental, dont les bontés me sont si chères, dites-leur que c'est moi qui ai perdu ma mère[1]. Ce premier devoir rendu, dites bien à Pollion que les louanges du public sont, après les siennes, ce qu'il y a de plus flatteur. J'ai lu l'épître charmante de mon saint Bernard. Je n'ai encore ni le temps ni la santé de lui répondre.

1. Mme de Ferriol, née Marie-Angélique Guérin de Tencin, sœur du cardinal, et mère de Pont de Veyle et de d'Argental, venait de mourir le 2 février 1736. (ÉD.)

Il a fallu écrire vingt lettres par jour, retoucher *les Américains*, corriger *Samson*, raccommoder *l'Indiscret*. Ce sont des plaisirs, mais le nombre accable et épuise. Le plus grand de tous a été de faire l'*Épître* dédicatoire à Mme la marquise du Châtelet, et un discours que je vous adresserai à la fin de la tragédie.

Je vous envoie la dédicace, l'autre discours n'est pas encore fini. Dites-moi d'abord votre avis sur cette dédicace de mon *Temple*; elle n'est pas digne de la déesse. C'était à Locke à lui dédier l'*Entendement humain*, et je dis bien : « Domina, non sum dignus, sed tantum dic verbo[1]. »

Après avoir eu la permission de M. et de Mme du Châtelet de leur rendre cet hommage, il faut encore que le public le trouve bon. Examinez donc ce petit écrit scrupuleusement ; pesez-en les paroles. J'ose supplier M. de La Popelinière de se joindre à vous et de vouloir bien me donner ses avis. Si vous me dites tous deux que la chose réussira, je ne craindrai plus rien. J'envoie aujourd'hui aux comédiens les corrections de *l'Indiscret* ; je les prie, en même temps, de souffrir, pour le plaisir du public et pour leur avantage, que le public voie Mlle Dangeville en culotte.

Je leur envoie aussi quelques changements pour le quatrième acte d'*Alzire*; vous en trouverez ici la copie ; ils me paraissent nécessaires ; ce sont des charbons que je jette sur un feu languissant. Je vous supplie d'encourager Zamore et Alzire[2] à se charger de ces nouveautés.

Je ferai tenir, par la première occasion, l'opéra de *Samson*; je viens de le lire avec Mme du Châtelet, et nous sommes convenus l'un et l'autre que l'amour, dans les deux premiers actes, ferait l'effet d'une flûte au milieu des tambours et des trompettes. Il sera beau que deux actes se soutiennent sans jargon d'amourette, dans le temple de Quinault. Je maintiens que c'est traiter l'amour avec le respect qu'il mérite, que de ne le pas prodiguer et ne le faire paraître que comme un maître absolu. Rien n'est si froid quand il n'est pas nécessaire. Nous trouvons que l'intérêt de *Samson* doit tomber absolument sur Samson, et nous ne voyons rien de plus intéressant que ces paroles.

Profonds abîmes de la terre, etc.
Acte V, scène 1.

De plus, les deux premiers actes seront très-courts, et la terreur théâtrale qui y règne sera, pour la galanterie des deux actes suivants, ce qu'une tempête est à l'égard d'un jour doux qui la suit. Encouragez donc notre Rameau à déployer avec confiance toute la hardiesse de sa musique. Vous voilà, mon cher ami, le confident de toutes les parties de mon âme, le juge et l'appui de mes goûts et de mes talents. Il ne me manque que celui de vous exprimer mon amitié et mon estime. Dès que j'aurai un quart d'heure à moi, je vous enverrai des fragments de l'histoire du *Siècle de Louis XIV*, et d'un autre ouvrage aussi innocent que calomnié[3].

1. Matthieu, VIII, 8. (Éd.) — 2. Dufresne et Mlle Gaussin. (Éd.)
3. L'opéra de *Samson*. (Éd.)

Je voudrais bien pouvoir convertir M. le garde des sceaux. Les persécutions que j'ai essuyées sont bien cruelles. Je me plaindrais moins de lui, si je ne l'estimais pas. J'ose dire que, s'il connaissait mon cœur, il m'aimerait, si pourtant un ministre peut aimer.

CDVIII. — AU MÊME.

A Cirey, ce 9 février.

Je suis toujours un peu malade, mon cher ami. Mme la marquise du Châtelet lisait hier, au chevet de mon lit, les *Tusculanes* de Cicéron, dans la langue de cet illustre bavard; ensuite elle lut la quatrième *Épître* de Pope, sur le *Bonheur*. Si vous connaissez quelque femme à Paris qui en fasse autant, mandez-le-moi.

Après avoir ainsi passé ma journée, j'ai reçu votre lettre du 5 février; nouvelles preuves de votre tendresse, de votre goût et de votre jugement. Je vais me mettre tout de bon à retoucher *Alzire* pour l'impression; mais il faudrait que j'eusse une copie conforme à la manière dont on la joue. *Samson* devait partir par cette poste, mais je suis obligé de dicter mes lettres, et j'occupe à vous faire parler mon cœur la main qui devait transcrire mes sottises philistines et hébraïques. En attendant, je vous envoie le *Discours* apologétique que je compte faire imprimer à la suite d'*Alzire*. Je remplis en cela deux devoirs : je confonds la calomnie, et je célèbre votre amitié.

J'attends avec impatience le sentiment de Pollion et le vôtre sur ma dédicace à Mme du Châtelet. Je veux vous devoir l'honneur de pouvoir dire à M. de La Popelinière dorénavant :

Albi, nostrorum sermonum candide judex.
Hor., ep. IV, lib. I.

Son bon mot sur Pauline et sur Alzire est une justification trop glorieuse pour moi; c'est peut-être parce qu'il n'a vu jouer Pauline que par Mlle Duclos, vieille, éraillée, sotte et tracassière, qu'il donne la préférence à Alzire jouée par la naïve, jeune et gentille Gaussin. Dites de ma part à cette Américaine :

Ce n'est pas moi qu'on applaudit,
C'est vous qu'on aime et qu'on admire ;
Et vous damnez, charmante Alzire,
Tous ceux que Gusman convertit.

De Launai se damne d'une autre façon, par les perfidies les plus honteuses. Il y a longtemps que je sais de quoi il est capable; et, dès que j'ai su que Dufresne lui avait confié la pièce, j'ai bien prévu l'usage qu'il en ferait. Je ne doute pas qu'il ne la fasse imprimer furtivement, et qu'il n'en fasse quelque malheureuse parodie. Il a déjà fait celle de *Zaïre*, dans laquelle il a eu l'insolence de mettre M. Falkener sur le théâtre, par son propre nom. C'est ce même Falkener, notre ami, qui est aujourd'hui ambassadeur à Constantinople, et qui demanderait, aussi bien que la nation anglaise, justice de cette infamie, si l'auteur et l'ouvrage n'étaient pas aussi obscurs que méchants. Ce qui est étonnant, c'est que M. le lieutenant de police ait permis cet attentat public contre toutes les lois de la société. Voyez si on peut prévenir de pareils coups par vos amis et les miens. Cependant je destinais à ce malheureux de Launai un petit présent pour reconnaître la peine qu'il avait prise de lire la pièce aux comédiens. L'abbé Moussinot devait le porter chez vous; apparemment il vous parviendra ces jours-ci. C'est la seule vengeance que je veux prendre de de Launai; il faut le payer de sa peine, et l'empêcher d'ailleurs de faire du mal.

Je crois au petit La Mare un caractère bien différent. Il me paraît sentir vivement l'amitié et la reconnaissance; mais j'ai peur qu'il ne gâte tout cela par de l'étourderie, de l'impolitesse et de la débauche. Je lui ai recommandé expressément de vous voir souvent, et de ne se conduire que par vos conseils. C'est le seul moyen par où il puisse me plaire. Je crois bien qu'il n'est pas encore digne d'entrer dans le sanctuaire de Pollion; il faut qu'il fasse pénitence à la porte de l'église, avant de participer aux saints mystères.

Ce que vous me mandez de M. l'abbé de Rothelin me touche et me pénètre. Quoique des faveurs publiques de sa part fussent bien flatteuses, ses bontés en bonne fortune me le sont infiniment. Tout ceci me fait songer à M. de Maisons, son ami. Mon Dieu qu'il aurait été aise du succès d'*Alzire!* qu'il m'en eût aimé davantage! Faut-il qu'un tel homme nous soit enlevé!

Mandez-moi, mon cher ami, avec votre vérité ordinaire, et sans aucune crainte, tout ce qu'on dit de moi. Soyez très-persuadé que je n'en ferai jamais qu'un usage prudent, que je ne songerai qu'à faire taire le mal et à encourager le bien. Faites-moi connaître sans scrupule mes amis et mes ennemis, afin que je force les derniers à ne point me haïr, et que je me rende digne des autres.

Je voudrais bien qu'en me renvoyant ma pièce, vous pussiez y joindre quelques notes de Pollion et des vôtres. Que dites-vous du petit La Mare, qui ne m'a point encore écrit? Il n'avait rien de particulier à dire à Rameau; je ne l'avais chargé que de compliments. Les négociations ne sont confiées qu'à vous.

Savez-vous bien ce qui m'a plu davantage dans votre lettre? c'est l'espérance que vous me donnez de venir apporter un jour vos hommages à la divinité de Cirey. Vous y verriez une retraite de hiboux, que les Grâces ont changée en un palais d'Albane. Voici quatre vers que fit Linant, ces jours passés, sur le château :

> Un voyageur, qui ne mentit jamais,
> Passe à Cirey, s'arrête, le contemple;
> Surpris, il dit : « C'est un palais; »
> Et voyant Émilie, il dit que c'est un temple.

J'avouerai que c'est un joli quatrain. Vous en verrez bien d'autres si vous venez jamais dans cette vallée de Tempé; mais Pollion ne voudra jamais vous prêter pour quinze jours.

J'ai peur de ne vous avoir point parlé des vers que l'aimable Bernard a faits pour moi. Vous savez tout ce qu'il faut lui dire.

Adieu; je souffre, mais l'amitié diminue tous les maux.

CDIX. — A M. PALLU INTENDANT DE MOULINS.

A Cirey, le 9 février.

Un peu de maladie, monsieur, m'a privé de la consolation de vous écrire des pouilles de ma main. Je me sers d'un secrétaire; je me donne des airs d'intendant. Hélas! cruel que vous êtes, c'est bien vous qui faites l'intendant avec moi, en ne répondant pas à mes requêtes! J'avais cru vous faire ma cour et flatter votre goût, en vous envoyant il y a quelques mois une scène traduite tout entière d'un vieil auteur anglais; mais vous ne vous souciez ni de l'Anglais ni de moi. Vous aviez promis à Mme du Châtelet des petits cygnes de Moulins et des petits bateaux. Savez-vous bien que des bagatelles, quand on les a promises, deviennent solides et sacrées, et qu'il vaudrait mieux être deux ans sans faire payer la taille aux peuples de *la mère aux gaines*[1], que de manquer d'envoyer des petits cygnes à Cirey? Vous croyez donc qu'il n'y a dans le monde que des ministres, Moulins, et Versailles?

En lisant aujourd'hui des vers anglais de Pope sur le *Bonheur*, voici comme j'ai réfuté ce raisonneur :

Pope, l'Anglais, ce sage si vanté,
Dans sa morale au Parnasse embellie,
Dit que les biens, les seuls biens de la vie,
Sont le repos, l'aisance et la santé.
Il s'est mépris : quoi! dans l'heureux partage
Des dons du ciel faits à l'humain séjour,
Ce triste Anglais n'a pas compté l'amour!
Que je le plains! il n'est heureux ni sage.

Mettez l'amitié à la place de l'amour, et vous verrez combien vous manquez à ma félicité. Donnez-moi au moins votre protection, comme si j'étais né dans Moulins. Ayez pitié de cette pauvre *Alzire*, que l'on imprime, à ce qu'on m'a dit, furtivement, comme on a imprimé *Jules César*. Il est bien dur de voir ainsi ses enfants estropiés. M. Rouillé[2] peut, d'un mot, empêcher qu'on ne me fasse ce tort; c'est à vous que je veux en avoir l'obligation. Si vous me rendez ce bon office, j'aurai pour vous bien du respect et de la reconnaissance; et si vous m'écrivez, je vous aimerai de tout mon cœur.

CDX. — A M. DE LA ROQUE.

A Cirey, ce 10 février.

Je suis bien fâché, monsieur, qu'un peu d'indisposition m'empêche de vous écrire de ma main. Je n'ai que la moitié du plaisir, en vous marquant ainsi combien je suis sensible à vos politesses. Il est bien doux de plaire à un homme qui, comme vous, connaît tous les beaux-arts. Vous me rappelez toujours par votre goût, par votre politesse, et

---

1. Cette expression doit désigner la ville de Moulins, célèbre par sa coutellerie. (*Note de M. Beuchot.*)
2. Alors chargé de la librairie. (ÉD.)

par votre impartialité, l'idée du charmant M. de La Faye, qu'on ne peut trop regretter. Je pense bien comme vous sur les beaux-arts.

>Vers enchanteurs, exacte prose,
>Je ne me borne point à vous;
>N'avoir qu'un goût, c'est peu de chose :
>Beaux-arts, je vous invoque tous.
>Musique, danse, architecture,
>Art de graver, docte peinture,
>Que vous m'inspirez de désirs !
>Beaux-arts, vous êtes des plaisirs;
>Il n'en est point qu'on doive exclure.

Je voudrais bien, monsieur, vous envoyer quelques-unes de ces bagatelles, pour lesquelles vous avez tant d'indulgence; mais vous savez que ces petits vers, que j'adresse quelquefois à mes amis, respirent une liberté dont le public sévère ne s'accommoderait pas. Si, parmi ces libertins, qui vont toujours nus, il s'en trouve quelques-uns vêtus à la mode du pays, j'aurai l'honneur de vous les envoyer.

Je suis, monsieur, avec toute l'estime qu'on ne peut vous refuser, et avec une amitié qui mérite la vôtre, etc.

CDXI. — A M. L'ABBÉ D'OLIVET.

A Cirey, ce 12 février.

Si vous avez eu la goutte, dans votre séjour du tumulte et de l'inquiétude, j'ai eu la fièvre, mon cher abbé, dans l'asile de la tranquillité. *Si bene calculum ponas, ubique naufragium invenies.* Mais il faut absolument que je vous apprenne que pendant mon indisposition Mme la marquise du Châtelet daignait me lire, au chevet de mon lit. Vous allez croire peut-être qu'elle me lisait quelque chant de l'Arioste, ou quelqu'un de nos romans. Non; elle me lisait les *Tusculanes* de Cicéron ; et, après avoir goûté tous les charmes de cette belle latinité, elle examinait votre traduction, et s'étonnait d'avoir du plaisir en français. Il est vrai qu'en admirant l'éloquence de ce grand homme, cette beauté de génie, et ce caractère vrai de vertu et d'élévation qui règne dans cet ouvrage, et qui échauffe le cœur, sans briller d'un vain éclat; après, dis-je, avoir rendu justice à cette belle âme de Cicéron, et au mérite comme à la difficulté d'une traduction si noble, elle ne pouvait s'empêcher de plaindre le siècle des Cicéron, des Lucrèce, des Hortensius, des Varron, d'avoir une physique si fausse et si méprisable; et malheureusement ils raisonnaient en métaphysique tout aussi faussement qu'en physique. C'est une chose pitoyable que toutes ces prétendues preuves de l'immortalité de l'âme alléguées par Platon. Ce qu'il y a de plus pitoyable peut-être est la confiance avec laquelle Cicéron les rapporte. Vous avez vous-même, dans vos notes, osé faire sentir le faible de quelques-unes de ces preuves; et si vous n'en avez pas dit davantage, nous nous en prenons à votre discrétion. Enfin le résultat de cette lecture était d'estimer le traducteur autant que nous méprisons les raisonnements de la philosophie ancienne. Mon lecteur ne pouvait se lasser d'admirer la morale de Cicéron, et de blâmer ses raisonnements. Il faut avouer, mon cher abbé, que quelqu'un qui a lu Locke, ou plutôt qui est son Locke à soi-même, doit trouver les Platon des discoureurs, et rien de plus. J'avoue qu'en fait de philosophie un chapitre de Locke ou de Clarke est par rapport au bavardage de l'antiquité, ce que l'optique de Newton est par rapport à celle de Descartes. Enfin vous en penserez ce qu'il vous plaira; mais j'ai cédé au désir de vous dire ce qu'en pense une femme conduite par les lumières d'une raison que l'amour-propre n'égare point, qui connaît les philosophes anciens et modernes, et qui n'aime que la vérité. J'ai cru que c'était une chose flatteuse et rare pour vous d'être estimé d'une Française presque seule capable de connaître votre original.

On doit vous avoir rendu votre malheureux livre de la *Vie de Vanini*. L'autre exemplaire n'était pas encore arrivé à Paris. Ainsi je reprends le pardon que je demandais de ma méprise.

Avez-vous lu la traduction de l'*Essai* de Pope *sur l'Homme?* C'est un beau poëme, en anglais, quoique mêlé d'idées bien fausses sur le *bonheur*. Adieu; augmentez mon bonheur en m'écrivant.

J'ai bien des anecdotes sur Corneille et sur Racine, et sur la littérature du beau siècle passé. Vous devriez augmenter mon magasin.

CDXII. — A M. ***.

A Cirey, février.

Ma santé, qui est devenue déplorable, ne me permet guère, mon cher monsieur, d'entrer avec vous dans de grands détails au sujet de M. Le Franc, que je n'ai jamais offensé. Il peut, tant qu'il voudra, travailler contre moi, et vendre quelques brochures contre un homme qu'il ne connaît pas. Cela ne me fait rien. Sa haine m'est aussi indifférente que votre amitié m'est chère. S'il me hait, il est assez puni par le succès d'*Alzire*; à lui permis de se venger en tâchant de la décrier.

Quant à l'argent que me devait ce pauvre M. de La Clède, je trouve dans mes papiers (car je suis un homme d'ordre, quoique poëte) que je lui avais prêté, par billet, trois cents livres, que le libraire Legras m'a rendues; et, le lendemain, je lui prêtai cinquante écus, sans billet. Si vous pouviez, en effet, faire payer ces cinquante écus, je prendrais la liberté de vous supplier très-instamment d'en acheter une petite bague d'antique, et de prier Mme Berger de vouloir bien la porter au doigt, pour l'amour de M. de La Clède et du mien. Ce M. Berger est un homme que j'aime et que j'estime infiniment, et je vous aurais bien de l'obligation si vous l'engagiez à me faire cette galanterie. C'est un des meilleurs juges que nous ayons en fait de beaux-arts.

Qu'est devenue la mascarade de Servandoni? On dit qu'*Alzirette* est de Le Franc[1].

Je suis trop languissant pour vous en dire davantage.

1. *Alzirette*, parodie d'*Alzire*, est de Panard, Parmentier, Pontau et Marmontel. (Éd.)

CDXIII. — A M. L'ABBÉ LE BLANC.

Je n'ai reçu qu'hier, monsieur, le présent et la lettre dont vous m'avez honoré. J'ai lu avec beaucoup d'attention votre tragédie d'*Abensaïd*; je trouve que c'est un tableau d'une ordonnance belle et hardie, et dont toutes les figures sont très-animées. Il me parait que vous entendez parfaitement la conduite du théâtre; et je ne conçois pas comment les comédiens ont pu faire quelque difficulté.

Je suis aussi flatté de votre lettre, monsieur, que je suis content de votre pièce. La plupart des auteurs sont les ennemis de ceux qui courent la même carrière; ils se font des guerres honteuses qui déshonorent les talents. Il est bien triste de voir des gens de lettres perdre à se nuire, à se déchirer réciproquement, le temps qu'ils devraient employer à faire les délices et l'instruction des hommes; et que ceux qui ont le plus d'esprit passent souvent leur vie à se rendre le jouet des sots. Je suis charmé, monsieur, que ce vice de l'envie, qui est le poison de la littérature, soit si loin d'infecter votre génie. Je trouve avec plaisir dans votre caractère les sentiments vertueux de votre ouvrage.

Nous avons partagé les Indes entre nous : votre muse est au Mogol, et la mienne au Pérou[1]. Rome et la Grèce semblent épuisées. Il est temps de s'ouvrir de nouvelles routes. Je vous exhorte à marcher dans cette carrière. Pour moi, je ne crois pas que j'y rentre. Les genres d'études où je m'applique présentement ne sont guère compatibles avec les vers. Mais si je n'en fais plus, je les aimerai toujours; les vôtres me seront chers, et je vous supplierai de vouloir bien m'envoyer ce que vous ferez de nouveau.

Mme la marquise du Châtelet, dont l'esprit universel embrasse tous les arts, et qui sait juger de Virgile comme de Locke, en connaissance de cause, pense de la même manière que moi sur votre pièce. Si mon suffrage est peu de chose le sien doit être d'un grand poids.

J'ai l'honneur d'être, monsieur, avec bien de l'estime, votre, etc.

VOLTAIRE.

CDXIV. — A M. DE CIDEVILLE.

Ce 22 février.

Mon aimable et respectable ami, voilà trois de vos lettres auxquelles une de ces maladies de langueur que vous me connaissez m'a empêché de répondre. Tandis que monsieur votre père souffrait, à quatre-vingts ans, des coups de bistouri, et réchappait d'une opération, moi je dépérissais de ces maux d'entrailles qui sont à l'épreuve du bistouri. Peut-être, depuis votre dernière lettre, avez-vous perdu monsieur votre père. En ce cas, je reprends vigueur, en reprenant l'espérance qu'enfin vous vivrez pour vous, pour les belles-lettres, pour vos amis surtout, et que la déesse de Cirey pourra vous voir dans son temple. Je suis persuadé que vous ne m'avez pas assez méprisé pour penser que je

---

1. Dans *Abensaïd*, la scène est au Mogol; dans *Alzire*, elle est au Pérou. (ÉD.)

puisse quitter un moment Cirey, pour aller jouir des vains applaudissements du parterre et de

.... Je ne sais quel amour
Que la faveur publique ôte et donne en un jour.

Si j'allais à Paris, ce ne serait que parce qu'il est sur le chemin de Rouen. Vous m'avez bien connu, vous avez toujours adressé vos lettres à Cirey, malgré les indignes gens qui disaient que j'avais été à Paris.

Je vous répondrai peu de chose sur Jore. Il s'est très-mal comporté avec moi dans l'affaire des *Lettres philosophiques*. Je lui ai donné de l'argent depuis peu; mais, pour l'édition d'*Alzire*, je l'abandonne à Demoulin, qui n'a pas assez bonne opinion de lui pour la lui confier.

Un article plus important, c'est Linant. J'ai toujours affecté de ne vous en point parler, voulant attendre que le temps fixât mes idées sur son compte. Il m'avait marqué bien peu de reconnaissance à Paris; et déjà enflé du succès d'une tragédie qu'il n'a jamais achevée, il m'écrivit de Rouen, après six mois d'oubli, un petit billet en lignes diagonales, où il me disait qu'il ferait bientôt jouer sa pièce, et qu'il me rendrait l'argent que je lui avais, disait-il, prêté. Je dissimulai ce trait d'ingratitude et d'impertinence; et, toujours prêt à pardonner à la jeunesse, quand elle a de l'esprit, je le fis entrer chez Mme la marquise du Châtelet, malgré l'exclusion du maître de la maison, malgré le défaut qu'il a dans les yeux et dans la langue, et malgré la profonde ignorance dont il est. A peine a-t-il été établi dans la maison, qu'oubliant qu'il était précepteur et aux gages de Mme du Châtelet, oubliant le profond respect qu'il doit à son nom et à son sexe, il lui écrivit un jour une lettre, d'une terre voisine où il était allé de son chef et fort mal à propos. La lettre finissait ainsi : « L'ennui de Cirey est de tous les ennuis le plus grand, » sans signer, sans mettre un mot de convenance. Les personnes chez qui il écrivit cette lettre, et auxquelles il eut l'imprudence de la montrer, dirent à Mme la marquise du Châtelet qu'il le fallait chasser honteusement. Je fis suspendre l'arrêt, et je lui épargnai même les reproches. On ne lui parla de rien, et il continua de se conduire comme ferait un ami chez son ami, croyant que c'était là le bel air, parlant toujours du *cher* Cideville, du *pauvre* Cideville, et pas une fois de M. de Cideville, à qui il doit autant de respect que de reconnaissance et d'amitié.

Mme du Châtelet, indignée, a toujours voulu vous écrire et le chasser. J'ai apaisé sa colère, en lui représentant que c'était un jeune homme (il a pourtant vingt-sept ans passés) qui n'avait que de l'esprit et point d'usage du monde; que d'ailleurs il était né sage; qu'enfin, si elle n'avait pas besoin de lui, il avait besoin d'elle; qu'il mourrait de faim ailleurs, grâce à sa paresse et à son ignorance; qu'il fallait essayer de le corriger au lieu de le punir; qu'à la vérité il ne rendrait jamais dans une maison aucun de ces petits services par où l'on plaît à tout le monde, et dont la faiblesse de sa vue et la pesanteur de sa machine le rendent incapable; mais qu'il savait assez de latin pour l'apprendre, au moins conjointement avec son fils; qu'il lui apprendrait à penser, ce qui vaut mieux que du latin, et que je me chargeais de lui faire sentir la décence et les devoirs de son état.

C'est dans ces circonstances, mon tendre et judicieux ami, qu'il m'a demandé de faire entrer sa sœur dans la maison. Il est vrai que, depuis quelque temps, il se tient plus à sa place; mais il n'a pas encore effacé ses péchés. J'ai ouï dire d'ailleurs que sa sœur était encore plus fière que lui. J'ai vu de ses lettres; elle écrit comme une servante. Si avec cela elle pense en reine, je ne vois pas ce qu'on pourra faire d'elle.

Après toutes ces représentations, souffrez que je vous dise que vous êtes d'autant plus obligé d'avertir Linant d'être modeste, humble et serviable, que ce sont vos bontés qui l'ont gâté. Vous lui avez fait croire qu'il était né pour être un Corneille, et il a pensé que, pour avoir broché à peine en trois ans quatre malheureux actes d'un monstre qu'il appelait tragédie, il devait avoir la considération de l'auteur du *Cid*. Il s'est regardé comme un homme de lettres et comme un homme de bonne compagnie, égal à tout le monde. Vos louanges et vos amitiés ont été un poison doux qui lui a tourné la tête. Il m'a haï, parce que je lui ai parlé franc. Méritez à votre tour qu'il vous haïsse, ou il est perdu. Je lui ai déjà dit qu'il était impertinent qu'il parlât de son *cher* et de son *pauvre* Cideville, et de Formont, à qui il a des obligations. Je lui ai fait sentir tous ses devoirs; je lui ai dit qu'il faut savoir le latin, apprendre à écrire, et savoir l'orthographe, avant de faire une pièce de théâtre, et qu'il doit se regarder comme un homme qui a son esprit à cultiver et sa fortune à faire. Enfin, depuis quinze jours, il a pris des allures convenables. Le voilà en bon train; encouragez-le à la persévérance; un mot de votre main fera plus que tous mes avis.

En voilà beaucoup pour un malade; la tête me tourne; j'enrage. Voilà quatre feuilles d'écrites sans avoir parlé de vous. Adieu; mille amitiés au philosophe Formont et au tendre du Bourg-Theroulde.

CDXV. — A M. LE COMTE D'ARGENTAL.

A Cirey, le 26 janvier.

Ma destinée sera donc d'avoir toujours des remerciments à vous faire, des pardons à vous demander, et de nouvelles importunités à vous faire essuyer! Je sais quelle est votre bonté et votre indulgence, et qu'on prend toujours bien son temps avec vous; mais quelles circonstances que celles où vous êtes, pour que vous soyez tous les jours fatigué de querelles et de dénonciations des libraires, et que j'y ajoute encore de nouveaux contre-temps au sujet de ces pauvres *Américains!* Mais enfin, quand on a débauché une fille, on est obligé de nourrir l'enfant, et d'entrer dans les détails du ménage. C'est vous qui avez débauché *Alzire;* pardonnez-moi donc toutes mes importunités.

J'ai reçu enfin la copie de la pièce, telle qu'elle est jouée. Nous avons examiné la chose avec attention, Mme du Châtelet et moi, et nous avons été également frappés de la nécessité de restituer bien des choses à peu près comme elles étaient; par exemple, nous avons lu, au quatrième acte :

ALZIRE.
Compte, après cet effort, sur un juste retour.
GUSMAN.
En est-il donc, hélas! qui tienne lieu d'amour?

Bon Dieu! que dirait Despréaux, s'il voyait Alzire prononcer un vers aussi dur, et Gusman répondre en doucereux! Au nom du bon goût, laissez les choses dans leur premier état. Quelle différence! ne la sentez-vous pas?

J'insiste encore sur le cinquième acte; il est si écourté, si rapide, qu'il ne nous a fait aucun effet. On craint les longueurs au théâtre, mais c'est dans les endroits inutiles et froids. Voyez que de vers débite Mithridate en mourant : sont-ils aussi nécessaires que ceux de Gusman? Quel outrage à toutes les règles que Montèze ne paraisse pas avec Gusman, et n'embrasse pas ses genoux! Je l'avais fait dire aux comédiens, mais inutilement; tout le monde croit que c'est ma faute; j'en reçois tous les jours des reproches. Je vous conjure enfin de presser M. Thieriot ou M. La Mare d'exiger tous ces changements.

Je sais qu'on fait bien d'autres critiques; mais, pour satisfaire les censeurs, il faudrait refondre tout l'ouvrage, et il serait encore bien plus critiqué. C'est au temps seul à établir la réputation des pièces, et à faire tomber les critiques.

M. et Mme du Châtelet ont approuvé l'*Épître* dédicatoire. A l'égard d'un *Discours* apologétique que j'adressais à M. Thieriot, je ne suis pas encore bien décidé si j'en ferai usage ou non. Je ne répondrai jamais aux satires qu'on fera sur mes ouvrages; il est d'un homme sage de les mépriser; mais les calomnies personnelles tant de fois imprimées et renouvelées, connues en France et chez les étrangers, exigent qu'on prenne une fois la peine de les confondre. L'honneur est d'une autre espèce que la réputation d'auteur; l'amour-propre d'un écrivain doit se taire, mais la probité d'un homme accusé doit parler, afin qu'on ne dise pas :

............*Pudet hæc opprobria nobis*
Et dici potuisse, et non potuisse repelli.
Ovid., *Métam.*, liv. I, v. 758.

Reste à savoir si je dois parler moi-même, ou m'en remettre à quelque autre; c'est sur quoi j'attends votre décision.

Pardon de ma longue lettre et de tout ce qu'elle contient. Mme du Châtelet, qui pense comme moi, mais qui me trouve un bavard, vous demande pardon pour mes importunités. Elle obtiendra ma grâce de vous. Elle fait mille compliments aux deux aimables frères, pour qui j'aurai toujours la plus tendre amitié et la plus respectueuse reconnaissance.

CDXVI. — A. M. THIERIOT.

A Cirey, le 26 février.

Je ne me porte guère bien encore. Raisonnons pourtant, mon cher ami. Pas un mot de *Samson* aujourd'hui, s'il vous plaît; tout sera pour *Alzire*: je viens de la recevoir; c'était de vous que je l'attendais; je suis au désespoir qu'elle ait été en d'autres mains qu'entre les vôtres et celles de M. d'Argental. Ce sont des profanes qui se sont emparés de mes vasas sacrés; et vous, mon grand prêtre, vous ne les avez pas eus dans votre sacristie!

Demoulin est une tête picarde que je laverais bien, mais qu'il faut ménager, parce qu'il a le cœur bon, et que, de plus, il a mon bien entre ses mains. Dieu veuille qu'il y soit plus sûrement que mes *Américains!* C'est un honnête homme; mais je ne sais s'il entend les affaires mieux que le théâtre. Il m'aime; il faut lui passer bien des choses. J'ai été confondu, je vous l'avoue, de voir les négligences barbares dont la précipitation avec laquelle on m'a joué a laissé ma pièce remplie; elle en est défigurée. J'ai été bien fâché, je vous l'avoue. J'ai fait sur-le-champ un bel écrit à trois colonnes, pour être envoyé à M. d'Argental, à vous et aux comédiens. Demoulin en est chargé. De plus, j'écris à chaque acteur en particulier. Enfin, s'il en est temps, il faut réparer ces fautes; il y en a d'énormes. Croyez-moi; j'ai mis mes raisons en marge. Je serai bien piqué si l'on ne se prête pas à la justice que je réclame, et je suis sûr que la pièce tombera, si elle n'est tombée. Je sais que toutes ces fautes ont été bien senties et bien relevées à la cour. Mon cher ami, il faut presser Sarrazin, Grandval, Mlle Gaussin, Legrand, de se rendre à mes remontrances. C'est là où j'ai besoin de votre éloquence persuasive. La dédicace à Mme la marquise du Châtelet doit absolument paraître; le prêtre et la déesse le veulent.

Pour l'épître que je vous adressais, je ne suis pas encore décidé. Je suis convaincu qu'il faut une apologie. Qu'on attaque mes ouvrages, je n'ai rien à répondre; c'est à eux à se défendre bien ou mal; mais qu'on attaque publiquement ma personne, mon honneur, mes mœurs, dans vingt libelles dont la France et les pays étrangers sont inondés, c'est signer ma honte que de demeurer dans le silence. Il faut opposer des faits à la calomnie; il faut imposer silence au mensonge. Je ne veux, il est vrai, d'aucune place; mais quelle est celle où j'oserais prétendre, si ces calomnies n'étaient pas réfutées? Je veux qu'on dise: « Il n'est pas de l'Académie, parce qu'il ne le désire pas; » et non pas qu'on dise: « Il serait refusé. » C'est ne me point aimer que de penser autrement, et je suis sûr que vous m'aimez. L'exemple de l'abbé Prévost ne me paraît pas fait pour moi. Je ne sais s'il a dit ou dû dire: *Je suis honnête homme*; mais je sais, moi, que je le dois dire, et que ce n'est pas une chose à laisser conclure comme une proposition délicate. Mes mœurs sont directement opposées aux infâmes imputations de mes ennemis. J'ai fait tout le bien que j'ai pu, et je n'ai jamais fait le mal que j'ai pu faire. Si ceux que j'ai accablés de bienfaits et de services sont demeurés dans le silence contre mes ennemis, le soin de mon honneur me doit faire parler, ou quelqu'un doit être assez juste, assez généreux pour parler pour moi. Pourquoi sera-t-il permis d'imprimer que j'ai trompé un libraire, que j'ai retenu des souscriptions, et ne me sera-t-il pas permis de démontrer la fausseté de cette accusation? Pourquoi ceux qui la savent la tairont-ils? L'innocence, et j'ose dire la vertu, doit-elle être opprimée, calomniée, par la seule raison que mes talents m'ont rendu un homme public? C'est cette raison-là même qui doit m'élever la voix, ou qui doit dénouer la langue de ceux qui me connaissent. Que m'importe que dom Prévost, qui n'a point d'ennemis, ait écrit quelque chose ou non sur son compte? que me fait son aventure d'une lettre de change à Londres? Qu'il se disculpe devant les jurés; mais moi, je suis attaqué dans mon honneur par des ennemis, par des écrivains indignes; je dois leur répondre hardiment, une fois dans ma vie, non pour eux, mais pour moi. Je ne crains point Rousseau, je le méprise; et tout ce que j'ai dit dans mon épître est vrai; reste à savoir s'il faut que ce soit moi ou un autre qui ferme la bouche au mensonge. Si dom Prévost voulait entrer dans ces détails, dans une feuille consacrée, en général, à venger la réputation des gens de lettres calomniés, il me rendrait un service que je n'oublierais de ma vie. La matière d'ailleurs est belle et intéressante. Les persécutions faites aux auteurs de réputation ont mérité des volumes. Si donc je suis assuré que le *Pour et Contre* parlera aussi fortement qu'il est nécessaire, je me tairai, et ma cause sera mieux entre ses mains que dans les miennes; mais il faut que j'en sois sûr.

Quel est le malheureux auteur de cet *Observateur* polygraphique? Ne serait-ce point l'abbé Desfontaines? C'est assurément quelque misérable écrivain de Paris. Il ne sait donc pas que vous êtes mon ami intime, mon plénipotentiaire, mon juge? Voilà vos qualités sur le Parnasse.

P. S. Mme la marquise du Châtelet veut absolument que mon apologie paraisse en mon nom; cela n'empêcherait pas les bons offices du *Pour et Contre*.

CDXVII. — AU MÊME.

(1er mars.

Mme la marquise du Châtelet vient de vous écrire une lettre dans laquelle elle ne se trompe que sur la bonne opinion qu'elle a de moi; et mon plus grand tort, dans l'*Épître* dont elle approuve l'hommage, c'est de n'avoir pas dignement exprimé la juste opinion que j'ai d'elle.

Il s'en fallait de beaucoup que je fusse content de mon *Épître* dédicatoire et du *Discours* que je vous adressais; je ne l'étais pas même d'*Alzire*, malgré l'indulgence du public. Je corrige assidûment ces trois ouvrages; je vous prie de le dire aux deux respectables frères.

Si j'étais La Fontaine, et si Mme du Châtelet avait le malheur de n'être que Mme de Montespan, je lui ferais une épître en vers, où je dirais ce qu'on dit à tout le monde; mais le style de sa lettre doit vous faire voir qu'il faut raisonner avec elle, et payer à la supériorité de son esprit un tribut que les vers n'acquittent jamais bien. Ils ne sont ni le langage de la raison, ni de la véritable estime, ni du respect, ni de l'amitié, et ce sont tous ces sentiments que je veux lui peindre. C'est précisément parce que j'ai fait de petits vers pour Mlle de Villefranche, pour Mlle Gaussin, etc., que je dois une prose raisonnée et sage à Mme la marquise du Châtelet. « Faites-la donc digne d'elle, » me direz-vous; c'est ce que je n'exécuterai pas, mais c'est à quoi je m'efforcerai.

Non possis oculis quantum contendere Lynceus,
Non tamen idcirco contemnas lippus inungi;
....
Est quadam prodire tenus, si non datur ultra.
Hor., lib. I, ep. I, v. 28.

Je tâcherai, du moins, de m'éloigner autant des pensées de Mme de Lambert, que le style vrai et ferme de Mme du Châtelet s'éloigne de ces riens entortillés dans des phrases précieuses, et de ces billevesées énigmatiques.

A l'égard de l'*Apologétique* de Tertullien, toutes choses mûrement considérées, il faut qu'il paraisse avec des changements, des additions, des retranchements; mais, ne vous en déplaise, un honnête homme doit dire très-hardiment qu'il est honnête homme. Voilà qui est plaisant de me conseiller de faire de mon apologie une énigme dont le mot soit la vertu! On peut laisser conclure qu'on a les dents belles et la jambe bien tournée, mais l'honneur ne se traite pas ainsi : il se prouve et il s'affiche. Il est d'autant plus hardi qu'il est attaqué; et de telles vérités ne sont pas faites pour porter un masque. Votre amitié y est intéressée. Les calomniateurs qui disent, qui impriment que j'ai trompé des libraires, vous outragent en m'insultant, puisque c'est vous qui avez fait les éditions anglaises des *Lettres*, et qui avez reçu plusieurs souscriptions; en un mot, c'est ici une des affaires les plus sérieuses de ma vie; et, croyez-moi, elle influe sur la vôtre. C'est une occasion où nous devrions nous réunir, fussions-nous ennemis. Que ne doit donc pas faire une amitié de vingt années !

Adieu, mon cher ami; je vous embrasse avec tendresse. Continuez à m'aider et en particulier et en public, et à répandre sur vous et sur moi, par vos discours sages, polis, et mesurés, la considération que notre amitié et notre goût pour les arts méritent.

Je suis bien étonné de ne pas recevoir des nouvelles de monsieur votre frère. Mais, mon Dieu, ai-je écrit à notre cher petit Bernard, qui le premier m'annonça la victoire d'*Alzire*? Ma foi, je n'en sais rien; demandez-le-lui. Buvez à ma santé avec Pollion. Adieu; je vous aime de tout mon cœur.

CDXVIII. — AU MÊME.

4 mars.

J'ai été malade; Mme du Châtelet l'est à son tour. Je vous écris à la hâte au chevet de son lit, et c'est pour vous dire qu'on vous aime à

Cirey autant que chez Plutus-Pollion[1]; puis vous saurez qu'*Alzire*, la dédicace, le *Discours*, la pièce, corrigés jour et nuit, viennent par la poste. Tout cela est changé, comme une chrysalide qui vient de devenir papillon en une nuit. Vous direz que je me pille; car c'est ce que je viens d'écrire à M. d'Argental; mais, quand Émilie est malade, je n'ai point d'imagination. Je viens de voir la feuille[2] de l'abbé Prévost; je vous prie de l'assurer de mon amitié pour le reste de ma vie. Je lui écrirai assurément.

Comptez, mon cher ami, qu'il fallait une dédicace d'une honnête étendue. J'ose assurer que c'est la première chose adroite que j'aie faite de ma vie. Toutes les femmes qui se piquent de science et d'esprit seront pour nous, les autres s'intéresseront au moins à la gloire de leur sexe. Les académiciens des sciences seront flattés, les amateurs de l'antiquité retrouveront avec plaisir des traits de Cicéron et de Lucrèce. Enfin, morbleu, Émilie ordonne, obéissons.

Si la fin du *Discours* que je vous adresse ne vous plaît pas, je n'écris plus de ma vie.

Allons, voyons si nous serons sûrs d'un censeur. Mon cher ami, je vous recommande cette affaire; elle est sérieuse pour moi; il s'agit d'Émilie et de vous.

Remerciez M. de Marivaux; il fait un gros livre contre moi qui lui vaudra cent pistoles. Je fais la fortune de mes ennemis.

CDXIX. — AU MÊME.

À Cirey, ce 6 mars.

Je suis bien malade, mon ami; mais cela n'empêche pas que je n'aie encore envoyé des changements à M. d'Argental, car il faut bien toujours corriger.

On se moque de moi, quand on veut que je m'excuse sur mon goût pour les Anglais. Il n'est question, dans mon apologie, que de ce qui a été imprimé contre moi; d'ailleurs je me donnerai bien de garde de me rendre coupable de cette bassesse envers une nation à qui j'ai obligation, et qui peut encore me donner un asile.

Je n'ai offensé ni voulu jamais offenser Marivaux, que je ne connais point, et dont je ne lis jamais les ouvrages. S'il fait un livre contre moi, ce n'est pas par vengeance, car il l'aurait déjà fait paraître; ce n'est que par intérêt, puisque le libraire, qui ne lui offrait que cinq cents francs, lui en donne cent pistoles, cette année.

À la bonne heure, que ce misérable gagne de l'argent, comme tant d'autres, à me dire des injures; il est juste que l'auteur de *la Voiture embourbée*, du *Télémaque travesti*, et du *Paysan parvenu*, écrive contre l'auteur de *la Henriade*; mais il est aussi d'un trop malhonnête homme de vouloir réveiller la querelle des *Lettres philosophiques*, et de m'exposer à la colère du garde des sceaux, en répandant que vous êtes intéressé à ces *Lettres philosophiques*, de toute façon.

1. La Popelinière. Voltaire l'appelle aussi Tucca, parce qu'il corrigeait les vers de Voltaire, comme Tucca ceux de Virgile. (ÉD.)
2. Elle contenait un grand éloge d'*Alzire*. (ÉD.)

Mme la marquise du Châtelet a déjà écrit à M. le bailli de Froulai pour le prier d'en parler au garde des sceaux. Suivez cela très-sérieusement, je vous en prie. Parlez à M. le marquis de Froulai. Faites prévenir M. Rouillé par M. d'Argental et par M. le président Hénault. Ils m'épargneront la peine de couvrir ce zoïle impertinent de l'opprobre et de la confusion qu'il mérite. Adieu; votre amitié m'est plus précieuse que les outrages de tous ces gens-là ne me sont sensibles.

CDXX. — AU MÊME.

A Cirey, ce 10 mars.

La galanterie de Mlle *Quoniam*[1] est plus flatteuse que les battements de mains du parterre. Je ne sais plus quelle fille de l'antiquité voulut coucher avec un philosophe pour le récompenser de ses ouvrages. Mlle *Quoniam* ne pousserait pas si loin la générosité antique, mais aussi je ne suis pas si philosophe. Pour Mlle Gaussin, elle me devrait au moins quelques baisers. Je m'imagine que vous les recevez pour moi, et que ce n'est pas au théâtre que sa bouche vous fait le plus de plaisir.

Il est vrai que dans la petite comédie[2] que nous avons jouée à Cirey il y aurait un rôle assez plaisant et assez neuf pour Mlle Dangeville. Mme du Châtelet l'a joué à étonner, si quelque chose pouvait étonner d'elle; mais la pièce n'est qu'une farce qui n'est pas digne du public. *Thétis et Pélée*[3] me font trembler pour ma vieillesse. Il est triste que ce qui a été beau ne le soit plus; mais ce n'est point M. de Fontenelle qui est tombé, ce sont les acteurs de l'Opéra. Ne pourrai-je point avoir l'*Épître à Clio*, de M. de La Chaussée? C'est celui-là qui fait bien des vers, et qui, par conséquent, ne sera pas loué par quelqu'un[4] que vous connaissez, auquel il ne reste plus ni goût ni talent, mais seulement de l'envie.

Je viens de voir une épigramme parfaite; c'est celle de notre petit Bernard sur la Sallé. *Il a troqué son encensoir contre des verges; il fouette sa coquine après avoir adoré sa déesse*[5]. On ne peut pas mieux punir ce faste de vertu ridicule qu'elle étalait si mal à propos.

Pitteri, libraire à Venise, qui débite la traduction de *Charles XII*, n'a pu obtenir la permission pour *la Henriade*, parce que j'ai l'honneur d'être à l'index.

Formont vient de m'envoyer de jolis vers sur *Alzire*. Vous les aurez bientôt; car tout ce qu'on fait pour moi vous appartient. Pour ma *Métaphysique*, il n'y a pas moyen de la faire voyager; j'y ai trop cherché la vérité. Adieu, héros de l'amitié; adieu, ami de tous les arts; vos lettres sont le second plaisir de ma vie.

1. Mlle Quinault. (ÉD.) — 2. *L'Enfant prodigue*. (ÉD.)
3. Opéra, paroles de Fontenelle, musique de Colasse; représenté, pour la première fois, en 1689, et repris sept fois. (*Éd. de Kehl.*)
4. J. B. Rousseau, dont l'éloge, dans l'*Épître à Clio*, précède immédiatement celui de Voltaire. (ÉD.)
5. Ces mots, en lettres italiques, sont l'extrait du titre de l'épigramme en huit vers dont voici les premiers :

Sur la Sallé la critique est perplexe;
L'un va disant qu'elle a fait maints heureux.... (ÉD.)

De Madame du Chatelet.

Voltaire veut que je signe sa lettre; j'y mettrai avec grand plaisir le sceau de l'amitié; je sens celle que vous avez marquée à votre ami, et je désire que vous en ayez pour Émilie.

CDXXI. — Au même

Cirey.

Je reçois votre lettre. Je vous prie de me faire avoir les *Nouvelles à la main*, et de dire à M. Le Franc tout ce que vous pourrez de mieux. On lui impute pourtant les *Sauvages*[1].

Je vais corriger encore *Alzire* et les *Épîtres*. Je vous prie d'ajouter à toutes les marques d'amitié que vous devez à la mienne, et à vingt ans d'une tendresse réciproque, l'attention de faire respecter cette amitié. Nous ne sommes plus, ni l'un ni l'autre, dans un âge où les termes légers et sans égard puissent convenir. Je ne parle jamais de M. Thieriot que comme d'un homme que je considère autant que je l'aime. M. de Fontenelle n'avait point d'amitié pour La Motte, mais pour M. de La Motte. Cette politesse donne du relief à celui qui la met à la mode. Les petits-maîtres de la rue Saint-Denis disaient la Lecouvreur, et le cardinal de Fleuri disait Mlle Lecouvreur. On serait très-mal venu à dire devant moi : « Thieriot; » cela était bon à vingt ans. M. Marivaux ne sait pas à quoi il s'expose. On va imprimer un recueil nouveau de mes ouvrages, où je mettrai ses ridicules dans un jour qui le couvrira d'opprobre.

CDXXII. — A Mademoiselle Quinault.

(*Analyse, par M. Beuchot.*) — [Envoi de l'*Enfant prodigue*. Il l'engage à faire cesser la haine d'un homme qui le décrie par des libelles, et pour lequel Mlle Quinault a de l'amitié[2]].

CDXXIII. — A M. de La Mare.

A Cirey, le 15 mars.

Je me flatte, monsieur, que, quand vous ferez imprimer quelques-uns de vos ouvrages, vous le ferez avec plus d'exactitude que vous n'en avez eu dans l'édition de *Jules César*. Permettez que mon amitié se plaigne que vous avez hasardé, dans votre préface, des choses sur lesquelles vous deviez auparavant me consulter.

Vous dites, par exemple, que, *dans certaines circonstances, le parricide était regardé comme une action de courage, et même de vertu, chez les Romains :* ce sont de ces propositions qui auraient grand besoin d'être prouvées.

Il n'y a aucun exemple de fils qui ait assassiné son père pour le salut de la patrie. Brutus est le seul; encore n'est-il pas absolument sûr qu'il fût le fils de César.

Je crois que vous deviez vous contenter de dire que Brutus était stoïcien

---

1. Les *Sauvages*, parodie d'*Alzire*, sont de Romagnesi et Riccoboni. (Ed.)
2. Probablement Guyot de Merville. (Ed.)

et presque fanatique, féroce dans la vertu, et incapable d'écouter la nature, quand il s'agissait de sa patrie, comme sa lettre à Cicéron le prouve.

Il est assez vraisemblable qu'il savait que César était son père, et que cette considération ne le retint pas; c'est même cette circonstance terrible et ce combat singulier entre la tendresse et la fureur de la liberté qui seuls pouvaient rendre la pièce intéressante : car de représenter des Romains nés libres, des sénateurs opprimés par leur égal, qui conspirent contre un tyran, et qui exécutent de leurs mains la vengeance publique, il n'y a rien là que de simple; et Aristote (qui, après tout, était un très-grand génie) a remarqué, avec beaucoup de pénétration et de connaissance du cœur humain, que cette espèce de tragédie est languissante et insipide; il l'appelle la plus vicieuse de toutes, tant l'insipidité est un poison qui tue tous les plaisirs!

Vous auriez donc pu dire que César est un grand homme, ambitieux jusqu'à la tyrannie; et Brutus, un héros d'un autre genre, qui poussa l'amour de la liberté jusqu'à la fureur.

Vous pouviez remarquer qu'ils sont représentés tous condamnables, mais à plaindre, et que c'est en quoi consiste l'artifice de cette pièce. Vous paraissez surtout avoir d'autant plus tort de dire que les Romains approuvaient le parricide de Brutus, qu'à la fin de la pièce les Romains ne se soulèvent contre les conjurés que lorsqu'ils apprennent que Brutus a tué son père. Ils s'écrient :

.... O monstre que les dieux
Devaient exterminer............
Acte III, scène VIII.

Je vous avais dit, à la vérité, qu'il y avait, parmi les *Lettres de Cicéron*, une lettre de Brutus par laquelle on peut inférer qu'il avait tué son père pour la cause de la liberté. Il me semble que vous avez assuré la chose trop positivement.

Celui qui a traduit la lettre italienne de M. le marquis Algarotti semble être tombé dans une méprise à l'endroit où il est dit que c'est un de ceux qu'on appelle *doctores umbratici* qui a fait la première édition furtive de cette pièce. Je me souviens que quand M. Algarotti me lut sa lettre en italien, il y désignait un précepteur qui, ayant volé cet ouvrage, le fit imprimer. Cet homme a même été puni; mais par la traduction, il semble qu'on ait voulu désigner les professeurs de l'université. L'auteur de la brochure qu'on donne toutes les semaines sous le titre d'*Observations*, etc., a pris occasion de cette méprise pour insinuer que M. le marquis Algarotti avait prétendu attaquer les professeurs de Paris; mais cet étranger respectable, qui a fait tant d'honneur à l'université de Padoue, est bien loin de ne pas estimer celle de Paris, dans laquelle on peut dire qu'il n'y a jamais eu tant de probité et tant de goût qu'à présent.

Si vous m'aviez envoyé votre préface, je vous aurais prié de corriger ces bagatelles; mais vos fautes sont si peu de chose, en comparaison des miennes, que je ne songe qu'à ces dernières. J'en ferais une fort grande de ne vous point aimer, et vous pouvez compter toujours sur moi.

CDXXIV. — A M. THIERIOT.

16 mars.

Mon ... vous avez bien gagné à mon silence. Emilie a entretenu la ...ance.

N'admirez-vous pas sa lumière,
Son style aisé, sublime, et net;
Sa plume, ou solide, ou légère,
Traitant de science ou d'affaire,
D'un madrigal ou d'un sonnet?
Elle écrit pourtant pour Voltaire.
Louis quinze a-t-il, en effet,
Quelque semblable secrétaire,
Soit d'État, soit de cabinet?

Ces petits vers une fois passés, vous saurez que vos lettres m'ont fait autant de plaisir que les siennes ont dû vous en faire. Si j'étais un Descartes, vous seriez mon P. Mersenne. J'ai été accablé de maladies et d'occupations. Je m'étais donné tout cela, et je m'en suis tiré. Êtes-vous content de la dédicace du temple d'Alzire à la déesse de Cirey, et de la post-face à M. Thieriot, et du petit grain d'avertissement? Eh! vite, que Dumoulin transcrive, et que La Serre approuve, et que Prault imprime; car je crois que Demoulin, le surintendant, a donné ses faveurs à Prault.

Homme faible! vous laisserez-vous persuader qu'il faut que Gusman interrompe Alzire, pour lui dire une quinauderie? et ne sentez-vous pas combien ce vers :

S'il en est, après tout, qui tiennent lieu d'amour,

est pris dans le caractère de la personne, qui ne doit avoir aucune adresse, et rien que de la vérité?

Triumvirat très-aimable, il y a des cas où je suis votre dictateur.

. . . . .Une Espagnole eût promis davantage;
. . . .
. . . . Je n'ai point leurs mœurs,
Acte IV, scène II.

est très-français. Cette phrase est de toutes les langues. Lisez la grammaire à l'article des *pronoms collectifs*.

Compte à jamais au moins sur ma reconnaissance,

est un vers faible et plat, s'il est seul, à peu près comme le seraient beaucoup de vers de Racine. Mais,

. . . . . . *Tantum series juncturaque pollet!*
Tantum de medio sumptis accedit honoris!
Hor., *de Arte poet.*, v. 242.

que ces vers plats se rebondissent du voisinage des autres

Compte à jamais au moins sur ma reconnaissance,
Sur la foi, sur les vœux qui sont en ma puissance,
Sur tous les sentiments du plus juste retour,
S'il en est, après tout, qui tiennent lieu d'amour.

Voilà qui devient coulant et harmonieux, par les traits consécutifs et par la figure ménagés jusqu'au bout de la phrase.

Bauche va réimprimer *Zaïre*, je la corrige. Prault réimprimera *la Henriade*; je la corrige aussi. Je corrige tout, hors moi. Savez-vous bien que je retouche *Adélaïde*, et que ce sera une de mes moins mauvaises filles?

J'ai lu *Jules César*. Est-ce M. Algarotti qui a lui-même traduit son italien? Apprenez que ce Vénitien-là a fait des dialogues sur la lumière, où il y a malheureusement autant d'esprit que dans les *Mondes*, et beaucoup plus de choses utiles et curieuses.

J'ai lu la *Zaïre* anglaise : elle m'a enchanté plus qu'elle n'a flatté mon amour-propre. Comment! des Anglais tendres, naturels! *without bombast! without smiles at the end of acts!* Quel est donc ce M. Hill [1]? quel est ce gentilhomme [2] qui a joué Orosmane sur le théâtre des comédiens? Cet honneur fait aux arts ne sera-t-il pas consacré dans *le Pour et Contre*? Autrefois ce *Pour et Contre* avait été contre *Zaïre*; ah! il doit faire amende honorable.

Rameau s'est marié avec Moncrif [3]. Suis-je au vieux sérail? *Samson* est-il abandonné? Non; qu'il ne l'abandonne pas. Cette forme singulière d'opéra fera sa fortune et sa gloire.

CDXXV. — A MADEMOISELLE QUINAULT.

Cirey, 16 mars 1736

[Voltaire lui annonce que *l'Enfant prodigue* est fait, transcrit et envoyé à M. d'Argental, et qu'il paraîtra bientôt une édition corrigée de *Zaïre*. Il lui rappelle que c'est elle qui lui a donné le sujet de *l'Enfant prodigue*, et la prie de faire jouer cette pièce, mais de cacher qu'il en est l'auteur. M. d'Argental est seul dans le secret.]

CDXXVI. — A M. THIERIOT.

A Cirey, le 18 mars.

Il faut, mon ami, vous rendre compte de l'*Épître à Cléo*. Les vers sont frappés sur l'enclume qu'avait Rousseau, quand il était encore bon ouvrier; mais malheureusement le choix du sujet n'a pas ce piquant qu'il faut pour le monde. C'est le chef-d'œuvre d'un artiste fait pour des artistes seulement. Tout s'y trouve, hors le plaisir qu'il faut à des lecteurs oisifs. J'admirerai toujours cet écrit, excepté la bataille; mais nos Français veulent en tout genre de l'intérêt et des grâces. Il en faut partout, sans quoi le beau n'est que beau.

*Non satis est pulchra esse poemata; dulcia sunto,
Et quocumque volent, animum auditoris agunto.*
Hor., *De arte poet.*, v. 99.

1. Traducteur de *Zaïre*. (Éd.) — 2. Il s'appelait Bond. (Éd.)
3. On ne connaît point d'ouvrage de Moncrif mis en musique par Rameau. (Éd.)

Dites-lui combien j'estime sa précision, sa netteté, sa force, son tour heureux, naturel, son style châtié. Ajoutez à cela que je suis très-fâché qu'il déshonore un si bon ouvrage par des éloges dont il rougit. S'il ne voulait qu'un asile heureux et fait pour un philosophe, au lieu d'une place inutile et qui n'a plus que du ridicule, je trouverais bien le secret de le mettre en état de ne plus louer indignement.

Voici un petit quatrain en réponse à l'honneur qu'il m'a fait de m'envoyer son *Épître :*

> Lorsque sa muse courroucée
> Quitta le coupable Rousseau,
> Elle te donna son pinceau,
> Sage et modeste *La Chaussée.*

Il ne faut pas oublier ce jeune M. de Verrières; car nous devons encourager la jeunesse.

> Élève heureux du dieu le plus aimable,
> Fils d'Apollon, digne de ses concerts,
> Voudriez-vous être encor plus louable?
> Ne me louez pas tant, travaillez plus vos vers
> Le plus bel arbre a besoin de culture;
> Émondez-moi ces rameaux trop épars;
> Rendez leur sève et plus forte et plus pure.
> Il faut toujours, en suivant la nature,
> La corriger : c'est le secret des arts.

C'est ce qui fait que je me corrige tous les jours, moi et mes ouvrages.

Vous trouverez sur une dernière feuille une chose que je n'avais faite de ma vie, un sonnet[1]. Présentez-le au marquis ou non marquis Algarotti, et admirez avec moi son ouvrage sur la lumière. Ce sonnet est une galanterie italienne. Qu'il passe par vos mains, la galanterie sera complète.

CDXXVII. — A MADAME LA MARQUISE DU DEFFAND.

A Cirey, par Vassy en Champagne, 12 mars.

Une assez longue maladie, madame, m'a empêché de répondre plus tôt à la lettre charmante dont vous m'avez honoré. Vous devez vous intéresser à cette maladie: elle a été causée par trop de travail. Eh! quel objet ai-je dans tous mes travaux que l'envie de vous plaire, de mériter votre suffrage? Celui que vous donnez à mes *Américains,* et surtout à la vertu tendre et simple d'Alzire, me console bien de toutes les critiques de la petite ville qui est à quatre lieues de Paris, à cinq cents lieues du bon goût, et qu'on appelle la cour. Je ferai ce que je pourrai assurément pour rendre Gusman plus tolérable. Je ne veux point me justifier sur un rôle qui vous déplaît; mais Grandval ne m'a-

1. Voy. ce sonnet dans les poésies mêlées, à la date de 1736. (B.)

t-il pas fait aussi un peu de tort? n'a-t-il pas outré le caractère? n'a-t-il pas rendu féroce ce que je n'ai prétendu peindre que sévère?

Vous pensâtes, dites-vous, dès les premiers vers, que ce Gusman ferait pendre son père. Eh! madame, le premier vers qu'il dit est celui-ci :

Quand vous priez un fils, seigneur, vous commandez.
Alzire, acte I, scène 1.

N'a-t-il pas l'autorité de tous les vice-rois du Pérou? et cette inflexibilité ne peut-elle pas s'accorder avec les sentiments d'un fils? Sylla et Marius aimaient leur père.

Enfin la pièce est fondée sur le changement de son cœur; et si le cœur était doux, tendre, compatissant au premier acte, qu'aurait-on fait au dernier?

Permettez-moi de vous parler plus positivement sur Pope. Vous me dites que l'amour social *fait que tout ce qui est bien*. Premièrement ce n'est point ce qu'il nomme *amour social* (très-mal à propos) qui est, chez lui, le fondement et la preuve de l'ordre de l'univers. Tout ce qui est est bien, parce qu'un Être infiniment sage en est l'auteur; et c'est l'objet de la première *Épître*. Ensuite il appelle *amour social*, dans l'*Épître* dernière, cette Providence bienfaisante par laquelle les animaux servent de subsistance les uns aux autres. Milord Shaftesbury, qui, le premier, a établi une partie de ce système, prétendait avec raison que Dieu avait donné à l'homme l'amour de lui-même pour l'engager à conserver son être; et l'*amour social*, c'est-à-dire un instinct très-subordonné à l'amour-propre, et qui se joint à ce grand ressort, est le fondement de la société.

Mais il est bien étrange d'imputer à je ne sais quel amour social dans Dieu cette fureur irrésistible avec laquelle toutes les espèces d'animaux sont portées à s'entre-dévorer. Il paraît du dessein à cela, d'accord; mais c'est un dessein qui assurément ne peut être appelé amour.

Tout l'ouvrage de Pope fourmille de pareilles obscurités. Il y a cent éclairs admirables qui percent à tous moments cette nuit, et votre imagination brillante doit les aimer. Ce qui est beau et lumineux est votre élément. Ne craignez point de faire la disserteuse; ne rougissez point de joindre aux grâces de votre personne la force de votre esprit; faites des nœuds avec les autres femmes, mais parlez-moi raison.

Je vous supplie, madame, de me ménager les bontés de M. le président Hénault; c'est l'esprit le plus droit et le plus aimable que j'aie jamais connu. Mille respects et un éternel attachement.

CDXXVIII. — A M. THIERIOT.

Cirey, ce 20 mars.

J'ai lu, mon cher plénipotentiaire, la critique que fait M. Prévost de nos *Américains*. Il ne la fait pas assurément en homme de l'autre monde, mais comme un Français très-poli. Les Desfontaines doivent dire :

Nous seuls en ces climats nous sommes les barbares.
Alzire, acte I, scène I.

Je suis encore plus obligé à M. Prévost de ses critiques que de ses louanges. Il ne faut être que le *Mercure galant*, de Visé, pour louer; mais, pour critiquer avec finesse et sans blesser, il faut avoir l'esprit bien délicat et bien poli. Je ne suis pas de son avis sur bien des choses, mais mon estime pour lui a redoublé par le même endroit qui rend d'ordinaire les auteurs irréconciliables.

La plupart des critiques que vous m'avez envoyées m'ont paru fausses, et sont démontrées telles aux yeux d'Émilie, car il lui faut des démonstrations.

Que feront les comédiens après Pâques? Que fait Rameau? Voilà deux grands objets. Voyez-vous, mon ami, *les Américains* et *Samson*? *hoc est* pour moi *omnis homo*[1]. Avez-vous écrit à Tom Grignon pour nos estampes? Savez-vous des nouvelles de la *Zaïre* anglaise? Hélas! sera-t-elle déshonorée par une traduction d'*Abenwaïd*? C'est envoyer ma Zaïre laver la vaisselle que de la mettre à côté de cet Aben. Quand est-ce donc que les élus et les réprouvés seront séparés?

La pauvre pièce que cette *Didon*! Ne me décelez pas, cela serait horrible. *Fari quæ sentias*[2] est ma devise avec vous. Répondez à ma dernière. Je vous embrasse.

CDXXIX. — A M. L'ABBÉ MOUSSINOT,

Trésorier du chapitre de Saint-Merri, à Paris.

Cirey, ce 21 mars.

Mon cher abbé, j'aime mille fois mieux votre coffre-fort que celui d'un notaire; il n'y a personne à qui je me fiasse dans le monde autant qu'à vous; vous êtes aussi intelligent que vertueux; vous étiez fait pour être le procureur-général de l'ordre des jansénistes, car vous savez qu'ils appellent leur union l'ordre; c'est leur argot; chaque communauté, chaque société a le sien. Voyez donc si vous voulez vous charger de l'argent d'un indévot, et faire, par amitié pour cet indévot, ce que par devoir vous faites pour votre chapitre. Vous pourrez, dans l'occasion, en faire de bons marchés de tableaux; vous m'emprunterez de l'argent dans votre coffre. Mes affaires, comme vous savez, sont très-aisées et très-simples; vous serez mon surintendant en quelque endroit que je sois; vous parlerez pour moi, et en votre nom, aux Villars, aux Richelieus, aux d'Estaing, aux Guise, aux Guébriant, aux d'Auneuil, aux Lezeau et aux autres illustres débiteurs de votre ami. Quand on parle pour son ami, on demande justice; quand c'est moi qui réclame cette justice, j'ai l'air de demander grâce, et c'est ce que je voudrais éviter.

Ce n'est pas tout, vous agirez en plénipotentiaire, soit pour mes pensions auprès de M. Pâris Duverney, auprès de M. Tannevot, premier commis des finances; soit pour mes rentes sur l'hôtel de ville, sur Arouet mon frère; soit enfin pour les actions et pour l'argent que

1. *Hoc est enim omnis homo*. Ecclésiaste, XII, 13. (ÉD.)
2. Horace, liv. I, ép. IV, v. 9. (ÉD.)

j'ai chez différents notaires. Vous aurez, mon cher abbé, carte blanche pour tout ce qui me regarde, et tout sera dans le plus grand secret. Mandez-moi si cette charge vous plaît. En attendant votre réponse, je vous prie d'envoyer chercher par votre frotteur un jeune homme nommé Baculard d'Arnaud; c'est un étudiant en philosophie, au collège d'Harcourt. Il demeure rue Mouffetard. Donnez-lui, je vous en prie, ce petit manuscrit, et faites-lui de ma part un petit présent de douze francs. Je vous prie de ne pas négliger cette petite grâce, que je vous demande; ce manuscrit sera négocié à son profit. Je vous embrasse de tout mon cœur; aimez-moi toujours, et surtout resserrons les nœuds de notre amitié par la confiance et par les services réciproques.

CDXXX. — A M. JORE, ANCIEN LIBRAIRE.

A Cirey, le 24 mars[1]

Vous me mandez, monsieur, qu'on vous donnera des lettres de grâce qui vous rétabliront dans votre maîtrise, en cas que vous disiez la vérité qu'on exige de vous sur le livre en question[1], ou plutôt dont il n'est plus question.

Un de mes amis[2], très-connu, ayant fait imprimer ce livre en Angleterre, uniquement pour son profit, suivant la permission que je lui en avais donnée, vous en fîtes, de concert avec moi, une édition en 1730.

Un des hommes les plus respectables[3] du royaume, savant en théologie comme dans les belles-lettres, m'avait dit, en présence de dix personnes, chez Mme de Fontaines-Martel, qu'en changeant seulement vingt lignes dans l'ouvrage, il mettrait son approbation au bas. Sur cette confiance, je vous fis achever l'édition. Six mois après, j'appris qu'il se formait un parti pour me perdre, et que, d'ailleurs, M. le garde des sceaux ne voulait pas que l'ouvrage parût. Je priai alors un conseiller[4] au parlement de Rouen de vous engager à lui remettre toute l'édition. Vous ne voulûtes pas la lui confier; vous lui dîtes que vous la déposeriez ailleurs et qu'elle ne paraîtrait jamais sans la permission des supérieurs.

Mes alarmes redoublèrent quelque temps après, surtout lorsque vous vîntes à Paris. Je vous fis venir chez M. le duc de Richelieu; je vous avertis que vous seriez perdu si l'édition paraissait, et je vous dis expressément que je serais obligé de vous dénoncer moi-même. Vous me jurâtes qu'il ne paraîtrait aucun exemplaire, mais vous me dîtes que vous aviez besoin de 1500 livres[5]; je vous les fis prêter sur-le-champ par le sieur Pasquier, agent de change rue Quincampoix, et vous renouvelâtes la promesse d'achever l'édition.

Vous me donnâtes seulement deux exemplaires, dont l'un fut prêté à Mme de ***, et l'autre, tout décousu, fut donné à François Josse,

---

1. *L'Épître sur la Calomnie.* (ÉD.) — 2. *Lettres philosophiques.* (ÉD.)
3. Thieriot. (ÉD.) — 4. L'abbé de Rothelin. (ÉD.) — 5. Cideville. (ÉD.)
6. Elles m'avaient été prêtées pour quatre mois, et je les ai acquittées au bout de deux. (*Note de Jore.*)

libraire, qui se chargea de le faire relier pour M. d'Argental, à qui il devait être confié pour quelques jours.

François Josse, par la plus lâche des perfidies, copia le livre, toute la nuit, avec René Josse, petit libraire de Paris, et tous deux le firent imprimer secrètement. Ils attendirent que je fusse à la campagne, à soixante lieues de Paris, pour mettre au jour leur larcin. La première édition qu'ils en firent était presque débitée, et je ne savais pas que le livre parût. J'appris cette triste nouvelle, et l'indignation du gouvernement. Je vous écrivis sur-le-champ plusieurs lettres, pour vous dire de remettre toute votre édition à M. Rouillé, et pour vous en offrir le prix. Je ne reçus point de réponse ; vous étiez à la Bastille. J'ignorais le crime de François Josse ; tout ce que je pus faire alors fut de me renfermer dans mon innocence et de me taire.

Cependant René, ce petit libraire, fit en secret une nouvelle édition ; et François, jaloux du gain que son cousin allait faire, joignit à son premier crime celui de faire dénoncer son cousin René. Ce dernier fut arrêté, cassé de maîtrise, et son édition confisquée.

Je n'appris ce détail que dans un séjour de quelques semaines que je vins faire, malgré moi, à Paris, pour mes affaires.

J'eus la conviction du crime de François Josse ; j'en dressai un mémoire pour M. Rouillé. Cependant cet homme a joui du fruit de sa méchanceté impunément. Voilà tout ce que je sais de votre affaire ; voilà la vérité, devant Dieu et devant les hommes. Si vous en retranchiez la moindre chose, vous seriez coupable d'imposture. Vous y pouvez ajouter des faits que j'ignore, mais tous ceux que je viens d'articuler sont essentiels. Vous pouvez supplier votre protecteur de montrer ma lettre à monsieur le garde des sceaux ; mais surtout prenez bien garde à votre démarche, et songez qu'il faut dire la vérité à ce ministre.

Pour moi, je suis si las de la méchanceté et de la perfidie des hommes, que j'ai résolu de vivre désormais dans la retraite, et d'oublier leurs injustices et mes malheurs.

A l'égard d'*Alzire*, c'est au sieur Demoulin qu'il faut s'adresser. Je ne vends point mes ouvrages, je ne m'occupe que du soin de les corriger : ceux à qui j'en ai donné le profit s'accommoderont sans doute avec vous. Je suis entièrement à vous, etc.

CDXXXI. — A M. DE CIDEVILLE.

A Cirey, ce 25 mars.

Vous avez toutes les vertus, mon cher ami ; vous êtes aussi bon fils que bon ami ; votre cœur est fait pour toutes les différentes espèces de tendresses, et pour remplir tous les devoirs de l'humanité. Vous faites un trait d'homme bien sage de quitter votre charge pour le plaisir. Je me flatte que vous aurez vos lettres de vétéran. Il est doux d'avoir ce nom et de conserver sa jeunesse; sans doute l'argent de

1. En mars et en avril 1738. (Éd.)

ANNÉE 1736. 389

votre charge, bien placé, augmentera votre fortune, et vous aurez, comme Tibulle,

Et mundum victum, non deficiente crumena.
Hor., liv. I, ép. IV.

» Vous allez finir bientôt vos affaires; car qui n'en passera pas par ce que vous ordonnerez, et quel autre arbitre que vous peut-on prendre dans les affaires qui vous concernent? Mme la marquise du Châtelet, qui vous écrit par cet ordinaire, espère vous posséder, quelque jour, dans le château dont j'ai été le maçon, sous les ordres de cette Minerve; elle travaille tous les jours à changer ce désert en un séjour délicieux. Il n'y manquera rien quand vous y serez.

Les affaires, les tracasseries, sont venues me chercher de Paris jusque dans le sein de cette solitude; voilà ce qui fait que je vous écris si peu de choses, et que je n'écris point au philosophe aimable Formont. Je vous embrasse mille fois, mon cher ami, et l'espérance de vous voir à Cirey augmente tous mes plaisirs et adoucit toutes mes peines. Rouen porte donc aussi des monstres. L'abbé Desfontaines en est un qu'il faudrait étouffer. Adieu.

CDXXXII. — A MADEMOISELLE QUINAULT.
30 mars 1736.

[Voltaire lui propose des corrections pour *l'Enfant prodigue*, et de réduire la pièce en trois actes; demande si, dans une pièce en trois actes, un acte peut être de cinq cents vers.]

CDXXXIII. — A LA MÊME.
3 avril 1736.

[Voltaire se plaint de l'indiscrétion de La Mare au sujet de *l'Enfant prodigue*; s'en rapporte à elle pour ce qu'il y a à faire; et dit que l'on sait, *au bout du compte*, que cette pièce est de Gresset.]

CDXXXIV. — A M. LE COMTE D'ARGENTAL.
A Cirey, par Vassy, ce 4 avril 1736.

Mon cœur vous adresse cette ode¹ que je n'ose décorer de votre nom. Vous êtes fait pour partager des plaisirs, et non des querelles. Recevez donc ce témoignage de ma reconnaissance, et soyez sûr que je vous aime plus que je ne hais Desfontaines et Rousseau.

Je vous avais mandé, par ma dernière, que je souscrivais à toutes vos critiques; vous saurez, par celle-ci, que je les ai regardées comme des ordres, et que je les ai exécutées. Il est vrai que je n'ai pu remettre les cinq actes² en trois; l'intérêt serait étranglé et perdu. Il faut que des reconnaissances soient filées pour toucher; mais, j'ai retranché la Croupille, mais j'ai refondu la Croupillac, mais j'ai retouché le cinquième acte, mais j'ai refait des scènes et des vers partout. Il y a une seule chose dans laquelle je n'ai obéi qu'à demi aux deux aimables

1. L'*Ode sur l'Ingratitude*. (ED.) — 2. De l'*Enfant prodigue*. (ED.)

frères, c'est dans le caractère d'Euphémon, que je n'ai pu rendre implacable pendant la pièce, pour lui faire changer d'avis à la fin. Premièrement ce serait imiter *Inès*[1]; en second lieu, ce n'est pas d'une conversation longue, ménagée et contradictoire, entre le père et le fils, que dépend l'intérêt au cinquième acte. Cet intérêt est fondé sur la manière adroite et pathétique dont l'aimable Lise tourne l'esprit du père d'Euphémon; et, dès qu'Euphémon fils paraît, la réconciliation n'est qu'un instant. En troisième lieu, si vous me condamnez à une longue scène entre le père et le fils, si vous vouliez que le fils attendrît son père par degrés, ce ne serait qu'une répétition de la scène qu'il a déjà eue avec sa maîtresse. Peut-être même y a-t-il de l'art à avoir fait rouler tout le grand intérêt de ce cinquième acte sur Lise.

Enfin je vous l'envoie telle qu'elle est, et telle qu'il me paraît difficile que j'y touche beaucoup encore. J'ai actuellement d'autres occupations qui ne me permettent guère de donner tout mon temps à une comédie.

J'ose me flatter qu'elle réussira. Ce qui est sûr, c'est que le succès est dans le sujet et dans le total de l'ouvrage. Je peux la corriger pour les lecteurs; mais ce que j'y ferais est inutile pour le théâtre. Je vous demande donc en grâce qu'on la joue telle que je vous la renvoie, et, quand il s'agira de l'impression, vous serez aussi sévère qu'il vous plaira.

Je ne vous pardonnerai de ma vie d'avoir, dans les représentations d'*Alzire*, ôté ce vers :

Je n'ai point leurs attraits, et je n'ai point leurs mœurs,
Acte IV, scène II.

et d'avoir laissé subsister cette réponse,

Studiez nos mœurs avant de les blâmer.

Il fallait bien que le premier vers fondât le dernier; cela me met dans un courroux effroyable. Adieu, mon cher et aimable Aristarque; adieu, ami généreux.

Émilie vous fait les compliments les plus tendres et les plus vrais.

Elle veut absolument qu'*Alzire* paraisse avec la dédicace; et moi, je vous demande en grâce que le *Discours* soit imprimé, au moins avec permission tacite, et débité avec *Alzire*.

CDXXXV. — A M. BERGER.

À Cirey, le 5 avril.

Si je n'avais que *La Henriade* à corriger, vous l'auriez déjà, mon cher plénipotentiaire. Mais j'ai bien des occupations, et peu de temps. Vous n'aurez *la Henriade* que vers la fin du mois. Je confie avec plaisir aux soins du meilleur critique de Paris le moins mauvais de mes ouvrages. Vous serez le parrain de mon enfant gâté. M. Thieriot approuve mon choix et partage ma reconnaissance. Pour vous, mon cher

1. *Inès de Castro*, tragédie de La Motte. (En.)

correspondant, voulez-vous bien envoyer chez M. Demoulin les livres nouveaux dont vous croyez la lecture digne de la déesse de Cirey? Vous n'en enverrez guère, et cela ne nous ennuiera pas. J'ai prié M. Thieriot de chercher le nouveau recueil¹ fait par Saint-Hyacinthe.

On parle d'une ode de Piron sur les *Miracles*. Le nom de Piron est heureux pour un sujet où il faut au moins douter. Si le Piron françai's est aussi bon poëte que le Pyrrhon grec était sensé philosophe, son ode doit être brûlée par l'inquisition. Ayez, je vous prie, la bonté de me l'envoyer.

On me mande que Bauche va imprimer *Alzire*. Je lui ai envoyé, il y a quinze jours, *Zaïre* corrigée, pour en faire une nouvelle édition. Ce sera peut-être lui que vous choisirez pour l'édition de la *Henriade*, mais c'est à condition qu'il imprimera toujours *François* par un *e*, et non pas un *o*. Il n'y a que *saint François* qu'on doive écrire par un *o*, et il n'y a que l'Académie qui prononce le nom de notre nation comme celui du fondateur des capucins.

J'ai trouvé l'opéra² de M. de La Bruère plein de grâce et d'esprit. Je lui souhaite un musicien aussi aimable que le poëte.

J'ai écrit à *gentil* Bernard, pour le prier de m'envoyer ce qu'il aura fait de nouveau. Adieu, l'ami des arts et le mien.

P. S. La comédie du B³... est de Caylus. Voulez-vous bien me la faire tenir? Envoyez-la chez Demoulin. Je ferai le bien que je pourrai au petit La Mare; mais il faudrait qu'il fût plus sage et plus digne de votre amitié, s'il veut réussir dans le monde.

CDXXXVI. — A M. L'ABBÉ MOUSSINOT.

Cirey,...

Pour vous punir, mon cher ami, de n'avoir pas envoyé chercher le jeune Baculard d'Arnaud, étudiant en philosophie, pour vous punir, dis-je, de ne lui avoir pas donné l'*Épître sur la Calomnie*, et douze francs, je vous condamne à lui donner un louis d'or, et à l'exhorter de ma part à apprendre à écrire, ce qui peut contribuer à sa fortune. C'est une petite œuvre de charité, soit chrétienne, soit mondaine, qu'il ne faut pas négliger.

J'attends de vos nouvelles avec impatience, et je vous embrasse de tout mon cœur. J'écris à ce jeune d'Arnaud. Au lieu de vingt-quatre francs, donnez-lui trente livres quand il viendra vous voir. Je vais vite cacheter ma lettre, de peur que je n'augmente la somme.

CDXXXVII. — A M. DE MAUPERTUIS.

Paris, 16 avril.

Si vos liaisons, monsieur, avec Algarotti vous permettent de lui écrire un mot, pour le faire souvenir de ce qu'il doit à ses amis, il

---

1. *Recueil de divers écrits sur l'amour et l'amitié, la politesse, la volupté, les sentiments agréables, l'esprit et le cœur.* (Éd.)
2. *Les Voyages de l'Amour*, musique de Boismortier. (Éd.)
3. *L........ou Le........ puni*, comédie en prose, en trois actes, 1736, in-8°. (Éd.)

n'y a qu'à adresser votre lettre à M. Rucca, ministre de Florence à Londres.

Je vous prie de ne point partir sans m'envoyer un mot pour Mme du Châtelet. Vous devez cette reconnaissance à ses attentions; une lettre de vous lui sera plus précieuse que les choses qu'elle redemande à Algarotti. Si je puis sortir, ce ne sera que pour aller vous embrasser. Voulez-vous bien m'envoyer la lettre?

CDXXXVIII. — AU MÊME.

Ce mardi, 17 avril.

N'écrivez point à Algarotti; il a rendu la chose. Plus de plainte que de vous, qui allez porter chez les Lapons ce que la France doit regretter. Allez tous deux, *Lucida sidera*[1].

CDXXXIX. — A M. DE LA CHAUSSÉE.

A Paris, 2 mai.

Il y a huit jours, monsieur, que je fais chercher votre demeure, pour présenter *Alzire* à l'homme de France qui sait et qui cultive le mieux cet art si difficile de faire de bons vers. Je pense bien comme vous, monsieur, sur cet art que tout le monde croit connaître, et qu'on connaît si peu. Je dirai de tout mon cœur avec vous :

L'unique objet que notre art se propose[2]
Est d'être encor plus précis que la prose;
Et c'est pourquoi les vers ingénieux
Sont appelés le langage des dieux.

Il faut avouer que personne ne justifie mieux que vous ce que vous avancez.

On m'a parlé aujourd'hui d'une place à l'Académie française; mais ni les circonstances où je me trouve, ni ma santé, ni la liberté, que je préfère à tout, ne me permettent d'oser y penser. J'ai répondu que cette place devait vous être destinée, et que je me ferais un honneur de vous céder le peu de suffrages sur lesquels j'aurais pu compter, si votre mérite ne vous assurait de toutes les voix.

J'ai l'honneur d'être, monsieur, avec toute l'estime que vous méritez, votre, etc.

CDXL. — A M. LE COMTE D'ARGENTAL.

A Paris, hôtel d'Orléans, mai.

Il s'agit, mon aimable protecteur, d'assurer le bonheur de ma vie.

M. le bailli de Froulai, qui me vint voir hier, m'apprit que toute l'aigreur du garde des sceaux contre moi venait de ce qu'il était persuadé que je l'avais trompé dans l'affaire des *Lettres philosophiques*, et que j'en avais fait faire l'édition.

Je n'appris que dans mon voyage à Paris, de l'année passée, comment cette impression s'était faite : j'en donnai un mémoire. M. Rouillé,

1. Horace, liv. I, ode III, v. 2. Algarotti n'alla pas au pôle avec Maupertuis. (ÉD.)
2. *Épître à Clio*. v 527. (ÉD.)

fatigué de toute cette affaire, qu'il n'a jamais bien su¹, demanda à M. le duc de Richelieu s'il lui conseillait de faire usage de ce mémoire.

M. de Richelieu, plus fatigué encore, et las du déchaînement et du trouble que tout cela avait causé¹, persuadé d'ailleurs (parce qu'il trouvait cela plaisant) qu'en effet je m'étais fait un plaisir d'imprimer et de débiter le livre, malgré le garde des sceaux; M. de Richelieu, dis-je, me croyant trop heureux d'être libre, dit à M. Rouillé : « L'affaire est finie; qu'importe que ce soit Jore ou Josse qui ait imprimé ce..... livre? que Voltaire s'aille faire......, et qu'on n'en parle plus. » Qu'arriva-t-il de cette manière légère de traiter les affaires sérieuses de son ami? que M. Rouillé crut que mes propres protecteurs étaient convaincus de mon tort, et même d'un tort très-criminel. Le garde des sceaux fut confirmé dans sa mauvaise opinion; et voilà ce qui, en dernier lieu, m'a attiré les soupçons cruels de l'impression de *la Pucelle*: c'est de là qu'est venu l'orage qui m'a fait quitter Cirey.

M. le bailli de Froulai, qui connaît le terrain, qui a un cœur et un esprit digne du vôtre, m'a conseillé de poursuivre vivement l'éclaircissement de mon innocence; l'affaire est simple. C'est Josse, François Josse, libraire, rue Saint-Jacques, à la *Fleur de Lis*, le seul qui n'ait point été mis en cause, le seul impuni, qui imprima le livre, qui le débita par la plus punissable de toutes les perfidies. Je lui avais confié l'original sous serment, uniquement afin qu'il le reliât pour vous le faire lire.

Le principal colporteur, instruit de l'affaire, est greffier de Lagni: il se nomme Lionais. J'ai envoyé à Lagni avant-hier; il a répondu que François Josse était en effet l'éditeur. On peut lui parler.

Il est démontré que, pour supprimer le livre, j'avais donné quinze cents livres à Jore, de Rouen; c'est Pasquier, banquier, rue Quincampoix, qui lui compta l'argent. Jore, de Rouen, fut fidèle, et ne songea à débiter son édition supprimée que quand il vit celle de Josse, de Paris. Voilà des faits vrais et inconnus. Échauffez M. Rouillé en faveur d'un honnête homme, de votre ami malheureux et calomnié.

CDXLI. — A M. DE CIDEVILLE.

Ce 6 mai, hôtel et rue d'Orléans.

Mon cher ami, je suis accablé de maladies, d'affaires, de chagrins. Je suis à Paris depuis douze² jours, comme dans un exil, et je m'en retourne bien vite.

Où est notre philosophe Formont? Voici une *Alzire* pour vous et une pour lui; je ne savais comment vous l'envoyer.

Vous n'êtes pas gens à qui on ne doive donner que ce qu'on donne au public; je joins donc à cette *Alzire* une ode³ sur laquelle il faut que

1. Le ministère avait envoyé un exempt, en 1734, chez le duc de Guise même, à Monjeu, pour y saisir l'auteur des *Lettres philosophiques*. (Éd.)
2. Il est probable que l'original portait 2 au lieu de 12, résultat d'une transposition de chiffres. Voltaire était à Paris dès le 16 avril 1736. (Éd.)
3. L'*Ode sur la Superstition*, premier titre de l'*Ode sur le Fanatisme*. (Éd.)

vous me donniez vos conseils. Avez-vous des procès, mon cher ami? Hélas! j'en ai à Paris; mais je vais vite faire ce que je pourrai pour les perdre et pour m'en retourner.

On m'a assuré que Jore a fait faire à Rouen une édition en trois volumes de mes ouvrages, où les *Lettres philosophiques* sont insérées; cela est d'autant plus vraisemblable qu'il avait à moi un tome de mes tragédies qu'il ne m'a jamais rendu, quoiqu'il lui ait été payé; il lui aura été facile de joindre en peu de temps deux tomes à ce premier. Ce Jore est devenu un scélérat, depuis que votre présence ne le retient plus; il finira par se faire pendre à Paris. Je fais mettre mes *Alzires* au coche, plutôt que d'avoir l'embarras d'une contre-signature.

Parce (sed invideo), sine me, liber ibis ad illum.
Ovid., *Trist.*, liv. I, élég. 1, v. 1.

Mon cher ami, cette lettre n'est qu'une lettre d'avis; le cœur n'a pas ici un moment à soi; les affaires entraînent, on ne vit point. Je vous embrasse avec la plus grande tendresse. Vous voyez votre cher Formont sans doute; c'est comme si je lui écrivais. Il y a une *Alzire* dans le paquet pour M. du Bourg-Theroulde. Adieu; il est bien injuste que Rouen ne soit pas une rue de Paris.

CDXLII. — AU MÊME.
Hôtel et rue d'Orléans, ce 30 mai.

Point de littérature cette fois-ci, mon cher ami; point de fleurs. Il s'agit d'une horreur dont je dois vous apprendre des nouvelles.

Jore, que j'ai accablé de présents et de bienfaits, et qui oublie apparemment que j'ai en main ses lettres, par lesquelles il me remercie de mes bontés et de mes gratifications; Jore, conseillé par Launay, m'écrivit, il y a quelque temps, une lettre affectueuse par laquelle il me manda qu'il ne tenait qu'à moi de lui racheter la vie; que monsieur le garde des sceaux lui proposait de le rétablir dans sa maîtrise, à condition qu'il dît toute la vérité de l'histoire du livre en question. « Mais, ajoutait-il, je ne dirai jamais rien, monsieur, que ce que vous m'aurez permis de dire. »

Moi, qui suis bon, mon cher ami, moi, qui ne me défie point des hommes, malgré la funeste expérience que j'ai faite de leur perfidie, j'écris à Jore une longue lettre bien détaillée, bien circonstanciée, bien regorgeante de vérité; et je l'avertis qu'il n'a autre chose à faire qu'à tout avouer naïvement.

A peine a-t-il cette lettre entre les mains, qu'il sent qu'il a contre moi un avantage, et alors il me fait proposer doucement de lui donner mille écus, ou qu'il va me dénoncer comme auteur des *Lettres philosophiques*. M. d'Argental et tous mes amis m'ont conseillé de ne point acheter le silence d'un scélérat. Enfin il me fait assigner; il se déclare imprimeur des *Lettres*, pour m'en dénoncer l'auteur; mais cette iniquité est trop criante pour qu'elle ne soit point punie. C'est ce malheureux Demoulin, qui m'a volé enfin une partie de mon bien, qui me suscite cette affaire; c'est Launay, qui est de moitié avec Jore. Ah! mon ami, les hommes sont trop méchants. Est-il possible que j'aie quitté Cirey pour cela! Il ne fallait sortir de Cirey que pour venir vous embrasser.

Adieu, mon cher ami; l'ode *sur la Superstition* n'était que pour vous, pour Formont, et pour Émilie; et tout ce que je fais est pour vous trois. Allez, allez, malgré mes tribulations, je travaille comme un diable à vous plaire. V.

CDXLIII. — AU MÊME.

Ce 21 juin.

Malgré les ordres précis de monseigneur le garde des sceaux, malgré les soins empressés que M. Hérault a daigné prendre pour arrêter l'insolence, l'absurdité et la fourberie de Jore, ce misérable, aveuglé par Launay et par ceux qui le conduisent, a osé consommer son iniquité, et imprimer contre moi un factum ridicule. Pour toute réponse, M. Hérault le fait chercher pour le faire mettre dans un cul de basse-fosse; mais comme le misérable, dans son libelle sous le nom de factum, a fait imprimer que je suis venu à Rouen, sous le nom d'un seigneur anglais, et que je ne l'ai pas payé; vous, M. de Lézeau, M. de Formont et M. Desforges, vous êtes témoins que je ne me suis jamais donné pour autre que ce que j'étais. Quand vous ne seriez pas mon ami intime, vous me devriez un témoignage de la vérité; je vous le demande donc instamment. Ainsi, mon cher ami, envoyez-moi sur-le-champ une attestation dont je ferai usage devant les juges, et qui servira à confondre la calomnie.

CDXLIV. — AU MÊME.

Ce 27 juin.

Mon cher ami, Dieu me préserve de m'accommoder; ce serait me déshonorer. Le ministère a été si indigné et si convaincu des crimes de Jore, qu'il l'a forcé de rendre la lettre dont une cabale, qui conduit ce misérable, abusait pour me perdre. Je crois qu'il sera chassé de Paris. Voici un petit mémoire qui était fait avant que l'autorité s'en fût mêlée.

Il est bien cruel d'avoir troqué le Parnasse contre la grand'salle, et Apollon pour la chicane. Mais voilà qui est, je crois, fini. Où en étions-nous de nos vers et de nos belles-lettres? Reprenons le fil de nos goûts et de nos plaisirs; *legamus, mi* Cideville, *et amemus; vale.* Je n'ai guère de moments à moi; mais je ne serai point toujours damné.

CCCCXLV. — AU MÊME.

Ce 2 juillet.

Mon cher ami, le ministère a été si indigné de cette abominable intrigue de la cabale qui faisait agir Jore, qu'on a forcé ce misérable de donner un désistement pur et simple, et de rendre cette lettre arrachée à ma bonne foi. Cette maudite lettre faisait tout l'embarras : c'était une conviction que j'étais l'auteur des *Lettres philosophiques*. Rien n'était donc si dangereux que de gagner sa cause juridiquement contre Jore. Mais je vous avoue que, au milieu des remerciments que je dois à l'autorité, qui m'a si bien servi en cette occasion, j'ai un petit remords, comme citoyen, d'avoir obligation au pouvoir arbitraire : cependant il m'a fait tant de mal, qu'il faut bien permettre qu'il me fasse du bien, une fois en ma vie.

Je retourne bientôt à Cirey; c'est là que mon cœur parlera au vôtre, et que je reprendrai ma forme naturelle. L'accablement des affaires a tué mon esprit pendant mon séjour à Paris. J'ai eu à essuyer des banqueroutes et des calomnies. Enfin, je n'ai perdu que de l'argent; et je pars dans deux ou trois jours, trop heureux, et ne connaissant plus de malheur que l'absence de mes amis. Mme de Bernières est-elle à Rouen? notre philosophe Formont y est-il? comment vont vos affaires domestiques, mon cher ami? êtes-vous aussi content que vous méritez de l'être? avez-vous le repos et le bien-être? Adieu; je serai heureux si vous l'êtes. V.

CDXLVI. — A M. BERGER.

A Cirey, le.... juillet.

Vous êtes le plus aimable et le plus exact correspondant du monde. Voilà la *Henriade* sous votre couleuvrine. Je ne veux plus rien y changer, après que vous aurez dirigé cette édition. Je regarde la peine que vous prenez comme la bordure du tableau et le dernier sceau à la réputation de l'ouvrage, s'il en mérite quelqu'une. Prault n'ira pas plus vite; ainsi je serai toujours à portée de corriger quelques vers, quand vous m'en indiquerez. J'attendais de bonnes remarques de notre ami Thieriot; mais il est critique paresseux autant que juge éclairé. Réveillez un peu, je vous prie, son amitié et sa critique. Marquez-moi franchement les vers qui vous déplairont à vous et à vos amis : c'est pour vous autres que j'écris; c'est à vous que je veux plaire. Il est vrai que mes occupations me détournent un peu de la poésie. J'étudie la philosophie de Newton. Je compte même faire imprimer bientôt un petit ouvrage[1] qui mettra tout le monde en état d'entendre cette philosophie dont le monde parle, et qui est si peu connue; mais, dans les intervalles de ce travail, la *Henriade* aura quelques-uns de mes regards. L'harmonie des vers me délassera de la fatigue des discussions. Rousseau peut écrire contre moi tant qu'il voudra; je suis beaucoup plus sensible aux vérités que j'étudie, et qui me paraissent éternelles, qu'aux calomnies de ce pauvre homme, qui passeront bientôt. Malheur, surtout dans ce siècle, à un versificateur qui n'est que versificateur!

A-t-on imprimé les harangues des nouveaux récipiendaires[2] à l'Académie? Adieu; mille compliments à tous nos amis, à ceux qui font des opéras, à ceux qui les aiment. Je vous embrasse.

Si vous voyez M. de Mairan, je vous prie de lui demander si M. La

---

1. Les *Éléments de la philosophie de Newton*. (ÉD.)
2. Boyer et La Chaussée. (ÉD.)

Mare lui a remis une brochure [1] qu'il avait eu la bonté de me confier. C'est un philosophe bien aimable que ce M. de Mairan; il semble qu'il a raison dans tout ce qu'il écrit.

J'ai reçu les lettres que M. Duclos a bien voulu me renvoyer; je lui écrirai pour le remercier.

CDXLVII. — A M. L'ABBÉ MOUSSINOT.

Juin.

Quand je demande, mon cher ami, des livres dont j'ai toujours un pressant besoin, il est triste d'attendre qu'on ait fait une caisse complète. Quatre envois sont aussi bons qu'un; il n'en coûte que trois caisses de plus, et on est promptement servi; c'est là l'essentiel pour moi, dont l'ignorance est grande, et dont les études sont continuelles et variées. Si Prault n'est pas exact à suivre mes instructions, je vous prierai d'en prendre un autre; je suis las de n'avoir la moutarde qu'après dîner.

Je vous prie aussi de donner cent trente francs au chevalier de Mouhi; il m'est impossible de lui donner plus de deux cents livres par an. Si j'en croyais mes désirs et son mérite, je lui en donnerais bien davantage. Dites-lui que je suis charmé de l'avoir pour correspondant littéraire; mais que je demande des nouvelles très-courtes, des faits sans réflexions, et plutôt rien que des faits hasardés.

M. d'Estaing me doit et cherche des chicanes pour ne me point payer ou pour différer le payement. Il faut vite constituer un procureur et plaider. Les frais ne peuvent tomber que sur lui, et je suis assez au fait de son bien pour avoir mes recours certains. Écrivez pour ma pension; je compte sur M. Clément; ne laissons rien languir, s'il est possible, entre les mains des débiteurs. C'est veiller à leurs intérêts en se montrant exacts à demander. Vous voyez, mon cher ami, quelles peines on a, quand il faut arracher des arrérages accumulés. Je vous embrasse tendrement.

CDXLVIII. — A. M. BERGER.

Je ne peux assez remercier M. Gonai. Il faut que la deuxième *Henriade* soit pour lui; car la première doit être pour vous.

Avez-vous semoncé le paresseux Thieriot, pour qu'il vous donne ses remarques? C'est un juge qui fait bien durer le procès qu'il a appointé. Il sera responsable de mes fautes. Pressez-le, je vous en prie; car ce procès est devenu le vôtre. Le plus grand service qu'on puisse me rendre est d'être sévère.

Pourquoi n'aimez-vous pas les *traits du tonnerre?* Mettez, si vous voulez, les *feux* ou les *flammes;* mais j'aime autant les *traits.* Vous trouverez ici quelques petites corrections. Si vous rencontrez, dans votre chemin, quelques expressions oiseuses, quelques redites, quelques pléonasmes, ne manquez pas, je vous prie, de me dénoncer les coupables; je les bannirai à perpétuité de *la Henriade.*

1. Le *Mémoire sur les forces motrices*, composé par Dortous de Mairan. (Éd.)

J'ai lu les trois *Épîtres* de l'auteur du *Capricieux*, des *Aïeux chimériques*, du *Café*, etc., qui donne des règles de théâtre, et de l'auteur des couplets, qui parle de morale. Il me semble que je vois Pradon enseigner Melpomène, et Rolet endoctriner Thémis.

Je vous envoie l'ode *sur l'Ingratitude* : j'ai dédaigné de parler de Desfontaines; il n'a pas assez illustré ses vices.

Je vous prie de donner à M. Saurin le jeune, et à M. Crébillon, des copies de cette ode; ils sont tous deux fils de personnes distinguées dans la littérature, que Rousseau a indignement attaquées. Ils doivent s'unir contre l'ennemi commun. Si Rousseau revenait, son hypocrisie serait dangereuse à M. Saurin le père, et le contre-coup en retomberait sur le fils. Je sais sur cela bien des particularités. Faites, je vous prie, mille compliments pour moi à MM. Saurin et Crébillon. A l'égard de M. Hérault, s'il exige quelque chose de moi, je ferai ce que l'on exigera. Je vous prie de voir M. d'Argental et de lui parler.

Adieu, mon cher correspondant; je suis bien sensible aux soins dont vous m'honorez. Mille compliments au gentil La Bruère et à nos amis.

CDXLIX. — AU MÊME.

A Cirey....

Il y a du malheur sur les paquets que vous m'envoyez, mon aimable correspondant. Je n'ai encore rien reçu de ce qu'on remit entre les mains de M. du Châtelet, à son départ de Paris. Ce petit ballot arriva trop tard pour être mis dans la chaise, déjà trop chargée, et fut envoyé au coche; Dieu sait quand je l'aurai!

L'aventure de M. Rasle ne peut être vraie. Je n'ai ni créancier qui puisse m'arrêter, ni rien par devers moi qui doive me faire craindre le gouvernement sage sous lequel nous vivons. Je suis loin de penser que le magistrat en question soit mon ennemi; mais, s'il l'était, il n'est pas en son pouvoir de nuire à un honnête homme.

La *Lettre* dont vous me parlez, et qu'on doit mettre à la tête de la *Henriade*, est de M. Cocchi, homme de lettres très-estimé. Elle fut écrite à M. Rinuccini, secrétaire et ministre d'État à Florence; elle est traduite par le baron Elderchen. Je ne me souviens pas qu'il y ait un seul endroit où M. Cocchi me mette au-dessus de Virgile. Sa lettre m'a paru sage et instructive. Si c'était ici une première édition de la *Henriade*, j'exigerais qu'on n'imprimât pas cette *Lettre*, trop d'éloges révolteraient les lecteurs français. Mais, après vingt éditions, on ne peut plus avoir ni orgueil ni modestie sur ses ouvrages; ils ne nous appartiennent plus, et l'auteur est hors de tout intérêt. Au reste, n'ayant point encore reçu les exemplaires du poëme que j'avais demandés, je ne puis rien répondre sur ce qui concerne l'édition.

Le petit poëme que vous m'avez envoyé est d'un pâtissier¹; il n'est pas le premier auteur de sa profession. Il y avait un pâtissier fameux qui enveloppait ses biscuits dans ses vers, du temps de maître Adam, menuisier de Nevers. Ce pâtissier disait que, si maître Adam travaillait

1. Pavart. Le poëme doit être *Alphonse de Gusman*. (Kl.)

avec plus de bruit, pour lui il travaillait avec plus de feu. Il paraît que le pâtissier d'aujourd'hui n'a pas mis tout le feu de son four dans ses vers.

Je viens de recevoir une lettre de M. Sinetti; mais il n'a point encore reçu les *Alzires*.

Le *gentil* Beruard devrait bien m'envoyer sa *Claudine*; mais que fait le *gentil* La Bruère?

Je ne vous dis rien sur l'Orosmane dont vous me parlez; apparemment que le mot de cette énigme est dans quelque lettre de vous que je n'ai point encore reçue. Quand Thieriot sera-t-il à Paris? Adieu.

CDL. — A M. DE CIDEVILLE.

A Cirey, ce 5 août.

Mon cher ami, on vous a envoyé le *Mondain*; j'envoie une ode à M. de Formont. M. de Formont vous donnera l'ode, et vous lui donnerez le *Mondain*. Vous voyez, mon aimable Cideville, qu'on fait ce qu'on peut pour vous amuser; tenez-m'en compte, car je suis entre Newton et Émilie. Ce sont deux grands hommes, mais Émilie est bien au-dessus de l'autre. Newton ne savait pas plaire. Vous, qui entendez si bien ce métier-là, comptez que vous devriez venir à Cirey; nous quitterions pour vous les triangles et les courbes, nous ferions des vers, nous parlerions d'Horace, de Tibulle et de vous. V.

CDLI. — A M. DE CAUMONT, A AVIGNON.

A Cirey en Champagne, ce 5 août 1736.

Je n'ai eu longtemps que des procès, monsieur; je n'avais rien à vous mander qui pût vous amuser. Je ne sais si je vous ferai une bonne réparation en vous envoyant l'ode sur *l'Ingratitude*. Cette ode serait contre moi si j'oubliais jamais les bontés avec lesquelles vous m'avez fait un devoir de vous être attaché.

Je crois que M. Algarotti fera imprimer son livre *sur la Lumière*, avant l'hiver prochain, à Venise. Les papimanes comme vous l'auront des premiers. Je pourrais bien aussi avoir l'honneur de vous envoyer un *Essai* sur la *Philosophie de Newton*. Je vous quitte pour y travailler dans le moment. Je ne peux mieux vous faire ma cour qu'en cherchant à mériter vos suffrages.

Mille respects. VOLT.

CDLII. — A M. THIERIOT.

A Cirey, ce 6 août.

Eh bien ! vous souffrez qu'on imprime *la Henriade*, et vous n'envoyez pas vos remarques ? Ah, cochon !

Ducis sollicitæ jucunda oblivia vitæ.
Hor., liv. II, sat. vi, v. 62.

Tenez, voici des réponses aux trois *Épîtres* du doyen des fripons, des cyniques et des ignorants, qui s'avise de donner des règles de théâtre et de vertu, après avoir été sifflé pour ses comédies et banni pour ses mœurs.

Tertius e cœlo cecidit Cato.
Juvén., sat. II, v. 40.

Mettez cela dans vos archives. Vous me devez un volume de réflexions, d'anecdotes, de confidences, d'amitiés, etc. Adieu; servez-vous de tout votre cœur et de tout votre esprit pour dire à Pollion combien je l'aime et je l'estime. Ne m'oubliez pas auprès de la mise Deshayes[1], d'Orphée-Rameau, et de l'imagination du petit B.... Allons, paresseux, écrivez donc. Adieu, je retourne à Newton, et je vous aime de tout mon cœur.

CDLIII. — DE FRÉDÉRIC, PRINCE ROYAL DE PRUSSE[2].

A Berlin, 8 août 1736.

Monsieur, quoique je n'aie pas la satisfaction de vous connaître personnellement, vous ne m'en êtes pas moins connu par vos ouvrages. Ce sont des trésors d'esprit, si l'on peut s'exprimer ainsi, et des pièces travaillées avec tant de goût, de délicatesse et d'art, que les beautés en paraissent nouvelles chaque fois qu'on les relit. Je crois y avoir reconnu le caractère de leur ingénieux auteur, qui fait honneur à notre siècle et à l'esprit humain. Les grands hommes modernes vous auront

---

1. Alors maîtresse de La Popelinière, et depuis sa femme. (ÉD.)
2. Frédéric, roi de Prusse, né le 24 janvier 1712.
Les uns l'appellent Frédéric III, parce que son aïeul et son père se nommaient aussi Frédéric; les autres le nomment Frédéric II, parce que son père était moins connu sous le nom de Frédéric que sous celui de Guillaume ; mais il n'y a point de contestation sur le titre de *Grand* qu'on lui donne communément en Europe.
Il faut l'envisager sous plusieurs aspects différents.
Comme guerrier, on est convenu que Frédéric et Maurice, comte de Saxe, ont été les plus habiles capitaines de ce siècle : tous deux comparables aux plus illustres des siècles passés.
Frédéric a eu sur Maurice l'avantage d'être roi, et celui de pouvoir lever et discipliner des troupes à son choix : avantage que rien ne peut compenser. Tous deux se sont signalés par des marches savantes, par des victoires, par des sièges.
Frédéric a surmonté plus de difficultés que Maurice, ayant eu à combattre plus d'ennemis : tantôt les Autrichiens, tantôt les Français et les Russes. Son père avait augmenté jusqu'à soixante-six mille hommes ses troupes, qui n'étaient auparavant qu'au nombre de vingt mille. Le nouveau roi, dès sa première campagne, eut plus de quatre-vingt mille hommes, et en eut ensuite jusqu'à cent quarante mille.
Sa première bataille fut celle de Molwitz en Silésie, le 17 d'avril 1741.
Le roi son père avait formé et discipliné son infanterie; mais la cavalerie avait été négligée : aussi fut-elle battue. L'infanterie rétablit l'ordre et remporta la victoire. Frédéric, depuis ce jour, disciplina lui-même sa cavalerie, et la rendit une des meilleures de l'Europe.
Ce ne fut, dans cette guerre contre la maison d'Autriche, qu'un enchaînement de victoires. Celle de Czaslaw, sur la rivière de Crudemka près de l'Elbe, le 17 mai 1742, fut une des plus célèbres. Le roi, à la tête de sa cavalerie, soutint longtemps l'effort de celle d'Autriche, et enfin la dissipa. Sa conduite seule fit le succès de cette journée.
La bataille de Fridberg, gagnée contre les Autrichiens et les Saxons, le 4 juin 1745, lui fit encore plus d'honneur, au jugement de tous les militaires. On

un jour l'obligation, et à vous uniquement, en cas que la dispute, à qui d'eux ou des anciens la préférence est due, vienne à renaître, que vous ferez pencher la balance de leur côté.

Vous ajoutez à la qualité d'excellent poëte, une infinité d'autres connaissances qui, à la vérité, ont quelque affinité avec la poésie, mais qui ne lui ont été appropriées que par votre plume. Jamais poëte ne cadença des pensées métaphysiques; l'honneur vous en était réservé le premier. C'est ce goût que vous marquez dans vos écrits pour la philosophie, qui m'engage à vous envoyer la traduction que j'ai fait faire de l'accusation et de la justification du sieur Wolff, le plus célèbre philosophe de nos jours, qui, pour avoir porté la lumière dans les endroits les plus ténébreux de la métaphysique, et pour avoir traité ces difficiles matières d'une manière aussi relevée que précise et nette, est cruellement accusé d'irréligion et d'athéisme. Tel est le destin des grands hommes : leur génie supérieur les expose toujours aux traits envenimés de la calomnie et de l'envie.

Je suis à présent à faire traduire le *Traité de Dieu, de l'âme et du monde*[1], émané de la plume du même auteur. Je vous l'enverrai, monsieur, dès qu'il sera achevé, et je suis sûr que la force de l'évidence vous frappera dans toutes ses propositions, qui se suivent géométriquement.

. . . .

prétend qu'il écrivit au roi de France, alors son allié : « J'ai acquitté à vue la lettre de change que vous avez tirée sur moi de votre camp de Pontenoi. »

La victoire remportée auprès de Prague, le 6 mai 1757, fut de toutes la plus brillante. Mais il acquit une autre espèce de gloire bien plus rare, en publiant, de vive voix et par écrit, que si, quelques semaines après, il perdit la bataille de Kolins, ce ne fut pas la faute de ses troupes, mais la sienne. Il avait attaqué avec trop d'opiniâtreté un corps inattaquable.

Enfin, sans compter un grand nombre d'autres actions où il commanda toujours en personne, on connaît la bataille de Rosbach, où il dut presque en un moment une armée trois fois aussi forte que la sienne, mais commandée par un général autrichien, qui choisit malheureusement, pour le combattre, le terrain le plus défavorable, malgré les représentations des officiers français.

Au sortir de cette bataille, il court à l'autre extrémité de l'Allemagne, et, au bout d'un mois, il remporte la bataille décisive de Lissa, qui le mit au-dessus de tous les événements, comme au-dessus des plus grands capitaines de son siècle.

Dans toutes ses expéditions il porta toujours l'uniforme de ses gardes, vêtu, nourri, couché comme eux; donnant tout à l'art de la guerre, rien à la faste ni même à la nature.

En qualité de roi, si l'on veut considérer son gouvernement intérieur, on verra qu'il fut le législateur de son pays, qu'il réforma la jurisprudence, abolit les procureurs, abrégea tous les procès, empêcha les fils de famille de se ruiner, bâtit des villes, plus de trois cents villages, et les peupla, encouragea l'agriculture et les manufactures; magnifique dans les jours d'apparat, simple et frugal dans tout le reste.

Si l'on veut regarder en lui les talents qui distinguent l'homme dans quelque condition qu'il puisse naître, on sera étonné qu'il ait cultivé tous les arts : la meilleure histoire, sans contredit, qu'on ait de Brandebourg est la sienne; il a composé des vers français remplis de pensées justes et utiles; il a été un excellent musicien; et il n'a jamais parlé dans la conversation ni de ses talents ni de ses victoires.

Il a daigné admettre à sa familiarité les gens de lettres, et ne les a jamais craints. Si, dans cette familiarité, il s'est élevé quelques nuages, il leur a fait succéder le jour le plus serein et le plus doux.

[1]. *Pensées sur Dieu, le monde, l'âme humaine.* (CL.)

métriquement, et connectent les unes avec les autres comme les anneaux d'une chaîne.

La douceur et le support que vous marquez pour tous ceux qui se vouent aux arts et aux sciences me font espérer que vous ne m'exclurez pas du nombre de ceux que vous trouvez dignes de vos instructions. Je nomme ainsi votre commerce de lettres, qui ne peut être que profitable à tout être pensant. J'ose même avancer, sans déroger au mérite d'autrui, que dans l'univers entier il n'y aurait pas d'exception à faire de ceux dont vous ne pourriez être le maître. Sans vous prodiguer un encens indigne de vous être offert, je peux vous dire que je trouve des beautés sans nombre dans vos ouvrages. Votre *Henriade* me charme, et triomphe heureusement de la critique peu judicieuse que l'on en a faite. La tragédie de *César* nous fait voir des caractères soutenus; les sentiments y sont tous magnifiques et grands, et l'on sent que Brutus est ou Romain ou Anglais. *Alzire* ajoute aux grâces de la nouveauté cet heureux contraste des mœurs des sauvages et des Européens. Vous faites voir, par le caractère de Gusman, qu'un christianisme mal entendu, et guidé par le faux zèle, rend plus barbare et plus cruel que le paganisme même.

Corneille, le grand Corneille, lui qui s'attirait l'admiration de tout son siècle, s'il ressuscitait de nos jours, verrait avec étonnement, et peut-être avec envie, que la tragique déesse vous prodigue avec profusion les faveurs, dont elle était avare envers lui. A quoi n'a-t-on pas lieu de s'attendre de l'auteur de tant de chefs-d'œuvre! Quelles nouvelles merveilles ne vont pas sortir de la plume qui jadis traça si spirituellement et si élégamment *le Temple du Goût* !

C'est ce qui me fait désirer si ardemment d'avoir tous vos ouvrages. Je vous prie, monsieur, de me les envoyer, et de me les communiquer sans réserve. Si parmi les manuscrits il y en a quelqu'un que, par une circonspection nécessaire, vous trouviez à propos de cacher aux yeux du public, je vous promets de le conserver dans le sein du secret, et de me contenter d'y applaudir dans mon particulier. Je sais malheureusement que la foi des princes est un objet peu respectable de nos jours; mais j'espère néanmoins que vous ne vous laisserez pas préoccuper par des préjugés généraux, et que vous ferez une exception à la règle en ma faveur.

Je me croirai plus riche en possédant vos ouvrages, que je ne le serai par la possession de tous les biens passagers et méprisables de la fortune, qu'un même hasard fait acquérir et perdre. L'on peut se rendre propres les premiers, s'entend vos ouvrages, moyennant le secours de la mémoire, et ils nous durent autant qu'elle. Connaissant le peu d'étendue de la mienne, je balance longtemps avant de me déterminer sur le choix des choses que je juge dignes d'y placer.

Si la poésie était encore sur le pied où elle fut autrefois, savoir, que les poëtes ne savaient que fredonner des idylles ennuyeuses, des églogues faites sur un même moule, des stances insipides, ou que tout au plus ils savaient monter leur lyre sur le ton de l'élégie, j'y renoncerais à jamais; mais vous anoblissez cet art, vous nous montrez des chemins nouveaux et des routes inconnues, aux Lefranc et aux Rousseau.

Vos poésies ont des qualités qui les rendent respectables et dignes de l'admiration et de l'étude des honnêtes gens. Elles sont un cours de morale où l'on apprend à penser et à agir. La vertu y est peinte des plus belles couleurs. L'idée de la véritable gloire y est déterminée; et vous insinuez le goût des sciences d'une manière si fine et si délicate, que quiconque a lu vos ouvrages respire l'ambition de suivre vos traces. Combien de fois ne me suis-je pas dit : « Malheureux ! laisse là un fardeau dont le poids surpasse tes forces; l'on ne peut imiter Voltaire, à moins que d'être Voltaire même. »

C'est dans ces moments que j'ai senti les avantages de la naissance, et cette fumée de grandeur dont la vanité nous berce, ne servent qu'à peu de chose, ou pour mieux dire à rien. Ce sont des distinctions étrangères à nous-mêmes, et qui ne décorent que la figure. De combien les talents de l'esprit ne leur sont-ils pas préférables! Que ne doit-on pas aux gens que la nature a distingués par ce qu'elle les a fait naître! Elle se plaît à former des sujets qu'elle doue de toute la capacité nécessaire pour faire des progrès dans les arts et dans les sciences; et c'est aux princes à récompenser leurs veilles. Eh! que la gloire ne se sert-elle de moi pour couronner vos succès! Je ne craindrais autre chose, sinon que ce pays, peu fertile en lauriers, n'en fournît pas autant que vos ouvrages en méritent.

Si mon destin ne me favorise pas jusqu'au point de pouvoir vous posséder, du moins puis-je espérer de voir un jour celui que depuis si longtemps j'admire de si loin, et de vous assurer de vive voix que je suis, avec toute l'estime et la considération due à ceux qui, suivant le flambeau de la vérité, consacrent leurs travaux au public, monsieur, votre affectionné ami, Frédéric, P. R. de Prusse.

CDLIV. — A MADEMOISELLE QUINAULT.

24 .... 1736.

[Envoi de quatre vers pour *l'Enfant prodigue*; insiste pour dire que la pièce est de Gresset; l'engage à faire une brigue pour rétablir ce beau mot de *cocu*.]

CDLV. — AU PRINCE ROYAL DE PRUSSE.

A Paris, le 26 août.

Monseigneur; il faudrait être insensible pour n'être pas infiniment touché de la lettre dont Votre Altesse royale a daigné m'honorer. Mon amour-propre en a été trop flatté; mais l'amour du genre humain, que j'ai toujours eu dans le cœur, et qui, j'ose dire, fait mon caractère, m'a donné un plaisir mille fois plus pur, quand j'ai vu qu'il y a dans le monde un prince qui pense en homme, un prince philosophe qui rendra les hommes heureux.

Souffrez que je vous dise qu'il n'y a point d'homme sur la terre qui ne doive des actions de grâces au soin que vous prenez de cultiver, par la saine philosophie, une âme née pour commander. Croyez qu'il n'y a eu de véritablement bons rois que ceux qui ont commencé comme vous par s'instruire, par connaître les hommes, par aimer le vrai, par détester la persécution et la superstition. Il n'y a point de prince qui en pensant ainsi, ne puisse ramener l'âge d'or dans ses États. Pourquoi si peu de rois recherchent-ils cet avantage? Vous le sentez, monseigneur; c'est que presque tous songent plus à la royauté qu'à l'humanité: vous faites précisément le contraire. Soyez sûr que quelque jour le tumulte des affaires et la méchanceté des hommes n'altéreront point un si divin caractère; vous serez adoré de vos peuples et chéri du monde entier. Les philosophes dignes de ce nom voleront dans vos États; et, comme les artisans célèbres viennent en foule dans le pays où leur art est plus favorisé, les hommes qui pensent viendront entourer votre trône.

L'illustre reine Christine quitta son royaume pour aller chercher les arts; régnez, monseigneur, et que les arts viennent vous chercher.

Puissiez-vous n'être jamais dégoûté des sciences par les querelles des savants! Vous voyez, monseigneur, par les choses que vous daignez me mander, qu'ils sont hommes, pour la plupart, comme les courtisans mêmes. Ils sont quelquefois aussi avides, aussi intrigants, aussi faux, aussi cruels; et toute la différence qui est entre les pestes de cour et les pestes de l'école, c'est que ces derniers sont plus ridicules.

Il est bien triste pour l'humanité que ceux qui se disent les déclarateurs des commandements célestes, les interprètes de la Divinité, en un mot les théologiens, soient quelquefois les plus dangereux de tous; qu'il s'en trouve d'aussi pernicieux dans la société qu'obscurs dans leurs idées, et que leur âme soit gonflée de fiel et d'orgueil, à proportion qu'elle est vide de vérités. Ils voudraient troubler la terre pour un sophisme, et intéresser tous les rois à venger par le fer et par le feu l'honneur d'un argument *in ferio* ou *in barbara*.

Tout être pensant qui n'est pas de leur avis est un athée, et tout roi qui ne les favorise pas sera damné. Vous savez, monseigneur, que le mieux qu'on puisse faire, c'est d'abandonner à eux-mêmes ces prétendus précepteurs et ces ennemis réels du genre humain. Leurs paroles, quand elles sont négligées, se perdent en l'air comme du vent; mais si le poids de l'autorité s'en mêle, ce vent acquiert une force qui renverse quelquefois le trône.

Je vois, monseigneur, avec la joie d'un cœur rempli d'amour pour le bien public, la distance immense que vous mettez entre les hommes qui cherchent en paix la vérité, et ceux qui veulent faire la guerre pour des mots qu'ils n'entendent pas. Je vois que les Newton, les Leibnitz, les Bayle, les Locke, ces âmes si élevées, si éclairées et si douces, sont ceux qui nourrissent votre esprit, et que vous rejetez les autres aliments prétendus, que vous trouveriez empoisonnés ou sans substance.

Je ne saurais trop remercier Votre Altesse royale de la bonté qu'elle a eue de m'envoyer le petit livre concernant M. Wolff. Je regarde ses idées métaphysiques comme des choses qui font honneur à l'esprit humain. Ce sont des éclairs au milieu d'une nuit profonde; c'est tout ce qu'on peut espérer, je crois, de la métaphysique. Il n'y a pas d'appa rence que les premiers principes des choses soient jamais bien connus. Les souris qui habitent quelques petits trous d'un bâtiment immense ne savent ni si ce bâtiment est éternel, ni quel en est l'architecte, ni pourquoi cet architecte a bâti. Elles tâchent de conserver leur vie, de peupler leurs trous, et de fuir les animaux destructeurs qui les poursuivent. Nous sommes les souris, et le divin architecte qui a bâti cet univers n'a pas encore, que je sache, dit son secret à aucun de nous. Si quelqu'un peut prétendre à deviner juste, c'est M. Wolff. On peut le combattre, mais il faut l'estimer : sa philosophie est bien loin d'être pernicieuse; y a-t-il rien de plus beau et de plus vrai que de dire, comme il fait, que les hommes doivent être justes, quand même ils auraient le malheur d'être athées?

La protection qu'il semble que vous donnez, monseigneur, à ce savant homme, est une preuve de la justesse de votre esprit et de l'humanité de vos sentiments.

Vous avez la bonté, monseigneur, de me promettre de m'envoyer le *Traité de Dieu, de l'âme, et du monde*. Quel présent, monseigneur, et quel commerce! L'héritier d'une monarchie daigne, du sein de son palais, envoyer des instructions à un solitaire! Daignez me faire ce présent, monseigneur; mon amour extrême pour le vrai est la seule chose qui m'en rende digne. La plupart des princes craignent d'entendre la vérité, et ce sera vous qui l'enseignerez.

A l'égard des vers dont vous me parlez, vous pensez sur cet art aussi sensément que sur tout le reste. Les vers qui n'apprennent pas aux hommes des vérités neuves et touchantes ne méritent guère d'être lus. Vous sentez qu'il n'y aurait rien de plus méprisable que de passer sa vie à renfermer dans des rimes des lieux communs usés, qui ne méritent pas le nom de pensées. S'il y a quelque chose de plus vil, c'est de n'être que poëte satirique, et de n'écrire que pour décrier les autres. Ces poëtes sont au Parnasse ce que sont dans les écoles ces docteurs qui ne savent que des mots, et qui cabalent contre ceux qui écrivent des choses.

Si la *Henriade* a pu ne pas déplaire à Votre Altesse royale, j'en dois rendre grâce à cet amour du vrai, à cette horreur que mon poëme inspire pour les factieux, pour les persécuteurs, pour les superstitieux, pour les tyrans et pour les rebelles. C'est l'ouvrage d'un honnête homme; il devait trouver grâce devant un prince philosophe.

Vous m'ordonnez de vous envoyer mes autres ouvrages; je vous obéirai, monseigneur; vous serez mon juge, et vous me tiendrez lieu du public. Je vous soumettrai ce que j'ai hasardé en philosophie; vos lumières seront ma récompense : c'est un prix que peu de souverains peuvent donner. Je suis sûr de votre secret; votre vertu doit égaler vos connaissances.

Je regarderais comme un bonheur bien précieux celui de venir faire ma cour à Votre Altesse royale. On va à Rome pour voir des églises, des tableaux, des ruines et des bas-reliefs. Un prince tel que vous mérite bien mieux un voyage; c'est une rareté plus merveilleuse. Mais l'amitié qui me retient dans la retraite où je suis, ne me permet pas d'en sortir. Vous pensez sans doute, comme Julien, ce grand homme si calomnié, qui disait que les amis doivent toujours être préférés aux rois.

Dans quelque coin du monde que j'achève ma vie, soyez sûr, monseigneur, que je ferai continuellement des vœux pour vous, c'est-à-dire pour le bonheur de tout un peuple. Mon cœur sera au rang de vos sujets; votre gloire me sera toujours chère. Je souhaiterai que vous ressembliez toujours à vous-même, et que les autres rois vous ressemblent. Je suis avec un profond respect, de Votre Altesse royale, le très-humble, etc.

CDLVI. — A M. LE DUC D'AREMBERG.

A Cirey, près Vassy en Champagne, ce 30 août.

Monseigneur, je n'ai pas voulu, jusqu'à présent, vous importuner de mes plaintes contre un homme que vous honorez de votre protection; mais enfin l'insolence qu'il a d'abuser de votre nom même pour m'inquiéter me force à vous demander justice. Il imprime, dans une lettre qu'il a fait insérer dans le journal de la *Bibliothèque française*, page 161, année 1736, que vous lui avez dit qu'à Marimont je vous avais parlé de lui dans les termes les plus indignes et les plus révoltants. Il fait de cette prétendue conversation avec vous le sujet de tous ses déchaînements; cependant vous savez, monseigneur, si jamais je vous ai dit de cet homme rien qui pût l'outrager; je respectais trop l'asile que vous lui donnez. Jugez de son caractère par cette calomnie et par la manière dont il vous commet. Il fait imprimer encore, dans le même libelle, que M. le comte de Lannoi se plaignit publiquement que je n'avais pas entendu la messe dévotement dans l'église des Sablons. Vous sentez, monseigneur, ce que c'est qu'un tel reproche dans la bouche de Rousseau. Je ne vous parle point des calomnies atroces dont il me charge, je ne vous parle que de celles où il ose se servir de votre nom contre moi. Je demanderai justice au tribunal de Bruxelles des unes, et je vous la demande des autres. Quand je vous serais inconnu, je ne prendrais pas moins la liberté de vous adresser mes plaintes; je suis persuadé que vous châtierez l'insolence d'un domestique qui compromet son maître par un mensonge, dont son maître peut si aisément le convaincre. Je suis, etc.

CDLVII. — A M. THIERIOT.

Le 8 septembre.

J'ai reçu, mon cher ami, le prologue et l'épilogue de l'*Alzire* anglaise; j'attends la pièce pour me consoler; car, franchement, ces prologues-là ne m'ont pas fait grand plaisir. Je vous avoue que, si j'étais capable de recevoir quelque chagrin dans la retraite délicieuse où je suis, j'en aurais de voir qu'on m'attribue cette longue épître de six cents vers dont vous me parlez toujours, et que vous ne m'envoyez jamais. Rendez-moi la justice de bien crier contre les gens qui m'en font l'auteur, et faites-moi le plaisir de me l'envoyer.

Vous aurez incessamment votre Chubb et votre Descartes. Vous me prenez tout juste dans le temps que j'écris contre les tourbillons, contre le plein[1], contre la transmission instantanée de la lumière, contre le prétendu tournoiement des globules imaginaires qui font les couleurs, selon Descartes; contre sa définition de la matière, etc. Vous voyez, mon ami, qu'on a besoin d'avoir devant ses yeux les gens que l'on contredit; mais, quand cela sera fait, vous aurez votre sublime rêvasseur René.

Je ne conçois pas que les trois *Épîtres* de Rousseau puissent avoir de la réputation. Les d'Argental, les présidents Hénault, les Pallu, les duc de Richelieu, me disent que cela ne vaut pas le diable. Il me semble qu'il faut du temps pour asseoir le jugement du public; et, quand ce temps est arrivé, l'ouvrage est tombé dans le puits.

Encouragez le divin Orphée-Rameau à imprimer son *Samson*. Je ne l'avais fait que pour lui; il est juste qu'il en recueille le profit et la gloire.

On me mande que *la Henriade* est au dixième chant. Je ne connais point cette édition en quatre volumes dont vous parlez. Tout ce que je sais, c'est qu'on en prépare une magnifique en Hollande; mais elle se fera assurément sans moi.

Nous étudions le divin Newton à force. Vous autres serviteurs des plaisirs, vous n'aimez que des opéras. Eh! pour Dieu, mon cher petit Mersenne, aimez les opéras et Newton. C'est ainsi qu'en use Émilie.

> Que ces objets sont beaux! que notre âme épurée
> Vole à ces vérités dont elle est éclairée!
> Oui, dans le sein de Dieu, loin de ce corps mortel,
> L'esprit semble écouter la voix de l'Éternel.
> Vous, à qui cette voix se fait si bien entendre,
> Comment avez-vous pu, dans un âge encor tendre,
> Malgré les vains plaisirs, cet écueil des beaux jours,
> Prendre un vol si hardi, suivre un si vaste cours,
> Marcher après Newton dans cette route obscure
> Du labyrinthe immense où se perd la nature?

Voilà ce que je dis à Émilie dans des entre-sols[2] vernis, dorés, tapissés de porcelaines, où il est bien doux de philosopher. Voilà de quoi l'on devrait être envieux plutôt que de *la Henriade*; mais on ne fera tort ni à *la Henriade* ni à ma félicité.

Algarotti n'est point à Venise, nous l'attendons à Cirey tous les jours. Adieu, père Mersenne; si vous étiez homme à lire un petit traité de Newtonisme de ma façon, vous l'entendriez plus aisément que Pemberton.

Adieu, je vous embrasse tendrement. Faites souvenir de moi les Pollion, les muses, les Orphée, les père d'Aglaure. *Vale, te amo.*

---

1. Les *Éléments de la philosophie de Newton.* (ÉD.)
2. Les constructions nouvelles qu'on faisait à Cirey obligeaient de se tenir dans les entre-sols du château. (ÉD.)

CDLVIII. — A MADEMOISELLE QUINAULT.
6 septembre 1736.

[Se disculpe d'être auteur de la *Réponse aux trois Épîtres nouvelles du sieur Rousseau*. Demande ce que c'est que le *Dissipateur* (de Destouches). S'excuse de lui avoir donné, dans la comédie de l'*Enfant prodigue*, le rôle de Mme de Croupillac.]

CDLIX. — A M. BERGER.
Cirey.

J'ai reçu le paquet du 23; je n'ai que le temps de vous demander pardon de mes importunités : mais, mon ami, je ne sais ce qu'est devenue Mlle de Choisy¹, le discours à l'Académie, les odes, *les fêtes*: tout ce petit magasin d'esprit est apparemment demeuré en chemin. Par quelle route me l'avez-vous envoyé ? A quelle adresse ?

Tout ce que vous m'avez envoyé arriverait sûrement, s'il était adressé au coche de Bar-sur-Aube pour Cirey en Champagne. Joignez-y, je vous prie, cette *Réponse aux Épîtres* de Rousseau, cette *Ménagerie*, etc.

Le plus sûr et le plus court serait d'adresser les gros paquets à l'abbé Moussinot, cloître Saint-Merri; il les ferait mettre au coche.

Pardon, mon ami, d'écrire un si petit chiffon; mais je me porte assez mal; et, si mes lettres sont si courtes, mes amitiés sont longues.

Avez-vous fait partir *Alzire* pour M. Sinetti? *Vale*.

CDLX. — DE FRÉDÉRIC, PRINCE ROYAL DE PRUSSE.
Ce 8 septembre.

Monsieur, c'est une épreuve bien difficile, pour un écolier en philosophie, que de recevoir des louanges d'un homme de votre mérite. L'amour-propre et la présomption, ces cruels tyrans de l'âme qui l'empoisonnent en la flattant, se croient autorisés par un philosophe, et, recevant des armes de vos mains, voudraient usurper sur ma raison un empire que je leur ai toujours disputé. Heureux si en les convainquant et en mettant la philosophie en pratique, je puis répondre un jour à l'idée, peut-être trop avantageuse, que vous avez de moi.

Vous faites, monsieur, dans votre lettre, le portrait d'un prince accompli, auquel je ne me reconnais point. C'est une leçon habillée de la façon la plus ingénieuse et la plus obligeante; c'est enfin un tour artificieux pour faire parvenir la timide vérité jusqu'aux oreilles d'un prince. Je me proposerai ce portrait pour modèle, et je ferai tous mes efforts pour me rendre le digne disciple d'un maître qui sait si divinement enseigner.

Je me sens déjà infiniment redevable à vos ouvrages; c'est une source où l'on peut puiser les sentiments et les connaissances dignes

1. *L'Histoire de Mme la comtesse des Barres* est le récit des aventures arrivées à l'abbé de Choisy, lorsqu'il prit ce nom. (ED.)
2. Comédie de Romagnesi et Procope, jouée au théâtre italien le 14 juillet 1736. (ED.)

des plus grands hommes. Ma vanité ne va pas jusqu'à m'arroger ce titre; et ce sera vous, monsieur, à qui j'en aurai l'obligation, si j'y parviens;

    Et d'un peu de vertu si l'Europe me loue,
  Je vous la dois, seigneur, il faut que je l'avoue.
        Henriade, ch. II, v. 109-110.

Je ne puis m'empêcher d'admirer ce généreux caractère, cet amour du genre humain qui devrait vous mériter les suffrages de tous les peuples : j'ose même avancer qu'ils vous doivent autant et plus que les Grecs à Solon et à Lycurgue, ces sages législateurs dont les lois firent fleurir leur patrie, et furent le fondement d'une grandeur à laquelle la Grèce n'aurait jamais aspiré ni osé prétendre sans eux. Les auteurs sont les législateurs du genre humain, leurs écrits se répandent dans toutes les parties du monde; et étant connus de tout l'univers, ils manifestent des idées dont les autres sont empreints. Ainsi vos ouvrages publient vos sentiments. Le charme de votre éloquence est leur moindre beauté; tout ce que la force des pensées et le feu de l'expression peuvent produire d'achevé, quand ils sont réunis, s'y trouve. Ces véritables beautés charment vos lecteurs, elles les touchent : ainsi tout un monde respire bientôt cet amour du genre humain que votre heureuse impulsion a fait germer en lui. Vous formez de bons citoyens, des amis fidèles, et des sujets qui, abhorrant également la rébellion et la tyrannie, ne sont zélés que pour le bien public. Enfin, c'est à vous que l'on doit toutes les vertus qui font la sûreté et le charme de toute la vie. Que ne vous doit-on pas!

Si l'Europe entière ne reconnaît pas cette vérité, elle n'en est pas moins vraie. Enfin, si toute la nature humaine n'a pas pour vous la reconnaissance que vous méritez, soyez du moins certain de la mienne. Regardez désormais mes actions comme le fruit de vos leçons. Je les ai enfin reçues, mon cœur en a été ému, et je me suis fait une loi inviolable de les suivre toute ma vie.

Je vois, monsieur, avec admiration, que vos connaissances ne se bornent pas aux seules sciences : vous avez approfondi les replis les plus cachés du cœur humain, et c'est là que vous avez puisé le conseil salutaire que vous me donnez en m'avertissant de me défier de moi-même. Je voudrais pouvoir me le répéter sans cesse, et je vous en remercie infiniment, monsieur.

C'est un déplorable effet de la fragilité humaine que les hommes ne se ressemblent pas à eux-mêmes tous les jours; souvent leurs résolutions se détruisent avec la même promptitude qu'ils les ont prises. Les Espagnols disent très-judicieusement : *Cet homme a été brave un tel jour*. Ne pourrait-on pas dire de même des grands hommes, qu'ils ne le sont pas toujours, ni en tout?

Si je désire quelque chose avec ardeur, c'est d'avoir des gens savants et habiles autour de moi. Je ne crois pas que ce soient des soins perdus que ceux qu'on emploie à les attirer : c'est un hommage qui est dû à leur mérite, et c'est un aveu du besoin que l'on a d'être éclairé par leurs lumières.

Je ne puis revenir de mon étonnement, quand je pense qu'une nation cultivée par les beaux-arts, secondée par le génie et par l'émulation d'une autre nation voisine; quand je pense, dis-je, que cette même nation si polie et si éclairée ne connaît point le trésor qu'elle renferme dans son sein. Quoi! ce même Voltaire à qui nos mains érigent des autels et des statues est négligé dans sa patrie, et vit en solitaire dans le fond de la Champagne! C'est un paradoxe, c'est une énigme, c'est un effet bizarre du caprice des hommes. Non, monsieur, les querelles des savants ne me dégoûteront jamais du savoir; je saurai toujours distinguer ceux qui avilissent les sciences, des sciences mêmes. Leurs disputes viennent ordinairement ou d'une ambition démesurée et d'une avidité insatiable de s'acquérir un nom, ou de l'envie qu'un mérite médiocre porte à l'éclat brillant d'un mérite supérieur qui l'offusque.

Les grands hommes sont exposés à cette dernière sorte de persécution. Les arbres dont les sommets s'élèvent jusqu'aux nues sont plus en butte à l'impétuosité des vents, que les arbrisseaux qui croissent sous leur ombrage. C'est ce qui, du fond des enfers, suscita les calomnies répandues contre Descartes et contre Bayle; c'est votre supériorité et celle de M. Wolff qui révoltent les ignorants, et qui font crier ceux dont la présomption ridicule voudrait perdre tout homme dont l'esprit et les connaissances effacent les leurs. Supposez, pour un moment, que de grands hommes s'oublient jusqu'à s'acharner les uns contre les autres; doit-on pour cela leur retrancher le titre de *grands* et l'estime que l'on a pour eux, fondée sur tant d'éminentes qualités? Le public d'ordinaire ne fait point de grâce; il condamne les moindres fautes; son jugement ne s'attache qu'au présent; il compte le passé pour rien: mais on ne doit pas imiter le public dans cette façon de juger les hommes d'un mérite supérieur. Je cherche des hommes savants, d'honnêtes gens; mais enfin ce sont des hommes que je cherche; ainsi je ne dois pas m'attendre à les trouver parfaits. Où est le modèle de vertu exempte de tout blâme? Il est resté dans l'entendement du Créateur, et je ne crois pas qu'il nous en ait encore donné de copie. Je désire qu'on ait pour mes défauts la même indulgence que j'ai pour ceux des autres. Nous sommes tous hommes, et, par conséquent, imparfaits: nous ne différons que par le plus ou le moins; mais le plus parfait tient toujours à l'humanité par un petit coin d'imperfection.

Pour les frelons du Parnasse, quand ils m'étourdissent de leurs querelles, je les renvoie à la préface d'*Alzire*, où vous leur faites, monsieur, une leçon qu'ils ne devraient jamais perdre de vue, et à laquelle on ne peut rien ajouter.

A l'égard des théologiens, il me semble qu'ils se ressemblent tous, de quelque religion et de quelque nation qu'ils soient; leur dessein est toujours de s'arroger une autorité despotique sur les consciences; cela suffit pour les rendre persécuteurs zélés de tous ceux dont la noble hardiesse ose dévoiler la vérité; leurs mains sont toujours armées du foudre de l'anathème, pour écraser ce fantôme imaginaire d'irréligion, qu'ils combattent sans cesse, à ce qu'ils prétendent, et sous le nom auquel en effet ils combattent les ennemis de leur fureur et de leur ambition. Cependant, à les entendre, ils prêchent l'humilité, vertu qu'ils n'ont jamais pratiquée, et se disent les ministres d'un Dieu de paix qu'ils servent d'un cœur rempli de haine et d'ambition. Leur conduite, si peu conforme à leur morale, serait à mon gré seule capable de décréditer leur doctrine.

Le caractère de la vérité est bien différent. Elle n'a besoin ni d'armes pour se défendre, ni de violence pour forcer les hommes à la croire; elle n'a qu'à paraître, et, dès que sa lumière a dissipé les nuages qui la cachaient, son triomphe est assuré.

Voilà, je crois, des traits qui désignent assez les ecclésiastiques pour leur ôter, s'ils les connaissaient, l'envie de nous choisir pour leurs panégyristes. Je connais assez qu'ils n'ont que des défauts, ou plutôt des vices, pour me croire obligé en conscience à rendre justice à ceux d'entre eux qui le méritent. Despréaux, dans sa satire contre les femmes, a l'équité d'en excepter *trois* dans Paris, dont la vertu était si reconnue, qu'elles étaient à l'abri de ses traits. A son exemple, je veux vous citer deux pasteurs, dans les États du roi mon père, qui aiment la vérité, qui sont philosophes, et dont l'intégrité et la candeur méritent qu'on ne les confonde pas dans la multitude. Je dois ce témoignage à la vertu de MM. Beausobre et Reinbeck.

Il y a un certain vulgaire, dans la même profession, qui ne vaut pas la peine qu'on descende jusqu'à s'instruire de ses disputes. Je leur laisse volontiers la liberté d'enseigner leur religion, et au peuple celle de la croire; car mon caractère n'est point de forcer personne; et ce même caractère, qui me rend le défenseur de la liberté, me fait haïr la persécution et les persécuteurs. Je ne puis voir, les bras croisés, l'innocence opprimée : il y aurait non de la douceur, mais de la lâcheté et de la timidité à le souffrir.

Je n'aurais jamais embrassé avec tant de chaleur la cause de M. Wolff, si je n'avais vu des hommes, qui pourtant se disent raisonnables, porter leur aveugle fureur jusqu'à se répandre en fiel et en amertume contre un philosophe qui ose penser librement, par la seule raison de la diversité de leurs sentiments et des siens : voilà l'unique motif de leur haine. Le même motif leur fait exalter la mémoire d'un scélérat, d'un perfide, d'un hypocrite, par cela seulement qu'il a pensé comme eux.

Je suis charmé de voir, monsieur, le témoignage que vous rendez aux quatre plus grands philosophes que l'Europe ait jamais portés. Leurs ouvrages sont des trésors de vérité : il est bien fâcheux qu'il s'y trouve des erreurs. La diversité de leurs sentiments sur la métaphysique nous fait voir l'incertitude de cette science, et les bornes étroites de notre entendement. Si Newton, si Leibnitz, si Locke, ces génies supérieurs, ces gens dont l'esprit était accoutumé à penser toute leur vie, n'ont pu entièrement secouer le joug des opinions, pour parvenir à des connaissances certaines, à quoi peut s'attendre un écolier en philosophie tel que moi?

M. Wolff sera très-flatté de l'approbation dont vous honorez sa métaphysique; elle le mérite en effet; c'est un des ouvrages les plus achevés en ce genre. Il y a plaisir à se soumettre aux yeux d'un juge auquel les beaux endroits et les faibles n'échappent point.

Je suis fâché de ne pouvoir accompagner ma lettre de la traduction de cette métaphysique, dont je vous ai envoyé une espèce d'extrait, et que je vous ai promise tout entière. Vous savez, monsieur, que ces sortes d'ouvrages ne sont pas petits, et qu'ils se font fort lentement. Je fais copier cependant ce qui est achevé, et j'espère de le joindre à la première de mes lettres.

J'accompagne celle-ci de la *Logique* de M. Wolff, traduite par le sieur Deschamps, jeune homme né avec assez de talent : il a l'avantage d'avoir été disciple de l'auteur, ce qui lui a procuré beaucoup de facilité dans sa traduction. Il me paraît qu'il a assez heureusement réussi : je souhaiterais seulement, pour l'amour de lui, qu'il corrigeât et abrégeât l'épître dédicatoire dans laquelle il me prodigue l'encens à pleines mains. Il aurait infiniment mieux trouvé sa place dans un prologue d'opéra, au siècle de Louis XIV.

Ce n'est point uniquement en faveur de la *Henriade*, seul poëme épique qu'aient les Français, que je me déclare, mais en faveur de tous vos ouvrages; ils sont généralement marqués au coin de l'immortalité.

C'est l'effet d'un génie universel et d'un esprit bien rare, que de soutenir, dans une élévation égale, tant d'ouvrages de genres différents. Il n'y avait que vous, monsieur, permettez-moi de vous le dire, qui fussiez capable de réunir dans la même personne la profondeur d'un philosophe, les talents d'un historien, et l'imagination brillante d'un poëte. Vous me faites un plaisir infini et bien sensible, en me promettant de m'envoyer tous vos ouvrages. Je ne les mérite que par le cas infini que j'en fais.

Les monarques peuvent donner des trésors, des royaumes même, et tout ce qui peut flatter l'orgueil, l'avarice et la cupidité des hommes; mais toutes ces choses restent hors d'eux, et, loin de les rendre plus éclairés qu'ils ne le sont, elles ne servent ordinairement qu'à les corrompre. Le présent que vous me promettez, monsieur, est d'un tout autre usage. On trouve dans sa lecture de quoi corriger ses mœurs et éclairer son esprit. Bien loin d'avoir la folle présomption de m'ériger en juge de vos ouvrages, je me contente de les admirer; le but que je me propose dans mes lectures est de m'instruire. Ainsi que les abeilles, je tire le miel des fleurs, et je laisse les araignées convertir les fleurs en venin.

Ce n'est point par ma faible voix que votre renommée, déjà si bien établie, peut s'accroître; mais du moins sera-t-on obligé d'avouer que les descendants des anciens Goths et des peuples vandals, les habitants des forêts d'Allemagne, savent rendre justice au mérite éclatant, à la vertu et aux talents des grands hommes, de quelque nation qu'ils soient.

Je sais, monsieur, à quel chagrin je vous exposerais, si j'avais l'indiscrétion de communiquer les ouvrages manuscrits que vous voudrez bien me confier. Reposez-vous, je vous supplie, sur mes engagements à ce sujet; ma foi est inviolable.

Je respecte trop les liens de l'amitié pour vouloir vous arracher des bras d'Émilie. Il faudrait avoir le cœur dur et insensible pour exiger de vous un pareil sacrifice; il faudrait n'avoir jamais connu la douceur qu'il y a d'être auprès des personnes que l'on aime, pour ne pas sentir la peine que vous causerait une telle séparation. Je n'exigerai de vous que de rendre mes hommages à ce prodige d'esprit et de connaissances. Que de pareilles femmes sont rares!

Soyez persuadé, monsieur, que je connais tout le prix de votre estime, mais que je me souviens en même temps d'une leçon que me donne la *Henriade*:

C'est un poids bien pesant qu'un nom trop tôt fameux.
Ch. III, v. 41.

Peu de personnes le soutiennent; tous sont accablés sous le faix.

Il n'est point de bonheur que je ne vous souhaite, et aucun dont vous ne soyez digne. Cirey sera désormais mon Delphes, et vos lettres, que je vous prie de me continuer, mes oracles. Je suis, monsieur, avec une estime singulière, votre très-affectionné ami. FRÉDÉRIC.

CDLXI. — A M. BERGER.

A Cirey, le 10 septembre.

Mon cher ami, vous êtes l'homme le plus exact et le plus essentiel que je connaisse; c'est une louange qu'il faut toujours vous donner. Je suis également sensible à vos soins et à votre exactitude.

J'ai reçu une lettre bien singulière du prince royal de Prusse. Je vous en enverrai une copie. Il m'écrit comme Julien écrivait à Libanius. C'est un prince philosophe; c'est un homme, et, par conséquent, une chose bien rare. Il n'a que vingt-quatre ans; il méprise le trône et les plaisirs, et n'aime que la science et la vertu. Il m'invite à le venir trouver; mais je lui mande qu'on ne doit jamais quitter ses amis pour des princes, et je reste à Cirey. Si Gresset va à Berlin, apparemment qu'il aime moins ses amis que moi. J'ai envoyé à notre ami Thieriot la réponse de Libanius à Julien; il doit vous la communiquer. Vous aurez incessamment la *préface*, ou plutôt l'avertissement de Linant, puisque ni vous ni Thieriot n'avez voulu faire la préface de *la Henriade*. Continuez, mon cher ami, à m'écrire ces lettres charmantes qui valent bien mieux que des préfaces. Embrassez pour moi les Crébillon, les Bernard, et les La Bruère. Adieu.

CDLXII. — A M. L'ABBÉ D'OLIVET.

A Cirey, ce 12.

Il y a quelquefois, mon cher abbé, des puissances belligérantes qui se disent des injures. Rousseau et moi nous sommes du nombre, à la honte des lettres et de l'humanité. Mais que faire? La guerre est commencée; il la faut soutenir. La réponse est prête, mais avec pièces justificatives en main. Ce misérable a l'insolence de citer dans sa lettre M. le duc d'Aremberg, lequel vient de m'écrire que Rousseau est un faquin qui l'a compromis *très-faussement*, et auquel il a lavé la tête. Mon cher abbé, Rousseau n'empêchera pas que *la Henriade* ne soit un bon ouvrage, et que *Zaïre* et *Alzire* n'aient fait verser des larmes. Il n'empêchera pas non plus que je ne sois le plus heureux homme du monde par ma fortune, par ma situation, et par mes amis; je voudrais ajouter par ma santé et par le plaisir de vivre avec vous.

Si vous m'aimez, si vous voulez m'instruire, envoyez-moi ce que vous voulez bien me promettre[1] par M. d'Argental, votre voisin, qui fera contre-signer par M. Rouillé le tout, en cas que le paquet soit trop gros; car, s'il ne contenait que quatre ou cinq feuilles, il faut l'envoyer par la poste tout simplement. Je l'attends avec l'empressement d'un disciple et d'un ami.

Si vous avez la réponse aux mauvaises *Épîtres* de Rousseau, je vous prie de me l'envoyer.

CDLXIII. — A M. BERGER.

A Cirey, le 18 septembre.

Je ne sais pas, mon cher éditeur, ce que c'est que cette énorme *Réponse* de huit cents vers aux fastidieuses *Épîtres* de Rousseau. Si cela est passable, je la veux avoir. J'en parle à notre ami Thieriot. Voyez qui de vous deux me l'enverra; car un exemplaire suffit. Il est vrai que j'avais gâté mon ode[2], en supprimant le nom de ce maraud d'abbé Desfontaines. Je peignais l'enfer, et j'oubliais Asmodée.

On me mande que c'est La Chaussée qui est l'auteur de la *Réponse* à Rousseau. Si cela est, il y aura du bon; et c'est pour cette raison-là même que je ne veux pas qu'on me l'attribue. Je ne veux point voler La Chaussée. Franchement, et toutes réflexions faites, je prends peu de part à toutes ces petites querelles; et quand je lis Newton, Rousseau, l'auteur des trois *Épîtres* et des *Aïeux chimériques* me paraît un bien pauvre homme. Je suis honteux de savoir qu'il existe.

Mon paresseux de Thieriot ne vous a point fourni de remarques pour la *Henriade*. S'il en avait seulement pour les trois derniers chants, il faudrait vite me les envoyer; mais je vois bien que l'ouvrage sera imprimé avant que notre ami en ait seulement relu un chant.

Envoyez-moi, je vous prie, les vers sur M. Colbert; j'en ai un grand besoin.

Vous savez sans doute le marché que j'ai fait avec Prault. Je lui donne la *Henriade*, à condition qu'il m'en donnera soixante et douze exemplaires magnifiquement reliés et dorés sur tranche. Outre cela, je veux en avoir une centaine d'exemplaires au prix coûtant, en feuilles, que je ferai relier à mes frais. Il faudra un petit avertissement au devant de cette édition; je vous l'enverrai quand il en sera temps.

Je ne sais ce que c'est que cette *Ménagerie* dont vous me parlez, mais on dit que le petit La Mare parle d'une manière bien peu conve-

---

1. *Le Traité de la prosodie française*, par d'Olivet. (ÉD.)
2. *L'Ode sur l'Ingratitude*. (ÉD.)

nable à un homme que j'ai accablé de bienfaits. Je n'ai pas besoin de consolation avec un ami comme vous et une retraite comme Cirey. Je veux que vous veniez quelque jour voir cette solitude que l'amitié et la philosophie embellissent.

Quand je parle d'acheter cent exemplaires au prix coûtant, je veux bien mettre quelque chose au-dessus, afin que le libraire y gagne. C'est comme cela que je l'entends.

Le chevalier de Mouhi m'écrit. Qu'est-ce que ce chevalier de Mouhi? Adieu.

CDLXIV. — AU MÊME.

Cirey.

Je peux vous assurer, mon cher ami, avec vérité, que je n'ai jamais vu ni le paquet contre-signé ni le paquet en question. Je n'ai pas assurément le temps de faire huit cents vers; et, s'ils sont bons, je ne veux pas en dérober la gloire à l'auteur. On m'a assuré que cela était de La Chaussée. Je le croirais assez. Il est piqué contre l'abbé Desfontaines qui l'a voulu tourner en ridicule dans ses *Observations*, et qui appelle ses comédies des théâtres larmoyants. Il regarde Marivaux comme son rival. Il fait très-bien des vers : voilà ce qui s'appelle des raisons. En un mot, je vous jure que je n'ai jamais songé à l'ouvrage dont vous me parlez. À peine ai-je le temps d'écrire une lettre. Je vous demande en grâce de m'envoyer cette *Réponse* à Rousseau.

J'ai écrit à Prault pour le presser de m'envoyer par le coche deux exemplaires de ce qui est imprimé de *la Henriade*, avec l'*Optique* de Newton, de la tr..... on de Coste. Ayez la bonté de ne pas lui donner un moment de relâche jusqu'à ce qu'il m'ait satisfait. Encore une fois, je vous prie de m'envoyer l'Epître et de détromper nos amis.

Nous jouerons *Zaïre* dans quelque temps à Cirey. Il faudra que vous y veniez. J'arrangerai votre voyage. Je vous embrasse.

CDLXV. — AUX AUTEURS DE LA BIBLIOTHÈQUE FRANÇAISE.

À Cirey, ce 20 septembre 1736.

Messieurs, un homme de bien nommé Rousseau a fait imprimer dans votre journal une longue lettre sur mon compte, où, par bonheur pour moi, il n'y a que des calomnies; et, par malheur pour lui, il n'y a point du tout d'esprit. Ce qui fait que cet ouvrage est si mauvais, c'est, messieurs, qu'il est entièrement de lui; Marot, ni Rabelais, ni d'Ouville, ne lui ont rien fourni; c'est la seconde fois de sa vie qu'il a eu de l'imagination. Il ne réussit pas quand il invente. Son procès avec M. Saurin aurait dû le rendre plus attentif. Mais on a déjà dit de lui que, quoiqu'il travaille beaucoup ses ouvrages, cependant ce n'est pas encore un auteur assez châtié.

Il a été retranché de la société depuis longtemps, et il travaille tous les jours à se retrancher du nombre des poètes par ses nouveaux vers. À l'égard des faits qu'il avance contre moi, on sait bien que son témoignage n'est plus recevable nulle part; à l'égard de ses vers, je souhaite aux honnêtes gens qu'il attaque qu'il continue à écrire de ce style. Il vous a fait, messieurs, un fort insipide roman de la manière dont il dit m'avoir connu. Pour moi, je vais vous en faire une petite histoire très-vraie.

Il commence par dire que des dames de sa connaissance le menèrent un jour au collège des jésuites, où j'étais pensionnaire, et qu'il fut curieux de m'y voir, parce que j'y avais remporté quelques prix. Mais il aurait dû ajouter qu'il me fit cette visite parce que son père avait chaussé le mien pendant vingt ans, et que mon père avait pris soin de le placer chez un procureur, où il eût été à souhaiter pour lui qu'il eût demeuré, mais dont il fut chassé pour avoir désavoué sa naissance. Il pouvait ajouter encore que mon père, tous mes parents, et ceux sous qui j'étudiais, me défendirent alors de le voir, et que, telle était sa réputation, que quand un écolier faisait une faute d'un certain genre, on lui disait : « Vous serez un vrai Rousseau. »

Je ne sais pourquoi il dit que ma *physionomie* lui déplut; c'est apparemment parce que j'ai des cheveux bruns, et que je n'ai pas la bouche de travers.

Il parle ensuite d'une ode que je fis à l'âge de dix-huit ans pour le prix de l'Académie française. Il est vrai que ce fut M. l'abbé Dujarry qui remporta le prix; je ne crois pas que mon ode fût trop bonne, mais le public ne souscrivit pas au jugement de l'Académie. Je me souviens qu'entre autres fautes assez singulières dont le petit poëme couronné était plein, il y avait ce vers :

Et des pôles brûlants jusqu'aux pôles glacés.

Feu M. de La Motte, très-aimable homme et de beaucoup d'esprit, mais qui ne se piquait pas de science, avait par son crédit fait donner ce prix à l'abbé Dujarry; et quand on lui reprochait ce jugement, et surtout le vers du *pôle glacé* et du *pôle brûlant*, il répondait que c'était une affaire de physique qui était du ressort de l'Académie des sciences et non de l'Académie française; que d'ailleurs il n'était pas bien sûr qu'il n'y eût point de pôles brûlants, et qu'enfin l'abbé Dujarry était son ami. Je demande pardon de cette petite anecdote littéraire où la jalousie de Rousseau m'a conduit, et je continue ma réponse.

Il est vrai que j'accompagnai, vers l'an 1720, une dame de la cour de France[1] qui allait en Hollande. Rousseau peut dire, tant qu'il lui plaira, que j'allai *à la suite* de cette dame; un domestique emploie volontiers les termes de son état; chacun parle son langage. Nous passâmes par Bruxelles; Rousseau prétend que j'y entendis la messe très-indévotement, et qu'il apprit avec horreur cette indécence de la bouche de M. le comte de Lannoi; car il a cité toujours de grands noms sur des choses importantes. Je pourrais en effet avoir été un peu indévot à la messe. M. le comte de Lannoi dit cependant que « Rousseau est un menteur qui se sert de son nom très-mal à propos pour dire une impertinence. » Je ne parlerai pas ainsi. Il se peut encore une fois, que j'aie eu des distractions à la messe; j'en suis très-fâché;

1. Mme de Rupelmonde. (Éd.)

messieurs. Mais de bonne foi, est-ce à Rousseau à me le reprocher? Trouvez-vous qu'il soit bien convenable à l'auteur de tant d'épigrammes licencieuses, à l'auteur des couplets infâmes contre ses bienfaiteurs et ses amis, à l'auteur de *la Moïsade*, etc., de m'accuser d'avoir causé dans une église il y a seize ans? Le pauvre homme! Suivons, je vous en prie, la petite histoire.

Premièrement il dit qu'il me présenta chez M. le gouverneur des Pays-Bas. La vanité est un peu forte. Il est plus vraisemblable que j'y ai été avec la dame que j'avais l'honneur d'accompagner. Que voulez-vous? les hommes remplacent en vanité ce qui leur manque en éducation.

Enfin donc je le vis à Bruxelles. Il assure que je débutai par lui faire lire le poème de *la Henriade*, et il me reproche beaucoup, je ne sais sur quel fondement, d'avoir pris dans ce poème le parti du meilleur des rois et du plus grand homme de l'Europe contre des prêtres qui le calomniaient, et qui le persécutaient. J'en demeure d'accord; Rousseau sera pour ces derniers, et moi pour Henri IV.

Il a été fort surpris, dit-il, que j'aie substitué l'amiral de Coligni à Rosni. Notre critique, messieurs, n'est pas savant dans l'histoire : ces petites balourdises arrivent souvent à ceux qui n'ont cultivé que le talent puéril d'arranger des mots. L'amiral de Coligni était le chef d'un parti puissant sous Charles IX : il fut tué, lorsque Rosni n'avait que treize ans. Rosni fut depuis ministre et favori de Henri IV. Comment donc se pourrait-il faire que j'aie retranché de *la Henriade* ce Rosni pour y substituer l'amiral de Coligni? Le fait est que j'ai mis Duplessis-Mornai à la place de Rosni. Rousseau ne sait peut-être pas que ce Duplessis-Mornai était un homme de guerre, un savant, un philosophe rigide, tel, en un mot, qu'il le fallait pour le caractère que j'avais à peindre ; mais il faut passer à un simple rimeur d'être un peu ignorant. Venons à des choses plus essentielles.

Vous allez voir, messieurs, qu'on entend quelquefois bien mal le métier qu'on a fait toute sa vie; et vous serez surpris que Rousseau ne sache pas même calomnier. L'origine de sa haine contre moi vient, dit-il, en partie de ce que j'ai parlé de lui *de la manière la plus indigne* (ce sont ses termes) à M. le duc d'Aremberg. Je ne sais pas ce qu'il entend par *une manière indigne*. Si j'avais dit qu'il avait été banni de France par arrêt du parlement, et qu'il faisait de mauvais vers à Bruxelles, j'aurais, je crois, parlé d'une manière très-digne ; mais je n'en parlai point du tout; et pour le confondre sur cette sottise comme sur le reste, voici la lettre que je reçois dans le moment de M. le duc d'Aremberg.

« Enghien, ce 8 septembre 1736.

« Je suis très-indigné, monsieur, d'apprendre que mon nom est cité dans la *Bibliothèque*, sur un article qui vous regarde. On me fait parler très-mal à propos et très-faussement, etc. Je suis, monsieur, votre très-humble et très-obéissant serviteur,

« LE DUC D'AREMBERG. »

Voyons s'il sera plus heureux dans ses autres accusations. Je lui récitai, dit-il, une épître contre la religion chrétienne. Si c'est la *Moïsade* dont il veut parler, il sait bien que ce n'est pas moi qui l'ai faite. Il assure qu'à la police de Paris j'ai été appelé en jugement pour cette épître prétendue. Il n'y a qu'à consulter les registres; son nom s'y trouve plusieurs fois, mais le mien n'y a jamais été. Rousseau voudrait bien que j'eusse fait quelque ouvrage contre la religion, mais je ne peux me résoudre à l'imiter en rien.

Il a ouï dire qu'il fallait être hypocrite pour venir à bout de ses ennemis, et je conviens qu'il a cherché cette dernière ressource.

> Rousseau, sujet au camouflet,
> Fut autrefois chassé, dit-on,
> Du théâtre à coup de sifflet,
> De Paris à coups de bâton;
> Chez les Germains chacun sait comme
> Il s'est garanti du fagot;
> Il a fait enfin le dévot,
> Ne pouvant faire l'honnête homme.

Ce n'est pas assez de faire le dévot pour nuire; il y faut un peu plus d'adresse : je remercie Dieu que Rousseau soit aussi maladroit qu'hypocrite : sans ce contre-poids, il eût été trop dangereux.

Les prétendus sujets de la prétendue rupture de ce galant homme avec moi sont donc, que j'ai eu des distractions à la messe; que je lui ai récité des vers dans le goût de la *Moïsade*, et que j'ai parlé de lui en termes peu respectueux à M. le duc d'Aremberg. Eh bien, messieurs, je vais vous dire les véritables sujets de sa haine; et je consens, ce qui est bien fort, d'être aussi déshonoré que lui, si j'avance un seul mot dont on puisse me démentir.

Il récita à cette dame, que j'avais l'honneur d'accompagner, et à moi, je ne sais quelle allégorie contre le parlement de Paris, sous le nom de *Jugement de Pluton*; pièce bien ennuyeuse, dans laquelle il vomit des invectives contre le procureur-général et contre ses juges, et qui finit par ces vers, autant qu'il m'en souvient :

> Et que leur peau sur ces bancs étendue,
> A l'avenir consacrant leurs noirceurs,
> Serve de siège à tous leurs successeurs.
> Liv. II, allégor. II.

Ces derniers vers sont copiés d'après l'épigramme de M. Boindin contre Rousseau, laquelle est connue de tout le monde; la différence qui se trouve entre l'épigramme et les vers de Rousseau, c'est que l'épigramme est bonne.

Il récita ensuite un ouvrage dont le titre n'est pas la preuve d'un bon esprit ni d'un bon cœur. Ce titre est *la Palinodie*. Il faut savoir qu'autrefois il avait fait une petite épître à M. le duc de Noailles, alors comte d'Ayen. Dans cet ouvrage il disait (L. I", ép. IV) :

> Oh! qu'il chansonne bien!
> Serait-ce point Apollon Delphien ?

> Venez, voyez, tant a beau le visage,
> Doux le regard, et noble le corsage!
> C'est il, sans faute.

Cette pièce, écrite toute de ce goût, fut sifflée, comme vous le croyez bien; cependant, M. le duc de Noailles le protégea en le méprisant, et daigna lui donner un emploi. Savez-vous ce qu'il fit dans le même temps? Il écrivit une lettre sanglante contre son bienfaiteur. Cette lettre parvint jusqu'à M. de Noailles. Je ne dis rien que ce seigneur ne puisse attester, et j'ajoute qu'il poussa la grandeur d'âme jusqu'à oublier l'ingratitude de ce poëte.

Rousseau, hors de France, fit son ode de la *Palinodie*. Il avait raison assurément de désavouer des vers ennuyeux; mais du moins, il eût fallu que la *Palinodie* eût été meilleure. Malheureusement pour lui, toute la *Palinodie* consistait à dire du mal de son bienfaiteur. M. le maréchal de Villars, ami de ce seigneur offensé, averti d'ailleurs de l'insolence de Rousseau, en écrivit à M. le prince Eugène, et lui manda en propres mots : « J'espère que vous ferez justice d'un qui n'a pas été assez puni en France. » Cette lettre, jointe aux ingratitudes dont Rousseau payait les bienfaits de M. le prince Eugène, lui attira une disgrâce totale auprès de ce prince. Voilà, messieurs, l'origine de tout ce que Rousseau a fait depuis contre moi. Il a cru que c'était moi qui avais fait frapper ce coup; que c'était moi qui avais averti MM. les maréchaux de Villars et de Noailles. Cependant il est très-vrai que je ne leur en ai jamais parlé. Il est aisé de le savoir des personnes que le sang et l'amitié attachaient à M. le maréchal de Villars. La lettre avait été écrite à M. le prince Eugène avant même que Rousseau m'eût lu cette mauvaise ode de la *Palinodie*; et quand il me la lut, je me contentai de lui dire que je voyais bien que son but n'était pas d'avoir des amis.

J'avoue que je lui dis encore, avec une franchise que j'ai eue toute ma vie, que ses nouveaux ouvrages ne me plaisaient pas, et qu'il passerait seulement pour avoir perdu son talent et conservé son venin. Le public a justifié ma prédiction; et Rousseau me hait d'autant plus, que je lui ai dit une vérité qui se confirme tous les jours.

C'était assez qu'il m'eût flatté quelques jours, pour qu'il fît des vers contre moi : il en fit donc, et même de très-plats. Il est vrai qu'enfin, dans une *Épître contre la Calomnie*, composée il y a trois ans, je n'ai pu m'empêcher, après avoir montré toute l'énormité de ce crime, de parler de celui qui en est si coupable. Vous avez vu ce que j'en ai dit,

> Ce vieux rimeur, couvert d'ignominie, etc.

Je n'ai été certainement dans ces vers, que l'interprète du public; je n'ai fait que suivre l'exemple de M. de La Motte, le plus modeste de tous les hommes, qui avait dit de Rousseau :

> Connais-tu ce flatteur perfide,
> Cette âme jalouse où préside
> La Calomnie au ris malin,

Ce cœur dont la timide audace
En secret sur ceux qu'il embrasse
Cherche à distiller son venin;
Lui doit les larcins satiriques,
Craints des lecteurs les plus cyniques,
Ont mis tant d'horreurs sous nos yeux?
Cet infâme, ce fourbe insigne,
Pour moi n'est qu'un esclave indigne,
Fût-il sorti du sang des dieux.

Qui croirait, messieurs, que Rousseau ose se plaindre aujourd'hui que ce soit lui qui soit le calomnié? Permettez-moi de vous faire souvenir ici d'un trait de l'ancienne comédie italienne. Arlequin ayant volé une maison, et ne trouvant pas ensuite tout le compte des effets qu'il avait pris, criait au voleur de toute sa force. Rousseau suppose, premièrement que mon *Épître sur la Calomnie* est adressée à la respectable fille de M. le baron de Breteuil, un de ses premiers maîtres. Mais qui lui a dit qu'elle ne l'est pas à une des filles de M. le duc de Noailles, ou de M. Rouillé, ou de M. le maréchal de Tallard? Car a-t-il eu un maître qu'il n'ait payé d'ingratitude, et qu'il n'ait forcé à le chasser? Je veux que cette épître soit adressée à la fille de M. le baron de Breteuil, mariée à un homme de la plus grande naissance de l'Europe, et illustre par l'honneur que les beaux-arts reçoivent de son génie et de son savoir, qu'elle veut en vain cacher; cela ne servira qu'à faire voir combien Rousseau est hardi dans le crime et impudent dans le mensonge. Il crie qu'on le calomnie, qu'il n'a jamais fait des vers contre feu M. de Breteuil. Voulez-vous savoir, messieurs, de qui je tiens la vérité qu'il combat si impudemment? de la propre personne à qui il a eu la folie de l'avouer, et de cette respectable dame, la fille même de M. de Breteuil, qui le sait comme moi, et sous les yeux de laquelle j'ai l'honneur d'écrire une vérité d'ailleurs si connue. Il a beau dire qu'il a encore des lettres de M. le baron de Breteuil, il a beau avoir adressé à ce seigneur une très-mauvaise épître en vers; qu'est-ce que cela prouve? que M. le baron de Breteuil était indulgent, et que son domestique pousse l'impudence au comble. Est-ce donc là seule fois qu'il a écrit pour et contre ses bienfaiteurs? N'a-t-il pas appelé M. de Francine un *homme divin*, après avoir fait contre lui l'indigne satire de *la Francinade?* Il avait fait cette satire, parce que tous ses opéras sifflés avaient été mis au rebut par M. de Francine; et il l'appela depuis homme divin, parce que, dans une quête que Mme de Bouzoles eut la bonté de faire pour Rousseau, lorsqu'il était en Suisse, M. de Francine eut la générosité de donner vingt louis. Je devrais donc avoir quelque petite part à cette épithète de *divin*, un cinquième, de compte fait, car j'avais donné quatre louis pour mon aumône à Rousseau.

En vérité, il a grand tort de me vouloir du mal; car, outre la liaison qui était entre mon père et le sien, j'ai actuellement un valet de chambre qui est son proche parent, et qui est très-honnête homme. Ce pauvre garçon me demande tous les jours pardon des mauvais vers que fait son parent.

Est-ce ma faute, après tout, si Rousseau a eu autrefois des coups de bâton du sieur Pécourt, dans la rue Cassette, pour avoir fait et avoué ces couplets qui sont mentionnés dans son procès criminel?

Que le bourreau par son valet
Fasse un jour serrer le sifflet
De Bertin et de sa séquelle;
Que Pécourt, qui fait le ballet,
Ait le fouet au pied de l'échelle, etc.

Est-ce ma faute, s'il se plaignit d'avoir reçu cent coups de canne de M. de La Faye; s'il s'accommoda avec lui, par l'entremise de M. de Lacontade, pour cinquante louis qu'il n'eut point; s'il calomnia M. Saurin; s'il fut banni par arrêt à perpétuité; s'il est en horreur à tout le monde; si enfin (ce qui le fâche le plus) il a rimé longuement des fadaises ennuyeuses; s'il a fait les *Dieux chimériques*, le *Café*, la *Ceinture magique*, etc.? Je ne suis pas responsable de tout cela.

Il s'est associé, pour rendre sa cause meilleure, avec l'abbé Desfontaines, auteur d'un ouvrage périodique qui vous est connu; et cet abbé envoie de temps en temps en Hollande de petits libelles contre moi.

Il est bon que vous sachiez, messieurs, que cet abbé est un homme que j'ai, en 1724, tiré de Bicêtre, où il était renfermé pour le reste de ses jours. C'est un fait public. J'ai encore ses lettres par lesquelles il avoue qu'il me doit l'honneur et la vie. Il fut depuis mon traducteur. J'avais écrit en anglais un *Essai sur l'Épopée*; il le mit en français. Sa traduction a été imprimée à Paris. Il est vrai qu'il y avait autant de contre-sens que de lignes. Il y disait que les Portugais avaient découvert l'Amérique. Il traduit *les gâteaux mangés par les Troyens*, par ces mots, *faim dévorante de Cacus*. Le mot anglais *cake*, qui signifie *gâteau*, fut pris par lui pour *Cacus*, et les Troyens, pour des vaches. Je corrigeai ses fautes, et je fis imprimer sa traduction à la suite de la *Henriade*, en attendant que j'eusse le loisir de faire mon *Essai sur l'Épopée* en français; car j'avais écrit dans le goût de la langue anglaise, qui est très-différent du nôtre. Enfin, quand j'eus achevé mon ouvrage, je le mis à la suite de ma *Henriade* en France. L'abbé Desfontaines ne me pardonna point d'avoir usé de mon bien. Il s'avisa depuis ce temps-là de vouloir décrier la *Henriade* et moi. Je ne lui répondrai pas, et je ne décrierai certainement pas ses vers. Il en a fait un gros volume [1]; mais personne n'en sait rien; j'en ignore moi-même le titre. Pour sa personne elle est un peu plus connue.

Enfin, messieurs, voilà les honnêtes gens que j'ai pour ennemis; ainsi, quand vous verrez quelques mauvais vers contre moi, dites hardiment qu'ils sont de Rousseau; quand vous verrez de mauvaises critiques en prose, ce sera de l'abbé Desfontaines.

J'ai l'honneur d'être, etc.

1. *Poésies sacrées*. (ÉD.)

CDLXVI. — A M. THIERIOT.

À Cirey, ce 23 septembre.

J'avais ôté ce monstre subalterne d'abbé Desfontaines de l'*Ode sur l'Ingratitude*; mais les transitions ne s'accommodaient pas de ce retranchement, et il vaut mieux gâter Desfontaines que mon ode, d'autant plus qu'il n'y a rien de gâté en relevant sa turpitude. Je vous envoie donc l'ode; chacun est content de son ouvrage; cependant je ne le suis pas de m'être abaissé à cette guerre honteuse; je retourne à ma philosophie; je ne veux plus connaître qu'elle, le repos et l'amitié.

J'avais deviné juste, vous étiez malade; mon cœur me le disait; mais si vous ne l'êtes plus, écrivez-moi donc. M. Berger a pressé l'impression de la *Henriade*; mais je vais le prier d'aller bride en main, afin que les derniers chants se sentent au moins de vos remarques. Envoyez-moi cette pièce de la *Ménagerie*; je ne sais ce que c'est. On dit qu'il paraît une *Réponse* de La Chaussée aux trois impertinentes *Épîtres* de Rousseau, et qu'elle court sous mon nom. Il faut encore m'envoyer cela; car nous aimons les vers, tout philosophes que nous sommes, à Cirey.

Or, qu'est-ce que *Pharamond*[1]? A-t-on joué *Alzire* à Londres? Écoutez, mon ami, gardez-moi, vous et les vôtres, le plus profond secret sur ce que vous avez lu chez moi[2], et qu'on veut représenter à toute force.

J'ai grand'peur que le petit La Mare, grand fureteur, grand étourdi, grand indiscret, et *super hæc omnia ingratissimus*, n'ait vu le manuscrit sur ma table; en ce cas, je le suprimerais tout à fait. Émilie vous fait mille compliments. Ne m'oubliez pas auprès de Pollion et de vos amis. Adieu, mon ami, que j'aimerai toujours. Que devient le père d'Aglaure? Adieu, écrivez-moi sans soin, sans peine, sans effort, comme on parle à son ami, comme vous parlez, comme vous écrivez. C'est un plaisir de griffonner nos lettres; une autre façon d'écrire serait insupportable. Je les trouve comme notre amitié, tendres, libres et vraies.

CDLXVII. — A M. BERGER.

Cirey.

Je vous prie, mon cher monsieur, de vouloir bien m'envoyer les premières feuilles de la *Henriade*, dans un paquet. Si tout le poème est imprimé à présent, ayez la bonté de faire tenir un exemplaire à l'abbé Moussinot, qui me l'enverra par le coche de Bar-sur-Aube. Par quel chemin m'avez-vous donc envoyé toutes ces nouveautés dont vous me parlez? Je n'en ai reçu aucune, et voilà trois ordinaires sans le moindre mot de vous. Je suis toujours un peu languissant. Je n'ai point d'esprit. J'attends vos lettres pour en avoir.

Faites-moi voir, je vous prie, cette *Réponse* que je crois de La Chaussée; mais surtout écrivez-moi. J'aime mieux votre prose que la plupart des vers de tous nos auteurs.

1. Tragédie de Cahusac, jouée le 14 août 1736. (Éd.)
2. *L'Enfant prodigue*. (Éd.)

ANNÉE 1735.   423

CDLXVIII. — A M. DE LA FAYE, SECRÉTAIRE DU CABINET DU ROI.
                                                          Septembre.

On vous attend à Cirey, mon cher ami; venez voir la maison dont j'ai été l'architecte. J'imite Apollon; je garde des troupeaux, je bâtis, je fais des vers, mais je ne suis pas chassé du ciel; vous verrez sur la porte :

  Ingens incepta die, si parvula usd sit æquum
  Degitur hic feita et bene, qua qui est.

Vous serez bien plus content de la maîtresse de la maison que de mon architecture. Une dame qui entend Newton, et qui aime les vers et le vin de Champagne comme vous, mérite de recevoir des visites des sages de toute espèce.

Vous aurez peut-être vu, à Strasbourg, un assez gros libelle qui voudrait être diffamatoire, mais qui n'est pas à craindre, attendu qu'il est de Rousseau. Il dit gravement, dans ce beau libelle, que la source de sa haine contre moi vient de ce qu'il y a dix ans, en passant à Bruxelles, je scandalisai le monde à la messe, et que je lui récitai des vers satiriques; et, ce qui est de plus incroyable, c'est qu'il ose citer sur cela M. le duc d'Aremberg et M. le comte de Lannoi. En vérité, être accusé d'indévotion, et s'entendre reprocher la satire par Rousseau, c'est être accusé de vol par Cartouche, et de sodomie par des Chauffours. Je vous envoie la *Crépinade*, qui ne le corrigera pas, parce qu'il n'a pas été corrigé par monsieur votre père. Adieu, je vous attends; il y a encore ici

  Certain vin frais, dont la mousse pressée,
  De la bouteille avec force élancée,
  Avec éclat fait voler le bouchon;
  Il part, on rit; il frappe le plafond
  De ce nectar l'écume pétillante.
  De nos Français est l'image brillante.

CDLXIX. — A M. DE CIDEVILLE.
                                          A Cirey, le 25 septembre.

Je deviens bien paresseux, mon cher ami, mais ce n'est pas quand votre amitié ordonne quelque chose à la mienne. J'avais parole à peu près de placer la petite Linant chez Mme la duchesse de Richelieu; mais l'enfant qu'il fallait élever se meurt. Enfin j'ai obtenu de Mme du Châtelet qu'elle la prendrait, quelque répugnance qu'elle y eût. Je ne doute pas que la petite n'ait, pour le moins, autant de répugnance à servir que Mme du Châtelet en a à se faire servir par la sœur du gouverneur de son fils. Ce sont de petits désagréments qu'il faut sacrifier à la nécessité. Enfin, voilà toute la famille de Linant placée dans nos cantons. La mère, le fils, la fille, tout est devers Cirey, *quia Cideville sic coluit*.

Comptez que Linant n'a désormais rien à faire que de se tenir où il est. Son élève est d'un caractère doux et sage, et ce caractère excellent sera orné un jour de quarante mille livres de rente. Il y a donc de la fortune et des agréments à espérer pour Linant. S'il pouvait se rendre un peu utile, savoir écrire, savoir que deux et trois font cinq, se rendre nécessaire en un mot, cela vaudrait bien mieux que de croupir dans l'ignorance et dans le travail oisif d'une misérable tragédie[1] qui, depuis quatre ans, est à peine commencée. Il n'est pas né poète; il en avait l'oisiveté et l'orgueil. Vous l'avez, me semble, corrigé de cet orgueil si mal placé; si vous le corrigez de son oisiveté, vous lui aurez tenu lieu de père.

Newton est ici le dieu auquel je sacrifie; mais j'ai des chapelles pour d'autres divinités subalternes. Voici ce *Mondain* qu'Émilie croyait vous avoir envoyé. Donnez-en, mon cher ami, copie au philosophe Formont, à qui je dois bien des lettres. Cette ville de Paris, dont vous verrez la description dans *le Mondain*, est assez selon le goût de votre philosophie.

La vie que je mène à Cirey serait bien au-dessus, si j'avais plus de santé, et si je pouvais y embrasser mon cher Cideville.

La sotte guerre de Rousseau et de moi continue toujours; j'en suis fâché, cela déshonore les lettres.

CDLXX. — A M. L'ABBÉ MOUSSINOT.

Cirey, septembre.

Vous allez donc, mon cher ami, dans le royaume[2] de M. Oudri? Je voudrais bien qu'un jour il voulût faire exécuter *la Henriade* en tapisserie; j'en achèterais une tenture. Il me semble que le temple de l'Amour, l'assassinat de Guise, celui de Henri III par un moine, saint Louis montrant sa postérité à Henri IV, sont d'assez beaux sujets de dessin; il ne tiendrait qu'à un pinceau d'Oudri d'immortaliser *la Henriade* et votre ami. Il faut que vous fassiez encore cette affaire.

Je suis fâché de la multitude des édits de Louis XV : la multitude des lois est, dans un État, ce qu'est le grand nombre de médecins, signe de maladie et de faiblesse. Je ferai dans peu un petit voyage à Paris, et je feuilletterai mon Prault : ce libraire en use très-mal, selon la coutume des libraires; qu'il ne m'échauffe pas les oreilles.

CDLXI. — AU MÊME.

Cirey, septembre.

Trente-cinq mille livres pour les tapisseries de *la Henriade*! c'est beaucoup, mon cher trésorier. Il faudrait, avant tout, savoir ce que la tapisserie de don Quichotte a été vendue; il faudrait, surtout, avant de commencer, que M. de Richelieu me payât mes cinquante mille francs. Suspendons donc tout projet de tapisserie, et que Oudri ne fasse rien sans un plus amplement informé.

Faites-moi, mon cher abbé, l'emplette d'une petite table qui puisse servir à la fois d'écran et d'écritoire, et envoyez-la, de ma part, chez Mme de Winterfeld, rue Plâtrière.

1. *Samsonis*. (ÉD.) — 2. La manufacture des Gobelins. (ÉD.)

Encore un autre plaisir. Il y a un chevalier de Mouhi qui demeure à l'hôtel Dauphin, rue des Orties; ce chevalier veut m'emprunter cent pistoles, et je veux bien les lui prêter. Soit qu'il vienne chez vous, soit que vous alliez chez lui, je vous prie de lui dire que mon plaisir est d'obliger les gens de lettres, quand je le peux, mais que je suis actuellement très-mal dans mes affaires; que cependant vous ferez vos efforts pour trouver cet argent, et que vous espérez que le remboursement en sera délégué de façon qu'il n'y ait rien à risquer; après quoi vous aurez la bonté de me dire ce que c'est que ce chevalier, et le résultat de ces préliminaires.

Dix-huit francs au petit d'Arnaud; dites-lui que je suis malade, et que je ne peux écrire. Pardon de toutes ces guenilles. Je suis un bavard bien importun, mais je vous aime de tout mon cœur.

CDLXXII. — A M. BERGER.

A Cirey, septembre.

J'ai enfin reçu, mon cher monsieur, le paquet de M. du Châtelet. Il y avait un Newton. Je me suis d'abord mis à genoux devant cet ouvrage, comme de raison; ensuite je suis venu au fretin. J'ai lu ma *Henriade*; j'envoie à Prault un *errata*.

S'il veut décorer mon maigre poëme de mon maigre visage, il faut qu'il s'adresse à M. l'abbé Moussinot, cloître Saint-Merri. Cet abbé Moussinot est un curieux, et il faut qu'il le soit bien pour qu'il s'avise de me faire graver. Je connaissais *la Comtesse des Barres*. Il n'y a que le tiers de l'ouvrage, mais ce tiers est conforme à l'original, qu'on me fit lire il y a quelques années.

Le Dissipateur est comme vous le dites; mais les comédiens ont reçu et joué des pièces fort au-dessous. Ils ont tort de s'être brouillés avec M. Destouches; ils aiment leur intérêt et ne l'entendent pas.

Le Mentor cavalier[1] devrait être brûlé, s'il pouvait être lu. Comment peut-on souffrir une aussi calomnieuse, aussi abominable et aussi plate histoire que celle de Mme la duchesse de Berri? Je n'ai point encore lu les autres brochures. Est-ce vous, mon cher ami, qui m'envoyez tout cela? Je suis bien fâché que vous ne puissiez pas venir vous-même.

A l'égard de la *Lettre* du signor Antonio Cocchi, il la faut imprimer; elle est pleine de choses instructives. Il y a autant de courage que de vérité à oser dire que les fictions, dans les poëmes, sont ce qui touche le moins. En effet, le voyage d'Iris et de Mercure, et les assemblées des dieux, seraient bien ignorés sans les amours de Didon; et Dieu et le diable ne seraient rien sans les amours d'Ève. Puisque M. Cocchi a l'esprit si juste et si hardi, il en faut profiter; c'est toujours une vérité de plus qu'il apprend aux hommes. Il faudra seulement échancrer les louanges dont il m'affuble. Il commence par crier à la première phrase : *Il n'y a rien de plus beau que la Henriade*. Adoucissons ce terme; mettons : *Il y a peu d'ouvrages plus beaux que*, etc. Mais compter

---

1. Par le marquis d'Argens. (Éd.)

qu'il est bon d'avoir, en fait de poëme épique, le suffrage des Italiens.

Le dévot Rousseau a fait imprimer un libelle diffamatoire contre moi, dans la *Bibliothèque française*, de concert avec ce malheureux Desfontaines, qui a été mon traducteur et que j'ai tiré de Bicêtre. Ai-je tort, après cela, de faire des homélies contre l'ingratitude? J'ai été obligé de répondre et de me justifier, car il s'agit de faits dont j'ai la preuve en main. J'ai envoyé la réponse à M. Saurin fils, parce que monsieur son père y est mêlé; il doit vous la communiquer.

J'ai lu enfin l'épitre en vers qu'on m'imputait: il faut être bien sot ou bien méchant pour m'accuser d'être l'auteur d'un ouvrage où l'on me loue. Comment est-ce que vous n'avez pas battu ces misérables, qui répandent de si plates calomnies? La pièce est quatre fois trop longue au moins, et d'ailleurs extrêmement inégale. Il serait aisé d'en faire un bon ouvrage, en faisant trois cents ratures et en corrigeant deux cents vers; il en resterait une centaine de judicieux et de bien frappés. Si je connaissais l'auteur, je lui donnerais ce conseil. Quand vous aurez la réponse au libelle diffamatoire de Desfontaines et de Rousseau, je vous prie de la communiquer à M. l'abbé d'Olivet, rue de la Sourdière. Adieu, mon cher ami, je vous embrasse.

CDLXXIII. — A M. L'ABBÉ MOUSSINOT.

Cirey.

Oudri, mon cher abbé, me paraît bien cher; mais, en faisant deux tentures, ne pourrait-on pas les avoir à meilleur compte? Je pourrais même en faire travailler trois. Si M. de Richelieu me paye, il faudra bien mettre là mon argent. Le visage de Henri IV et celui de Gabrielle d'Estrées en tapisserie ne réussiront pas mal. Les bons Français voudront avoir des Gabrielle et des Henri, surtout si les bons Français sont riches. Nous ne le sommes guère nous-mêmes; mais le saint temps de Noël nous donnera, j'espère, quelque consolation.

Chevalier ne pourrait-il pas venir à Cirey exécuter sous mes yeux les desseins de la *Henriade*? En sait-il assez pour cela? On dit du bien de lui, mais il n'a pas encore assez de réputation pour être indocile.

On dit qu'il y a à Paris un homme qui fait les portraits en ligne d'une manière parfaite. J'ai vu un visage de Louis XV, de sa façon, très-ressemblant. Ayez, mon cher abbé, la bonté de déterrer cet homme[1]. Vous trouverez impertinent que la même main peigne le roi et moi chétif; mais l'amitié le veut, et j'obéis à l'amitié.

Le chevalier de Mouhi enverra donc deux fois par semaine les petites nouvelles à Cirey. Recommandez-lui d'être infiniment secret; donnez-lui cent écus, et promettez-lui un payement tous les mois, ou tous les trois mois, à son gré. J'en use avec vous, mon cher ami, comme je vous prie d'en user avec moi; je voudrais bien être assez heureux pour recevoir quelqu'un de vos ordres.

1. Il se nommait Darier. (ÉD.)

CDLXXIV. — A M. THIERIOT.

Septembre.

J'ai reçu enfin, mon cher ami, ce paquet du prince royal de Prusse. Vous verrez, par la lettre dont il m'honore, qu'il y a encore des princes philosophes, des Marc-Aurèle, et des Antonin. C'est dommage qu'ils soient au fond de la Germanie.

C'est au moins, mon ami, une consolation pour moi que des têtes couronnées daignent me rechercher, tandis que Rousseau, La Serre, Launai et Desfontaines, m'accablent de calomnies et de libelles diffamatoires.

Vous savez qu'il y a déjà longtemps que Rousseau et Desfontaines firent imprimer une libelle contre moi dans la *Bibliothèque française*. Puissent mes ennemis m'attaquer toujours de même, et être toujours dans l'obligation de mentir pour me nuire! Je suis persuadé que ce petit La Mare se mettra au nombre de mes ennemis. Je l'ai accablé d'assez de bienfaits pour souhaiter qu'il se joigne à Desfontaines, et qu'on voie que je n'ai pour adversaires que des ingrats et des envieux. C'est déjà se déclarer mon ennemi que d'en user mal avec vous. On ne peut pas me déclarer plus ouvertement la guerre. Il est triste pour nous d'avoir connu ce petit homme. Nous sommes bons, on abuse de notre bonté; mais ne nous corrigeons pas.

Au reste, ma bonté ne m'empêche point du tout de réfuter les calomnies de Rousseau. Ce ne serait plus bonté, ce serait sottise.

Il y a une autre vertu dont je crois que j'aurai besoin bientôt: c'est celle de la patience et de la résignation aux jugements de nosseigneurs du parterre ; mais je crois aussi que vous vous souviendrez de la belle vertu du secret. Je vous en remercie déjà, vous, Pollion, et Polymnie.

Dites, je vous prie, à cette belle muse combien je m'intéresse à sa santé, et ménagez-moi toujours la bienveillance de votre Parnasse. J'ai lu le *Mentor cavalier*. Quelle honte et quelle horreur! Quoi! cela est imprimé et lu! M. de La Popelinière ne doit point en être fâché. On y dit de lui qu'il est un sot. C'est dire de Bernard et de Crozat³ qu'ils sont des gueux.

A propos de Bernard, aurai-je la *Claudine* du vrai Bernard, du Bernard aimable?

Voici qui me paraît plaisant. Je voulais vous envoyer la lettre du prince royal de Prusse, et je ne vous envoie que ma réponse: il n'y a qu'Arlequin à qui cela soit arrivé; mais on copie la lettre du prince, et vous ne pouvez l'avoir cet ordinaire.

Vous aurez la pièce entière de la Philosophie émilienne, dont vous avez eu l'échantillon. Je vous embrasse.

1. Allusion à l'*Enfant prodigue*, joué le 10 octobre suivant. (ÉD.)
2. Mlle Deshayes. (ÉD.)
3. Samuel Bernard et Antoine Crozat, très-riches financiers. (ÉD.)

CDLXXV. — A M. BERGER.

Cirey, septembre.

Je vous envoie, mon cher correspondant, un petit ouvrage d'une main respectable. Je vous prierai de le rendre public, en le faisant imprimer incessamment. Vous me ferez un vrai plaisir. Il faut confondre le mauvais goût comme les mauvaises mœurs. Je vous prie surtout de parler au jeune Saurin. Il est bien intéressé à affermir la honte d'un homme² dont la réhabilitation ferait la honte du vieux Saurin père et la perte du fils.

J'ai envoyé à Prault les feuilles en question. Ces croix ne signifient rien ; c'étaient des marques que j'avais faites dans le dessein de changer quelques endroits ; mais je me suis déterminé à laisser les choses comme elles étaient. Ainsi, que les croix ne vous épouvantent plus.

Adieu ! on ne peut guère écrire moins ; mais le souper, Newton et Émilie, m'entraînent.

CDLXXVI. — A M. THIERIOT.

Octobre.

Vous aurez incessamment, mon petit Mersenne, votre Descartes et votre Chubb. Il n'y a pas grand'chose à prendre ni dans l'un ni dans l'autre. Chubb dit longuement une petite partie des choses que sait tout bonnête homme, et Descartes noie une vérité géométrique dans mille mensonges physiques.

On m'a envoyé les *Discours*² à l'Académie française ; mais je n'ai pas le temps de les lire. J'ai lu le *Dissipateur* de Destouches. Je ne sais pas pourquoi il parle, dans sa préface, de l'*Avare* de Molière. Ce petit orgueil-là n'est ni adroit ni heureux. Je trouve que les comédiens ont très-bien fait de le prier de corriger sa comédie, et lui très-mal de n'en rien faire ; mais je lui pardonne à cause du plaisir que m'a fait son *Glorieux*. J'ai enfin reçu la *Réponse* aux trois détestables *Épîtres* de Rousseau. Cette réponse est quatre fois trop longue. Il y a deux pages admirables ; mais c'est du drap d'or cousu avec des guenilles : l'ouvrage est de La Chaussée ou de Saurin. Il faut être possédé du malin ou imbécile pour me l'attribuer. Comment ! j'y suis loué depuis les pieds jusqu'à la tête, et on ose m'imputer d'en être l'auteur ! Suis-je donc assez fat pour me louer moi-même ? Je vous avoue que je suis bien indigné qu'on ait pu mettre une pareille sottise sur mon compte.

Savez-vous que Rousseau et Desfontaines ont fait imprimer, dans la *Bibliothèque française*, un libelle contre moi ? Il y a des faits ; il faut répondre ; j'ai répondu. Berger a le manuscrit. Je vous prie de le lui demander et de le lire. Profond et éternel secret sur ce que vous savez³. Tâchez aussi de m'en dire des nouvelles dans l'occasion.

Je n'ai point entendu parler du paquet que vous avez donné pour moi à monsieur votre frère, dont j'enrage.

Adieu, mon cher ami.

1. J. B. Rousseau. (ÉD.) — 2. Ceux de La Chaussée et de Boyer. (ÉD.)
3. *L'Enfant prodigue*. (ÉD.)

CDLXXVII. — A MADEMOISELLE QUINAULT.

Octobre.

[Remerciments pour le petit chien noir qu'elle doit lui envoyer. Nouvelles excuses pour le rôle de Mme Croupillac.]

CDLXXVIII. — A M. BERGER.

A Cirey, le 10 octobre.

A l'égard de *l'Enfant prodigue*, il faut, mon cher ami, soutenir à tout le monde que je n'en suis point l'auteur. C'est un secret uniquement entre M. d'Argental, Mlle Quinault et moi. M. Thieriot ne l'a su que par hasard; en un mot, j'ai été fidèle à M. d'Argental, et il faut que vous me le soyez. Mandez-moi ce que vous en pensez, et recueillez les jugements des connaisseurs, c'est-à-dire des gens d'esprit, qui ne viennent à la comédie que pour avoir du plaisir; *hoc est enim omnis homo*; et le plaisir est le but universel : qui attrape a fait son salut.

Trop ami des plaisirs et trop des nouveautés

Henriade, chant. VII, v. 443.

restera jusqu'à ce qu'on ait trouvé mieux.

Je t'aimais inconstant; qu'aurais-je fait fidèle?

Andromaque, acte IV, scène v.

n'est pas plus grammatical, et c'est en cela qu'est le mérite.

Et de l'art même apprend à franchir les limites.

Art poét., chant. IV, v. 80.

Linant n'est point ici; il est à six lieues, avec son pupille. Quand il sera revenu, il changera, s'il veut, la préface. Il est honteux qu'il faille la changer.

M. Algarotti est allé en Italie. Nous l'avons possédé à Cirey. C'est un jeune homme en tout au-dessus de son âge et qui sera tout ce qu'il voudra être.

Ma santé s'en va au diable; sans cela, je vous écrirais des volumes; mais il faut bien se porter pour être bavard. Vous, qui vous portez à merveille, songez que vous ne pouvez m'écrire ni de trop longues ni de trop fréquentes lettres, et que votre commerce peut rendre heureux votre ami.

CDLXXIX. — A MADEMOISELLE QUINAULT.

13 octobre 1736.

[Lui fait honneur du succès de *l'Enfant prodigue*[1]. Difficulté d'empêcher La Mare d'en faire connaître l'auteur. Il y a apparence que c'est Gresset qui a fait cet ouvrage. La prie de remettre une copie de la pièce, telle qu'on la joue, à M. Robert, avocat, rue du Mouton, près de la Grève, qui doit apporter le petit chien noir à Cirey. Remarque que le *Nouveau Testament* lui est plus favorable que l'*Ancien*, puisqu'on a refusé *Samson* à l'Opéra.]

1. *Ecclésiaste*, XII, 13. (ÉD.) — 2. Celle de *la Henriade*. (ÉD.)
3. Cette comédie fut jouée le 10 octobre 1736, sans avoir été annoncée ni affichée, précaution prise par Mlle Quinault contre la cabale. (*Note de M. Beuchot*.)

CDLXXX. — A M. BERGER.

Cirey.

Je devais, mon cher correspondant, plus que de la prose au prince royal de Prusse, mais j'ai honte de lui envoyer des vers aussi peu châtiés. Ayez la bonté de remettre le paquet cacheté au ministre de Prusse. Je ne sais si c'est un envoyé ou un ambassadeur. Mandez-moi de quelle espèce il est et où il demeure. A l'égard de l'*Épître*, notre Thiériot a droit sur tout ce que je fais. Il peut voir mon ours mal léché, il a toujours les prémices. Mais, messieurs, que ces vers ne courent pas, et pour l'honneur de la poésie, et pour les vérités qu'ils renferment. Je ne veux pas que le public soit le confident de mon petit commerce avec le prince royal de Prusse.

Voici un petit mot pour Prault. Il est permis de changer d'avis.

« M. Prault est prié de refaire le carton en question de cette dernière façon-ci que je ne changerai plus :

    Près de ce jeune roi s'avance avec splendeur
    Un héros que de loin poursuit la calomnie....

Henriade, chant. VII, v. 440.

Voilà le dernier changement que je ferai à *la Henriade*. Je prie M. Prault de m'envoyer la copie de ce carton imprimée et de remettre tout ce qui est imprimé à M. Robert, avocat, qui demeure rue du Mouton, près de la Grève. »

On dit qu'on vend au Palais-Royal une nouvelle édition de mes ouvrages vrais ou prétendus. Ne pourrait-on pas la faire saisir?

Est-il vrai que Rousseau est mort? Il avait trop vécu pour sa gloire et pour le repos des honnêtes gens.

Je vous embrasse.

CDLXXXI. — A M. THIÉRIOT.

15 octobre.

Si vous êtes à Saint-Vrain, tant mieux pour vous; si vous êtes à Paris, tant mieux pour vos amis, qui vous voient. Ce bonheur n'est pas fait pour moi; mais on ne saurait tout avoir : au moins ne me privez pas de celui de recevoir de vos nouvelles. Je demande le secret plus que jamais sur cet anonyme qu'on joue : vous connaissez l'Envie, vous savez comme ce vilain monstre est fait. S'il savait mon nom, il irait déchirer le même ouvrage qu'il approuve. Gardez-moi donc, vous, Pollion et Polymnie, un secret inviolable. N'êtes-vous pas faits pour avoir toutes les vertus? Je vous le demande avec la dernière instance.

Je persiste à trouver les trois *Épîtres* de Rousseau mauvaises en tous sens, et je les jugerais telles si Rousseau était mon ami. La plus mauvaise est sans contredit celle qui regarde la comédie; elle est digne de l'auteur des *Aïeux chimériques*, et se ressent tout entière du ridicule qu'il y a, dans un très-mauvais poète comique, de donner des règles d'un art qu'il n'entend point. Je crois que la meilleure manière de lui répondre est de donner une bonne comédie dans le genre qu'il condamné; ce serait la seule manière dont tout artiste devrait répondre à la critique.

Je vous envoie la lettre du prince de Prusse; ne la montrez qu'à quelques amis, on m'y donne trop de louanges.

La *Lettre* de M. Cocchi n'est pas, à la vérité, moins pleine d'éloges, mais elle est instructive; elle a déjà été imprimée dans plusieurs journaux, et il est bon d'opposer le témoignage impartial d'un académicien de la Crusca aux invectives de Rousseau et de Desfontaines.

J'ai adressé ma lettre au prince royal à monsieur votre frère, pour la remettre au ministre de Prusse, que je ne connais point. A l'égard de l'*Épître* en vers que j'adresse à ce prince, je l'ai envoyée à M. Berger pour vous la montrer; mais je serais au désespoir qu'elle courût. L'ouvrage n'est pas fini. J'ai été deux heures à le faire, il faudrait être trois mois à le corriger; mais je n'ai pas de temps à perdre dans le travail misérable de compasser des mots.

Un temps viendra où j'aurai plus de loisir, et où je corrigerai mes petits ouvrages. Je touche à l'âge où l'on se corrige et où l'on cesse d'imaginer.

Mille respects à votre petit Parnasse.

CDLXXXII. — A M. BERGER.

À Cirey, le 18 octobre.

Oui, je compte entièrement sur votre amitié et sur toutes les vertus sans lesquelles l'amitié est un être de raison. Je me fie à vous sans réserve.

Premièrement il faut que le secret soit toujours gardé sur l'*Enfant prodigue*. Il n'est point joué comme je l'ai composé, il s'en faut beaucoup. Je vous enverrai l'original; vous le ferez imprimer, vous ferez marché avec Prault dans le temps; mais surtout que l'ouvrage ne passe point pour être de moi; j'ai mes raisons. Vous pouvez assurer MM. de La Roque et Prévost que je n'en suis point l'auteur. Engagez-les à le publier dans leurs ouvrages périodiques, en cas que cela soit nécessaire. Vous ne sauriez me rendre un plus grand service que de détourner les soupçons du public. Je veux vous devoir tout le plaisir de l'incognito, et tout le succès du théâtre et de l'impression.

Embrassez pour moi l'aimable La Bruère. Peut-on ne pas s'intéresser tendrement aux gens que l'amour et les arts rendent heureux? Si un opéra d'une femme réussit, j'en suis enchanté; c'est une preuve de mon petit système que les femmes sont capables de tout ce que nous faisons, et que la seule différence qui est entre elles et nous, c'est qu'elles sont plus aimables. Comment appelez-vous, par son nom, cette nouvelle muse qu'on appelle *la Légende?* Grégoire VII n'a rien fait de mieux qu'un opéra. Si, par malheur, le secret de l'*Enfant prodigue*

1. Mlle Duval, cantatrice à l'opéra. Il s'agit de la musique composée par elle pour l'opéra-ballet intitulé *Les Génies élémentaires*, joué en octobre 1736. Les paroles sont de Fleuri. (ÉD.)

avait transpiré, jurez toujours que ce n'est pas moi qui en suis l'auteur. Mentir pour son ami est le premier devoir de l'amitié. Voyez surtout de La Roque et Prévost, et récriez-vous sur l'injustice des soupçons. Mme du Châtelet dit qu'il faut appeler l'*Enfant prodigue*, l'*Orphelin*.

Ces *Mascarades*[1] sont de Launai; mais sa préface ne rendra pas sa pièce meilleure.

Avez-vous lu le *Mondain*? Je vous l'enverrai pour entretenir commerce.

CDLXXXIII. — A M. LE MARQUIS D'ARGENS.

A Cirey, le 13 octobre.

Vos sentiments, monsieur, et votre esprit, m'ont déjà rendu votre ami; et si, du fond de l'heureuse retraite où je vis, je peux exécuter quelques-uns de vos ordres, soit auprès de MM. de Richelieu et de Vaujour, soit auprès de votre famille, vous pouvez disposer de moi.

Je ne doute pas, monsieur, que, avec l'esprit brillant et philosophe que vous avez, vous ne vous fassiez une grande réputation. Descartes a commencé comme vous par faire quelques campagnes; il est vrai qu'il quitta la France par un autre motif que vous; mais enfin, quand il fut en Hollande, il en usa comme vous; il écrivit, il philosopha, et il fit l'amour. Je vous souhaite, dans toutes ces occupations, le bonheur dont vous semblez si digne.

Je suis bien curieux de voir l'ouvrage nouveau dont vous me parlez. Je m'informerai s'il n'y a point quelque voiture de Hollande en Lorraine : en ce cas, je vous supplierais de m'adresser l'ouvrage à Nancy, sous le nom de Mme la comtesse de Beauvau. Je vous garderai un profond secret sur votre demeure. Il faut que Rousseau vous croie déjà parti de Hollande, puisqu'il a fait une épigramme sanglante contre vous. Elle commence ainsi :

Cet écrivain, plus errant que le Juif
Dont il arbore et le style et le masque.

Voilà tout ce qu'on m'a écrit de cette épigramme ou plutôt de cette satire. Elle a, dit-on, dix-huit vers. Ce malheureux veut toujours mordre et n'a plus de dents.

Voulez-vous bien me permettre de vous envoyer une réponse, en forme que j'ai été obligé de faire à un libelle diffamatoire qu'il a fait insérer dans la *Bibliothèque française*?

J'aurais encore, monsieur, une autre grâce à vous demander, c'est de vouloir bien m'instruire quels journaux réussissent le plus en Hollande, et quels sont leurs auteurs. Si, parmi eux, il y a quelqu'un sur la probité de qui on puisse compter, je serais bien aise d'être en relation avec lui. Son commerce me consolerait de la perte du vôtre, que vous me faites envisager vers le mois d'avril. Mais, monsieur, en quelque pays que vous alliez, fût-ce en pays d'inquisition, je recher-

1. Elles sont de Guyot de Merville. (Éd.)

chéri, toujours la correspondance d'un homme, comme vous, qui sait penser et aimer.

Supprimons dorénavant les inutiles formules, et reconnaissons-nous l'un et l'autre à notre estime réciproque et à l'envie de nous voir. Je me sens déjà attaché à vous par la lettre pleine de confiance et de franchise que vous m'avez écrite, et que je mérite.

CDLXXXIV. — A M. L'ABBÉ D'OLIVET

A Cirey, ce 10 octobre.

Fiat Aristarchus.
HOR., *de Arte poet.*, V. 450.

Vous êtes, mon très-cher abbé, le meilleur ami et le meilleur critique qu'il y ait au monde. Que n'avez-vous eu la bonté de relire la *Henriade* avec les mêmes yeux! la nouvelle édition est achevée; vous m'auriez corrigé bien des fautes, vous les auriez changées en beautés. Venons à notre ode. Aimez-vous mieux ce commencement :

L'Etna renferme le tonnerre
Dans ses épouvantables flancs;
Il vomit le feu sur la terre,
Il dévore ses habitants.
Le tigre, acharné sur sa proie,
Sent d'une impitoyable joie
Son âme horrible s'enflammer.
Notre cœur n'est point né sauvage;
Grands dieux! si l'homme est votre image,
Il n'était fait que pour aimer.

Colbert, ton heureuse industrie
Sera plus chère à nos neveux
Que la politique inflexible
De Louvois, prudent et terrible
Qui brûlait le Palatinat.

ou;

De Louvois, dont la main terrible
Embrasait le Palatinat.

Avec ces changements et les autres que vous souhaitez, pensez-vous que l'ouvrage doive risquer le grand jour? Pensez-vous que vous puissiez l'opposer à l'ode de M. Racine? Parlez-moi donc un peu du fond de la pièce, et parlez-moi toujours en ami. Si vous voulez, je vous enverrai de temps en temps quelques-unes de mes folies. Je m'égaye encore à faire des vers, même en étudiant Newton. Je suis occupé actuellement à savoir ce que pèse le soleil. C'est bien là une autre folie. Qu'importe ce qu'il pèse, me direz-vous, pourvu que nous en jouissions? Oh! il importe fort pour nous autres songe-creux, car cela tient au grand principe de la gravitation. Mon cher ami, mon cher maître, Newton est le plus grand homme qui ait jamais été, mais le plus grand, de façon que les géants de l'antiquité sont auprès de lui des enfants qui jouent à la fossette.

Et omnes
Præcellit stellas exortus uti æthereus sol.
Lucr., lib. III, v. 1056-57.
Dicendum est Deus ipse fuit, Deus....
Lucr., lib. V, v. 8.

Cependant ne nous décourageons point; cueillons quelques fleurs dans ce monde, qu'il a mesuré, qu'il a pesé, qu'il a seul connu. Jouons sous les bras de cet Atlas qui porte le ciel; faisons des drames, des odes, des guenilles. Aimez-moi, consolez-moi d'être si petit. Adieu, mon cher ami, mon cher maître.

CDLXXXV. — A M. DE PONT DE VEYLE[1], LECTEUR DU ROI.

A Cirey, le 19 octobre.

J'apprends, monsieur, le détail des obligations que je vous ai; vous n'êtes pas de ces gens qui souhaitent du bien à leurs amis, vous leur en faites. D'autres diraient : « Comment se tirera-t-on de là ? la chose est embarrassante; » et, quand ils auraient plaint leur homme, le laisseraient là, et iraient souper. Pour vous, vous raccommodez tout, et très-vite, et très-bien; et vous servez vos amis de toutes façons, et vous leur faites des vers, et vous leur coupez des scènes, et les pièces sont jouées, et la police et les sifflets ont un pied de nez, et, malgré les mauvais plaisants, on réussit.

Ajoutez vite à toutes vos bontés celle de me faire tenir cet *enfant* par la poste. Vous pouvez aisément me faire contre-signer cet enfant-là, ou vous, ou monsieur votre frère; et puis, s'il vous plaît, dites-moi l'un et l'autre comment cela va; s'il faut bien corriger, si cela peut devenir digne de paraître au grand jour de l'impression; je vous croirai, *par amabile fratrum*. Pourquoi Mlles Fessard disent-elles que cela est de moi? pourquoi Mme de Saint-Pierre l'assure-t-elle ? Je ne l'ai point avoué, je ne l'avouerai pas. Je ne me vante que de votre amitié, de vos bontés, de mon tendre attachement pour vous, et point du tout de l'enfant.

CDLXXXVI. — A MADEMOISELLE QUINAULT.

10.... 19....

[Crainte que *l'Enfant prodigue* ne soit enterré avec la chienne noire. Prière d'engager M. Pont de Veyle ou M. d'Argental d'envoyer à Cirey la pièce telle qu'on la joue, ou de la remettre à l'avocat Robert. Il faut toujours nier que *l'Enfant prodigue* est de lui : Mlles Fessard lui sont inconnues. Promet de ne plus lui donner de Crompliac.]

1. Antoine de Ferriol, comte de Pont de Veyle, frère du comte d'Argental, et camarade de collége de Voltaire. (ÉD.)

CDLXXXVII. — A M. LE COMTE DE TRESSAN.
À Cirey, le 21 octobre.

Tandis qu'aux fanges du Parnasse,
D'une main criminelle et basse,
Rufus¹ va cherchant des poisons,
Ta main délicate et légère
Cueille aux campagnes de Cythère
Des fleurs dignes de tes chansons.

Les Grâces accordent ta lyre;
Le Plaisir mollement t'inspire,
Et tu l'inspires à ton tour.
Que ta muse tendre et badine
Se sent bien de son origine!
Elle est la fille de l'Amour.

Loin ce rimeur atrabilaire,
Ce cynique, ce plagiaire,
Qui, dans ses efforts odieux,
Fait servir à la calomnie,
A la rage, à l'ignominie,
Le langage sacré des dieux!

Sans doute les premiers poëtes,
Inspirés, ainsi que vous l'êtes,
Étaient des dieux ou des amants:
Tout a changé, tout dégénère,
Et dans l'art d'écrire et de plaire;
Mais vous êtes des premiers temps.

Ah, monsieur! votre charmante épître, vos vers, qui, comme vous, respirent les grâces, méritaient une autre réponse. Mais, s'il fallait vous envoyer des vers dignes de vous, je ne vous répondrais jamais; vous me donnez en tout des exemples que je suis bien loin de suivre. Je fais mes efforts; mais malheur à qui fait des efforts!

Votre souvenir, votre amitié pour moi, enchantent mon cœur autant que vos vers éveilleraient mon imagination. J'ose compter sur votre amitié. Il n'y a point de bonheur qui n'augmente par votre commerce. Pourquoi faut-il que je sois privé de ce commerce délicieux! Ah! si votre muse daignait avoir pour moi autant de bienveillance que de coquetterie, si vous daigniez m'écrire quelquefois, me parler de vos plaisirs, de vos succès dans le monde, de tout ce qui vous intéressa, que je défierais les Rousseau et les Desfontaines de troubler ma félicité! Je vous envoie le *Mondain*. C'était à vous à le faire. J'y décris une petite vie assez jolie; mais que celle qu'on mène avec vous est au-dessus!

Comptez, monsieur, sur le tendre et respectueux attachement de Voltaire.

1. J. B. Rousseau. (ÉD.)

CDLXXXVIII. — A M. THIERIOT.

21 octobre.

Le mensonge n'est un vice que quand il fait du mal; c'est une très-grande vertu, quand il fait du bien. Soyez donc plus vertueux que jamais. Il faut mentir comme un diable, non pas timidement, non pas pour un temps mais hardiment et toujours. Qu'importe à ce malin de public qu'il sache qui il doit punir d'avoir produit une Croupillac? qu'il la siffle si elle ne vaut rien, mais que l'auteur soit ignoré, je vous en conjure au nom de la tendre amitié qui nous unit depuis vingt ans. Engagez les Prévost et les La Roque à détourner le soupçon qu'on a du pauvre auteur. Écrivez-leur un petit mot tranchant et net. Consultez avec l'ami Berger. Si vous avez mis Sauveau du secret, mettez-le du mensonge. Mentez, mes amis, mentez; je vous le rendrai dans l'occasion.

Je suis sûr de Pollion et de Polymnie. Vous ne leur auriez pas dit mon secret, si vous n'étiez bien sûr qu'ils sont aussi discrets qu'aimables. Avoir parlé à tout autre qu'à eux eût été une infidélité impardonnable; mais leur en avoir parlé, c'est m'avoir lié à eux par une nouvelle reconnaissance, et à vous par une nouvelle grâce que vous me faites.

Comment va la santé de Pollion? Vous savez si je m'y intéresse. Il y a peu de gens comme lui. Je ferais une hécatombe de sots, pour sauver un rhumatisme à un homme aimable.

Émilie a presque achevé ce dont vous parlez; mais la lecture de Newton, des terrasses de cinquante pieds de large, des cours en balustrade, des bains de porcelaine, des appartements jaune et argent, des niches en magots de la Chine, tout cela emporte bien du temps. Nous ressemblons bien au *Mondain*; mais l'avez-vous ce *Mondain*?

Voici bien autre chose; c'est cette épître, que les beaux esprits n'entendront peut-être pas, car ils sont peu philosophes, et que les philosophes ne goûteront guère, car ils n'ont point d'oreilles. Mais vous savez assez de la philosophie de Newton, et vous avez de l'oreille; ceci est donc fait pour vous, mon cher Mersenne.

CDLXXXIX. — A M. BERGER.

Cirey, le 24 octobre.

Je reçois votre lettre du 11, mon aimable correspondant. Il faut absolument que vous me rendiez le service d'aller trouver le plus aimable philosophe qui soit en Europe; c'est M. de Mairan. Je lui demande pardon à genoux d'avoir confié son *Mémoire*[1] au petit La Mare, qui me promit, à mon départ, de l'aller rendre sur-le-champ. Ce n'est pas la seule fois qu'il a trompé ma confiance. Je l'avais chargé de porter plusieurs *Alzires*, il en dit un autre usage. Je lui pardonne tout, hors sa négligence pour M. de Mairan. Je recevrai avec résignation toutes les critiques de M. d'Argental; mais on ne peut pas toujours exécuter ce que nos amis nous conseillent. Il y a d'ailleurs des défauts néces-

---

1. *Sur les forces motrices.* (Éd.) — 2. *Sur l'Enfant prodigue.* (Éd.)

saires. Vous ne pouvez guérir un bossu de sa bosse qu'en lui ôtant la vie. Mon *enfant* est bossu; mais il se porte bien.

Je ne sais si les clameurs de ce monstre de Desfontaines font impression; mais je sais que sa conduite avec moi est bien plus horrible que ses critiques ne peuvent être justes. On m'assure que le Desfontaines des poëtes, Rousseau, est chassé sans retour de chez le duc d'Aremberg. Je ne veux point d'autre vengeance de son libelle diffamatoire.

J'ai reçu une lettre de M. Pitot[1], dont je suis très-content. Je vous prie de le sonder pour savoir s'il serait d'humeur à revoir, à corriger un manuscrit[2] de philosophie, à rectifier les figures mal faites, et conduire l'impression. Je doute qu'il en ait le temps, et je n'ose le lui proposer.

A l'égard de mon affaire[3], j'ai bien des choses à dire qui se réduisent à ceci. Je suis très-mécontent, et n'ai nulle envie de revenir à Paris. Mes compliments aux Thieriot et aux Rameau. Songez surtout qu'il n'est pas vrai que j'aie fait l'*Enfant prodigue*.

J'oubliais de vous dire que j'ai reçu les trois pièces de théâtre. Nous avons lu une scène de chacune, et nous avons jeté le tout au feu.

Ne m'oubliez pas auprès de MM. Dubos et Melon. Nous ne jetons point au feu les *Réflexions sur la peinture*, ni la *Ligue de Cambrai*[4], ni l'*Essai sur le commerce*[5], *libellum aureum*. Prault m'a écrit. C'est un négligent. J'attends les épreuves. Adieu, mon cher ami.

CDXC. — A M. L'ABBÉ MOUSSINOT.

Cirey, ce 27 octobre.

Je voudrais, mon cher et fidèle trésorier, avoir, sous le plus grand secret, quelque argent comptant chez un notaire discret et fidèle, qu'il pût placer pour un temps, et qu'en un besoin je pusse retrouver sur-le-champ. Le dépôt serait de cinquante mille francs, et peut-être davantage. N'auriez-vous pas quelque notaire à qui vous puissiez vous confier ? Le tout serait sous votre nom. Je suis très-mécontent du sieur Perret; il a deux excellentes qualités pour un homme public : il est brutal et indiscret.

J'ai payé les frais d'un procès que je n'avais pas fait. Pour avoir mon ballot de livres, il a fallu faire ce sacrifice.

J'accepte le marché que vous me proposez de la succession de La Verchère; je m'en rapporte entièrement à vous.

Ayez la bonté de donner encore un louis d'or à d'Arnaud. Dites-lui donc de se faire appeler d'Arnaud tout court; c'est un beau nom de janséniste; celui de Baculard est ridicule.

---

1. Henri Pitot, de l'Académie des sciences. (Éd.)
2. Celui des *Éléments de philosophie de Newton*. (Éd.)
3. Il s'agit des nouvelles persécutions dont le *Mondain* ne tarda pas à servir de prétexte contre Voltaire. (Éd.)
4. Ces deux ouvrages sont de l'abbé Dubos. (Éd.)
5. L'*Essai politique sur le commerce* est de Melon. (Éd.)

CDXCI. — A MADAME DE CHAMPBONIN.

De Cirey.

Vous êtes trop bonne, adorable amie; quelque succès que l'*Enfant prodigue* puisse avoir, c'est un orphelin dont je ne m'avoue pas le père; mais je suis bien plus flatté de l'intérêt que vous y prenez que de l'éloge du public. M. du Châtelet n'est point de retour. Les colonels sont contremandés, soit par les excessives précautions de M. de Belle-Île, soit par crainte de quelque remuement des ennemis. On ne croit point la paix faite; je n'en sais rien : tout ce que je sais, c'est que nous sommes des moutons à qui jamais le boucher ne dit quand il les tuera. Puisque vous savez, charmante amie, que je préfère l'amitié à tous les rois de la terre[1], vous avez grand tort de n'être point à Cirey. Mais, partout où vous serez, vous serez avec l'amitié. Qui pourrait ne pas aimer votre caractère si vrai, si doux, et si égal? Quand est-ce donc que vous verrez les entre-sols, amie charmante?

CDXCII. — A MADEMOISELLE QUINAULT.

Ce 29...

[Le théâtre sacrifié aux mathématiques; Voltaire ne pourra travailler pour lui l'hiver prochain. La prie de lui renvoyer par Pont de Vayle le manuscrit de l'*Enfant prodigue*. Approuve qu'on retarde la représentation à la cour. Lui demande toujours pardon de son rôle de Mme Croupillac.]

CDXCIII. — DE FRÉDÉRIC, PRINCE ROYAL DE PRUSSE.

A Remusberg, ce 7 novembre.

Monsieur, je suis infiniment sensible à l'honneur que vous me faites de placer mon nom à la tête du bel ouvrage que vous venez de m'envoyer. La matière qu'il renferme et la façon dont vous la tournez m'est si avantageuse, que je suis obligé d'avouer que l'on ne peut mieux confier le soin de sa renommée qu'entre vos mains. Les devoirs d'un roi sage et éclairé, le code du *pape et des sept cardinaux*, et l'histoire de la pédante érudition du roi Jacques d'Angleterre, sont certes des traits de maître. Sans que je m'étende à faire l'anatomie du reste de cet ouvrage, qui est une des pièces les plus achevées que j'aie vues de ma vie, je vous en fais mes remerciments sincères, me trouvant heureux d' avoir occasionné.

Je souhaiterais, monsieur, de pouvoir vous témoigner ma reconnaissance par une épître en vers qui fût digne de vous être adressée. Mais, comme les étoiles se cachent en la présence du soleil, dont la brillante lumière efface et ternit leur faible lueur, ainsi je sais imposer silence à ma verve novice et désavouée des Muses, quand il s'agit de vous écrire. Je sais que vos ouvrages sont sans prix; ils portent en eux leur récompense qui est l'immortalité. J'espère cependant que vous voudrez accepter, comme une marque de mon souvenir, le buste de Socrate[2], que je vous envoie en faveur de ce qu'il fut le plus grand

1. Voltaire avait refusé les offres du duc de Holstein-Gottorp, et celles de Frédéric, alors prince royal de Prusse. (ÉD.)
2. Ce buste formait une pomme de canne en or. (*Éd. de Kehl.*)

homme de la Grèce, et le maître qui forma Alcibiade. Faisant abstraction de ce dont la calomnie le noircit, je pourrais le mettre en parallèle avec vous; mais craignant de blesser votre modestie, si je vous disais sur ce sujet le tiers de ce que je pense, je me contenterai de le dire à toute la terre, qui me servira d'organe pour faire parvenir jusqu'à vous les sentiments d'estime et d'admiration avec lesquels je suis à jamais, monsieur, votre très-affectionné ami, FÉDÉRIC.

CDXCIV. — A M. DE MAIRAN.

A Cirey, le 9 novembre.

En partant de Paris, monsieur, au mois de juin, je chargeai un jeune homme, nommé de La Mare, de vous remettre le *Mémoire sur les forces motrices*, que vous aviez eu la bonté de me prêter; mais j'ignore encore si le jeune homme vous l'a rendu. Il serait heureux pour lui qu'il eût fait la petite infidélité de le garder pour s'instruire; mais c'est un trésor qui n'est pas à son usage.

La veille de mon départ, j'avais demandé à M. Pitot s'il avait lu ce *Mémoire*; il m'avait répondu que non : sur quoi je conclus que, dans votre Académie, il arrive quelquefois la même chose qu'aux assemblées des comédiens; chacun ne songe qu'à son rôle, et la pièce n'en est pas mieux jouée.

J'avais encore demandé à M. Pitot s'il croyait que la quantité du mouvement fût le produit de la masse par le carré de la vitesse; il m'avait assuré qu'il était de ce sentiment, et que les raisons de MM. Leibnitz et Bernoulli lui avaient paru convaincantes : mais à peine fus-je arrivé à Cirey, qu'il m'écrivit qu'il venait de lire enfin votre *Mémoire*, qu'il était converti, que vous lui aviez ouvert les yeux, que votre dissertation était un chef-d'œuvre.

Pour moi, monsieur, je n'avais point à changer de parti. Il n'était pas question de me convertir, mais de m'apprendre mon catéchisme. Quel plaisir, monsieur, d'étudier sous un maître tel que vous! J'ai trop tardé à vous remercier des lumières et du plaisir que je vous dois. Avec quelle netteté vous exposez les raisons de vos adversaires! vous les mettez dans toute leur force, pour ne leur laisser aucune ressource lorsque ensuite vous les détruisez. Vous démêlez toutes les idées, vous les rangez chacune à leur place; vous faites voir clairement le malentendu qu'il y avait à dire qu'il faut quatre fois plus de force pour porter un fardeau quatre lieues que pour une lieue, etc., etc. J'admire comme vous distinguez les mouvements accélérés, qui sont comme le carré des vitesses et des temps, d'avec les forces, qui ne sont qu'en raison des vitesses et des temps.

Quand vous avez fait voir, par le choc des corps mous et des corps à ressort (articles XXII, XXIII, XXIV), que la force est toujours en raison de la simple vitesse, on croirait que vous pouvez vous passer d'autres raisons, et vous en apportez une foule d'autres. Le n° XXVIII est sans réplique. Je serais bien curieux de voir ce que peuvent répondre à ces preuves si claires les Wolf, les Bernoulli, et les Musschenbroeck.

Serait-ce abuser de vos bontés, monsieur, de vous parler ici d'une difficulté d'un autre genre, qui m'occupe depuis quelques jours. Il s'agit d'une expérience contraire aux premiers fondements de la catoptrique. Ce fondement est qu'on doit voir l'objet au point de concours du cathète et du rayon réfléchi. Cependant il y a bien des occasions où cette règle fondamentale se trouve fausse.

Dans ce cas-ci, par exemple, je devrais, par les règles, voir l'objet A au point de concours D; cependant je le vois en l, k, i, h, g, successivement, à mesure que je recule mon œil du miroir concave, jusqu'à ce qu'enfin mon œil soit placé en un point où je ne vois plus rien du tout.

Cela ne prouve-t-il pas manifestement que nous ne connaissons point, que nous n'apercevons point les distances au moyen des angles qui se forment dans nos yeux? Je vois souvent l'objet très-près et très-gros, quoique l'angle soit très-petit. Il paraît donc que la théorie de la vision n'est pas encore assez approfondie. Tacquet et Barow n'ont pu résoudre la difficulté que je vous propose. Voulez-vous bien me mander ce que vous en pensez?

Mme la marquise du Châtelet, qui est digne de vous lire (et c'est beaucoup), trouve qu'il n'y a personne qui soit plus fait pour goûter la vérité que vous. Elle m'ordonne de vous assurer de son estime, et de vous faire ses compliments. Ses sentiments pour vous, monsieur, vous consoleront de l'ennui de ma lettre, et me feront pardonner mon importunité.

Je suis, avec la plus respectueuse estime, etc.

CDXCV. — A M. L'ABBÉ MOUSSINOT.

À Cirey, le 12 novembre.

Je remercie, mon cher abbé, le chevalier de Mouhi de ses nouvelles, et je n'en veux plus recevoir. En trois mois de temps il n'a pas écrit trois vérités. Je ne connais ce chevalier que parce qu'il m'emprunte; prêtez-lui cent écus, faites-lui en espérer autant pour le mois prochain. Je ne veux plus être la dupe des ingrats, ni mettre des hommes à portée d'être injustes. Je consens de prêter, mais je ne veux plus perdre. Il me propose des billets de Dupuis, libraire; prêtez-lui donc mon argent sur les billets de ce Dupuis.

Je vous supplie instamment d'envoyer à Mlle Quinault, rue d'Anjou-Dauphine, ce joli petit secrétaire que je lui avais destiné. Il n'y a qu'à le faire laisser simplement chez elle, et faire dire que c'est de ma part. Il faut tâcher que l'homme qui portera ce présent ne laisse pas à

Mlle Quinault le temps de le refuser, et qu'il s'enfuie bien vite dès qu'il l'aura donné à quelqu'un de la maison.

Vous avez fait un grand plaisir de m'emprunter un peu d'argent. Tout ce que j'ai est à votre service ; vous savez combien je vous aime, combien je vous estime, et à quel point vous pouvez compter en tout sur moi.

FIN DU TRENTE-DEUXIÈME VOLUME.

COULOMMIERS. — Typog. P. BRODARD et GALLOIS.

RAPPORT = 15

BIBLIOTHÈQUE
NATIONALE

CHÂTEAU
de
SABLÉ
1981

www.ingramcontent.com/pod-product-compliance
Lightning Source LLC
Chambersburg PA
CBHW070605230426
43670CB00010B/1417